U0149052

聲　韻　學

下　冊

陳新雄著

文史哲學集成
文史哲出版社印行

國家圖書館出版品預行編目資料

聲韻學 / 陳新雄著. -- 修訂再版. -- 臺北市：文
史哲, 民 96.09
冊：　公分. --（文史哲學集成；531, 532）
參考書目：面
ISBN 978-957-549-733-0（上冊：平裝）. --
ISBN 978-957-549-734-7（下冊：平裝）

1. 漢語　2. 聲韻學

802.4　　96016762

文史哲學集成 532

聲韻學（全二冊）

著者：陳新雄
出版者：文史哲出版社
http://www.lapen.com.tw
E-mail: lapen@ms74.hinet.net
登記證字號：行政院新聞局版臺業字五三三七號
發行人：彭正雄
發行所：文史哲出版社
印刷者：文史哲出版社
臺北市羅斯福路一段七十二巷四號
郵政劃撥帳號：一六一八〇一七五
電話886-2-23511028・傳真886-2-23965656

下冊平裝定價新臺幣四八〇元

中華民國九十四年（2005）九月初版
中華民國九十六年（2007）九月修訂再版

ISBN 978-957-549-734-7

聲韻學

下冊

目錄

聲韻學

贛州陳新雄伯元學

第四編　古　音

第一章　緒　論

第一節　古音之界域

夫古今者，不定之名也。三代爲古，則漢爲今；漢、魏、晉爲古，則唐宋以下爲今。若擴大言之，凡今日以前之音皆可謂之古音。欲明古音確實之界域，請自明音變始。顏之推《顏氏家訓・音辭篇》：「古今言語，時俗不同；著述之人，楚夏各異。」葉夢得《石林詩話》：「聲音語言，本隨世轉，天地推移，而人隨之，此自然之勢也。」陳第《讀詩拙言》：「一郡之內，聲有不同，繫乎地者也；百年之中，語有遞轉，繫乎時者也。」閻若璩《尚書古文疏證》：『人知南北之音繫乎地，不知古今之音繫乎時，地隔數十百里，音即變易，而謂時歷數千百載，音猶一律，尙得謂之通人乎？」戴震《聲韻考》：「音有流變，一繫乎地，一繫乎時。」上來所引，皆謂聲音隨時地而變遷，至其實證，則鄭玄《禮記・檀弓》注云：「猶當爲搖，聲之誤也，秦人猶搖聲相近。」又《禮記・中庸》注云：「衣讀爲殷，聲之誤也，齊人言殷聲如衣。」劉熙《釋名・釋天》「天，豫、司、兗、冀以舌腹言之，天、顯也，在上高顯也。青、徐以舌頭言之，天、坦也，坦然高遠也。」以上所舉，皆由地域不同，而有語言之分歧。至於因時間不同而造成之差異，其例證則見於鄭玄《毛詩・豳風・東山》「烝在栗薪」箋云：「古者聲栗裂同也。」又《毛詩・小雅・常棣》「烝也無戎」箋云：「古聲塡窴塵同。」劉熙《釋名・釋車》「車、古者曰車，聲如居，言行所以居人也；今曰車，車、舍也，行者所處若居舍也。」而陳第《毛詩古音考序》所言，最得其旨。陳氏云：「時有古今，地有南北，字有更革，音有轉移，亦勢所必至。」潘耒《類音・古今音論》云：「天下無不可遷之物，聲音之出於喉吻，宜若無古今之殊，而風會遷流，潛移默轉，有莫知其然而然者，楚騷之音異於風雅，漢魏之音異於屈宋。古讀服如匐，而今如復；古讀下如戶，而今如夏；古讀家如姑，而今如嘉；古讀明如芒，而今如名，此第就常用之字考其旁押而知之。其不見於風騷，不經於押用，而變音讀者，不知其幾也。」所言亦復爲得理。段玉裁《六書音韻表・古今不同隨舉可徵說》云：「古音聲不同，今隨舉可證，如今人兄榮字讀入東韻，朋棚字讀入東韻，佳字讀入麻韻，母負字讀入虞、遇韻，此音轉之徵也。子字不讀即里切，側字不讀莊力切，此音變之徵也。上韻內之字多讀爲去韻，此四聲異古之徵也。今音不同唐韻，即唐韻不同古音之徵也。」於古今音之不同，亦均鞭擘入裡，足資信服。

段玉裁《六書音均表・音韻隨時代遷移說》云：「今人概曰古韻不同今韻而已，唐虞而下，隋唐而上，其中變更正多，概曰古不同今，尙皮傅之說也。音韻之不同，必論其世，約而言之，唐虞夏商周秦漢初爲一時，漢武帝後洎漢末爲一時，魏晉宋齊梁陳隋爲一時，古人之文具在，凡音轉、音變、四聲，其遷移之時代，皆可尋究。」

餘杭章太炎先生《國學略說・小學略說》又分今音爲二期，合古共五期。其言曰：「韻分古音今音，可區別爲五期，悉以經籍韻文爲準，自〈堯典〉、〈皋陶謨〉以至周、秦、漢初爲一期，漢武以後至三國爲一期，兩晉、南北朝又爲一期，隋、唐至宋亦爲一期，元後至清，更成一期，泛論古音，大概六朝以前多爲古音。今茲所謂古音則指兩漢以前。泛論今音，可舉元、明、清三代。今則以隋唐爲今音，此何以故？因今韻書俱以《廣韻》爲準，而言古音當以《詩經》用韻爲準故。」

錢玄同先生《文字學音篇》縱論歷代音韻變遷，將周、秦以迄現代之音，共分爲六期。其言曰：『古今字音，變遷甚多，試就其可考者言之，可分爲六期。茲用世界通曆（俗稱西曆）表明其每期之起迄，而附注帝王之朝名于下，以便參考。（紀年之用處，在能比較年代之先後長短。中華自來用帝王紀年，于比較上全無用處，等于無紀年。今欲表明每期之起迄，惟有用世界通曆之一法。）

第一期　紀元前十一世紀——前三世紀（周、秦）

第二期　前二世紀——二世紀（兩漢）

第三期　三世紀——六世紀（魏、晉、南北朝）

第四期　七世紀——十三世紀（隋、唐、宋）

第五期　十四世紀——十九世紀（元、明、清）

第六期　二十世紀初年（現代）

以上所述各期之起迄，非有精密之畫分，但略示界限而已。茲將各期不同之點，略述于左：

第一期　此期之音，習慣上稱爲古音，以無韻書之故，自來皆不能詳言其眞相。近三百年來，治古音者輩出，據《詩經》、《楚辭》、諸子、秦碑用韻之處，及《說文解字》，參校考訂，而後此期之音乃炳焉大明。原來古者諧聲字之音讀，必與聲母相同，聲母在某韻，從其聲者皆與之同韻。此期字形，尙用籀篆，體正聲顯，故雖無韻書，而文中用韻之界限甚嚴，欲知此期音韻之大概，可參考段玉裁之《六書音韻表》、嚴可均之《說文聲類》諸書。

第二期　此期承第一期而漸變。籀篆省爲隸草，則字形淆亂，諧聲字之聲，漸漸不可審知，而韻書未作，字音無標準，故任情變易，用韻甚寬。今觀漢人所作韻文，猶可知其大概。

第三期　此爲韻書之初期，周、秦以聲母爲標準之法，至此期已完全不適用，而字音任情變易，則妨礙甚多，故韻書興焉，作韻書者，逐字定音，記以反切，此與今之希望國音統一者，命意相似。此期韻書（即《聲類》、《韻集》諸書），今無存者，不知其分韻分紐，與後來之《廣韻》異同如何，今據以考見此期字音之反切者，惟陸德明之《經典釋文》而已。

第四期　此期爲韻書全盛之期，《切韻》、《唐韻》、《廣韻》、《集韻》四書，爲此期最有價値之韻書。今《切韻》、《唐韻》雖亡，而《廣韻》、《集韻》具在。《廣韻》一書，兼賅古今南北之音，凡平仄、清濁、洪細、陰陽諸端，分別甚細。今日欲研究古音，當以《廣韻》爲階梯，欲製定國音，亦當以《廣韻》爲重要之參考物。

第五期　《廣韻》（《集韻》大致相同）之音，兼賅古今南北，以之審音，則信美矣。然紐韻繁多，實際上斷非一人所能盡讀，故在應用方面，不能不有他種韻書。此期文學，以北曲爲主，于是有以北音爲主之韻書發生，如元周德清之《中原音韻》及《菉斐軒詞林韻釋》之類。彼時惟用古代死語所作之詩，尙沿唐、宋之舊韻。至用當時活語所作之曲，即《中原音韻》一派之新韻。此派新韻，其始雖限于方隅，然其潛伏之勢力甚大，明初之《洪武正韻》，即本于此。明、清之文人學士所作韻文，多喜排斥《正韻》，仍守唐、宋之舊，然唐、宋舊韻，雖時時爭持于紙上，而實則節節失敗于口中。此六百年之普通口音，即爲《中原音韻》、《洪武正韻》等韻書之音。其故因此期南北混一，交通頻繁，集五方之人而共處一堂，彼此談話，必各犧牲其方言之不能通用者，而操彼此可以共喩之普通音。此普通音之條件有二：一、全國中多數人能發之音。二、紐韻最簡少之音。多數，則普及易；簡少，則學習易也。就南、北、中三部之中，而擇取合于上列二條件之普通音，實爲直隸、山東、山西、河南、陝西、甘肅、及江蘇、安徽北部之音。因此類之音紐韻最爲簡少，而所佔之區域則甚爲廣大也。（此類之音，泛稱可曰北音）由此而發生一種普通語言，即俗稱『官話』者是，『官話』之名，甚不雅馴。或即以此爲京話，尤非其實。實則此種語言，爲六百年來一種不成文之國語。

第六期　近二十年來，國人有感于中華字音之無一定之標準，爲教育前途之大障礙。于是有王照之《官話字母》，勞乃宣之《簡字譜》等發生，欲以音標之形式，代舊日之反切，其用意甚美，惜以京兆一隅之音，爲全國標準音，而所作音標，又不甚美觀，未能通行。民國二年（通曆一九一三年）教育部開讀音統一會，徵集各省代表，審定國音，遂製成『注音字母』三十九文，音讀沿第五期之趨勢，以所謂北音者爲準，自此以後，中華字音將脫離韻書時代，而入于音標時代矣。會事既畢，由會員吳敬恒編爲《國語字典》，其書今已完成，聞教育部不久即將公布，今後國語之統一，胥賴是書矣。

依上所述，此六期又可括爲三期，即第一第二合爲一期，以第二期包括于第一期之中，此期之音，以聲母爲準。第三第四合爲一期，以第三期包括于第四期之中，此期之音，以韻書爲準。第五第六合爲一期，以第五期包括于第六期之中，此期之音，以音標爲準。』

觀以上諸君所言，可得古音之大界。清儒所謂古音也，自其狹義言之，要以周、秦音爲準；自其廣義言之，上固可探自唐、虞，下亦兼收于兩漢。今余所謂古音，因鑒於鄭玄、劉熙諸氏所言，後漢音已多變，故仍因段氏所分，以『周、秦、漢初』之音爲準。亦即今人習慣上恒稱之『上古音』是也。瑞典高本漢（Bernhard Karlgren）所說之『上古音』（Archaic Chinese:Late Tsou,Ts'in, early Xan。（The language older than 500B.C.,I would call Proto-Chinese））亦指周、秦、漢初而言也。

第二節　古音學之起源

後人以後世音讀，讀古代有韻之文，其音不合，於是改讀他音，此種改讀，即古音學之緣起也。吾人今日讀《詩經・周南・關雎》：

關關雎鳩。在河之洲。窈窕淑女，君子好逑。
參差荇菜，左右流之。窈窕淑女，寤寐求之。
求之不得。寤寐思服。悠哉悠哉，輾轉反側。
參差荇菜，左右采之。窈窕淑女，琴瑟友之。
參差荇菜，左右芼之。窈窕淑女，鐘鼓樂之。

此首詩之第一、二章，以「鳩」、「洲」、「逑」、「流」、「求」諸字押韻，今以國語讀來仍朗朗上口，極為和諧。但是第三章以「得」、「服」、「側」三字押韻，以國語讀來，就不和諧矣。第四章「采」、「友」，第五章「芼」、「樂」，以國語讀之，亦均不諧。是古人之詩本就不諧，抑原本和諧，由於音變，遂感不諧。於是加以研究，研究之結果，乃導之古音學之興起。魏晉南北朝之學者對於此類不和諧之音，乃有改讀之情事。今綜合前賢諸說，加以分析，以明古音學之緣起。

一、改讀　六朝學者以當時語音讀古代有韻之文，讀之不合，往往改讀字音，以求諧和，是謂『改讀」。然同一改讀，諸家取名，亦復不同。今分述之於下：

〔一〕取韻　徐邈《毛詩音》謂之「取韻」。徐氏於《詩經・召南・行露》三章：

誰謂鼠無牙，何以穿我墉。

誰謂女無家，何以速我訟。

雖速我訟。亦不女從。

徐氏於「何以速我訟」訟字下云：「訟、取韻才容反。」徐氏之意蓋謂「訟」後世音似用反，其調不合，訟為去聲，與「墉」、「從」等平聲字不諧，必改讀為平聲才容反後，方可與平聲之「墉」、「從」等字相諧也。

〔二〕協句　沈重《毛詩音》謂之「協句」。沈氏於《詩經・邶風・燕燕》首章與三章皆注云「協句」。〈燕燕〉詩全文如下：

燕燕于飛，差池其羽。之子于歸，遠送于野。

瞻望弗及，泣涕如雨。

燕燕于飛，頡之頏之。之子于歸，遠于將之。

瞻望弗及。佇立以泣。

燕燕于飛，上下其音。之子于歸，遠送于南。

瞻望弗及，實勞我心。

仲氏任只，其心塞淵。終溫且惠，淑愼其身。

先君之思，以勗寡人。

沈氏於「遠送于野」野字下注云：「野、協句，宜音時預反。」於「遠送于南」南字下注云：「南、協句，宜音乃林反。」蓋謂「野」後世音羊也反，必改讀時預反，方與「羽」、「雨」之音相諧也。「南」後世音那含反，必改讀乃林反，方與「音」、「心」之音相諧也。

〔三〕協韻　陸德明《經典釋文》謂之「協韻」。陸氏於《詩經・召南・采蘋》三章「于以奠之，宗室牖下。」云：「下、協韻則音戶。」〈采蘋〉全詩如下：

于以采蘋。南澗之濱。于以采藻。于彼行潦。

于以盛之，維筐及筥。于以湘之，維錡及釜。

于以奠之，宗室牖下。誰其尸之，有齊季女。

又於《詩經・邶風・日月》首章「胡能有定，寧不我顧。」下云：『顧、徐音古，此亦協韻也。〈日月〉全詩如下：

日居月諸，照臨下土。乃如之人兮，逝不古處。

胡能有定，寧不我顧。

日居月諸，下土是冒。乃如之人兮，逝不相好。

胡能有定，寧不我報。

日居月諸，出自東方。乃如之人兮，德音無良。

胡能有定，俾也可忘。

日居月諸，東方自出。父兮母兮，畜我不卒。

胡能有定，報我不述。

下之音戶為韻母讀法不同，顧之音古，為聲調高低不同。

〔四〕合韻　顏師古《漢書注》謂之「合韻」。顏氏於《漢書・司馬相如傳》「其上則有鵷雛孔鸞。騰遠射干。其下則有白虎玄豹，蟃蜒貙豻。」下注云：「豻音岸，合韻音五安反。」按豻字今本《廣韻》共有四音，上平二十五寒音俄寒切、二十七刪音可顏切、去聲二十八翰音侯旰切、又音五旰切。顏氏此注，則欲將去聲二十八翰韻五旰切之音讀為上平二十五寒韻俄寒切之音也。五安反與俄寒切同音。

以上四家，無論所言為何，其改讀字音則一，此種改讀古書字音之事，實即古音之萌芽。錢大昕《十駕齋養新錄》云：「沈重《毛詩音》於〈燕燕〉首章『遠送于野』云『協句，宜時預反』，二章『遠送于南』云『協句，宜乃林反』。沈重生于梁末，其時去古已遠，而韻書實始萌芽，故於今韻不合者有協句之例，協句即古音也。」

二、韻緩　陸德明《經典釋文》於《詩經・邶風・燕燕》三章「南」字下，既錄沈重「協句」之說，又申之以己意曰：「古人韻緩，不煩改字。」韻緩即韻寬，其意蓋謂，今韻「音」、「心」在侵韻，「南」在覃韻，雖屬不同之韻，但在古人，因為韻寬，則可以互相協韻也。戴震《聲韻考》云：「唐陸德明《毛詩音義》，雖列徐邈、沈重諸人，紛紛謂合韻、取韻、協句，大致就詩求音，與後人漫從改讀名之為協者迥殊。而於〈召南〉華字云：『古讀華為敷。』於〈邶風〉南字云：『古人韻緩，不煩改字。』是陸氏固顯言古人音讀，及古韻今韻之不同矣。」

三、改經　惜陸氏而後，竟無人明白斯理，於是遇字有不協，乃徑改動古書文字以求協合者。顧炎武〈答李子德書〉云：至於近日鋟本盛行，而凡先秦以下之書，率臆徑改，不復言其舊爲某，則古人之音亡而文亦亡，此尤可歎者也。開元十三年敕曰：「朕聽政之暇，乙夜觀書，每讀《尚書·洪範》，至『無偏無頗，遵王之義。』三復茲句，常有所疑，據其下文，並皆協韻，惟頗一字，實則不倫。」[1]又《周易·泰卦》中，『無平不陂』《釋文》云：『陂字亦有頗音』，陂之與頗，訓詁無別，其《尚書·洪範》『無偏無頗』字，宜改爲陂。」又曰：「《易·漸》上九，『鴻漸于陸，其羽可用爲儀。』范諤昌改陸爲逵。」「〈雜卦傳〉『晉、晝也；明夷、誅也。』孫奕改誅爲昧。」

此種改易古書之行事，固然不當，然跡其所以有此結果，亦由於古今音異之故也。

四、通轉　中國聲韻學史上專著一書以闡明古音者，實自吳棫始。吳棫字才老，武夷人，著有《詩補音》、《韻補》二書以明古音。《詩補音》久失其傳，《韻補》一書今猶傳世，乃專就《廣韻》二百六韻注明古通某、古轉聲通某、古通某或轉入某。是爲《韻補》之三例。若據吳氏所注通轉歸類，可得古韻九類如下：

〔一〕東（冬、鍾通、江或轉入）

〔二〕支（脂、之、微、齊、灰通，佳、皆、咍轉聲通）

〔三〕魚（虞、模通）

〔四〕眞（諄、臻、殷、痕、耕、庚、清、青、蒸、登、侵通，文、元、魂轉聲通）

〔五〕先（僊、鹽、沾、嚴、凡通，寒、桓、刪、山、覃、

1　《尚書·洪範》韻語：
無偏無頗。遵王之義。無有作好。遵王之道。
無有作惡。遵王之路。無偏無黨。王道蕩蕩。
無黨無偏。王道平平。無反無側。王道正直。

談、咸、銜轉聲通）

〔六〕蕭（宵、肴、豪通）

〔七〕歌（戈通，麻轉聲通）

〔八〕陽（江、唐通，庚、耕、清轉聲通）

〔九〕尤（侯、幽通）

就其韻目所注，雖得古韻九類之大界，然細察其各類所收之字，多自亂其界域。如東類收「登、唐、徵、崩、分、朋、憑、馮、房、務、甍、夢、尊、彰、纔、乘、繩、膺、薨、興、宏、湛、陵」諸字，支類收「加、嘉、歌、求、糾、釿、義、議、誼、峨、我、魚、焞、逃、旎、波、浮、莎、多、鼓、春、沙、鯊、魦、疏、灑、憂、柯、禍、化、和、蛇、猷、悠、由、遊、游、運、羅、人」諸字，皆不合其所定通轉之條理。此則顧炎武所言「長於釆收，而短於甄別」者是也。平情而論，蓋事屬草創，分合多疏，固所難免。但其書最爲人所詬病者，乃在其所採材料，漫無準則，過於冗繁。陳振孫《書錄解題》評其缺失曰：「自《易》、《書》、《詩》而下，以及本朝歐、蘇，凡五十種，其聲韻與今不同者皆入焉。」《四庫全書總目提要》亦云：「所引書五十種中，下逮歐陽修、蘇轍諸作，與張商英之《僞三墳》，旁及《黃庭經》、《道藏》諸歌，故參錯冗雜，漫無條理。」

雖然《韻補》一書缺失甚多，但於古音學之研究，畢竟有其開創之功。《四庫全書總目提要》云：「自宋以來，著一書以明古音者，實自棫始，後來言古音者，皆從此而推闡加密。」錢大昕〈韻補跋〉云：「才老博考古音，以補今韻之闕，雖未能盡得六書之原本，而後儒因是知援《詩》、《易》、《楚詞》以求古音之正，其功已不細。古人依聲寓義，唐、宋人久失其傳，而才老獨知之，可謂好學深思者矣。」

以今論之，吳氏之書，雖分合多疏，以後世眼光視之，不無可議，然篳縷之功，終不可滅。故凡言古音之學者，莫不宗顧而祖才老。良以古音之學，自吳氏開之也。

五、叶音

宋朱熹《詩集傳》大量使用「叶音」之說，其意以爲詩人爲押韻之方便，可任意將詩中之字音改讀一可協韻之音，由於此一觀念之影響，幾乎無字不可叶。例如「家」字，朱子在《詩經・周南・桃夭》首章：

桃之夭夭，灼灼其華。之子于歸，宜其室家。

此一「家」字，詩與華韻，朱子口中讀來亦無不協之感，故未注音，其意蓋謂在〈桃夭〉篇中，「家」字如其本音讀即可。至於《國風・豳風・鴟鴞》三章：

予手拮据。予所捋荼。予所蓄租。

予口卒瘏。曰予未有室家。

《詩經・小雅・我行其野》首章：

我行其野，蔽芾其樗。昏姻之故，言就爾居。

爾不我畜，復我邦家。

《詩經・小雅・采薇》首章：

靡室靡家。玁狁之故。不遑啓居。玁狁之故。

《詩經・小雅・雨無正》卒章：

謂爾遷于王都。曰予未有室家。

《詩經・大雅・綿》五章：

乃召司空，乃召司徒。俾立室家。

此五章詩之「家」字，因欲與据、荼、租、瘏；樗、居；居；都；徒諸字押韻，朱子讀來不甚和諧，因此乃將「家」字叶音「古胡切」，亦即將「家」字讀成「姑」字之音。尤其荒謬者，朱子於《詩經・召南・行露》二章：

誰謂雀無角。何以穿我屋。誰謂女無家，何以速我獄。雖速我獄。室家不足。

三章：

誰謂鼠無牙，何以穿我墉。誰謂女無家，何以速我訟。誰速我訟。亦不女從。

此二「家」字，本不押韻，而朱子以為押韻，所以將二章之「家」字叶音「谷」；三章之「家」字叶「各空反」。如此則同一「家」字，在《詩經》之中，義訓無殊，卻有ka、ku、kuk、kuŋ四種讀法。如此任意改讀，當然匪夷所思，絕無此理。故顧炎武《詩本音》評之曰：「一家也，忽而谷，忽而公，歌之者難為音，聽之者難為耳矣。此其病在乎以後代作詩之體，求六經之文，而厚誣古人以謬悠惚恍，不可知、不可據之字音也。」叶音之說，所以為人所詬病者，乃以今律古，強古以適今，以致字無定音，音無正字，與研究古音之觀念，根本相違。然跡其由來，亦緣古今音異之故也。

六、本音

本音亦謂之正音，即古有本音，無所謂「叶」。首明此理者，宋代有項安世，其《家說・論詩音》條云：

「凡《詩》中『東』字皆協『蒸』字韻，『南』字皆協『侵』字韻，『下』字、『馬』字皆協『補』字韻，『母』字、『有』字皆協『止』字韻，『英』字、『明』字皆協『唐』字韻，『華』字皆協『模』字韻，『為』字皆協『戈』字韻，『服』字皆協『德』字韻，『天』字皆協『真』字韻，其所通韻，皆有定音，非泛然雜用而無別者，於此可見古人呼字，其聲之高下，與今不同。又有一字而兩呼者，古人本皆兼用之，後世小學，字既皆定爲一聲，則古之聲韻遂失其傳，而天下之言字者，於是不復知有本聲矣。雖然，求之方俗之故言，參之制字之初聲，尙可考也。如『烏』謂之『鵶』，『姑』謂之『家』，『潭』之字爲『沈』，『庵』之字爲『陰』，明都之『明』爲『望』，不羹之『羹』爲『郎』，甄官之後爲『眞』，陳常之後爲『田』，『菔』之字爲『葍』，『馮』之字爲『憑』，凡此皆方俗之故言也，而考之於《詩》而合焉。痏、洧從有而音偉，宄、軌從九而音鬼，婪、溁皆從林聲而讀如藍，鐔、鐔從覃聲而讀如尋，英之聲從央，盲之聲從亡，顚、塡之聲從眞，福、輻之聲從畐，爲孤、苽者瓜聲，爲波、頗者皮聲，凡此皆制字之初聲也，而考之於《詩》而又合焉。夫字之本聲，不出於方俗之言，則出於制字者之說，舍是二者，無所得聲矣。今參之二者以讀聖經，既無不合矣，而世之儒生，獨以今《禮部韻略》不許通用，而遂以爲詩人用韻皆泛濫無準，而不信其爲自然之本聲也，不亦陋乎！」

論古有本音，項氏最早，從方言與形聲二途以明之，觀念明確，陳第以前，有此成就，實爲難得，故特爲表彰，著爲首功。項氏之說，得之本師潘重規先生《中國聲韻學》，謹此致謝。

元戴侗著《六書故》，亦明此理。其言曰：

「書傳『行』皆戶郎切，《易》與《詩》雖有合韻者，然『行』未嘗有協庚韻者，『慶』皆去羊切，未嘗有協映韻者，如『野』之上與切，『下』之後五切，皆古正音，與今異，非叶韻也。」

明焦竑，字弱侯，南京人。焦氏於古音之學，未有專書，然其古音學理論，散見於所著《筆乘》中，又序陳第《毛詩古音考》《屈宋古音義》二書，亦時時言及之。凡所立論，皆極精要。其〈古詩無叶音說〉云；

「詩有古韻今韻，古韻久不傳，學者於《毛詩》《離騷》，皆以今韻讀之，其有不合，則強爲之音，曰此叶也。予意不然，如〈騶虞〉一虞也，既音牙而叶葭與豝，又音五紅反而叶蓬與豵；好仇一仇也，既音求而叶鳩與洲，又音渠之反而叶逵。如此則東亦可音西，南亦可音北，上亦可音下，前亦可音後，凡字皆無正呼，凡詩皆無正字矣，豈理也哉！如下今在禡押而古皆作虎音，〈擊鼓〉云『于林之下』上韻爲『爰居爰處』；〈凱風〉云：『在浚之下』下韻爲『母氏勞苦』；〈大雅・綿〉『至于岐下』上韻『率西水滸』之類也。服今在屋押，而古皆作迫音，〈關雎〉云：『寤寐思服』下韻『輾轉反側』；〈有狐〉云：『之子無服』上韻爲『在彼淇側』；〈騷經〉『非時俗之所服』下韻爲『依彭咸之遺則』；《大戴禮・孝昭冠詞》『始加昭明之元服』下韻『崇積文武之寵德』之類也。降今在絳押，而古皆作攻音，〈草蟲〉云：『我心則降』下韻爲『憂心忡忡』；〈騷經〉『惟庚寅吾以降』上韻爲『朕皇考曰伯庸』之類也。澤今在陌押，而古皆作鐸音，〈無衣〉云：『與子同澤』下韻爲『與子偕作』；〈郊特牲〉『草木歸其澤』上韻爲『水歸其壑，昆蟲無作』之類也。此等不可殫舉，使非古韻，而自以意叶之，則下何皆音虎，服何皆音迫，降何皆音攻，澤何皆音鐸，而無一字作他音者耶！〈離騷〉漢魏，去詩人不遠，故其用韻皆同，世儒徒以耳目不逮，而鑿空附會，良可歎矣。」

按焦氏能悟及古音之不同今音，以爲古人自有本音，力闢叶音之謬，實與同時陳第所見盡合，故陳氏謂其「古詩無叶音」之說，乃「前人未道語」，許爲「知言」。後世言古音者，莫不尊尙陳氏，而焦氏與之同時，所見若一，開闢榛莽，掃除塵氛，皆同有功於古音之學者也。

陳第字季立，閩連江人，著有《毛詩古音考》《屈宋古音義》《讀詩拙言》三書以闡明古音。向來叶韻轇葛之說始徹底廓清。陳氏以爲詩之押韻，出于自然，非由人爲，時有變改，音有轉移，以今讀古，其音原異。古人自有本音，非隨意改讀，輒轉以牽就之也。其〈毛詩古音考自序〉云：

「夫詩以聲教也，取其可歌可詠，可長言嗟歎，至手足舞蹈而不自知，以感竦其興、觀、群、怨、事父、事君之心，且將從容紬繹夫鳥獸草木之名義，斯其所以爲詩也。若其意深長，而于韻不諧，則文而已矣。故士人之篇章，必有音節，田野俚曲，亦各諧聲，豈以古人之詩而獨無韻乎！蓋時有古今，地有南北，字有更革，音有轉移，亦埶所必至。故以今之音讀古之作，不免乖剌而不入，于是悉委之叶，夫其果出于叶也，作之非一人，采之非一國，何母必讀米，非韻杞韻止，則韻祉韻喜矣[2]。馬必讀母，非韻組韻黼，則韻旅韻土矣[3]。京必讀彊，非韻堂韻將，則

---

2 《詩・鄭風・將仲子》首章：「將仲子兮，無踰我里。無折我樹杞。豈敢愛之，畏我父母。」以母與里、杞韻。《詩・小雅・四牡》四章：「翩翩者鵻，載飛載止。集于苞杞。王事靡盬，不遑將母。」母與止、杞韻。《詩・魯頌・閟宮》八章：「魯侯燕喜。令妻壽母。宜大夫庶士。邦國是有。既多受祉。黃髮兒齒。」以母與喜、士、祉、齒韻。

3 《詩・鄭風・大叔于田》首章：「叔于田，乘乘馬。執轡如組。兩驂如舞。叔在藪，火烈具舉。襢裼暴虎。獻于公所。將叔無狃，戒其傷女。」以馬與組、舞、虎、所、女韻。《詩・小雅・采菽》首章：「雖無予之，路車乘馬。又何予之，玄袞及黼。」以馬與黼韻。《詩・大雅・崧高》五章：「王遣申伯，路車乘馬。我圖爾居。莫如南土。」馬與土韻。《詩・周頌・有客》首章：「有客有客，亦白其馬。有萋有且，敦琢其旅。」馬與旅韻。

韻常韻王矣[4]。福必讀偪，非韻食韻翼，則韻德韻億矣[5]。厥類實繁，難以殫舉，其矩律之嚴，即《唐韻》不啻，此其故何耶？又左、國、易象、離騷、楚辭、秦碑、漢賦，以至上古歌謠、箴銘、贊誦，往往韻與詩合，實古音之證也。或謂三百篇詩辭之祖，後有作者規而韻之耳。不知魏、晉之世，古音頗存，至隋、唐澌盡矣。唐宋名儒，博學好古，閒用古韻以炫異耀奇則誠有之。若讀垤爲姪，以與日韻，堯誡也[6]；讀明爲芒，以與良韻，皋陶歌也[7]；是皆前于詩者，夫又何放？且讀皮爲婆，宋役人謳也[8]；讀邱爲欺，齊嬰兒語也[9]；讀戶爲甫，楚民間謠也[10]；

4　《詩・鄘風・定之方中》二章：「望楚與堂，景山與京。降觀于桑，卜云其吉，終焉允臧。」京與堂、桑、臧韻。《詩・小雅・正月》首章：「正月繁霜。我心憂傷。民之訛言，亦孔之將。念我獨兮，憂心京京。哀我小心，癙憂以痒。」以京與霜、傷、將、痒押韻。《詩・大雅・文王》五章：「侯服于周，天命靡常。殷士膚敏，祼將于京。」以京與常押韻。

5　《詩・小雅・天保》五章：「神之弔矣，貽爾多福。民之質矣，日用飲食。群黎百姓，遍爲爾德。」以福與食、德韻。《詩・小雅・楚茨》首章：「楚楚者茨，言抽其棘。自昔何爲，我蓺黍稷。我黍與與，我稷翼翼。我倉既盈，我庾維億。以爲酒食。以享以祀，以妥以侑，以介景福。」以福與棘、稷、翼、億、食韻。《詩・大雅・大明》三章：「惟此文王，小心翼翼。昭事上帝，聿懷多福。厥德不回，以受方國。」以福與翼、國韻。

6　《淮南子・人間訓》：「戰戰慄慄。日愼一日。人莫躓於丘，而躓於垤。」

7　《尚書・益稷謨》：「皋陶歌曰：。元首明哉。股肱良哉。庶事康哉。」

8　《左傳・宣公二年》：「使其驂乘謂之曰：牛則有皮。犀兕尚多。棄甲則那。役人曰：從其有皮。丹漆若何。」

9　《戰國策・齊策》：「大冠若箕。修劍拄頤。攻敵不下，壘於梧丘。」

10　《史記・項羽本紀》：「楚南公曰：楚雖三戶。亡秦必楚。」

讀裘爲基，魯朱儒謔也[11]；讀作爲詛，蜀百姓辭也[12]；讀口爲苦，漢白渠誦也[13]；又家姑讀也，秦夫人之占[14]；懷回讀也，魯聲伯之夢[15]；旂芹讀也，晉滅虢之徵[16]；瓜孤讀也，衛良夫之譟[17]。彼其閭巷贊毀之間，夢寐卜筮之頃，何暇屑屑模擬，若後世吟詩者之限韻耶？愚少受詩家庭，竊嘗留心于此，晚年獨居海上，慶弔盡廢，律絕近體，既所不嫻，六朝古風，企之益遠。惟取三百篇日夕讀之，雖不能手舞足蹈，契古人之意，然可

---

11 《左傳・襄公四年》：「國人誦之曰：臧之狐裘。敗我於狐駘。我君小子。朱儒是使。朱儒朱儒。使我敗於邾。」

12 《後漢書・廉范傳》：「建中初，遷蜀郡太守，其俗尙文辯，好相持短長，范每厲以淳厚，不受偷薄之說。成都民物豐盛，邑宇逼側，舊制禁民夜作，以防火災，而更相隱蔽，燒者日屬。范乃毀削先令，但嚴使儲水而已。百姓爲便，迺歌之曰：『廉叔度。來何暮。不禁火，民安作。平生無襦今五袴。』」按章懷太子注曰：「作協韻音則護反。」惠棟曰：「《東觀記》作作厝。」

13 《漢書・溝洫志》：「大始二年，趙中大夫白公復奏穿渠，引涇水，首起谷口，尾入櫟陽，注渭中。袤二百里，溉田四千五百餘頃，因名曰白渠。民得其饒，歌之曰：『田於何所。池陽谷口。鄭國在前，白渠起後。舉臿爲雲，決渠爲雨。涇水一石，其泥數斗。且溉且糞，長我禾黍。衣食京師，億萬之口。』」

14 《左傳・僖公十五年》：「歸妹睽孤。寇張之弧。姪從其姑。六年其逋。逃歸其國而棄其家。明年其死于高粱之虛。」

15 《左傳・成公十七年》：「初聲伯夢涉洹，或與己瓊瑰，食之，泣而爲瓊瑰，盈其懷，從而歌之曰：『濟洹之水，贈我以瓊瑰。歸乎。歸乎。瓊瑰盈吾懷乎。』」

16 《左傳・僖公五年》：「晉侯圍上陽，問於卜偃曰：吾其濟？對曰：克之。公曰：何時？對曰：童謠云：『丙之晨。龍尾伏辰。均服振振。取虢之旂。鶉之賁賁。天策淳淳。火中成君。虢公其奔。』」

17 《左傳・哀公十七年》：「衛侯夢于北宮，見人登昆吾之觀，被髮北面而譟曰：『登此昆吾之虛。綿綿生之瓜。余爲渾良夫。叫天無辜。』」

欣、可喜、可戚、可悲之懷，一于讀詩泄之。又懼子姪之學詩而不知古音也，于是稍爲考據，列本證、旁證二條，本證者，詩自相證也；旁證者，采自他書也。二者俱無，則宛轉以審其音，參錯以諧其韻，無非欲便于歌詠，可長言嗟歎而已矣。蓋爲今詩，古韻可不知也；讀古之詩，古韻可不察乎？嗟夫！古今一意，古今一聲，以吾之意而逆古人之意，其理不遠也；以吾之聲而調古人之聲，其韻不遠也。患在是今非古，執字泥音，則支離日甚，孔子所刪，幾乎不可讀矣。」

其《讀詩拙言》曰：

「說者謂自五胡亂華，驅中原之人，入于江左，而河、淮南北，閒雜夷言，聲音之變，或自此始。然一郡之內，聲有不同，繫乎地者也；百年之中，語有遞轉，繫乎時者也。況有文字而後有音讀，由小篆而八分，由八分而隸，凡幾變矣，音能不變乎！所貴誦詩讀書，尙論其當世之音而已。三百篇，詩之祖，亦韻之祖也。作韻書者，宜權輿于此，溯源沿流，部提其字曰：『古音某，今音某。』則今音行而古音庶幾不泯矣。自周至後漢，音已轉移，其未變者實多。」

自項安世至陳第提倡詩有本音以來，至此古今音異之理，乃炳然大明，後人探求詩音之眞象，古音學即由斯起。顧炎武《詩本音》之作，即承繼陳第而起者，故其所建樹，已度越前賢，清代以前，一人而已。江有誥云：「明陳第始知叶音即古本音，誠爲篤論。」

第三節 研究古音之資料與方法

清許翰〈求古音八例〉云：「一曰諧聲，《說文》某字某聲之類是也。二曰重文，《說文》所載古文、籀文、奇字、篆文或某聲者是也。三曰異文，經傳文同字異，漢儒注某讀爲某者是也。四曰音讀，漢儒注某讀如某，某讀若某者是也。五曰音訓，如仁人、義宜、庠養、序射、天神引出萬物、地祇提出萬物者是也。六曰疊韻，如崔嵬、虺頹、傴僂、污邪是也。七曰方言，子雲所錄，是其專書，故書雜記，亦多存者，流變實繁，宜愼擇矣。八曰韻語，九經、楚詞、周秦諸子、兩漢有韻之文是也。盡此八者，古音之條理秩如也。」今據許所說及諸家所用，綜合敘述於後：

〔一〕古代韻文：

(一)韻部：

以古代韻文研究古人韻部，其用最宏，所得亦最爲正確。蓋古無韻書，詩人押韻，全憑自然之語音，亦即詩人之口語。歸納古人詩篇之韻腳，即可得古代韻部之大概。茲以《詩經》爲例，加以說明：

《詩・召南・草蟲》首章：「喓喓草蟲（一東）。趯趯阜螽（一東）。未見君子，憂心忡忡（一東）。亦既見止，亦既覯止，我心則降（四江）。」

《詩・邶風・谷風》六章：「我有旨蓄，亦以御冬（二冬）。宴爾新婚，以我御窮（一東）。」

《詩・鄘風・定之方中》首章：「定之方中（一東）。作之楚宮（一東）。」

《詩・小雅・出車》六章：「喓喓草蟲（一東）。趯趯阜螽（一東）。未見君子，憂心忡忡（一東）。既見君子，我心則降（四江）。赫赫南仲（一送）。薄伐西戎（一東）。」

《詩・小雅・蓼蕭》四章：「蓼彼蕭斯，零露濃濃（二冬）。鞗革沖沖（一東）。」

《詩・大雅・旱麓》二章：「瑟彼玉瓚，黃流在中（一東）。豈弟君子，福祿攸降（四江）。」

《詩・大雅・既醉》三章：「昭明有融（一東）。高朗令終（一東）。」

《詩・大雅・鳧鷖》四章：「鳧鷖在潨（一東）。公尸來燕來宗（二冬）。既燕于宗（二冬）。福祿攸降（四江）。公尸燕飲，福祿來崇（一東）。」

《詩・大雅・召旻》六章：「泉之竭矣，不云自中（一東）。溥斯害矣，職兄斯弘（十七登）。不災我躬（一東）。」

歸納各章詩押韻之韻腳，即可得知此類字在《詩經》中應爲一部。茲歸納其韻字於下：

蟲螽忡降冬窮中宮仲戎濃沖融終潨宗崇中弘躬諸字押韻，則此諸字，古韻自當爲一部。惟弘字除與此類字押韻外，復與蒸部字押韻，而與蒸部押韻爲常，則此處與冬部押韻只算合韻。然後再從所屬《廣韻》韻目觀察，極爲明顯，本部之字，包含《廣韻》一東韻開口三等字，二冬韻，以及四江韻部分字在內。

(二) 聲母：

蘄春黃季剛先生〈論據詩經以考音之正變〉一文，提出就詩之連字以考聲類相通之常者，舉例如次：

「匍匐救之」　匍匐雙聲，古皆在並母。

「領如蝤蠐」　蝤蠐雙聲，古皆在從母。

「熠燿其羽」　熠燿雙聲，古皆在影母[18]。

18 按《廣韻》：「熠、羊入切」「燿、弋照切」二字皆屬「喻」母，黃侃以爲古歸影母，故云古皆在影母也。其說未盡確，當據曾運乾

「相其陰陽」　陰陽雙聲，古皆在影母[19]。

其就詩之對字以考聲類相通之常者，亦嘗舉例，今迻錄於次：

「安且燠兮」　安燠雙聲，古皆在影母。

「雞鳴喈喈」「雞鳴膠膠」　喈、膠雙聲，古皆在見母。

「顛之倒之」　顛倒雙聲，古皆在端母。

「或以其酒」「不以其漿」　酒、漿雙聲，古皆在精母。

清錢坫《詩音表》雙聲篇，全據此理歸納而得，可供參考，然據詩之連字、對字以考聲母，宜十分謹慎，黃侃既已有誤，吾人更宜小心，若無至切至明之證據，與其泛濫而無所歸，則不如寧闕而毋濫也。

（三）聲調：

據古代韻文以探求古代聲調，其作用與求古代之部居相等，若某字在後世屬去聲，而古代韻文卻常與平聲押韻，則此字於古必為平聲無疑，例如「慶」字在韻書屬去聲，而《詩》、《易》每與平聲字為韻，則「慶」字於古必為平聲無疑也。又如「歲」字韻書屬去聲，《詩》與入聲為韻，則「歲」字於古亦當屬入聲字也。

今舉段玉裁《六書音韻表・古四聲說》為例以明之，段氏嘗舉其十五部之入聲，多轉為去聲，以明古無去聲，段氏並舉證云：「至第十五部，古有入聲而無去聲，隨在可證，如《文選》所載班固〈西都賦〉『平原赤，勇士厲』而下，以厲、竄、檅、

〈喻母古讀考〉改正為喻母古歸定。若然，則當云「古皆在定母」也。

19 《廣韻》：「陰、於金切」屬影母，「陽、與章切」屬喻母，據黃侃說固屬雙聲，然據曾運乾所考，則二字古非雙聲也。

蹶、折、噬、殺爲韻，厲、竄、穢、噬讀入聲[20]；左思〈蜀都賦〉『軌躅八達』而下，以達、出、室、術、駟、瑟、恤爲韻，駟讀入聲[21]；〈吳都賦〉『高門鼎貴』而下，以貴、傑、裔、世、轍、設、噎爲韻，貴、裔、世讀入聲[22]；〈魏都賦〉『均田畫疇』而下，以列、翳、悅、世爲韻，翳、世讀入聲[23]；『髽首之豪』而下，以傑、闕、設、晣、裔、髮爲韻，晣、裔讀入聲[24]；郭璞〈江賦〉以駃、月、聒、䎗、豁、碣、爲韻，駃讀入聲[25]；江淹〈擬謝法曹詩〉以汭、別、袂、雪爲韻，汭、袂讀入聲[26]；〈擬謝臨川詩〉以缺、設、絕、澈、晣、泬、蔽、汭、逝、雪、穴、滅、澨、說爲韻，晣、蔽、汭、逝、噬讀入聲[27]；法

---

20 《文選・班固・西都賦》：「平原赤，勇士厲。猨狖失木，豺狼懾竄。爾乃移師趨險，並蹈潛穢。窮虎奔突，狂兕觸蹶。許少施巧，秦成力折。掎僄狡，扼猛噬。脫角挫脰，徒搏獨殺。」

21 《文選・左思・蜀都賦》：「外則軌躅八達。里閈對出。比屋連甍，千廡萬室。亦有甲第，當衢向術。壇宇顯敞，高門納駟。庭扣鍾磬，堂撫琴瑟。匪葛匪姜，疇能是恤。」

22 《文選・左思・吳都賦》：「其居則高門鼎貴。魁岸豪傑。虞魏之昆，顧陸之裔。岐嶷繼體，老成奕世。躍馬疊跡，朱輪累轍。陳兵而歸，蘭錡內設。冠蓋雲蔭，閭閻闐噎。」

23 《文選・左思・魏都賦》：「均田畫疇，蕃廬錯列。薑芋充茂，桃李蔭翳。家安其所，而服美自悅。邑屋相望，而隔踰弈世。」

24 《文選・左思・魏都賦》：「髽首之豪，鐻耳之傑。服其荒服，斂衽魏闕。置酒文昌，高張宿設。其夜未遽，庭燎晣晣。有客祈祈，載華載裔。」

25 《文選・郭璞・江賦》：「其羽族也，則有晨鵠天雞，�敖鷗駃。陽鳥爰翔，于以玄月。千類萬聲，自相喧聒。濯翮疏風，鼓翅翻䎗。揮弄灑珠，拊拂瀑沫。集若霞布，散如雲豁。產氄積羽，往來勃碣。」

26 《文選・江淹・擬謝法曹詩》：「昨發赤亭渚，今宿浦陽汭。方作雲峰異，豈伊千里別。芳塵未歇席，涔淚猶在袂。停艫望極浦，弭棹阻風雪。」

27 《文選・江淹・擬謝臨川詩》：「江海經邅迴，山嶠備盈缺。靈境

言定韻之前，無去不可入，至法言定韻以後，而謹守者不知古四聲矣。他部皆準此求之。」

〔二〕說文諧聲：

(一)韻部：

段玉裁《六書音韻表·古諧聲說》云：「一聲可諧萬字，萬字而必同部，同聲必同部。」又〈古十七部諧聲表序〉云：「六書之有諧聲，文字之所以日滋也。考周秦有韻之文，某聲必在某部，至嘖而不可亂，故視其偏旁以何字爲聲，而知其音在某部，易簡而天下之理得也。許叔重作《說文解字》時，未有反語，但云某聲某聲，即以爲韻書可也。自音有變轉，同一聲而分散於各部各韻，如一『某』聲，而『某』在厚韻，媒、腜在灰韻；一『每』聲，而悔、晦在隊韻，敏在軫韻，晦、痗在厚韻之類，參縒不齊，承學多疑之，要其始則同諧聲者必同部也。」王力《詩經韻讀·諧聲問題》說段玉裁的話是對的。「諧聲系統反映了上古語音系統。例如《詩經·小雅·庭燎》協"晨""煇""旂"，《采菽》叶"芹""旂"足以證明"旂"屬文部，讀若"芹"，這和它的諧聲偏旁"斤"是相符合的。《詩經·大雅·生民》協"祀""子""敏""止"，足以證明"敏"屬之部，讀若"每"，這和它的諧聲偏旁"每"是相符合的。這類例子很多，不勝枚舉，从諧聲偏旁去掌握古韻系統，是以簡馭繁的方

信淹留，賞心非徒設。平明登雲峰，杳與廬霍絕。碧鄣長周流，金潭恒澄澈。桐林帶晨霞，石壁映初晰。孔竇既滴瀝，丹井復寥泬。岧嶢轉奇秀，岑崟還相蔽。赤玉隱瑤溪，雲錦被沙汭。夜聞猩猩啼，朝見鼯鼠逝。南中氣候暖，朱華凌白雪。幸遊建德鄉，觀奇經禹穴。身名竟誰辯，圖史終磨滅。且汎桂水潮，映月遊海澨。攝生貴處順，將爲智者說。」

法。」

因爲古代韻文入韻之字有限，未曾出現於韻腳處之字，爲數仍夥，今據諧聲歸部之法，則可彌補此項缺陷。例如『吉』字，《詩・召南・摽有梅》一章與“七”爲韻，《唐風・無衣》一章亦與“七”爲韻，《小雅・都人士》三章與“實”“結”爲韻，從知“吉”“七”“實”“結”諸字古韻共在一部，今定名爲『質』部，根據同諧聲必同部原則，而吉聲之字，不論入韻與否，如趌、咭、詰、桔、佶、袺、欯、頡、硈、黠、壹、鮚、拮、姞、結、蛣、劼、襭、噎、殪、饐、曀、豷諸字古皆與吉同部，據形聲以求韻，此眞執簡馭繁之捷術也。

〔附先師林景伊先生廣韻諧聲偏旁歸類習作範例〕

平聲一東韻

⑴从東得聲之字：〔說文：「東、動也。從木，官溥說：從日在木中。」得紅切，九部。古音東部。〕

○東菄鶇鯟倲倲餗涷蝀凍鰊徚崠埬蝀䰤（德紅切）古音東部。

⑵从童得聲之字：〔說文：「童、男有罪曰奴，奴曰童，女曰妾。从䇂、重省聲。」徒紅切，九部。古音東部。「重、厚也。从壬、東聲。」柱用切，九部。古音東部。〕

○童僮曈罿犝潼瞳橦鸇甋蕫穜艟鄣（徒紅切）○曈潼（他紅切）古音東部。

⑶从仝得聲之字：〔說文：「仝、完也。从入、从工。全、篆文仝从王，純玉曰全。」疾緣切，十四部。古音元部。〕

○烇（德紅切）○仝（徒紅切）古音東部。

⑷从同得聲之字：〔說文：「同、合會也。从冂口。」徒紅切，九部。古音東部。〕

○同銅桐峒硐艑狪筒甋洞侗烔挏酮鮦羵眮衕詷㢥哃㣚絧郮（徒紅切）○裥（盧紅切）○侗恫痌狪蛔（他紅切）古音東部。

⑸从甬得聲之字：〔說文：「甬、艸木華甬甬然也。从马、用聲。」余隴切，九部。古音東部。「用、可施行也。从卜中。」余訟切，九部。古音東部。〕

○甋筩䲧（徒紅切）○通蓪俑（他紅切）古音東部。

⑹从朕得聲之字：〔說文：「朕、我也。闕。」段注：「凡勝騰滕縢騰皆以朕爲聲，則朕古音當在六部矣，今音直禁切。」古音蒸部。〕

○䲍騰（徒紅切）古音蒸部。

⑺从中得聲之字：〔說文：「中、內也。从口、丨下上通也。」陟弓切，九部。古音冬部。〕

○中衷忠苹（陟弓切）○沖种盅苹狆（直弓切）○忡沖盅（敕中切）古音冬部。

⑻从蟲得聲之字：〔說文：「蟲、有足謂之蟲，無足謂之豸。从三虫。」直弓切，九部。古音冬部。〕

○蟲爞（直弓切）○融瀜（以戎切）古音冬部。

⑼从冬得聲之字：〔說文：「冬、四時盡也。从仌从夂。」都宗切，九部，古音冬部。〕

○終殄螽鼨蔠柊䶱鴤篸泈（職戎切）古音冬部。

⑽从衆得聲之字：〔說文：「衆、多也。从众目會意。」之仲切，九部，古音冬部。〕

○衆潨蝀霥貕（職戎切）古音冬部。

⑾从宗得聲之字：〔說文：「宗、尊祖廟也。从宀示。」作冬切，九部。古音冬部。〕

○崇宻㓤饚（鋤弓切）古音冬部。

⑿从嵩得聲之字：

○嵩（息弓切）古音冬部。

⒀从公得聲之字：〔說文：「公、平分也。从八厶，八、猶背也。韓非曰：背私爲公。」古紅切，古音東部。〕

○崧菘硹（息弓切）○公蚣（古紅切）○翁蓊螉蓊篛鞥樤鰯（烏紅切）古音東部。

⒁从戎得聲之字：〔說文：「戎、兵也。从戈甲。」如融切，古音冬部。〕

○駥娀䖪蜙（息弓切）○戎䋆茙駥戜械筬俵狨絨（如融切）古音冬部。

⒂从弓得聲之字：〔說文：「弓、窮也。以近窮遠者，象形。」居戎切，古音蒸部。〕

○弓躬躳（居戎切）○穹焪芎躳（去宮切）○窮藭竆（渠弓切）古音蒸部。

⒃从宮得聲之字：〔說文：「宮、室也。从宀躳省聲。」居戎切，古音冬部。〕

○躳涫宮（居戎切）悺营（去宮切）古音冬部。

⒄从彤得聲之字：〔說文作彤云：「彤、丹飾也。从丹彡，彡其畫也，彡亦聲。」徒冬切，古音冬部。〕

○彤（以戎切）古音冬部。

⒅从肱得聲之字：〔說文：「肱本作厷、臂上也。从又从古文肱，𠃋古文厷象形。」古薨切，古音蒸部。〕

○雄（羽弓切）古音蒸部。

⒆从熊得聲之字：〔說文：「熊、熊獸似豕，山居冬蟄，从能炎省聲。」羽弓切，古音談部。「炎、火光上也。从重火。」于廉切，古音談部。〕

○熊（羽弓切）古音談部。

⒇从夢得聲之字：〔說文：「夢、不明也。从夕瞢省聲。」莫忠切，古音蒸部。「瞢、目不明也。从苜从旬，旬目數搖也。」木空切，古音蒸部。〕

○瞢夢鄸懜夢（莫中切）薨（莫紅切）古音蒸部。

㉑从馮得聲之字：〔說文：「馮、馬行急也。从馬仌聲。」皮冰切，古音蒸部。「仌、凍也。象水冰之形。」筆陵切，古音蒸部。〕

○馮㵟（房戎切）古音蒸部。

㉒从凡得聲之字：〔說文：「凡、最括而言也。从二，二、耦也。从古文及字。」浮芝切，古音侵部。〕

○堸汎芃渢梵（房戎切）○風颿楓猦偑葻䴸（方戎切）○芃颰（薄紅切）古音侵部。

㉓从豐得聲之字：〔說文：「豐、豆之豐滿也。从豆象形。」敷戎切，古音東部。〕

○豐酆蘴灃寷麷僼䴶（敷隆切）古音東部。

㉔从充得聲之字：〔說文：「充、長也、高也。从几育省聲。」昌終切，古音冬部。「育、養子使作善也。从𠫓肉聲。」余六切，古音覺部。「肉、胾肉。象形。」如六切，古音覺部。〕

○充珫茺忼䘪歕浣（昌終切）古音冬部。

㉕从降得聲之字：〔說文：「降、下也。从𨸏夅聲。」古巷切，古音冬部。「夅、服也。从夂㐄相承不敢並也。」下江切，古音冬部。〕

○隆癃蘢窿霳夆（力中切）○洚碎（戶公切）古音冬部。

㉖从工得聲之字：〔說文：「工、巧飾也。象人有規榘，與

巫同意。」古紅切，古音東部。〕

○空箜崆椌硿穸悾埪倥涳鵼莖鞚蛵箜（苦紅切）○功工疘玒釭魟攻叿愩碽篢（古紅切）○屸（盧紅切）○訌紅虹仜鴻葒粠洚魟舡翃颫琟（戶公切）○叿魟（呼東切）古音東部。

⑵从冡聲之字：〔說文：「冡、覆也。从冂豕。」莫紅切，古立東部。〕

○蒙冡濛驝艨朦矇饛鬤檬醿䑃鸏幪幏蠓朦霥（莫紅切）古音東部。

⑵从矛得聲之字：〔說文：「矛、酋矛也。建於兵車長二丈，象形。」莫浮切，古音幽部。〕

○罞髳雺霿霚（莫紅切）古音幽部。

⑵从龍得聲之字：〔說文：「龍、鱗蟲之長，能幽能明，能細能巨，能短能長。春分而登天，秋分而潛淵。从肉，飛之形，童省聲。」力鍾切，古音東部。〕

○籠蘢龔朧礱櫳鞴瀧聾轆礲穠瓏嚨蘢櫳龑龓襱瓏嚨鸗𩞯蠪（盧紅切）古音東部。

⑶从共得聲之字：〔說文：「共、同也。从廿廾。」渠用切，古音東部。〕

○洪鉷渶䚬䚬烘哄（戶公切）○烘訌颫（呼東切）

⑶从叢得聲之字：〔說文：「叢、聚也。从丵取聲。」徂紅切，古音侯部。「取、捕取也。从又耳。周禮獲者取左耳，司馬法曰：載獻聝，聝者耳也。」七庾切，古音侯部。〕

○叢藂叢簇（徂紅切）古音侯部。

⑶从匆得聲之字：〔說文無匆字，《廣韻聲系》以爲即囪字。「囪、在牆曰牖，在屋曰囪。」楚江切，古音東部。〕

○悤蔥樬轗聰總璁驄蟌囪醲鍯熜廖（倉紅切）○鬉（子紅

切）〇檧憽（蘇公切）古音東部。

⑶从兇得聲之字：〔說文：「兇、擾恐也。从儿在凶下。春秋傳曰：曹人兇懼。」許拱切，古音東部。〕

〇峎（盧紅切）〇葼嵕嵕猣鯼椶騣艐蝬堫碊豵緵傻稯鬉（子紅切）〇峎（五東切）古音東部。

⑶从從得聲之字：〔說文：「從、隨行也。从从止，从亦聲。」慈用切，古音東部。「从、相聽也。从二人。」疾容切，古音東部。〕

〇豵蠑嵸（子紅切）古音東部。

⑶从夆得聲之字：〔說文：「夆、牾也。从夊丰聲。」敷容切，古音東部。「丰、艸盛丰丰也。从生上下達也。」敷容切，古音東部。〕

〇蓬篷篷髼蜂䗦韸（薄紅切）古音東部。

⑶从曾得聲之字：〔說文：「曾、詞之舒也。从八从曰，古文囪聲。」昨棱切，古音蒸部。〕

〇矰（蘇公切）古音蒸部。

(二)聲母：

自從高本漢定出諧聲字之諧聲原則以來，確定諧聲部分與全字不必完全同音，但應有相同或相近之聲母輔音，經過李方桂先生修定，凡是同諧聲字必須同部位，此一原則確定之後，對研究上古音之聲母，諧聲字所發生之功效，已經無可取代矣。

凡諧聲必同部位之例如下：

咸　ɣam	減　kam	喊　xam	感　kam	古 kuo	苦 k'uo
干　kan	罕　xan	干　kan	旱　ɣan		
般　puan	盤　b'uan	半　puan	判　p'uan		

[28]

28　以上擬音據高本漢中古音系統。

由此可知，多數形聲字，諧聲字與聲符之間，聲母發音部位，縱然在中古音亦保持發音部位相同。同諧聲必同部位之通則，廣泛運用起來，效果極佳，可解決許多無法解釋之聲母難題。例如：

甬 0 －：通 t‘－：筩 d‘－：誦 z －

余 0 －：涂 d‘－：除 ȡ‘－：蜍ʑ－：徐 z －

高本漢認爲此類無聲母，最好爲之設想一舌尖塞聲聲母，則一切問題都可迎刃而解矣。所以此 0 －聲母在上古應該是一不送氣之濁舌尖舌音 d －，與 t －、t‘－、d‘－配成一整套舌尖塞聲聲母，在音韻結構上亦十分圓滿矣。解決與舌尖諧聲之 0 －聲母後，再來看看與舌根諧聲之零聲母，又當如何處理。例如：

羊 0 －：姜 k －：羌 k‘－：祥 z －

照高本漢處理舌尖音之辦法，爲它設想一舌根音來源即可，而此一舌根音可假設爲濁不送氣之 g －，則可與舌尖音平行解決。然而邪母 z －亦非如此單純，要解決邪母 z －既與舌根又與舌尖諧聲之問題，勢必也要像對待喻母 0 －之辦法一樣，即採用錢玄同先生邪母古歸定之說法而稍加修正。即邪 z －、喻 0 －同諧舌尖音者爲之設想一舌尖來源，即爲 d －；同諧舌根音者，則爲之設想一舌根音之來源，即爲 g －。

李方桂先生將喻邪分別擬定爲 r －、gr －與 rj －、grj －，也是著眼於諧聲關係而得來之結果，由此可知諧聲字對古聲母研究是何等關係重大，往後各章，還須詳談。

(三) 聲調：

諧聲字對聲調之研究，亦有極大之助益，例如有一大部份字，其字根全在入聲，而所孳乳之字，則全變去聲。例如：

北（博墨切、入聲）：背・邶（補妹切、去聲）：背（兵媚

切、去聲）

霍（匹各切、入聲）：霸（必駕切、去聲）

由（敷勿切、入聲）：畀・箅・痹（必至切、去聲）

伏（房六切、入聲）：絥（平祕切、去聲）

從此類所表現諧聲分布看來，其字根全在入聲，而孳乳字則全在去聲，更可顯示去入二聲之關係密切，則段玉裁古無去聲之說，似不無道理者也。

〔三〕經籍異文：

(一)韻部：

據經籍異文以考韻，其用亦宏。如《詩・衛風・淇奧》「有匪君子，終不可諼兮。」《禮記・大學》引作「終不可諠兮。」則可證諼諠二字古韻同部也。《詩・大雅・板》「上帝板板，下民卒癉。」《禮記・緇衣》引作「下民卒亶」，可知單亶古音同部也。

(二)聲母：

錢大昕〈古無輕脣音〉〈舌音類隔之說不可信〉二文，多引異文以證聲類之相同者，如謂《詩》「凡民有喪，匍匐救之。」《檀弓》引作「扶服」，《家語》引作「扶伏」以證古無輕脣，奉母歸於並母者是也。又謂《書・禹貢》「大野既豬」《史記》作「既都」，證古無舌上音，知母歸於端母者是也。

(三)聲調：

段玉裁《六書音韻表・古假借必同部說》云：「古四聲不同今韻，故如借害為曷，借宵為小、見《學記》，為肖、見《漢書》，古害聲如曷，小、肖聲如宵也。」此段氏古平上一類，去入一類立說之由也。

〔四〕說文重文：

(一)韻部：

例如《說文》重文「球」作「璆」，「祀」作「禩」，「瀾」作「漣」，「鱷」作「鯨」，則可知古音求、翏同部，巳、異同部，闌、連同部，畺、京同部。重文之作用，可抵補韻語之不足。不但可知同部之關係，其異部之中，對轉、旁轉之關係，亦可測知，如「繒」重文作「綷」，則可知曾、宰二字古韻部爲蒸、之對轉；「祀」重文作「禩」，則可知巳、異二字古韻爲之、職對轉；「柩」重文作「匶」，可知之、幽爲旁轉之韻部。此種關係，對擬測上古韻部，極具參考價值。

(二)聲母：

「讕」重文作「譋」，可知來母與見母之關係，「鳳」重文作「朋」，可證古無輕脣音。「譙」或作「誚」，可知焦、肖二字發音部位相同。「鵜」或作「鶇」，則曾運乾喻四古歸定之所由出也。

(三)聲調：

「鵜」或从弟聲，或从夷聲，夷之與弟，一平一上，可見古代平上關係之密切。「肢」或从支聲，或从只聲，支之與只，亦一平一上，俱足證段玉裁所謂古平上爲一類之言，確信而有徵者也。

〔五〕古籍音讀：

段玉裁〈周禮漢讀考序〉云：「漢人作注，於字發疑正讀，其例有三：一曰讀如讀若，二曰讀爲讀曰，三曰當爲。讀如讀若者，擬其音也，古無反語，故爲比方之詞；讀爲讀曰者，易其字也，易之以音近之字，故爲變化之詞。比方主乎同，音同而義可推也，變化主乎異，字異而義憭然也。比方不異字，故下文仍舉經之本字，變化字已易，故下文輒舉所易之字，注經必兼茲二者，故有讀如有讀爲，字書不言變化，故有讀如無讀爲，有言讀如某讀爲某，而某仍本字者，如以別其音，爲以別其義。當爲者，定爲字之誤、聲之誤而改其字也，爲救正之詞，形近而訛，謂之字之誤，聲近而訛，謂之聲之誤，字誤聲誤而正之，皆謂之當爲。凡言讀爲者，不以爲誤，凡言當爲者，直斥其誤，三者分而漢注可讀，而經可讀，三者皆以音爲用。」

(一)韻部：

《周禮・太宰》「三曰官聯。」注：「鄭司農云：聯讀爲連。」聯、連古同在元部。《儀禮・大射》「兩壺獻酒。」注：「獻讀爲沙。」獻在元部，沙在歌部，元歌對轉。《說文》「倗讀若陪位。」倗蒸部，陪之部，蒸之對轉。

(二)聲母：

《詩・鄭風・丰》「俟我乎堂兮。」箋：「堂當爲棖。」按堂爲舌頭定紐，棖爲舌上澄紐，此證古無舌上音也。《周禮・司几筵》「設莞筵紛純。」注：「鄭司農云：紛讀爲豳。」紛輕脣敷紐，豳重脣幫紐，亦古無輕脣音之證也。

(三)聲調：

《說文》「號讀若鎬」號、乎到切去聲，鎬、乎老切上聲，可考見上去二聲分化之跡，王力所謂今之去聲，有由平上聲變來者，特別自全濁上聲變來者尤多之言，於此可得佐證。《說文》「革讀若戒」革古覈切入聲，戒古拜切去聲，今之去聲，王力謂一部分自古代長入變來者之言又得佐證矣。

〔六〕音訓釋音：

(一)韻部：

《說文》「天、顚也。」天、顚疊韻，古音同在眞部。《說文》「馬、怒也，武也。」馬、怒、武三字疊韻，古音同在魚部。《釋名・釋天》「年、進也，進而前也。」年、進疊韻，二字同在眞部。《釋名・釋言語》「通、洞也。無所不貫洞也。」通、洞疊韻，二字同在東部。

(二)聲母：

《說文》「藩、屏也。」此可證古無輕脣音。《說文》「徹、通也」此可證古無舌上音。《釋名・釋天》「朔、蘇也，月死復蘇也。」此可證正齒莊系古歸齒頭精系也。《釋名・釋州國》「四丘爲甸，甸、乘也，出兵車一乘也。」此可證神紐古歸定紐也。

(三)聲調：

《釋名・釋天》「天、顯也；坦也。」天平聲，顯、坦皆上聲，可據以推知古代聲調平上之關係；《釋名・釋姿容》「擁、翁也，翁撫之也。」擁上聲，翁平聲，可見古音中平上兩調之關係確較其他聲調密切者也。

〔七〕古今方言：

(一)韻部：

據現代方言之音讀以考古音之讀法，自高本漢用之於其《中國音韻學研究》以來，凡研究聲韻學者，幾無人不用矣。高本漢在〈上古中國音當中的幾個問題〉一文中，發現上古音當中缺少－uâm，－wam，－ǐwăm 等韻母，在上古音當中，留下一極大之空當，但從汕頭方言，高氏發現下列情況：

	汕頭	中古音	上古音
喚	ham	xuâm	xuâm
患	huam	ɤwam	ɤwam
鐫	chiam	tsǐwäm	tsǐwäm

高氏說上古音本來在收脣音－ m 韻部中，開口合口皆全，後來因異化作用，－m變作－n，故乃留下此一大空當，而從汕頭語讀音中，彌補此一古音系統之空當。

(二)聲母：

至於根據現代方音以考聲母，錢大昕在《十駕齋養新錄》已首開其端。如云：「今江西、湖南方音讀無爲冒，即毛之去聲。」「今人呼鰒魚曰鮑魚，此方音之存古者。」「吳音則亡忘望亦讀重脣。」

(三)聲調：

據方言以考古代之聲調，應屬可行，若閩廣方音於入聲字仍保留古－ p、－ t、－ k 三種塞聲韻尾，則《廣韻》與《廣韻》以前之入聲其有韻尾自無可疑。

〔八〕韻書系統：

(一)韻部：

1.離析韻書以求古韻之分合：

顧炎武《唐韻正》離析五支韻之半，凡从支从氏从是从兒从卑从虒从爾从知从危之字，與六脂、七之通爲一類。即顧氏古韻第二部支部。析五支之另一半，凡从多从爲从麻从垂从皮从隋从奇从義从罷从离从也从差从麗之字，與七歌八戈通爲一類。即顧氏古韻第六部歌部。

2. 古代韻語與韻書對照歸納：

鄭庠《詩古音辨》所以將《廣韻》東冬鍾江陽唐庚耕清青蒸登十二韻合爲一部，則全據《詩經》韻腳歸納而得。例如〈草蟲〉首章：「喓喓草蟲（一東）。趯趯阜螽（一東）。未見君子，憂心忡忡（一東）。亦既見之，亦既覯之，我心則降（四江）。」此以四江之降，與一東之蟲、螽、忡諸字爲韻，故將東江二韻合爲一類也。又〈羔羊〉三章：「羔羊之縫（三鍾）。素絲五總（一董）。委蛇委蛇，退食自公（一東）。」又以東與鍾韻，故鍾亦併入此類也。〈谷風〉六章：「我有旨蓄，亦以御冬（二冬）。宴爾新婚，以我御窮（一東）。」以東與冬韻，故冬亦入此類也。〈無羊〉四章：「爾牧來思，以薪以蒸（十六蒸）。以雌以雄（一東）。爾牧來思，矜矜兢兢（十六蒸）。不騫不崩（十七登）。麾之以肱（十七登）。畢來既升。（十六蒸）」以東與蒸登韻，是蒸登亦入此類。〈周頌．烈文〉「烈文辟公（一東）錫茲祉福，惠我無疆（十陽）。子孫保之，無封靡于爾邦（四江）。維王其崇（東）之。念茲戎功（一東）繼序其皇（十一唐）之。」東又與陽唐韻，是陽唐亦入此類也。〈清人〉首章：「清人在彭（十二庚）。駟介旁旁（十一唐）。二矛重英（十二庚）。河上乎翱翔（十陽）」陽唐與庚韻，故庚入此類。〈伐木〉首章：「伐木丁丁（十三耕）。鳥鳴嚶嚶（十三耕）。嚶其鳴矣。求其友聲（十四清）。相彼鳥矣，猶求友聲（十四清）。矧伊人矣，不求友生（十二庚）。神之聽之，終和且平（十二庚）。」〈小雅．斯干〉五章：「殖殖其庭（十五青）。有覺其楹（十四清）。噲噲其正（十四清）。噦噦其冥（十五青）。君子攸寧（十五青）。庚又與耕清韻，清又與青通，是耕清青亦入此類。雖鄭氏之法仍未精密，然確爲據韻書求古音之一法也。

3. 古今兼顧與聲韻合證：

蘄春黃君之求古韻也，以廣韻聲紐韻類合證古韻之部類，而得鉅大之成就者。古無輕脣舌上，錢大昕巳經證明；古無娘日二紐，餘杭章君之所考定，則非、敷、奉、微、知、徹、澄、娘、日等九紐爲古音之所無，乃經前人考實，先生持此古所無之九紐，檢查《廣韻》每一韻類，發現凡無此九紐之韻類，亦必無喻、爲、群、照、穿、神、審、禪、莊、初、床、疏、邪等十三紐，則此十三紐當與非、敷等九紐同一性質，即同爲變聲可知，四十一紐之中除此二十二紐外，則皆爲本聲，只有本聲之韻類，則爲古本韻；雜有今變聲之韻類，則爲今變韻。先生以此法而求得古聲十九紐，與古韻二十八部。

(二)聲母：

1. 不同韻書切語比較：

即據二種以上不同之韻書，比較其切語上字之異同可得此二種韻書所代表之時代間聲類變化之痕跡。譬如「中」字，《經典釋文・周易音義》馬融作丁仲反，《廣韻》中字二切，一作陟弓切，一作陟仲切，《經典釋文》丁仲反之音，適與《廣韻》陟仲切之音相當，由此可知舌頭端紐與舌上知紐之關係，及其演變之趨向。

2. 同一韻書紐韻交比：

黃季剛先生云：「古聲既變爲今聲，則古韻不得不變爲今韻，以此二物相挾而變，自來談字母者，以不通古韻之故，往往不悟發聲之由來；談古韻者，以不憭古聲之故，其分合又無的證，清世通古今聲學者，惟錢大昕，餘皆有所偏闕，所待今日之補苴也。」黃君即據此說，以古今聲紐交互比勘，而得古聲十九紐，古韻二十八部。

(三)聲調：

1. 不同韻書相互比較：

比較不同韻書所收之字，其有甲韻書收平聲，乙韻書收上聲者；或甲韻書收去聲，而乙韻書則收入聲者，則可知此字聲調之變化。如：「匯」《尙書音義》韋昭空爲反，徐邈、《廣韻》胡罪切，此可知匯字之聲調，由平趨去也。「亟」《周易音義》王肅去記反，陸德明紀力反，《廣韻》丘力切，此可知亟字之音，由入趨去也。

2. 同一韻書切語比較；

就同一韻書而論，其有兩讀者，或兼收於平上，或兼收於上去，或兼收於去入，從其平上兩讀，上去兩讀，或去入兩讀之音，可考見此諸聲調之關係。如「中」《廣韻》陟弓切又陟仲切，此平趨去也；「爲」薳支切又于僞切亦然。「畜」《廣韻》許竹切又許救切，此入趨去也；「識」賞職切又昌志切亦然。「簠」《廣韻》甫無切又方羽切，平趨上也。「夏」《廣韻》胡雅切又胡駕切，上趨去也。

〔九〕譯語對音：

(一)韻母：

據譯語對音，可助上古韻母讀音之考求。汪榮寶〈歌戈魚虞模古讀考〉一文，據外國古來傳述之中國語及中國音譯之外國語，以考其切音及發音。而得『唐宋以上，凡歌戈韻字皆讀 a 音，不讀 o 音；魏晉以上，凡魚虞模韻之字，亦讀 a 音，不讀 u 音或 ü 音』之結論。[29]

29 汪氏云：人生最初之發聲爲 a，世界各國字母以阿爲建首，阿音爲一切音之根本，此語言學之公論也。《廣韻》二百六部中，陰聲之部七十，依今音讀之，此七十部中屬於純粹阿音者，惟麻馬禡三韻。（以後統稱“麻韻”或“麻部”。）然麻韻諸字，以古韻條理分析之，其什之七八當隸魚虞模部，什之二三當隸歌戈部，故麻韻爲閏餘之音，無獨建一類之實，今魚虞模部之字，多讀 u 音或讀 ü 音；歌戈部之字多讀 o 音。若以麻韻諸字散歸此二部，則是中國古語竟無純粹阿音之字，豈非大奇。……何以知唐宋以上，凡歌戈韻之字皆讀 a 音也？考日本之有漢籍在西晉初，而其采漢字以製“假名”爲切音之用，在唐之季世；日本之所謂“漢音”，正六朝唐人之讀音也。今觀假名五十音中，其代表 a、ka、sa、ta、na、ha、ma、ya、ra、wa 十音，用「阿、加、左、多、那、（亦作奈）波、末、也、羅、（亦作良）和」十字，即屬于歌韻者五字，屬于戈韻者二字，屬于麻韻者二字，屬于入聲末韻者一字。夫依聲託事，必取其聲之相近者。縱有一二通假之字，不必與本音全相吻合，要其大體當不甚違異。今“a 列”十字中，取材于歌戈者七字，則歌戈必與 a 音相諧可知。難者或謂“假名”之用，但取以爲寫音之記號，與本字無涉。乃日本音注漢字，凡屬歌戈麻韻者，一律以“a 列”諸音爲切，則必當時教授漢字者，其讀音固如此也。夫謂日本之五十音，不足以盡漢音之變，故以假名切漢字，無論如何精密，終不免若干之轉訛，斯固然矣。然漢音之爲日本所闕，或其所不能區分者，彼乃不得不以類似之音當之，若其同具之音，則譯對之際，自當求其適合。假令歌戈之字，在爾時漢讀已爲 o 音，彼何難取“o 列”諸音爲切，而必故用此不諧之“a 列”以相代耶？
謂日本之所謂“漢音”未足據，則試更求古代西人譯語以證之：
第九世紀－即我晚唐時代－阿剌伯人所著《中國遊記》或稱「中國濱海方面與 Sila 諸島爲界，其民白皙，臣屬中國，自言“若闕朝貢，國必不雨。”惜我國人無親歷其地者。」（Suleyman 氏遊記，見 Reinaud 氏《阿剌伯及波斯人印華旅行叢談》卷一）此必指朝鮮。是時半島全部方在新羅王國統一之下，中國亦稱之曰斯羅。《南史新羅傳》阿剌伯人所記，既非出自身經，則必得自中國人之傳述，古音「斯」讀如 Si，Sila 之爲「斯羅」譯音，毫無疑義。此唐人讀「羅」爲 la 之證矣。又阿剌伯人之知日本，亦在是時，而名之曰“W ā qw ā q”西人治東故者，或以此爲日本語“Wa-koku”（倭國）之音轉（Vander Lith 及 Devic 氏《印度異聞錄》。）余按日本無自號「倭國」之事；「倭國」云者，正自古中國人稱日本之名，阿剌伯此語，亦必直譯自漢文。此又唐人讀倭為 Wa 之證矣。……凡此皆就外國人所傳中國語言言之。

若夫中國古來傳習極盛之外國語，其譯名最富，而其原語具在，不難覆按者，無如梵語；故華梵對勘，尤考訂古音之無上法門也。六朝唐人之譯佛書，其對音之法甚有系統，視今人音譯泰西名詞之嚮壁自造，十書九異者，頗不相侔。今尋其義例，則見其凡用歌戈韻之字，所代表者必為 a 音，否則為單純聲母（Consonne）。試舉證以明之。

阿伽陀（依梵書字母為次。）、能滅一切毒之藥也。《華嚴經》梵語為agada。（所引梵字，均改用羅馬字拼寫。其對音之例及所加音符，一依 M.Monier Williams《梵英字彙》）a 者，否定之前接詞；gada 者，此言「疾病」也。

阿耨多羅、無上也。梵語為 anuttara an 義與 a 同，uttara 高也，上也。亦譯「嗢（烏沒切）呾（當割切）羅」（《西域記》「嗢呾羅犀那」唐言「上軍」也。）

阿彌陀、無量也。梵語為 amita。

……

此外人名地名，更不勝枚舉，舉其尤習見者，則——

阿難陀、釋迦牟尼之異母弟，又其大弟子之一，佛滅後，撰集諸經傳世也。梵語為 ananda。

阿那婆答多、藪澤之名，在香山之南，大雪山之北，所謂殑伽、信度、縛芻、徒多四水所自出者也。譯言「無熱惱」《西域記》梵語為 Anaratapta。an 謂「無」，avatapta 謂「熱」也。

阿縛盧枳低溼伐羅、（“枳”疑“杞”之誤）所謂「觀自在菩薩」，析言之「阿縛盧枳多」為「觀」，「低溼伐羅」為「自在」。《西域記》梵語為 Avalokitesvara，

乃 avalokita 與 isvara 之結合語也。

……

綜合上列譯字觀之，其中屬于歌戈韻者二十一字，為「阿、迦、柯、伽、多、埵、陀、馱、那、波、簸、婆、槃、魔、摩、羅、邏、娑、莎、訶」，今惟「阿、迦、伽、那」四字有讀a音者，餘者皆讀o；而古概用以諧a，苟非古人讀歌戈如麻，則更無可以說明之法。（此二十一字中，惟“迦”字歌麻兩收。今人讀釋迦之“迦”古牙切，音本不誤〔梵語sakya〕。然《廣韻》則於“迦”字下注云：「釋迦出釋典」按釋迦本音，作《廣韻》者斷無不審之理，而以之入戈者，非讀“迦”如 kyo，乃讀“戈”如 kwa 也。且此非獨梵書譯例為然

也，凡當時所譯外國人名地名，語源之可考者，按其對音之例，無不相同。隨舉數事，足資證驗：

阿剌伯，唐時謂之大食，史家以爲其王姓大食氏，雖傳聞之異，然古來西域諸國所以稱阿剌伯人者，其音實與「大食」二字相似，即波斯語、回紇語謂之 Tazi （Sambery 氏 Kudatku bilik。）亞美尼亞語、土耳其語謂之 Tadjik 或 Tazik，西里亞語謂之 Tayi Ta-i 或 Tayoye（D'ohsson 氏蒙古史卷一。）明大食譯音所自出，而唐人亦謂之「多氏」。《西域求法高僧傳》其證一矣。

大食人名見于史傳者，如阿蒲羅拔 Abul Abbas 爲阿拔斯系哈里發初祖；如訶論即 Ha- run-al-Roshid 爲同系第五世哈里發，其證二矣。

大食王都謂之亞俱羅《杜還經行記》即 Akula，爲當時西里亞人及希伯來人稱阿斯故都 Kufa 之名，其證三矣。

波斯自稱其國曰 Iran，亦曰 Pars 亦曰 Fars，其形容詞爲 Farsi；而中國自古稱爲「波斯」亦作「波剌斯」其證四矣。

今波斯地 Kharassan，唐時譯爲「呼羅珊」。《舊唐書大食傳》其證五矣。

蔥嶺西部高原，今譯「帕米爾」，出自土耳其韃靼語 Pamir，譯言「無人之野」，唐時譯爲「波謎羅」，其證六矣。

花剌子模爲鹹海西南裏海以東，阿母河下游以西地方之總稱，其名最古，出波斯語 Kharazm。Khara 義爲「榛莽」，Kharazm 猶言「榛莽之地」。今西文作 Khwarizm，或作 Kharezm，其首綴如「哈」「喀」；而唐書作「火尋」（尋爲閉口音，古讀如 zim），亦作「貨利習彌」，亦省作「過利」。其證七矣。

海南諸國之名見于古史者，如干陀利、如闍婆、如媻皇、如呵羅單、如婆利、如奔陀浪、如占波，其中「陀、婆、呵、羅、波」諸字，以原語考之，無不當讀 a 音；即干陀利者，Kandari 也，爲蘇門答臘之古名；闍婆者 Java 也。今譯「爪哇」又或訛爲「瓜哇」；呵羅單者，Kalantan 也。今譯作「吉連丹」，爲暹羅領馬來半島東岸之地，媻皇亦作「婆黃」，即 Pahang，在吉連丹東南，今譯作「彭亨」；婆利爲 Bali，爪哇正東島國，今譯作「巴里」，奔陀浪者 Pandarang 也，古交趾南部之稱，今法領交趾地。占波者，Champa 也，交趾南部古國，其證八矣。

日本古來自稱曰 Yamato，《魏志》謂之「邪馬臺」，而《後漢書》注謂之「耶摩堆」，其證九矣。新羅朝鮮爲 Sinra。其證十矣。

今西藏首府拉薩（Lassa），爲唐時吐蕃故鄉，《舊唐書》作「邏些」。其證十一矣。

以上諸名，皆唐以前舊譯，重規襲矩，斠如畫一，謂非六朝唐人讀音如此不可得也。

何以知漢魏之音，雖魚虞模之字亦讀 a 音也？無論何種國語，開齊之音常多于合撮，複綴尤然。試觀梵語，a 音之綴字殆占其全部字彙十分之九以上，而現在諸國語中，其無 ū 音者尚往往而有，此明證也。乃檢《史記》《漢書》所譯外國人名地名，依今音讀之，其合 a 音者寥寥無幾；反之，而其屬魚虞模韻當讀 u 音或 ū 音者，如「姑、孤、車、渠、吾、都、屠、涂、徒、圖、奴、蒲、莫、諸、且、蘇、疏、胥、烏、于、呼、虛、狐、壺、胡、余、盧、閭」等字，觸目皆是。是何開口之少而合撮之多乎！余以譯文異同校之，則見同一語音，而在宋齊以後，用歌戈韻字對譯者，在魏晉以上多用魚虞模韻字爲之；因恍然于漢魏時代之魚虞模即唐宋以上之歌戈麻，亦皆收 a 而非收－ u － ū 者也。今請詳述之：

佛陀之爲Buddha譯音，既如上述。而《釋老志》稱：「張騫使還，傳其旁有身毒國，始聞有浮屠之教。」（古讀浮如bu）則以“屠”對 dha 矣。《後漢書・襄楷傳》載楷上言云：「聞宮中立黃老浮圖之祠。」則又以“圖”爲 dha 矣。

旃陀羅、梵語至賤雜姓之稱。《楞嚴經》所謂「無問淨穢剎利及旃陀羅」是也。原字爲 Candla。而《佛國記》譯爲「旃荼羅」，云「旃荼羅」名爲惡人，與人別居。是以「荼」爲 da 矣。

優婆塞、華言「近住」，以不出家而持佛法之男子之稱，出於梵語 Upasaka（古讀塞如 sak,故常用以對 saka。）而《後漢書・楚王英傳》載：「明帝賜英詔，用伊蒲塞及桑門字。」注云：「伊蒲塞即優婆塞」，是以蒲對 pa 矣。

……

然此猶可曰譯音之偶歧也,則請更引魚虞模古不讀 u 之例以反證之。漢魏六朝譯例，凡遇梵書 u 音綴字，悉以尤侯韻字相對，或假屋沃爲之（屋沃爲尤侯之入，其韻攝爲 uk。）從無用魚虞模韻者。若乃有之，則必其字本當入侯而後人雜入虞模者也。故諧 u 以「優」；upa 爲「優婆」，唐人乃改「鄔波」。《西域記》又《求法高僧傳》udumbara 爲「優曇缽」。（無花果園，或作「優缽曇」誤。）

諧 ku 以「鳩」，kuru 爲「鳩樓」，四大洲之一，唐人乃改「拘盧」kumara 爲「鳩摩羅」，（此言「童」）唐人乃改「拘摩羅」。

諧 kshu 以「丘」，bhikshu 爲「比丘」；bhikshuni 爲「比丘尼」。

……

此魚虞模與尤侯之別，顯然可見，凡唐人所謂「舊譯作某訛」者，

(二)聲母：

李方桂先生《上古音研究》云：「漢代用烏弋山離去譯 Alexandria 就是說用弋 jiək 去譯第二音節 lek，因此可以推測喻母四等很近 r 或者 l，又因爲他常跟舌尖塞音諧聲，所以也可以說很近 d-。我們可以想像這個音應當很近似英文（美文也許更對點兒）ladder 或者 latter 中間的舌尖閃音（flapped 拼寫爲-dd-或-tt-的），可以暫時以 r 來代表他，如弋*rək，余*rag 等。到了中古時代，*r-就變成 ji-了。」

〔十〕同語族語：

(一)韻母：

雅洪托夫〈上古漢語的複輔音聲母〉一文，爲上古漢語二等韻字設想一個-l-介音，乃以同語族之藏、緬、泰等語言作比較，而得之結果。雅氏說：

「二等字中有l音，在某些情況下，可以在與其他語言的比較中得到證實，在那些語言中，同漢語的l相對應的有l或r。例如：

八 pʷåt（*plet）__藏語 b-r-gyad

百 pɐk（*plɑk）__藏語 b-r-gya

馬 ma²（*mlɑ²）__緬甸語 mrang²

江 kång（*klong）__泰語 khlong（運河、水渠）

甲 kap（*klap）__藏語 khrab

後來李方桂先生據其說，將二等字定爲有介音-r-之韻，即自同語族語比較而來。

乃古今音異同，非訛也。然則古魚虞模之收a而不收u，反覆證明，已無駁難之餘地。

(二)聲母：

李方桂先生〈上古音研究〉一文，根據古代台語 Tai Language（Li,1945,340 頁）用*r-來代替酉 jiəu 字的聲母；並參考古緬甸語的 r-變成近代的 j-的例子，將喻（余）母的上古音讀定爲 r-，就是一個利用同語族語，來研究上古音聲母非常好的例子。

(三)聲調：

雅洪托夫〈上古漢語的韻母系統〉一文，談到上古漢語的韻尾問題，具有很大的啓示性。今將其重要的幾段擇錄於後，以觀同語族語在上古聲調與韻母方面的作用。雅洪托夫說：

「設想所有的陰聲字在某個時候是閉音節，這是有些根據的。大家知道，入聲字都歸到陰聲韻部（歌部除外），而且是有*-k 韻尾（或*-t 韻尾）的韻部去了。如果平聲和上聲的陰聲字在上古是開音節的話，這些韻部未必會有各種輔音韻尾。高本漢並沒有把跟*-k 韻尾有關的所有韻部等量齊觀，其中魚部、侯部的平聲韻和上聲韻，高本漢就沒有構擬任何輔音韻尾，而只認爲跟入聲字相押的去聲字有*-g 韻尾。他給其他韻部所有的陰聲字構擬了中古失落並跟聲調無關的*-g 韻尾。所以作這樣不同的解釋，是因爲魚部和侯部幾乎不會有平聲或上聲字跟入聲字相押的情況，而其他韻部則不能排除這種現象。不過，如果研究的不是單個的韻部，而是整個韻母系統的話，這結論未必能足以令人信服。帶*-t 韻尾的韻部中只有脂部有平聲和上聲字。另外兩個韻部除了有帶*-t 韻尾的字外，還有高本漢構擬的帶*-d 韻尾的去聲字。脂部平聲和上聲字從不跟入聲字相押，因此高本漢爲其平聲和上聲字構擬的不是*-d，而是另一個舌尖輔音*-r。這樣，高本漢的*-d 只在中古去聲字中出現；魚部、侯部的*-g 也只在去聲（包括入聲）字中出現，而其他韻部任何聲調的字都有*-g 韻尾；歌、魚、侯三個韻部有開音節。董同龢比高本漢要徹底些，他認爲，不準確的韻腳在一些韻部裡出現多一些，並不是對這些韻部采用另一種解釋方法的理由。對帶*-k 尾的韻部，董同龢爲各種聲調的字構擬了*-g 韻尾；對脂部，他也不管是什麼聲調的字，都復原了*-d 韻尾。歌部是董同龢唯一含開音節（並且是只含開音節）的韻部。但董同龢的設想不能解釋一些已知的事實。例如，爲什麼董同龢構擬有*-g 韻尾的“背*puai^3”和其他類似的字不跟平聲和上聲的陰聲字（上古也有 g 韻尾）相押，卻跟*-k 韻尾的字相押？這是不可理解的。

王力用另一種方法來解決輔音韻尾問題。他否認上古漢語有過非鼻音的濁輔音韻尾。在高本漢構擬*-r 的地方，王力構擬的是*-i。他認爲，其餘各部平聲和上聲的陰聲字，以前一直是開音節。其次，王力設想在上古漢語裡有過長、短兩種聲調，有*-p、*-t、*-k 韻尾的長調字後來失落了這些輔音，開始唸去聲；而短調字則保留了這些輔音韻尾。在有鼻輔音韻尾的字和開音節字裡，長調發展爲平聲，短調發展爲上聲。這樣照王力的看法，“背”“萃”在上古相應地唸*puək 和*dzhi̯^{w}ət，即有清輔音尾，卻是長調字。但王力的理論不能解釋沒有*-p、*-t、*-k 韻尾的字（如有鼻韻尾的字）是怎麼產生去聲的，也不能解釋爲什麼在任何字中去聲能成爲一種構詞手段。

奧德里古（A.G · Haudricourt）對去聲提出了與衆不同的解決辦法。他推測去聲字最初曾存在具有構詞後綴作用的輔音韻尾*-s。*-s 能跟任何字，甚至帶*-p、*-t、*-k 韻尾的字合在一起。後來*-s 前的輔音起了變化或脫落了，帶*-s 的字（不管是陰聲還是陽聲）變成去聲。最後，*-s 本身也脫落了。奧德里古爲屬入聲韻或單獨成韻的去聲字（即“背 puậi^3”、“萃 dzh^{w}i^3”這些字）構擬了複輔音韻尾*-ks、*-ts、*-ps。至於平聲或上聲的陰聲字，奧德里古則同王力一樣，推測它們曾是開音節或曾有過半元音韻尾。

這樣，如果撇開細節問題，那麼可以說在輔音韻尾構擬問題上，我們碰到的是兩種根本不同的理論，一種是高本漢、西門華德和董同龢提出的，另一種則是奧德里古和王力提出的。跟奧德里古和王力不同，高本漢等人在上古漢語中構擬了濁輔音韻尾。為了說明這些理論中哪種觀點正確，應該越出純粹利用漢語材料的範圍，對漢語及跟漢語有語源或借詞聯系的語言加以比較研究。遺憾的是進行這種比較研究的可能性不大，有當時漢語借詞的語言的早期歷史，我們了解很差，漢族人从其他民族借詞的來源，我們了解得更差。最後，漢語與其他藏緬語的親屬關係，對據以作出什麼重大結論來說也距離太大了。

收集外來語資料，畢竟能為構擬上古漢語語音提供些東西。衆所周知，魚部（平聲）字在漢代可用來記錄外語詞匯中含元音-a的音節。例如，用“烏ʔuo”記錄亞歷山大城的第一個音節，用“屠 dhuo”或“圖 dhuo”記錄 budha 的第二個音節。藏緬語族（如藏語和彝語）以-a 收尾的詞通常也跟魚部（平聲及上聲）字對應。“魚 ngi̯^{w}o”，藏語唸 na；“五 nguo^{2}”藏語唸 lnga（彝語支的撒尼彝語，這兩個詞都唸 nga）這些對應關係相當清楚地表明，歸到魚部的平聲和上聲字，上古音中有元音*a（或*ɑ），而沒有輔音韻尾。這些材料對說明奧德里古和王力“平聲和上聲的陰聲字沒有輔音韻尾”的觀點是有利的。

我們沒有任何直接證據來證明上古漢語有過*-d 和*-g 韻尾。至于去聲的*-s 韻尾，奧德里古在古越南語的漢語借詞裡找到了遺跡。此外，無論在哪一種我們熟悉的與漢語有親屬關係的語言中，非鼻音的輔音韻尾都不分清濁，還有，與漢語屬同一語系的古藏語是有後綴 s 的。

但奧德里古關于*-s 韻尾的理論，也需要改進。假設“背^ puậi³”有複輔音韻尾*-ks，我們可以明白它爲什麼既跟中古去聲字（上古有*-s韻尾）相押，又跟有*-k韻尾的字相押。但對上古單獨成韻的陰聲韻去聲字，應該構擬什麼樣的輔音韻尾呢？“萃 dzhʷi³”一類字屬祭部和脂部，其中一些字跟有p韻尾的字同源，而且這兩部分字隨意相押。看來，在《詩經》時代，*-s前的*-p和*-t 已經變成了別的音（接近于 t 和 r，跟 p 則較遠）。

所以，漢語最初除了有中古的六個輔音韻尾，脂部還有過*-r，所有音節還有過*-s。*-s 能綴于其他輔音韻尾之後。

第二章　古韻研究

第一節　鄭庠之古韻研究

宋鄭庠著《古音辨》分古韻爲六部，實爲古韻分部之始，惜其書今已不傳，其說見於熊朋來《熊先生經說・卷二易詩書古韻》，熊氏之言曰：「鄭庠作《古音辨》。……爲鄭氏之學者，專以眞、諄、臻、文、欣、元、魂、痕、寒、桓、刪、山、先、僊十四韻皆協先僊之韻。鄭氏以東、冬、鍾、江、陽、唐、庚、耕、清、青十二韻相通，皆協陽唐之音。鄭氏又以魚、虞、模、歌、戈、麻六韻相通，皆協魚模之音。別以蕭、宵、爻、豪、尤、侯、幽七韻相通，皆協尤侯之音。鄭氏以侵、覃、談、鹽、添、嚴、咸、銜、凡九韻相通，皆協侵音。」向來以爲言鄭庠《古音辨》者，皆出自毛奇齡、戴震。其實熊氏之說，早於毛戴二人，惟只談及鄭庠六部中之五部，尚餘支脂一部未曾道及，猶待後人之補苴者也。毛奇齡《古今通韻・論例》、戴震《聲韻考》、段玉裁《六書音韻表》、夏炘《詩古韻二十二部集說》皆嘗稱引。戴震《聲韻考》卷三云：「鄭庠作《古音辨》，分陽、支、先、虞、尤、覃六部。」戴氏注云：「東、冬、鍾、江、唐、庚、耕、清、青、蒸、登並從陽韻。脂、之、微、齊、佳、皆、灰、咍並從支韻。眞、諄、臻、文、殷、元、魂、痕、寒、桓、刪、山、仙並從先韻。魚、模、歌、戈、麻並從虞韻。蕭、宵、肴、豪、侯、幽、並從尤韻。侵、談、鹽、添、咸、銜、嚴、凡並從覃韻。」戴氏所注，細目已從《廣韻》之韻目，惟入聲之分配，仍未道及。夏炘《詩古韻二十二部集說》所錄〈宋鄭氏六部表〉則以入聲配陽聲，所用韻目，則爲後世之詩韻韻目。茲錄其說于下：

一部	二部	三部	四部	五部	六部
東冬江陽庚青蒸	古微齊佳灰	魚虞歌麻	眞文元寒刪先	蕭肴豪尤	侵覃鹽咸
屋沃覺藥陌錫德			質物月曷黠屑		緝合葉洽

一、鄭氏古韻六部：

今綜合戴震與夏炘兩家之說，列鄭庠六部於後：

〔一〕東部：平聲東、冬、鍾、江、陽、唐、庚、耕、清、青、蒸、登（舉平以賅上去，後仿此）；入聲屋、沃、燭、覺、藥、鐸、陌、麥、昔、錫、職、德。

〔二〕支部：平聲支、脂、之、微、齊、佳、皆、灰、咍；去聲祭、泰、夬、廢。

〔三〕魚部：平聲魚、虞、模、歌、戈、麻。

〔四〕眞部：平聲眞、諄、臻、文、欣、元、魂、痕、寒、桓、刪、山、先、仙；入聲質、術、櫛、物、迄、月、沒、曷、末、黠、鎋、屑、薛。

〔五〕蕭部：平聲蕭、宵、肴、豪、尤、侯、幽。

〔六〕侵部：平聲侵、覃、談、鹽、添、咸、銜、嚴、凡；入聲緝、合、盍、葉、怗、洽、狎、業、乏。

二、鄭氏歸部方法：

鄭氏據《詩經》以歸納其韻腳，凡見《詩經》押韻之處，即合爲一部，並將詩韻韻目合併。例如鄭氏所以將《廣韻》東、冬、鍾、江、陽、唐、庚、耕、清、青、蒸、登十二韻合併爲一部者，乃見《詩經》韻腳此十二韻之字，互相押韻之故也。例如：

《詩・召南・草蟲》首章：

喓喓草蟲。（一東）趯趯阜螽。（一東）未見君子，憂心忡忡。（一東）亦旣見止，亦旣覯止，我心則降。（四江）

《詩・邶風・谷風》六章：

我有旨蓄，亦以御冬。（二冬）宴爾新婚，以我御窮。（一東）

《詩・鄭風・大叔于田》三章：

抑釋掤（十七登）忌。抑鬯弓（一東）忌。

《詩・小雅・無羊》三章：

爾牧來思，以薪以蒸。（十六蒸）以雌以雄。（一東）爾羊來思，矜矜兢兢。（十六蒸）不騫不崩。（十七登）麾之以肱。（十七登）畢來旣升。（十六蒸）

《詩・小雅・伐木》一、二章：

伐木丁丁。（十三耕）鳥鳴嚶嚶。（十三耕）出自幽谷。（一屋）遷于喬木。（一屋）嚶其鳴（十二庚）矣。求其友聲。（十四清）相彼鳥矣，猶求友聲。（十四清）矧伊人矣，不求友生。（十二庚）神之聽（十五青）之。終和且平。（十二庚）

《詩・小雅・斯干》五章：

殖殖其庭。（十五青）有覺其楹。（十四清）噲噲其正。

（十四清）曦曦其冥。（十五青）君子攸寧。（十五青）

《詩・鄭風・清人》首章：

清人在彭。（十二庚）駟介旁旁。（十一唐）二矛重英。（十二庚）河上乎翱翔。（十陽）

《詩・周頌・烈文》全篇：

烈文辟公。（一東）錫茲祉福，惠我無疆。（十陽）無封靡于爾邦。（四江）維王其崇之，念茲戎功。（一東）繼序其皇（十一唐）之。無競惟人。（十七眞）四方其訓（三十三問）之。不顯惟德，百辟其刑（十五青）之。於乎！前王不忘。（十陽）《詩經・草蟲》以東與江韻，〈羔羊〉以東與鍾韻，〈谷風〉以東與冬韻，是以東冬鍾江四韻併爲一部，〈大叔于田〉以東與登韻，〈無羊〉以東與蒸登韻，故東冬鍾江蒸登六韻合爲一部。〈伐木〉〈斯干〉以庚耕清青四韻相押，〈清人〉以庚與陽唐韻，故陽唐與庚耕清青又合而爲一。〈烈文〉以東陽江同押，故《廣韻》收舌根鼻音之十二韻，全合爲一部矣。此種專就《廣韻》求其合之方法，即鄭庠用以歸部之基本方法。

三、鄭氏分部優劣：

〔一〕優點：

鄭氏六部之分，較吳棫《韻補》爲有條理。鄭氏依據《廣韻》系統，將陽聲韻按其語音系統秩然分開。即陽聲韻按舌根鼻音-ŋ、舌尖鼻音-n、雙脣鼻音-m；入聲韻按舌根塞音-k、舌尖塞音-t、雙脣塞音-p。彼此分開，秩然有序，絲毫不亂。例如《詩・邶風・綠衣》四章：「絺兮綌兮，淒其以風。（一東）我思古人，實獲我心。（二十一侵）」鄭氏未據此詩將東侵合併者，即已注意語音之系統性，不欲將不同之韻尾合爲一部也。

〔二〕缺點：

*1.*段玉裁《六書音韻表・今韻古分十七部表》云：「其說合於漢魏，及唐之杜甫、韓愈所用，而於周秦未能合也。」

*2.*江有誥《音學十書・古韻凡例》云：「鄭氏庠作《古音辨》，始分六部，雖分部至少，而仍有出韻，蓋專就《唐韻》求其合，不能析《廣韻》求其分，宜無當也。」

第二節　顧炎武之古韻研究

一、顧氏之古音學著作：

顧炎武，字寧人，號亭林（1613 － 1682），崑山人。古音學之研究走上有條理有系統之研究，實自顧炎武始。至於古韻分部，雖前有鄭庠之古韻六部，實疏略不足觀，且書又散佚，詳情不得而知。故建立規模，實自顧氏奠其基石。顧氏以半生精力，近三十年之時間，完成古音學巨著《音學五書》。顧氏後敘云：「予撰集此書，幾三十年，所過山川亭障，無日不以自隨，凡五易稿，而手書者三矣。」《音學五書》全書共分《音論》、《詩本音》、《易音》、《唐韻正》、《古音表》五種。茲分別簡述於後：

〔一〕《音論》泛論音韻問題，共三卷十五篇。上卷三篇：㈠古曰音今曰韻。㈡韻書之始。㈢唐宋韻譜之異同。中卷六篇：㈠古人韻緩不煩改字。㈡古詩無叶音。㈢四聲之始。㈣古人四聲一貫。㈤入爲閏聲。㈥近代入聲之誤。下卷六篇：㈠六書轉注之解。㈡先儒兩聲各義之說不盡然。㈢反切之始。㈣南北朝反語。㈤反切之名。㈥讀若。皆引據古說，以相論證，莫不元元本本，殫見洽聞。蓋《音學五書》之綱領也。就中以中卷六篇及下卷〈先儒兩聲各義之說不盡然〉一篇，全論古音之著，最爲重要。中卷六篇，第一篇〈古人韻緩不煩改字〉及第二篇〈古詩無叶音〉二篇，力主陸德明“古人韻緩”之說，以爲古人用韻頗寬，苟聲近可通，即無煩改字。如「燔」字不必改作「符員反」，「天」字不必改作「鐵因反」之類。謂宋人之改古書以就沈韻，爲勞脣吻、費簡策，因列舉徐蕆、戴侗、陳第諸家之說，以辨「叶音」之謬而一以陳氏爲歸，謂古有本音。至其有一二與正音不合者，或出於方音之不同。第三篇〈四聲之始〉及第四篇〈古人四聲一貫〉，乃謂四聲之論，起於永明，而定於梁陳之間，然按之古人之詩，亦自有遲疾輕重之分，故平多韻平，仄多韻仄，乃以爲古人雖有四聲，而可以並用，平上去三聲古多通貫，入聲雖似覺差殊，而與平上爲韻者，亦十之三。第五篇〈入爲閏聲〉及〈近代入聲之誤〉二文，乃專論入聲者，謂入聲之字，其音短促，爲聲之閏也。（所謂聲之閏者，蓋謂入聲於五方之音，或有或無，而不能齊，猶曆之有閏，或閏或不閏之不齊也。）古人雖有入聲，但可轉入三聲，惟韻書以入聲配陽聲，所配盡誤。（謂以“屋”承“東”，以“沃”承“冬”之類，其時猶未有“陰”“陽”之名，今以爲言者，便於稱說耳。）除侵、覃以下九韻之舊有入聲者外，乃悉以配陰聲。下卷〈先儒兩聲各義之說不盡然〉一篇，則以爲聲調之別，不過發言輕重之間，非有疆界之分。先儒謂一字兩聲，各有意義，如“惡”字作愛惡則爲去聲，作美惡則爲入聲，然據古書，則愛惡可讀入聲，美惡亦可讀去聲。此數篇論古今音之變及究所以不同，乃對顧氏古音觀念，最具影響者。

〔二〕《詩本音》十卷。顧氏以爲乃其《音學五書》中，最爲重要之書，其書專就《詩經》所用之韻，互相參稽，證以他書，明古音原作斯讀，非由遷就，故曰本音。每詩皆具列經文，而註其音於句下，與今韻合者，註曰《唐韻》某韻。（如“國風・周南・關雎”「關關雎鳩。」“鳩”下註云：「十八尤　言十八尤者，此字在《唐韻》之十八尤部也。」）與今韻異者，即註曰古音某。（如「寤寐思服」“服”字下云：「古音蒲北反，與匐同。考服字詩凡一十七見，易三見，儀禮三見，禮記二見，爾雅一見，楚辭六見並同。諸子先秦兩漢之書皆然，後人誤入一屋韻。詳見《唐韻正》。後凡言古音者倣此。」）而於詩句韻語之下，說明韻例，尤爲得要。（如「寤寐求之」下云：「凡詩中語助之辭，皆以上一字爲韻，如“兮”“也”“之”“只”“矣”“而”“哉”“止”“思”“焉”“我”“斯”“且”“忌”“猗“之類，皆不入韻。又有二字不入韻者，〈著〉之“乎而”是也。若特用其一，則遂以入韻。“其君也哉，誰昔然矣。”“人之爲言，胡得焉”是也。」）凡所考證，大抵密於陳第，而疏於江永，然清儒之言古音而有條理可循者當以顧氏此書爲始也。

〔三〕《易音》三卷。即《周易》以求古音。上卷爲〈彖辭〉、〈爻辭〉，中卷爲〈彖傳〉、〈象傳〉，下卷爲〈繫辭〉、〈文言〉、〈說卦〉、〈雜卦〉。《易》音往往與《詩》音不同，又往往不韻，故顧氏所註，凡與《詩》音不同者，皆以爲偶用方音，而不韻者則闕焉。因《易》多無韻之文，故未若《詩本音》將《易》全文抄錄，僅錄其有韻之文。其他體例與《詩本音》同，惟稍覺舛駁。蓋顧氏言古音，以詩音爲本證，而易音則其旁證也。《四庫全書總目提要》云：「《易》之本書，則如周秦諸子之書。或韻或不韻，本無定體。……炎武於其不可韻者，如乾之九二、九四，中隔一爻，謂義相承則韻亦相承之類，未免穿鑿；又如六十四卦彖辭，惟四卦有韻，殆出偶合，標以爲例，亦未免附會。然其考核精確者，則於古音，亦多有裨，固可存爲旁證焉。」

〔四〕《唐韻正》二十卷。辨沈氏以來分部之誤，而一一以古音定之。所據者即宋大中祥符重修之《廣韻》，以唐人二百六韻之部分具在，故改稱《唐韻》，其曰正者，以古音正《唐韻》也。凡上平聲三卷，下平聲四卷，上聲三卷，去聲三卷，入聲七卷。以入聲字可轉平上去三聲，故獨詳也。其卷首云：「凡韻中之字，今音與古音同者，即不復註，其不同者，乃韻譜相傳之誤，則註云古音某，並引經傳之文以正之，其一韻皆同，而中有數字之誤，則止就數字註之，一東是也。一韻皆誤，則每字註之，四江是也。同者半，不同者半，則同者註其略，不同者註其詳，且明其本二韻而誤併爲一，五支是也。一韻皆同無誤則不註，二冬、三鍾是也。」觀此可知《唐韻正》之爲書，實逐字以明古音，當移出者出之，當移入者入之，視他人之謬執今韻以言古音，但知字有當入而不知字有當出，侈言通也、轉也、叶也者，相去蓋不可以道里計也。實在《唐韻正》之爲書，乃將本應載於《詩本音》內之證據獨立另成一書，以免《詩本音》過於繁重。（《音學五書‧後敘》云：「《唐韻正》之考音詳矣，而不附於經，何也？曰：文繁也。」）故吾人盡可視之爲《詩本音》之詳註，與《詩本音》對照研讀。顧氏〈答李子德書〉云：「愚以爲讀九經自考文始，考文自知音始，以至諸子百家之書，亦莫不然。不揣寡昧，僭爲《唐韻正》一書，而於《詩》《易》二經各爲之音，曰《詩本音》，曰《易音》，以其經也，故列於《唐韻正》之前，而學者讀之，則必先《唐韻正》，而次及《詩》《易》二書，明乎其所以變，而後三百五篇與卦、爻、彖、象之文可讀也。其書之條理，最爲精密。」《唐韻正》一書，於五書中卷帙最爲繁重，而亦最爲重要。黃季剛先生〈論治爾雅之資糧〉云：「寧人《音學五書》中，《唐韻正》最要。」

〔五〕《古音表》二卷。即《廣韻》部分，分古韻爲十部。上卷爲東、冬、鍾、江第一。支、脂、之、微、齊、佳、皆、灰、咍第二。魚、虞、模、侯第三。眞、諄、臻、文、殷、元、魂、痕、寒、桓、刪、山、先、仙第四。下卷爲蕭、宵、肴、豪、幽第五。歌、戈、麻第六。陽、唐第七。耕、清、青第八。蒸、登第九。侵、覃、談、鹽、添、咸、銜、嚴、凡第十。皆舉平以賅上去入聲，凡割一部之半者，則羅列其字，否則空之。每韻之下，收入某韻某字，即分注於本韻。至其所以分合及併爲十部之故，則未置一辭，以其巳詳於前四書中，《古音表》特表而出之而巳。凡所分合，考之古音，多相吻合。於入聲之割裂分配，尤多創見，間有分合未盡精密處，則孔氏所云：「前賢既發其粗，後學乃窺其密，於此見述者之易，而作者之難也。」

至其五書先後之序，及其所爲作之故，顧氏自敘云：「炎武潛心有年，既得《廣韻》之書，乃始發寤于中，而旁通其說，於是據唐人以正宋人之失，據古經以正沈氏唐人之失，而三代以上之音，部分秩如，至賾而不可亂，乃列古今音之變，而究其所以不同。爲《音論》三卷，考正三代以上之音，注三百五篇爲《詩本音》十卷，注《易》爲《易音》三卷，辨沈氏分部之誤，而一一以古音定之，爲《唐韻正》二十卷，綜古音爲十部，爲《古音表》二卷。」又《音學五書・後敘》云：「此書爲三百篇而作也，先之以《音論》何也？曰審音學之源流也。《易》文不具何也？曰不皆音也。《唐韻正》之考音詳矣，而不附於經何也？曰文繁也。已正其音而猶遵元第何也？曰自作也。」

二、顧氏古韻十部：

〔一〕東冬鍾江第一：

平一東、二冬、三鍾、四江。上一董、二腫、三講。（按講字以口矩識其外，凡韻目矩識其外者，據顧氏之例，本音不在此部。後世音變入此部，如講字本音在魚虞模侯部，至後世始變入本部。後仿此。）去一送、二宋、三用、四絳。

〔二〕支脂之微齊佳皆灰咍第二：

平五支之半，（凡云某之半，乃指此韻之一部分字，並非適爲一韻之半，其字均在古音表中一一錄出，如五支之半，所收有支、枝、卮、萎、鸃、衹、伎、疷、提、兒、唲、疪、訾、卑、紕、斯、虒、雌、知、篪、危、衰。凡所不載者，即案文字偏旁以類求之。收入戈韻蓑字。）六脂（收入準韻雛字，收入果韻妥字。）七之、八微、十二齊（收入先韻躅字，收入仙韻鮮字。）十三佳、十四皆、十五灰、十六咍（併入登韻能字。）十八尤之半（尤、訧、疣、郵、牛、丘、紑、龜、不、裘、仇、俅、罘、謀）。｛上去聲字仿此，後不更錄。｝上四紙之半、五旨、六止、七尾、十一薺、十二蟹、十三駭、十四賄、十五海、四十四有之半。去五寘之半、六至、七志、八未、十二霽、十三祭、十四泰、十五卦、十六怪、十七夬、十八隊、十九代、二十廢、四十九宥之半。入五質、六術、七櫛、二十二昔、二十四職、八物、九迄、十六屑、十七薛、二十三錫之半、十月、十一沒、十二曷、十三末、十四黠、十五鎋、二十一麥之半、二十五德、一屋之半。

〔三〕魚虞模侯第三：

平九魚、十虞、十一模、九麻之半、十九侯。上八語、九麌、十姥、三十五馬之半、四十五厚。去九御、十遇、十一暮、四十禡之半、五十候。入一屋之半、二沃之半、三燭、四覺之半、十八藥之半、十九鐸、二十陌、二十二麥之半、二十四昔之半。

〔四〕眞諄臻文殷元魂痕寒桓刪山先仙第四：

平十七眞、十八諄、十九臻、二十文、二十一殷、二十二元、二十三魂、二十四痕、二十五寒、二十六桓、二十七刪、二十八山、一先、二仙。上十六軫、十七準、十八吻、十九隱、二十阮、二十一混、二十二很、二十三旱、二十四緩、二十五潸、二十六產、二十七銑、二十八獮。去二十一震、二十二稕、二十三問、二十四焮、二十五願、二十六慁、二十七恨、二十八翰、二十九換、三十諫、三十一襉、三十二霰、三十三線。

〔五〕蕭宵肴豪幽第五：

平三蕭、四宵、五肴、六豪、十八尤之半、二十幽。上二十九篠、三十小、三十一巧、三十二皓、四十四有之半、四十六黝。去三十四嘯、三十五笑、三十六效、三十七號、四十九宥之半、五十一幼。入一屋之半、二沃之半、四覺之半、十八藥之半、十九鐸之半、二十三錫之半。

〔六〕歌戈麻第六：

平七歌、八戈、九麻之半、五支之半。上三十三哿、三十五馬之半、四紙之半。去三十八箇、三十九過、四十禡之半、五寘之半。

〔七〕陽唐第七：

平十陽、十一唐、十二庚之半。上三十六養、三十七蕩、三十八梗之半。去四十一漾、四十二宕、四十三映之半。

〔八〕耕清青第八：

平十二庚之半、十三耕、十四清、十五青。上三十八梗之半、三十九耿、四十靜、四十一迥。去四十三映之半、四十四諍、四十五勁、四十六徑。

〔九〕蒸登第九：

平十六蒸、十七登、上四十二拯、四十三等。去四十七證、四十八嶝。

〔十〕侵覃談鹽添咸銜嚴凡第十：

平二十一侵、二十二覃、二十三談、二十四鹽、二十五添、二十六咸、二十七銜、二十八嚴、二十九凡。上四十七寑、四十八感、四十九敢、五十琰、五十一忝、五十二儼、五十三豏、五十四檻、五十五范。去五十二沁、五十三勘、五十四闞、五十五豔、五十六㮇、五十七釅、五十八陷、五十九鑑、六十梵。入二十六緝、二十七合、二十八盍、二十九葉、三十怗、三十一洽、三十二狎、三十三業、三十四乏。

三、顧氏古韻分部之創見：

〔一〕東、陽、耕、蒸分爲四部：

1. 鄭庠古韻六部，以《廣韻》東、冬、鍾、江、陽、唐、庚、耕、清、青、蒸、登十二韻通爲一部。顧氏以《廣韻》東韻之弓、雄、熊、瞢等字畫歸蒸登，則東冬鍾江四韻不與他韻發生糾葛，故獨立爲東部。

2. 陽唐二韻，所以與耕清青糾葛不清者，乃因庚韻爲媒介。顧有見及此，遂將庚韻畫分爲二，半與陽唐合，半與耕清青合。顧氏《唐韻正》卷五云：「十二庚此韻當分爲二：庚、更、秔、羹、阬、坑、盲、蝱、莔、橫、蝗、瑝、喤、鍠、諻、閍、祊、騯、䚍、觥、侊、彭、榜、篣、搒、蒡、亨、瞠、橕、鎗、鏳、

槍、霙、鍈、英、瑛、磅、烹、京、鼉、麖、明、盟、鵬、棖、
瞠、兵、兄、卿、鯨、迎、行、胻、桁、衡、蘅、珩以上字當與
十陽、十一唐通爲一韻。」

又云：「平、苹、驚、鳴、榮、瑩、生、笙、牲、甥以上字
當與十三耕、十四清、十五青通爲一韻。」顧氏以陽唐與庚之半
中从庚、丙、更、亢、羹、亡、莔、黃、皇、方、旁、光、彭、
亨、尙、倉、央、京、畺、明、長、兵、兄、卿、卬、行、衡得
聲之字合爲陽部。又以耕清青與庚之另半中从平、敬、鳴、榮、
熒、生、得聲之字合爲耕部。

*3.*顧氏將《廣韻》一東韻中之“弓”“雄”“熊”“瞢”
“鄸”“夢”“馮”諸字畫歸蒸部，則《詩・鄭風・大叔于田》
三章：「抑釋掤忌。抑鬯弓忌。」《詩・秦風・小戎》三章：
「虎韔鏤膺。交韔二弓。竹閉緄縢。」《詩・小雅・采綠》三
章：「之子于狩，言韔其弓。之子于釣，言綸其繩。」《詩・魯
頌・閟宮》五章：「公車千乘。朱英綠縢。二矛重弓。公徒三
萬，貝冑朱綅。烝徒增增。戎狄是膺。荊舒是懲。則莫我敢
承。」《詩・小雅・無羊》三章：「爾牧來思，以薪以蒸。以雌
以雄。爾羊來思，矜矜兢兢。不騫不崩。麾之以肱。畢來既
升。」《詩・小雅・正月》五章：「謂山蓋卑，爲岡爲陵。民之
訛言，甯莫之懲。召彼故老，訊之占夢。具曰予聖，誰知烏之雌
雄。」《詩・齊風・雞鳴》三章：「蟲飛薨薨。甘與子同夢。會
且歸矣，無庶予子憎。」《詩・小雅・斯干》六章：「乃寢乃
興。乃占我夢。」《詩・小雅・正月》四章：「瞻彼中林。侯薪
侯蒸。民今方殆，視天夢夢。既克有定，靡人弗勝。有皇上帝，
伊誰云憎。」《詩・大雅・綿》六章：「捄之陾陾。度之薨薨。
築之登登。削屢馮馮。百堵皆興。鼛鼓弗勝。」皆爲蒸部自韻。

而不再與東韻發生糾葛矣。故蒸登獨立爲蒸部，亦顧氏一大創獲也。夏炘《詩古韻表二十二部集說》云：「鄭氏東、陽、耕、蒸不分，顧氏析而四之。」

鄭庠	第一部東冬鍾江陽唐庚耕清青蒸登			
顧炎武	東冬鍾江 顧氏東部	陽唐庚之半 顧氏陽部	耕清青庚之半 顧氏耕部	蒸登及東韻之弓雄熊瞢鄸夢馮 顧氏蒸部

〔二〕魚歌分部：

鄭庠以《廣韻》魚虞模歌戈麻六韻通爲一部，鄭氏所以將此六韻通爲一部者，乃有見於《詩經》中麻韻中字有與魚虞模押韻者。例如：

《詩・衛風・木瓜》首章：投我以木瓜（九麻）。報之以瓊琚（九魚）。

《詩・鄭風・有女同車》首章：有女同車（九魚、九麻）。顏如舜華（九麻）。將翺將翔，佩玉瓊琚（九魚）。彼美孟姜，洵美且都（十一模）。

《詩・鄭風・山有扶蘇》首章：山有扶蘇（十一模）。隰有荷華（九麻）。不見子都（十一模）。乃見狂且（九魚）。

以上諸詩，皆麻韻字與魚模相押者。然而麻韻字亦有與歌戈相韻者。例如：

《詩・陳風・東門之池》首章：東門之池（五支）。可以漚麻（九麻）。彼美淑姬，可以晤歌（七歌）。

《詩・豳風・東山》四章：親結其縭（五支）。九十其儀（五支）。其新孔嘉（九麻）。其舊如之何（七歌）。

《詩・豳風・破斧》二章：既破我斧，又缺我錡（五支）。周公東征，四國是吪（八戈）。哀我人斯，亦孔之嘉（九麻）。

《詩・小雅・魚麗》首章：魚麗于罶鱨鯊（九麻）。君子有酒旨且多（七歌）。

四章：物其多（七歌）矣。維其嘉（九麻）矣。

《詩・小雅・節南山》二章：節彼南山，有實其猗（五支）。赫赫師尹，不平謂何（七歌）。天方薦瘥（七歌）。喪亂弘多（七歌）。民言無嘉（九麻）。憯莫懲嗟（九麻）。

以上諸詩，麻韻又與歌戈韻相押，故鄭氏庠乃將此六韻合爲一類。顧氏看出麻韻與歌戈押韻者，限於麻韻中一部份字；與魚虞模押韻者，又限於麻韻中之另一部份字，二者並不相混。故顧氏唐韻正卷四云：

「九麻，此韻當分爲二，麻、嗟、瘥、騧、嘉、加、珈、差、鯊、沙、髽以上字當與七歌、八戈通爲一韻。凡从麻、从差、从咼、从加、从沙、从坐、从過之屬皆入此。蟆、車、奢、賒、畬、邪、琊、斜、遮、諸、祖、罝、華、鋘、鏵、瓜、姱、夸、拏、笯、家、葭、豭、遐、霞、瑕、鰕、騢、鴉、巴、豝、牙、芽、衙、吾、樝、荼、鄌、梌、塗、樣、秅、闍、余、窊、杷、琶、查、苴以上字當與九魚十虞十一模通爲一韻。凡从者、从余、从邪、从華、从夸、从叚、从且、从巴、从牙、从吾之屬皆當入此。」顧氏既將麻韻析分爲二，則鄭庠魚部顧氏析爲魚歌二部矣。以麻之半入魚虞模，並將十九侯全韻畫入魚部，而以麻之半入歌戈，復分支韻中从多、从爲、从麻、从坐、从皮、从奇、从奇、从義、从罷、从离、从也、从差、从麗之字入歌戈部。

鄭庠	魚虞模歌戈麻	
顧炎武	魚虞模麻之半从者从余从邪从華从夸从叚从且从巴从牙从吾及侯韻爲顧氏魚部	歌戈麻之半从麻从差从咼从加从沙从坐从過及支之半从多从爲从麻从垂从皮从肴从奇从義从罷从离从也从差从麗爲顧氏歌部

顧氏魚歌分部，至爲精當，惟以侯韻併入魚部，則於古不合，段玉裁評之云：「顧氏合侯於魚，其所引據，皆漢後轉音，非古本音也。」其實顧氏所以合侯於魚虞模者，乃見虞韻字每與侯韻字押韻故也。例如：

《詩・周南・漢廣》三章：翹翹錯薪，言刈其蔞（十九侯）。之子于歸，言秣其駒（十虞）。

《詩・鄘風・載馳》首章：載馳載驅（十虞）。歸唁衛侯（十九侯）。

《詩・鄭風・羔裘》首章： 羔裘如濡（十虞）。洵美且侯（十九侯）。彼其之子，舍命不渝（十虞）。

《詩・唐風・山有樞》首章：山有樞（十虞）。隰有楡（十虞）。子有衣裳，弗曳弗婁（十九侯）。子有車馬，弗馳弗驅（十虞）。宛其死矣，他人是愉（十虞）。

顧氏其實不應將侯畫入魚虞模，而應將虞韻與侯韻押韻者畫入侯部。虞韻中凡从禺从芻从句从區从需从須从朱从殳从俞从臾从婁从付从取从廚得聲者，從虞韻中分出，畫入侯部，則無此齟齬之病矣。

四、顧氏離析唐韻以求古音之分合：

顧氏病前人之言古音，但求《唐韻》之合，而不知其分。嘗曰：「唐韓退之最爲學古，知後人分析之韻，可通爲一，而不知古人之音，有絕不可混者，其所作〈元和聖德詩〉，同用語麌姥厚是矣。而併及有黝則非，又併及哿果則更非，蓋知古人之合，不知古人之分也。」

顧氏在觀念上，不將《唐韻》之每一韻部視爲不可分割之整體，而是謹愼審核各韻中每一具體之文字，以《詩經》及先秦古籍之韻語押韻之情形，以判斷某字應屬於古韻某部。其離析《唐韻》以求古韻之步驟有二，以顧氏所說者言之如下：

〔一〕齊一變至於魯：

所謂齊一變至於魯者，即離析俗韻使返於《唐韻》，顧氏嘗云：「今之《廣韻》固宋時所謂菟園之册，家傳而戶習者也。自劉淵韻行，而此書幾於不存，今使學者睹是書而曰：『自齊梁以來，周顒、沈約諸人相傳之韻，固如是也。』則俗韻不攻而自絀，所謂一變而至於魯也。」所謂離析俗韻返之《唐韻》者，即不從俗韻之韻部，而從《唐韻》之韻部也。俗韻者，今之《韻府群玉》、《佩文韻府》之一百零六韻韻部者是也。茲以平聲韻爲例列表說明其析俗韻歸於《唐韻》之步驟如下：

俗韻	唐韻	俗韻	唐韻
冬	冬鍾	先	先仙
支	支脂之	蕭	蕭宵
虞	虞模	歌	歌戈
佳	佳皆	陽	陽唐
灰	灰咍		
眞	眞諄臻	庚	庚耕清
文	文欣	蒸	蒸登
元	元魂痕	尤	尤侯幽
寒	寒桓	覃	覃談
刪	刪山	鹽	鹽添嚴
		咸	咸銜凡

〔二〕魯一變而至於道：

所謂魯一變而至於道者，即離析《唐韻》各韻之偏旁，使分別歸於所屬之古韻部。顧氏對古韻之分析，不以《唐韻》之每一個韻，視為不可分割之單位，而是以韻內所屬字之偏旁作為單位，加以分析歸納。顧氏曰：「從是而進之五經三代之書，而知秦漢以下，至於齊梁歷代遷流之失，而三百五篇之詩，可弦而歌之矣。所謂一變而至於道也。」其離析《唐韻》之法，凡某類字在《唐韻》雖同韻，若在先秦典籍韻語用韻自成系統，互不關涉，則依其押韻系統，離析為兩類或三類，分別併入其不同之古韻部。茲舉數例於後：

五支	凡从支从氏从是从兒从卑从虒从爾从知从危之屬皆入此，與六脂、七之通為一韻。即顧氏古韻第二部支部。
	凡从多从為从麻从垂从皮从宵从奇从義从罷从离从也从差从麗之屬皆入此，與七歌、八戈通為一韻。即顧氏古韻第六部歌部。

九麻	凡从麻从差从咼从加从沙从坐从過之屬皆入此，與七歌、八戈通爲一韻。即顧氏古韻第六部歌部。
	凡从者从余从邪从華从夸从叚从且从巴从牙从吾之屬皆入此，與九魚、十虞、十一模通爲一韻。即顧氏古韻第三部魚部。

十二庚	凡从庚从羹从亢从亡从囧从黃从皇从方从旁从光从彭从亨从尙从倉从央从畺从京从明从長从兵从兄从卬从行从卿从衡之屬皆入此，與十陽、十一唐通爲一韻。即顧氏古韻第七部陽部。
	凡从平从敬从鳴从榮从熒从生之屬皆入此，與十三耕、十四清、十五青通爲一韻。即顧氏古韻第八部耕部。

十八尤	凡从尤从郵从牛从丘从不从龜从裘从某之屬皆入此，與五支之半、六脂、七之通爲一韻。即顧氏古韻第二部支部。
	凡从憂从麀从翏从留从流从劉从秋从酋从攸从由从游从繇从酒从修从周从州从舟从讎从壽从醜从柔从丩从叟从休从曹从求从孚从九从牟从矛从鍪之屬皆入此，與三蕭、四宵、五肴、六豪、二十幽通爲一韻。即顧氏古韻第五部蕭部。
	凡从芻从聚从取从俞之屬皆入此，與九魚、十虞、十一模通爲一韻。即顧氏古韻第三部魚部。

五、顧氏變易《唐韻》入聲之分配：

顧氏在古韻學研究上，另一創見則爲變更入聲之分配，其〈論近代入聲之誤〉一文云：「韻書之序，平聲一東、二冬；入聲一屋、二沃，若將以屋承東，以沃承冬者，久仍其誤而莫察也。『屋』之平聲爲『烏』，故〈小戎〉以韻驅馵（按《詩．秦風．小戎》首章云：『小戎俴收。五楘梁輈。游環脅驅。陰靷鋈續。文茵暢轂。駕我騏馵。言念君子，溫其如玉。在其板屋。亂我心曲。』），不協於東、董、送可知也。『沃』之平聲爲『夭』，故〈揚之水〉以韻鑿襮樂，（按《詩．唐風．揚之水》

首章云：『揚之水，白石鑿鑿。素衣朱襮。從子于沃。既見君子，云何不樂。』）不協於冬、腫、宋可知也。『術』轉去而音『遂』，〈月令〉有『審端徑術』之文，『曷』轉去而音『害』，故《孟子》有『時日害喪』之引。『質』爲傳質爲臣之『質』，『覺』爲尙寐無覺之『覺』，『沒』音『妹』也，見於子產之書，『燭』音『主』也，著於孝武之紀，此皆章章著明者。至其韻中之字，隨部而誤者十之八，以古人兩部混併爲一而誤者十之二，是以審音之士，談及入聲，便茫然不解而以意爲之，遂不勝其舛互矣。茲既本之五經，參之傳記，而亦略取《說文》形聲之指，不惟通其本音，而又可轉之於平上去，三代之音久絕而復存，其必自今日始乎。

夫平之讀去，中中、將將、行行、興興；上之讀去，語語、弟弟、好好、有有；而人不疑之者，一音之自爲流轉也，去之讀入，宿宿、出出、惡惡、易易，而人疑之者，宿宥而宿屋，出至而出術，惡暮而惡鐸，易寘而易昔，後之爲韻者，以屋承東，以術承諄，以鐸承唐，以昔承清，若呂之代嬴，黃之易芈，而其統系遂不可尋矣。……故歌、戈、麻三韻舊無入聲，侵、覃以下九韻，舊有入聲，今因之，餘則反之。」

顧氏舉出《詩經》韻語，古籍假借，一字兩音等證據，證明古音入聲恒與陰聲爲韻，與陽聲韻者少。其入聲四部與平上去各韻相配如下：

〔一〕入聲質、術、櫛、昔之半、職、物、迄、屑、薛、錫之半、月、沒、曷、黠、鎋、麥之半、德、屋之半。以配支之半、脂、之、微、齊、佳、皆、灰、咍。

〔二〕入聲屋之半、沃之半、燭、覺之半、藥之半、鐸之半、陌、麥之半、昔之半。以配魚、虞、模、麻之半、侯。

〔三〕入聲屋之半、沃之半、覺之半、藥之半、鐸之半、錫之半。以配蕭、宵、肴、豪、尤之半、幽。

〔四〕入聲緝、合、盍、葉、怗、洽、狎、業、乏。以配侵、覃、談、鹽、添、咸、銜、嚴、凡。

第三節　江永之古韻研究

一、江氏古韻分部之創見：

江永字愼修。（1681 — 1762）婺源人。著有《古韻標準》、《音學辨微》、《四聲切韻表》等書以明聲韻之學。其《古韻標準》四卷，純爲古韻而設，平上去三聲分古韻爲十三部，入聲另分八部。每部之首，先列韻目，其一韻歧分兩部者，曰某分韻，韻本不通，而有字當入此部者，曰別收某韻，四聲異者，曰別收某聲某韻。較前人之言古音者，體例最爲完善。茲分述其古韻分部之創見如下：

〔一〕眞、元分部：

顧氏以《廣韻》眞、諄、臻、文、欣、元、魂、痕、寒、桓、刪、山、先、仙十四韻合爲一部。江永則分先之半與眞、諄、臻、文、欣、魂、痕爲第四部；先之另半與元、寒、桓、刪、山、仙爲第五部。江氏云：「自十七眞至下平二仙，凡十四韻，說者皆云相通。愚獨以爲不然，眞、諄、臻、文、殷與魂、痕爲一類，口斂而聲細，元、寒、桓、刪、山與仙爲一類，口侈而聲大。而先韻者，界乎兩類之間，一半從眞、諄，一半從元、寒者也。詩中用韻本截然不紊，讀者自紊之耳。自二十八山以前，所當辨者，艱鰥二字，艱字《說文》本從艮聲，不猶銀、垠、根、痕之从艮得聲者乎！宜古音爲居銀切不爲古閑切也。鰥字从罤猶昆弟之昆，古亦从罤作翼，鰥與矜古皆作一字通用，宜其亦爲居銀切，不爲古頑切也。此二字後來音轉始入二十八山，古音實从眞、文。故〈敝笱〉以鰥韻雲。（《詩・齊風・敝笱》首章：『敝笱在梁，其魚魴鰥。齊子歸止，其從如雲。』）猶〈何草不黃〉以矜韻民。（《詩・小雅・何草不黃》二章：『何草不玄。何人不矜。哀我征夫，獨爲匪民。』〈北門〉、〈何人斯〉、〈鳧鷖〉三用艱字韻門殷等字，（《詩・邶風・北門》首章：『出自北門。憂心殷殷。終窶且貧。莫知我艱。』《詩・小雅・何人斯》首章：『彼何人斯，其心孔艱。胡逝我梁，不入我門。伊誰云從，維暴之云。』《詩・大雅・鳧鷖》五章：『鳧鷖在亹。公尸來止熏熏。旨酒欣欣。燔炙芬芬。公尸燕飲，無有後艱。』）皆是本部自韻，未嘗溢出第五部。次當辨一先韻，先爲蘇鄰切、千爲倉新切、天爲鐵因切、堅爲居因切、賢爲下珍切、田、闐爲徒鄰切、年爲泥因切、顚、巓爲典因切、淵爲一均切、玄爲胡云切、證諸秦、漢以前之書皆同，至漢時此音猶不改，後來音轉始通仙耳。先韻入第五部，《詩》中惟有肩字，即肩堅之不同音可知，此韻元有二類，詩所未用如躚、前、戔、箋、枅、豣、燕、蓮、岍、汧、姸、研、駢、胼、軿、鵑、涓、邊、籩、縣之屬，皆當通仙幷通元、寒、桓、刪、山，考韻者不察此韻之有二類，見《詩》中用“天”字多與“人”字韻，概云眞、先本相通，通先則亦通元、寒、刪，甚且議前人“天”字不當鐵因反，何其考韻之不精，讀詩之不審乎！至二仙一韻，宜其通元、寒、桓、刪、山矣。然而猶有辨，“翩”“川”“鳶”三字，《詩》中與此部字韻，後來音轉始从仙韻耳。以上諸字皆考定，始知《詩》中用韻條理秩然，斷當分爲兩部。兩部同在一章而不雜者，〈采苓〉首章、〈嵩高〉首章是也。（《詩・唐風・采苓》首章：『采苓采苓。首陽之巔。人之爲言，苟亦無信。／舍旃舍旃。苟亦無然。人之爲言。胡得焉。』《詩・大雅・嵩高》首章：『崧高維嶽，駿極于天。維嶽降神。生甫及申。／維申及甫，維周之翰。四國于蕃。四國于宣。』）兩部分兩章而不雜者，伐檀、伐輪，緝緝翩翩、捷捷翻翻，〈青蠅〉首、末是也。（《詩・魏風・伐檀》首章：『坎坎伐檀兮。寘之河之干兮。河水清且漣猗。不稼不穡，胡取禾三百廛兮。不狩不獵，胡瞻爾庭有縣貆兮。彼君子兮，不素餐兮。』三章：『坎坎伐輪兮。寘之河之漘兮。河水清且淪猗。不稼不穡，胡取禾三百囷兮。不狩不獵，胡瞻爾庭有縣鶉兮。彼君子兮，不素飧兮。』《詩・小雅・巷伯》三章：『緝緝翩翩。謀欲譖人。愼爾言也，謂爾不信。』四章：『捷捷幡幡。謀欲譖言。豈不爾受，既其女遷。』《詩・小雅・青蠅》首章：『營營青蠅，止于樊。豈弟君子，無信讒言。』三章：『營營青蠅，止于榛。讒人罔極，構我二人。』）兩部多用韻而不雜者，〈出其東門〉首章，〈殷武〉末章。（《詩・鄭風・出其東門》首章：『出其東門。有女如雲。雖則如雲。匪我思存。縞衣綦巾。聊樂我員。』《詩・商頌・殷武》末章：『陟彼景山。松柏丸丸。是斷是遷。方斲是虔。松桷有梴。旅楹有閑。寢成孔安。』）上聲、去聲，〈氓〉末章，〈猗嗟〉末章是也。（《詩・衛風・氓》末章：『及爾偕老，老使我怨。淇則有岸。隰則有泮。總角之宴。言笑晏晏。信誓旦旦。不思其反。』《詩・齊風・猗嗟》末章：『猗嗟孌兮。清揚婉兮。舞則選兮。射則貫兮。四矢反兮。以禦亂兮。』）又其《古韻標準・第四部總論》云：「天、田、年、賢、顚、千、玄等字，兩漢人用之皆如古音，至晉初猶未變，不知何時始變爲今音，遂與前、箋、肩、妍等字合爲一部，以顧氏記覽之富，蒐討之勤，蔽於十四部通爲一韻之說，此等處全無所考，令人歎其書之未完。」

根據江氏之敘述，可將江氏眞元分部之內容，表列如下：

顧炎武	眞諄臻文欣元魂痕寒桓刪山先仙第四部	
江永	眞部 眞諄臻文欣魂痕先之半凡从先千天臣田年眞淵玄得聲之字/山韻艱鰥/仙韻翩川鳶	元部 元寒桓刪山仙先之半凡从遷前戔肩幵連燕肙邊縣得聲之字

江氏以爲眞部之音口斂而聲細者，因爲江氏假定先秦眞部讀如今之〔ən〕音，元部口侈而聲洪者，則假定先秦元部讀如今之〔an〕音，〔ə〕張口度小故口斂，響度較小故聲細；〔a〕張口度比〔ə〕大，故口侈，響度大故聲洪。

〔二〕侵談分部：

顧氏以《廣韻》侵、覃、談、鹽、添、咸、銜、嚴、凡九韻合爲一部。江氏一則以侵韻字與覃韻之驂、南、男、湛、耽、潭、楠，談韻之三，鹽韻之綅、潛諸字爲一部，口弇而聲細。一則以添、嚴、咸、銜、凡與覃韻之涵，談韻之談、惔、餤、甘、藍，鹽韻之詹、瞻、襜爲一部，口侈而聲洪。江氏《古韻標準・第十二部總論》云：

「二十一侵至二十九凡九韻，詞家謂之閉口音，顧氏合爲一部，愚謂此九韻與眞至仙十四韻相似，當以音之侈弇分爲兩部。神珙等韻分"深"攝爲內轉，"咸"攝爲外轉是也。南、男、參、三等字，古音口弇呼之，若巖、詹、談、餤、甘、藍等字，《詩》中固不與心、林、欽、音等字爲韻也。雖諸韻字有參互，入聲用韻復寬，若不可以韻爲界，然謂合爲一部，則太無分別矣，今不從。」

今表列其侵、談二部於下：

顧炎武	侵覃談鹽添咸銜嚴凡第十部	
江永	侵部 侵韻/覃韻驂南男湛耽潭楠/談韻三/鹽韻綅潛	談部 談添嚴咸銜凡/覃韻涵/鹽韻詹瞻襜

侵部江氏假定讀〔əm〕，談部假定讀〔am〕，〔ə〕舌位較高，張口度小，響度較小，故口弇而聲細；〔a〕舌位較低，張口度大，響度亦大，故口侈而聲洪也。戴震云：「江慎修先生見於覃至凡八韻字，實有古音改讀入侵者，元寒至仙七韻字，實有古音改讀入眞者，音韻即至諧，故眞以下十四韻，侵以下九韻各析而二，自信剖別入微。」

〔三〕尤部獨立：

江氏尤部獨立問題，應從兩方面看，首先，江氏以爲顧炎武將魚、虞、模、侯合爲一部，只看到侯與虞韻一部分字，在《詩經》中互相押韻，其實《詩經》中侯與虞押者，只限於虞韻之一部分字，只需要將虞韻與侯韻押韻之字分出，則侯並不與魚、模諸韻及虞韻之其他字發生糾葛也。故江氏本此原則，將虞韻析而爲二：以虞韻之半“虞、娛、吁、訏、盱、芋、夫、膚”諸字歸入魚模部；而以虞韻另半“禺、齵、儒、襦、須、誅、邾、跦、貙、殊、兪、踰、羭、臾、區、軀、摳、朱、珠、腰、符、凫、瓿、雛、輸、廚、拘”等字則隨侯韻歸入尤幽部。江氏《古韻標準·第三部總論》云：

「顧氏注十虞韻云：『古與九魚通爲一韻。』注十九侯韻云：『古與九魚十虞十一模通爲一韻。』按此說顧氏持之甚堅，

《古音表》直移侯韻繼虞模。愚竊謂不然，十虞正猶五支，一韻分爲二，其與魚模通者，乃是“虞、無、于、吁”諸字；若與侯韻通者，則是“隅、儒、駒、驅”等字，而侯自通十八尤之大半、及蕭、肴、豪分出之字與二十幽也。虞韻亦以偏旁別之，凡从吳、从無、从巫、从于、从瞿、从夫、从甫、从夸、从具、从臾者，皆通魚模；其从禺、从芻、从句、从區、从需、从須、从朱、从殳、从俞、从臾、从婁、从付、从音、从孚、从取、从廚、从求者皆通侯尤。顧氏但分出从孚之字及捄字，謂當入憂韻，不知“禺、區”諸字亦與从孚者相類，侯字自當別出一韻，次於尤幽之間，而顧氏直讀侯爲胡，舉一韻盡歸之虞模，上聲厚、去聲候亦如之，其意見牢不可破。」又云：「五支本有一類通歌戈，及其音之變、變而定也，則通歌戈者，盡入五支而不可反，十虞本有一類通侯尤，及其音之變，變而定也，則通侯尤者，盡入十虞而不可反，二韻正相類也。侯韻固有從虞模之方音，厚候亦有從麌姥、遇暮之方音，此猶歌韻亦有從支脂之方音，昔之編韻書者，固不能反虞麌遇三韻內之字使之從古音，而猶截然分出侯厚候三韻異其部居次第，不使牽連而溷於虞模、麌姥、遇暮，不可謂不精審，顧氏則皆牽連而溷同之矣，毋乃失昔人之精意乎！且韻書之有侯厚候三韻，亦非編書者所能爲，自是溥天之下有此音，聲音之理，異中有同，同中有異，不變中有變，變中有不變，編書者非不知，自秦漢以來，侯有胡音，厚有戶音，候有互音，而不能不別之爲侯厚候，所謂同中有異，變中有不變者也，如顧氏說，幾欲舉侯厚候三韻之名而盡削之，豈能上合遠古之遺音，放諸四海而皆準，俟諸後世而不惑乎！」又云：「觀今所分出“虞、娛、吁、訏、盱、芋、夫、膚”八字，與第十一部所分出“遇、隅”等字，上聲“侮、愈”等字，去聲

“傴、樹”等字，《詩》中絕無同在一章者，可知今音通而古音不相通。正猶支韻“支、枝”與“移、蛇”不相通之說也。顧氏明於支韻而於虞韻則昧焉何也？侯有胡音，先入爲主，凡與侯通“驅、駒”等字盡歸之十虞，而不知其非也。其獨分出從孚字者，因《詩》中萬邦作孚與臭韻，（《詩·大雅·文王》七章：『上天之載，無聲無臭。儀刑文王，萬邦作孚。』）成王之孚與求韻，（《詩·大雅·下武》二章：『王配于京，世德作求。永言配命，成王之孚。』）不可通也。非此二詩，則亦謂孚古音夫矣。不知《詩》中如孚字比者正有之。」

以上所說主要在批評顧氏併侯于虞魚模之不當，宜割虞之半與侯併入尤幽爲一部。至顧氏第五部蕭部，江氏則以此部中尤幽二韻字爲主，另加侯韻字及蕭韻之“蕭、瀟、條、聊”，宵韻之“陶、儦”，肴韻之“膠、怓、呶、茅、包、苞、鮑、炮”，豪韻之“牢、鼛、櫜、滔、慆、騷、袍、陶、綯、翿、敖、曹、漕”及厚韻之“叟”爲一部，江氏別出爲十一部尤部。江氏復以顧氏第五部蕭部中之宵韻，另收蕭韻之“恌、苕、蜩、僚、曉”，肴韻之“殽、郊、巢”，豪韻之“號、勞、高、膏、蒿、毛、旄、刀、忉、桃、敖、囂”爲一部，江氏立爲第六部。江氏所以要如此加以區分者，其《古韻標準·第六部總論》云：「按此部（江氏第六部）爲蕭肴豪之正音，古今皆同，又有別出一支與十八尤二十幽韻者，乃古音之異於今音，宜入第十一部，本不與此部通，後世音變，始合爲一。顧氏總爲一部，愚謂不然，此部之音，口開而聲大，十一部之音，口弇而聲細，《詩》所用畫然分明，其間有當入此部，如四宵之“儦”字，本爲悲驕切，而〈載驅〉四章以韻滔。（《詩·齊風·載驅》四章：『汶水滔滔。行人儦儦。魯道有蕩，齊子遊敖。』）滔字據〈江漢〉韻

“浮、遊、求”（《詩・大雅・江漢》首章：『江漢浮浮。武夫滔滔。匪安匪遊。淮夷來求。』）則儦字轉爲必幽切，入十一部。又“敖”字〈碩人〉三章（《詩・衛風・碩人》三章：『碩人敖敖。說于農郊。四牡有驕。朱幩鑣鑣。翟茀以朝。大夫夙退，無使君勞。』），〈鹿鳴〉二章（《詩・小雅・鹿鳴》二章：『呦呦鹿鳴，食野之蒿。我有嘉賓，德音孔昭。視民不恌。君子是則是傚。我有旨酒，嘉賓式燕以敖。』），〈車攻〉三章（《詩・小雅・車攻》三章：『之子于苗。選徒囂囂。建旐設旄。搏獸于敖。』），及去聲之“謔浪笑敖”（《詩・邶風・終風》首章：『終風且暴。顧我則笑。謔浪笑敖。中心是悼。』）偏旁之“哀鳴嗷嗷”（《詩・小雅・鴻雁》三章：『鴻雁于飛，哀鳴嗷嗷。維此哲人，謂我劬勞。維彼愚人，謂我宣驕。』）皆在此部。而〈桑扈〉“彼交匪敖”（《詩・小雅・桑扈》四章：『兕觥其觩。旨酒思柔。彼交匪敖。萬福來求。』）〈絲衣〉“不吳不敖”（《詩・周頌・絲衣》：『絲衣其紑。載弁俅俅。自堂徂基。自羊徂牛。鼐鼎及鼒。兕觥其觩。旨酒思柔。不吳不敖。胡考之休。』）皆以韻“觩、柔、休”。〈君子陽陽〉二章以韻“陶、翿”（《詩・王風・君子陽陽》二章：『君子陶陶。左執翿。右招我由敖。其樂只且。』）〈載驅〉四章以韻“滔”（《詩・齊風・載驅》四章：『汶水滔滔。行人儦儦。魯道有蕩，齊子遊敖。』）疑此字方音有異，故兩用之。又如“以敖以遊”，“敖”“遊”亦似雙聲也。然則《詩》所用韻，偶出入者，唯“儦”“敖”二字，其他字之入十一部，如平聲所分之三蕭、五肴，上聲所分之三十一巧、三十二皓，去聲所分之三十四嘯，其字皆當入彼部，考之偏旁而可知，證之它書而皆合者也。雖偏旁諧聲若“儵”从“攸”、“朝”从“舟”、“莜”从

“收”、“椒”从“叔”，不無介於疑似，而諧聲亦有轉紐，則偶有相通之字，亦無可疑。吳氏叶音，雖有誤叶之字，如〈風雨〉二章（《詩・鄭風・風雨》二章：『風雨瀟瀟。雞鳴膠膠。既見君子，云胡不瘳。』），〈隰桑〉三章（《詩・小雅・隰桑》三章：『隰桑有阿，其葉有幽。既見君子，德音孔膠。』），猶是分爲兩韻，顧氏通爲一韻，則〈黍離〉首章（《詩・小雅・黍離》首章：『彼黍離離，彼稷之苗。行邁靡靡，中心搖搖。知我者，謂我心憂。不知我者，謂我何求。』）“苗、搖”與“憂、求”，音豈能相諧乎！考顧氏《詩本音》誤韻者數章，〈柏舟〉“髦”字不入韻，而以爲韻“舟”也（《詩・鄘風・柏舟》首章：『汎彼柏舟，在彼中河。髧彼兩髦，實爲我儀。之死矢靡它。』二章：『汎彼柏舟，在彼河側。髧彼兩髦，實維我特。之死矢靡慝。』），〈木瓜〉二章，平去兩韻分兩部，而通爲一韻也（《詩・衛風・木瓜》二章：『投我以木桃。報之以瓊瑤。／匪報也，永以爲好也。』），〈彤弓〉三章“弨”字非韻，而以爲韻“櫜、好、醻”也。（《詩・小雅・彤弓》三章：『彤弓弨兮，受言櫜之。我有嘉賓，中心好之。鐘鼓既設，一朝醻之。』）〈十月之交〉“交”字不入韻，而以爲韻“卯、醜”也（《詩・小雅・十月之交》首章：『十月之交，朔日辛卯。日有食之，亦孔之醜。』）〈魚藻〉首章，藻鎬一韻，首酒一韻，而併爲一韻也。（《詩・小雅・魚藻》首章：『魚在在藻。有頒其首。王在在鎬。豈樂飲酒。』）〈采綠〉三章，“狩”“釣”非韻，而亦以爲韻讀也。（《詩・小雅・采綠》三章：『之子于狩，言韔其弓。之子于釣，言綸之繩。』）〈思齊〉三章無韻，而誤以“廟”韻“保”也。（《詩・大雅・思齊》三章：『雝雝在宮，肅肅在廟。不顯亦臨，無射亦保。肆戎疾不殄，烈假不瑕。』）〈公劉〉二章“舟”字不入韻，而以爲韻“瑤、刀”也。（《詩・大雅・公劉》二章：『何以舟之，維玉及瑤。鞞琫容刀。』）〈抑〉三章以“政、刑”遙韻，“酒、紹”非韻，而亦以韻讀也。（《詩・大雅・抑》三章：『其在于今，興迷亂于政。顛覆厥德，荒湛于酒。女雖湛樂從，弗念厥紹。罔敷求先王，克共明刑。』）〈良耜〉“荼蓼朽止、黍稷茂止”二句易韻，而猶與上文“糾、趙、蓼”韻也。（《詩・周頌・良耜》『其笠伊糾。其鎛斯趙。以薅荼蓼。荼蓼朽止。黍稷茂止。』）於是兩部混同，不復細尋其脈絡矣。試以同音之字別之，“高”“膏”“櫜”“鼛”似一也，而“高”“膏”之音洪，必與“勞朝”諸字韻，“櫜”“鼛”从咎得聲，其音細，則與“酬洲妯猶”諸字韻矣。“倒”“禱”“擣”似一也，而“倒”从到得聲，到从刀得聲，則與“召”韻，“禱擣”从壽得聲，則與“阜醜首”諸字韻矣。若夫好爲許厚、許候切，道爲徒苟切，草爲此苟切，老爲魯吼切，詩中俱是此音，經傳諸子皆可旁證，非雜用有、皓兩韻於一章，其他以此類推，可知兩部截然不亂。顧氏於十八尤韻，臚舉詩用“憂流秋猶”等字，其同章有蕭、宵、肴、豪韻字者，謂此尤韻之入蕭、宵、肴、豪，不知此蕭、宵、肴、豪分出一支，古音通尤韻，非尤韻雜入蕭、宵、肴、豪也。即其臚舉之外，有無尤韻字者甚多，今併平、上、去三聲數之：〈柏舟〉四章（《詩・邶風・柏舟》四章：『憂心悄悄。慍于群小。覯閔既多，受侮不少。靜言思之，寤辟有摽。』），〈終風〉首章（《詩・邶風・終風》首章：『終風且暴。顧我則笑。謔浪笑傲。中心是悼。』），〈凱風〉首章（《詩・邶風・凱風》首章：『凱風自南。吹彼棘心。／棘心夭夭。母氏劬勞。』），〈干旄〉首章（《詩・鄘風・干旄》首章：『孑孑干旄。在浚之郊。／素絲紕之。良馬四之。彼姝者子，何以畀之。』），〈碩人〉三章（《詩・衛風・碩人》三章：『碩人敖敖。說于農郊。四牡有驕。朱幩鑣鑣。翟茀以朝。大夫夙退，無使君勞。』），〈氓〉五章（《詩・衛風・氓》五章：『三歲爲婦，靡室勞矣。夙興夜寐，靡有朝矣。言既遂矣，至于暴矣。兄弟不知，咥其笑矣。靜言思之，躬自悼矣。』），〈河廣〉二章（《詩・衛風・河廣》二章：『誰謂河廣，曾不容刀。誰謂宋遠，曾不終朝。』），〈木瓜〉二章首二句（《詩・衛風・木瓜》二章：『投我以木桃。報之以瓊瑤。』），〈黍離〉首章首四句（《詩・王風・黍離》首章：『彼黍離離，彼稷之苗。行邁靡靡，中心搖搖。』），〈清人〉二章（《詩・鄭風・清人》二章：『清人在消。駟介麃麃。二矛重喬。河上乎逍遙。』），〈園有桃〉首章（《詩・魏風・園有桃》首章：『園有桃。其實之殽。心之憂矣，我歌且謠。不知我者，謂我士也驕。』），〈碩鼠〉三章（《詩・魏風・碩鼠》三章：『碩鼠碩鼠，無食我苗。三歲貫女，莫我肯勞。逝將去女，適彼樂郊。樂郊樂郊。誰之永號。』），〈駟鐵〉三章（《詩・秦風・駟鐵》三章：『遊于北園。四馬既閑。／輶車鸞鑣。載獫歇驕。』），〈防有鵲巢〉首章（《詩・陳風・防有鵲巢》首章：『防有鵲巢。邛有旨苕。誰侜予美，心焉忉忉。』），〈月出〉首章、三章（《詩・陳風・月出》首章：『月出皎兮。佼人僚兮。舒窈糾兮。勞心悄兮。』三章：『月出照兮。佼人燎兮。舒夭紹兮。勞心慘兮。』），〈檜・羔裘〉首章、三章（《詩・檜風・羔裘》首章：『羔裘逍遙。狐裘以朝。豈不爾思，勞心忉忉。』三章：『羔裘如膏。日出有曜。豈不爾思，中心是悼。』），〈匪風〉二章（《詩・檜風・匪風》二章：『匪風飄兮。匪車嘌兮。顧瞻周道，中心弔兮。』），〈下泉〉四章（《詩・曹風・下泉》四章：『芃芃黍苗，陰雨膏之。四國有王，郇伯勞之。』），〈七月〉四章（《詩・豳風・七月》四章：『四月秀葽。五月鳴蜩。』），〈鴟鴞〉五章（《詩・豳風・鴟鴞》五章：『予羽譙譙。予尾翛翛。予室翹翹。風雨所飄搖。予維音嘵嘵。』），〈鹿鳴〉二章（《詩・小雅・鹿鳴》二章：『呦呦鹿鳴，食野之蒿。我有嘉賓，德音孔昭。視民不恌。君子是則是傚。我有旨酒，嘉賓式燕以敖。』），出車二章（《詩・小雅・出車》二章：『我出我車，于彼郊矣。設此旐矣。建彼旄矣。』），〈車攻〉三章（《詩・小雅・車攻》三章：『之子于苗。選徒囂囂。建旐設旄。搏獸于敖。』），〈鴻雁〉三章（《詩・小雅・鴻雁》三章：『鴻雁于飛，哀鳴嗷嗷。維此哲人，謂我劬勞。維彼愚人，謂我宣驕。』），〈白駒〉首章（《詩・小雅・白駒》首章：『皎皎白駒，食我場苗。縶之維之，以永今朝。所謂伊人，於焉逍遙。』），〈正月〉十一章（《詩・小雅・正月》十一章：『魚在于沼。亦匪克樂。潛雖伏矣，亦孔之炤。憂心慘慘，念國之為虐。』），〈蓼莪〉首章（《詩・小雅・蓼莪》首章：『蓼蓼者莪，匪莪伊蒿。哀哀父母，生我劬勞。』），〈北山〉五章（《詩・小雅・北山》五章：『或不知叫號。或慘慘劬勞。或棲遲偃仰，或王事鞅掌。』），〈信南山〉五章（《詩・小雅・信南山》五章：『祭以清酒。從以騂牡。享于祖考。／執其鸞刀。以啓其毛。取其血膋。』），〈車舝〉二章（《詩・小雅・車舝》二章：『依彼平林，有集維鷮。辰彼碩女，令德來教。』），〈魚藻〉一、二、三章（《詩・小雅・魚藻》首章：『魚在在藻。有頒其首。王在在鎬。豈樂飲酒。』二章：『魚在在藻。有莘其尾。王在在鎬。飲酒樂豈。』三章：『魚在在藻。

依于其蒲。王在在鎬。有那其居。』），藻與鎬韻。〈角弓〉七章（《詩・小雅・角弓》七章：『雨雪瀌瀌。見晛曰消。莫肯下遺，式居婁驕。』），〈黍苗〉首章（《詩・小雅・黍苗》首章：『芃芃黍苗。陰雨膏之。悠悠南行，召伯勞之。』），〈旱麓〉五章（《詩・大雅・旱麓〉五章：『瑟彼柞棫，民所燎矣。豈弟君子，神所勞矣。』），〈公劉〉二章末二句（《詩・大雅・公劉》二章末二句：『何以舟之，維玉及瑤。鞞琫容刀。』），〈板〉三章（《詩・大雅・板》三章：『我雖異事，及爾同寮。我即爾謀，聽我囂囂。我言維服，勿以爲笑。先民有言，詢于芻蕘。』），〈抑〉十一章（《詩・大雅・抑》十一章：『昊天孔昭。我生靡樂。視爾夢夢，我心慘慘。誨爾諄諄，聽我藐藐。匪用爲教。覆用爲虐。借曰未知，亦聿既耄。』），〈韓奕〉五章（《詩・大雅・韓奕》五章：『蹶父孔武，靡國不到。爲韓姞相，攸莫如韓樂。』），〈小毖〉末三句（《詩・周頌・小毖》：『拚飛維鳥。未堪家多難，予又集于蓼。』），〈載芟〉厭厭其苗二句（《詩・周頌・載芟》：『厭厭其苗。綿綿其麃。』），〈良耜〉其笠伊糾三句（《詩・周頌・良耜》：『其笠伊糾。其鎛斯趙。以薅荼蓼。』），〈泮水〉三章（《詩・魯頌・泮水》二章：『思樂泮水，薄采其藻。魯侯戾止，其馬蹻蹻。其音昭昭。載色載笑。匪怒伊教。』），此皆不入十八尤、四十四有、四十九宥，朗然自爲一音，故當分爲第六部。〈魚藻〉首章兼用兩部爲隔句韻，〈月出〉全篇以第六部爲首章、三章韻，以第十一部爲二章韻，尤見用韻之有條理，一篇數章用第一部爲韻，全詩所未見，〈月出〉二章之易韻其明也。」江氏以尤之半與幽及蕭宵肴豪分出之字，自宵部分出，除據《詩》韻自成系統外，復據聲之洪細開弇之理而析之，其分別甚是。

惟江氏自魚部別出侯及虞之半，自宵部別出幽及尤之半，所分甚是，然又將此二者合爲一部，江氏稱爲十一部，則又未免太過於相信其審音知識矣。江氏云：「十八尤、十九侯、二十幽，除尤韻分出“尤牛”等字入第二部，其餘皆與侯、幽通，又十虞韻分出“愚隅”等字與尤、侯韻通，又蕭、宵、肴、豪各有分出之字，與尤、侯、幽通，上聲有、厚、黝，去聲宥、候、幼大約如之，《詩》中歷歷分明。顧氏必欲畫出侯韻，使從魚、虞、模，不得與尤、幽通，凡有讀虞韻出入之字从侯韻之音者，一切反之使从魚、虞、模；有用侯韻字與尤韻叶者，概謂後人之誤，上聲厚、去聲候亦如之。持之甚堅，牢不可破。此因侯有胡音之說，先入爲主，又見秦、漢以來，侯韻與魚、虞、模韻雜然並用，遂變《詩》中之音以就之。此顧氏之大惑也。今當先審定侯字之本音，《詩》用侯字者三，〈載馳〉首章（《詩・鄘風・載馳》首章：『載馳載驅。歸唁衛侯。／驅馬悠悠。言至于漕。大夫跋涉，我心則憂。』）與“驅、悠、漕、憂”爲韻，“驅”者虞韻分出之字，“漕”者豪韻分出之字，“悠、憂”皆尤韻之正音，即此一詩，而“侯”之不爲“胡”音亦審矣。〈羔裘〉首章（《詩・鄭風・羔裘》首章：『羔裘如濡。洵直且侯。彼其之子，舍命不渝。』），“洵直且侯”與“濡、渝”爲韻，“濡、渝”者虞韻分出之字，凡虞韻分出之字與尤、侯韻者，皆彼之來而从此，非此之往而从彼也。〈白駒〉三章（《詩・小雅・白駒》三章：『皎皎白駒，賁然來思。爾公爾侯，逸豫無期。愼爾優游，勉爾遁思。』），“爾公爾侯”與“駒、游”爲隔句韻，而“來、期、思”自爲韻。（新雄按〈白駒〉首章：『皎皎白駒，食我場苗。縶之維之，以永今朝。所謂伊人，於焉逍遙。』二章：『皎皎白駒，食我場藿。縶之維之，以永今夕。所謂伊人，於焉嘉客。』首、二章奇數句皆不入韻，則三章奇數句亦未可以爲韻也。）“駒”者虞韻分出之字，游者尤韻之正音。即此詩合之〈載馳〉，又見侯韻與尤韻之正音相通也審矣。因此三詩而知《詩》中“驅”字皆“祛由切”，〈伯兮〉首章（《詩・衛風・伯兮》首章：『伯兮朅兮。邦之桀兮。／伯也執殳。爲王前驅。』），〈山有樞〉首章：『山有樞。隰有榆。子有衣裳，弗曳弗婁。子有車馬，弗馳弗驅。宛其死矣，他人是愉。』），〈小戎〉首章（《詩・秦風・小戎》首章：『小戎俴收。五楘梁輈。／游環脅驅。陰靷鋈續。文茵暢轂。駕我騏馵。言念君子，溫其如玉。在其板屋。亂我心曲。』），〈皇皇者華〉二章（《詩・小雅・皇皇者華》二章：『我馬維駒。六轡如濡。載馳載驅。周爰咨諏。』），〈板〉八章（《詩・大雅・板》八章：『敬天之怒。無敢戲豫。／敬天之渝。無敢馳驅。』）皆此音。而〈小戎〉以“驅”韻“收、輈”尤分明也。凡偏旁从區者可知矣。又知《詩》中“駒”字皆“居侯切”，〈漢廣〉三章（《詩・周南・漢廣》三章：『翹翹錯薪，言刈其蔞。之子于歸，言秣其駒。』），〈株林〉二章（《詩・陳風・株林》二章：『駕我乘馬。說于株野。／乘我乘駒。朝食于株。』），〈皇皇者華〉二章（《詩・小雅・皇皇者華》二章：『我馬維駒。六轡如濡。載馳載驅。周爰咨諏。』），〈角弓〉五章（《詩・小雅・角弓》五章：『老馬反爲駒。不顧其後。如食宜饇。如酌孔取。』）皆此音。而凡偏旁从句者可知矣，又知“濡”字必爲“而由切”，“渝”字必爲“容周切”，而偏旁从需从俞者可知矣。由此輾轉以推，凡虞韻分出之字，及與侯韻並收之字，皆可決其本音之在此部矣。若〈無羊〉二章之“餱”字，不入韻者也。（《詩・小雅・無羊》二章：『或降于阿。或飲于池。或寢或訛。／爾牧來思，何蓑何笠，或負其餱。三十維物，爾牲則具。』新雄按：〈無羊〉二章，以“阿、池、訛”爲歌部韻，然後轉韻，以“餱、具”爲侯部韻，江氏以爲“餱”字不入韻者非也。）〈行葦〉三章之“鍭”與“句”，與遇韻分出之“樹”字，虞韻分出之“侮”字爲韻，亦彼之來而就此也。（按《詩・大雅・行葦》六章：『敦弓旣句。旣挾四鍭。四鍭如樹。序賓不侮。』江氏以爲三章，或所據本分章之異也。）“侮”字《詩》中似有二音，或上去聲當時有異音，若平聲則今所分出之字，未有與魚、模　者可知矣。顧氏音旣有偏主，於〈載馳〉讀“侯”从“驅”，而謂“驅馬悠悠”以下別自爲韻，〈白駒〉讀“侯”从“驅”，而“游”下不以入韻，旣失“驅”字之本音，則〈小戎〉首三句分明一韻者，不使其通下文，與“驅”字本不相關者，強使之合，甚且轉入聲爲平以就之，豈其然乎！“驅、駒”之音皆失，而凡與“驅、駒”相韻之字，皆入魚、虞、模，不得通幽、尤，豈其然乎！」

茲列顧江二氏魚、宵、尤三部分合表如下：

顧炎武	顧氏第三部魚模麻之半虞侯		顧氏第五部蕭宵肴豪尤幽
江永	江氏第三部 魚模麻之半虞之半从夫吳甫無夸巫具于臾瞿	江氏第十一部 侯虞之半从須付禺朱音芻殳孚句俞取區臾需婁求（自顧氏第三部分出） 尤幽蕭韻蕭瀟條聊/宵韻陶儦/肴韻膠怓呶茅包苞鉋炮/豪韻牢警櫜滔慆袍陶綯翿敖曹漕（自顧氏第五部分出）	江氏第六部 蕭宵肴豪

按江氏別侯與虞之半於魚、模，別幽與尤之半於蕭、宵、肴、豪，皆爲有見，然將侯及虞之半，與幽及尤之半合爲一部，則未免太過相信其審音知識，併所不當併者矣。段玉裁評之云：「顧氏合侯於魚爲一部，江氏又誤合侯於尤爲一部，皆考之未精。」江有誥云：「顧氏合侯於魚，與三代不合，而合於兩漢；江氏合侯於尤，且不合於兩漢矣。」

二、江氏入聲八部：

江氏分入聲爲八部，茲錄其細目如後：

〔一〕第一部：以一屋、三燭二韻字爲主。分二沃、分四覺、別收二十三錫、別收去聲五十候。

【詩韻】一屋：讀獨；轂穀谷；樕；祿鹿；族；僕；卜；木沐霂；腹復覆；六陸；軸蓫；菊鞠；淑；俶；育；祝；菽；畜慉；蹙；燠奧薁；肅夙宿；穋。

分二沃：毒；篤；告。

三燭：屬；玉獄；蠋；辱；束；欲；綠；曲；局；足；續藚；粟。

分四覺：角；椓；濁；渥。

別收二十三錫：迪；戚。

別收去聲五十候：奏。

〔二〕第二部：以五質、六術、七櫛、八物、九迄、十沒六韻字爲主。分十六屑、分十七薛、別收二十四職。

【詩韻】五質：質；日；實；秩；一壹；七漆；匹；吉；逸；栗慄；窒桎；疾；室；畢珌韠；怭；吉；密。

六術：述；卒；卒；恤；律；出。

七櫛：櫛；瑟。

八物：物；弗拂茀芾。

九迄：仡。

十一沒：沒；忽。

分十六屑：結；節；噎；血；闋；穴；垤耋瓞。

分十七薛：設；徹。

別收二十四職：即。

〔三〕第三部：以十月、十二曷、十三末、十四黠、十五鎋五韻字爲主。分十六屑、分十七薛。

【詩韻】十月：月；伐；越鉞；蕨；闕；髮發；揭；竭朅。

十二曷：害褐；怛；闥達；曷；渴；櫱；葛。

十三末：秣；撥；括佸活；闊；活；奪；濊；撮；說；捋；掇；茇軷。

十五鎋：舝。

分十六屑：結袺；節；威；櫛；截。

（按：結、節、櫛三字巳收入第二部，此部不當重收，王氏念孫入質部是也。）

十七薛：烈；桀傑；舌；孽；滅；雪；說；惙；孑偈。

〔四〕第四部：以十八藥、十九鐸二韻字爲主。分二沃、分四覺、分二十陌、分二十一麥、分二十二昔、分二十三錫、別收去九御、別收去聲四十禡。

【詩韻】十八藥：藥籥躍；蹻；若；綽；虐；削，爵；臄；謔。

十九鐸：度；莫瘼；落樂駱雒；橐蘀；作鑿；錯；閣；恪；咢；惡；薄；壑熇；貉；酢；博襮；諾；藿；穫濩；廓鞹。

分二沃：沃。

分四覺：較；駁；藐；濯；翯。

分二十陌：貊；白；伯柏；戟；柞；綌；逆；客；赫；格；宅澤。

分二十一麥：獲。

分二十二昔：昔；舄踖；繹奕斁射；尺；石碩；炙；席蓆夕；藉。

分二十三錫：的；翟；溺。

別收去聲九御：庶。

別收去聲四十禡：夜。

〔五〕第五部：以二十二昔、二十三錫韻字爲主。分二十一麥、別收三燭。

【詩韻】分二十一麥：簀；謫適；厄。

分二十二昔：脊蹐；益；易蜴；適；辟；璧辟。

分二十三錫：錫皙；蹢；鷊；狄翟；剔惕；績；幭；甓；鶪。

別收三燭：局。

〔六〕第六部：以二十四職、二十五德韻字爲主。分二十一麥、別收一屋、別收去聲七志、別去聲十六怪、別收去聲十八隊、別收去聲十九代、別收平聲十六咍、別收二沃　。

【詩韻】分二十一麥：麥；馘；革。

二十四職：職織；直；力；敕飭；食；息；識飾式；奭；極；暱；億；色穡；棘襋亟；弋翼；稷；蜮域緎；洫；側；嶷。

二十五德：德得；則；忒慝；克；特螣；黑；賊；塞；北；匐；國。

別收一屋：福輻葍；伏服；穋；郁；牧。

別收去聲七志：意。

別收去聲十六怪：戒。

別收去聲十八隊：背。

別收去聲十九代：載。

別收平聲十六咍：來。

別收二沃：告。

〔七〕第七部：以二十六緝韻字為主。分二十七合、分二十九葉、分三十二洽。

【詩韻】二十六緝：隰；輯集；入；濕；揖；及；蟄；笠；急；泣；翕；溼；邑。

分二十七合：合；軜。

分二十九葉：楫；厭。

分三十二洽：洽。

〔八〕第八部：以二十八盍、三十怗、三十一業、三十三狎、三十四乏韻字為主。分二十七合、分二十九葉、分三十二洽。

【詩韻】分二十九葉：葉；涉；韘；捷。

三十一業：業。

三十三狎：甲。

江氏所謂分某韻者，謂一韻而歧分為兩部者也。曰別收某韻者，謂韻本不通，而有字當入此部者也。曰別收某聲某韻者，韻本不通，而有字當入此部而其四聲不同者也。江氏入聲八部之分，較顧氏為有條理，入聲韻部因韻尾有收－p、－t、－k 之異，江氏皆因其異而分別之，未嘗相混也。其第一部、第四部、第五部、第六部收－ k 尾者也；其第二部、第三部收－ t 尾者也；其第七部、第八部收－p 尾者也。至於八部入聲獨立之故，江氏云：「入聲與去聲最近，《詩》多通為韻，與上聲韻者間有之，與平聲韻者少，以其遠而不諧也。韻雖通而入聲自如其本音。」因爲入聲如其本音，故入聲獨立成部，然入聲又與平上去相押韻，故主張數韻同一入。

三、江氏數韻同一入說：

江氏言古韻而不廢今韻，而古韻之離合，亦有階於今韻。其《古韻標準‧例言》云：「韻書流傳至今者，雖非原本，其大致自是周顒、沈約、陸法言之舊，分部列字，雖不能盡合於古，亦因其時音已流變，勢不能泥古違今。其間字似同而音實異，部既別則等亦殊，皆雜合五方之音，剖析毫釐，審定音切，細尋脈絡，曲有條理，其源自先儒經傳子史音切諸書來，六朝人之音學，非後人所能及，同文之功，擬之秦篆當矣。今爲三百篇攷古韻，亦但以今韻合之，著其異同斯可矣。」以其不廢今韻，故於入聲之分別，較顧氏爲有條理，故入聲獨立爲八部，不主專承某部，如顧氏《古音表》之所爲者，而兼及於今韻之條理，主"數韻同一入"之說。其說見於所著《四聲切韻表‧凡例》中，其言曰：「韻學談及入聲尤難，而入聲之說最多歧，未有能細辨等列，細尋脈絡，爲之折中，歸於一說者也。依韻書次第，屋至覺四部配東冬鍾江，質至薛十三部配眞諄臻文殷元魂痕寒桓刪山先仙，唯痕無入，藥至德八部配陽唐庚耕清青蒸登，緝至乏九部配侵覃談鹽添嚴咸銜凡。調之聲音而諧，按之等列而協，當時編韻書者，其意實出於此，以此定入聲，天下古今之公論，不可易也。然執是說也，則此三十四韻之外，皆無入矣。胡爲古人用入聲韻與三聲協者，多出於無入聲之韻，而以一字轉兩三音，如質質、惡惡惡、偏旁諧聲字，如至室、意億、暮莫、肖削之類，亦多出無入聲之韻也。顧寧人於是反其說，惟侵覃以下九韻之入及歌戈麻三韻舊無入，與舊說同，其餘悉反之，舊無者有，舊有者無，此又固滯之說也。其說以爲屋承東、術承諄、鐸承唐、昔承清，若呂之代嬴，黃之易芈，以其音之不類也。不知入聲有轉紐，不必皆直轉也，曷不即侵覃九韻思之乎！侵寑沁緝猶之眞軫震質、清靜勁昔、青迥徑錫、蒸拯證職也；覃感勘合、談敢闞盍猶之寒旱翰曷、桓緩換末也；鹽琰豔葉、添忝㮇怗、嚴儼釅業猶之先銑霰屑、仙獮線薛也；咸豏陷洽、銜檻鑑狎、范梵乏猶之刪潸諫黠、山產襉鎋、元阮願月也。推之他韻，東董送屋、唐蕩宕鐸亦猶是也。如必以類直轉乃爲本韻之入，則此九韻不能轉入矣。緝承侵、合承覃不亦呂嬴黃芈乎！入聲可直轉者，惟支脂之微數韻耳。猥俗者謂孤古故谷爲順轉，不知谷乃公鉤所共之入，而孤之入爲各，猶暮之爲莫、惡之爲惡也。余別爲之說曰：平上去入聲之轉也，一轉爲上，再轉爲去，三轉爲入，幾於窮，僅得三十四部，當三聲之過半耳，窮則變，故入聲多不直轉，變則通，故入聲又可同用，除緝合以下九部爲侵覃九韻所專，不爲他韻借，他韻亦不能借，其餘二十五部諸韻，或合二三韻而共一入，無入者閒有之，有入者爲多。諸家各持一說此有彼無，彼有此無者皆非也。顧氏之言曰：天之生物，使之一本，文字亦然，不知言各有當，數韻同一入，猶之江漢共一流也，何嫌於二本乎！數韻同一入，非強不類者而混合之也，必審其音呼，別其等第，察其字音之轉，偏旁之聲，古音之通，而後定其爲此韻之入，即同用一入，而表中所列之字，亦有不同，蓋各有脈絡，不容混紊，猶之江漢合流，而〈禹貢〉猶分爲二水也。二三韻同一入，一入又分爲二三類，愈析則愈精。

竦从束聲，冢从豖聲，豖丑六切，叢从取，藂簇从聚，皆與屋韻近，故東董送轉而爲屋，而侯、尤亦共之，讀讀、復復、覆覆、宿宿、祝祝、肉肉一字兩音，畜畜、奏族音亦相轉，軸蹴之類，偏旁多通，故侯厚候得其一等字，尤有宥得其二三四等字。毛先舒以屋爲尤入，稍爲有見，而周德清以爲魚入，顧氏分入魚、蕭，別分鐸、陌、麥、昔爲侯入，誤矣。幽亦尤侯之類，得其“繆”字，“繆”字平去入三音也，尤有宥別分一類古音通之止志者，得其“牧郁福服”字，“福服”今音輕脣，古音重脣，如職韻之“逼愎”也。蕭韻別分一類古音通尤者，得其“肅”字，他音非其入也。“條、蓧”之入，乃錫韻之“滌”字，其同音“迪笛踧覿”古音皆屋韻也，又得“惄寂慼”字，因“蕭”“肅”之相通，而蕭之轉爲錫者，又有字通於屋，故蕭韻兼得屋錫。」

江氏精于呼等之學，審音之精，以數韻同一入之觀點，分配諸韻，以說明古代韻部系統，確具不少啓示性。然其數韻同入之理，有所謂“入聲轉紐”之說，語欠明確，不易取信於人。江有誥《入聲表・凡例》嘗云：「入有轉紐之說，不足據矣。」吳興錢玄同先生釋江氏陰陽同入之理，於此點頗有推闡之功。錢君云：

「入聲者，介于陰陽之間，緣其音本出于陽聲，略有收鼻音，顧入聲音至短促，不待收鼻，其音已畢，頗有類於陰聲，然細察之，雖無收音，實有收勢。（凡陽聲收 ng 者，其入聲音畢時，恒作 k 聲之勢。陽聲收 n 者，其入聲音畢之時，恒作 t 聲之勢。陽聲收 m 者，其入聲音畢時，恒作 p 聲之勢。其作勢而不聞聲者，即緣短促之故，非眞無收鼻音也。）則又近于陽聲。故曰介于陰陽之間也。」先師林景伊先生復踵釋之云：「因其介于陰陽之間，故可兼承陰聲陽聲，而與二者皆得通轉，江愼修數韻同入，及戴東原陰陽同入之說，皆此理也。」

若據江氏數韻同入之理，則其古韻平上去十三部與入聲八部相配之關係，當如下表：

<table>
<tr><th>陽聲</th><th>入聲</th><th>陰聲</th></tr>
<tr><td>第一部東冬</td><td>第一部屋沃</td><td>第十一部尤侯</td></tr>
<tr><td>第八部陽唐</td><td>第四部藥鐸</td><td>第三部魚模
第六部宵豪</td></tr>
<tr><td>第五部元寒</td><td>第三部月曷</td><td>第七部歌戈</td></tr>
<tr><td>第四部眞諄</td><td>第二部質術</td><td rowspan="3">第二部支脂之微齊佳皆灰咍祭泰夬廢</td></tr>
<tr><td>第九部耕清</td><td>第五部昔錫</td></tr>
<tr><td>第十部蒸登</td><td>第六部職德</td></tr>
<tr><td>第十二部侵覃</td><td>第七部緝合</td><td></td></tr>
<tr><td>第十三部談覃</td><td>第八部盇帖</td><td></td></tr>
</table>

上表舉平以賅上去，韻目取首二字爲代表，以趨齊整。其詳可參見江氏部目，惟陰聲第二部，則將韻目全列，以明其所以與陽聲入聲相配之關係，其無相配之韻則從缺，兩部以上相配者則並列之。

第四節　段玉裁之古韻研究

段玉裁字若膺，一字懋堂。（1735 — 1815）金壇人。著《說文解字注》，後附《六書音韻表》，爲清代學者古音學著作中，最爲實用者，因附於《說文解字注》後，故亦爲被人引用之最廣者，段氏基於顧、江兩家之書，證其違而補其未逮，定古音爲十七部，所謂登堂入室者矣。茲分別敘述之於後：

一、段氏古韻分部之創見：

〔一〕支、脂、之分爲三部：

《廣韻》上平五支、六脂、七之、八微、十二齊、十三佳、十四皆、十五灰、十六咍。及去聲十三祭、十四泰、十七夬、二十廢諸韻，自來言古韻者皆合爲一部，至段氏始析而三之。段氏〈今韻古分十七部表・第一部第十五部第十六部分用說〉云：「《廣韻》上平七之、十六咍，上聲六止、十五海，去聲七志、十九代，入聲二十四職、二十五德爲古韻第一部。上平六脂、八微、十二齊、十四皆、十五灰，上聲五旨、七尾、十一薺、十三駭、十四賄，去聲六至、八未、十二霽、十三祭、十四泰、十六怪、十七夬、十八隊、二十廢，入聲六術、八物、九迄、十月、十一沒、十二曷、十三末、十四黠、十五鎋、十七薛爲古韻第十五部。上平五支、十三佳，上聲四紙、十二蟹，去聲五寘、十五卦，入聲二十陌、二十一麥、二十二昔、二十三錫爲古音第十六部。五支、六脂、七之三韻，自唐人功令同用，鮮有知其當分者矣。今試取〈詩經韻表〉第一部、第十五部、第十六部觀之，其分用乃截然。且自三百篇外，凡群經有韻之文，及楚騷、諸子、秦、漢、六朝辭章所用，皆分別謹嚴，隨舉一章數句，無不可證。或有二韻連用而不辨爲分用者，如《詩・相鼠》二章，齒、止、俟第一部也；三章體、禮、死第十五部也。（《詩・鄘風・相鼠》二章：『相鼠有齒。人而無止。人而無止。不死何俟。』三章：『相鼠有體。人而無禮。人而無禮。胡不遄死。』）〈魚麗〉二章鱧、旨第十五部也；三章鯉、有第一部也。（《詩・小雅・魚麗》二章：『魚麗于罶，魴鱧。君子有酒，多且旨。』三章：『魚麗于罶，魴鯉。君子有酒，旨且有。』）〈板〉五章懠、毗、迷、尸、屎、葵、資、師第十五部也；六章篪、圭、攜第十六部也。（《詩・大雅・板》五章：『天之方懠。無爲夸毗。威儀卒迷。善人載尸。民之方殿屎。則莫我敢葵。喪亂蔑資。曾莫惠我師。』六章：『天之牖民，如壎如篪。如璋如圭。

如取如攜。／攜無曰益。牖民孔易。民之多辟。無自立辟。』）《孟子》引齊人言，雖有智慧二句，第十五部也；雖有鎡基二句，第一部也。（《孟子・公孫丑》：『雖有智慧。不如乘勢。』慧、勢爲韻，段氏第十五部也；『雖有鎡基。不如待時。』基、時爲韻，段氏第一部也。）屈原賦寧與騏驥抗軛二句，第十六部也；寧與黃鵠比翼二句，第一部也。（《楚辭・卜居》：『寧與騏驥抗軛乎？將隨駑馬之跡乎？』軛、跡爲韻，段氏第十六部；『寧與黃鵠比翼乎？將與雞鶩爭食乎？』翼、食爲韻，段氏第一部也。）秦〈琅邪臺刻石〉，自維二十六年至莫不得意，凡二十四句，以始、紀、子、理、士、海、事、富、志、字、載、意韻，第一部也；自應時動事至莫不如畫，凡十二句，以帝、地、懈、辟、易、畫韻，第十六部也。（《史記・秦始皇本紀》：『維二十六年，皇帝作始。端平法度，萬物之紀。以明人事，合同父子。聖智仁義，顯白道理。來撫東土，以省卒士。事已大畢，乃臨於海。皇帝之功，勤勞本事。上農除末，黔首是富。普天之下，博心揖志。器械一量，同書文字。日月所照，舟輿所載。皆終其命，莫不得意。／應時動事，是維皇帝。匡飭異俗，陵水經地。憂恤黔首，朝夕不懈。除疑定法，咸知所辟。方伯分職，諸治經易。舉錯必當，莫不如畫。』）倘以〈相鼠〉齒與禮、死成文，〈魚麗〉鯉與旨爲韻，則自亂其例而非韻，玉裁讀坊本《詩經・竹竿》二章：「泉源在左，淇水在右。女子有行，遠父母兄弟。」每疑右爲古韻第一部字，弟爲第十五部字，二字古鮮合用，及考唐石經、宋本《集傳》、明國子監注疏本，皆作“遠兄弟父母”，而後其疑豁然。三部自唐以前分別最嚴，蓋如眞、文之與庚，青與侵，稍知韻理者，皆知其不合用也。自唐初功令不察，支、脂、之同用，佳、皆同用，灰、咍同用，而古之畫爲三部，始湮沒而不傳，迄今千一百餘年，言韻者莫有見及此者矣。古七之之字，多轉入於尤韻中，而五支、六脂則無有，此三部分別之大概也。職、德爲第一部之入聲；術、物、迄、月、沒、曷、末、黠、鎋、薛爲第十五部之入聲；陌、麥、昔、錫爲第十六部之入聲。顧氏既三部爲一，故入聲亦合爲一，古分用甚嚴，即唐初功令，陌、麥昔同用，錫獨用，職、德同用，亦未若平韻之掍合五支、六脂、七之爲一矣。」

江永	第二部支脂之微齊佳皆灰咍祭泰夬廢		
段玉裁	第一部 之咍 止海 志代 職德	第十五部 脂微齊皆灰 旨尾薺駭賄 至未霽怪隊 祭泰夬廢 術物迄沒 月曷末黠鎋薛	第十六部 支佳 紙蟹 寘卦 陌麥 昔錫

段氏支、脂、之三部之分，實古音學史上一大發明，因爲此三部讀音十分難以區別，若非考古之精到，實難加以區分，故其此項成就，深爲世人所推崇。戴震云：「段君若膺語余曰：“支、佳一部也；脂、微、齊、皆、灰一部也；之、咍一部也。漢人猶未嘗淆借通用，晉、宋以後，乃少有出入，迄乎唐之功令，支注脂、之同用；佳注皆同用；灰注咍同用。於是古之截然爲三者，罕有知之。”余聞偉其學之精，好古有灼見卓識。」又云：「若夫五支異於六脂，猶清異於眞也，實千有餘年，莫之或省者，一旦理解，接諸三百篇劃然，豈非稽古大快事歟！」孔廣森云：「五支、六脂、七之分立三部，周、陸先哲析音精矣。自唐律功令定爲同用，學生誦習，忘其掍殽，段氏獨證遺經於千載之下。」夏燮云：「段氏支、脂、之三部之分，蓋莫有易之者。」

〔二〕眞、諄分部：

江氏《古韻標準》以《廣韻》平聲十七眞、十八諄、十九臻、二十文、二十一殷、二十三魂、二十四痕、一先之半合爲第四部。段氏析而爲二，眞、臻、先一部也；諄、文、殷、魂、痕一部也。入聲質、櫛、屑三韻則盡歸眞、臻、先，與眞、臻、先合爲第十二部。諄、文、殷、魂、痕五韻則別之爲第十三部。以此兩部在三百篇內皆分用，江氏合爲一部，猶考之未盡也。其〈今韻古分十七部表〉第十二部、十三部、十四部分用說云：「上平十七眞、十九臻、下平一先，上聲十六軫、二十七銑，去聲二十一震、三十二霰，入聲五質、七櫛、十六屑爲古韻第十二部；十八諄、二十文、二十一欣、二十三魂、二十四痕，上聲十七準、十八吻、十九隱、二十一混、二十二很，去聲二十二稕、二十三問、二十四焮、二十六慁、二十七恨爲古韻弟十三部；二十二元、二十五寒、二十六桓、二十七刪、二十八山、下平二仙，上聲二十阮、二十三旱、二十四緩、二十五潸、二十六產、二十八獮，去聲二十五願、二十八翰、二十九換、三十諫、三十一襇、三十三線爲古韻弟十四部。三百篇及群經、屈賦分用畫然，漢以後用韻過寬，三部合用，鄭庠乃以眞、文、元、寒、刪、先爲一部，顧氏不能深考，亦合眞以下十四韻爲一部，僅可以論漢、魏間之古韻，而不可以論三百篇之韻也。江氏考三百篇，辨元、寒、桓、刪、山、仙之獨爲一部矣。而眞臻一部與諄、文、欣、魂、痕一部分用，尚有未審，讀〈詩經韻表〉而後見古韻分別之嚴。唐、虞時『明明上天。爛然星陳。日月光華，宏予一人。』弟十二部也。『南風之薰兮。可以解吾民之慍兮。』弟十三部也。『卿雲爛兮。糺縵縵兮。日月光華，旦復旦兮。』弟十四部也。三部之分，不始於三百篇矣。」

入聲質、櫛、屑三韻，段氏所以併入眞、臻、先部者，因此三韻，在《詩經》中，不與十五部入聲字押韻，而段氏入聲又無獨立成部者，故不得已而併入眞部也。段氏云：「弟十二部入聲質、櫛韻，漢以後多與弟十五部入聲合用，三百篇分用畫然。如〈東方之日〉一章不與二章一韻，（《詩・齊風・東方之日》首章：『東方之日兮。彼姝者子，在我室兮。在我室兮。履我即兮。』二章：『東方之月兮。彼姝者子，在我闥兮。在我闥兮。履我發兮。』）〈都人士〉三章不與二章一韻可證。（《詩・小雅・都人士》二章：『彼都人士，臺笠緇撮。彼君子女，綢直如髮。我不見兮，我心不悅。』三章：『彼都人士，充耳琇實。彼君子女，謂之尹吉。我不見兮，我心苑結。』）

質、櫛、屑諸韻既不與十五部術、物、迄、沒等韻相押韻，一如其平聲眞、臻之不與諄、文相諧者然，故不可歸於十五部，而又不可獨立，故不得已而併合於眞、臻部也。

江永	第四部眞諄臻文欣魂痕先之半	
段玉裁	第十二部 眞臻先 軫銑 震霰 質櫛屑	第十三部 諄文欣魂痕 準吻隱混很 稕問焮慁恨

因爲眞、諄兩部後世音聲十分接近，若非考古之篤，實在不容易加以區分，故後人多存懷疑之心。江有誥云：「段氏之分眞、文，人皆疑之，有誥初亦不之信也，細紬繹之，眞與耕通用爲多，文與元合用較廣，此眞、文之界限也。」

〔三〕侯部獨立：

顧氏合侯於魚、虞、模通爲一部，江氏使侯與虞之半自魚部分出，而又合之於尤、幽爲一部。江氏別侯於魚模固是，而合之於尤、幽則非，段氏有見于此，紬繹詩三百篇之文，見侯與尤、幽赫然有別，於是使侯獨立成爲一部。其〈今韻古分十七部表〉弟三部、弟四部、弟五部分用說云：「下平十九侯，上聲四十五厚，去聲五十候爲古韻弟四部；上平九魚、十虞、十一模，上聲八語、九麌、十姥，去聲九御、十遇、十一暮，入聲十八藥、十九鐸爲古韻弟五部。《詩經》及周、秦文字分用畫然。顧氏誤合侯於魚爲一部，江氏又誤合侯於尤爲一部，皆考之未精。顧氏合侯於魚，其所據皆漢後轉音，非古本音也。侯古近尤而別於尤，近尤故入音同尤，別於尤，故合諸尤者亦非也。弟二部、弟三部（按段氏以下平三蕭、四宵、五肴、六豪，上聲二十九篠、三十小、三十一巧、三十二皓，去聲三十四嘯、三十五笑、三十六效、三十七號爲古韻弟二部；十八尤、二十幽，上聲四十四有、四十六黝，去聲四十九宥、五十幼，入聲一屋、二沃、三燭、四覺爲古韻弟三部。）、弟四部、弟五部，漢以後多四部合用，不甚區別，要在三百篇故較然畫一，〈載馳〉之驅、侯，不連下文悠、漕、憂爲一韻，（《詩・鄘風・載馳》首章：『載馳載驅。歸唁衛侯。驅馬悠悠。言至于漕。大夫跋涉，我心則憂。』）〈山有蓲〉之蓲、榆、婁、驅、愉，不連下章栲、杻、埽、考、保爲一韻，（《詩・唐風・山有樞》首章：『山有樞。隰有榆。子有衣裳，弗曳弗婁。子有車馬，弗馳弗驅。宛其死矣，他人是愉。』二章：『山有栲。隰有杻。子有廷內，弗洒弗埽。子有鐘鼓，弗鼓弗考。宛其死矣，他人是保。』）〈南山有臺〉之枸、楰、耇、後，不連上章栲、杻、壽、茂爲一韻，（《詩・小雅・南山有臺》四章：『南山有栲。北山有杻。樂只君子，遐不眉壽。樂只君子，德音是茂。』五章：『南山有枸。北山有楰。樂只君子，遐不黃耇。樂只君子，保艾爾後。』)《左氏傳》:『專之渝。攘公之羭。』不與下文“蕕、臭”為一韻，(《左氏・僖四年傳》:『初，晉獻公欲以驪姬為夫人，卜之不吉，筮之吉。公曰:“從筮。”卜人曰:“筮短龜長，不如從長。且其繇曰:‘專之渝。攘公之羭。一薰一蕕。十年尚猶有臭。’必不可。”弗聽。』)此弟四部之別於弟三部也。〈株林〉之駒、株，不與馬、野為一韻，(《詩・陳風・株林》二章:『駕我乘馬。說于株野。乘我乘駒。朝食于株。』)《板》之渝、驅，不與怒、豫為一韻，(《詩・大雅・板》八章:『敬天之怒。無敢戲豫。敬天之渝。無敢馳驅。』)《史記》甌窶滿溝，不與汙邪滿車為一韻，(《史記・滑稽列傳》:『威王八年，楚大發兵加齊，齊王使淳于髡之趙請救兵，齎金百斤，車馬十駟。淳于髡仰天大笑，冠纓索絕。王曰:“先生少之乎?”髡曰:“何敢!”王曰:“笑豈有說乎?”髡曰:“今者臣從東方來，見道傍有禳田者，操一豚蹄、酒一盂。祝曰:‘甌窶滿篝。汙邪滿車。五穀蕃熟。穰穰滿家。’臣見其所持者狹，所欲者奢，故笑之。”』)此弟四部之別於弟五部也。」又曰:「《左氏傳》鴝鵒童謠首二句鵒辱，及末二句鵒哭，弟三部也;羽、野、馬弟五部也;跦、侯、襦弟四部也;巢、遙、勞、驕弟二部也;一謠而可識四部之分矣。(《左氏・昭公二十五年傳》:『有鴝鵒來巢，書所無也。師己曰:“異哉!吾聞文、成之世，童謠有之曰:‘鴝之鵒之。公出辱之。/鴝鵒之羽。公在外野。往饋之馬。/鴝鵒跦跦。公在乾侯。徵褰與襦。/鴝鵒之巢。遠哉遙遙。裯父喪勞。宋父以驕。/鴝鵒鴝鵒。往歌來哭。’童謠有是，今鴝鵒來巢，其將及乎!”』)」

茲將江、段二家之分合，以表說明之。

江永	第十一部侯虞之半尤之半幽	
段玉裁	第四部 侯虞之半 厚麌之半 候遇之半	第三部 尤之半幽 有之半黝 宥之半幼 屋沃燭覺

江有誥云：「顧氏改侯從魚，愼齋改侯從尤，均未之善也，段氏以尤、幽爲一部；侯與虞之半別爲一部，雖古人復起，無以易矣。」又曰：「顧不合於三代，而合於兩漢；江則不合於三代，並不合於兩漢，惟《音韻表》別尤於蕭，又別侯於尤，爲實事求是。」

二、段氏之古本音古合韻說：

段氏有所謂“古本音”與“古合韻”說，其〈古十七部本音說〉云：「三百篇音韻，自唐以下不能通，僅以爲“協音”，以爲“合韻”，以爲“古人韻緩，不煩改字”而巳。自有明三山陳第深識確論，信古本音與今音不同，如鳳鳴高岡，而啁噍之喙盡息也。自顧氏作《詩本音》，江氏作《古韻標準》，玉裁保殘守闕，分別古音爲十七部，凡一字而古今異部，以古音爲本音，以今音爲音轉，如尤讀怡、牛讀疑、丘讀欺，必在第一部而不在第三部者，古本音也。今音在十八尤者，音轉也，舉此可以隅反矣。」又云：「知周、秦韻與今韻異，凡與今韻異部者，古本音也。」段氏之所謂古本音者，乃古與今異部。蓋段氏於古韻旣析爲十七部，而每部之中，又認定今韻若干韻爲其本韻，倘《詩經》韻同在一部，而此字卻不在其指定之本韻中者，則稱之爲古本音。例如段氏第一部以之、咍、職、德爲本韻，亦即周秦韻屬

第一部，今韻在之、咍、職、德諸韻之內者，則爲本韻；而今韻在之咍諸韻之外者，如所舉“尤”“牛”“丘”等字，周、秦韻在第一部，而今韻則非屬之、咍諸韻者，而出之尤韻，依段氏條例，稱之爲“古本音”。

今以段氏十七部，按其〈詩經韻分十七部表〉所列古本音爲例，說明其古今異部分合之情形於後：

〔一〕第一部：之、咍、職、德。

另收尤韻之“訧尤郵謀丘裘牛龜紑”；有韻之“友否有右玖久負婦秠”；宥韻之“疚又富右侑舊祐”；脂韻之“龜駓伾秠”；旨韻之“否洧鮪鄙秠”；至韻之“備僃”；皆韻之“霾薶”；怪韻之“戒怪”；灰韻之“梅媒”；賄韻之“每悔晦”；隊韻之“佩背誨痗”；軫韻之“敏”；登韻之“能”以及入聲屋韻之“服輻福牧彧囿伏葍”；麥韻之“革麥馘”。（按尤、有、宥諸韻字，古皆在第一部，今轉入他部，故稱之爲古本音。）

〔二〕第十五部：脂、微、齊、皆、灰、祭、泰、夬、廢、術、物、迄、沒、月、曷、末、黠、鎋、薛。另收咍韻之“哀”；海韻之“豈愷”；代韻之“愛僾溉逮”；紙韻之“坻燬邇瀰泚訿砥瀰爾”；佳韻之“柴”；果韻之“火”；軫韻之“牝”；換韻之“竄”；小韻之“鷕”（按此字《說文》以水反，《廣韻》又羊水反，皆在旨韻，則當爲本韻。）質韻之“率”。

〔三〕第十六部：支、佳、陌、麥、昔、錫。

另收齊韻之“觿提攜圭”；霽韻之“髢帝締繫睨”；祭韻之“揥”。

〔四〕第十二部：眞、臻、先、質、櫛、屑。

另收蒸韻之“矜”；青韻之“苓零令”；徑韻之“命”；混

韻之“壼”；仙韻之“翩偏”；至韻之“毖”；霽韻之“噎疐替”；職韻之“即抑洫”；薛韻之“設徹”術韻之“恤”。

〔五〕第十三部：諄、文、欣、魂、痕。

另收眞韻之“振麇縉瘖貧巾困晨墐禋”；臻韻之“詵”；山韻之“艱鰥”；仙韻之“川”；軫韻之“忍昣閔”；銑韻之“殄典”；襉韻之“盼”；微韻之“煇旂賁”；齊韻之“亹”；隊韻之“錞”；賄韻之“浼”；薺、卦韻之洒”。

〔六〕第三部：尤、幽、屋、沃、燭、覺。

另收豪韻之“漕慆綯曹牢滔騷陶鼛櫜皋”；蕭韻之“蕭瀟聊條”；宵韻之“莜椒”；肴韻之“茅匏苞包炮”；嘯韻之“嘯”；篠韻之“鳥蓼”；小韻之“舀擾”；巧韻之“昴飽茆卯巧”；號韻之“冒好報埽翿造禱告燠奧蹈灶”；皓韻之“老道鴇栲考保皓稻慅棗蚤草阜寶嫂”；效韻之“孝”；有韻之“膠”；厚韻之“牡”；候韻之“茂戊”；虞韻之“孚罦”；遇韻之“務裕”；脂韻之“逵”；旨韻之“簋”；錫韻之“戚迪覿”。

〔七〕第四部：侯。

另收虞韻之“蔞駒隅姝躕殳味濡渝樞榆婁愉芻株諏趨愚羭儒郰跦誅凫軀”；麌韻之“枸楰瘉侮取樹數句醹僂傴俯”；遇韻之具孺附鮒遇”；宥韻之“株晝”。

至於段氏所謂古合韻，則是周秦韻本不同部，而互相諧協者當之。亦即古與古異部而相合韻者。段氏曰：「古本音與合韻異，是無合韻之說乎？曰：有。聲音之道，同源異派，弇侈互輸，協靈通氣，移轉便捷，分爲十七而無不合，不知有合韻，則或以爲無韻，如顧氏於〈谷風〉之嵬、萎、怨。（《詩・小雅・谷風》三章：『習習谷風，維山崔嵬。無草不死，無木不萎。忘我大德，思我小怨。』）《思齊》之造、士。（《詩・大雅・思齊》四章：『不聞亦式。不諫亦入。肆成人有德。／小子有造。古之人無斁，譽髦斯士。』）《抑》之告、則。（《詩・大雅・抑》二章：『無競維人，四方其訓之。有覺德行，四國其順之。訏謨定命，遠猶辰告。敬慎威儀，維民之則。』）〈瞻卬〉之鞏、後。（《詩・大雅・瞻卬》七章：『觱沸檻泉，維其深矣。心之憂矣，寧自今矣。／不自我先，不自我後。藐藐昊天，無不克鞏。無忝皇祖，式救爾後。』《易・象傳》之文炳、文蔚，順以從君是也。（《易・革・象傳》：『大人虎變，其文炳也。君子豹變，其文蔚也。小人革面，順以從君也。或指爲方音』）顧氏於《毛詩・小戎》之驂與中韻，（《詩・秦風・小戎〉二章：『四牡孔阜。六轡在手。／騏騮是中。騧驪是驂。／龍盾之合。鋈以觼軜。言念君子，溫其在邑。方何爲期。胡然我念之。』）〈七月〉之陰與沖韻，（《詩・豳風・七月》八章：『二之日，鑿冰沖沖。三之日，納于凌陰。／四之日其蚤。獻羔祭韭。／九月肅霜。十月滌場。朋酒斯饗。曰殺羔羊。躋彼公堂。稱彼兕觥。萬壽無疆。』）〈公劉〉之飲與宗韻，（《詩・大雅・公劉》四章：『篤公劉，于京斯依。蹌蹌濟濟。俾筵俾几。既登乃依。／乃造其曹。執豕于牢。酌之用匏。／食之飲之。君之宗之。』）〈小戎〉之音與膺弓縢興韻，（《詩・秦風・小戎》三章：『俴駟孔群。厹矛鋈錞。蒙伐有苑。／虎韔鏤膺。交韔二弓。竹閉緄縢。言念君子，載寢載興。厭厭良人，秩秩德音。』）〈大明〉之興與林心韻，（《詩・大雅・大明》七章：『殷商之旅，其會如林。矢于牧野，維于侯興。上帝臨女，無貳爾心。』）〈易・屯象傳〉之民與正韻，（《易・屯象傳》：『雖磐桓，志行正也。以貴下賤，大得民也。』）〈臨象傳〉之命與正韻，（《易・臨象傳》：『咸臨貞吉，志行正也。咸臨吉无不利，未順命也。』）〈離騷〉之名與均韻是也。（《楚辭・離騷》：『皇覽揆余初度兮，肇錫余以嘉名。名余曰正則兮，字余曰靈均。』）或以爲學古之誤，江氏於〈離騷〉之同調是也。（《楚辭・離騷》：『曰勉強陞降以上下兮，求榘矱之所同。湯禹嚴而求合兮，摯咎繇而能調。』江永《古韻標準》第一部同下附辯云：『“決拾既佽。弓矢既調。射夫既同。助我舉柴。”此以首句與第四句韻，中二句非韻，猶之“民之未戾。職盜爲寇。涼曰不可。覆背善詈。”戾詈韻而寇可非韻也。吳氏棫以調同爲韻，讀調如同，引〈離騷〉爲證，愚謂調字本音在第六部，與此部不可強通，〈離騷〉云：“勉升降以上下兮，求榘矱之所同，湯禹儼而求合兮，摯咎繇而能調。”蓋屈子亦誤以此詩爲韻，故效之。古人讀書，不必其無誤也。東方朔〈七諫〉：“不量鑿而正枘兮，恐矩矱之不同。不論世而高舉兮，恐操行之不調。”則又誤效〈離騷〉者耳。』）或改字以就韻，如《毛詩・匏有苦葉》，改軓爲軌以韻牡，（《詩・邶風・匏有苦葉》二章：『有瀰濟盈。有鷕雉鳴。／濟盈不濡軌。雉鳴求其牡。』《釋文》：“軌、舊龜美反，謂車轊頭也。依傳意直音犯。案《說文》云：‘軌、車轍也。從車九聲。’龜美反。‘軓、車軾前也，從車凡聲。’音犯。車轊頭，所謂軓也。”）〈無將大車〉改疧爲痕以韻塵，（《詩・小雅・無將大車》首章：『無將大車，祇自塵兮。無思百憂，祇自疧兮。』）劉原甫欲改“烝也無戎”之“戎”爲“戍”，以韻“務”是也。（《詩・小雅・常棣》四章：『兄弟鬩于牆，外禦其務。每有良朋，烝也無戎。』）或改本音以就韻，如《毛詩・新臺》之“鮮”，顧氏謂古音“徙”。（《詩・邶風・新臺》首章：『新臺有泚。河水瀰瀰。燕婉之求，籧篨不鮮。』）《小雅・杕杜》之“近”，顧氏謂古音

“悸”是也。(《詩・小雅・杕杜》四章：『匪載匪來。憂心孔疚。／期逝不至。而多爲恤。／卜筮偕止。會言近止。征夫邇止。』)其失也誣矣。」又云：「其於古本音有齟齬不合者，古合韻也。」蓋段氏所謂古合韻者，原於古韻部有別，而互輸移轉者也。故其古合韻之說，實爲段氏定其十七部次第之主要依據者也。

三、段氏古韻十七部之次第：

昔之言古韻者，若崑山顧氏、婺源江氏，雖分古韻爲十部若十三部，而能離析《唐韻》以爲之。然其古韻部目之次第，猶一遵《唐韻》之舊第，無敢先後移易之者。段氏始以十七部合韻之遠近，重新安排其次第。段氏〈古合韻次弟近遠說〉云：「合韻以十七部次弟分爲六類，求之同類爲近，異類爲遠，非同類而次弟相附爲近，次弟相隔爲遠。」是段氏古韻十七部之次弟，完全奠基在合韻之基礎上。故其〈古十七部合用類分表〉序言云：「今韻二百六部，始東終乏，以古韻分之，得十有七部，循其條理，以之咍職德爲建首；蕭宵肴豪音近之，故次之；幽尤屋沃燭覺音近蕭，故次之；侯音近尤，故次之；魚虞模藥鐸音近侯，故次之；是爲一類。蒸登音亦近之，故次之；侵鹽添緝葉怗音近蒸，故次之；覃談咸銜嚴凡合盍洽狎業乏音近侵，故次之；是爲一類。之二類者，古亦交互合用。東冬鍾江音與二類近，故次之；陽唐音近冬鍾，故次之；庚耕清青音近陽，故次之；是爲一類。眞臻先質櫛屑音近耕清，故次之；諄文欣魂痕音近眞，故次之；元寒桓刪山仙音近諄，故次之；是爲一類。脂微齊皆灰術物迄月沒曷末黠鎋薛音近諄元二部，故次之；支佳陌麥昔錫音近脂，故次之；歌戈麻音近支，故次之；是爲一類。」其〈答江晉三論韻書〉亦云：「僕之十七部次第，始於之，大意以之、尤相近，故之之字多入於尤；而蕭者，尤之類，蕭之入當同之，故次第二；尤次之，故次第三；侯者，尤之鄰也，故次第四；魚次侯，故次第五；蒸與之最近，亦以之之入爲入者也，故次第六；侵最近蒸，故次第七；談與侵皆閉口收脣者，故次第八；凡尤侯蒸侵皆通於東冬，故東冬次第九；以尤侯之入爲入者也。東冬之斂爲陽，陽者以魚之入爲入者也。故次第十；庚近於陽，陽之字多入於庚，故次第十一；庚蓋以眞入爲入，眞與庚古通用，故次第十二；文者，眞之鄰也，故次十三；元者又文之鄰也，故次十四；文元者，皆以脂部之入爲入者也，故脂次十五；支者似脂而不同，與歌最近，故歌之字，多入於支，蓋以支之入爲入者，故次十七。此則僕以入爲樞紐而求其次第之意。」

段氏以合韻之遠近，而定其先後之次第，不僅勝顧江二氏之傳統排列法，而尤可關聯韻部與韻部之間之關係。今人擬測古韻部之讀法，其元音相去之遠近，韻尾之是否相同，實則與古韻部合韻之遠近，有極大之關係。段氏此一安排，對後人極具啓示性。故後之作者，未有不師法段氏而重新安排其韻部排列之次序者也。段氏所以將蒸寘第六，侵寘第七者，即因侵近於蒸也。何以知之。例如《詩・小雅・正月》：「瞻彼中林。侯薪侯蒸。民今方殆，視天夢夢。既克有定，靡人弗勝。有皇上帝，伊誰云憎。」即以侵部之“林”字與蒸部之“蒸、夢、勝、憎”韻是也。

四、段氏以諧聲系統分部：

段氏〈古十七部諧聲表〉序云：「六書之有諧聲，文字之所以日滋也，攷周、秦有韻之文，某聲必在某部，至嘖而不可亂，故視其偏旁，以何字爲聲，而知其音在某部，易簡而天下之理得也。許叔重作《說文解字》時，未有反語，但云某聲、某聲，即以爲韻書可也，自音有變轉，同一聲而分散於各部各韻，如一某聲，而某在厚韻，媒、牒在灰韻；一每聲，而悔、晦在隊韻，敏在軫韻，晦、痗在厚韻之類，參縒不齊，承學多疑之，要其始則同諧聲者必同部也。三百篇及周、秦之文備矣。輒爲十七部諧聲偏旁表，補古六藝之散逸，類別某聲某聲，分繫於各部，以繩今韻，則本非其字之諧聲而闌入者，憭然可攷矣。」

其〈古諧聲說〉云：「一聲可諧萬字，萬字而必同部，同聲必同部，明乎此，而部分、音變、平入之相配、四聲之今古不同，皆可得矣。」段氏以爲今韻雖同一諧聲之偏旁，而互見各部，然古音則同此諧聲，即爲同部。故審諧聲之偏旁，而可定古韻之部居也。此不僅爲執簡御繁之捷術，亦段氏憑以爲分部之依據者也。

段氏古韻第一部，所以將“之、咍”兩韻歸於一部者，於諧聲偏旁亦有極大之關係。例如第一部中，从“台”得聲之字：

之韻有：飴怡貽詒台眙瓵（與之切）；鮐（書之切）；辝（似茲切）；齝笞（丑之切）；治（直之切）。

咍韻有：咍痞（呼來切）；落苔炱箈駘跆鮐（徒哀切）；胎抬台邰蛤髻（土來切）。

从“思”得聲之字：

之韻有：思罳緦葸禗偲楒（息茲切）；

咍韻有：偲（倉才切）；鰓揌顋顋愢鶗（蘇來切）。

舉此可以隅反。可見諧聲系統確可作爲古韻分部之標準。故江有誥《音學十書．古韻凡例》云：「古人同聲之字，必是同部，取三代有韻之文證之《說文》諧聲，大抵吻合，自法言聲與韻分，於是一母聲也，而母字入厚，悔字入賄，敏字入軫，海字入海；一者聲也，而者字入馬，瘏字入模，渚字入語；一各聲也，而各字入鐸，路字入暮，客字入陌，如此者不可勝數，古韻晦冥之故，職由於此，段氏諧聲表一作，所爲能補顧、江二君之未逮也。」

第五節　孔廣森之古韻研究

孔廣森字衆仲，一字撝約，號巽軒。（1752 — 1786）山東曲阜人。自幼受經於戴氏震，深得其傳。著有《詩聲分例》與《詩聲類》二書以明《詩經》之韻部，此其所以名《詩聲類》也。，分古韻爲十八類。今分述之於下：

一、孔氏古韻分部之創見：

〔一〕冬部獨立：

古韻分部歷經顧炎武、江永、段玉裁三大家，皆以《廣韻》東、冬、鍾、江四韻合爲一部，而無異辭。至孔氏始獨抱遺經，通斠東部之偏旁，始知東、鍾、江爲一類，而冬自爲一類，實古韻學上一大創獲，足與段氏“支、脂、之”三分者，先後比美。因爲在漢語中，無論何種方言，皆無有能區別東、冬二韻者。在實際語言中，不能加以區別，而孔氏知其當分者，則不得不推功於考古之功深也。孔氏之《詩聲類》卷四云：「東鍾韻雖悉如其本讀，猶具臚經證者，以東、冬之分爲二，蒸、侵之通爲一，皆廣森自率臆見，前無所因，故自此訖陽聲談類，說之特詳。其它十三篇，述也；是五篇者，蓋負不知而作之罪云。」

段玉裁	第九部東冬鍾江	
孔廣森	第五部東部以《廣韻》鍾韻字爲主，另加東之半、江之半。凡此諸韻中从東、从同、从丯、从充、从公、从工、从冢、从囪、从从、从龍、从容、从用、从封、从凶、从邕、从共、从送、从雙、从尨得聲者皆屬之。	第六部冬部以《廣韻》冬韻字爲主，另加東之半、江之半。凡此諸韻中从冬、从衆、从宗、从中、从蟲、从戎、从宮、从農、从降、从宋得聲者皆屬之。

孔氏東部字之見於《詩》者有：東、蝀、童、僮、恫、豐、充、公、工、功、攻、空、訌、鴻、蒙、濛、聰、蓬、豵、重、鍾、罿、衝、松、訟、容、庸、墉、鏞、傭、凶、訩、顒、雝、廱、饔、從、樅、邛、共、葑、丯、逢、邦、厖、雙；總、菶、唪、動、尰、竦、勇、幪；送、控、用、誦、巷；【附】調。

孔氏因謂：「右所列偏旁爲一部獨用。凡從冬、中、農、弓、宮、蟲、宗、戎、夢、降等聲者，不得闌入，其見於六經諸子之文，〈曲禮〉曰：『正爾容。聽必恭。毋勦說，毋雷同。』〈孔子閒居〉曰：『無聲之樂，氣志旣從。無體之禮，上下和同。無服之喪，以畜萬邦。』〈武王帶銘〉曰：『火滅脩容。愼戒必恭。』《老子》曰：『反者道之動。弱者道之用。』《晏子》曰：『人君無禮，無以臨其邦。大夫無禮，官吏不恭。父子無禮，其家必凶。兄弟無禮，不能久同。』《荀子・佹詩》曰：『以盲爲明，以聾爲聰。以危爲安，以吉爲凶。嗚呼上天，曷維其同。』〈成相篇〉曰：『禹有功。抑下鴻。辟除民害逐共工。北決九河，通十二渚疏三江。』又曰：『欲衷對，言不從。恐爲子胥身離凶。進諫不聽，剄而獨鹿棄之江。』《越語》曰：『聖人之功。時爲之庸。』《說苑》曰：『兩高不可重。兩大不可容。兩埶不可同。兩貴不可雙。夫重容同雙。必爭其功。』下逮《急就章》：『妻婦娉嫁齎媵僮。奴婢私隸枕床杠。蒲蒻藺席帳帷幢。承塵戶幭絛繢總（一作縱）。鏡籢疏比各異工。芬薰脂粉膏澤筩。沐浴揃搣寡合同。襐飾刻畫無等雙。係臂琅玕虎魄龍。璧碧珠璣玫瑰罋。玉玦環珮靡從容。射魃辟邪除群凶。』韻語之長如此，而實無一字舛異，可信愚之分析，不爲強謬矣。」

其冬部所收之字，見於《詩》者有冬韻之冬、潨、宗；東韻之中、忡、沖、蟲、終、螽、崇、戎、宮、躬、窮；鍾韻之濃；江韻之降；宋韻之宋；送韻之仲。

孔氏曰：「右類字古音與東鍾大殊，而與侵聲最近，與蒸聲稍遠，故在《詩》《易》則侵韻“陰、臨、諶、心、深、禽”，覃韻“驂”字，寑韻“飲”字，蒸韻“朋、應”等字皆通協。在楊氏擬經，則蒸韻“升、興、馮、凌、朋、承”，侵韻“陰、心、深、禁”皆通協。略舉秦、漢人文，其冬蒸通用者，有若〈勸學〉『螣蛇無足而騰。鼫鼠五技而窮。』《漢書・敘傳》『元之二王，孫後大宗。昭而不穆，大命更登。』之類；冬侵同用者，〈長門賦〉尤多，（〈長門賦〉中如“伊予志之慢愚兮，懷貞愨之懽心。願賜問而自進兮，得尚君之玉音。奉虛言而望誠兮，期城南之離宮。脩薄具而自設兮，君曾不肯乎幸臨。廓獨潛而專精兮，天漂漂而疾風。登蘭臺而遙望兮，神怳怳而外淫。浮雲鬱而四塞兮，天窈窈而晝陰。雷殷殷而響起兮，聲象君之車音。飄風迴而起閨兮，舉帷幄之襜襜。桂樹交而相紛兮，芳酷烈之誾誾。孔雀集而相存兮，玄猿嘯而長吟。翡翠脅翼而來萃兮，鸞鳳翔而北南。心憑噫而不舒兮，邪氣壯而攻中。下蘭臺而周覽兮，步從容於深宮。正殿塊以造天兮，鬱並起而穹崇。閒徙倚於東廂兮，觀夫靡靡而無窮。擠王戶以撼金鋪兮，聲噌吰而似鐘音。”）而亦無出“中、宮、崇、窮”之畛域。蓋東爲侯之陽聲，冬爲幽之陽聲。（本韻慒字與十八尤重見，獶字與六豪重見，案《淮南子》“宗布”通作“曹布”，《漢地理志》引〈齊風〉“猺”作“嶩”潘岳〈藉田賦〉『思樂甸畿，薄采其茅。大君莅止，言藉其農。』東晳〈勸農賦〉『惟百里之置吏，各區別而異曹。敀治民之賤職，美算當乎勸農。』似此皆冬與幽蕭互轉之跡，若一東“髳、罞”等字亦當改入二冬，一送“賵”字當改入二宋。）今人之溷冬於東，猶其併侯於幽也，蒸、侵又之、宵之陽聲，故幽、宵、之三部同條，冬、侵、蒸三音共貫也。宋儒以來，未睹斯奧，惜哉！」

孔氏之分東冬爲二部，不但考古之功深；而能利用韻部與韻部之間彼此相配之關係，或彼此相互押韻相通之關係，以說明其分別之界域，此又超出前之所用也。因此甚爲當代與後世聲韻學家所推崇。段玉裁云：「檢討舉東聲、同聲、丰聲、充聲、公聲、冢聲、悤聲、从聲、龍聲、容聲、用聲、封聲、凶聲、邕聲、共聲、送聲、雙聲、尨聲爲一類，今之一東、三鍾、四江是也；冬聲、眾聲、宗聲、中聲、蟲聲、戎聲、宮聲、農聲、降聲、宋聲爲一類，今之二冬是也。核之三百篇、群經、《楚辭》、《太玄》無不合，以東類配侯類、以冬類配尤類，如此而後，侯、尤平、入各分二部者，合此而完密無間，此孔氏卓識，勝於前四人處。」又曰：「孔氏之功在屋、沃爲二，東、冬爲二，皆以分配幽、侯。」（俱見〈答江晉三論韻書〉）江有誥亦云：「孔氏之分東、冬，人皆疑之，有誥初亦不置信，細紬繹之，東每與陽通，冬每與蒸、侵合，此東、冬之界限也。」可見孔氏利用韻部與韻部之關係來作爲分部標準之一法，是得到當時及後世學者之肯定。

〔二〕合部獨立：

孔氏云：「《唐韻》入聲二十七合、二十八盍、二十六緝、二十九葉、三十帖、三十一洽、三十二狎、三十三業、三十四乏，古音合爲一部。其偏旁見《詩》者，从合、从軜、从咠、从麫、从蟄、从立、从及、从業、从邑、从枼、从疌、从涉、从甲、从集十有四類，凡此類諧聲，而《唐韻》誤在它部之字，並當改入，唯與談敢闞巳下十八韻可以互收。」

按：孔氏合部，實即將段氏七八兩部之入聲合併而已。因孔氏以爲此九韻之字，在《詩經》中並無與其陽聲相押韻者。孔氏云：「緝合諸韻，爲談鹽咸嚴之陰聲，皆閉口急讀之，故不能備三聲。《唐韻》所配入聲，唯此部爲近古，其餘部古悉無入聲，但去聲之中，自有長言、短言兩種讀法，每同用而稍別畛域，後世韻書，遂取諸陰部去聲之短言者，壹改爲諸陽部之入聲。」孔氏因爲主張陰陽對轉之說，不適當將此九韻視作陰聲，以迎合其說。然將段氏入聲從七八兩部分出，仍屬有見者也。

〔三〕侯、幽分配入聲：

段玉裁分別侯部於尤部是也，而入聲則仍有未析。孔氏既別東、冬爲二，則與其相承之入聲亦別之爲二，從韻部相配觀點言，孔氏所分，確有至理。孔氏侯部入聲，以燭韻字爲主，另加屋韻之半、覺韻之半。凡此諸韻中从谷、从屋、从蜀、从賣、从㱿、从束、从鹿、从彔、从族、从菐、从卜、从木、从玉、从獄、从辱、从曲、从足、从粟、从角、从豖得聲者，皆入此類。其幽部入聲，則以沃韻爲主，另加屋韻之半、覺韻之半。凡此諸韻中从祝、从六、从复、从宿、从夙、从肅、从畜、从奧、从學、从毒、 从竹、从逐、从匊、从肉、从穆、从局得聲者，皆入此類。從東冬相配觀點以分配入聲，確較段氏所分爲有條理，無怪乎段氏稱譽之爲“如此侯尤平入各分二部者，合此而完密無間，此孔氏之卓識”也。

二、孔氏陰陽對轉說：

戴東原〈答段若膺論韻書〉云：「大箸六、七、八、九、十、十一、十二、十三、十四，凡九部，舊皆有入聲，以金石音喻之，猶擊金成聲也。一、二、三、四、五、十五、十六、十七，凡八部，舊皆無入聲，前七部以金石音喻之，猶擊石成聲也。惟第十部歌、戈，與有入者近，麻與無入者近，舊遂失其入聲，於是入聲藥、鐸溷淆不分。僕審其音，有入者，如氣之陽、如物之雄、如衣之表；無入者，如氣之陰、如物之雌、如衣之裏。又平上去三聲近乎氣之陽、物之雄、衣之表；入聲近乎氣之陰、物之雌、衣之裡。故有入之入，與無入之去近，從此得其陰陽、雌雄、表裏之相配。」孔廣森據其此說定名如氣之陽、物之雄、衣之表者爲陽聲；如氣之陰、物之雌、衣之裏者爲陰聲。並進而確定“陰陽對轉”之名。孔氏《詩聲類》自序云：「竊嘗基於《唐韻》，階於漢、魏，躋稽於二雅、三頌、十五國之風，而譯之、而審之、而條分之、而類聚之、久而得之。有本韻、有通韻、有轉韻，通韻聚爲十二，取其收聲之大同，本韻分爲十八，乃又剖析於斂侈、清濁、豪釐、纖眇之際，曰元之屬、耕之屬、眞之屬、陽之屬、東之屬、冬之屬、侵之屬、蒸之屬、談之屬，是爲陽聲者九；曰歌之屬、支之屬、脂之屬、魚之屬、侯之屬、幽之屬、宵之屬、之之屬、合之屬、是爲陰聲者九。此九部者，各以陰陽相配而可以對轉。」

至於對轉之成因，則云：「分陰分陽，九部之大綱；轉陽轉陰，五方之殊音。」至其對轉之方法，孔氏云：「入聲者，陰陽互轉之樞紐，而古今遷變之原委也。舉之咍一部而言，之之上爲止，止之去爲志，志音稍短則爲職，由職而轉則爲證、爲拯、爲蒸矣；咍之上爲海，海之去爲代，代音稍短則爲德，由德而轉則爲嶝、爲等、爲登矣。推諸他部，耕與佳相配、陽與魚相配、東與侯相配、冬與幽相配、侵與宵相配、眞與脂相配、元與歌相配，其間七音遞轉，莫不如是。」至其相轉之佐證，屬之蒸對轉者則舉《詩・大雅・綿》云「捄之陾陾。度之薨薨。築之登登。削屢馮馮。百堵皆興。鼛鼓弗勝。」並引《釋文》：「陾、耳升反，或如之反。」《詩・鄭風・女曰雞鳴》：「知子之來之。雜佩以贈之。」並云：「按之咍爲蒸登之陰聲，若"乃"之與"仍"，"疑"之與"凝"，"徵"訓火、則音"祉"，〈上林賦〉"葴持"韋昭云："持"音"懲"，古書用"等"字，率爲多改反，"螣"字在登韻則爲"螣蛇之螣"，在德韻則爲"螟螣之螣"，"能"字四收於登韻、咍韻、等韻、代韻，《詩》則唯一與"又"協，一與"忌"協，〈樂記〉；"人不耐無樂"，注以爲古書"能"字。"能"可以讀"耐"，"螣"可以讀"螣"，則"贈"可以讀"載"，又何足爲異，"曾"之言"則"也，"則"之言"載"也。此六書轉注之道也。」夫所謂陰陽對轉者，乃指陰聲韻部之字與陽聲韻部之字，相與諧聲、協韻、假借等而言，而其相諧協之韻部，必彼此相當，亦即主要元音相同。吳興錢君云：「自戴孔以來，言古韻之通轉，有"對轉"之說，謂陰聲、陽聲、入聲互相通轉也。夫陽聲、入聲之異于陰聲，即在母音之後，多 n、ng、m 及 t、k、p 等收音之故，陽聲入聲失收音，即成陰聲，陰聲加收音，即成陽聲、入聲，音之轉變，失其本有者，加其本無者，原是常有之事，如是則對轉之說，當然可以成立。」王力云：「古音中常有陰聲字變成陽聲字，或是陽聲字變成陰聲字的例子，這是語音變化中常有的現象，中國音韻學家叫做“陰陽對轉”。所謂陰陽對轉，並不是一個陰聲字可以隨便變成一個陽聲字，或是一個陽聲字，可以隨便變成一個陰聲字。對轉之間，是有一定的原則和條例的，陽聲變爲陰聲時，牠所變成的，必是與牠相當的陰聲；而陰聲變爲陽聲時，牠所變成的，必是與牠相當的陽聲。例如陰聲的 a，相當於陽聲的 an、aŋ、am；陰聲的 o，相當於陽聲的 on、oŋ、om；陰聲的 e，相當於陽聲的 en、eŋ、em；陰聲的 i，相當於陽聲的 in、iŋ、im。凡是陰聲，都可以變作與牠相當的陽聲，而陽聲也可變陰聲，這就是陰陽對轉。」陰陽對轉之說，有助於古韻結構是否完整之檢查，於釐定古韻分部時，自有很大裨益。於搆擬音值時，亦能給與極大之幫助。此外，對於同語根字之研究，亦非常有用。此乃孔氏之卓見，自當大書而特書者也。

三、孔氏之通韻說：

孔氏《詩聲類・自序》云：「有本韻，有通韻，有轉韻，通韻類聚爲十二，取其收聲之大同。」故孔氏《詩聲類》之分爲十二卷，即據其所定通韻而分。然其十八類本韻之中，僅陽聲丁類與辰類通用（故此二類合爲一卷），冬類與綅類、蒸類通用（此三類亦合爲一卷）；陰聲支類與脂類通用（此二類合爲一卷），幽類與宵類、之類通用（故此三類亦合爲一卷）。而其所謂通者，亦僅指其用韻疏者而言，非可全部捆骰，間有數字借協而已。故《詩聲類・自序》云：「其用韻疏者，或耕與眞通，支與脂通，蒸、侵與冬通，之、宵與幽通，然所謂通者，非可全部捆骰，間有數字借協而已。」此數部之所以有數字相協者，則因其收聲之大同。其丁辰通用說云：「案此類令苓零三字，《詩》獨多通入眞韻，顧氏遂據〈邶風〉之榛苓（《詩・邶風・簡兮》三章：『山有榛。隰有苓。云誰之思，西方美人。彼美人兮。西方之人兮。』），〈齊風〉〈秦風〉之顚令（《詩・齊風・東方未明》二章三四句：『倒之顚之。自公令之。』《詩・秦風・車鄰》首章：『有車鄰鄰。有馬白顚。未見君子，寺人之令。』），斷爲从令之字，古唯有鄰音。其實〈小宛〉題彼脊令，未嘗不與鳴征生同用（《詩・小雅・小宛》五章：『題彼脊令。載飛載鳴。我日斯邁，而月斯征。夙興夜寐，無忝爾所生。』），不寧不令（《詩・小雅・十月之交》三章：『爗爗震電。不寧不令。』），亦未嘗非一句兩韻也。顧氏謂《楚詞》"悼芳艸之先零"句始誤入青韻，殊不然。領字亦从令，四牡項領，獨非入靜韻者乎？（《詩・小雅・節南山》七章：『駕彼四牡，四牡項領。我瞻四方，蹙蹙靡所騁。』）《左傳》引逸詩"講事不令。集人來定。"藉幸不爲夫子所刪，固亦在風雅之中，顧氏所未敢訾也。若《儀禮・冠辭》"以歲之正。以月之令。"則且先於列國之風久矣。大氐眞、清音本相近，顧氏所謂吳人讀耕、清、青皆作眞音者是也。三百篇審音較精，故通者較少，然"巧笑倩兮。（青以生得聲，倩以青得聲，《唐韻》收在四十六徑是也。其三十二霰又重見，乃誤以古通韻爲正韻耳。）美目盼兮。""無競維人，四方其訓之。不顯維德，百辟其刑之。"並確然爲兩部合用，《易・繫辭》以身與成同用，而"我聞其聲，不見其身。"〈何人斯〉實有之。（《詩・小雅・何人斯》三章：『彼何人斯，胡逝我陳。我聞其聲，不見其身。不愧于人。不畏于天。』）〈訟彖傳〉以淵與成正同用，而"鞀鼓淵淵。嘒嘒管聲。"〈那〉實有之。（《詩・商頌・那》：『湯孫奏假，綏我思成。鞉鼓淵淵，嘒嘒管聲。旣和且平。依我磬聲。於赫湯孫，穆穆厥聲。』）〈革彖傳〉、〈兌彖傳〉以人與成貞同用，而“百室盈止。婦子寧止。續古之人。”〈良耜〉實有之。（《詩・周頌・良耜》：『百室盈止。婦子寧止。殺時犉牡，有捄其角。以似以續。續古之人。』）〈文言〉及〈乾〉〈大畜・彖傳〉數以天與命形成平情精寧貞正等同用，而“瞻卬昊天。有嘒其星。”〈雲漢〉實有之。（《詩・大雅・雲漢》八章：『瞻卬昊天，有嘒其星。大夫君子，昭假無贏。大命近止，無棄爾成。何求爲我，以戾庶正。瞻卬昊天，曷惠其寧。』原注：〈雲漢〉八章皆不換韻，則首章“天人臻牲聽”亦通爲一韻矣。）其在屈宋，則名可以韻均，可以韻天。（原注：〈離騷〉皇覽揆余于初度兮，肇錫余以嘉名。名余曰正則兮，字余曰靈均。〈九章〉堯舜之抗行兮，瞭杳杳而薄天。衆讒人之嫉妒兮，被以不慈之僞名。）榮可以韻人。（原注：〈遠遊〉嘉南州之炎德兮，麗桂樹之冬榮。山蕭條其無獸兮，野寂寞其無人。）生可以韻身。（原注：〈卜居〉寧正言不諱以危身乎。將從俗富貴以媮生乎。）清平生憐新人可以錯然相韻。（原注：〈九辨〉寂寥兮收潦而水清。憯悽增欷兮，薄寒之中人。愴怳懭悢兮，去故而就新。坎廩兮貧士失職而志不平。廓落兮羈旅而無友生。惆悵兮而私自憐。）《春秋經》“年夫”、《左氏》作“佞夫”。《儀禮》今文“扃”爲“鉉”。〈考工記〉：『凡行奠水。』鄭司農讀爲“停水”。〈堯典〉“平章百姓”。漆書古文作“辯章”。“平在朔易”《史記》作“便在伏物”。劉向〈鄧列子序〉云：“或字誤以盡爲進，以賢爲形。”似此皆二類通合之證，但所通合，多在眞先，鮮及文殷魂痕，是其清濁之微分，又不可不審耳。（原注：《說文》郱讀若寧。蹁讀若苹。趁讀若煢。臤讀若鏗鏘之鏗，古文以爲賢字。」

其冬、綅、蒸通用說云：「右類字（冬類）古音與東、鍾大殊，而與侵聲最近，與蒸聲稍遠，故在《詩》、《易》則侵韻陰、臨、諶、心、深、禽，覃韻驂字，寑韻飲字，蒸韻朋、應等字皆通協。在楊氏擬經，則蒸韻升、興、馮、凌、朋、承，侵韻陰、心、深、禁皆通協，略舉奉漢人文，其冬蒸同用者，有若〈勸學〉“螣蛇無足而騰，鼫鼠五技而窮。”《漢書・敘傳》：“元之二王，孫後大宗。昭而不穆，大命更登”之類，冬、侵同用者，〈長門賦〉尤多，而亦無出中、宮、崇、窮之畛域。蓋東爲侯之陽聲，冬爲幽之陽聲，今人之溷冬於東，猶其併侯於幽也。蒸、侵又之、宵之陽聲，故幽、宵、之三部同條，冬、侵、蒸三音共貫也。宋儒以來，未睹斯奧，惜哉！」

又曰：「右類字（侵類）與冬韻合用者，前篇所載，〈小戎〉、〈七月〉、〈篤公劉〉、〈蕩〉、〈雲漢〉五詩，尚未能備。（《詩・秦風・小戎》二章：“騏駵是中。騧驪是驂。”《詩・豳風・七月》八章：“二之日，鑿冰沖沖。三之日，納于凌陰。”《詩・大雅・公劉》四章：“食之飲之。君之宗之。”《詩・大雅・雲漢》二章：“旱既大甚。蘊隆蟲蟲。不殄禋祀，自郊徂宮。上下奠瘞，靡神不宗。后稷不克，上帝不臨。秏斁下土，寧丁我躬。”）若“雝雝在宮。不顯亦臨。”則隔句韻也。（《詩・大雅・思齊》三章：“雝雝在宮。肅肅在廟。不顯亦臨。無射亦保。”）“或降于阿。或飲于池。或寑或訛。”則句中隔韻也。（《詩・小雅・無羊》二章：“或降于阿。或飲于池。或寑或訛。”）“仲氏任只。”“摯仲氏任。”則本句韻也。（《詩・邶風・燕燕》四章：“仲氏任只，其心塞淵。”《詩・大雅・大明》二章：“摯仲氏任，自彼殷商。”）臨衝崇墉，則雙聲韻也。（《詩・大雅・皇矣》七章："與爾臨衝。以伐崇墉。"八章："臨衝閑閑。崇墉言言。"又："臨衝茀茀。崇墉仡仡。"原注：墉與衝協，臨與崇協，《唐韻正》云："與爾臨衝，《韓詩》作隆衝，後漢避殤帝諱，改隆慮曰林慮，《荀子》書亦作臨慮。"）大率冬韻之字，皆與侵覃有相關通。《說文》衆从众聲，众讀若崟。今感、勘二韻有䌌字、䆎字、㤣字，荀氏易"朋盍簪"作"朋盍宗"，魯有"崇鼎"，《呂覽》謂之"岑鼎"，《韓非》謂之"讒鼎"。而《春秋》"仍叔"，《穀梁經》作"任叔"，《詩》"荏菽"，《爾雅》謂之"戎菽"。不尤足明三類互通歟！」

又曰：「右類字（蒸類）〈常棣〉三章，〈召旻〉六章，與冬韻通用。（《詩・小雅・常棣》四章："每有良朋。烝也無戎。"《詩・大雅・召旻》六章："池之竭矣，不云自頻，泉之竭矣，不云自中。溥斯害矣，職兄斯弘。不災我躬。"）〈小戎〉三章，〈閟宮五章，〈大明〉七章皆與侵韻通用。（《詩・秦風・小戎》三章："虎韔鏤膺。交韔二弓。竹閉緄縢。言念君子，載寢載興。厭厭良人，秩秩德音。"《詩・魯頌・閟宮》五章："公車千乘。朱英綠縢。二矛重弓。公徒三萬，貝胄朱綅。烝徒增增。戎狄是懲。則莫我敢承。"《詩・大雅・大明》七章："殷商之旅，其會如林。矢于牧野，維于侯興。上帝臨女，無貳爾心。"）」

其支、脂通韻說云：「案五支、六脂、七之分立三部，周陸先哲，析音精矣。自唐律功令，定爲同用，學士誦習，忘其掍殽。段氏獨證遺經於千載之下。嘗舉〈相鼠〉二章"齒、止、俟"爲之類；三章"體、禮、死"爲脂類；《板》五章"懠、毗、迷、尸、屎、癸、資、師"爲脂類；六章"篪、圭、攜、益、易、辟”為支類，三部之界，判絕如此。然“此”聲支類也，而〈車攻〉以柴韻佽；爾聲脂類也，而〈新臺〉以瀰韻泚。〈臣工〉“奄觀銍艾”與“明昭上帝”相協，是支佳脂微齊皆灰閒有通用者。（《詩・小雅・車攻》五章：“決拾既佽。弓矢既調。射夫既同。助我舉柴。”《詩・邶風・新臺》首章：“新臺有泚。河水瀰瀰。燕婉之求，籧篨不殄。”《詩・周頌・臣工》：“嗟嗟臣工，敬爾在公。王釐爾成，來咨來茹。嗟嗟保介，維莫之春，亦又何求，如何新畬。於皇來牟，將受厥明。明昭上帝，迄用康年。命我衆人，庤乃錢鎛，奄觀銍艾。”）若之咍則自為一類，六經諸子之文，絕無相紊者矣。支佳者、耕青之陰也，脂微者、眞文之陰也。陽部則耕青通眞文而不通蒸登；陰部則支佳通脂微而不通之咍，夫各從其類也。」

其之、幽、宵通韻說云：「《詩》發諸謳歌，播諸管弦，固以聲為重者也。竊意先聖刪詩，匪特研乎辭義而已。雖文字音韻，必取其粹者焉。《左傳》國子賦“轡之柔矣。”今《逸周書》有其辭云：“馬之剛矣。轡之柔矣。馬亦不剛。轡亦不柔。志氣麃麃。取與不疑。”之、幽、宵三部竟雜然並用，而刪定所存三百五篇，則未見有是。（原注：冬、侵、蒸類亦但有兩部同用者，無三部同用者。）唯幽與宵通者七見，〈鄘・柏舟〉之“舟、髦”也。（原注：何以舟之，則可以韻，可以無韻。）〈君子陽陽〉之“陶、翿、敖”也。〈七月〉之“葽、蜩”也。〈正月〉之“高、局”也。〈民勞〉之“休、逑、怓、憂”也。〈抑〉之“酒、紹”也。（原注：匪紹匪遊，亦可作句中韻。）幽與之通者八見：〈杕杜〉之“好、食”也。（原注：食音近飼，好讀近海去聲，今歙縣方言有之。〈九章：妒佳冶之芬芳兮，嫫母姣而自好。雖有西施之美容兮，讒妒入以自代。）〈七月〉之"穋、麥"也。(原注:〈九章〉眴兮杳杳,孔靜幽默,鬱結紆軫兮,離慜而長鞠。穋鞠並一屋之字,當改入二沃者,沃通職、幽通之、冬通蒸,其理一也。)〈楚茨〉之"告、祀"也。"備、戒、告"也。(原注:告讀近陔去聲。《爾雅・釋訓》儵儵嘒嘒、罹禍毒也。晏晏旦旦、悔爽忒也。皋皋琄琄、刺素食也。懽懽愮愮、憂無告也。憲憲泄泄、制法則也。則音載、食音飼、忒音貸、毒音轉如瑇瑁之瑇、其用告字,與〈楚茨〉"抑、戒",兩詩正同。)〈思齊〉之"造、士"也。(原注:〈酌〉蹻蹻王之造。可音簉,與受爲韻,亦可推此轉音采,與晦隔協,則是用大介與末句師隔協,韻法更整。)〈抑〉之"告、則"也。〈瞻卬〉之"有、收"也。(原注:如前諸證,有字自當讀洧爲正,惟此一入幽類,猶久字《詩》皆讀己,至《易傳》"亢龍有悔。盈不可久也。用九,天德不可爲首也。"遂有九音。囿字,《詩》本讀異,至〈大招〉"曲屋步櫚,宜擾畜只。騰駕步遊,獵春囿只。"遂有幼音。)〈召旻〉之"茂、止"也。(原注:〈天問〉"雄虺九首,儵忽焉在。何所不死,長人何首。"亦黝止韻之通。)蓋咍聲侈脣言之即近宵,宵聲斂脣言之即近幽,又斂即爲之,故詩人每每借協,而後代蕭宵溷合之尤錯糅,抑亦由此濫觴巳。」按孔氏對韻腳之認定,容有可議。然其所謂通韻之說,絕無可疑。後人每言旁轉者,實即孔氏之通韻也。

第六節　王念孫之古韻研究

一、王氏古韻二十一部:

王念孫字懷祖,號石臞。(1744 — 1832)高郵人。王氏於古韻之學，著述甚夥。據北京大學《國學季刊》三卷一號，陸宗達〈王石臞先生韻譜合韻譜稿跋〉一文所列，計有《周、秦諸子韻譜》一册、《西漢韻譜》一册、《淮南子韻譜》一册、《易林韻譜》一册、《史記、漢書韻譜》一册、《詩經、群經、楚辭合韻譜》三册、《周秦諸子合韻譜》三册、《周書、穆傳、國策合韻譜》一册、《西漢合韻譜》六册、《素問、新語、易林合韻譜》四册、《易林合韻譜》五册、《史記、漢書合韻譜》三册。總計四十三册。又據《國學季刊》一卷三號，王國維〈高郵王懷祖先生訓詁音韻書稿序錄〉一文，所錄尚有《諧聲譜》二册、《古音義索隱》散片等著述，惜皆未刊行。其已刊行者，僅遺稿中之《詩經群經楚辭韻譜》，刊於上虞羅振玉所輯《高郵王氏遺書》中，後渭南嚴式誨又自遺書中抽刻於《音韻學叢書初編》，而名之爲《古韻譜》，分上下兩卷。其書據《詩經》、群經、《楚辭》用韻之文，而求得古韻二十一部。此二十一部之目，亦見其子引之（字伯申，1766 — 1834）所撰之《經義述聞》所載王念孫〈與李方伯論古韻書〉中。茲據《經義述聞》所載，錄其古韻二十一部之目於次，而以陸宗達〈王石臞先生韻譜合韻譜稿後記〉所載王氏〈詩經群經楚辭韻譜〉韻目對照。

東弟一平上去	《韻譜》作弟一部東
蒸弟二平上去	《韻譜》作第二部蒸
侵弟三平上去	《韻譜》作第三部侵
談弟四平上去	《韻譜》作第四部談
陽弟五平上去	《韻譜》作第五部陽
耕弟六平上去	《韻譜》作第六部耕
眞弟七平上去	《韻譜》作第七部眞
諄弟八平上去	《韻譜》作第八部諄

元弟九平上去　　　《韻譜》作第九部元

歌弟十平上去　　　《韻譜》作第十部歌

支弟十一平上去入　《韻譜》作第十一部　支紙陌（見《諸子韻譜》）

至弟十二　去入　　《韻譜》作第十二部　質

脂弟十三　平上去入《韻譜》作第十三部　脂旨術

祭弟十四　去入　　《韻譜》作第十四部　月

盍弟十五入　　　　《韻譜》作第十五部　盍

緝弟十六入　　　　《韻譜》作第十六部　緝

之弟十七　平上去入《韻譜》作第十七部　之止職

魚弟十八　平上去入《韻譜》作第十八部　魚語鐸

侯弟十九　平上去入《韻譜》作第十九部　侯厚屋

幽弟二十　平上去入《韻譜》作第二十部　尤有沃

宵弟二十一平上去入《韻譜》作第二十一部蕭

《經義述聞》所錄二十一部之目，蓋王氏早年據群經、《楚辭》所分者，故以有入無入截分爲兩類。王氏〈與李方伯論韻書〉云：「不揣寡昧，僭立二十一部之目而爲之表，分爲二類，自東至歌之十部爲一類，皆有平上去而無入，自支至宵之十一部爲一類，或四聲皆備，或有去入而無平上，或有入而無平上去，而入聲則十一部皆有之，正與前十類之無入者相反，此皆以九經、楚辭用韻之文爲準，而不從《切韻》之例。」王氏論韻略與段氏同時，於考定二十一部之前，僅見顧、江二家之書，及考定二十一部之後，始獲見段氏《六書音韻表》。然其分支、脂、之爲三，眞、諄爲二，幽、侯爲二，皆與段氏不謀而合。〈答江晉三論韻學書〉嘗曰：「念孫少時服膺顧氏書，年二十三，入都會試，得江氏《古韻標準》，始知顧氏所分十部，猶有罅漏。旋里後，取三百五篇反覆尋繹，始知江氏之書仍未盡善，輒以己意重加編次，分古韻爲二十一部，未敢出以示人。及服官後，始得亡友段君若膺所撰《六書音韻表》，見其分支、脂、之爲三，眞、諄爲二，尤、侯爲二，皆與鄙見若合符節。」

王氏二十一部，雖據九經、《楚辭》而考定，然其標目則仍依《廣韻》舊目，至、祭二部，晚年作《韻譜》時，服膺段說，謂古無去聲，改至、祭二部爲質、月二部，似尤合於上古古韻部系統。《合韻譜》之成，又在《韻譜》之後，作《合韻譜》之時，乃取孔氏《詩聲類》東、冬分部之說，增立冬部，而定爲二十二部。王氏〈與丁大令若士書〉云：「弟向酌定古韻凡二十二部，說與大箸略同，唯質、術分爲二部，且質部有去入聲而無平上聲，緝、盍二部，則並無去聲。又〈周頌〉中無韻之處，不敢強爲之韻，此其與大箸不同。」丁履恒復書亦云：「尊恉分二十二部，祭月別出，發端先生，幸得承教，其于鄙見十九部中，復出至質一部，緝、盍二部，履恒心知其是。」丁氏東、冬分爲二部，王氏不言與之異，足證其時，巳取孔氏東、冬分部之旨，而分古韻爲二十二部矣。顧《合韻譜》遺稿晚出，未刊行於世，故後儒稱引王氏之古韻分部，猶每據《經義述聞》及《古韻譜》所分二十一部爲說耳。

二、王氏古韻分部之創見：

王氏〈與李方伯論韻書〉謂其所分部，與顧氏、江氏、段氏三家相較，有四條不相合處，而此不相合之四處，即王氏古韻分部之創見也。

〔一〕緝、盍分爲二部：

王氏〈與李方伯論韻書〉云：「入聲自一屋至二十五德，其分配平上去之某部某部，顧氏一以九經、《楚辭》所用之韻爲韻，而不用《切韻》以屋承東、以德承登之例，可稱卓識，獨於二十六緝至三十四乏，仍從《切韻》以緝承侵、以乏承凡，此兩岐之見也。蓋顧氏於九經、《楚辭》中，求其與去聲同用之跡而不可得，故不得已而仍用舊說。又謂〈小戎〉二章以驂、合、軜、邑、念爲韻；〈常棣〉七章以合、琴、翕、湛爲韻。不知〈小戎〉自以中、驂爲一韻，合、軜、邑爲一韻，期、之爲一韻。（《詩・秦風・小戎》二章：『四牡孔阜。六轡在手。／騏騮是中。騧驪是驂。／龍盾之合。鋈以觼軜。言念君子，溫其在邑。／方何爲期。胡然我念之。』）〈常棣〉自以合翕爲一韻，琴湛爲一韻。（《詩・小雅・常棣》七章：『妻子好合。如鼓瑟琴。兄弟既翕。和樂且湛。』）不可強同也。今案緝合以下九部，當分爲二部，遍考三百篇及群經、《楚辭》所用之韻，皆在入聲中，而無與去聲同用者，而平聲侵覃以下九部，亦但與上去同用，而入不與焉。然則緝合以下九部，本無平上去明矣。」

茲將段、孔、王三家對緝、合以下九部之分合，列表以說明之，學者或可得一更清晰之觀念。

<table>
<tr><td>段玉裁</td><td>第七部侵鹽添
緝葉帖</td><td>第八部覃談咸銜嚴凡
合盍洽狎業乏</td></tr>
<tr><td>孔廣森</td><td colspan="2">緝合盍葉帖洽狎業乏</td></tr>
<tr><td>王念孫</td><td>十六部緝合洽葉業
之之之之
半半半半</td><td>十五部盍狎帖乏合洽葉業
之之之之
半半半半</td></tr>
</table>

十五部

【詩經韻譜】

葉涉（匏有苦葉一章）葉韘韘甲（芄蘭二章）業捷（采薇四

章）業捷及（烝民七章）葉業（長發七章）

【群經韻譜】

法接（易蒙彖傳）

【楚辭韻譜】

甲接（九歌國殤）

十六部

【詩經韻譜】

揖蟄（螽斯三章）及泣（燕燕二章）溼泣泣及（中谷有蓷三章）合軜邑（小戎二章）隰及（皇皇者華一章）合翕（常棣七章）濈溼（無羊一章）入入（何人斯六章）集合（大明四章）楫及（棫樸三章）輯洽（板二章）

【群經韻譜】

合洽（大戴禮三本篇天地以合二句）法合（禮記儒行忠信之美四句）

【楚辭韻譜】

急立（離騷）悒急（天問）入集洽合（九辨）

〔二〕至部獨立：

王氏所謂至部（韻譜稱質部），指去聲至、霽兩韻及入聲質、櫛、黠、屑、薛五韻中之一部分字，此諸韻字，段氏十七部以至、霽、黠、薛等韻屬十五部脂部，以質、櫛、屑三韻爲十二部入聲。王氏很不以爲然。其〈答李方伯論韻學書〉云：「案去聲之至、霽二部，及入聲之質、櫛、黠、屑、薛五部中，凡從至、從疐、從吉、從七、從疾、從悉、從栗、從桼、從畢、從乙、從失、從必、從ㄗ、從節、從血、從徹、從設之字，及閉、實、逸、一、抑、別等字，皆以去入同用，而不與平上同用，固非脂部之入聲，亦非眞部之入聲。《六書音韻表》以爲眞部之入聲，非也。《切韻》以質承真、以術承諄、以月承元，《音韻表》以術、月二部爲脂部之入聲，則諄、元二部無入聲矣。而又以質爲真部之入，是自亂其例也。」

十二部

【詩經韻譜】

實室（桃夭二章）袺襭（芣苡三章）七吉（摽有梅一章）曀曀嚏（終風三章）葛節日（旄丘一章）日室栗漆瑟（定之方中一章）日疾（伯兮三章）實噎（黍離三章）室穴日（大車三章）栗室即（東門之墠二章）日室室即（東方之日一章）漆栗瑟日室（山有樞三章）七吉（無衣一章）日室（葛生五章）漆栗瑟耋（車鄰二章）穴慄穴慄穴慄（黃鳥一二三章）韠結一（素冠三章）實室（東山二章）垤室窒至（東山三章）弔質（天保五章）實日（杕杜一章）至恤（杕杜四章）徹逸（十月之交八章）血疾室（雨無正一章）恤至（蓼莪三章）珌室（瞻彼洛矣二章）設逸（賓之初筵一章）抑怭秩（賓之初筵三章）實吉結（都人士三章）瓞漆穴室（綿一章）淢匹（文王有聲三章）栗室（生民五章）抑秩匹（假樂三章）密即（公劉六章）毖恤（桑柔五章）挃栗比櫛室（良耜）駜駜（有駜一二三章）

【群經韻譜】

日日（易蠱彖辭）泥至血穴穴（需九三六四上六）實疾即（鼎九二）實血（歸妹上六）日日（巽五九）吉失（訟象傳）吉失（比象傳）吉失室（小畜象傳）吉失（隨象傳）失節（家人象傳）實節（蹇象傳）實節（鼎象傳）吉節（未濟象傳）節潔節（大戴禮誥志篇齋弁必敬六句）至室（禮記月令寒氣總至三句）室閉（審門閭三句）節節節（左傳成十五年曹子臧引前志）一失（越語下范蠡對王唯地能包萬物以爲一二句）畢橘（爾雅釋天月陽）

【楚辭韻譜】

節日（九歌東君）抑替（九章懷沙）匹程（同上亂）一逸（遠遊）瑟慄（九辯蕭瑟憭慄爲韻泬寥寂嵺爲韻憯悽增欷爲韻愴怳懭悢爲韻）日瑟（招魂）

至部獨立成部，其師戴東原《聲類表》九類二十五部，雖有乙部之分立，然戴氏猶混質、術、櫛、物、迄、沒、屑於一部，尚未精密，又無疏通證明。將至部確立界域，並予疏通證明之者，實自王氏始。故夏炘云：「王氏之見，誠爲卓識。」

〔三〕祭部獨立：

段氏於《廣韻》去聲至、未、霽、祭、泰、夬、隊、廢及入聲術、物、迄、月、沒、曷、末、黠、鎋、薛諸韻皆併合爲十五部脂部，實爲粗糙。其師戴東原乃分祭、泰、夬、廢及入聲月、曷、末、黠、鎋、薛爲靄、遏二部，使彼此相配，四聲一貫。然戴氏未審祭、泰、夬、廢諸韻，於先秦亦爲入聲韻，竟以爲與《廣韻》一樣是陰聲韻的去聲，致令與月、曷諸韻分爲二部，無論從《詩經》韻腳看也好，從諧聲偏旁看也好，都是無法分得開的。王氏始以祭、泰、夬、廢與月、曷、末、黠、鎋、薛諸韻合爲祭部（《韻譜》稱月部）。王氏曰：「《切韻》平聲自十二齊至十五咍，凡五部，上聲亦然，若去聲則自十二霽至二十廢，共有九部，較平上多祭、泰、夬、廢四部，此非無所據而爲之也。攷三百篇及群經《楚辭》，此四部之字，皆與入聲之月、曷、末、黠、鎋、薛同用，而不與至、未、霽、怪、隊及入聲之術、物、迄、沒同用，且此四部有去入而無平上，《音均表》以此四部與至、未、等部合爲一類，於是〈蓼莪〉五章之烈、發、害與六章之律、弗、卒，（《詩・小雅・蓼莪》五章：『南山烈烈。飄風發發。民莫不穀，我獨何害。』六章：『南山律律。飄風弗弗。民莫不穀，我獨不卒。』）《論語》八士之達、适與突、忽，（《論語・微子》：『周有八士：伯達。伯适。仲突。仲忽。叔夜。叔夏。季隨。季騧。』）《楚辭・遠遊》之至比與厲衛，（《楚辭・遠遊・重》：『路曼曼其修遠兮，徐弭節而高厲。左雨師使徑侍兮，右雷公以爲衛。』按段玉裁〈群經韻分十七部表〉以至比厲衛爲〈遠遊〉篇韻，王念孫乃有“混爲一韻”之語，然余遍翻〈遠遊〉篇韻，除“厲衛”外，未見“至比”二字爲韻腳，此當謂〈九章・悲回風〉：『歲曶曶其若頹兮，時亦冉冉而將至。薠蘅槁而節離兮，芳已歇而不比』四字分見於二章，不知段、王何所據而云然也。）皆混爲一韻而不諧矣。其以月、曷等部爲脂部之入聲，亦沿顧氏之誤而未改也，唯術、物等部乃脂部之入聲耳。」

十四部

【詩經韻譜】

掇捋（芣苡二章）蕨惙說（草蟲二章）伐茇（甘棠一章）敗憩（甘棠二章）拜說（甘棠　三章）脫帨吠（野有死麇三章）闊說（擊鼓四章）闊活（擊鼓五章）厲揭（匏有苦葉一章）舝邁衛害（泉水三章）逝害（二子乘舟二章）活濊發揭孽朅（碩人四章）說說（氓三章）竭桀（伯兮一章）厲帶（有狐二章）月佸桀括渴（君子于役二章）葛月（采葛一章）艾歲（采葛三章）達闕月（子衿三章）月闥闥發（東方之日二章）桀怛（甫田二章）外泄逝（十畝之間二章）逝邁外蹶（蟋蟀二章）逝邁（東門之枌三章）肺晢（東門之楊二章）發偈怛（匪風一章）閱雪說（蜉蝣三章）設芾（候人一章）發烈褐歲（七月一章）烈渴（采薇二章）艾晣噦（庭燎二章）噲噦（斯干五章）結厲滅威（正月八章）艾敗（小旻五章）邁寐（小宛四章）烈發害（蓼莪五章）舌揭（大

東七章）烈發害（四月三章）秣艾（鴛鴦三章）牽逝渴括（車舝一章）愒瘵邁（菀柳二章）撮髮說（都人士二章）厲蠆邁（都人士四章）外邁（白華五章）世世（文王二章）拔兌駾喙（緜八章）翳栵（皇矣二章）拔兌（皇矣三章）伐絕（皇矣八章）月達害（生民二章）軷烈歲（生民七章）翽藹（卷阿七章八章同）愒泄厲敗大（民勞四章）蹶泄（板二章）揭害撥世（蕩八章）舌逝（抑六章）舌外發（烝民三章）惠厲瘵（瞻卬一章）奪說（瞻卬二章）竭竭害（召旻六章）穀活達傑（載芟）穀活（良耜）茷噦大邁（泮水一章）大艾歲害（閟宮五章）撥達達越發烈截（長發二章）旆鉞烈曷孽達截伐桀（長發六章）

【群經韻譜】

曳掣劓（易睽六三）刖紱說（困九五）渫冽（井九三九五）厲貝（震六二）沛沬（豐九三）發大害（坤象傳）外敗（需象傳）竄掇（訟象傳）外大際（泰象傳）害敗害晢（大有象傳）際大歲（坎象傳）外害（咸象傳）害大末說（同上）外大位害（渙象傳）奪伐（繫辭上傳小人而乘君子之器四句）契察（下傳上古結繩而治四句）大廢（其道甚大二句）乂藝（書禹貢淮沂其乂二句）折絕（考工記輈人輈欲弧而無折二句）達紲（利久恒角而達三句）達紲（利同上）發綱綱（爲拊而發四句）大月物（大戴禮哀公問五義篇故其事大五句）伐殺（曾子大孝篇草木以時伐焉二句）廢世（武主踐阼篇丹書言）害大（弁書楹銘）殺折（衛將軍文子篇啓蟄不殺二句）孛竭（誥志篇則日月不食五）撥蹶越（禮記曲禮上衣毋撥五句）泄達（月令生氣方盛四句）蓋閉泄（土事毋作六句）勸列藝（禮運以四時爲柄故事可勸也六句）藝說（少儀士依於德四句）伐殺（祭義引曾子曰樹木以時伐焉二句）害悖（中庸萬物並育而不相害二句）末奪（大學外本內末二

句）外泄（左傳隱元年鄭武姜賦）制（利越語下范蠡對王必有以知天地之恒制二句）蔽察藝（後無　陰蔽三句）達活（論語微子周八士名）慧勢（孟子公孫丑上引齊人言）察歠決（盡心上不能三年之喪四句）

【楚辭韻譜】

刈穢（離騷）蔽折（同上）艾害（同上）枻雪末絕（九歌湘君）裔澨逝蓋（湘夫人）帶逝際（少司命）蠥達（天問）越活（同上）害敗（同上）摯罰說（同上）汏滯（九章涉江）歲逝（抽思倡）發達（思美人）厲衛（遠遊重）月達（九辯）帶介慨邁穢敗昧（同上）沬穢（招魂）

王氏祭部之立，雖前有戴氏，亦主祭部獨立之說，然部分晝然，廓清界域實由王氏。故黃侃《音略》云：「曷部為王念孫所立。」非無由也。

今再表列王氏至、祭二部與段氏十五部、十二部之間畫分演變之關係於下：

段玉裁	十二部眞臻先 軫　銑 震　霰 質櫛屑	十五部脂微齊皆灰 旨尾薺駭賄 未　怪隊祭泰夬廢 術物迄沒月曷末黠𨍭薛𨍭鎋 至霽 黠鎋 之之 𨍭𨍭

王念孫	至霽質櫛屑黠之半薛之半中凡从至从疐从質从吉从七从日从疾从悉从栗从桼从畢从乙从失从必从卪从節从血从徹从設及閉實逸一抑別等字。以上至部	祭泰夬廢 月曷末黠鎋薛 　　　之　之 　　　半　半 以上祭部

〔四〕侯部有入：

段玉裁十七部，以《廣韻》平聲侯、上聲厚、去聲候為古音第四部侯部而無入聲，入聲屋、沃、燭、覺四韻悉隸第三部尤部，而以第三部與第四部同入合韻。王氏認為段氏此說於古不合。當割屋、沃、燭、覺四部中，凡從屋、從谷、從木、從族、從鹿、從賣、從業、從彔、從束、從獄、從辱、從豖、從曲、從玉、從蜀、從足、從局、從角、從岳、從㱿之字及禿哭粟玨等字為侯部入聲。王氏云：「案屋沃燭覺四部中，凡從屋、從谷、從木、從卜、從族、從鹿、從賣、從業、從彔、從束、從獄、從辱、從豖、從曲、從玉、從蜀、從足、從局、從角、從㱿之字，及禿、哭、粟、玨等字，皆侯部之入聲，而《音韻表》以為幽部之入聲，於是〈小戎〉首章之“驅、續、轂、馵、玉、屋、曲”，（《詩‧秦風‧小戎》首章：『小戎俴收。五楘梁輈。／游環脅驅。陰靷鋈續。文茵暢轂。駕我騏馵。言念君子，溫其如玉。在其板屋。亂我心曲。』）〈楚茨〉六章之“奏、祿”，（《詩‧小雅‧楚茨》六章：『樂具入奏。以綏後祿。』）〈角弓〉三章之“裕、瘉”，六章之“附、木、屬”，（《‧小雅‧角弓》三章：『此令兄弟，綽綽有裕。不令兄弟，交相為瘉。』六章：『毋教猱升木。如塗塗附。君子有徽猷，小人與屬。』）

〈桑柔〉十二章之“穀、垢”，（《詩・大雅・桑柔》十二章：『大風有隧，有空大谷。維此良人，作爲式穀。維彼不順，征以中垢。』）《左傳・哀十七年繇辭》之“竇、踰”，（《左傳・哀十七年傳》：『衛侯貞卜，其繇曰：“如魚竀尾，衡流而方羊，裔焉大國，滅之將亡。／闔門塞竇。乃自後踰。”』）《楚辭・離騷》之“屬、具”〈天問〉之“屬、數”，（《楚辭・離騷》：『前望舒使先驅兮，後飛廉使奔屬。鸞皇爲余先戒兮，雷師告余以未具。』《楚辭・天問》：『九天之旅，安放安屬。隅隈多有，誰知其數。』）皆不以爲本韻，而以爲合韻矣。且於〈角弓〉之“君子有徽猷，小人與屬”，〈晉・初六〉之“罔孚裕，无咎”皆非韻而以爲韻矣。」

三、王氏之合韻說：

據陸宗達〈王石臞先生韻譜合韻譜遺稿跋〉，王氏早年雖有通協之說，然拘於韻部，未信合韻之說。於《詩》中句末之韻，規律最嚴，以爲決無合韻之說。若韻上之字，可稍假借，間有通協。然其通協之說，亦與合韻之指不同，蓋猶守顧氏方音音轉之說也。迨至嘉慶十六年（1811）箋識宋保《諧聲補逸》始闡發合韻之論。其言曰：「觀蜆規以見爲聲是也，支與元相出入，經傳中確有可據，而自來論音韻者皆未之及。今試以韻語證之。《老子》云：『是以聖人自知不自見，自愛不自貴，故去彼取此。』“知、見”爲韻，“愛、貴”爲韻，“彼、此”爲韻。《逸周書・開武篇》：『三極既明。五行乃常。四察既是。七順乃辨。』“明、常”爲韻，“是、辨”爲韻。〈太子晉篇〉云：『百姓悅之，相將而遠。遠人來驩，視道如咫。』“遠、咫”爲韻。《史記・李將軍傳贊》：『諺曰：桃李不言。下自成蹊。』“言、蹊”爲韻。皆以支、元通韻也。再以偏旁證之，瓗蠵覯覙規憬觶霹齀八字而外，又有扇从狘省聲，而尟字从少从是，是亦爲聲也。再以字音證之。《小雅・瓠葉》箋云：『今俗語斯白之字作鮮，齊魯之間聲近斯。』《漢書・地理志》：『樂浪郡、黏蟬。』服虔曰：『蟬音提。』〈揚雄傳〉：『恐鶗鴂之將鳴兮。』師古曰：『鶗音大系反，鴂音桂。』宋祁《筆記》引蕭該音義曰：『蘇林鶗鴂音殄絹。』而鐲字讀若圭，今讀若涓，亦是从支部轉入元部也。再以通、或作、通作之字證之，士喪禮下篇注云：『古文算爲策。』《老子》：『埏埴以爲器。』《釋文》云：『埏如淳作繫。』《莊子・在宥篇》：『尸居而龍見。』《釋文》云：『見崔本作睨。』《史記・五帝紀》：『顓頊生子曰窮蟬。』《索隱》云：『《世本》作窮係。』《陸賈傳》：『數見不鮮。』《漢書》作『數擊不鮮。』見與擊聲相近，故巫覡之覡，从見得册聲，而《荀子・王制篇》作巫擊也。又《貨殖傳》之計然，《越絕書》作計倪，皆支元相通之證。」見《諧聲補逸・一》又云：「《說文》刪珊姍姗四字皆從册聲，册在支部，刪珊姍姗四字皆在元部，支與元通故也。」見《諧聲補逸・四》又云：「《史記・趙世家》『秦讖於是出矣。』《扁鵲傳》“讖”作“策”。《賈生傳》：『策言其度。』《漢書》“策”作“讖”，讖策通作，則�从册聲之證也。册在支部，毖在談部，而談部與元部相關通，故支通元並通談也。」見《諧聲補逸・十》以上所舉，王氏言及支元合韻及支元談合韻之說也。其論脂幽合韻之說，則曰：「《禮記・明堂位》：『脯鬼侯。』正義曰：『《周本紀》作“九侯”，九與鬼聲相近。』然則鬼字可讀爲九，故蒐从鬼聲，凡幽部之字固有从脂部之聲者，《說文》褎字从衣釆聲，即其例也。」見《諧聲補逸・一》。此言幽脂合韻之徵也。

先師紹興許世瑛先生嘗撰〈由王念孫古韻譜考其二十一部相通情形〉一文，鉤稽其古韻二十二部合韻之條貫，爲立二十二部合韻譜。因王氏晚年作《合韻譜》，既从孔氏之分東冬，而定爲二十二部，自當依之，以說其合韻。先師乃據王氏晚年主張，特爲補輯冬韻譜。王念孫《合韻譜》共收一百六十五韻例，然卻有《合韻譜》稿認爲合韻，其實非韻者。如〈召南・何彼襛矣〉首章，王氏以"襛雝"爲東冬合韻，其實非韻。《詩・召南・何彼襛矣》全詩如下：

○何彼襛矣，唐棣之華。（韻）曷不肅雝，王姬之車。（韻）

○何彼襛矣，華如桃李。（韻）平王之孫，齊侯之子。（韻）

○其釣維何，惟絲伊緡。（韻）齊侯之子，平王之孫。（韻）

二三章之奇數句皆非韻，則首章之奇數句，自亦非韻也。

〈良耜〉之"崇墉"，王氏亦以爲東冬合韻，試看〈良耜〉原文：

穫之挃挃。（韻）積之栗栗。（韻）其崇如墉，其比如櫛。（韻）以開百室。（韻）

極其顯然，此詩以"挃、栗、櫛、室"至部韻，而"崇墉"非韻。故拙著〈從詩經的合韻現象看諸家擬音的得失〉一文已修正之矣。可供參考。不過王氏提出支元合韻、支元談合韻、脂幽合韻諸說，對後人擬測《詩經》韻值，實大有助益者也。

第七節　江有誥之古韻研究

一、江氏之《音學十書》：

江有誥，字晉三，號古愚。（？－ 1851）歙縣人。江氏邃於音學，考古審音，俱深造自得。著有《音學十書》。其目為：《詩經韻讀》、《群經韻讀》、《楚辭韻讀・附宋賦》、《先秦韻讀》、《漢魏韻讀》未刻、《二十一部韻譜》附通韻譜・合韻譜・借韻譜皆未刻、《諧聲表》、《入聲表》、《四聲韻譜》未刻、《唐韻四聲正》。十書而外，尚有《說文彙聲》、《說文質疑》、《繫傳訂訛》、《等韻叢說》、《音學辨訛》等書，除《等韻叢說》附刻於《入聲表》外，餘皆未刊。按江氏《音學十書》總目屢有更改，王國維氏於嘉慶甲戌春鐫本批云：「江氏《音學十書》：《詩經韻讀》、《群經韻讀・附國語大戴》、《楚辭韻讀・附宋賦》、《子史韻讀》、《漢韻讀》、《二十一部韻譜・附通韻合韻譜》、《唐韻再正》、《古音總論》、《諧聲表》、《入聲表》，附目五種與此本同，此許印林與張芸心書述之。」其《子史韻讀》即《先秦韻讀》、《漢韻讀》即《漢魏韻讀》、《唐韻再正》即《唐韻四聲正》，惟許印林（瀚）所述有《古音總論》而無《四聲韻譜》為異耳。嘉慶甲戌春鐫本卷首亦有《古韻總論》，惟未列十書之目耳。

江氏初因於顧氏《音學五書》，江永《古韻標準》，冥心推究，謂江永能補顧氏所未及，而分部尚多罅漏，乃據江氏十三部，析支、之、脂為三，眞、文為二，幽、侯為二，其獨見與段氏同者也。又別立祭部自脂部獨立，侯部分配有入聲，復與戴氏孔氏之說暗合者也。後得段氏《六書音韻表》，見分部多同，遂益自信，乃因於段書，定古音爲二十部，於壬申（1812）三月投書段氏請益，段氏復書，稱其“閉戶造車，出而合轍。”因知其未讀戴、孔二家之書，亟勸之讀，及見曲阜孔氏《詩聲類》析東、冬爲二，遂改冬部爲中，統爲二十一部。江氏云：「拙箸既成後，始見休寧戴氏《聲類表》，曲阜孔氏《詩聲類》，因依孔氏畫分東冬（今改爲中）爲二，得廿一部。」見《音學十書・古韻凡例》。

二、江氏古韻分部之創見：

持段氏十七部與江氏二十一部相較，其相異處有四，此即爲江氏古韻分部之創見也。

【一】祭部獨立：

段玉裁	第十二部眞臻先 軫　銑 震　霰 質櫛屑	第十五部脂微齊皆灰 旨尾薺駭賄 至未霽怪隊　祭泰夬廢 術物迄沒月曷末黠鎋薛
江有誥	脂部 脂微齊皆灰旨尾薺駭賄未 霽怪隊術物迄沒質櫛屑	祭部 祭泰夬廢 月曷末黠鎋薛

江氏寄段氏書云：「去之祭泰夬廢，入之月曷末鎋薛，表中幷入脂部，有誥考此九韻，古人每獨用，不與脂通，蓋月者廢之入，曷末者泰之入，鎋者夬之入，薛者祭之入，此類無平上，與至未質術之有平上者疆界迥殊，則此九韻當別爲一部無疑也。」又《古韻凡例》云：「段氏以去之祭泰夬廢，入之月曷末鎋薛附於脂部，愚考周秦之文，此九部必是獨用，其與脂部合用者不過百中一二而巳，八士命名，各分四韻，達适一韻，突忽一韻，蓋

即四名而二部之分瞭然矣。故別出此九韻爲一部。」段氏深許其說，謂其「脂祭之分，獨見與戴氏適合」者也。

江氏別祭於脂，固已然矣。然將質櫛屑合併於脂部，則有未確。王念孫與江氏書云：「段氏以質爲眞之入非也，而分質術爲二則是；足下謂質非眞之入是也，而合質於術以承脂，則似有未安，詩中以質術同用者，唯〈載馳〉三章之濟閟，〈皇矣〉八章之類致，（是類與是致爲韻，是禡與是附爲韻，類致禡附皆通韻也。）〈抑〉首章之疾戾，不得因此而謂全部皆通也。若〈賓之初筵〉二章"以洽百禮，百禮既至"此以兩禮字爲韻，而至字不入韻；"四海來格，來格其祁。"亦以兩格字爲韻，凡下句之上二字，與上句之下二字相承者，皆韻也。質術之相近，猶術月之相近，〈候人〉四章之"薈蔚"，〈出車〉二章之"旆瘁"，〈雨無正〉二章之"滅戾勩"，〈小弁〉四章之"嘒淠屆寐"，〈采菽〉二章之"淠嘒駟屆"，〈生民〉四章之"旆穟"，術月之相通，較多於質術，而足下尚不使之通，則質術之不可通明矣。念孫以爲質月二部皆有去而無平上，術爲脂之入，而質非脂之入，故不與術通，猶之月非脂之入，故亦不與術通也。」

然江氏復書，以爲質術《詩》《易》雖若可分，而《楚辭》兩部交錯合韻，平側不分，其不能離析者一；且若割至霽與質櫛屑別爲一部，則脂齊無去入矣。而二百六韻中，有平去而無上入者有之，未有有平上而無去者也。且至霽二部爲質之去者十之二，爲術之去者十之八，若專以質迄櫛屑成部，則去聲數十字牽引而至，非若緝盍九韻之絕無攀緣也，故賓主之辨，爲其不能離析者二。其言曰：

「來書謂拙箸與先生尊見如趨一軌，所異者惟質術之分合耳。曩者有誥于此條，思之至忘寢食，而斷其不能分者有數事焉。論古韻必以《詩》《易》《楚辭》爲宗，今此部于《詩》《易》似若可分，而《楚辭》分用者五章：〈九歌・東君〉之“節、日”（《楚辭・九歌・東君》：『應律兮合節。靈之來兮蔽日。』）〈招魂〉之“日、瑟”（《楚辭・招魂》：『晉制犀比，費白日些。鏗鍾搖虡，揳梓瑟些。』）〈高唐賦〉之“室、乙、畢”（《文選・宋玉・高唐賦》：『進純犧，禱琁室。醮諸神，禮太一。傳祝巳具，言辭巳畢。』）四條爲質部字；〈高唐賦〉之“物、出”（《文選・宋玉・高唐賦》：『卒愕異物。不知所出。』）一條爲術部字。合用者七章，〈九章・懷沙〉之“抑、替”（替从白聲，白古自字。《楚辭・九章・懷沙》：『撫情效志兮，俛屈以自抑。刓方以爲圜兮，常度未替。』）〈悲回風〉之“至、比”（《楚辭・九章・悲回風》：『歲曶曶其若頹兮，時亦冄冄而將至。蘋蘅槁而節離兮，芳以歇而不比。』）〈九辨・六〉之“濟、至、死”（《楚辭・九辨・六》：『霜露慘悽而交下兮，心尚幸其弗濟。霰雪雰糅其增加兮，乃知遭命之將至。願徼幸而有待兮，泊莽莽兮與野草同死。』）〈風賦〉之“慄、欷”（《文選・宋玉・風賦》：『故其風中人，狀直憯悽惏慄，清涼增欷。』）〈高唐賦〉之“出、忽、失”（《文選・宋玉・高唐賦》：『久而不去，足盡汗出。悠悠忽忽。怊悵自失。』按此數句應以偶句自韻，則“忽”可不入韻。）〈笛賦〉之“節、結、一、出、疾”（《全上古三代文・宋玉・笛賦》：『遊泆志，列絃節。武毅發，沈憂結。呵鷹揚，叱太一。聲淫淫以黯黮，氣旁合而爭出。歌壯士之必往，悲猛勇乎飄疾。』）〈釣賦〉之“失、術”（《全上古三代文・宋玉・釣賦》：『若夫竿折綸絕。餌墜鉤決。／波涌魚失。是則夏桀商紂不通夫釣術也。』）《楚辭》而外，則尤犬牙相錯，平側不分，其不能離析者一也。段氏之分眞文，孔氏之分東冬，人皆疑之，有誥初亦不之信也，細紬繹之，眞與耕通用爲多，文與元合用較廣，此眞文之界限也；東每與陽通，冬每與蒸侵合，此東冬之界限也。今質術二部，《詩》中與祭部去入合用十一章，〈旄邱〉之“葛、節、日”（《詩‧邶風‧旄丘》首章：『旄丘之葛兮。何誕之節兮。叔兮伯兮，何多日也。』）〈正月〉之“結、厲、滅、威”（《詩‧小雅‧正月》八章：『心之憂矣，如或結之。今茲之正，胡然厲之。燎之方揚，寧或威之。』）〈十月之交〉之“徹、逸”（《詩‧小雅‧十月之交》八章：『天命不徹。我不敢傚我友自逸。』）〈賓之初筵〉之“設、逸”（《詩‧小雅‧賓之初筵》首章：『鐘鼓既設。舉酬逸逸。』）此質之與祭合也；〈候人〉之“薈、蔚”（《詩‧曹風‧候人》四章：『薈兮蔚兮，南山朝隮。婉兮孌兮，季女斯飢。』按〈候人〉薈蔚雖可視爲句中自韻，亦可以不以爲韻。）〈出車〉之“旆、瘁”（《詩‧小雅‧出車》二章：『彼旟旐斯，胡不旆旆。憂心悄悄，僕夫況瘁。』）〈雨無正〉之“滅、戾、勩”（《詩‧小雅‧兩無正》二章：『周宗既滅。靡所止戾。正大夫離居，莫知我勩。』）〈小弁〉之“嘒、淠、寐”（《詩‧小雅‧小弁》四章：『菀彼柳斯，鳴蜩嘒嘒。有漼者淵，萑葦淠淠。譬彼舟流，不知所屆。心之憂矣，不遑假寐。』）〈采菽〉之“淠、嘒、駟、屆、”（《詩‧小雅‧采菽》二章：『其旂淠淠。鸞聲嘒嘒。載驂載駟。君子所屆。』）〈皇矣〉之“翳、栵”（《詩‧大雅‧皇矣》二章：『作之屛之，其菑其翳。脩之平之，其灌其栵。』）〈生民〉之“旆、穟”（《詩‧大雅‧生民》四章：『荏菽旆旆。禾役穟穟。』）此術之與祭合也。亦無平側賓主之辨，其不能離析者二也。《唐韻》去入二聲分承平上，統系分明，今若割至霽與質屑別爲一韻，則脂齊無去入矣。二百六部中，有平去而無上入者有之，未有有平上而無去者也，且至霽二部爲質之去者十之二，爲術之去者十之八，賓勝于主，無可擘畫，若專以質迄櫛屑成部，則又有去聲數十字牽引而至，非若緝盍九韻之絕無攀緣也。有誥于四聲之配合，有《入聲表》一卷言之甚詳，此段氏質術之分，有誥所以反覆思之而不能從也。」

實則王氏之分爲是，江氏之合未爲得也。夏炘《詩古韻表二十二部集說》卷上云：「段氏以質櫛屑隸眞固非，即江君以之配脂亦未當，凡至霽及此五部中从至、从疐、从吉、从七、从日諸字，皆獨自爲部，三百篇分用劃然，即《楚詞・東君》之"節、日"（《楚辭・九歌・東君》：『應律兮合節。靈之來兮蔽日。』）〈遠遊〉之"一、逸"（《楚辭・遠遊》：『奇傅說之託辰星兮，羨韓(63)之得一。形穆穆以浸遠兮，離人群而遁逸。』）〈招魂〉之"日、瑟"（《楚辭・招魂》：『晉制犀比，費白日些。鏗鍾搖虡，揳梓瑟些。』）〈高唐〉之"室、、乙、畢"（《文選・宋玉・高唐賦》：『進純犧，禱琁室。醮諸神，禮太一。傳祝已具，言辭已畢。』）等句，皆未嘗軼出界外，不得以一二偶通之句，而并不通者而皆通之也。」夏氏之言是也。

【二】緝部、葉部獨立成部：

緝部與葉部之獨立，江氏與王念孫同。據江氏《古韻廿一部總目》，其緝部弟廿一云：「《唐韻》入緝合　盍洽之半　無平上去　顧氏合于弟十部，江氏入聲之弟七部，段氏合于弟七部。」其葉部弟二十云：「《唐韻》入葉帖業狎乏　盍洽之半　無平上去　顧氏合于弟十部，江氏入聲之弟八部，段氏合于弟八部。」其《古韻凡例》云：「昔人以緝合九韻分配侵覃，愚遍考古人有韻之文，《唐韻》之偏旁諧聲，而知其無平上去（詳見《入聲表》），故別分緝合及洽之半爲一部，盍葉帖狎業乏及洽之半爲一部。」據此言則江氏之分緝葉，其所根據，蓋有二焉。一爲古有韻之文，江氏〈寄段茂堂先生書〉云：「緝合九韻之配侵覃，歷來舉無異說，有誥則謂平入分配，必以《詩》《騷》平入合用之章爲據，支部古人用者甚少，《詩》《易》《楚辭》僅三十九見，而四聲互用者十之三，今考侵覃九韻.《詩》《易》《左傳》《楚辭》共五十七見，緝合九韻，《詩》《易》《大戴》《楚辭》共二十二見，並無一字合用者，即遍考先秦兩漢之文亦無之。檢《唐韻》之偏旁，又復殊異，蓋幾於此疆爾界，絕不相蒙，烏能強不類者而合之也？則當以緝合爲一部，盍葉以下爲一部，其類無平上去。」又〈入聲表凡例〉云：「緝合以下九韻，爲侵覃九部之入，歷來舉無異說。愚則謂其並無平上去，蓋三十四部中，斷其爲何部之入，必以偏旁諧聲爲據，而《詩》《騷》中又必以與三聲合韻爲據，今考侵覃九韻，《詩》凡四十四見，《易》三見，《楚辭》五見，並無一字共用者，所用侵覃九部六十餘字，緝合九韻二十餘字，又無一字同偏旁得聲者，即《唐韻》千餘字中，顧氏僅錄出五十餘字耳，然納軜亦从內，胠怯亦从去，猲从曷，括从舌，罽从罽，蓋之去聲在泰，則此數十字之偶合，不可爲據明矣。」

下爲其緝葉兩部諧聲表：

緝部聲《唐韻》入緝、合、洽之半，無平上去。

咠 及 立 邑 集 入 十 習 廿 卒 㚔 皀 㬎 合 龖 眔 沓 軜

葉部聲《唐韻》入盍、葉、帖、業、狎、乏、洽之半，無平上去。

妾　枼　涉　業　疌　曄　巤　耴　燮　聶　甲　法　夾　曷　臿　帀　乏　卅　籋　聿　劫　劦

就上諧聲分配，則可列其兩部之分合如下：

<table>
<tr><td>孔廣森</td><td colspan="2">十八部緝合盍葉帖洽狎業乏</td></tr>
<tr><td>江有誥</td><td>緝部
緝合洽之半</td><td>葉部
盍葉帖業狎乏洽之半</td></tr>
</table>

三、江氏二十一部之次第：

江氏〈古韻凡例〉云：「戴氏十六部次弟，以歌爲首，談爲終；段氏十七部次弟以之爲首，歌爲終；孔氏十八部次弟，以元爲首，緝爲終；以鄙見論之，當以“之”第一，“幽”第二，“宵”第三，蓋“之”部閒通“幽”，“幽”部或通“宵”，而“之”“宵”通者少，是“幽”者“之”“宵”之分界也。“幽”又通“侯”，則“侯”當次四，“侯”近“魚”，“魚”之半入於麻，麻之入通於“歌”，則當以“魚”次五，“歌”次六，“歌”之半入於“支”，“支”之一與“脂”通，則當以“支”次七，“脂”次八，“脂”與“祭”合，則“祭”次九，“祭”音近“元”，《說文》諧聲多互借，則“元”次十，“元”閒與“文”通，“眞”者“文”之類，則當以“文”十一，“眞”十二，“眞”與“耕”通，則“耕”次十三，“耕”或與通“陽”，則“陽”次十四，晚周秦漢多“東”“陽”互用，則當以“東”十五，“中”者“東”之類，次十六，“中”閒與“蒸”“侵”通，則當以“蒸”十七，“侵”十八，“蒸”通“侵”而不通“談”，“談”通“侵”而不通“蒸”，是“侵”者“蒸”“談”之分界也。則當以“談”十九，“葉”者“談”之類，次二十，“緝”閒與“之”通，終而復始者也。故以"緝"爲殿焉，如此專以古音聯絡而不用後人分配入聲爲紐合，似更有條理。」據江氏此言，可知其二十一部乃周而復始，二十一部之閒相通若環。表之如下：

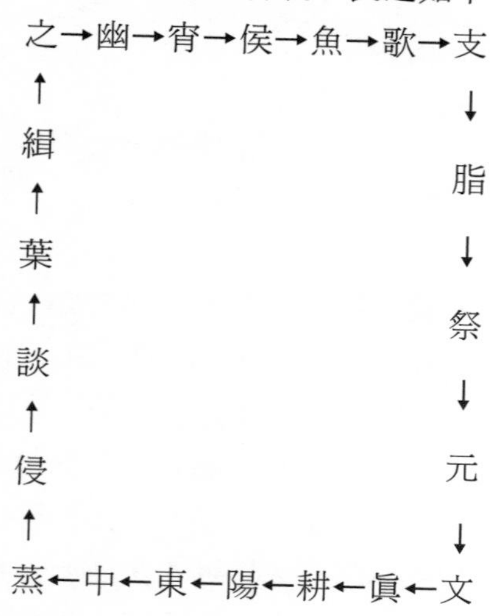

四、江氏之通韻合韻與借韻說：

江氏《音學十書》中，原有《二十一部韻譜》一書，內附有《通韻譜》、《合韻譜》與《借韻譜》。惜丙午正月（1846）因家失火，致成煨燼，未能刊行於世。據葛其仁〈江晉三先生傳〉所云，知其書「本金壇段氏〈十七部韻譜〉之例，就所未分析者，更爲分析，段氏凡隔部相協，概名合韻。先生則有通韻、合韻、借韻之例。」至其通韻、合韻、借韻之別，則〈古韻凡例〉云：「古有正韻，有通韻，有合韻。最近之部爲通韻，隔一部爲合韻。」至其借韻則無說，先師許世瑛先生嘗撰輯〈江有誥通韻譜合韻譜借韻譜〉一文，就其巳刊行之《詩經》、群經、先秦、《楚辭》諸韻讀中，輯出其通韻、合韻、借韻諸譜，並補借韻例曰：「凡隔數部者爲借韻。」茲據許師所輯錄通韻譜、合韻譜、借韻譜中之通韻、合韻、借韻於下：

【一】通韻譜：按此處僅迻錄通韻部目，甚通韻之例證，江氏書及許師文俱在，故不贅引。合韻譜、借韻譜倣此。

之幽通韻一、幽宵通韻二、宵侯通韻三、侯魚通韻四、魚歌通韻五、歌支通韻六、支脂通韻七、脂祭通韻八、祭元通韻九、元文通韻十、文眞通韻十一、眞耕通韻十二、耕陽通韻十三、陽東通韻十四、東中通韻十五、中蒸通韻十六、蒸侵通韻十七、侵談通韻十八、葉緝通韻十九、緝之通韻二十。

【二】合韻譜：

之宵合韻一、幽侯合韻二、宵魚合韻三、魚支合韻四、歌脂合韻五、支祭合韻、六脂元合韻七、元眞合韻八、文耕合韻九、眞陽合韻十、耕東合韻十一、陽中合韻十二、東蒸合韻十三、中侵合韻十四、葉之合韻十五、之幽宵合韻十六、之魚宵合韻十七、幽宵侯合韻十八、歌支脂合韻十九、支脂祭合韻二十、脂元文合韻二十一、元文眞合韻二十二、文眞耕合韻二十三、陽東中

---

1 《詩・陳風・東門之枌》二章：「穀旦于差（歌）。南方之原（元）。不績其麻（歌）。市也婆娑（歌）。」

2 《詩・邶風・北門》三章：「王事敦（諄）我，政事一埤遺（微）我。我入自外，室人交遍摧（微）我。已焉哉！天實爲（歌）之。謂之何（歌）哉。」

3 《詩・衛風・碩人》首章：「碩人其頎（微，頎从斤聲，按形聲在諄部）。衣錦褧衣（微）。齊侯之子，衛侯之妻（脂）。東宮之妹，邢侯之姨（脂）。譚公維私（脂）。」

4 詩・陳風・墓門》二章：「墓門有梅，有鴞萃（沒）止。夫也不良，歌以訊（諄）部止。訊予不顧（魚）。顚倒思予（魚）。」

5 《詩・小雅・雨無正》四章：「戎成不退（沒）。飢成不遂（沒）。曾我執御，憯憯日　瘁（沒）。凡百君子，莫肯用訊（諄）。聽言則荅，譖言則退（沒）。」

合韻二十四、東中侵合韻二十六、緝之幽合韻二十七。

【三】借韻譜：

之侯借韻一、之魚借韻二、幽魚借韻三、魚脂借韻四、歌元借韻五、脂文借韻六、陽蒸借韻七、東侵借韻八、之幽侯借韻九、之侯魚借韻十一、支脂元借韻十二、之幽侯魚借韻十三、之宵侯魚借韻十四。

先師許先生據其所輯江氏諸韻譜，刪汰《詩經》以外之韻語，純以《詩經》韻語之通韻、合韻、借韻觀之，發現與段玉裁〈詩經韻分十七部表〉所言合韻多相符合，惟段氏分部較寬爲異耳。江氏初不信合韻之說，故〈寄段茂堂先生書〉曰：「表中於顧氏無韻之處，悉以合韻當之，有最近合韻者，有隔遠合韻者，有詰竊謂，近者可合而遠者不可合也。何也？箸書義例，當嚴立界限，近者可合，以音相類也，遠者亦謂之合，則茫無界限，失分別部居之本意矣。」許師評之云：「然三百篇中確有合韻現象，江氏不得已，乃立通韻、合韻、借韻等規則以釋之，且以通韻係鄰近二韻相通，故最合其近者可合之理，因此對陰陽對轉亦不置信。實則之蒸對轉、東侯對轉、脂諄對轉、歌寒對轉等，三百篇中，亦常見之。江氏僅於〈東門之枌〉二章云歌元借韻[1]，〈北門〉三章[2]、〈碩人〉一章[3]、〈墓門〉二章[4]，及〈雨無正〉四章[5]云脂文借韻，可謂極罕見現象，在彼以爲借韻，其價値遠不如通韻合韻之可貴，而吾儕反覺其較通韻、合韻諸條，更耐人尋味，而對後人研究上古音之幫助，或更偉大。」於江氏囿於成見，不信對轉之說，以爲乃江氏千慮之失，批評至當。然江氏之通韻、合韻、借韻諸說，於後世尋究音理，標明音讀，實多裨益。故爲之摭錄也。

五、王、江分部創見之異同：

王念孫	江有誥
至	○
祭	祭
緝	緝
盇	葉
○	中

從上表觀之，可見二人俱有四部創見，祭、緝、盇三部之獨立，則二家之所同，不過江氏改“盇”部之名稱爲“葉”部耳。“至”部獨立，王念孫之獨見，“中”部獨立，則江氏取孔廣森“冬”部而爲之耳。如果一定要比二家之軒輊，則王氏似稍勝一肩也。

以王念孫之二十一部，加上孔廣森之”冬”部，則清代考古派之古韻分部最後之結果，當爲古韻二十二部。此二十二部，甚爲後人所推崇。江氏友人夏炘《詩古韻二十二部集說》嘗云：「定爲二十二部，竊意增之無可復增，減之無可復減，凡自別於五先生說者，皆異說也。」王國維《周秦金石文韻讀・序》云：「古韻之學，自崑山顧氏，而婺源江氏，而休寧戴氏，而金壇段氏，而曲阜孔氏，而高郵王氏，而歙縣江氏，作者不過七人，然古音廿二部之目，遂令後世無可增損。故訓詁名物文字之學有待於將來者甚多；至古音之學，謂之前無古人，後無來者，可也。原斯學所以能完密至此者，以其材料不過群經諸子及漢魏有韻之文，其方法則因乎古人用韻之自然，而不容以後說私意參乎其間。其道至簡，而其事有涯，以至簡入有涯，故不數傳而遂臻其極也。」

第八節　章炳麟之古韻研究

一、章氏之古韻分部：

章炳麟，字太炎。（1868-1936）餘杭人。章君及其弟子蘄春黃侃，可謂集清代古韻研究之大成者。君著有《章氏叢書》，其古音學之著作，大部份皆載於叢書中之《國故論衡》及《文始》二書內。關於古韻分部，初主二十二部之說，其丙午（1906）與劉光漢書云：「古韻分部，僕意取高郵王氏，其外復取東、冬分部之義。王故有二十一部，增冬部則二十二。清濁斂侈，不外是矣。」（文錄卷二）其後作《文始》，以王氏脂部去入聲字，《詩》多獨用，不與平上通用，故據以析出隊部。《文始》二曰：「隊、脂相近，同居互轉，若聿出內朮戾骨兀鬱勿弗卒諸聲諧韻，則《詩》皆獨用，而追隹雷或與脂同用，及夫冒昧同言，坻汶一體，造文之則已然，亦同門而異戶也。」其《國故論衡上・小學略說》云：「脂隊二部，同居而旁轉，舊不別出，今尋隊與術物諸韻，視脂微齊平入不同，其相轉者，如彖從豕聲，渠魁之字借爲顝，突出之字借爲自顀是也。」其〈二十三部音準〉言及“脂部、隊部、諄部聲勢”云：「隊異于脂，去入與平異也。今人得正音者，脂部九十七字，隊部三十八聲，二部各以是爲準：

歸癸揆鬼傀瑰魁夔葵睽危頠詭跪嵬隗椳隈煨猥媁禕毀燬徽幃口韋違圍闈偉韙葦韡帷維唯惟煒虫回洄自推萑魋追椎隹錐騅雖崔摧催誰睢雖水縗悲配裴陛眉湄媚枚美媄徽飛非誹妃菲匪腓斐扉肥微雷纍罍讄勵儡壘纍耒誄磊豨蕤

右九十七字今讀闔口幎呼，乃脂部正音平聲韻。

骨凷圣臾𥝌兀隉鬱聿曰胃位尉卉欻旻㫚寣頪惠突𠫓內類戾出朮卒彗率由弗狒乀勿叟未𥝢

右三十八聲，今讀闔口幎呼，乃隊部正音去入韻。（隊部气字，今誤橫口，愾鎎等字今誤開口，古音當如凷音，四字今誤橫口，古當如碎音。）」

據此則隊部別出，乃章君獨照，合孔、王所分，古韻爲二十三部矣。下列其隊部與王念孫氏古韻脂部之分合：

<table>
<tr><td>王念孫脂部</td><td>脂微齊皆灰
旨尾薺駭賄
未　怪隊
術物迄沒</td></tr>
<tr><td>章炳麟隊部</td><td>未怪隊
術物迄沒</td></tr>
</table>

茲據其《文始》及《國故論衡》錄其二十三部韻目表於下：

<table>
<tr><td rowspan="2">寒</td><td>歌</td><td>東</td><td>侯</td></tr>
<tr><td>泰</td><td>侵</td><td rowspan="3">幽</td></tr>
<tr><td rowspan="2">諄</td><td>脂</td><td>緝</td></tr>
<tr><td>隊</td><td>冬</td></tr>
<tr><td>眞</td><td>至</td><td>蒸</td><td>之</td></tr>
<tr><td>青</td><td>支</td><td>談</td><td rowspan="2">宵</td></tr>
<tr><td>陽</td><td>魚</td><td>盍</td></tr>
</table>

上列二十三部，左一列爲陽聲，右一列爲陰聲，至其標目，則因襲前人所定，未有改作。章君云：「略依先儒所定部目，而爲音準，無所改作。」至諸部之名，雖先儒所定，要以《切韻》韻目所有者爲準，諸家之不以《切韻》韻目標目者，則無所取

也。章君云：「若云東冬諸目，定自後人，不容議古，古之韻略，欲以何明？今者沿用《切韻》，以明封畛，不謂名自古成，由名召實，更無異趣。如嚴章甫以五音分配，旣用《切韻》標目，又雜以己所定名，朱允倩則借卦名標韻，皆謂陸書非古，寧自改作，然即新定之名，亦豈周秦所有，江愼修以第一第二分部，段玉裁亦依用之，直由曲避嫌疑，致斯曖晻，旣不明署部名，將令學者猝不易了，不若仍從《切韻》，存其符號也。」（《文始・略例甲》）章君此說對於古韻名稱之標識，開示一正確之概念，殊足稱道者也。

章君晚年發表〈音論〉一文，主張冬侵二部合而爲一，其言曰：「自孔氏《詩聲類》，始分冬于東鍾江自爲一部，然其所指聲母，無過冬中宗衆躬蟲戎農降宋十類而已，遍列其字不滿百名，恐古音不當獨成一部。……由今思之，古音但有有侵部而已，更無冬部也。」章氏併冬入侵之主張，王力氏撰《漢語史稿》，分古韻爲二十九部，即接受章併冬入侵之說者也。惟《文始》與《國故論衡》知者較衆，故言章氏古韻學說，仍據其二十三部之舊說。

二、章氏辨析陽聲之類別及對入聲之意見：

韻有陰陽入三類，自戴震之後，蓋成定論。章氏言陽聲之類別云：「陽聲即收鼻音，陰聲非收鼻音也。然鼻音有三孔道，其一侈音，印度以西皆以半摩字收之（按即收－m），今爲談蒸侵冬東諸部，名曰撮脣鼻音。（古音蒸侵常相合互用，東談亦常相合互用，以侵談撮脣，知蒸東亦撮脣，今音則侵談撮脣，而蒸登與陽同收，此古今之異。）其一弇音，印度以西皆以半那字收之（按即收－ n），今爲青眞諄寒諸部，名曰上舌鼻音。其一軸音，印度以姎字收之（按即收－ ŋ），不待撮脣收鼻，張口氣悟，其息自從鼻出。名曰獨發鼻音。夫撮脣者使聲上揚，上舌者使聲下咽，既已乖異，且二者非故鼻音也。以會厭之气被距于脣舌，宛轉以求渫宣，如河決然，獨發鼻音則異是，印度音摩那皆在體文，而姎獨在聲勢，亦其義也。」（《國故論衡上・小學略說》）按章君別陽聲爲三類，曰撮脣、上舌、獨發，以語音學理分析音理，其所分析，確較明晰。然以蒸東收脣，青爲收舌，徵諸古今，皆有未合，此則審音之疏，難以悉從者也。

章君於古韻，以爲古平上韻與去入韻塹截兩分。然於入聲，亦與前人有異。蓋前人之於入聲，或隸陰聲，或隸陽聲，或兼配陰陽。章君則云：「泰、隊、至者，陰聲去入韻也；緝、盍者，陽聲去入韻也。」又云：「古音本無藥、覺、職、德、沃、屋、燭、鐸、陌、錫諸部，是皆宵、之、幽、侯、魚、支之變聲也。有入聲者，陰聲有質櫛屑一類，曷月鎋薛末一類，術物沒迄一類，陽聲有緝類、盍類耳。」原章君之意，蓋謂入聲僅有二類，一爲陰聲之入，即收舌（-t）之入也（章君謂之收喉）；一爲陽聲之入，即收脣（-p）之入也。至收顎（-k）之入，章君謂古音所無，乃陰聲之變聲也。入聲之所以僅分陰陽二類者，其〈二十三部音準〉云：「入聲近他國所謂促音，用并音則陽聲不得有促音，而中土入聲，可舒可促，舒而爲去，收聲屬陰聲則爲陰，收聲屬陽聲則爲陽，陰聲皆入喉，故入聲收喉者麗陰聲，陽聲有收脣收舌，故入聲收脣者麗陽聲，緝、盍收脣也，舒爲侵、談去聲，其收脣如故，以是與侵、談同居。泰、隊、至皆有入聲，舒其入聲歸泰、隊、至猶故收喉，而不與寒、諄、眞同收，以是不與寒、諄、眞同居。入聲所以乏寡者，之部非不可促，促之乃與至同，侯、幽、宵非不可促，促之聲相似也。歌、魚非不可促，促之聲相似也。蒸部促之復若緝，陽部促之復若泰，聲相疑似則止矣。」

按章君分入聲爲收喉、收脣二類，並謂收喉者，爲陰聲之入，收脣者，爲陽聲之入。又謂收顎者非入，乃陰聲之變，似與音理實際不相符合，夫入聲本以承陽，而章君以爲陽聲有撮脣、上舌、獨發三類，而入聲則去收顎一類，謂僅有收脣、收喉而已。三者缺其一，則於陽入分配上，失其均衡，疑其所說，猶有未諦也。

三、章氏之〈成均圖〉及其對轉旁轉之說：

章君既定古韻爲二十三部，復承孔廣森、嚴可均二氏之後，而發明對轉旁轉之理。章君既定陽聲之獨發鼻音惟有陽部，遂立以爲軸音，又以撮脣鼻音使聲上揚，因謂談、蒸、侵、冬、東諸部爲侈音，上舌鼻音使聲下咽，因謂青、眞、諄、寒諸部爲弇音，復以陽聲之軸、侈、弇定其相配之陰聲。章君〈小學略說〉曰：「陽聲弇者，陰聲亦弇，陽聲侈者，陰聲亦侈，陽聲軸者，陰聲亦軸。是故陰陽各有弇侈而分爲四，又有中軸而分爲六矣。」於是本是說，以爲〈成均圖〉，而將一切對轉旁轉之理，納入圖中，令人展圖而諸部通轉之理皆得，是誠簡便易曉而有裨益於記識者也。章君自言其〈成均圖〉所以正孔氏之失，其〈小學略說〉云：「孔氏所表，以審對轉則優，以審旁轉則踳，辰、陽鱗次，脂、魚櫛比，由不知有軸音，故使經界華離，首尾橫決，其失一也。緝、盍二部，雖與侵、談有別，然交、廣人呼之，同是撮脣，不得以入聲相格，孔氏以緝盍爲陰聲，其失二也。對轉之理，有二陰聲同對一陽聲者，有三陽聲同對一陰聲者，復有假道旁轉以得對轉者，（此所謂次對轉，若東亦得與幽對轉，是假道於冬、侵也。至亦與青對轉，是假道於支也，支、脂亦與寒對轉，是假道於歌、泰也。之亦與緝、侵對轉，是假道於幽也。）非若人之處室，妃匹相當而巳。孔氏所表，欲以十八部相對，伉叡不踦，有若魚貫，眞諄二部，埶不得不合爲一，拘守一理，遂令部曲掍殽，其失三也。今爲圜則正之，命曰〈成均圖〉，〈成均圖〉者，大司樂掌成均之法，鄭司農以均爲調，古之言韻曰均，如陶均之圓也。」孔氏有三失，故章君爲圖以正之，茲就《國故論衡上・小學略說》及《文始・敘例》錄其〈成均圖〉於下，並爲之說焉。

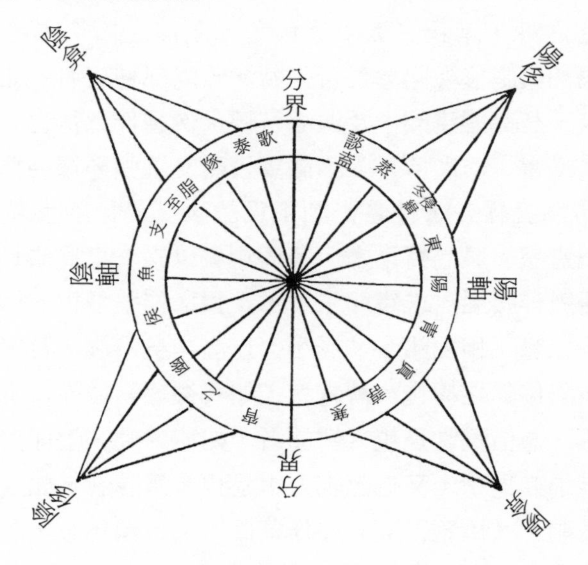

章君《國故論衡上・小學略說》言其對轉、旁轉之條例云：

陰弇與陰弇爲同列。

陽弇與陽弇爲同列。

陰侈與陰侈爲同列。

陽侈與陽侈爲同列。

凡同列相比爲近旁轉。

凡同列相遠爲次旁轉。

凡陰陽相對爲正對轉。

凡自旁轉而成對轉爲次對轉。

凡陰聲陽聲雖非對轉而以比鄰相出入者爲交紐轉。

凡隔軸聲者不得轉，然有間以軸聲隔五相轉者爲隔越轉。

凡近旁轉、次旁轉、正對轉、次對轉爲正聲。

凡交紐轉、隔越轉爲變聲。

除此之外，章氏又云：「魚者、閉口之極；陽者、開口之極。故陽部與陽侈聲陽弇聲皆旁轉。（陽部轉東者，如《老子》以盲、爽、狂與聾爲韻，及泱滃音轉，伀鍾作章是也。轉侵、冬者，如《漢書・李廣傳》：「諸妄校尉。」張晏釋妄爲凡。《說文》訓訪爲汎謀。《釋名》訓風爲放，《易》朋盍臧、或爲盍簪、或爲盍宗。又商轉爲宋，〈周頌〉以崇、皇爲韻是也。轉蒸者，如揚觚作媵觚，未嘗即未曾，及彊通作強是也。轉談者，如〈大雅〉以瞻、相爲韻，〈商頌〉以濫、皇爲韻，及鏡轉作鑑是也。此與陽侈聲之轉也。轉青者，如《禮經》並亦作併，又將借爲請，丁、鼎借爲當是也。轉眞者，如萌、甿、氓即民，榜又稱篇，今字扁亦爲榜，又楄部訓方木是也。轉諄者，如《易傳》以炳、君爲韻，《爾雅》英光亦作蕨攈，又芳轉爲芬，防轉爲墳是也。轉寒者，如礦人作卝人，舜妃女英，〈帝繫篇〉作女匽，《說文》「袢讀若普」〈地理志〉牂柯郡同並，應劭曰：並音伴是也。此與陽弇聲之轉也。）魚部與陰侈聲陰弇聲皆旁轉。（魚部轉侯者，如武借爲柎，傅借爲附是也。轉幽者，如甫聲字爲牖，〈大雅〉以怓韻休、逑、憂是也。轉之者，如民雖靡膴，作民雖靡膴，又憮楳同訓、謨謀同訓是也。轉宵者，如犧牲不略，作犧牲不勞，古文以臭為澤，又《漢書》暴室亦作薄室，《詩》之暴虎，即為搏虎是也。此與陰侈聲之轉也。轉支者，如迹籀文作速，狄字今從亦聲，闓圛為豈弟，曰圛為曰涕是也。轉至者，如《方言》云迹迹屑屑、不安也，二語相轉，翻㴱黏也，二語相轉，《說文》渠蝴，〈釋蟲〉作蛣蜣，又拮据為連語，〈釋詁〉劼又訓固，〈廣雅〉石訓為擿，賈子亦云。提石而擿，字自詩箋巳作擲也。轉脂者，如《說文》媘讀若細，又《史記・匈奴列傳》黃金胥紕，《漢書》作犀比，《戰國策》言師比是也。轉隊者，如《說文》菸訓鬱，但訓拙，又鼓造為屈造，《魏略》書徐庶白堊塗面，作白堊突面是也。轉泰者，如于越同訓，又《釋名》稱草圓屋曰蒲，即草舍之庡字是也。轉歌者，如牿字小傳作駕，削瓜曰華之，借為撝之，又何亦作胡，蔆讀如詐是也，此與陰弇聲之轉也。）餘勢未巳，陽與陽弇聲旁轉，極于寒矣。又從寒以對轉而得泰。（如對揚亦作對越，戚揚借為戚戉是也。）陽與陽侈聲，旁轉極于談矣，又從談以對轉而得宵。（如駫駫牡馬，亦作驍驍牡馬，又枉轉為夭，量轉為料是也。）魚與陰弇聲旁轉極于歌矣，又從歌以對轉而得寒。（如蒦或作觛，無作曼，烏作安，跋扈作畔援，魁梧作魁岸是也。）魚與陰侈聲旁轉，極于宵矣，又從宵以對轉而得談。（如古文扈作𡵖，從ㄢ聲，草木之華為ㄢ，音轉為扈、為華，又敢從古聲，稖讀若芟是也。）夫惟當軸處中，故兼攬弇侈之聲，與之交捷，其弇侈者為軸所隔，則交捷之塗絕矣。」

按此據《國故論衡》迻錄，章君於《文始・敘例》中，又增「二部同居為近轉」一例，而刪除交紐轉、隔越轉二例，改為「凡雙聲相轉，不在五轉之例為變聲。」其所謂五轉，乃於近旁轉、次旁轉、正對轉、次對轉之外，又加入「近轉」一名。茲錄其各部相轉之目於下：

東冬旁轉：

如窮字本在冬部，然詩言不宜空我師，傳以空爲窮，又窮乏空乏，其義大同，亦語之轉也。中字本在冬部，而鍾子期亦作中旗，洚字本在冬部，而洚水亦即洪水也。

東與侵旁轉；

如含之與容，冢之稱琴是也，凡聲之字，風芃鳳輩，今皆讀入東部。

冬侵二部同居而旁轉：

故農字音轉則爲男，戎字音轉則爲荏，（釋草戎菽謂之荏菽）臨衝作隆衝，隆慮作林慮，緝侵本可爲平入，以三百篇用韻有分，故今亦分爲二，若夫及聲爲今，甚聲爲斟，厭厭或爲愔愔，拾瀋即是拾汁，其相通轉，亦最親也。

冬蒸旁轉：

如營本在冬部，或作芎，則轉入蒸部，布八十縷爲升，本在蒸部，轉爲緵稯宗，則讀入東冬二部是也。

侵蒸旁轉：

如鳳本作朋，在蒸部，小篆從凡聲，則入侵部，雁從瘖聲，膺應又從雁聲，音本在侵部，雁膺應乃入蒸部，凴几字本作凭，凭在侵部，今以蒸部之凴爲之是也。

蒸談旁轉：

如堋字亦轉作窆是也，談亦與東旁轉（次旁轉），故窆又書作封矣。熊從炎聲，本在談部。張升〈反論〉以“鯀化爲熊”韻“積灰生蠅”，則讀入蒸部，談盍二部，其分亦如侵緝，乃如占耴二聲，常相轉變，故拈㧙同訓，鉆銸同訓，其相通轉，亦最親也。

東蒸亦有旁轉：

如送從佚得聲，而《詩》以韻手控巷，四 聲之字，乃有曾層增贈是也。

東談亦有旁轉：

若坎侯即空侯，《史記》書張孟談、趙談作張孟同、趙同是也。

冬談亦旁轉：

如函谷作降谷（鄭康成尚書注），讒鼎作崇鼎是也。

侵談亦有旁轉；

如函與含，巖與喦音義多相通是也。此皆次旁轉也。

以上陽侈聲旁轉。

眞諄旁轉：

如身傛皆在眞部，轉諄乃爲娠，尹君同聲，本在諄部，而記言孚尹，則借爲浮筍，是又轉入眞部也。

諄寒旁轉：

如堇聲在諄部，難漢等字從之，則入寒部，貫聲在寒部，琨之或字從貫作瑻，則入諄部，薀積或作宛積，薦席又爲荐席，皆其例也。

青寒亦有旁轉：

如煢煢亦作嬛嬛，自營亦作自環是也，煢煢本作�趌，則寒青皆與眞相轉矣。

眞寒亦有旁轉：如辨本在眞部，釆本在寒部，釆訓辨別，則聲義通矣。弁急之字，《說文》作憖，亦寒眞之轉也。

青諄亦有旁轉：

如《詩》"巧笑倩兮，美目盼兮。"倩在青部，盼在諄部，而以爲韻，子夏引《詩》，倩盼又與絢韻，則青諄眞三部相轉也。

以上陽弇聲旁轉。

侯幽旁轉：

如句從ㄐ聲，臞脙二字義同聲轉，蜀國漢人書作叟，尗字漢以來皆書作豆是也。

幽之旁轉：

如求聲之字皆在幽部，而《詩》中裘字與梅貍試爲韻，則入之部，臼聲之字本在幽部，而鵖舊之字，自古以爲新舊之字，則借舊爲久，讀入之部，毒聲之字，本在之部，故《爾雅・釋訓》以毒韻德忒食，然《詩》已以毒韻鞠覆育迪爲幽部入聲是也。

之宵旁轉：

如《毛詩》“儦儦俟俟”，《韓詩》作“駓駓騃騃”，犛從𠩺聲，當在之部，而《唐韻》作莫交切，漢時亦以髦牛旄牛爲稱，是讀犛入宵部也。氂字從毛，《周禮・樂師》音義云：“氂舊音毛。”是從毛聲，在宵部也。而《左氏傳》晏氂，《國語》作晏萊，《唐韻》亦音里之切，是讀氂入之部也，此皆二部相轉，故其音彼此相涉也。（今語言之則曰的，是由之轉宵也，言已則曰了，亦由之轉宵也。）

侯宵亦有旁轉：

如乘驕作乘駒，車橾讀蜂藪，《說文》：㬥訓上下相付，則㬥付一語之轉，《毛詩》傳訓摽爲拊心，今人書符契之字作票皆是也。

侯之亦有旁轉：

如咅聲在侯部，故易以蔀斗主爲韻，而陪倍諸字多讀入之部，又〈小雅〉“鄂不”，箋以爲“鄂柎”，〈大雅〉禦侮與附後奏為韻是也。

幽宵亦有旁轉：

如箾韶亦作簫韶，臯陶亦為咎繇，《魯詩》“素衣朱綃”，《毛詩》作“素衣朱繡”是也，此皆次旁轉也。

以上陰侈聲旁轉。

支至旁轉：

如弟聲之字，當在支部，而㔹讀如秩，寔實二字，春秋時已通用，漢時趙魏間亦同聲呼之，八佾（今作佾）之字，《漢書》《春秋繁露》皆作溢，老洫之字，亦或作溢是也。

至脂旁轉：

如日聲之䵒，《左氏傳》用為昵字，密本訓山如堂者，周密之密則借為比，故《說文》：“比、密也。”是也。

脂隊二部同居而旁轉：

其相轉者，如豙從豕聲，渠魁之字借為顝，突出之字借為自顀是也。

脂歌旁轉：

如玼亦作瑳，訾咨亦借為嗟，彼交彼敖，亦作匪交，江南柀木，或作�木是也。

隊泰旁轉：

如兀在隊部，月在泰部，而跀亦為䟺，抈亦同扤，出在隊部，叕在泰部，而屈鈯拙諸字，與叕窡棳諸字同有短義，是本一語之別，此其例也。

泰歌二部同居而旁轉；

如曷即是何，奇即是訶（《說文》奇、語相訶距也。）揭即是何（儋何之何），溅減即摩莎，苦蔞即果蠃是也。

支脂亦有旁轉：

如樂只君子作樂旨君子，積之秩秩作穦之秩秩，此從匕聲，本在脂部，而是斯二字同借爲此，則轉入支部，示聲之字，三百篇多轉入脂部，而《周禮》以示爲祇，《左氏傳》提彌明，《公羊傳》作祁，《史記》作示，則示亦出入支脂二部也。

支泰亦有旁轉：

如知哲二文互訓通用，《荀子》朽木不折，《大戴禮》作朽木不知是也。

支歌亦有旁轉：

如芰或作茤，輗或作輨是也。

至泰亦有旁轉：

《說文》迭达二字，或說以爲互借，屮聲之字，音本如徹，在至支二部。（徹或從鬲聲）而峕乃在泰部是也。此皆次旁轉也。

以上陰弇聲旁轉。

東侯對轉：

如冢從豖聲，容從谷聲，誦轉爲讀，洞借爲竇，童山即禿山，壴子即彀子是也。

冬幽對轉：

如忠轉爲周，（忠信爲周），蟲轉爲內，（蟲內本異訓，而從內之字，義與從虫者同）猛變爲嶩，夓變爲戎，竆躳同訓，窮究同訓是也。

侵幽對轉：

如禫服作導服，味道作味覃，侵從帚而音亦與帚相轉，寑訓宿而音亦與宿相轉，冘豫即猶豫，柔弱即柔弱是也。

緝幽對轉：

如，〈小雅〉事用不集，即事用不就，〈豳風〉九月叔苴，即九月拾苴，匊合為一語，匍市為同訓，皆一語之轉也。今㫗聲之字亦多轉入幽部入聲矣。

蒸之對轉：

如載乘同訓，止懲同訓，台朕同訓，戴增同訓，皆一語之轉也，倗讀若陪，徵讀如止，繒亦作綷（從宰省聲），冰亦作凝（從疑聲），亦其例也。

談宵對轉：

如《說文》訬讀若毚，爵弁之爵字本作纔，瀺瀺同訓（《說文》無瀺，以潚該之。）嚵噍同訓，皆一語之轉也。

盍宵對轉：

如砭轉為剽（《說文》剽、砭刺也。）踕轉為料，捷（《說文》訓獵）轉為鈔（《說文》訓叉取。）獵轉為獠，擸（《說文》訓理持）轉為撩（《說文》訓理）是也。

東幽亦有對轉：

如董借為督，縱訓為縮，冢之音義得于冖，用之音義同于由，翽變為幢，霿讀如蒙是也。

緝之亦有對轉：

急亟相借，翌翼相借是也。

侵冬與之亦有對轉：

喑噁作意烏，得失作中失是也。

東之亦有對轉：

《公羊傳》宰上之木拱矣。以宰為冢（宰字《方言》作埰，《說文》無。）《說文》艐讀若宰是也（茸亦從耳聲，其字在東在冬未定。）此皆次對轉也。

以上侈聲對轉。

青支對轉：

如徬訓使，轉而為俾，跬訓半步，轉而為頃，耿從烓聲，鞞讀如餅是也。

眞至對轉：

如臻至同訓，親竊與至亦同訓，皆一語之轉也，妃嬪之與妃匹，振訊（《爾雅》《毛詩》傳皆有振訊之語。）之與振肙（《說文》肙、振肙也。）亦一語之轉也。

諄與脂隊對轉：

如三辰之辰本作示（《說文》示下云：三垂日月星也。）其祁孔有，讀為麎，春之與推（《說文》春推也。）臀之與脽，鈍之與椎（漢人稱鈍為椎。）敦之與自（敦丘即自丘。）皆一語之轉也。

寒與泰歌對轉：

如憲得聲于害，璿得聲于睿，櫒得聲于獻，兌得聲于台，是寒泰之轉也；祼讀如灌，闋讀如縣，獻尊即犧尊，桓表即和表，是寒歌之轉也。

青至亦有對轉：

如載載大猶，今作秩秩，平秩東作，又為辨程是也。

眞支亦有對轉：

如詩言麟之定，傳訓為顚，本亦作題，《說文》瑅讀若瑱，《春秋傳》西鄰責言，責讀如臻（見《集韻》十九臻緇詵切下，此猶《說文》輲訓車簀，輲簀亦一聲之轉，必本舊讀，今釋文有側介反與如字二讀。案責字作去聲者，俗或作債，《唐韻》《集韻》皆同側賣切在卦韻，與介在怪韻有別，側介必是側巾之誤。）是也。

眞脂亦有對轉：

如玭古文作蠙，《說文》𨇤讀若指是也。

寒支亦有對轉：

如觶或作觗，《地理志》越嶲郡卑水。孟康音班是也。

寒與脂隊亦有對轉：

如燬轉爲烜，款從祟聲，膰胡爲肥胡，焉使作夷使，沙羨音沙夷是也。此皆次對轉也。

以上弇聲對轉。

陽魚對轉：

如亡無同訓，荒蕪同訓，旁溥同訓，往于同訓，昉（《說文》但作方放。）甫同訓，改撫同訓，奘駔同訓，皆一語之轉也。

以上軸聲對轉。

世人每於章君〈成均圖〉頗表不滿，以爲其圖無所不通，無所不轉，近於取巧之方法，實在章君此圖僅爲說明文字轉注假借及孳乳之由，以及古籍用韻例外相押韻之現象，所以如此排列者，只爲表明古韻某部與某部相近而已，並未泯滅古韻分部之大界。且古韻分部自段玉裁、孔廣森、王念孫、江有誥以來，無論如何縝密，而例外押韻之情形，仍在所不免，在段、王則謂之合韻；在孔則謂之對轉與通韻，在江又謂之通韻、合韻、借韻，章君一之以旁轉對轉之名，原所以整齊百家，使名歸一統而易曉也。爲圖以表明之，所以省記識之繁而已。倘因一二疏漏，概謂章君之說爲不可信者，則亦率爾操觚，未之深思者也。

夫旁轉對轉者，實近代語音史上常見之事實。所謂旁轉，就現象言，乃陰聲韻部與陰聲韻部之間，或陽聲韻部與陽聲韻部之間，有互相押韻、假借或形聲字中有互相諧聲之現象者稱之；就音理言，乃某一陽聲韻部或陰聲韻部因舌位高低前後之變化，而成爲另一陽聲或陰聲韻部者是也。胡以魯《國語學草創》云：

「方音者，起於空間的社會心理與夫時間的社會心理之差，蓋自然之勢也。保持之特質與自然之趨勢相衝擊，折衷調和之，乃發近似之音聲，近似者，加之鼻音（謂之對轉者此），別以弇侈（謂之旁轉者此）也。弇侈之別，口腔大小之差耳。訛傳固甚易易，而鼻音亦其相近者也。」又云：「所謂旁轉對轉者，音聲學理所應有，方音趨勢所必至也。」王力《中國音韻學》亦云：「所謂旁轉，是從某一陰聲韻轉到另一陰聲韻，或從某一陽聲韻轉到另一陽聲韻。例如陰聲 a，稍變閉口些，就成陰聲ε；又如陽聲ɔŋ，稍變開口些，就成爲陽聲 aŋ。這在語音史上是常見的事實。」至於對轉，乃陰聲韻加上鼻音韻尾而成爲陽聲韻，或陽聲韻失落鼻音韻尾而成爲陰聲韻是也。又音聲之變，往往經由旁轉對轉二歷程，即所謂次對轉者是也。王力《中國音韻學》云：「就中國現代方音與古音比較，我們看得出有些字音是經過了“旁轉”與“對轉”的歷程，例如“慢”字，在隋朝讀作〔man〕，今蘇州讀作〔mε〕，我們料想在起初的時候，先由〔man〕變爲〔mεn〕，這是旁轉；再由〔mεn〕變爲〔mε〕，這是對轉。」進而言之，“慢”字之音由〔man〕到〔mε〕，就是次對轉。明乎此，對於章君所定諸轉之例，自無可疑者矣。

然則章君之說，竟一無罅隙乎？是又不然，蓋章君之言旁轉、對轉，僅據現象而言，據現象者，僅足知其然，而於其所以然者，尚有未審也。若魚部爲陰聲閉口之極，而與陽部陽聲開口之極相對轉，則於對轉之理未合也；青部入陽弇，支部入陰弇，使韻尾不同者，混於一處，韻尾相同者卻彼此分開，以言旁轉，亦有未合也。

第九節　王力之古韻研究

一、王力之古音學著作：

王力字了一（1900-1986），廣西博白人，是先師許世瑛先生在清華大學中文系就讀時之聲韻學業師，我於先生應爲再傳弟子。其聲韻學之著作甚夥，早年著〈上古韻母系統研究〉一文，分古韻爲二十三部，脂微分部是其創見。其後有《中國音韻學》，後改名爲《漢語音韻學》。此書實爲聲韻學教科書中，材料最賅備，編次最合理者。全書分作四編，第一編前論，開宗明義先講語音常識，與學者奠定審音基礎，然後統一名詞之含義與解釋，並且簡單介紹中國古代發音學－等韻之名義及重要之著作。第二編爲本論上，著重於《廣韻》之研究，於《廣韻》之歷史、聲韻母及其音值、反切等各方面，均加以詳細討論。第三編爲本論中，由《廣韻》以上推古音，敘述古音學之略史，各家之研究，以及上古音值與聲調等問題。第四編爲本論下，由《廣韻》下推今音，先說明《廣韻》以後韻書之概略，現代音之推求，不僅及於官話音系，而且旁及於吳、閩、粵、客各種方言。編一部教科書，縱然未有創見，而能搜羅衆說，抉擇精當，條理清析，即爲一極佳教科書。先生此書，可稱得上合於此一條件。一九五七年出版《漢語史稿》，一改其早年之說，古韻分部採陰陽入三分之說，主張入聲獨立成部，因釐訂古韻爲二十九部。並爲古韻二十九部擬測音值。一九六三年出版《漢語音韻》對於《漢語史稿》音值部份有所修正。其後出版之《詩經韻讀》、《漢語語音史》等書，於上古音之聲韻值皆作局部更動。此類書對研究中國音韻學之學者言，皆爲必備之重要參考讀物。

二、王力古韻分部之創見：

脂微分部爲王氏古韻分部之創見，見於其〈上古韻母系統研究〉一文，茲錄其“脂微分部的理由”於下：

【一】脂微分部的緣起：

章太炎在《文始》裡，以「嵬隗鬼夔畏傀隤虺卉衰」等字都歸入隊部，至於「自」聲「隹」聲「雷」聲的字，他雖承認「《詩》或與脂同用」，同時，他卻肯定的說「今定爲隊部音。」黃侃的“沒”部，表面上是等於章氏的“隊”部，實際上不很相同，就因爲黃氏的“沒”部裡不收「畏」聲、「鬼」聲、「虫」聲、「貴」聲、「卉」聲、「衰」聲、「隹」聲、「雷」聲的字，把它們歸入“灰”部（即“脂”部）裡，這自然因黃氏認“沒”部爲古入聲，不肯收容他所認爲古平聲的字了。然而章氏把這些平上去聲的字歸入隊部，也該是經過長時期的考慮，值得我們重視的。

我們首先該注意的，就是這些字都是屬於合口呼的字，我發表〈南北朝詩人用韻考〉，我考定《切韻》的“脂”韻舌齒音合口呼，在南北朝該歸“微”韻的，換句話說，就是「追綏推衰誰蕤」等字該入“微”韻，也恰恰就是章氏歸入“隊”部的字。

【二】脂微分部的標準：

中古音系，雖不就是上古音系，然而中古音系裏頭，能有上古音系的痕跡，譬如上古甲韻一部分的字，在中古變入乙韻，但他們是「整族遷徙」，到了乙韻裡，仍舊「聚族而居」，因此關於脂微分部，我們用不著每字估價，只須依《廣韻》的系統細加分析，考定某系的字，在上古當屬某部就行了。今考定“脂”

“微”分部的標準如下：

（甲）《廣韻》的“齊”韻字，屬於江有誥的“脂”部者，今仍認爲“脂”部。

（乙）《廣韻》的“微”“灰”“咍”三韻字，屬於江有誥的“脂”部者，今改稱“微”部。

（丙）《廣韻》的“脂”“皆”兩韻，是上古“脂”“微”兩部雜居之地，“脂”“皆”的開口呼，在上古屬“脂”部，“脂”“皆”的合口呼，在上古屬“微”部。

上古“脂”“微”兩部與《廣韻》系統的異同如下表：

廣韻系統	**齊韻**	**脂皆韻**		**微韻**	**灰韻**	**咍韻**
等呼	開合口	開口	合口	開合口	合口	開口
上古韻部	脂部		微部			
例字	鷖奚稽繼啓羝體替弟棣黎濟妻犀臡迷睽	皆喈伊飢夷彝遲二利脂鴟示尸師資司私比眉	淮懷壞追衰惟遺藟悲睢巋毀唯雖	衣依晞幾豈祈頎威翠徽韋歸鬼非飛肥微	虺回嵬傀敦摧蓷雷隤	哀開凱

【三】脂微分部的證據：

今以段玉裁《六書音韻表》爲根據。

（甲）段氏表已顯示“脂”“微”分部者：

A、“脂”部獨用：〈碩人〉一章：荑脂蠐犀眉。〈風雨〉一章：淒喈夷。〈衡門〉一章：遲飢。〈候人〉四章：隮飢。〈下泉〉三章：蓍師。〈大田〉三章：淒祈私。〈瞻彼洛矣〉一章：茨師。〈卷阿〉九章：萋喈。〈板〉五章：懠毗迷尸屎葵資師。〈瞻卬〉三章：鴟階。〈谷風〉二章：薺弟。〈泉水〉二章：泲禰弟姊。〈蝃蝀〉一章：指弟。〈相鼠〉三章：體禮禮死。〈載馳〉三章：濟閟。〈載驅〉二章：濟瀰弟。〈陟岵〉三章：弟偕死。〈魚麗〉二章：鱧旨。〈魚麗〉五章：旨偕。〈吉日〉四章：矢兕醴。〈大東〉：匕砥矢履視涕。〈大田〉二章：穉穧。〈賓之初筵〉一章：旨偕。〈旱麓〉一章：濟弟。〈行葦〉二章：弟爾幾。〈豐年〉：秭醴妣禮皆。〈載芟〉：濟（積）秭醴妣禮。

B、“微”部獨用：〈卷耳〉二章：嵬隤罍懷。〈樛木〉一章：纍綏。〈柏舟〉五章：微衣飛。〈終風〉四章：雷懷。〈式微〉一二章：微歸微歸。〈北門〉三章：敦遺摧。〈揚之水〉：懷歸懷歸懷歸。〈將仲子〉一二三章：懷畏懷畏懷畏。〈丰〉四章：衣歸。〈東方未明〉二章：晞衣。〈南山〉一章：崔綏歸懷歸。〈素冠〉二章：衣悲歸。〈東山〉一章：歸悲衣枚。〈東山〉二章：畏懷。〈東山〉三章：飛歸。〈九罭〉四章：衣悲歸。〈四牡〉二章：騑歸。〈常棣〉二章：威懷。〈采薇〉一二三章：薇歸。〈南有嘉魚〉三章：纍綏。〈湛露〉一章：晞歸。〈采芑〉四章：（焞）雷威。〈十月之交〉一章：微微哀。〈巧言〉一章：威罪。〈谷風〉二章：頹懷遺。〈谷風〉三章：嵬萎（怨）。〈鴛鴦〉四章：摧綏。〈車舝〉三章：幾幾。〈旱麓〉六章：枚回。〈泂酌〉一章：罍歸。〈板〉七章：懷畏。〈雲漢〉三章：推雷遺遺畏摧。〈常武〉六章：回歸。〈瞻卬〉六章：幾悲。〈有駜〉二章：飛歸。〈靜女〉三章：煒美。〈敝笱〉三章：唯水。〈七月〉一章：火衣。〈七月〉二章：火葦。〈魚藻〉二章：尾豈。〈瞻卬〉二章：罪罪。

（乙）依段氏表雖當認爲“脂”“微”合韻，實際上仍可認爲分用者，此類又可細別爲「轉韻」與「不入韻」兩種。

（子）可認爲轉韻者：

〈碩人〉一章：頎衣妻姨私。（由“微”轉“脂”）〈七月〉二章：遲祁悲歸。（由“脂”轉“微”）〈采薇〉六章：依霏遲飢悲哀。（由“微”轉“脂”復轉“微”）〈鼓鐘〉二章：喈喈悲回。（由“脂”轉“微”）

（丑）可認爲不入韻者：

〈葛覃〉一章：「葛之覃兮，施于中谷。維葉萋萋。黃鳥于飛，集于灌木。其鳴喈喈。」（谷木侯部叶韻，萋喈脂部叶韻，飛字不入韻。此章顯然分爲兩段，每段首句無韻。）〈葛覃〉三章：「言告師氏，言告言歸。薄污我私，薄澣我衣。」（衣歸微部叶韻，私字不入韻，江有誥亦認爲非韻，按奇句不一定入韻。）〈谷風〉二章：「行道遲遲，中心有違。不遠伊邇，薄送我畿。」（違畿“微”部叶韻，遲字非韻，又可認爲遲邇爲叶韻。）

〈北風〉二章：「北風其喈，雨雪其霏。惠而好我，攜手同歸。」（霏歸“微”部叶韻，喈字不入韻。）〈巧言〉六章：「彼何人斯，居河之麋。無拳無勇，職爲亂階。既微且尰，爾勇伊何。爲猶將多。爾居徒幾何。」（麋階“脂”部叶韻，何多何“歌”部叶韻，伊幾非韻，段氏誤。）〈四月〉二章：「秋日淒淒，百卉具腓。亂離瘼矣，爰其適歸。」（腓歸“微”部叶韻，淒字不入韻。）〈桑柔〉二章：「四牡騤騤，旟旐有翩。亂生不夷，靡國有泯。民靡有黎，具禍以燼。於乎有哀，國步斯頻。」（翩泯燼頻“眞”部叶韻，奇句騤夷黎哀，不必認爲入韻。）〈桑柔〉三章：「國步滅資，綏不我將。靡所止疑，云徂何往。君子實維，秉心無競。誰生厲階，至今爲梗。」（將往競梗“陽”部叶韻，奇句資疑維階不必入韻。）〈匏有苦葉〉二章：「有瀰濟盈。有鷕雉鳴。」（盈鳴“耕”部叶韻，瀰鷕在句中，不必認爲入韻。)〈谷風〉一章:「采葑采菲,無以下體。德音莫違,及爾同死。」(體死“脂”部叶韻,奇句則菲違“微”部叶韻,段氏以菲體死叶韻非是。)〈葛藟〉一章:「緜緜葛藟,在河之滸。終遠兄弟,謂他人父。」(滸父“魚”部叶韻,奇句藟弟不必認爲入韻。)

(丙)確宜認爲“脂”“微”合韻者:

〈汝墳〉一章:枚飢。〈采蘩〉三章:祁歸。〈草蟲〉三章:薇悲夷。〈蒹葭〉二章:萋晞湄躋坻。〈出車〉六章:遲萋喈祁歸夷。〈杕杜〉二章:萋悲萋悲歸。〈斯干〉四章:飛躋。〈節南山〉三章:師氐維毗迷師。〈節南山〉五章:夷違。〈小旻〉二章:(訿)哀違依底。〈四月〉六章:薇桋哀。〈楚茨〉五章:尸歸遲私。〈采菽〉五章:維葵膍戾。〈生民〉七章:惟脂。〈崧高〉六章:郿歸。〈烝民〉八章:騤喈齊歸。〈有客〉:追綏威夷。〈閟宮〉一章:枚回依違。〈長發〉三章:違齊遲躋遲祇圍。〈汝墳〉三章:尾燬燬邇。〈狼跋〉一章:尾幾。〈常棣〉一章:韡弟。〈蓼蕭〉三章:泥弟弟豈。〈大田〉二章:稚火。〈公劉〉四章:依濟幾依。〈行葦〉一章:葦履體泥。

以上共一百零八個例子,可認爲“脂”“微”分用者八十二個,約佔全數四分之三,可認爲“脂”“微”合韻者二十七個,不及全數四分之一。

若更以段氏〈群經韻分十七部表〉爲證,在卅四個例子當中,可認爲“脂”“微”合韻者,僅有七個,約佔全數五分之一。

最可注意的,是長篇用韻不雜的例子,例如〈板〉五章叶「懠毗迷尸屎葵師資」共八韻,〈大東〉一章叶「匕砥矢履視涕」共六韻，〈載芟〉叶「濟積秭醴妣禮」（積係支部字）共六例，〈碩人〉三章叶「荑脂蠐犀眉」共五韻，〈豐年〉叶「秭醴妣禮皆」共五韻。都不雜微部一字，又如《晉語》國人誦改葬共世子，叶「懷歸違哀微依妃」共七韻，《詩‧雲漢》叶「推雷遺遺畏摧」共六韻，〈南山〉一章叶「崔綏歸歸懷」共五韻，都不雜脂部一字，這些都不能認爲偶然的現象。

【四】脂微分部的解釋：

由上面的證據看來，脂微固然有分用的痕跡，然而合韻的例子也不少，我們該怎麼解釋呢？我想最合理的解答，乃是“脂”“微”兩部的主要元音在上古時代並非完全相同，所以能有分用的痕跡，然而他們的音值一定非常相近，所以“脂”“微”合韻，比其他各部合韻的情形，更爲常見，本來，談古韻的人，沒有法子不談「合韻」，假使看見兩韻稍有牽連，就把它們歸併起來，勢非歸併到苗夔七部不止。試把顧、江、段、王、江五君的古韻分部來相比較，要算顧氏的合韻最少，江永把“眞”“寒”分開，於是〈生民〉的「民嫄」，〈烈文〉的「人訓刑」，〈小戎〉的「群錞苑」，〈楚茨〉的「熯愆孫」就不能不認爲合韻；段氏把“眞”“諄”分開，於是〈正月〉的「鄰云慇」，亦不能不認爲合韻；王氏把“脂”“至”分開，於是〈載馳〉三章的「濟閟」，〈皇矣〉八章之「類致」，〈抑〉首章之「疾戾」，〈終風〉三章之「曀寐疐」，亦不能不認爲合韻。其合韻情形最多者，要算“幽”部與“宵”部，“曷”部與“術”“質”兩部，依段氏〈六書音韻表〉“幽”“宵”合韻共十二處，依王念孫〈致江有誥書〉，“曷”“術”合韻共六處，依江有誥〈復王念孫書〉，“質”“曷”合韻共四處，“質”“術”合韻共七處，由此看來，研究古韻，確要加些判斷，戴東原所謂「審音非一類，而古人之文偶有相涉，始可以五方之音不同，斷爲合韻。」在某一些情形之下，是合理的，但審音非一類而古人之文偶有相涉時，也未必是五方之音不同，而是雖非一類，卻甚相近，即章太炎所謂「同門而異戶」。

然而我們不能不承認"脂""微"合韻的情形，比其他合韻的情形多些，因此，如果談古韻者主張用王氏或章氏的古韻學說，不把"脂""微"分開，我並不反對，我所堅持的一點，乃在乎上古"脂""微"兩部的韻母並不相同，假使說完全相同的話，那麼「飢」之與「機」、「几」之與「幾」、「祁」之與「祈」、「伊」之與「衣」，其音將完全相等，我們對後世的"脂""微"分韻就沒法子解釋。

嚴格地說，上古韻部與上古韻母系統不能混爲一談，凡韻母相近者，就能押韻，然而我們不能說，凡押韻的字，其韻母必完全相同，或其主要元音完全相同。因此我們可以斷定"脂""微"在上古，雖也可以認爲同部，卻絕對不能認爲韻母系統相同。見〈上古韻母系統研究〉。

然王力"脂""微"分部理論，就《詩經》用韻而言，合韻甚夥，兩部雖有分劃之跡象，然界限並不十分明顯。其後董同龢先生根據王力提示，就諧聲字及《廣韻》重紐方面加以研究，方得有力之證明。董氏《上古音韻表·脂微分部問題》云：

王了一師發表〈上古韻母研究〉一文，其中有一段主張，把江有誥的「脂部」再分析爲"脂"與"微"。王先生又說，他著重在"脂"與"微"的主要元音必須分剖，並不斤斤於韻部的劃分與否。王先生創立他的「脂微分部」說，區分標準是：

（甲）《廣韻》的齊韻字屬於江有誥的脂部者，今仍認爲脂部。

（乙）《廣韻》的微、灰、咍三韻字，屬於江有誥的脂部者，今改稱微部。

（丙）《廣韻》的脂、皆兩韻是上古脂、微兩部雜居之地：脂、皆的開口呼在上古屬脂部，脂、皆的合口呼在上古屬微部。

王先生更把他的“脂”跟前人已分的“至”（或“質”）聯合起來，以與陽聲眞部韻相當。又把他的“微”跟“術”“物”“沒”等韻的字聯合起來，以與陽聲文部相當。照以前的說來，跟“文”部相當的韻，兼有平上去入的字（即傳統的“脂”部），跟“眞”部相當的韻，只有入聲字與少數去聲字，即所謂“至”（或“質”）。現在依王先生的改訂，“眞”部也有平上聲的陰聲字相與對當了。

王先生更把他的學說求證於《詩經》韻，結果在全體108個韻例之中，可認爲“脂”“微”分用者有82個，應視作“脂”“微”合用者仍有26處韻。因爲合韻的情形到底是多，王先生只歸結到說，兩部的元音雖不同而相近，並不堅持一定要分部。

那麼“脂”與“微”究竟能不能分部呢？我覺得《詩》韻與諧聲對於上古韻母系統的觀測，是有同等重要價值的。並且，往往有一些現象就《詩經》韻看來是不夠清楚的，一加上諧聲作對照，便得豁然開朗。最顯著的就是“東”“中”分部問題。當江有誥贊成孔廣森的提議，而向王念孫引伸其說的時候，終不免因幾個韻腳的糾纏，致使王氏不能信從，後來高本漢且不採納那種分法。但是到李方桂先生大量的參考諧聲字，以證其當分，高氏便翕然聽信了。職是之故，我也把王先生的建議拿到諧聲字裡試驗過一下，得到如下的結果：

⑴“齊”韻字可以說是不跟“微”“灰”“咍”三韻的字發生什麼關係。在全體諧聲字中，“齊”韻字與“微”“灰”

“咍”相諧的只有三個不甚確實的例：隶 i、d‘âi：逮 d‘âi：棣 d‘iei——“隶”字的d‘ei一音當係《廣韻》的後加音，因爲王仁昫《刊謬補缺切韻》裡都還沒有他。“逮”又有 d‘iei 一音。

西 siei：迺 nậi《說文》云：“迺……從乃省，卥聲。”段注：“卥者籀文西字。”其實這是個問題。《說文》各本“卥”有作“鹵”者；徐鍇本又說“卥省聲”。所以“卥”不見得是“西”字。再者“迺”古書多與“乃”nậi〈*nəg 通，當爲“之”部字而不得入“脂”部。

尾 mi̯ĕi：犀 siei——諧聲中開合或 s －，m －相諧的例很少見。我的朋友張苑峰先生說：“犀”字可能是從“牛”從“尾”會意。

所以，“齊”與“微”“灰”“咍”在《詩》韻裡雖不免糾纏，但依諧聲則大體分得很清楚。王先生的甲、乙兩項標準就可以完全成立；“脂”“微”分部的大界也可以就此確立。

⑵跟“齊”韻字關係最密的莫過於“脂”韻開口字。兩兩相諧者共有十七個系統之多——即從“毗坒利㐀自白叀隹尼旨矢夷米氐黎齊屖犀”的字，不遑一一列舉。要緊的是他們中間決沒有“微”“咍”“灰”的字夾雜著。[6]

可是並不是所有的“脂”韻開口字都只跟“齊”韻字諧。也有一部分是專諧“微”“咍”“灰”而不諧“齊”的，如：

概暨塈-i：旣蔇暨概塈-ĕi——溉概慨-ậi

覬-i：豈顗-ĕi——剴愷塏-ậi

6　原注：《說文》有‘詯’ɣuậi字，似爲例外而實不然。《說文》云：“詯，膽氣滿，聲在人上。從言自聲。讀若反目相睞”。按睞 lậi←*ləg 爲之部字，與‘自’dz‘i←*dz‘i̯ed 相差過遠。‘從自聲’之‘聲’當係緣上文‘聲’字而衍者。依義訓，‘詯’當從‘言’從‘自’會意。

郗脪絺-i：希莃脪欷……-ĕi

⑶如“脂”開口字，“皆”韻的開口音是有專諧“齊”而不諧“微”“灰”“咍”的，如：

眉-ăi：一郿-iei　儕齋-ăi：齊-iei

可是也有專“微”“灰”“咍”而不諧“齊”的，如：

䶣-ăi：叡-ậi　俙-ăi：希-ĕi

由上面看，“脂”“皆”兩韻的開口字雖然在諧“齊”之外，另有諧“微”“灰”“咍”的，但是他們實在是在各自爲政，決沒有紊亂“齊”與“微”“灰”“咍”的界限。只有上引從ˋ隶ˊ聲的字在此又是唯一的例外。

隸-ăi：肆逮殔-i：逮-ậi：棣逮-iei

⑷大多數的“脂”韻合口字只諧“微”“灰”“咍”而不諧“齊”，即從「鬼纍豕隹臾非歸……」聲的字，不遑遍舉。可是另外有一些則專諧“齊”而不諧“灰”“咍”，如：

癸葵-i̯wi：睽-一 iwei，闋-iwit)

穗-i̯wi：惠ɤiwei

他們當入脂部。

⑸“皆”合口只諧“微”“灰”“咍”以及跟“微”“灰”“咍”有關的“脂”韻字，如：

淮匯-wăi：推崔匯-uậi：隹-i̯wi

俳排-wăi：輩-uậi：非-wĕi：悲-i̯wi

的確沒有一個跟“齊”韻字諧的。

上面“脂”“皆”兩韻的合口字，雖有當入“脂”部的，也不紊亂“齊”與“微”“灰”“咍”的界限，並且一個例外也沒有。

現在總起來看，分別“脂”部與“微”部確實是可以的。不過是因爲加了材料，王先生的丙項標準須要稍微改正一下。我們不能說“脂”“皆”的開口字全屬“脂”部，而合口字全屬“微”部。事實“上“脂”“皆”兩韻的確是上古“脂”“微”兩部的雜居之地，他們的開口音與合口音之中同時兼有“脂”“微”兩部之字。

用以上所訂的標準把“脂”與“微”分部是有什麼意義呢？第一，非但是由《詩》韻與諧聲我們可以出看得出“脂”部字跟“微”部字本來是分居劃然的，即在《廣韻》，他們還是留下了許多區分不混的痕跡。請看“脂”韻的“重紐”：

平	上	去
丕：紕	鄙：匕	痹：祕
邳：毗	否：牝	濞：屁
逵：葵	軌：癸	鼻：備
𥀬：郿		
器：棄		
媿：季		
匱：悸		

這些不同音切的字向來是沒有法子解釋的。但是如從上古來源方面去推求，問題就大致清楚了。先就平上聲與去聲的`備´與`鼻´說，不同音切的雙方不是“之”“幽”兩部字跟傳統“脂”部的對立嗎？（`丕邳鄙否備´是“之”部字，`逵軌´是“幽”部字；`紕毗葵心牝癸鼻´是舊“脂”部字。）至於餘下的那一些，用我們的“脂”“微”分部標準說，`痹濞鼻𥀬器媿匱´原爲“微”部字，`祕屁郿棄季悸´原爲“脂”部字。“脂”與“微”上古如不分，這些對立的現象是從何而生呢？

第二，與“脂”韻相當的陽聲“眞”韻與入聲“質”韻也有跟“脂”韻完全平行的現象，足證上面的那些重紐實在應有不同的來源，“如脂”與“微”者。

眞			質
平	上	去	入
彬：賓	愍：泯		筆：必
虨：繽			弼：邲
貧：頻			密：蜜
珉：民			暨：吉
矜：趣			乙：一
礥：因			肸：款
麏：均			

在這裡面，左一行的字原來屬“文”部與黃侃所謂“沒”部；右一行的字即屬“眞”部與所謂“質”（或“至”）部。“文”部正是跟我們的“微”部相當的陽聲韻；所謂“沒”部恰是“微”部的入聲部分；“眞”部是跟我們的“脂”部相當的陽聲韻；“質”部又是“脂”部的入聲部分。

第三，“脂”部既與“眞”部相當，他的主要元音當是e；“微”部既與“文”部相當，他的主要元音當是ə。上古有 e 元音的還有“佳”“耕”兩部；有ə元音的還有“之”“蒸”，“緝”“侵”諸部。如果我們回想到前述 tʂ 一系字之分配，他們在“脂”“眞”與“佳”“耕”之間，又在“微”“文”與“之”“蒸”“緝”“侵”之間是如何的各各一致，更可以覺得在傳統的“脂”部中實有分別 e 與ə兩個元音的必要。

末了，當王念孫與江有誥辯論別出“質”部的時候，總是爲著幾處“合韻”而費脣舌。現在我們看：除去〈皇矣〉八章的“類致”，〈載馳〉三章的“濟閟”、〈抑〉首章的“疾戾”、以及〈賓之初筵〉的“禮至”，就完全不是“合韻”，而是正常的“脂”部“獨用”了。江氏又說過：“《楚詞》分用者五章……合用者七章。其實〈懷沙〉的“抑至”，〈悲回風〉的“比至”以及〈九辯〉的“濟至”也是“脂”部獨用。結果是分用者八章而合用者僅四章。

總之，“脂”“微”分部說是值得而且必須採納的。這項學說的價值在確定古代-n-t-d-r 之前 e 與ə兩個元音的一致區分。

王君理論，經董氏之驗證，此說已成定案。

㈤考古派古韻分部之源流

一、鄭庠	二、顧炎武	三、江永	四、段玉裁	五、孔廣森	六、王念孫	七、章炳麟	八、王力
一東	東陽耕蒸	東陽耕蒸	東陽耕蒸	東冬陽耕蒸	東陽耕蒸	東冬陽耕蒸	東冬陽耕蒸
二支	支	支	支脂之	支脂之	支脂至祭之	支脂隊至泰之	支脂微物質月之
三魚	魚歌	魚歌	魚歌	魚歌	魚歌	魚歌	魚歌
四眞	眞	眞元	眞諄元	眞元	眞諄元	眞諄寒	眞文元
五蕭	蕭	蕭尤	蕭尤侯	宵幽侯	宵幽侯	宵幽侯	宵幽侯
六侵	侵	侵談	侵談	侵談合	侵談緝盍	侵談緝盍	侵談及盍

從鄭庠到王力，如果從分不從合，古韻分部最後結果當爲廿四部。此廿四部代表古音學史上極其重要之一派。王力《漢語音韻》云：「這一派比較地注意材料的歸納，『不容以後說私意參乎其間。』（王國維語）推重這一派的人往往主張二十二部之說，夏炘著《詩古韻表二十二部集說》，所集的是顧炎武、江

永、段玉裁、王念孫、江有誥五家，他的結論是『竊意增之無可復增，減之無可復減，凡自別乎五先生之說者，皆異說也。』王國維也說：『古音二十二部之目遂令後世無可增損。』但是章炳麟、王力在二十二部的基礎上也不過作了小小補充。章炳麟承認『脂隊相近，同居互轉。』王力也說：『如果談古音者主張遵用王氏或章氏的古韻學說，不把脂微分開，我並不反對。』他們二人所堅持的不過是要承認『同門而異戶』罷了。

與考古派相反的，就是所謂審音派，此兩派最大之差異，即在對入聲的看法，具體說來，即在陰陽兩分法，與陰陽入三分法之差異。王力《漢語音韻》說：「陰陽兩分法和陰陽入三分法的根本分歧，是由於前者是純然依照先秦韻文來作客觀的歸納，後者則是在前者的基礎上，再按照韻母系統進行判斷，這裡應該把韻部和韻母系統區別開來，韻部以能互相押韻爲標準，所以只依照先秦韻文作客觀歸納就夠了。韻母系統則必須有它的系統性（任何語言都有它的系統性），所以研究古音的人必須從語音的系統性著眼，而不能專憑材料。具體說來，兩派的主要分歧表現在『職』、『覺』、『藥』、『屋』、『鐸』、『錫』六部是否獨立。這六部都是收音於-k的入聲字，如果併入了陰聲，我們怎樣了解陰聲呢？如果說陰聲『之』、『幽』、『宵』、『侯』、『魚』、『支』六部既以元音收尾，又以清塞音-k收尾，那麼，顯然不是同一性質的韻部，何不讓他們分開呢？況且，收音於-p的『緝』、『葉』，收音於-t的『質』、『物』、『月』都獨立起來了，只有收音於-k的不讓它們獨立，在理論上也講不通。既然認爲同部，必須認爲收音是相同的。要末就像孔廣森那樣，否認上古有收-k 的入聲[7]；要末就像西洋某些漢學家所爲，連『之』、『幽』、『宵』、『侯』、『魚』、『支』六部都認爲也是收輔音的[8]。我們認爲兩者做法都不對。如果像孔廣森那樣，否定了上古的-k 尾，那麼，中古的-k 尾是怎樣來的呢？如果像某些漢學家那樣，連『之』、『幽』、『宵』、『侯』、『魚』、『支』六部都收塞音（或擦音），那麼，上古漢語的開音節那樣貧乏，也是不能想像的。王力之所以放棄了早年的主張，采用了陰陽入三聲分立的說法，就是這個緣故。」

第十節 戴震之古韻研究

一、戴氏之古韻學著作：

戴震字東原（1723-1777），休寧人。東原師江永之撰《古韻標準》，戴氏實贊成之；其弟子段玉裁、孔廣森、王念孫之成書，亦均得戴氏之啓悟。其古音學著作有《聲韻考》四卷及《聲類表》九卷。其《聲韻考》四卷，乃其考論聲韻源流之著，其本末條例，略仿顧氏《音論》，而精博則又過之。就中第三卷爲全論古音之作，首列徐蕆、戴侗、陳第、顧炎武諸家論古音之說以溯其源，復述鄭庠、顧炎武、江永、段玉裁諸家古韻部分，以明其本。其書所載，多有新解。而分古韻爲七類二十部，則其書之大要也。其《聲類表》九卷，取古音分爲九類而爲之表：一曰歌魚鐸之類、二曰蒸之職之類、二曰東尤屋之類、四曰陽蕭藥之

7 孔氏同時還否認上古有收-t 的入聲。這裡不牽涉到收-t 的問題，所以只談收-k 的問題。

8 例如西門(Walter Simon)和高本漢(B. Karlgren)。西門做得最徹底，六部都認爲是收濁擦音-ɣ；高本漢顧慮到開口音節太少了，所以只讓『之』、『幽』、『宵』、『支』四部及『魚』部一部分收濁塞音g。

類、五曰庚支陌之類、六曰眞脂質之類、七曰元寒桓刪山仙祭泰夬廢月曷末黠鎋薛之類、八曰侵緝之類、九曰覃合之類。每類爲一卷，故爲九卷。各詳其開口、合口、內轉、外轉、重聲、輕聲、呼等之緜瑣，今音古音之轉移，綱領旣張，纖悉畢舉，彼此相配，四聲一貫，所以補前人所未及而爲釐之就緒者也，考古審音，均詣其極，精心神解，集其大成。惜書成僅二十日而歿，未及爲例言，曲阜孔氏刻《東原遺書》，取〈與段若膺論韻書〉弁其卷首，而作書之意，始稍具綱維。段氏爲之序，謂戴氏集諸家之大成，精研爛熟，今觀其書，條理秩然，誠非虛語也。

二、戴氏古韻九類二十五部：

戴氏初作《聲韻考》，據《廣韻》分古韻爲七類二十部，其言曰：「大致音之定限七，故入聲止于七部。眞、臻、諄、殷、文、痕、魂、先、仙、元、刪、山、寒、桓與脂、微、灰、齊、祭、廢、皆、夬、泰，其入聲質、櫛、術、迄、物、沒、屑、薛、月、黠、鎋、曷、末是也。（此爲第一類。）蒸、登與之、咍、尤，其入聲職、德是也。（此爲第二類。）東、冬、鍾、江與幽、侯、蕭，其入聲屋、燭是也。（此爲第三類。）陽、唐、庚與宵、肴、豪，其入聲藥、覺、沃是也。（此爲第四類。）清、青、庚與支佳，其入聲昔、錫、麥是也。（此爲第五類。）歌、戈、麻與魚、虞、模，其入聲鐸、陌是也。（此爲第六類。）侵、覃、談、鹽、添、咸、銜、嚴、凡，其入聲緝、合、盍、葉、怗、洽、狎、業、乏是也。（此爲第七類。）」（見《聲韻考》卷三。）

其後著《聲類表》更分爲九類二十五部，其〈答段若膺論韻書〉云：「癸巳春（1773），僕在浙東，據《廣韻》分爲七類，侵以下九韻，皆收脣音，其聲古今無異說，又方之諸韻，聲氣最斂，詞家謂之閉口音，在《廣韻》雖屬有入之韻，而其無入諸韻，無與之配，仍居後爲一類，其前無入者，今皆得其入聲，兩兩相配，以入聲爲相配之樞紐。眞以下十四韻，皆收舌齒音，脂、微、齊、皆、灰亦收舌齒音，入聲質、術、櫛、物、迄、月、沒、曷、末、黠、鎋、屑、薛爲一類；東、冬、鍾、江、陽、唐、庚、耕、清、青、蒸、登皆收鼻音，支、佳、之、咍、蕭、宵、肴、豪、尤、侯、幽亦收鼻音，入聲屋、沃、燭、覺、藥、陌、麥、昔、錫、職、德。分蒸、登，之、咍，職、德爲一類；東、冬、鍾、江，尤、侯、幽，屋、沃、燭、覺爲一類；庚、耕、清、青，支、佳，陌、麥、昔、錫爲一類；弓馮熊雄夢麷等字，由蒸、登轉東，尤郵牛丘裘紑謀等字，由之、咍轉尤，服伏鞴福郁或牧坶穋等字由職、德轉屋，而東、鍾轉爲江，尤、侯轉爲蕭，屋、燭轉爲覺，陽、唐轉爲庚，及藥韻字轉陌、麥、昔、錫。音之流變無定方，而可以推其相配有如是，歌、戈、麻皆收喉音，魚、虞、鐸亦收喉音，入聲鐸合爲一類，以七類之平上去分十三部及入聲七部，得二十部，陸德明所謂古人韻緩者，仍有取焉。」（見《聲類表》卷首）又〈答段若膺論韻書〉云：「僕初定七類者，上年改爲九類，以九類分二十五部，若入聲附而不列，則十六部。阿第一，烏第二，堊第三，此三部皆收喉音。膺第四，噫第五，億第六；翁第七，謳第八，屋第九；央第十，夭第十一，約第十二；嬰第十三，娃第十四，戹第十五。此十二部皆收鼻音。殷第十六，衣第十七，乙第十八；安第十九，靄第二十，遏第二十一；此六部皆收舌齒音。音第二十二，邑第二十三；醃第二十四，諜第二十五。此四部皆收脣音。收喉音者，其音引喉；收鼻音者，其音引喉穿鼻；收舌齒音者，其音舒

舌而銜齒；收脣音者，其音斂脣。以此爲次，似幾於自然。」

戴氏所言之阿、烏、堊……等名稱，乃戴氏所定之古韻部目之名稱，其所選用之字，除“諜”字屬喻紐外，其餘皆影紐之字，以喉音影喻二紐之字標目，乃戴氏深明音理之處，蓋影喻二紐之字，其元音之前，皆無任何輔音者也。戴氏所定之二十五部，據其《聲類表》所定韻目，則其九類二十五部與《廣韻》各部之關係如下：

【一】阿　平聲歌、戈、麻	第一類歌、魚、鐸之類
【二】烏　平聲魚、虞、模	
【三】堊　入聲鐸	
【四】膺　平聲蒸、登	第二類蒸、之、職之類
【五】噫　平聲之、咍	
【六】億　入聲職、德	
【七】翁　平聲東、冬、鍾、江	第三類東、尤、屋之類
【八】謳　平聲尤、侯、幽	
【九】屋　平聲屋、沃、燭、覺	
【十】央　平聲陽、唐	第四類陽、蕭、藥之類
【十一】夭　平聲蕭、宵、肴、豪	
【十二】約　入聲　藥	
【十三】嬰　平聲庚、耕、清、青	第五類庚、支、陌之類
【十四】娃　平聲支、佳	
【十五】戹　入聲陌、麥、昔、錫	
【十六】殷　平聲眞、臻、諄、文、欣、魂、痕、先	第六類眞、脂、質之類
【十七】衣　平聲脂、微、齊、皆、灰	
【十八】乙　入聲質、術、櫛、物、迄、沒、屑	

【十九】安　平聲元、寒、桓、刪、山、仙	第七類元、祭、月之類
【二十】靄　去聲祭、泰、夬、廢	
【二一】遏　入聲月、曷、末、黠、鎋、薛	

【二二】音　平聲侵、鹽、添	第八類侵、緝之類
【二三】邑　入聲緝	

【二四】醃　平聲覃、談、咸、銜、嚴、凡	第九類覃、合之類
【二五】諜　入聲合、盍、葉、怗、業、洽、狎、乏	

以上九類二十五部與段氏十七部比較，其分合之跡，有如下表：

段玉裁	戴震	段玉裁	戴震
（一）之	之（噫）	（八）覃	覃（醃）
	職（億）		合（諜）
（二）宵	宵（夭）	（九）東	東（翁）
		（十）陽	陽（央）
	藥（約）	（十一）庚	庚（嬰）
（三）尤 （四）侯	尤（謳） 屋（屋）	（十二）眞 （十三）諄	眞（殷）
（五）魚	魚（烏）	（十四）元	元（安）
		（十五）脂	質（乙）
	鐸（堊）		脂（衣）
（六）蒸	蒸（膺）		月（遏）
（七）侵	侵（音）		祭（靄）
		（十六）支	支（娃）
	緝（邑）		陌（戹）
		（十七）歌	歌（阿）

三、戴氏古韻分部之創見：

〔一〕入聲九部獨立成部：

經由段氏十七部與戴氏九類二十五部之比較，明顯可知，戴氏古韻分部最大之特色，即在入聲韻部之獨立成部。戴氏入聲九部獨立成部之說，其乙、遏、邑、諜四部之應獨立，自王念孫、江有誥諸氏之後，舉無異辭，所成爭論者，厥爲堊、億、屋、約、戹五部而已。此五部應否獨，立其先決條件，在於周、秦有無入聲？除人少數人如孔廣森、江沅、汪萊諸人主張古無入聲外，其餘各家幾皆認定古有入聲，既然上古具有入聲，則堊、億、屋、約、戹五部便應獨立。其理由如下：

1. 堊、億、屋、約、戹五部入聲皆收－k 韻尾，若不獨立，而使之併入陰聲中之烏、噫、謳、夭、娃五部，則陰聲烏、噫、謳、夭、娃五部與入聲堊、億、屋、約、戹五部究竟有無區別？若無區別，則泯滅古韻陰入兩聲之大界，則吾人當何以看待陰聲與入聲乎！設有區別，則又何必強不類者而併爲一部而不使之分！

2. 同爲入聲之韻部，其收音於-t 尾之乙、遏二部，收音於-p之邑、諜二部，皆已獨立而無異辭，則何獨留收音於-k 之五部入聲而不令其獨立成部，實在於理說不通。

3. 就古代韻語觀之，堊五部與烏五部雖間有通韻者，然其獨用者蓋居多數。試以《詩經》韻腳爲證，其例已多。

〈葛覃〉二章：莫濩絡斁韻。〈柏舟〉三章：石席韻。〈氓〉三章：落若韻。〈緇衣〉三章：蓆作韻。〈蘀兮〉一章：蘀蘀伯韻。〈載驅〉一章：薄鞹夕韻。〈駟鐵〉二章：碩獲韻。〈無衣〉二章：澤戟作韻。〈七月〉四章：穫蘀貉韻。〈皇皇者華〉四章：駱若度韻。〈車攻〉四章：舄繹韻。〈鴻雁〉二章：澤作宅韻。〈鶴鳴〉一章：蘀石錯韻。〈白駒〉二章：藿夕客韻。〈斯干〉三章：閣橐韻。〈節南山〉八章：惡懌韻。〈巧言〉四章：作莫度獲韻。〈楚茨〉三章：踖碩炙莫庶客錯度獲格酢韻。〈大田〉一章：碩若韻。〈裳裳者華〉三章：白駱駱若韻。〈支弁〉一章：柏奕懌韻。〈皇矣〉一章：赫莫獲度廓宅韻。

以上皆垩部自韻，無一字雜用烏部字者。

〈關雎〉三章：得服側韻。〈羔羊〉二章：革緎食韻。〈殷其雷〉二章：側息韻。〈柏舟〉二章：側特慝韻。〈桑中〉二章：麥北弋韻。〈載馳〉四章：麥極韻。〈氓〉四章：極德韻。〈有狐〉三章：側服韻。〈丘中有麻〉二章：麥國國食韻。〈羔裘〉二章：飾力直韻。〈狡童〉二章：食息韻。〈南出〉四章：克得得極韻。〈葛屨〉一章：襋服韻。〈園有桃〉二章：棘食國極韻。〈伐檀〉二章：輻側直穡億特食韻。〈碩鼠〉二章：麥德國國直韻。〈鴇羽〉二章：翼棘稷食極韻。〈葛生〉二章：棘域息韻。〈黃鳥〉一章：棘息息特韻。〈蜉蝣〉二章：翼服息韻。〈鳲鳩〉三章：棘忒忒國韻。〈伐柯〉一章：克德韻。〈候人〉二章：翼服韻。〈天保〉五章：福食德韻。〈采薇〉五章：翼服戒棘韻。〈六月〉一章：飭服熾急國韻。二章：則服韻。三章：翼服服國韻。〈采芑〉一章：翼奭服革韻。

以上亦億部自韻，未嘗雜用噫部一字也。

〈葛覃〉二章：谷木谷韻。〈麟之趾〉三章：角族韻。〈行露〉二章：角屋獄獄足韻。〈野有死　〉二章：樕鹿束玉韻。〈牆有茨〉三章：束讀讀辱韻。〈汾沮洳〉三章：曲藚玉玉族韻。〈小戎〉一章：（驅）轂（馵）玉屋曲韻。〈七月〉七章：

屋穀韻。〈東山〉一章：蠋宿韻。〈伐木〉一章：谷木韻。〈天保〉二章：穀祿足韻。〈鶴鳴〉二章：穀玉韻。〈白駒〉四章：谷束玉韻。〈黃鳥〉一章：穀粟穀族韻。〈正月〉三章：祿僕祿屋韻。十二章：屋穀祿椓獨韻。〈小宛〉五章：粟獄卜穀韻。六章：木谷韻。〈四月〉五章：濁穀韻。

以上除驅羿爲侯部字外，餘皆屋部字自韻。

〈簡兮〉三章：籥翟爵韻。〈溱洧〉一二章：樂謔樂樂謔樂韻。〈揚之水〉一章：鑿襮沃樂韻。〈晨風〉二章：櫟駁樂韻。〈賓之初筵〉一章：的爵韻。〈隰桑〉二章：沃樂韻。〈桑柔〉五章：削爵濯溺韻。〈有駜〉一二三章：樂樂樂韻。

以上皆藥部自韻，未嘗雜宵部一字。

〈北門〉二章：適益讁韻。〈淇奧〉三章：簀錫璧韻。〈防有鵲巢〉二章：甓鷊惕韻。〈七月〉三章：鶪績韻。〈皇矣〉二章：辟剔韻。〈文王有聲〉五章：績辟韻。〈公劉〉一章：埸積韻。〈板〉六章：益易辟辟韻。〈韓奕〉一章：解易辟韻。二章：幭厄韻〈瞻卬〉五章：刺狄韻。〈殷武〉三章：績辟適解韻。

除解字爲支部字外，其餘皆厄部自韻也。

是則據其獨用之文如此其夥，則正可據以分部，其間偶有與烏等五部通協者，視爲通韻可也。若因其偶相涉即使之合併，其失不亦與苗夔之因偶通而併古韻爲七部者等乎！

*4.*戴氏古韻分部據其審音知識，純就古代韻母系統著眼，所謂「以正轉之同入分配定其分合，不徒恃古人用韻爲證。」又曰：「蓋援古以證其合易明也，援古以證其分不易明也。古人用韻文傳者希，或偶用此數字，或偶用彼數字，似彼此不相涉，未足斷其截然爲二爲三也。」然則如何斷其分合，必一之以審音。

故曰：「審音本一類，而古人之文偶有相涉，有不相涉，不得舍其相涉者而以不相涉爲斷，審音非一類，而古人之文偶有相涉，始可以五方之音不同，斷其爲合韻。」是其堊、億、屋、約、戹五部之獨立，乃因審音與烏五部非一類也，古人文之偶有相涉，以五方之音不同而知其爲合韻也。戴氏此種審音法，雖據古人用韻之文以爲基礎，而卻以語音結構與語音系統而逕行判斷。戴氏古韻分部就語音系統性著眼，而不徒恃古人用韻之文爲斷，實獨具隻眼，無怪其能淩駕前修而傲視當代也。故蘄春黃季剛先生云：「顧、江、戴、段諸人畢世勤劬，各有啓悟，而戴君所得爲獨優。」（見《音略》）黃君所以稱許戴氏爲獨優者，亦在戴氏將入聲獨立成部也。

入聲諸部旣經獨立，則其與平聲諸部之分配，亦爲考韻者之不可忽略者也。戴氏以入聲爲分配平聲各部之樞紐，所配之平聲，據其《聲類表》爲：堊配阿烏、億配膺噫、屋配翁謳、約配陽夭、戹配嬰娃、乙配殷衣、遏配安靄、邑配音、諜配醃。皆得其陰陽、雌雄、表裏之相配。此種以陰陽入三聲之相配以論韻，實能注意音韻之結構，爲向來言古音者之所忽略，而戴氏能慮及於此，實古音研究一大創見者也。

〔二〕祭部獨立及脂微諸韻入聲之分配：

戴氏〈答段若膺論韻書〉書云：「昔人以質、術、櫛、物、迄、月、沒、曷、末、黠、鎋隸眞、諄、臻、文、殷、元、魂、痕、寒、桓、刪、山、先、仙，今獨質、櫛、屑仍其舊，餘以隸脂、微、齊、皆、灰，而謂諄、文、至山仙同入，是諄、文至山、仙與脂、微、齊、皆、灰相配亦得矣。特彼分二部，此僅一部，分合未當。又六術韻字，不足配脂，合質、櫛與術，始足相配，今不能別出六脂韻字配眞、臻；質、櫛者，合齊配先、屑爲一部；且別出脂韻字配諄、術者，合微配文、殷；物、迄，灰配魂、痕；沒爲一部。廢配元、月，泰配寒、桓、曷、末，皆配刪、黠，夬配山、鎋，祭配仙、薛爲一部。而以質、櫛屑隸舊有入之韻，餘乃隸舊無入之韻，或分或合，或隸彼，或隸此，尙宜詳審。」（見《聲類表》卷首）戴氏此文，除從陰、陽、入各韻之分配析論外，復參入等韻之開合等第。吾人以段氏十二部眞、十三部諄、十四部元等三部之開合等第與陰陽入之分配以觀察此諸韻之情況。

段氏第十二部眞部：

陽聲	入聲	陰聲
眞軫震（開三）	質（開三）	脂旨至（開三）
臻（開二）	櫛（開二）	皆駭怪（開二）
先銑霰（開合四）	屑（開合四）	齊薺霽（開合四）

段氏第十三部諄部：

陽聲	入聲	陰聲
痕很恨（開一）	（麧）（開一）	咍海代（開一）
魂混慁（合一）	沒（合一）	灰賄隊（合一）
諄準稕（合三）	術（合三）	脂旨至（合三）
殷隱焮（開三）	迄（開三）	微尾未（開三）
文吻問（合三）	物（合三）	微尾未（合三）

段氏第十四部元部：

陽聲	入聲	陰聲
寒旱翰（開一）	曷（開一）	泰（開一）
桓緩換（合一）	末（合一）	泰（合一）
刪潸諫（開合二）	黠（開合二）	怪（開合二）
山產（開合二）	鎋（開合二）	夬（開合二）
元阮願（開合三）	月（開合三）	廢（開合三）
仙獮線（開合三）	薛（開合三）	祭（開合三）

若按陰陽入三聲之分配，以及開合等第之關係，段玉裁十二部、十三部、十四部諸韻配合之關係，應如上表所示。故戴震批評段玉裁云：「今獨質、櫛、屑仍其舊。」此謂段氏十二部以質、櫛、屑配眞、臻、先；「餘以配脂、微、齊、皆、灰。」謂段氏將十三部、十四部相配之入聲畫歸第十五部中。但陽聲十三、十四既分成兩部，而陰聲卻僅有一部，是其「分合未當」之處。「又六術韻字，不足配脂，合質櫛與術，始足相配。」段氏十五部既包括「脂、微、齊、皆、灰」五韻，脂韻有開三、合三兩類，而六術韻僅有合三一類，自不足與脂配，必須將十二部之入聲畫撥過來，脂開三一類，始有可配之入聲質，因爲質亦爲開三。皆韻爲開二，亦必須開二之櫛韻始足相配。齊韻有開四合四二類，自亦惟有屑韻之開四合四，方可與相配。而陽聲韻方面，亦唯有將十二部眞、臻、先三韻與十三部合成爲一部，陰陽入三聲之韻始搭配整齊。戴氏云：「今不能別出六脂韻字配眞、臻、質、櫛者，合齊配先、屑爲一部。」其意蓋謂上表中之十二部相配之陰聲“脂（開三）、皆（開合二）、齊（開合四）”諸韻若不能獨立成部，則惟有將十二部、十三部相配之陰聲韻部分，合成爲一部。惟有如此其陰陽入諸聲之間，始能搭配整齊。至於十四部之陽聲既已獨立成部，則與相配之陰聲“泰（開合一）、怪（開合二）、夬（開合二）、廢（開合三）、祭（開合三）”諸韻亦惟有獨立成“祭”部矣。

至其脂、微、齊、皆、灰及祭、泰、夬、廢與入聲術、物、迄、沒，月、曷、末、黠、鎋、薛諸部分別之理，則曰：「僕巳年分七類二十部者，上年以呼等考之，眞至仙、侵至凡，同呼而具四等者二，脂、微、齊、皆、灰及祭、泰、夬、廢亦同呼而具四等者二，乃分眞以下十四韻，侵以下九韻爲二，而脂、微諸韻與之配者亦二，其配元寒至山、仙者：〈周南・芣苢〉二章：掇捋。〈召南・草蟲〉二章：蕨惙說。〈甘棠〉首章：伐茇；二章：敗憩；三章拜說。〈野有死麕〉三章：脫帨吠。〈邶・擊鼓〉四章：闊說。五章：闊活。〈匏有苦葉〉首章：厲揭。〈泉水〉三章：舝邁衛害。〈衛・碩人〉四章：活濊發揭孽朅。〈伯兮〉首章：朅桀。〈有狐〉二章：厲帶。〈王・君子于役〉二章：月括渴。〈采葛〉首章：葛月。三章：艾歲。〈鄭・子衿〉三章：達闕月。〈齊・東方之日〉二章：月闥闥發。〈甫田〉二章：桀怛。〈魏・十畝之間〉二章：外泄逝。〈唐・蟋蟀〉二章：逝邁外蹶。〈陳・東門之枌〉三章：逝邁。〈東門之楊〉二章：肺晢。〈檜・匪風〉首章：發偈怛。〈曹・蜉蝣〉三章：閱雪說。〈候人〉首章：祋芾。〈豳・七月〉首章：發烈褐歲。〈小雅・采薇〉二章：烈渴。〈庭燎〉三章：艾晣噦。〈正月〉八章：厲滅烕。（此章第二句結字非韻，乃四句見韻之例。）〈小旻〉五章：艾敗。〈蓼莪〉五章：烈發害。〈鴛鴦〉三章：秣艾。〈車舝〉首章：舝逝渴括。〈菀柳〉二章：愒瘵邁。〈都人士〉二章：撮髮說。四章：厲蠆邁。〈白華〉五章：外邁。〈大雅・文王〉二章：世世。〈緜〉八章：拔兌駾喙。〈皇矣〉二章：翳栵。三章：拔兌。（此章拔對一韻，對季一韻，下重季字及友字，不入韻。）〈生民〉二章：月達害。七章：軷烈歲。〈民勞〉四章：愒泄厲敗大。〈板〉二章：蹶泄。〈蕩〉八章：揭害撥世。〈抑〉六章：舌逝。〈烝民〉三章：舌外發。〈瞻卬〉首章：厲瘵。（此章及後二章皆四句見韻，次句惠字非韻，下四句疾屆一韻，收瘳一韻。）二章：奪說。〈召旻〉六章：竭竭害。〈周頌・載芟〉活達傑。〈魯頌・泮水〉首章：茷噦大邁。〈閟宮〉五章：大艾歲害。〈商頌・長發〉二章：撥達達越發烈截。〈長發〉六章：旆（此字誤，《荀子》引此詩作載發，《說文》引作載坺，發坺皆於韻合。）鉞蘗達截伐桀。[1]

1 〈周南・芣苡〉二章：「采采芣苡，薄言掇之。采采芣苡，薄言捋之。」
〈召南・草蟲〉二章：「陟彼南山，言采其蕨。未見君子，憂心惙惙。亦既見止，亦既覯止，我心則悅。」
〈甘棠〉首章：「蔽芾甘棠，勿翦勿伐。召伯所茇。」二章：「蔽芾甘棠，勿剪勿敗。召伯所憩。」三章：「蔽芾甘棠，勿翦勿拜，召伯所說。」
〈野有死麕〉三章：「舒而脫脫兮。無感我帨兮。無使尨也吠。」
〈邶・擊鼓〉四章：「死生契闊。與子成說。執子之手。與子偕老。」五章：「于嗟闊兮，不我活兮。于嗟洵兮。不我信兮。」
〈匏有苦葉〉首章：「匏有苦葉。濟有深涉。深則厲。淺則揭。」
〈泉水〉三章：「出宿于干。飲餞于言。載脂載舝。還車言邁。遄臻于衛。不瑕有害。」
〈二子乘舟〉二章：「二子乘舟，汎汎其逝。願言思子，不瑕有害。」
〈衛・碩人〉四章：「河水洋洋，北流活活。施罛濊濊。鱣鮪發發。葭菼揭揭。庶姜孽孽。庶士有朅。」
〈伯兮〉首章：「伯兮朅兮。邦之桀兮。伯也執殳，爲王前驅。」
〈有狐〉二章：「有狐綏綏，在彼淇厲。心之憂矣，之子無帶。」
〈王・君子于役〉二章：「君子于役，不日不月。曷其有佸。雞棲于桀。日之夕矣，羊牛下佸。君子于役，苟無飢渴。」
〈采葛〉首章：「彼采葛兮。一日不見，如三月兮。」三章：「彼采艾兮，一日不見，如三歲兮。」
〈鄭・子衿〉三章：「挑兮達兮。在城闕兮。一日不見，如三月兮。」
〈齊・東方之日〉二章：「東方之月兮。彼姝者子，在我闥兮。在我闥兮。履我發兮。」
〈甫田〉二章：「無田甫田，維莠桀桀。無思遠人，勞心怛怛。」
〈魏・十畝之間〉二章：「十畝之外兮。桑者泄泄兮。行與子逝兮。」
〈唐・蟋蟀〉二章：「蟋蟀在堂，歲聿其逝。今我不樂，日月其邁。無已大康，職思其外。好樂無荒，良士蹶蹶。」
〈陳・東門之枌〉三章：「穀旦于逝。越以鬷邁。視爾如荍。貽我握椒。」

〈東門之楊〉二章：「東門之楊，其葉肺肺。昏以爲期，明星哲哲。」
〈檜・匪風〉首章：「匪風發兮。匪車偈兮。顧瞻周道，中心怛兮。」
〈曹・蜉蝣〉三章：「蜉蝣掘閱。麻衣如雪。心之憂矣，於我歸說。」
〈候人〉首章：「彼候人兮，何戈與祋。彼其之子，三百赤芾。」
〈豳・七月〉首章：「七月流火。九月授衣。一之日觱發。二之日栗烈。無衣無褐。何以卒歲。」
〈小雅・采薇〉二章：「采薇采薇，薇亦柔止。曰歸曰歸，心亦憂止。憂心烈烈。載飢載渴。我戍未定。靡使歸聘。」
〈庭燎〉二章：「夜如何其，夜未艾。庭燎晣晣。君子至止，鸞聲噦噦。」
〈正月〉八章：「心之憂矣，如或結之。今茲之正，胡然厲矣。燎之方揚，寧或滅之。赫赫宗周，褒姒威之。」按戴氏謂「結」字非韻，其說非是，此乃質月合韻也。
〈小旻〉五章：國雖靡止。或聖或否。民雖靡膴，或哲或謀。或肅或艾。如彼泉流，無淪胥以敗。
〈蓼莪〉五章：南山烈烈。飄風發發。民莫不穀，我獨何害。
〈大東〉七章：維南有箕，不可以簸揚。維北有斗，不可以挹酒漿。維南有箕，載翕其舌，維北有斗，西柄之揭。
〈四月〉三章：冬日烈烈。飄風發發。民莫不穀，我獨何害。
〈鴛鴦〉三章：乘馬在廄，摧之秣之。君子萬年，福祿艾之。
〈車舝〉首章：間關之舝兮。思孌季女逝兮。匪飢匪渴。德音來括。雖無好友。式燕且喜。
〈菀柳〉二章：有菀者柳，不尙愒焉。上帝甚蹈，無自瘵焉。俾予靖之，後予邁焉。
〈都人士〉二章：彼都人士，臺笠緇撮。彼君子女，綢直如髮。我不見兮，我心不悅。四章：彼都人士，垂帶而厲。彼君子女，卷髮如蠆。我不見兮，言從之邁。
〈白華〉五章：鼓鐘于宮，聲聞于外。念子懆懆，視我邁邁。
〈大雅・文王〉二章：亹亹文王，令聞不已。陳錫哉周，文王孫子。文王孫子，本支百世。凡周之士，不顯亦世。
〈緜〉八章：肆不殄厥慍。亦不隕其問。柞棫拔矣。行道兌矣。混九駾矣。維其喙矣。
〈皇矣〉二章：作之屛之，其菑其翳。脩之平之，其灌其栵。三章：

已上分出以配元、寒、桓、刪、山、仙之別於真、諄、臻、文、殷、魂、痕。」（見〈答段若膺論韻書〉）又云：「其配真、諄、臻、文、魂、痕者，則有𩫖聲、棄聲、既聲、胃聲、出聲、卒聲、朮聲、貴聲、比聲、四聲、畀聲、彖聲、季聲、惠聲、未聲、次聲、隶聲、市聲、位聲、戾聲、凷聲、屆聲、癸

帝省其山，柞棫斯拔。松柏斯兌。帝作邦作對。自大王王季。維此王季，因心則友，則友其兄。則篤其慶。載錫之光。受祿無喪。奄有四方。（戴氏云：此章拔兌一韻，對季一韻，下重季字及友字不入韻，其說是也。）

〈生民〉二章：誕彌厥月。先生如達。不坼不副，無菑無害。七章：取羝以軷，載燔載烈。以興嗣歲。

〈民勞〉四章：民亦勞止，汔可小愒。惠此中國，俾民憂泄。無縱詭隨，以謹醜厲。式遏寇虐，無俾正敗。戎雖小子，而式弘大。

〈板〉二章：天之方難。無然憲憲。天之方蹶，無然泄泄。

〈蕩〉八章：文王曰咨，咨女殷商。人亦有言，顛沛之揭。枝葉未有大害。本實先撥。殷鑒不遠，在夏后之世。

〈抑〉六章：無易由言，無曰苟矣。莫捫朕舌。言不可逝矣。

〈烝民〉三章：出納王命，王之喉舌。賦政于外。四方爰發。

〈瞻卬〉首章：瞻卬昊天，則我不惠，孔塡不寧，降此大厲。邦靡有定，士民其瘵。蟊賊蟊疾。靡有夷屆。罪罟不收。靡有夷瘳。（戴氏曰：此章及後二章四句見韻，次句惠字非韻，下四句疾屆一韻，收瘳一韻。）二章：人有土田，女反有之，人有民人，女多奪之。此宜無罪，女反收之，彼宜有罪，女反說之。哲夫成城，哲婦傾城。

〈召旻〉六章：池之竭矣，不云自頻。泉之竭矣，不云自中。溥斯害矣。職兄斯弘。不災我躬。

〈周頌・載芟〉：播其百穀，實函斯活。驛驛其達，有厭其傑。

〈魯頌・泮水〉首章：思樂泮水，薄采其芹。魯侯戾止，言觀其旂。其旂茷茷。鸞聲噦噦。無小無大。從公于邁。

〈閟宮〉五章：俾爾昌而大。俾爾耆而艾。萬有千歲。眉壽無有害。

〈商頌・長發〉二章：玄王桓撥。受小國是達。受大國是達。率履不越。遂視既發。相土烈烈。海外有截。六章：武王載旆。有虔秉鉞。如火烈烈。則莫我敢曷。苞有三蘖。莫遂莫達。九有有截。韋顧既伐。昆吾夏桀。

聲、退聲、對聲、彗聲、尉聲、聿聲、弗聲、利聲、愛聲、孯聲、乞聲、肆聲、勿聲、忽聲、類聲、內聲、孛聲之字，三百篇分用畫然。」其配元寒者，乃祭、泰、夬、廢及入聲月、曷、末、黠、鎋、薛諸韻之字也。其配眞、諄諸韻者，乃脂、微諸韻之去聲聲類及入聲術、物、迄、沒諸韻之聲類也。惟戴氏據其審音知識誤將祭、泰、夬、廢諸韻與月、曷、末、黠、鎋、薛諸韻分爲二部，則與《詩》之用韻不合，據其所引《詩經》用韻，此諸部亦多合用無別。蓋《廣韻》祭、泰、夬、廢四韻雖爲去聲，然於周秦，此四韻實爲入聲也。自以祭、泰、夬、廢諸韻併入入聲月、曷、末、黠、鎋、薛諸韻爲一部爲是。王力《漢語音韻》評之云：「戴氏的古韻廿五部似密而實疏。他自己說："若入聲附而不列，則十六部。"他不肯接受他的老師江永的幽、宵分部，和他的弟子段玉裁的眞、文分部。祭、泰、夬、廢獨立，這是他的創見，但是即在陰陽入三分的情況下，他也只該像王念孫那樣把這四個韻和入聲月曷末等韻合成一部（黃侃正是這樣做的），而不應該分爲兩部。」

四、戴氏之論陰陽入三分：

韻有陰陽之名者，實由戴氏啓之也。戴氏〈答段若膺論韻書〉云：「大箸六（蒸登）七（侵鹽添）八（覃談咸銜嚴凡）九（東冬鍾江）十（陽唐）十一（庚耕清青）十二（眞臻先）十三（諄文欣魂痕）十四（元寒桓刪山仙）凡九部，舊皆有入聲，以金石音喻之，猶擊金成聲也。一（之咍）二（蕭宵肴豪）三（尤幽）四（侯）五（魚虞模）十五（脂微齊皆灰）十六（支佳）十七（歌戈麻）凡八部，舊無入聲，前七部以金石音喻之，猶擊石成聲也。惟第十七部歌戈，與有入者近，麻與無入者近，舊遂失其入聲，於是入聲藥、鐸溷淆不分。僕審其音，有入者，如氣之陽、如物之雄、如衣之表；無入者，如氣之陰、如物之雌、如衣之裏。又平上去三聲，近乎氣之陽、物之雄、衣之表，入聲近乎氣之陰、物之雌、衣之裏，故有入之入，與無入之去近，從此得其陰陽表裏之相配。而侵以下九韻獨無配，則以其閉口音，而配之者更不成聲也。」戴氏於此雖未明言陰陽之名，然陰聲陽聲之別，其金石陽陰雄雌表裏數語巳可盡其形容，而其論段氏諸部之言，以區分其古韻九類，亦可諜然而解。試以《聲類表》九類言之：其歌、戈與有入者近，是爲陽聲。（新雄案：戴氏以歌戈爲陽聲，實其審音之訛，至其致訛之由，尙無從知之。王國維《觀堂集林》云："所舉九類，其第一類乃陰聲，非陽聲。"是也。今以此爲說者，仍因戴氏之意。）魚、虞、模舊本無入，是爲陰聲，麻與無入者近，與古音支之一支同爲陰聲，鐸則爲入聲，而與無入（魚虞模麻）之去近，此其第一類之陰陽入三分之韻部也。蒸、登舊有入聲，之、咍及古音尤，舊無入聲，職、德及屋之一支爲入聲，此第二類之陰陽入也。東、冬、鍾、江舊有入聲，尤、侯及古音蕭舊無入聲，屋、沃、燭、覺爲入聲，此其第三類之陰陽入也。陽、唐舊有入聲，蕭、宵、肴、豪舊無入聲，入聲藥及覺分爲入聲，其庚韻之一支當入陽、唐同爲陽聲，此其第四類之陰陽入也。庚、耕、清、青舊有入聲，支佳齊分舊無入聲，陌、麥、昔、錫爲入聲，此第五類之陰陽也。眞、諄、臻、文、殷、魂、痕、先分舊有入聲，脂、微、齊、皆、灰舊無入聲，質、術、物、迄、沒、屑分爲入聲，此第六類之陰陽入也。元、寒、桓、刪、山、仙、先分舊有入聲，齊分、皆分、祭、泰、夬、廢舊無入聲，月、曷、末、黠、鎋、薛、屑分爲入聲，此第七類之陰陽入也。八九兩類爲閉口音，舊有入聲，故僅具陽入，而無陰聲與之相配，戴氏所謂配之更微不成聲者也。自戴氏為此說後，孔廣森作《詩聲類》，嚴可均作《說文聲類》，雖各有異同，然所謂之蒸對轉，支耕對轉，脂眞對轉，侯東對轉等皆戴氏啓其先路者也。胡秉虔《古韻論》云：「異平同入，陰陽相配互轉，其說亦自戴氏發之，蒸之對轉、清支對轉、眞脂對轉、東侯對轉，後之言古韻者，卒莫能異。」

陰陽入既已三分，其陰陽之相配，實以入聲為其樞紐，舊無入者今皆得其入，一類之中異平同入，即所謂樞紐也。戴氏既言「有入之入，與無入之去近。」即可知與陽聲相配之入聲，實與無入之去聲相近。故謂入聲近於陰聲可，謂陽聲無入，亦無不可也。夫陰聲其音下收於喉而不上揚於鼻，陽聲則上出於鼻，異言之，即陽聲帶鼻音，而陰聲不帶鼻音也。陽聲之收鼻，有舌根鼻音-ŋ、舌尖鼻音-n、撮脣鼻音-m 三種之不同。入聲者，因收塞音韻尾，在發音部位上頗類於陽聲。但其音短促，塞音韻尾又為唯閉音，因為唯閉，故聽覺上頗類於陰聲，故曰介于陰陽之間，因為介于陰陽之間，故與二者皆得通轉，以其皆得通轉，故戴氏以為入聲為陰陽相配之樞紐也。

五、正轉與旁轉：

戴氏分配韻部之法有所謂正轉旁轉二例。其言曰：「其正轉之法有三：一為轉而不出其類，脂轉皆、之轉咍、支轉佳是也。一為相配互轉，眞文魂先轉脂微灰齊、換轉泰、咍海轉登等、侯轉東、厚轉講、模轉歌是也。一為聯貫遞轉，蒸登轉東、之咍轉尤、職德轉屋、東冬轉江、尤幽轉蕭、屋燭轉覺、陽唐轉庚、藥轉錫、眞轉先、侵轉覃是也。以正轉知其相配及次序，而不以旁轉惑之，以正轉之同入相配，定其分合，不徒恃古人文用韻為證。僕之所見如此，蓋援以證其合易明也，援古以證其分不易明也。」[2]

戴氏所謂轉而不出其類之正轉，即其韻部併合之標準，如脂轉皆，則脂皆同在“衣”部，之轉咍，則之咍同在“噫”部，支轉佳，則支佳同在“娃”部是也。所謂相配互轉者，乃其陰陽諸韻部相配之標準，如眞文魂先轉脂微灰齊，故眞文魂先與脂微灰齊同在第六類，殷衣同入（乙）對轉是也。換轉泰，故換泰同在第七類，安靄同入（遏）對轉是也。咍海轉登等，故咍海登等同在第二類，膺噫共入（億）對轉是也。侯轉東、厚轉講、故侯厚東講同在第三類，翁謳共入（屋）對轉是也。模轉歌，故歌模同在第一類，阿烏共入（堊）對轉是也。此種正轉，雖韻部有陰陽之別，但仍未軼出其類，故爲韻部相配之標準。至其聯貫遞轉，則爲九類二十五部，各類各部先後次序之標準，如蒸登轉東，之咍轉尤，職德轉屋，故蒸登、之咍、職德爲第二類，東、尤、屋爲第三類，此爲類之先後。東冬轉江，江者東冬之變，故第三類之中，先東冬而後江，此爲一類中韻部先後之標準。尤幽轉蕭，屋燭轉覺，故尤幽、屋燭爲第三類，而蕭覺分爲第四類，而第三類之中，亦先屋燭而後覺之分。陽唐轉庚，藥轉錫，故陽唐、藥爲第四類，而庚、錫爲第五類，眞轉先，故眞爲第六類，先爲第七類，先之一支亦有在第六類者，然亦眞前而先後。侵轉覃，故

2　按戴氏之言聯貫遞轉，可與《聲類考》之七類二十部之目相合，而與《聲類表》之九類二十五部之目不合，如云東冬轉江，屋燭轉覺等，皆與《聲韻考》合，而與《聲類表》不合，《聲韻考》江在第四類，東冬在第三類，由不同類相轉，謂之聯貫遞轉，故相合。而《聲類表》江與東冬同在第三類，則爲轉而不出其類者也。屋燭轉覺亦然。故若與《聲類表》有不合者，當知戴氏《聲韻考》先成，《聲類表》晚出，韻目之分隸，此有異也。

侵爲第八類，覃爲第九類也。此以聯貫遞轉之正轉法，作爲定諸類諸部先後之標準。戴氏之意凡韻部之分合與相配及各韻類先後次第之安排，皆宜以正轉定之，而不可以旁轉惑之也。

然則何謂旁轉？《聲韻考》云：「旁推交通，如眞于蒸及青，寒桓于歌戈，之于眞及支，幽侯于虞，屋燭于錫，宵于魂及之，支佳于麻，歌于支佳，模于支，侵凡于東。」戴氏〈答段若膺論韻書〉論及段氏《六書音韻表》云：「東韻字有從蒸登流變者，而列爲第六部，隔越七八兩部，尤從之咍流變，蕭從尤幽流變，而以蕭宵肴豪處之咍後，尤幽侯前，未知音聲相配故耳。支佳韻字雖有從歌戈流變者，虞韻字雖有從幽流變者，皆屬旁轉，不必以例正轉。」蓋正轉或同部相轉，或同類共入相轉，或聯貫遞轉，無論同部或同類，皆轉而不出其類，即聯貫遞轉亦僅連比之類互相轉也。其有既非同類之相轉，又非連比之類之相轉者，即所謂旁轉是也。如支佳韻字（在第五類）雖有從歌戈流變者，既非同類，又非連比之類，故爲旁轉也。虞韻字（在第一類）雖有從侯幽（在第三類）流變者，亦旁轉也。以是言之，戴氏所謂旁轉，實即隔類相轉也。蓋類既隔越，而可旁推交通，故謂之旁轉。凡《聲韻考》所舉旁推交通諸例，莫非隔類相轉者也。凡旁轉之韻，只可別出其字，附于所從流變之韻後。（如別出支佳韻字從歌戈流變者，附于歌戈之後，別出虞韻字從侯韻流變者，附于侯韻之後。）而不可一概合併，致紊其次序也。故戴氏論韻部之分合相配及其次第，概以正轉爲主，而所謂旁轉者，則所以濟其窮也。

第十一節　黃侃之古韻研究

一、黃侃之古韻二十八部：

黃侃字季剛，（1866-1935）蘄春人。君於古音之學未有專書，其治古音之成績，散見於所著《音略》、〈聲韻略說〉、〈與友人論治小學書〉、〈談添盍怗分四部說〉、〈治爾雅學之資糧〉諸文，吉光片羽，尚多可考，其有未盡，則傳諸生徒，布在四方，亦有可稽。今述黃君古韻之學，本其所著，益以師說，而提其綱維焉。黃君承鄭、顧、江、戴、段、孔、王、嚴及章君之緒，而集其大成。（黃君《音略》云：「凡所祖述諸家，約舉之如左：宋鄭庠、明顧炎武、清江永、戴震、錢大昕、段玉裁、孔廣森、王念孫、嚴可均、陳澧及我親教大師章氏。」）其古韻分部，本於餘杭章太炎氏之二十三部，而益以戴氏震陰陽入三分之說，得古韻廿八部。黃君《音略》云：「古韻部類，自唐以來，未嘗昧也。唐以後始漸茫然，宋鄭庠肇分古韻爲六部，得其通轉之大界，而古韻究不若是之疏，爰逮清朝，顧江戴段諸人，畢世勤劬，各有啓悟，而戴君所得爲獨優。本師章君論古韻廿三部，最爲瞭然，余復益以戴君所明，成爲廿八部。」又云：「古韻則陰聲、陽聲以外，入聲當別立，顧江段孔諸君，皆以入聲散歸陰聲各部中，未爲審諦。謂宜準戴氏分陰聲、陽聲、入聲爲三之說，爰就餘杭師所分古韻廿三部，益爲廿八部。」（見劉賾《聲韻學表解》引）因黃君主張入聲別立，故對前人古韻分部將入聲獨立者，最爲贊揚，於戴氏則謂所得獨優；於劉逢祿之分二十六部，亦謂其最能致用。其〈論治爾雅學之資糧〉云：「劉氏

《詩聲衍》分韻廿六，此爲古韻分部最多者。惟未韻應分爲二類，（從章氏，今定名爲沒類、曷類。）緝韻應分爲二類，（從戴氏，今定名爲合類、帖類。）而後古韻部始全。」

是則黃君二十八部之分，多本戴氏、劉氏、章氏三家之說者也。茲錄其〈古韻表〉廿八部之目於後：

陰	陽		入	
	收鼻	收脣	收鼻	收脣
歌（開合洪）				
	寒（開合洪）	覃（開洪）	曷（開合洪）	合（開洪）
灰（合洪）	痕（開合洪）		沒（合洪）	
	先（開合細）	添（開細）	屑（開合細）	帖（開細）
齊（開合細）	青（開合細）		錫（開合細）	
模（合洪）	唐（開合洪）		鐸（開合洪）	
侯（開合洪）	東（合洪）		屋（合洪）	
蕭（開合細）				
豪（開合洪）	冬（合洪）		沃（合洪）	
咍（開合洪）	登（開合洪）		德（開合洪）	

黃君《音略》云：「右今定古韻陰聲八，陽聲十，（收鼻八，收脣二。）入聲十（收鼻八，收脣二。）凡二十八部。其所本如左：

歌（顧炎武所立。）灰（段玉裁所立。）齊（鄭庠所立。）模（鄭所立。）侯（段所立。）蕭（江永所立。）豪（鄭所立。）咍（段所立。）寒（江所立。）痕（段所立。）先（鄭所立。）青（顧所立。）唐（顧所立。）東（鄭所立。）冬（孔廣森所立。）登（顧所立。）覃（鄭所立。）添（江所立。）曷

（王念孫所立。）沒（章氏所立。）屑（戴震所立。）錫（戴所立。）鐸（戴所立。）屋（戴所立。）沃（戴所立。）德（戴所立。）合（戴所立。）帖（戴所立。）

此二十八部之立，皆本昔人，曾未以肊見加入。至於本音讀法，自鄭氏以降，或多未知，故二十八部之名，由鄙生所定也。」

按黃君此二十八部，所以較餘杭章君多五部者，乃將入聲錫、鐸、屋、沃、德五部，自章君支、魚、侯、宵、之五部獨立成部是也。至於錫、鐸、屋、沃、德五部應否獨立，王力著《漢語史稿》與《漢語音韻》有較詳盡之分析，茲錄其說於下：

王氏《漢語音韻》云：「職、覺、藥、屋、鐸、錫六部應否獨立？這六部都是收音于-k的入聲字，如果併入了陰聲，我們怎樣了解陰聲呢？如果說陰聲之、幽、宵、侯、魚、支六部，既以元音收尾，又以清塞音-k 收尾，那麼，顯然不是同一性質的韻部，何不讓它們分開呢？況且收音-p 于的緝、葉，收音-t 于的質、物、月都獨立起來了，只有收音-k于的不讓它們獨立，在理論上也講不通。既然認爲同部，必須認爲收音是相同的。要末，就像孔廣森那樣，否認上古有收-k的入聲，（孔氏同時否認上古有收-t 的入聲，這裏不牽涉到收-t 的問題，所以只談收-k 的問題。）要末，就像西洋某些漢學家所爲，連之、幽、宵、侯、魚、支六部都認爲也是收輔音的。（例如西門 Water Simon 和高本漢 B. Karlgren。西門做得最澈底,六部都認爲是收濁擦音，高本漢顧慮到開口音節太少了，所以只讓之、幽、宵、支四部及魚部一部分收濁塞音-g。）我們認爲兩種做法都不對；如果像孔廣森那樣，否定了上古的-k 尾，那麼中古的-k 尾是怎樣發展來的呢？

如果像某些漢學家那樣，連之、幽、宵、侯、魚、支六部都收塞音（或擦音），那麼上古漢語的開音節那樣貧乏，也是不能想像的。（《漢語史稿》云：『高本漢拘泥於諧聲偏旁相通的痕跡，於是把之、幽、宵、支四部的全部和魚部的一半擬成入聲韻“收-g”，又把脂、微兩部和歌部的一部分，擬爲收-r的韻，於是只剩下侯部和魚、歌的一部分是以元音收尾的韻，即所謂開音節。世界上沒有任何一種語言的開音節是像這樣貧乏的。“倒是有相反的情形，例如彝語、哈尼語等的開音節特別豐富，閉音節特別少。”只要以常識判斷，就能知道高本漢的錯誤。這種推斷完全是一種形式主義，這樣也使上古韻文失掉聲韻鏗鏘的優點，而我們是有充分理由證明上古的語音不是這樣的。』）王力所以放棄了早年的主張，採用了陰陽入三聲分立的說法，就是這個緣故。」

黃君將入聲與陰陽並立，經王力之分析，應可無所疑慮者矣。

二、黃君之古本韻今變韻說：

《切韻・序》云：「昔開皇初，有儀同劉臻等八人同詣法言門宿，夜永酒闌，論及音韻，以今聲調，既自有別，諸家取捨，亦復不同，吳楚則時傷輕淺，燕趙則多傷重濁，秦隴則去聲爲入，梁益則平聲似去。又支（章移切）脂（旨夷切）魚（語居切）虞（遇俱切），共爲一韻；先（蘇前切）仙（相然切）尤（于求切）侯（胡溝切），俱論是切。欲廣文路，自可清濁皆通，若賞知音，即須輕重有異。呂靜《韻集》、夏侯該《韻略》、陽休之《韻略》、周思言《音韻》、李季節《音譜》、杜臺卿《韻略》等，各有乖互。江東取韻，與河北復殊，因論南北是非，古今通塞。欲更捃選精切，除削疏緩，蕭顏多所決定。魏著作謂法言曰：『向來論難，疑處悉盡，何爲不隨口記之，我輩數人，定則定矣。』法言即燭下握筆，略記綱紀，博問英辯，殆得精華。於是更涉餘學，兼從薄宦，十數年間，不遑修集。今返初服，私訓諸弟子，凡有文藻，即須明聲韻，屏居山野，交遊阻絕，疑惑之所，質問無從，亡者則生死路殊，空懷可作之歎；存者則貴賤禮隔，以報絕交之旨，遂取諸家音韻，古今字書，以前所記者定之，爲《切韻》五卷。」陸氏《切韻》之作，既兼賅古今南北之音，歷來聲韻學家，皆以爲然。戴震《聲韻考》云：「隋唐二百六韻，……別立四江以次東、冬、鍾後，殆有見于古用韻之文，江歸東、冬、鍾，不入陽、唐，故特表一目，不附東、冬、鍾韻內者，今音顯然不同，不可沒今音，且不可使今音古音相雜成一韻也。不次陽、唐後者，撰韻時以可通用字附，不可以今音之近似而淆紊古音也。」餘杭章君云：「《廣韻》所包，兼有古今方國之音，非並時同地得有聲勢二百六種也。」黃君曰：「今行《廣韻》，雖非陸君《切韻》之舊，然但有增加，無所刊剟，則陸君之舊，固在《廣韻》中也。」又曰：「古本音即在《廣韻》二百六韻中，《廣韻》所收，乃包舉周漢至陳隋之音，非別有所謂古本音也。凡捨《廣韻》而別求音者，皆妄也。」（分別見於〈與友人論治小學書〉及劉賾《聲韻學表解》。）錢玄同《文字學音篇》云：「法言作《切韻》，分韻爲二百六部，（《切韻》雖亦不存，然今世所傳之《廣韻》本于《唐韻》，《唐韻》即本切于《切韻》，《廣韻》之二百六韻，猶是法言舊目也。）然法言此書，在明古音今音沿革。」又云：「吾儕生于二千年後，得以考明三代古音之讀法，實賴法言之兼存古音。」林語堂云：「《切韻》是匯通古今南北方音，預備做一本南北人皆可用的字書，所以分韻惟恐不不詳，所列並非任何一地之音。」（重刊語言學論叢序）王君了一云：「《切韻》未必根據一時一地之音。例如“支”與“脂”，“魚”與“虞”，也許當時普通人已不能分別，而陸法言要依照古音，定出一個分別來。」（見《中國音韻學》本論上）又曰：「《切韻》照顧了古音系統，也照顧了方音系統。……因爲各地的方音也是從古音發展來的。」（見《漢語音韻》）綜觀上述各家之言，《廣韻》二百零六韻，兼包有古今南北之音，殆無可疑者矣。《廣韻》既包有古今之音，則自可據以考求所包之古音也。

黃君據《廣韻》以考求古本韻之法，今據先師林景伊（尹）先生說，條舉於後：

【一】黃君古韻廿八部，乃據前代古韻學家分析而得，就鄭庠、顧炎武、江永、戴震、段玉裁、孔廣森、王念孫、江有誥、嚴可均、劉逢祿、章炳麟諸家古韻分部，分其所可分，恰得廿八部。故其古韻分部，乃前有所承。

【二】黃君據陳澧《切韻考・外篇》分析《廣韻》聲紐，得影、曉、匣、喻、爲；見、溪、群、疑；端、透、定、泥、來；知、徹、澄、娘；照、穿、神、審、禪、日；精、清、從、心、邪；莊、初、床、疏；幫、滂、並、明；非、敷、奉、微四十一聲紐。在此四十一聲紐中，古無輕脣音非、敷、奉、微四紐及舌上音、知、徹、澄三紐爲錢大昕所證明；古無娘、日二紐，爲章太炎所證明。黃君創一聲經韻緯求古音表，持此古音所無之九紐，進一步檢查《廣韻》二百零六韻三百三十九韻類，結果發現，凡無此九變紐之韻類，亦必無喻、爲、群、照、穿、神、審、禪、邪、莊、初、床、疏等十三紐；反之，凡有此九變聲出現之韻，亦必出現喻、爲、群等十三紐，茲錄其二十八部正韻、變韻表首三表以見例：

聲調	平				上				去				入			
韻目	一東				一董				一送				一屋			
等呼	開	合	齊	撮	開	合	齊	撮	開	合	齊	撮	開	合	齊	撮
影[3]	翁烏紅				蓊烏孔				甕烏貢				屋烏谷		郁於六	
喻			融以戎												育余六	
爲			雄羽弓												囿于六	
曉	烘呼東				嗊呼孔				烘呼貢		䞨香仲		嗀呼木		蓄許竹	
匣	洪戶公				澒胡孔				哄胡貢				縠胡谷			
見	公古紅		弓居戎						貢古送				穀古祿		菊居六	
溪	空苦紅		穹去宮		孔康董				控苦貢				哭空谷		麴驅菊	
群			窮渠弓												驧渠竹	
疑	岘五東															

3 凡聲母外加方框. 者爲古本聲，未加者爲今變聲。下仿此，不更註。

	1	2	3	4	5	6	7	8	9	10	11	12	13	14	15	16
端	東德紅				董多動				涷多貢				穀丁木			
透	通他紅				侗他孔				痛他貢				禿他谷			
定	同徒紅				揔動徒				洞徒弄				獨徒谷			
泥					鬞奴動				齈奴涷							
來	籠盧紅		隆力中		曨力董				弄盧貢				祿盧谷		六力竹	
知			中陟弓								中陟仲				竹張六	
徹			忡敕中												蓄丑六	
澄			蟲直弓								仲直衆				逐直六	
娘															朒女六	
日			戎如融												肉如六	
照			終職戎								衆之仲				粥之六	
穿			充昌終								銃充仲				俶昌六	
神																

審															叔式竹	
禪															熟殊六	
精	嵏子紅				總作孔				糉作弄		趥子仲					
清	怱倉紅								謥千弄				瘯千木		鼀七宿	
從	叢徂紅								[illegible]徂送				族昨木		[illegible]才六	
心	檧蘇公		嵩息弓		敵先孔				送蘇弄				速桑谷		肅息逐	
邪																
莊															縅側六	
初															珿初六	
床			崇鋤弓								[illegible]仕仲					
疏															縮所六	
幫					琫邊孔								卜博木			
滂													扑普木			

<table>
<tr><td>並</td><td>蓬薄紅</td><td></td><td></td><td></td><td>菶蒲蠓</td><td></td><td></td><td></td><td></td><td></td><td></td><td></td><td>暴蒲木</td><td></td><td></td><td></td></tr>
<tr><td>明</td><td>蒙莫紅</td><td></td><td>瞢莫中</td><td></td><td>蠓莫孔</td><td></td><td></td><td></td><td>幪莫弄</td><td></td><td>夢莫鳳</td><td></td><td>木莫卜</td><td></td><td>目莫六</td><td></td></tr>
<tr><td>非</td><td></td><td></td><td>風方戎</td><td></td><td></td><td></td><td></td><td></td><td></td><td></td><td>諷方鳳</td><td></td><td></td><td></td><td>福方六</td><td></td></tr>
<tr><td>敷</td><td></td><td></td><td>豐敷隆</td><td></td><td></td><td></td><td></td><td></td><td></td><td></td><td>賵撫鳳</td><td></td><td></td><td></td><td>蝮芳福</td><td></td></tr>
<tr><td>奉</td><td></td><td></td><td>馮房戎</td><td></td><td></td><td></td><td></td><td></td><td></td><td></td><td>鳳馮貢</td><td></td><td></td><td></td><td>伏房六</td><td></td></tr>
<tr><td>微</td><td></td><td></td><td></td><td></td><td></td><td></td><td></td><td></td><td></td><td></td><td></td><td></td><td></td><td></td><td></td><td></td></tr>
<tr><td>附註[4]</td><td colspan="4">《廣韻》東韻豐敷空切，誤，今據《唐寫本切韻殘卷第三種》及故宮藏王仁昫《刊謬補缺切韻》正作敷隆切。</td><td colspan="4"></td><td colspan="4">黃君云：東一類去聲有諷（非紐）、賵（敷紐）、鳳（奉紐）三字，以平聲準之當入第二類。</td><td colspan="4"></td></tr>
<tr><td>聲調</td><td colspan="4">平</td><td colspan="4">上</td><td colspan="4">去</td><td colspan="4">入</td></tr>
<tr><td>韻目</td><td colspan="4">二冬</td><td colspan="4">（湩）</td><td colspan="4">二宋</td><td colspan="4">二沃</td></tr>
<tr><td>等呼</td><td>開</td><td>合</td><td>齊</td><td>撮</td><td>開</td><td>合</td><td>齊</td><td>撮</td><td>開</td><td>合</td><td>齊</td><td>撮</td><td>開</td><td>合</td><td>齊</td><td>撮</td></tr>
</table>

4　新雄案：黃君原表本清聲濁聲分別列表，今為觀其會通，因合為一表。

影														沃烏酷		
喻																
爲																
曉														熇火酷		
匣		䃔戶冬								䃔乎宋				鵠胡沃		
見		攻古冬												梏古沃		
溪														酷苦沃		
群																
疑														⿰牜翟五沃		
端		冬都宗				湩都䳔								篤冬沃		
透		炵他冬								統他綜						
定		彤徒冬												毒徒沃		
泥		農奴冬												褥內沃		
來		⿱隆言力冬												濼盧毒		

知																
徹																
澄																
娘																
日																
照																
穿																
神																
審																
禪																
精		宗作冬												傶將毒		
清																
從		琮藏宗														
心		鬆私宗								宋蘇統				洬先篤		
邪																
莊																
初																
床																
疏																
幫																
滂																
並																

明						鸏莫湩				雺莫綜				瑁莫沃		
非																
敷																
奉																
微																
附註					《廣韻》湩鸏二字併入鍾韻上聲腫韻，注曰此是冬字上聲。											

聲調	平				上				去				入			
韻目	二鍾				二腫				二宋				二沃			
等呼	開	合	齊	撮	開	合	齊	撮	開	合	齊	撮	開	合	齊	撮
影				邕於容				擁於隴				雍於用				
喻				容餘封				勇余隴				用余頌				欲余蜀
爲																
曉				胸許容				洶許拱								旭許玉
匣																

	1	2	3	4	5	6	7	8	9	10	11	12	13	14	15	16
見	輂居玉				供居用				拱居悚				恭九容			
溪	曲丘玉				恐區用				恐丘隴				銎曲恭			
群	局渠玉				共渠用				蛩渠隴				蛩渠容			
疑	玉魚欲												顒魚容			
端																
透																
定																
泥																
來	錄力玉				贚良用				隴力踵				龍力鍾			
知	瘃陟玉				湩竹用				冢知隴							
徹	楝丑玉				踵丑用				寵丑隴				蹱丑凶			
澄	躅直錄				重柱用				重直隴				重直容			
娘					⿰扌戎穠用								醲女容			
日	辱而蜀				⿰革茸而用				冗而隴				茸而容			

	1	2	3	4	5	6	7	8	9	10	11	12	13	14	15
照	燭之欲				種之用			腫之隴				鍾職容			
穿	觸尺玉							𨾴充隴				衝尺容			
神	贖神蜀														
審	束書玉											舂書容			
禪	蜀市玉							尰時冗				鱅蜀庸			
精	足即玉				縱子用			縱子冢				縱即容			
清	促七玉											樅七恭			
從					從疾用							從疾容			
心	粟相玉							悚息拱				蜙息恭			
邪	續似足				頌似用							松祥容			
莊															
初															
床															
疏															
幫															

滂																
並																
明																
非				封府容				覂方勇				葑方用				轐封曲
敷				峰敷容				捧敷奉								
奉				逢符容				奉扶隴				俸扶用				幞房玉
微																
附註									《廣韻》有憁字職勇切，唐寫本《切韻殘卷第三種》及故宮、敦煌兩王仁昫《刊謬補缺切韻》皆無，增加字也。							

就上三表觀之，第一表中，東、董、送、屋四韻之開口呼及第二表冬、宋、沃韻，皆無變聲知、徹、澄、娘、日、非、敷、奉、微九紐，凡無此九紐變聲之韻類，同時亦無喻、爲、群、照、穿、神、審、禪、邪、莊、初、床、疏等十三紐，則此十三紐亦必與知、徹、澄、娘、日、非、敷、奉、微等九紐同一性質——即亦爲變聲可知。凡無變聲之韻，即爲古本韻，故東韻屋韻等之開口呼及冬、宋、沃諸韻皆古本音也。第一表中，東、董、送、屋四韻之齊齒呼及第三表鍾、腫、用、燭諸韻皆雜有二十二

紐今變聲，故爲今變韻也。黃君據此以考《廣韻》二百零六韻，其不見變聲二十二紐者，得三十二韻（舉平以賅上去。）而此三十二韻中，魂痕、寒桓、歌戈、曷末八韻相爲開合，併其開合，則得二十八部，而此二十八部，與顧江以來諸家所析，適相符合。陸氏《切韻》旣兼承古音，則此二十八部即陸氏所定之古本韻，又復奚疑？黃君云：「當知二百六韻中，但有本聲，不雜變聲者，爲古本音，雜有變聲者，其本聲亦爲變聲所挾而變，是爲變音。」（見〈與友人論治小學書〉）黃君此言，蓋指此而言也。

【三】黃君又察及等韻，凡一等韻及四等韻皆僅有本聲，而無變聲參雜其間，而此二十八部三十二韻，見於等韻者，非一則四。凡屬一、四等韻，皆僅有本聲影、曉、匣、見、溪、疑、端、透、定、泥、來、精、清、從、心、幫、滂、並、明等十九紐，又與黃君所考，妙契天成者也。近代之論古韻分部者之所共知者，乃任何一古韻部，必定有一一等韻或四等韻，若缺一等韻，必有四等韻；若缺四等韻，必有一等韻。斷無只有二三等韻而無一四等韻之古韻部，則凡屬一四等韻者乃構成一上古韻部之必不可少之成分。實亦與黃君古本韻之理論，若合符節者也。故黃君云：「顧其理有闇與古音會者，則其所謂一等音，由今驗之，皆古本音也。」（見〈與友人論治小學書〉）

【四】黃君既以知、徹、澄、娘、日、非、敷、奉、微九紐爲變聲，進察《廣韻》二百六韻，得知喻、爲、群、照、穿、神、審、禪、莊、初、床、疏、邪十三紐亦爲變聲，此十三紐之爲變聲，並經後人一一考實。曾運乾〈喻紐古讀考〉考定喻乃定之變聲，爲乃匣之變聲。錢玄同〈古音無邪紐證〉、戴君仁〈古音無邪紐補證〉證明邪紐爲定紐變聲。清夏燮《述韻》已有照、穿、神、審、禪古歸端、透、定；莊、初、床、疏古歸精、清、從、心之主張。而筆者亦有〈群紐古讀考〉附驥，以爲群紐古歸匣紐。此除說明黃君之有眞知灼見之外，而於聲韻相互影響之關係，亦能顧及。黃君以爲此三十二古本韻，韻中止有十九古本紐，與他韻之雜有變紐者異，故知其爲古本韻，而此十九紐，僅見於古本韻中，故知其爲古本紐。黃先生〈與友人論治小學書〉云：「當知二百六韻中，但有本聲，不雜變聲者爲古本音，雜有變聲者，其本聲亦爲變聲所挾而變，是爲變音。」黃氏更在〈爾雅略說〉一文中說：「古聲類之說，萌芽于顧氏，錢氏更證明『古無輕脣，古無舌上』，本師章氏證明『娘日歸泥』，自陳蘭甫作《切韻考》，劃分照、穿、床、審、禪五母爲九類，而後齒、舌之界明，齒舌之本音明。大抵古音於等韻只具一四等，從而《廣韻》韻部與一四等相應者，必爲古本韻，不在一四等者，必爲後來變韻，因求得古聲類確數爲十九。」按事物乃相互依存，相互制約者，而漢語音節係由聲與韻拼合而成，聲變影響韻變，韻變亦影響聲變，乃極其自然之事也。然則聲韻二者是否可以互證，乃極其顯明之事實。故錢玄同先生云：「本紐本韻，互相證明，一一吻合，以是知其說之不可易。」（見《文字學音篇》）

三、黃君古韻二十八部駁難辨：

黃君古韻二十八部出，贊成之者，固不乏人；而非議之者，亦有所聞。筆者從先師林景伊（尹）先生治古音之學有年，浸淫于黃氏之古音學說，爲時亦久，雖不敢謂得黃君古音學說之精髓，於其學說之來龍去脈，自信尚頗瞭於胸中。先師林先生臨終之前，致函垂示曰：「莫爲之先，人莫之知；莫爲之後，人莫之傳。」因基於爲之後者之責任，有義務將黃君學說致人疑者，就己所知，爲之辯釋，亦所以上慰先師教導之恩也。用不揣固陋，搜集諸家駁難之說，一一爲之辯釋，以質諸世之知音者，並求教正焉。

下文爲行文之便，皆先錄非議諸家原文，然後爲之辨釋。綜合諸家所言，蓋有四家十難。茲辨釋於後：

【一】林語堂先生〈古音中已遺失的聲母〉一文非難黃先生之說云：

「更奇怪的，是黃侃古音十九紐說的循環論證。黃氏何以知道古音僅有十九紐呢？因爲在所謂『古本韻』的三十二韻中，只有這十九紐。如果你再問何以知這三十二韻是『古本韻』呢？那末清楚的回答便是：因爲這三十二韻中只有『古本紐』的十九紐。這種以乙證甲，又以甲證乙的乞貸論證（begging the question），豈不是有點像以黃臉孔證明中國人爲偉大民族？何以知道中國人偉大呢？因爲他們黃臉。但是何以知道黃臉人偉大呢？因爲中國人就是偉大民族！」

辨曰：欲辨林語堂先生此難，且先問《廣韻》一書有無包含古音之成分？《廣韻》沿襲陸法言《切韻》而來，陸氏《切韻‧序》云：「因論南北是非，古今通塞。」既云論古今通塞，是其書原含古音在內。關於此點，林先生亦不能不承認。林先生于〈珂羅倔倫考訂切韻韻母隋讀表〉一文即云：「實則《切韻》之書，半含存古性質，《切韻》作者八人，南北方音不同，其所擬韻，目非一時一地之某種方音中所悉數分出之韻母，乃當時衆方音中所可辨的韻母統系。」又云：「又因爲方音所分，同時多是保存古音（如支脂東冬之分），所以長孫訥言稱爲『酌古沿今，無以加也。』《廣韻》一書既兼存古音，則於是書中求出其所存之古音系統，在理論上有何不可？更何況黃先生考求古音之法，乃先據前人考求古韻分部所得之結果，其二十八部之立，全據昔人所分。黃先生《音略》云：「今定古韻陰聲八，陽聲十，入聲十，凡二十八部。其所本如左：

歌顧炎武所立。灰段玉裁所立。齊鄭庠所立。模鄭所立。侯段所立。蕭江永所立。咍段所立。寒江所立。痕段所立。先鄭所立。青顧所立。唐顧所立。東鄭所立。冬孔廣森所立。登顧所立。覃鄭所立。添江所立。曷王念孫所立。沒章氏所立。屑戴震所立。錫戴所立。鐸戴所立。屋戴所立。沃戴所立。合戴所立。帖戴所立。

此二十八部之立，皆本昔人，曾未以肊見加入。」至於非、敷、奉、微、知、徹、澄、娘、日等九紐之爲變聲，又經前人考實。錢大昕有〈古無輕唇音〉一文，以爲「凡輕唇之音，古讀皆爲重唇。」又有〈舌音類隔之說不可信〉一文，以爲「古無舌頭舌上之分。知、徹、澄三母，以今音讀之，與照、穿、床無別也，求之古音，則與端透定無異。」章太炎先生〈古音娘日二紐歸泥說〉一文則證明「古音有舌頭泥紐，其後支別，則舌上有娘紐，半舌半齒有日紐，于古皆泥紐也。」黃先生進察《廣韻》二百六韻中，凡無變聲非、敷、奉、微、知、徹、澄、娘、日九紐之韻類，同時亦必無喻、爲、群、照、穿、神、審、禪、莊、初、床、疏、邪等十三紐，則喻、爲、群等十三紐，亦必與非、敷、奉等九紐同一性質可知，非、敷、奉等九紐既爲變聲，則喻、爲、群等十三紐亦爲變聲無疑。黃先生據此以考《廣韻》二百六韻，其不見變聲二十二紐者，得三十二韻，而此三十二韻中，魂痕、寒桓、歌戈、曷末八韻互爲開合，併其開合，則得二十八部。而此二十八部適與顧、江、戴、孔、段、王、嚴、章諸氏所析，適相符合。陸氏《切韻》既兼存古音，則此二十八部，即陸氏所定之古本韻，又複奚疑！如此抽絲剝繭，何得謂爲乞貸論證？尤有進者，即黃先生所斷爲變聲之喻、爲、群等十三紐，經後人證明，皆確爲變聲。曾運乾〈喻紐古讀考〉以喻、爲二紐乃定、匣二紐之變聲；錢玄同〈古音無邪紐證〉，戴君仁〈古音無邪紐補證〉二文則證明邪紐爲定紐之變聲。前乎此者，清夏燮《述韻》已有照、穿、神、審、禪古歸端、透、定；莊、初、床、疏古歸精、清、從、心之見。筆者亦有〈群紐古讀考〉附驥，以爲群者匣之變聲也。此除證明黃先生有眞知灼見外，又有何乞貸之可言！

【二】林語堂先生前文又非難黃先生云：

「實在黃氏所引三十二韻中，不見黏顎聲母並不足奇，也算不了什麼證據。因爲黏顎的聲母，自不能見於非黏顎的韻母，絕對不能因爲聲母之有無，而斷定韻母之是否『古本韻』，更不能乞貸這個古本韻來證明此韻母中的聲母之爲『古本紐』。」

辨曰：黏顎韻母與非黏顎韻母之界定，當以介音 i 之有無爲准，有者爲黏顎之韻母，無者爲非黏顎之韻母。至於黏顎聲母與非黏顎聲母之界定，據羅常培《普通語音學綱要》標準有三：

〔一〕當發聲母時，舌面接近硬顎，所發聲母具有舌面音之色彩，則此聲母爲黏顎之聲母，否則爲非黏顎之聲母。

〔二〕聲母發音時，因後接母音舌位高低不同，因受母音之影響，使聲母舌位亦有高低之殊，舌位較高時所發之聲母爲黏顎聲母，否則爲非黏顎之聲母。

〔三〕就語言歷史過程中，本非舌面之聲母，其後變爲舌面音者，稱之爲黏顎聲母，否則爲非黏顎聲母。

於黏顎聲韻母與非黏顎聲韻母有此認識之後，再檢視黃先生之三十二古本韻，則顯然可知此三十二古本韻並非全然無介音 i 之韻母。若齊、先、蕭、青、添、屑、錫、怗諸韻，於等韻中全居四等，則不可謂無介音 i，自不可謂非黏齶之韻母，然此諸韻皆不見黏齶之聲母，又如何不足奇！且非黏齶之聲母如端t-、透t'-、定 d'-、泥 n-，如何變成黏齶之聲母如知 ȶ、徹 ȶ'、澄 ȡ'、娘 ȵ？設無非黏齶之聲母與黏齶之韻母相接觸，則又如何產生知ȶ、徹 ȶ'、澄 ȡ'、娘 ȵ 等黏齶聲母？非黏齶之聲母既可見於黏齶之韻母，何以非黏齶之韻母，就必不可有黏齶之聲母？且如“江”韻，董同龢先生《中國語音史》考訂其中古音值爲-ɔŋ。林語堂先生所親譯高本漢氏〈答馬斯貝囉論切韻之音〉一文中，高本漢氏亦以“江”韻之音值爲無 i 之-ɔŋ（原文作 ång）。則“江”韻爲非黏齶之韻母可知，“江”韻既爲非黏齶之韻母，又何以韻中亦有惷（丑江切徹 ȶ'-）、幢（宅江切澄 ȡ'-）、噥（女江切娘 ȵ-）諸音？何以亦有黏齶之聲母存在？不僅此也，等韻圖中，一切二等性韻母，皆非黏齶性韻母，而卻皆有黏齶性聲母知、徹、澄、娘一類聲母存在。又林先生所譯高氏〈答馬斯貝囉論切韻之音〉一文跋語中，亦主張先、添、青、齊、諸韻之開口韻皆具有 je-音，則此諸韻爲黏齶之韻母更無疑。然則林先生所謂『黏齶的聲母，自不能見於非黏齶的韻母』之言，並無任何理論上必然之根據。更何況黃先生所謂古本韻者，並非純屬非黏齶之韻母，則林語堂先生此難，尙不足以爲黃先生病也。又林先生在〈支脂之三部古讀考〉中云：『聲母與各韻的連帶關係，這是凡考古音者所必注意，而中國音韻學家所未能注意的一種方法。』黏齶聲母何以不能見於非黏齶韻母？林先生曾注意否？此豈非聲母與韻母之連帶關係。黃先生實中國聲韻學家第一位注意及此者，故其《音略》云：『古聲既變爲今聲，則古韻不得不變爲今韻，以此二物相挾而變。』此非聲母與韻母之連帶關係乎！未料卻爲林先生責爲“乞貸”！

【三】王力先生于《中國聲韻學》批評黃先生學說云：

「但所謂『古本韻中只有古本紐』，亦不能例外。」

辨曰：黃季剛先生于此類例外切語，亦嘗注意。其〈與人論治小學書〉云：「先韻有狗字，（床紐，此增加字。新雄按狗字《廣韻》崇玄切在韻末，唐寫本《切韻》殘卷第三種“後簡稱切三”，及敦煌本王仁昫《刊謬補缺切韻》“後簡稱王一”皆無，其非陸氏之舊，爲後世增加者無疑矣。）灰韻上聲有倄字，（爲紐，此增加字。新雄案倄字《廣韻》于罪切，在韻末，《切三》及故宮王仁昫《刊謬補缺切韻》“後簡稱王二”作羽罪反，皆在韻末。王一作素罪反，屬心紐爲古本聲，以其平去二聲准之，齒音四紐具足，而上聲獨缺心紐，或當據《王一》正作素罪反。龍宇純君《韻鏡校注》以爲倄蓋祭韻衛之上聲字，則其附寄於此者，當爲字少之故。）曷韻有一籺字，（喻紐，此增加字。新雄案籺字《廣韻》各本矛割切，陳氏《切韻考》謂當從明本、顧本作予割切。此字《切三》《王一》《王二》《唐韻》皆無，非陸氏之舊，黃君以爲增加字者是也。）桓韻上聲有鄹字，（邪紐，此增加字。新雄案鄹字《廣韻》辭纂切，唐寫本《切韻》殘卷第一種“後簡稱切一”、《切三》、王一皆無，五代刊本《切韻》作鄹詞纂切，非陸氏之舊，其爲增加字無疑也。）齊韻有臡字，（日紐，此增加字。新雄案《廣韻》臡人兮切、移成臡切，在韻末，《切三》及五代本《切韻》皆有此二字，且雜在韻中。董同龢先生《中國語音史》云：「《廣韻》咍、海兩韻有少數昌即“穿”母以及以即“喻”母字，齊韻又有禪母及日母字，這都是特殊的現象，因爲一等韻與四等韻，照例不與這些聲母配，根據韻圖以及等韻門法中寄韻憑切與日寄憑切兩條，可知他們當是與祭韻相當的平上聲字，因字少分別寄入咍海齊三韻，而借用那幾個韻的反切下字。寄入齊韻的栘字，或本《廣韻》自成一韻，《集韻》又入咍韻，都可供參考。」據董先生此說，則虃栘二字原非齊韻之字，則雖爲變聲，實與齊韻之爲古本韻無礙。」）栘字，（禪紐，此增加字。案見上。）去聲有遰字，（徹紐，此增加字。新雄案遰字丑戾切，《廣韻》在韻末，《王一》、《唐韻》皆無，《王二》有，在韻末，蓋亦爲增加字矣。）錫韻有歡字，（徹紐，此增加字。新雄案歡字《廣韻》丑歷切在韻末，《切三》、《王一》、《王二》、《唐韻》皆無，增加字也。）侯韻上聲有鯫字，（床紐，此增加字。新雄案鯫字《廣韻》仕垢切在韻末，《王一》土垢反、《王二》仕垢反皆在韻末，《切三》土垢反，又土溝反，亦在韻末，土字疑七字之誤，其又音土溝反，《廣韻》正作七溝切可證。又張本《廣韻》侯韻剽紐鯫字又七茍切，正是此音，則土爲七之誤益明矣。又《廣韻》趣取棷三字倉茍切，《王一》取棷二字倉垢反，《王二》取棷二字倉垢反，皆在韻末，《切三》無，則顯爲增加字無疑，趣取棷爲增加字，則鯫《切三》原作七垢反益無疑矣。）東一類有諷（非紐）賵（敷紐）鳳（奉紐）字（以平聲准之當入第二類。）咍韻有犗字，（穿紐，新雄案犗《廣韻》昌來切，在韻末，《切三》、《王一》皆無，增加字也。又參見虃字下引董氏語。）上聲有腆字，（喻紐，新雄案腆字《廣韻》與改切，在韻末，《切一》、《切三》、《王一》、《王二》皆無，增加字也。又參見虃字下案語。）疓字，（日紐，皆增加字也。新雄案疓字《廣韻》如亥切，在韻末，《切一》、《切三》、《王一》、《王二》皆無，增加字也。）凡此變音諸字，雜在本音中，大氐後人增加，綴於部末，非陸氏之舊，不可以執是言以譏鄙言之不驗也。」此外劉盼遂氏又查出「先韻上聲有編字方典反，非紐，先韻入聲有彇字方結反，非紐，灰韻有肧字芳杯反，敷紐。灰韻上聲有鬗字陟賄反，知紐，魂韻去聲有奔字甫悶反，非紐。戈韻有瘸字巨靴反，群紐。又有伽字求迦反，群紐。戈韻去聲有縛字符臥反，奉紐。錫韻有甓字扶曆反，奉紐。登韻去聲有倗字父鄧反，奉紐。又有嗍字方隥反，非紐。又有懵字武亙反，微紐。侯韻上聲有掊字方垢反，非紐。咍韻有焙字扶來反，奉紐。咍韻上聲有茝字昌待反，穿紐。」劉氏於所著〈黃氏古音廿八部商兌〉一文為之辨云：「以上變紐十五文，黃先生所未及舉，總上黃先生所錄者共得三十字，皆悖謬于古音定則，使學士滋惑也。盼遂嘗深思所以致誤之由，至於輾轉伏枕而不能解，迨後得唐寫本王仁昫《切韻》（清大內出吳彩鸞寫本，上虞羅氏印。），寫本《切韻》（海甯王先生影寫敦煌石室殘卷三種），及唐寫本《唐韻》（吳縣蔣氏藏吳彩鸞寫本殘卷。），取以參校《廣韻》，此疑頓爾冰釋。前方三十字中，其東部去韻諷賵鳳三字不論。（新雄案黃先生已自辨其故。說見前。）若狗鄹遙歡犕膄疠（新雄案此七字巳辨，見前。）鬗（新雄案《切三》、《王一》、王二》皆無。）瘸（新雄案《切三》、《王一》、《王二》皆無。）伽（新雄案伽字求迦切，伽字《切三》無反語，《王一》去迦反，《王二》云法反，且迦字《切三》無，則伽為增加字可知，均在韻末。）縛（新雄案《王一》、《王二》、《唐韻》皆無。）倗（新雄案《王一》、《王二》在韻末，《唐韻》無。）焙（新雄案《切三》、《切一》皆無。）等十四字皆不見於陸孫之書，若魂韻去聲之奔，《唐韻》則餔悶反，注云一加。（新雄案顯為增加字，《王一》有，《王二》無。）侯韻上聲之鯫，《切韻》作土垢反

（新雄案見前。）是二字仍屬古本紐也。餘如胚（新雄案此字《切三》、《王一》皆作芳胚反。本師瑞安林先生云：『《廣韻》尤韻颰紐有肧字，其又音爲普回切，可見灰韻之肧字原爲滂母，《韻鏡》列一等唇音次清位，《指掌圖》列滂母下可證。」）俖（新雄案辨見前。）啚（新雄案，辨見前虋字下引董氏語。）編（新雄案：此字《切三》方顯反，《王一》方藊反，《切一》、五代刊本無，《廣韻》一先韻邊紐有編，又音方泫切，又有萹又音北泫切，方泫、北泫即銑韻方典切之音，由萹字又切北泫，足證編原爲幫母，《韻鏡》列唇音清音下四等位，《切韻指掌圖》即列於幫母下可證此字原讀重唇。）弸（新雄案此字《切三》、《王一》、《王二》、《唐韻》皆作方結反，然以平上去三聲準之當屬幫母，《集韻》作必結切，《指掌圖》入幫紐下，足爲旁證。）甓（新雄案此字《切三》、《王一》、《唐韻》與《廣韻》同作扶曆反，然《王二》作蒱曆反爲並紐，以平上去三聲準之，《王二》是也。）踣（新雄案此字《王一》、《王二》方鄧反，以平上入三聲準之，當屬幫母，《集韻》逋鄧切，《指掌圖》入幫紐下，足爲旁證。）懵（新雄案此字《王一》、《王二》皆作武亙反，以平上入三聲準之，當屬明母，《集韻》母亙切，《切韻指掌圖》入明母下，足爲旁證。）掊（新雄案此字《廣韻》作探方垢切，《王一》、王二》皆方後反，以平去二聲準之，當入幫紐下，《集韻》彼口切，《指掌圖》入幫母下足證。）虋移（新雄案此二字辨見前。）等十一字，二書均同《廣韻》，疑出於長孫箋注緒正朱箋所加，非陸氏所本有，不然何以茲十一字均駙於部末而與上文不一例邪？由是益徵黃先生之精于推論，然非得唐世秘書，亦終屬托辭而未敢質言之矣。」除黃先生及劉氏所舉諸字之外，《廣韻》灰韻尚有浼字武罪切，微紐。（新雄案《切三》、《王二》皆作武罪切，以平去二聲準之，當屬明母，《集韻》母罪切，《指掌圖》列明母下。）豪韻上聲有蕂字武道切，微紐。（新雄案《切三》、《王一》皆作武道反，以平去二聲準之，當爲明母字，《指掌圖》列於明母下，亦足爲旁證矣。）登韻有瞢武登切，微紐。（新雄案《切三》《王一》皆然，《集韻》彌登切，《指掌圖》列明母。）侯韻有呣亡侯切，微紐。（新雄案《切三》、《王一》、《王二》皆無，增加字也。）合韻有踸字士合切，床紐。（新雄案《切三》、《王二》、《唐韻》皆無，增加字也。合黃君劉氏所舉，共得三十五字雜有變聲．除顯然爲增加字者外，其混淆無理者，脣音獨多。大唐舍利創字母三十，脣音不、芳、並、明，尙無輕重之別。陳澧所考《廣韻》聲類，亦明微不分，由此觀之，重脣之支分爲輕脣，時代甚晚，陸氏時尙無輕脣重脣之別。董同龢先生《中國語音史》即謂：「中古早期還沒有輕重脣的分別。」王力先生《漢語史稿》亦云：「直到《切韻》，脣齒音還沒有從雙脣音分化出來。」因陸氏時輕重脣尙無區別，故輕脣重脣多混用也。明乎此，其無害于黃先生古音學說之成立，亦已明矣。除脣音外，其他諸變聲之字，皆可尋其羼入之端，由此尤可見黃先生識見之精審，於音學之有獨詣矣。

【四】王力先生于《中國音韻學》又云：

「我們不贊成黃氏拿《廣韻》的反切法去做推測古音的工具，因爲反切法是後起的東西，與古音不會發生關係。」

辨曰：《廣韻》切語承襲《切韻》而來，雖則間有改易，然基本上其反切仍沿襲《切韻》，且系統一致，此殆無可疑。羅常培先生《中國音韻沿革講義》云：「《廣韻》反切大體沿用法言以下諸家，而於聲音遞變者，間亦改從時音，以求和協。其有改之未盡者，即所謂“類隔”切也。《廣韻》一字互注之切語，多用類隔，以明古聲之本同。考古音者，系聯類隔切語，參證《切韻》佚音，正足窺見隋音消息，探討法言舊法。」王力先生亦謂：「一般所謂“切韻音系”也就是《廣韻》的系統。」又說：「《廣韻》的語音系統基本上是根據《唐韻》的，《唐韻》的語音系統則又基本上是根據《切韻》的。」由羅王兩氏所言，則《廣韻》之反切法即《切韻》之反切法。至於《切韻》之反切法，可否作爲推測古音之工具。茲仍引王力先生自己之見，以爲說明。王先生在《漢語音韻》一書中云：「陸法言的古音知識是從古代反切得來的，他拿古代反切來跟當代方音相印證，合的認爲“是”，不合的認爲“非”，合的認爲“通”，不合的認爲“塞”。這樣就在很大程度上保存了古音系統。例如支脂之三韻在當代許多方言裏都沒有分別，但是古代的反切證明這三個韻在古代是有分別的，陸法言就不肯把它們合併起來。其中有沒有主觀臆測的地方呢？肯定是有的。但是至少可以說，《切韻》保存了古音的痕跡，這就有利於我們研究上古的語音系統。」《切韻》既保存古音痕跡，而陸法言之古音知識，又從古代反切而來。然則《廣韻》之反切法，推測其書之古音系統，又有何不可？《漢語音韻》係王力先生之晚年定論，已對其早年之所疑，提出圓滿之解答矣。

【五】王力先生在《中國音韻學》又批評黃先生云：

「而且他所指出的古本韻，實際上是在韻圖中居一等或四等的韻；舌上音與正齒音本來沒有一四等，輕唇音與日母本來沒有一二四等，自然不能入于黃氏所謂古本韻之中。由此看來，黃氏只在每一個古韻部中（例如之部或支部。），揀出一個一等或四等的韻（例如之部咍韻居一等，支部齊韻居四等。）認爲古本韻。這對於古音系統仍不能證明，倒反弄出不妥來。例如“齊”字本身屬於古音脂部，而黃氏所謂齊部，卻指古音支部而言；“先”字本身屬於古音諄部，而黃氏所謂先部，卻指古音眞部而言。」

辨曰：等韻之分等，尤其是早期韻圖，如《韻鏡》與《七音略》，實際上乃據《切韻》《廣韻》等韻書而制定者，王力先生即嘗云：「在宋元兩代反切圖是專爲《切韻》《廣韻》或《集韻》的反切而作的。」又因爲《切韻》系韻書並非反映當時具體語言之實際語音系統，而是兼顧古音系統，則等韻之四等實際上亦反映出韻書之古音系統。故王力先生又於《漢語音韻》云：「韻圖所反映的四等只是歷史的陳跡了。」王先生此言絕爲正確，因爲四等之分，不過是歷史陳跡，而非實際之語音系統。正因其爲歷史陳跡，故必然存有古音系統。即如王先生所說，舌上、正齒本無一四等，輕唇、與日母本無一二等而言，此誠然矣。然何以舌上、正齒不存在於一四等？輕唇半齒不存在於一二四等？即如高本漢所定四等之分，一等主要母音爲較後之〔ɑ〕，二等主要母音爲較前之〔a〕，三等主要母音爲更前之〔ɛ〕，並有韻頭〔j〕，四等主要母音爲更前之〔e〕，並有韻頭〔i〕。原來一二等母音〔ɑ〕與〔a〕雖同屬洪音，但〔ɑ〕較〔a〕爲後，不易影響聲母發生變化，而〔a〕則因爲「很前很淺（aigu）」故較易影響聲母發生變化。三四等之韻頭〔j〕與〔i〕雖同屬細音，但輔音性韻頭〔j〕，因爲發音部位極高，又帶摩擦性，故易使前接聲母顎化；母音性韻頭〔i〕則較不易。何況據王先生《漢語史稿》古音二等性韻母還有輔音性質之韻頭〔e〕，則較高氏所定之〔a〕尤易使聲母起變化，則等韻中二三等之聲母多屬變聲，又何可疑！舌上、正齒、輕唇、半齒今皆證明其爲變聲，則其不見於一四等韻，豈非極爲自然之事乎！明乎此，則何以黃先生所謂古本韻在等韻中僅居一四等，其理亦極顯明，因爲一四等韻之母音及韻頭較不易使聲母發生變化，自然易於保存古音之聲母系統。今人之言古韻者，其古韻分部中，若無一等韻，則必有四等韻，反之亦然，決無一四等韻俱缺而可以成爲一古韻部者，亦即一等韻或四等韻爲構成一古韻部之骨幹。觀乎此，則可以思過半矣。至於黃先生所用之古韻標目問題，則確如王先生所云，略有欠妥之處，然亦極易解釋。吳興錢玄同先生論諸家古韻標目之異同云：「黃季剛二十八部，雖亦用《廣韻》韻目爲標，然與王（念孫）章（炳麟）嚴（可均）黃（以周）四家任舉一字者迥異，因《廣韻》二百六部中，此三十二韻原是古本韻，黃氏既於《廣韻》中求得古本韻之韻，故即用古本韻韻目題識，此古本韻韻目三十二字，實爲陸法言所定之古韻標目，今遵用之，正其宜也。」（見劉賾《聲韻學表解》所引。）據錢先生此言，可知黃先生之古韻標目乃陸氏所定之古韻標目，然陸氏與劉臻等八人定韻之時，雖則“剖析毫釐，分別黍累。”大體皆尙精當。然彼輩數人“定則定矣”，終不免有審音未到之處，亦難免存有主觀臆斷之處。故有以齊表支，以灰表脂，以先表眞，其齊、灰、先皆不在本部，蓋陸氏審音之疏，此與黃先生無涉也。是故黃先生雖遵用其舊目，而於部內則必使歸本部，此正所以規陸氏之失也。

【六】王力先生《中國音韻學》批評云：

「所謂“古本紐”（例如幫）與“變紐”（例如非），在古代的音值是否相同呢？如不相同，則非不能歸併於幫，亦即不能減三十六紐爲十九紐；如古代非幫的音值相同，則幫紐可切之字，非紐何嘗不可呢？」

辨曰：古本紐與變紐之音値自當相同，易言之，即尚未分化前自是相同，惟陸氏時，古本紐與變紐之音値已起變化。陸氏於已變之音値，認爲變紐，故其古本韻絕不雜用變紐。如知ȶ-、徹ȶ‘-、澄ȡ‘-、娘ȵ-、日nʑ-諸變紐，其音値至陸氏時已與古本紐端t-、透t‘-、定d‘-、泥n-諸紐音値迴殊，故陸氏定韻之時，其古本韻中絕不以知、徹、澄、娘、日諸變紐爲切語上字；至於重脣幫、滂、並、明四紐與輕脣非、敷、奉、微四紐，於陸氏時尚未盡區分，即音値多相同。故陸氏定韻，其古本韻中脣音八母多互混淆，蓋亦以音値之相同，故彼此互切也。然陸氏時已變者，則絕不混切，此其所以爲剖析毫釐者乎！

【七】王力先生《中國音韻學》又云：

「又如泰韻旣無變紐，爲什麼不認爲古本韻，而認爲曷末韻之變韻呢？我們不信黃氏的說法，這也是一個強有力的理由。」

辨曰：泰韻中之聲紐，紐爲古本紐，此誠然矣。然何以不視爲古本韻，而以爲曷末之變韻乎？蓋黃季剛先生之考定古本韻，除以紐類韻部交比之外（詳見拙著《古音學發微》。），尚兼涉於聲調之變化。黃先生《音略・略例》云：「四聲，古無去聲，段君所說；今更知古無上聲，惟平入而已。」又〈聲韻通例〉雲：「凡聲有輕重，古聲惟有二類：曰平、曰入。今聲分四類：重於平曰上，輕於入曰去。」又云：「凡今四聲字，讀古二聲，各從本音。本音爲平，雖上去入亦讀平；本音爲入，雖平上去亦讀入。」本師瑞安林先生景伊《中國聲韻學通論》詮釋之云：「古惟有平入二聲，以爲留音長短之大限。迨後讀平聲少短而爲上，讀入聲稍緩而爲去。」蓋黃先生以爲古惟有平入二聲，其上聲去聲則後世之變聲也。關於古代聲調，王力先生在其所著《漢語史稿》中，亦有類似之見。王先生云：「先秦的聲調，除了以特定的音高爲其特徵外，分爲舒促兩大類，但又細分爲長短，舒而長的聲調就是平聲，舒而短的聲調就是上聲，促聲不論長短，我們一律稱爲入聲。促而長的聲調就是長入，短而促的聲調就是短入。……關於聲調的理論根據是這樣：⑴依照段玉裁的說法，古音平上爲一類，去入爲一類，從詩韻和諧聲看，平上常相通，去入常相通。這就是聲調本分舒促兩大類的緣故。⑵中古詩人把聲調分爲平仄兩類，在詩句裏平仄交替，實際上像西洋的“長短律”和“短長律”。由此可知古代聲調有音長的音素在內。」又云：「在上古的聲調中舒聲有長短兩類，就是平聲和上聲，促聲也有長短兩類，就是去聲和入聲。所謂舒聲，是指沒有-p、-t、-k 收尾的音節來說的，上古的長入，由於它們的母音都是長母音，在發展過程中，韻尾-t、-k 逐漸消失了。長入韻尾的消失，大約是在第五世紀或更早的時期完成的。…..…段玉裁說上古沒有去聲，他的話是完全對的。」泰韻於《廣韻》爲去聲，去聲上古旣無. 則其爲變韻何疑！泰韻於上古屬入聲，王力先生在《漢語音韻》中亦說明。其言曰：「戴氏的古韻二十部，似密而實疏。……祭、泰、夬、廢獨立，這是他的創見，但是即使在陰、陽、入三分的情形下，他也只該像王念孫那樣把四個韻和入聲月曷末等韻合成一部。（黃侃正是這樣做的。）而不該分爲兩部。」又云：「黃氏認爲上古的聲調只有平入兩類，因此他的入聲部實際上包括了《廣韻》裏大部分的去聲字。在這一點上他比戴氏高明。」此爲王先生晚年的定論，已足將其早年之疑慮，徹底廓清矣。

【八】魏建功先生《古音系研究》批評黃先生云：

「那有降而在《切韻》書裏面找古部類的，於是開“韻部紐類交比法”的例，我們說過等列變遷的來源，韻書與等列都是諧聲系統沒落以後的東西。等列裏可以包含一些古音的間架，可不見得古音系統在等列裏頭完全保存著；所以我們也說過了，等列自身變遷可以做等韻以來等列所代表的音系的歷史研究，卻不能徑行拿來推論那更早的音系。韻書的情形也是如此。……這種方法首先利用的人是黃侃。」

辨曰：普通韻書若《中原音韻》、《洪武正韻》之類，固未必保存古代音系，然《切韻》、《廣韻》乃論"南北是非，古今通塞"之作，其保有古音系統，實無可疑。魏氏此難，實昧於《廣韻》爲一兼賅古今方國之語成爲標準韻書之理。而將《切韻》、《廣韻》諸書，視同普通韻書，以爲唐宋以來產物，其韻字僅爲唐宋以來之音系；以爲只可從《廣韻》中聲韻相互關係論音變，而不能考古音系統。實由於基本觀念之錯誤，對《切韻》《廣韻》爲書之基本性質，未能認識清楚。

故宮本王仁昫刊謬補缺《切韻》若干韻目下，注明各韻諸家分合之異同。茲錄於後：

都宗・冬（無上聲，陽與鍾江同，呂、夏侯別，今依呂、夏侯。）

章夷・脂（呂、夏侯與微大亂，陽、李、杜別，今依陽、李、杜。）

職鄰・眞（呂與文同，夏侯、陽、杜別，今依夏侯、杜。）

側詵・臻（無上聲，呂、陽、杜與眞同韻，夏別，今依夏。）

敦煌本王仁昫刊謬補缺《切韻》亦有若干韻目注明各家分合之異同。亦錄於後：

董（多動反，呂與腫同，夏侯別，今依夏侯。）

旨（職雉反，夏侯與止爲疑，呂、陽、李、杜別，今依呂、陽、李、杜。）

語（魚舉反，呂與麌同，夏侯、陽、李、杜別，今依夏侯。）

蟹（鞵買反，李與駭同，夏侯別，今依夏侯。）

賄（呼猥反，李與海同，夏侯爲疑，呂別，今依呂。）

隱（於謹反，呂與吻同，夏侯別，今依夏侯。）

阮（虞遠反，夏侯、陽、杜與混、很同，呂別，今依呂。）

潸（數板反，呂與旱同，夏侯別，今依夏侯。）

產（所簡反，陽與銑、獮同，夏侯別，今依夏侯。）

銑（蘇典反，夏侯、陽、杜與獮同，呂別，今依呂。）

筱（蘇鳥反，陽、李、夏侯與小同，呂別，今依呂。）

巧（苦鮫反，呂與晧同，陽與筱、小同，夏侯並別，今依夏侯。）

養（餘兩反，夏侯在平聲陽、唐，入聲藥、鐸別，上聲養、蕩爲疑，呂與蕩同，今別。）

梗（□□反，夏侯與靖同，呂別，今依呂。）

耿（古幸反，李、杜與梗、迥同，呂與靖、迥同，□與耿別，夏侯與梗、靖、迥並別，今依夏侯。）

靜（疾郢反，呂與迥同，夏侯別，今依夏侯。）

有（□□□，李與厚同，夏侯與□同，呂別，今依呂。）

敢（古覽反，呂與檻同，夏侯別，今依夏侯。）

琰（以冉反，呂與忝、范、豏同，夏侯與范、豏別，與忝同，今並別。）

宋（蘇統反，陽與用、絳同，夏侯別，今依夏侯。）

至（脂利反，夏侯與志同，陽、李、杜別，今依呂。）

怪（古壞反，夏侯與泰同，呂別，今依呂。）

隊（徒對反，李與代同，夏侯爲疑，呂別，今依呂。）

廢（方肺反，無平上聲，夏侯與隊同，呂別，今依呂。）

願（魚怨反，夏侯與慁別，與恨同，今並別。）

諫（古晏反，李與襇同，夏侯別，今依夏侯。）

霰（蘇見反，陽、李、夏侯與線同，夏侯與口同，呂、杜並別，今依呂、杜。）

嘯（蘇吊反，陽、李、夏侯與笑同，夏侯與效同，呂、杜並別，今依呂、杜。）

效（胡教反，陽與嘯、笑同，夏侯、杜別，今依夏侯、杜。）

個（古賀反，呂與禡同，夏侯別，今依夏侯。）

漾（餘亮反，夏侯在平聲陽、唐，入聲口口口並別，去聲漾、蕩爲疑，呂與宕同，今並別。）

敬（居命反，呂與諍同，勁、諍、徑並同，夏侯與勁同，與諍、徑別，與淨、勁別，今並別。）

宥（尤救反，呂、李與候同，夏侯爲疑，今別。）

幼（伊謬反，杜與宥、候同，呂、夏侯別，今依呂、夏侯。）

豔（以贍反，呂與梵同，夏侯與㮇同，今別。）

陷（戶㮇反，李與鑒同，夏侯別，今依夏侯。）

沃（烏酷反，陽與燭同，呂、夏侯別，今依呂、夏侯。）

櫛（阻瑟反，呂、夏侯與質同，今別。）

迄（許訖反，夏侯與質同，呂別，今依呂。）

月（魚厥反，夏侯與沒同，呂別，今依呂。）

屑（先結反，李、夏侯與薛同，呂別，今依呂。）

藥（以灼反，呂與鐸同，夏侯別，今依夏侯。）

錫（先擊反，李與昔同，夏侯與陌同，呂與昔同，與麥同，
　　今並別。）

葉（與涉反，呂與帖、洽同，今別。）

洽（侯夾反，李與狎同，夏侯別，今依夏侯。）

從以上兩本王韻韻目所注可知，凡某人相混，陸氏必不從其混，某人有別，陸氏則從其分，其非當時實際語音系統，已極其顯然。故羅常培先生云：「對於《切韻》論定“南北是非，古今通塞”的性質，也就用不著再辨論了。」

吳興錢玄同先生云：「《廣韻》一書，兼賅古今南北之音，凡平仄、清濁、洪細、陰陽諸端分別甚細。今日欲研究古音，當以《廣韻》爲階梯。」又云：「《廣韻》分韻之多，其故有四：（一）平上去入之分。（二）陰聲陽聲之分。（三）開齊合撮之分。（四）古今沿革之分。」「第四項之分，則陸法言定韻精意全在於此，吾儕生於二千年後，得以考明三代古音之讀法，悉賴法言之兼存古音。」（見《文字學音篇》）《廣韻》兼顧古今沿革，自可保存古音系統，觀錢先生此言，亦足以釋魏氏之疑矣。

【九】魏建功先生前書又云：

「《廣韻》所收⑴有《說文》所無的，還有⑵依諧聲系統應是此部而《廣韻》入他部的，⑶更有別部收入此部的。」

辨曰：《廣韻》一書爲標準韻書，非字書也。以其爲標準韻書，故乃求備韻，收字與《說文》之有無，並無關聯，且經傳典籍之字，《說文》失收者，亦所在多有，故本韻所收之字，《說文》之有無，並不足以影響其是否爲古本韻。劉賾《聲韻學表解》云：「古本韻二十八部，系指收音而言，非指每韻所收之字而言也。」至依諧聲應入此部而卻入他部者，則法言兼載古韻今韻，既非純爲古韻而作，自應兼顧今韻。如移、皮、宜、爲等

字，依諧聲自當入歌韻，而《廣韻》入于支韻者，兼及於今韻也。他部而收入此部者，其理亦同。即以歌韻而論，其鼉、驒、儺、虋等字，依諧聲當入於寒韻，今入於歌韻者，其故一則歌寒古近，音可相通；一則寒變入歌，爲時已久，法言錄之，正足以見古音之相通，又不違於當時之音讀，固無損歌之爲古本韻也。

【十】董同龢先生《中國語音史》論黃先生古音分部云：

「古韻分部，近年又有黃侃二十八部之說，實在並無新奇之處。他所以比別人多幾部，是把入聲字從陰聲各部中抽出獨立成“部”的緣故，就古諧聲而論，那是不能成立的。因爲陰聲字與入聲字押韻或諧聲的例子很多，如可分，清儒早就分了。」

辨曰：董先生批評之焦點，在於入聲諸能否獨立成部？關於此點，王力先生在《漢語音韻》一書論之綦詳。其言曰：「黃侃承受了段玉裁古無去聲之說，更進一步主張古無上聲，這樣就只剩下平入二類，平聲再分陰陽，就成了三分的局面。用今天語音學的術語來解釋，所謂陰聲，就是以母音收尾的韻部，又叫做開口音節；所謂陽聲，就是以鼻音收尾的韻部；所謂入聲就是以清塞音-p、-t、-k 收尾的韻部。這樣分類是合理的。陰陽兩分法和陰陽入三分法的根本分歧，是由於前者是純然依照先秦韻文來作客觀的歸納，後者則是在前者的基礎上，再按語音系統進行判斷，這裏應該把韻部和韻母系統區別開來。韻部以能互相押韻爲標準，所以只依先秦韻文作客觀歸納就夠了；韻母系統則必有它的系統性（任何語言都有它的系統性），所以研究古音的人必須以語音的系統性著眼，而不能專憑材料。具體說來，兩派的主要分歧表現在職、覺、藥、屋、鐸、錫六部是否獨立。這六部都是收音於-k的入聲字，如果併入了陰聲，我們怎樣瞭解陰聲呢？如果說陰聲之、幽、宵、侯、魚、支六部既以母音收尾，又以清塞音-k 收尾，那麼顯然不是同一性質的韻部，何以不讓它們分開呢？況且收音於-p的緝、葉，收音於-t的質、物、月都獨立起來了，只有收音於-k 的不讓它們獨立，在理論上也講不通。

既然認爲同部，必須認爲收音是相同的；要末就像孔廣森那樣，否認上古有收-k的入聲〔原注：孔氏同時還否認上古有收-t的入聲，這裏不牽涉到收-t的問題，所以只談收-k的問題。〕要末就像西洋某些漢學家所爲，連之、幽、宵、侯、魚、支六部都認爲也是收輔音的。〔原注：西門（Walter Simon）和高本漢（B.Barlgren）。西門做得最徹底，六部都認爲是收濁擦音-ɣ，高本漢顧慮到開口音節太少了，所以只讓之、幽、宵、支四部及魚部一部分收濁塞音-g。〕我們認爲兩種做法都不對。如果像孔廣森那樣，否定了上古的-k 尾，那麼中古的-k 尾是怎樣發展來的呢？如果像某些漢學家那樣，連之、幽、宵、侯、魚、支六部收塞音（或擦音），那麼，上古漢語的開音節那樣貧乏，也是不能想像的。（王先生於《漢語史稿》亦云：『高本漢拘泥于諧聲偏旁相通的痕跡，於是把之、幽、宵、支四部和魚部的一半都擬成入聲韻〔收-g〕，又把脂、微兩部和歌部的一部分擬爲收-r的韻，於是只剩下侯部和魚歌的一部分是以母音收尾的韻，即所謂“開音節”。世界上沒有任何一種語言的開音節是像這樣貧乏的。〔原注：倒是有相反的情形，例如彝語、哈尼語等的開音節特別豐富，而閉音節特別少。〕只要以常識判斷，就能知道高本漢的錯誤。這種推斷完全是一種形式主義。這樣也使上古韻文失掉聲韻鏗鏘的優點，而我們是有充分理由證明上古的語音不是這樣的。』）王力所以放棄了早年的主張，採用了陰陽入三聲分立的說法，就是這個緣故。」從王力先生上文觀之，則入聲字應否脫離陰聲韻獨立成部，已彰彰明矣。入聲韻部獨立後，其與陰聲韻部諧聲與押韻之現象，如何解釋？王力先生又云：「不同聲調可以押韻，至今民歌和京劇、曲藝都是言樣的。甚至入聲也可以跟陰聲押韻，只要母音相同，多了一個唯閉音收尾，還是勉強相押，這叫做“不完全韻”。」

四、黃侃論談添盍怗分四部説：

黃侃後來又察及《廣韻》中談、敢、闞、盍四韻，亦僅有古本聲十九紐，而無變紐之韻，於是主張談亦爲古本韻，應自添部分出，盍亦爲古本韻，應自怗部分出。其〈談添盍怗分四部說〉云：「談韻，平聲談但有十九紐，無今聲類，去聲闞亦然。惟上聲敢，《廣韻》有灛，賞敢切，在審紐，爲今聲類。或以此斷談之爲變韻，然灛字〈說文〉所無，《廣韻》巳收入勘韻，他紺切，不言又賞敢切，以此知賞敢切之灛爲增加。案灛之正字爲閃。（原注：《禮記・禮運・注》：「淰之言閃也。」疏：「水中驚走也，故云水動。」）《廣韻》在失冉切，《集韻》云：灛與㴸同，而《廣韻》㴸亦失冉切，然則灛切賞敢，本無此音明矣。又聲類通例，照、穿、床、審、禪五紐，但能於細音之韻成音，而談爲洪音韻，此又明灛無賞敢之音矣。（新雄案：灛字《切三》、《王一》、《王二》皆無，增加字也。）盍韻有譫，章盍切，爲照紐字，既在部末，又洪音韻不容照紐，故知其增加，然譫字，《說文》所無，《廣韻》巳收入本韻徒盍切下，云多言，又作譯。（原注：即讝之省。）不言又章盍切，知部末之譫爲增加。又《集韻》譫、達合切，云又質涉切，與讘同。《說文》有讘字，云多言也。《廣韻》收入葉韻，而涉切，而之涉切下有讋字，云多言也，則譫字又與讋同，要之，譫字讀洪音則在舌上，讀照紐，則成細音，必無章盍一切矣。（新雄案：譫字

《切三》、《五代刊本》、《王一》、《王二》、《唐韻》皆無，增加字也。）談、盍既爲本韻，與添、怗必當有分，或者不肯明言，蓋有二故：一緣四韻入詩者少，分別難明；二緣今音談、覃不殊，謂談爲本音，則無以別于覃，故遂匿隱不言。今當舉《詩》韻，及他書韻及疊韻、聲訓、音讀以求證明四部之分。再舉音理，以證覃、談、合、盍之有別，終以覃、合等六部與寒、曷等六部相配之理焉。

案談、添、合、怗四部之聲母，除爲他部所衍，大小徐有明文者，所余如左：

談添部：

炎㷋奄猒𢎘𢎘甘兼𩏩凵欠广詹占夾閃丙（讀沾）甜冉𢦏斬僉毚燮㐮

盍怗部：

劦協𤕤甲夾業陟耴聑涉聶邑聿図巤妾㝵法乏

談添盍怗部見《詩》韻及他書者如下：

炎（《莊子・齊物論》叶詹）談（《詩・節南山》叶巖瞻惔斬監）惔（見上）菼（《詩・大車》叶檻敢）淹（《楚辭・招魂》叶漸楓心南）甘（《詩・巧言》叶餤）犯（《管子・侈靡》叶瞻）涵（《詩・巧言》叶讒）窞（《易・坎》叶坎）監（《詩・節南山》見前，《殷武》叶嚴濫）萏（《詩・澤陂》叶儼枕）藍（《詩・采綠》叶擔詹）檻（《詩・大車》見前）坎（《易・坎》初六叶窞，《彖傳》叶險）詹（《詩・閟宮》叶巖）瞻（《詩・節南山》見前）襜（《詩・采綠》見前）刮（今《詩》作玷，《召旻》叶貶）斬（《詩・節南山》見前）漸（《楚詞》見前）險（《易傳・坎彖》見前）讒（《詩・巧言》見前）

詩韻之連屬者：

炎詹斬㕁甘（五聲相屬）

马毚（二聲相屬）

占（與炎马等字未見相屬）

盇怗部

盇部

甲夾涉巤妾

怗部

劦業陟耴聶岩聿図㚔法乏

覃談合盇之別，猶東冬屋沃之有別也。覃轉爲侵、凡，合轉爲緝、乏，猶咍、德轉之、職，模、鐸轉痲、陌，聲攝歸一，不遽分遠也。謂覃、談、合、盇爲一音者，即東、冬、屋、沃亦同一讀乎？（唐人覃、談同用，蓋巳不能分矣）覃、談、添，合、盇、怗與痕、寒、先，沒、曷、屑六部相配，彼六部收舌，此六部收脣，故此十二部，幾於無一不通（不同聲即同訓），覃等之旁轉對轉，與痕等之對旁轉亦相應。試立一表于左，更附證驗如後。

聲勢

歌戈曷末寒桓屑先類第一				盇談怗添類第八		
泰一	曷	寒	開洪	盇	談一	開洪
泰二	末	桓	合洪		談二	合洪
皆一	黠一	刪一	開洪	洽	咸	開洪
皆二	黠二	刪二	合洪			
夬一	鎋一	山一	開洪	狎	銜一	開洪
夬二	鎋二	山二	合洪		銜二	合洪
	屑一	先一	開細	怗	添	開細
	屑二	先二	合細		忝二	合細

祭一	薛一仙一開細		葉	鹽一	開細
祭二	薛二仙二合細			鹽二	合細
廢一	月一元一開細		業	嚴	開細
廢二	月二元二合細			釅二	合細
灰沒痕魂類第二			合覃類第九		
	麧　痕　開洪		合	覃	開洪
灰	沒　魂　合洪				
	櫛　臻　開洪				
脂一	質一眞一開細		緝一侵一		開細
脂二	質二眞二合細		緝二侵二		合細
	術　諄　合細				
微一	迄　殷　開細		乏一凡一		開細
微二	物　文　合細		乏二凡二		合細

覃等部與寒等部相通諸證：

葉從世聲（葉怗、世曷），邑從口（邑合、口灰），顯從㬎聲（顯寒、㬎合），鷙鷙摯褺蟄從執，執從㚔聲（鷙屑、㚔合），㚔一曰大聲（㚔合、大曷），羈從馬（羈歌、馬合），世從卅聲（世曷、卅合），沓從曰聲（沓合、曰沒），疊從宜（迭合、宜歌），位從立（位沒、立合），習從白聲（習合、白沒），鹹從戌聲（咸覃、戌屑），宷從釆（宷覃、釆寒），彬從彡（彬痕、彡覃），內從入（內沒、入合），參從㐱聲（參覃、㐱先），瘞從夾聲（瘞曷、夾合），鷩讀若郅（隲怗、郅屑），珕荔從劦聲（珕曷、劦怗），甶從干聲（甶盍、干寒），奄從申（奄添、申先），欻讀若忽（欻怗、忽沒），邯從甘聲（邯寒、甘談），𢎗從𢎘（𢎘談、𢎗先），那從冄聲（那歌、冄添），西讀若沾，又讀若誓（沾添、誓曷），箈讀若錢（箈添、錢寒），弻從丙（弻沒、丙添），詹從广（詹談、广歌），疌從屮聲（疌怗、屮曷），竊亦從廿聲（竊曷、廿合），盇從大聲（盇盇、大曷），蓋從盇聲（蓋曷、盇盇），會重佮從合（會曷、合合），甛栝狧從舌聲（栝添、舌合），芺從干聲（芺添、干寒），逑讀若拾（逑灰、拾合），計從十（計沒、十合），鰥從眔聲（鰥魂、眔合），納從內聲（納合、內沒），爇從熱省聲（爇添、熱屑），燊從焱聲（燊先、焱添），劼讀若簟（吉屑、簟覃），訬讀若毚（訬沒、毚談），忝從天聲（忝添、天先）鐫讀若瀸（鐫寒、瀸添），監亦作譼從言（監談、言寒），摯讀若晉（摯合、晉先），犨從卑聲（卑盇、犨先），痡重㾓（冉添、㞋寒）。

由此衆證，知覃等六部實爲寒等六部之收唇音，自來言音韻者，但知覃等收唇，而不知爲寒等之收唇音，故于覃等之無陰聲，不知其故，又不悟覃等九韻中有三本音，則于分韻繁密之故，又不能說，今始晰言之，自謂於音學不無裨補，以視苗夔之妄言七音，意爲分合，庶乎免於戾乎！」

黃氏體認到《廣韻》自眞至仙十四個收舌尖鼻音-n 韻尾之韻，分成先、魂、寒三個古韻部；自質至薛十三個收舌尖塞音-t 韻尾之韻，亦分成屑、沒、曷三古韻部。從音韻結構言，若收音於-m 及-p 尾之韻部，僅分覃添與合怗四部，則與收-n 與收-t 韻尾之六部，在音韻結構上不能相配，所以主張談盇從添怗分開，加上覃合兩部，則正好可與收音於-n 與收音於-t 六部相配，此一理論，値得重視。不過黃侃四部之分，雖然列出四部聲首，然其界限，尚有未清，而如何得出此一結果，猶未交代清楚，故相信其說者不多。其談添盇怗分四部之理論，後得董同龢於《上古音韻表稿》加以證實，始爲人所采信。董氏所採用之方法，乃就形聲字諧聲偏旁觀察，發現談部（於黃君廿八部爲添部）、葉部

（於黃君廿八部爲怗部），二部中所含《廣韻》鹽、葉韻中字，於古代諧聲實有二類，此二類之別，則據與覃、合諸韻字之關係及與談、盍諸韻字之關係而訂定者，董氏以鹽葉與覃合相諧者爲鹽2葉2，大致相當黃君之添部與怗部；董氏以鹽葉與談盍相諧者爲鹽1葉1，則大致相當於黃君之談部盍部。茲錄董氏之說，以資參證。董氏云：

「在高本漢的系統之中，葉部與談部的韻母差不多跟祭元兩部是平行的。……核諸古代史料，尤其是諧聲字，可見並非如此。

第一　覃、合兩部的確有些字是應該歸入這兩部的。在《詩經》韻裏，覃、合韻字與銜狎諸韻字接觸的固然是看不出來。可是在諧聲字裏，他們跟上列各韻字，卻有許多關聯，決難視作例外。如：

黲嫜（覃）、韐嫜（合）：渰揜嫜弇（鹽）蔺（覃）：閻（鹽）

腤歆淊蜭（覃）：臽腤陷（咸）、焰閻（鹽）ㄢ（覃）：泛犯（凡）　晻黤（覃）：掩淹俺（鹽）、娩淹（嚴）柟抩䑙（覃）：冉　蚺　姌（鹽）坎（覃）：欠（嚴）、芡（鹽）厒（合）：劫鉣（業）

覃韻還有幾個跟談韻諧的例，下面將要看到。關於這些例，最值得注意的就是他們之中決沒有夾雜著一個侵緝部的字。（弇是否從緝部的合得聲，在文字考訂上是個問題。如果是，則爲唯一的例外。）所以葉、談兩部裏應該有些覃韻與合韻字的地位當無可置疑。

第二　添、怗韻的字應當是較近於咸、洽韻而較遠於銜、狎韻字的。因爲諧聲中只有添、怗韻字諧咸、洽韻字的例（當然不算歸入緝部與侵部的。）如：

顢歉槏（咸）：兼蒹鎌（添）——又嚴、鹽兩韻字，見下。

鞅陜郟陝夾（洽）：莢頰㥦俠……（洽）——又葉韻字，見下。

崨箑萐（洽）：蜨（怗）——又合葉兩韻字，見下。

可是沒有諧銜與狎的。

第三　鹽葉兩韻字都可以分作兩類，一者諧覃、咸、添與合、洽、怗，一者諧談、銜與盍、狎，不大相混。前一類的例：

弇揜渰（鹽、葉）：弇黤媕鞥（覃、合）——「揜」《廣韻》又談韻一音，《切韻殘卷》未見。

焰閻（鹽）：臽腤陷（咸）——「啖窞」二字入談韻。「啗」與「啖」音義俱近。「窞」《說文》亦以爲會意。

𢦏鐵籤纖（鹽）：櫼攕（咸）

僉憸檢驗䨘（鹽）：鹼㾾（咸）——又「鹼」一字入銜韻。「䨘」字《廣韻》又入銜韻，但敦煌本王仁昫《刊謬補缺切韻》尚未有。

占黏苫……（鹽）：拈笘帖（添怗）

冉姌髯……（鹽）：枏抩（覃）——又「聃」一字入談韻。不過此字又作「耼」。

奄醃罨……（鹽、葉）：醃黤（覃）

𨻶廉鎌……（鹽）：顢歉鬑……（咸）：兼蒹謙……（添）

歃（葉）：臿插届（洽）——「届」《廣韻》又入狎韻，《切韻殘卷》則無之。

睞（葉）：夾鞅陜……（洽）：莢頰……（怗）又「㶲」字《廣韻》銜緝兩收，《切韻殘卷》僅見緝韻。

聶躡攝（葉）：疌（合）：崨箑萐（洽）：蜨（怗）

耴輒䩞（葉）：鮿㽘（怗）

葉枼（葉）：牒諜㢸（怗）

後一類的例：

黚拑鉗（鹽）：甘酣邯（談）——又「紺」一字覃韻

鹽（鹽）：藍爁襤（談）：監鑒檻（銜）

詹簷瞻（鹽）：膽黵譫（談）

炎緂剡琰（鹽）：啖談淡郯（談）

只有「斬」聲的字比較亂一點。

慚暫（談）：漸蹔螹（鹽）：斬（咸）

在《廣韻重紐試釋》一文中，我曾根據幾種跡象，說鹽韻在中古有兩類韻母。不過因鹽嚴的實際界限有問題，我又沒有能確定他們的分法，諧聲字的表現不能對那個懸案有所啓示，我想留待下文再說。（按董氏後文說：「鹽與葉的字倒不跟嚴業韻的字有什麼接觸。」）關於這兒的兩類，前者（諧覃鹹添合洽帖的）暫稱為「鹽 2」，後者暫稱為「鹽 1」（諧談銜盍狎的）。

最後還要說到嚴凡與業乏韻的字，從諧聲字看，他們固然是跟覃合一類的字常有接觸。如：

劍㛳（嚴）：鹼㛳（咸）：僉檢（鹽 2）

俺裺淹䑍（嚴）：罨（業）：晻黤鞥罨（覃、合）掩俺裺淹醃（鹽 *2*.葉 2）

劫鉣（業）：㕎（合）

乏泛姂（凡、芝）：貶砭（鹽 2）

脅歙協（業）：協勰劦（帖）

可是有兩個跟談盍類的聯繫部也值得注意。

嚴儼巖（嚴）：厰（談）：嚴巖（銜）

總結以上，我們可以說葉談部的韻母大致可以別為兩類，而嚴凡與業乏則是介乎二者之間的，黃季剛氏晚年曾根據他所謂古本韻的觀念把這兩個韻部。又分爲「談」與「添」以及「盍」與「怗」。「談、盍」與「添、怗」的內容恰好大體與以上的分析相合。讀者可以取而印證。」5

董氏《中國語音史》亦云：「談銜嚴與一部分鹽韻字常常諧聲；覃咸添與另一部分鹽韻字常常諧聲。兩者絕少相涉（入聲字同）。黃侃晚年有〈談添盍怗分四部說〉，大致與此相同。」

因爲董同龢說：「葉談兩部裏應該有些覃韻與合韻字的地位當無可疑。」所以我把《廣韻》覃、感、勘、合；咸、豏、陷、洽八韻的諧聲字分析了一下，發現除了應歸古韻侵緝部的字外，有些應歸入談葉部的字也還不少，我還對照了全本王仁昫《刊謬補缺切韻》，有許多字也都見於全王，所以這些談葉部的字，變入《廣韻》覃、感、勘、合與咸、豏、陷、洽。應該是前有所承的，而非無端闌入的。經過這一次全面的分析，我們可以確定談、添、盍、怗四部的諧聲表了。

談部：《廣韻》平聲談、銜、鹽半、嚴半，上聲敢、檻、琰半、儼半，去聲闞、鑒、豔半、釅半，古音當入此部。

炎聲　詹聲　甘聲　猒聲　監聲　覽聲　敢聲　厰聲　嚴聲　岩聲　鹽聲　斬聲　銜聲　焱聲　燅聲

添部：《廣韻》平聲添、覃、咸、鹽半、嚴半、凡，上聲忝、感、豏、琰半、儼半、范，去聲㮇、勘、陷、豔半、梵，古音當入此部。

忝聲　占聲　兼聲　廉聲　欠聲　廾聲　冄聲　弇聲　ㄢ聲　圅聲　函聲　臽聲　奄聲　𢦏聲　韱聲　僉聲　竷聲　染

5　董同龢《上古音韻表稿》p.p.108-111。

聲　甜聲　閃聲　丙聲　銛聲　凵聲　毚聲　貶聲　㝷聲

盍部：《廣韻》入聲盍、狎、葉半、業半，古音當入此部。

盍聲　劫聲　昜聲　巤聲　甲聲　厏聲　壓聲　妾聲　怯聲
　　𢍜聲　業聲

怗部：《廣韻》入聲怗、合、洽、葉半、業半、乏，古音當入此部。

帀聲　臿聲　夾聲　耴聲　枼聲　聑聲　聶聲　咠聲　涉聲
　　聿聲　疌聲　囚聲　籥聲　燮聲　帖聲　乏聲　法聲

五、黃氏古韻三十部與《廣韻》各韻之對應分合：

黃氏嘗謂舍《廣韻》而別求古音者皆妄也。故其古音三十部皆可與《廣韻》取得對應之關系，亦可藉此而瞭解古音與《廣韻》之分合。今據劉賾《聲韻學表解》迻錄於下[6]，惟據其〈談添盍怗分四部說〉一文增列談盍二部，故其晚年定論，當爲古韻三十部，與後世不同者，脂微未能分列，蕭部入聲亦尚未分出耳。

6　劉賾《聲韻學表解》119 頁-123 頁

						屑部之屬						先部之屬					
						屑	質	櫛	術	黠	薛	先		眞	臻		諄
						2/3	2/3		1/2	1/3	1/3	1/3		2/3			1/2
												銑		軫			準
												2/3		2/3			1/2
												霰		震			稕
												2/3		2/3			1/2
灰部之屬						沒部之屬						痕 部之屬					
皆	灰	齊	微	支	脂	沒	迄	物	術	質	祭	痕魂	欣	文	諄	眞	微
	2/3	1/2	2/3	1/3					1/2	1/3	1/3				1/2	1/3	1/3
駭	賄	薺	尾	紙	旨							很混	隱	吻	準	軫	尾
	2/3	1/2	2/3	1/3											1/2	1/3	1/3
怪	隊	霽	未	寘	至							恨慁	焮	問	稕	震	未
	2/3	1/2	2/3	1/3											1/2	1/3	1/3
歌部之屬						曷部之屬						寒部之屬					
歌	戈		支		麻	曷末	月	鎋	黠	薛	屑	寒桓	元	山	刪	仙	先
			1/3		1/2				2/3	2/3	1/3						1/3
哿	果		紙		馬	泰	廢	夬		祭		旱緩	阮	產	潸	獮	銑
			1/3		1/2					2/3							1/3

箇	過		寘		禡							翰 換	願	襉	諫	線	霰
			1/3		1/2												1/3
齊部之屬						**錫部之屬**						**青部之屬**					
齊		支		佳		錫		昔	陌		麥	青		清	庚		耕
1/2		1/3				1/2		1/2	1/3		1/3				1/2		1/2
薺		紙		蟹								迥		靜	梗		耿
1/2		1/3													1/2		1/2
霽		寘		卦								徑		勁	敬		諍
1/2		1/3													1/2		1/2
模部之屬						**鐸部之屬**						**唐部之屬**					
模		魚	麻		虞	鐸	藥	陌	麥	昔		唐		陽		庚	
			1/2		1/2	1/2	1/2	1/3	1/3	1/2						1/2	
姥		語	馬		麌							蕩		養		梗	
			1/2		1/2											1/2	
暮		御	禡		遇							宕		漾		敬	
			1/2		1/2											1/2	
侯部之屬						**屋部之屬**						**東部之屬**					
侯					虞	屋		燭		覺		東		鍾		江	
					1/2	1/3				1/3		1/2					
厚					麌							董		腫		講	
					1/2												
候					遇							送		用		絳	
					1/2							1/2					

蕭部之屬						屋部之屬											
幽	蕭	豪	肴	尤		屋		沃	覺		錫						
	1/2	1/2	1/2	2/3		1/3		1/2	1/3		1/4						
黝	篠	皓	巧	有													
	1/2	1/2	1/2	2/3													
幼	嘯	號	效	宥													
1/2	1/2	1/2	1/2	2/3													
豪部之屬						沃部之屬						冬部之屬					
豪		蕭	宵		肴	沃	覺	藥	鐸	錫		冬			東		
1/2		1/2			1/2	1/2	1/3	1/2	1/2	1/4					1/2		
皓		篠	小		巧												
1/2		1/2			1/2												
號		嘯	笑		效							宋			送		
1/2		1/2			1/2										1/2		
咍部之屬						德部之屬						登部之屬					
咍		之	灰		尤	德		職	麥		屋	登		蒸		耕	
			1/3		1/3				1/3		1/3					1/2	
海		止	賄		有							等		拯		耿	
			1/3		1/3											1/2	
代		志	隊		宥							嶝		證		諍	
			1/3		1/3											1/2	
						合部之屬						覃部之屬					
						合		緝	洽		業	覃	侵	咸	銜	凡	
						1/2			1/2		1/3	1/2		1/2	1/2	1/2	
												感	寑	豏	檻	范	

												1/2		1/2	1/2	1/2	
												勘	沁	陷	鑑	梵	
												1/2		1/2	1/2	1/2	
						怗部之屬						**添部之屬**					
						怗	合	洽	葉	業	乏	添	覃	咸	鹽	嚴	凡
							1/2	1/2	1/2	1/3	1/2		1/2	1/2	1/2	1/2	1/2
												忝	感	豏	琰	儼	范
													1/2	1/2	1/2	1/2	1/2
												㮇	勘	陷	豔	釅	梵
													1/2	1/2	1/2	1/2	1/2
						盍部之屬						**談部之屬**					
						盍		狎	葉		業	談		銜	鹽		嚴
									1/2		1/3			1/2	1/2		1/2
												敢		檻	琰		儼
														1/2	1/2		1/2
												闞		鑑	豔		釅
														1/2	1/2		1/2

第十二節　古韻分部之結束

一、黃永鎮對黃氏古韻分部之修正：

黃永鎮，合肥人，爲黃侃弟子，著《古韻源流》一書，分古韻爲二十九部，實本黃侃二十八部之說，將黃君蕭部入聲獨立爲一部，名之曰“肅”部。黃永鎭曰：「古韻部分，自孔廣森分入聲屋、沃以配侯、幽二部，歷王念孫、江有誥、張惠言、嚴可均、黃以周、夏炘、龍啓瑞諸人，皆遵用孔氏屋、沃分承侯、幽。今謂宜依戴氏之理，孔氏所分，就蘄春黃氏二十八部，增入聲一部爲二十九部，庶幾前人應分者，盡分矣。」

黃氏所立肅部如下：

肅部　黃氏自注云：「此部新增，《廣韻諸目無可表音之字，今依江有誥中部、劉逢祿愚部例，取部中一字名曰“肅”部，古音即以肅爲準。」

《廣韻》屋三分之一　沃半　覺三分之一　錫四分之一

《詩》韻：

鞠覆育毒〈谷風〉五章　祝六告〈干旄〉一、二章同　陸軸宿〈考槃〉三章　告鞠〈南山〉三章　六燠〈無衣〉二章　薁菽〈七月〉六章　陸復宿〈九罭〉三章　蓫宿畜復〈我行其野〉二章　鞠畜育復腹〈蓼莪〉四章　奧蹙菽戚宿覆〈小明〉三章　菽菽〈采菽〉一章　夙育〈生民〉一章　俶告〈既醉〉三章　迪復毒〈桑柔〉十一章　肅穆〈雝〉

按黃侃三十部中，其入聲皆與陰聲分立，惟蕭部則陰聲與入聲合爲一部，原爲例不純，不無瑕疵。蓋黃侃據其古本韻之理，於《廣韻》諸部中，未有適當之韻目，可以爲蕭部入聲標目，故未使獨立，今黃永鎭氏使之分立是也。按黃永鎭雖云本自孔氏廣森之分屋、沃爲二，以配侯、幽，然孔氏雖分屋、沃爲二，實仍附於陰聲韻侯、幽二部之內，歷王念孫、江有誥諸人，莫不皆然。其實清儒之能將此部獨立爲一部，不與陰聲相混者，當首推姚文田氏，姚氏著《古音諧》八卷，分平上去三聲爲十七部，入聲則另釐爲九部。其入聲第七部匊部，即與黃永鎭之“肅”部相當。姚氏云：「從屋部分出一支，屋字自入彼部。」又云：「匊乃丝部之入聲，故兩部偏旁相通也。」姚氏入聲“匊”部，以「凡从匊、从祝、从竹、从雀、从夙、从肉、从目、从逐、从毒、从复、从孰、从翏諸字遞生者入此部。」姚氏所舉偏旁雖亦本之孔氏，要之，使令獨立爲一部，實自姚氏導其先路者也。“肅”部獨立，徵之《詩》韻而有徵，本之音理而有別，黃氏分立是也，當從之。

二、錢玄同古韻二十八部：

錢玄同名夏，以字行。（1887-1939）吳興人。錢君與蘄春黃君同出餘杭章君之門，交誼夙契，於古音之學，相互切磋，互有所益。竊謂黃君古音學說所以能騰播士林，致老師碩儒，爭相祖述者，錢君揄揚之功，實不可沒。錢君早歲著述，若《文字學音篇》、《音韻學講義》，言古音皆折衷於黃君之說。晚著〈古韻廿八部音讀之假定〉一文，於古韻二十八部韻值之擬定，深具貢獻。而於古韻二十八部之部分及部目，亦另有更定。其言曰：

「古韻分部，創始於宋鄭庠，鄭氏著《詩古音辨》，分古韻爲六部，僅就《廣韻》以求古音之通合而已。明季顧寧人（炎武）作《音學五書》，分古韻爲十部，始根據《詩》、《易》用韻，離析《廣韻》以求古韻。清江愼修（永）作《古韻標準》，分古韻爲十三部，平上去各爲一卷，又入聲八部，對於顧氏有修正之功。段氏茂堂（玉裁）作《六書音均表》，分古韻爲十七部，古韻分部已大致就緒矣。戴東原（震）作《聲類表》，分古韻爲廿五部，此廿五部，有陽聲九部、陰聲七部、入聲九部（戴氏尚未立“陰聲”“陽聲”之名，今爲稱說便利計，故用後起之名，名此兩類之韻。）。其陰陽入相關者爲一類，二十五部，共合爲九類，古韻各部的性質，與彼此的關係，自此炳然大明。孔撝約（廣森）作《詩聲類》，分古韻爲十八部，確立“陽聲”“陰聲”及對轉之名（孔氏不分入聲），較戴氏益爲精密。王懷祖（念孫）作《古韻譜》，分廿一部；江晉三（有誥）作《音學十書》亦分廿一部，二家對段氏之分部，加以修正而不全同。夏弢甫（炘）合王、江之說，作《詩古韻表二十二部集說》，分古韻爲二十二部，除入聲尚未全分外，其陰聲與陽聲，應分者盡分，應合者盡合，已無遺憾矣。丁竹筠（以此）作《毛詩正韻》，亦分二十二部，與夏氏同，其他有嚴鐵橋（可均）作《說文聲類》，分十六部。姚秋農（文田）作《古音諧》，分二十六部。劉申受（逢祿）作《詩聲衍》分二十六部（書未成）。丁若士（履恒）作《形聲類篇》分十九部。朱豐芑（駿聲）作《說文通訓定聲》分十八部，又附入聲十部。張彥惟（成孫）作《說文諧聲譜》，分二十一部。陳卓人（立）作《說文諧聲孳生述》，分十九部。夏嗛甫（燮）作《述韻》，分二十部。龍翰臣（啓瑞）作《古韻通說》，分二十部。黃元同（以周）作《六書通故》（在《禮書通故》中），分十九部，實二十一部。時吉臣（庸勱）作《聲譜》，分二十部，實二十二部，若分入聲則三十三部。以上諸家之分部，舉不出戴孔王江四家之範圍。吾師章太炎先生（炳麟）作《成均圖》（在《國故論衡》上卷），分二十三部。同門黃季剛（侃）作《音略》，分二十八部。章君自謂“略依先儒所定部目，無所改作。”〈二十三部音準〉。黃氏承章君之學，又參以戴氏之說，將入聲完全獨立，故較章君多五部。玄同檮昧不學，籀前賢之遺著，聆師友之緒言，以爲截至現在爲止，當以黃氏之說爲最當。但黃氏之分部，尙有應修正者二點：⑴黃氏蕭部之入聲尙應分出獨立爲一部，關於此點，其弟子黃永鎭作《古韻學源流》，既修正之矣（分蕭部之入聲爲肅部）。⑵黃氏豪部實無入聲，此爲段氏所考明者，黃氏則分出入聲沃部。愚對古韻部分，用黃氏二十八部，而分蕭部爲二，今稱幽部與覺部，合豪、沃爲一，今稱宵部。」見〈古韻廿八部音讀之假定〉。

按錢君雖亦稱古韻二十八部，然與黃氏二十八部已不盡同，錢氏之更定部分，亦有是有非，其從黃永鎭說，分出蕭部入聲，名之爲“覺”部是也；而合豪、沃爲一，則未爲審諦。竊自臆度，錢君廿八部旣別立覺部，而合豪沃爲一者，蓋其所定之廿八部，雖不用黃君舊目，然其分部之理論依據，仍自黃君古本韻說而來也。蓋“覺”旣獨立，則用以表覺之古本韻標目，自非以沃不可，沃旣表覺，則豪無入矣，故合沃於豪。此雖臆度之辭，然尚合於推理。實則“覺”部旣可獨立，“沃”亦不必合之於“豪”，而仍無傷其古韻分部之理也。詳見下章。

錢君又曰：

「韻目名稱，只是符號，無關宏旨，前人借用《廣韻》韻目者最多，已成習慣，且甚方便，故今仍沿用之，但諸家所用之《廣韻》韻目頗不一致，今參酌取用，注意者有三點：⑴入聲諸部必須用《廣韻》入聲韻目，如質不稱至，月不稱祭。⑵所用之韻目，其字必須在古音本部，不用他部之字。如微不稱灰（灰在咍部），眞不稱先（先在文部）。⑶二十八部韻目用字，必須國音讀二十八個不同的音的，如此方能便於稱說，如佳、微、咍不稱支、脂、之，月、緝不稱曷、合。」見〈古韻廿八部音讀之假定〉。

錢君更定古韻部目之名稱，於稱說方便方面，實較以往任何一家均爲清晰。茲據其更定後之二十八部，與夏炘二十二部、章太炎二十三部、黃侃二十八部，列表對照於後：

陰聲八部

錢玄同	歌	微	佳	魚	侯	幽	宵	咍
夏炘	歌	脂	支	魚	侯	幽	宵	之
章太炎	歌	脂	支	魚	侯	幽	宵	之
黃侃	歌	灰	齊	模	侯	蕭	豪沃	咍

入聲十部

錢玄同	月	物	質	錫	鐸	燭	覺	德	緝	盍
夏炘	祭	（脂）[7]	至	（支）	（魚）	（侯）	（幽）	（之）	緝	葉
章太炎	泰	隊	至	（支）	（魚）	（侯）	（幽）	（之）	緝	盍
黃侃	曷	沒	屑	錫	鐸	屋	（蕭）	德	合	怗

陽聲十部

錢玄同	元	文	眞	耕	陽	鍾	冬	登	侵	談
夏炘	元	文	眞	耕	陽	東	中	蒸	侵	談
章太炎	寒	諄	眞	清	陽	東	冬	蒸	侵	談
黃侃	寒	痕	先	青	唐	東	冬	登	覃	添

錢玄同復參考章黃二家之說，將其所定之廿八部列一陰陽入三聲相對轉表，茲錄於下，並附所擬韻值，以見其各部之關係。

7 韻目外加括號（ ）者，指錢玄同此部入聲，其他三家尚未分出，將入聲併於括弧內之韻部中，下仿此，不更注。

陰聲		入聲		陽聲	
部目開合	音值	部目開合	音值	部目開合	音值
歌開 合	[a] [ua]	月開 合	[at] [uat]	元開 合	[an] [uan]
微開 合	[ɛ] [uɛ]	物開 合	[ɛt] [uɛt]	文開 合	[ɛn] [uɛn]
		質開	[æt]	眞開	[æn]
佳開	[ɐ]	錫開	[ɐk]	耕開	[ɐŋ]
魚開	[ɑ]	鐸開	[ɑk]	陽開	[ɑŋ]
侯合	[u]	燭合	[uk]	鍾合	[uŋ]
幽開	[o]	覺開	[ok]	冬開	[oŋ]
宵開	[ɔ]				
咍開	[ə]	德開	[ək]	登開	[əŋ]
		緝開	[op]	侵開	[om]
		盍開	[ɑp]	談開	[ɑm]

錢君釋其對轉之理云：

「純元音（包括單元音與複元音）爲陰聲，陰聲加塞聲〔t〕、〔k〕、〔p〕爲入聲，陰聲加鼻聲〔n〕、〔ŋ〕、〔m〕爲陽聲。陰聲又可稱爲“純元音之韻”，入聲又可稱爲“塞聲隨之韻”，陽聲又可稱爲“鼻聲隨之韻”，入聲與陽聲又可稱爲“聲隨之韻”，陰聲、入聲、陽聲元音相同者，古音常相轉變，是名“對轉”。」見〈古韻廿八部音讀之假定〉。

三、王力古韻二十九部：

王力早年著〈上古韻母系統研究〉一文，分古韻爲二十三部，脂微分部為其創見。已見前文所論，此不複贅。晚年著《漢語史稿》、《漢語音韻》、《詩經韻讀》、《漢語語音史》等，則主張分古韻為二十九部或三十部。王氏《漢語音韻》云：

「王力晚年也主張陰陽入三分。他把古韻分為十一類廿九部，即在他早年的廿三部的基礎上，增加之幽宵侯魚支六部的入聲，即職覺藥屋鐸錫六部，如下表：

㈠	1.之部[ə]	2.職部[ək]	3.蒸部[əŋ]
㈡	4.幽部[əu]	5.覺部[əuk]	
㈢	6.宵部[au]	7.藥部[auk]	
㈣	8.侯部[o]	9.屋部[ok]	10.東部[oŋ]
㈤	11.魚部[a]	12.鐸部[ak]	13.陽部[aŋ]
㈥	14.支部[e]	15.錫部[ek]	16.耕部[eŋ]
㈦	17.歌部[ai]	18.月部[at]	19.元部[an]
㈧	20.脂部[ei]	21.質部[et]	22.眞部[en]
㈨	23.微部[əi]	24.物部[ət]	25.文部[ən]
㈩		26.緝部[əp]	27.侵部[əm]
(十一)		28.葉部[ap]	29.談部[am]

除了㈡㈢兩類不配陽聲，㈩(十一)兩類不配陰聲以外，其餘七類都是陰陽入三聲相配的。如果從分不從合，把冬、侵分立，陰陽入三聲相配可以共有三十部。」見《漢語音韻》。

王氏早年從分不從合則為古韻二十四部，晚年為三十部，為甚麼會有如此大之分歧，王氏亦作了檢討。他說：

「關於上古漢語的韻母系統，我們想討論四個問題：

㈠為什麼各家的韻部越分越多？

自從顧炎武以來，音韻學家研究古韻的方法，基本上是一致的。大家都知道尊重材料進行客觀的概括，而材料則又都以一部《詩經》爲主，同時參照《易經》、《楚辭》及先秦諸子中的韻語。既然材料相同，方法相同，所得的結論就該相同。固然，各家的結論的一致性是很大的，但是，畢竟又各有不同之點。所謂“前修未密，後出轉精”這是什麼原故呢？

主要的原因有兩個：第一，是對《詩經》韻例有不同的了解。某字押韻，某字不入韻，某處換韻，其中大有可以研究的餘地；第二，是對合韻有不同的看法。講古韻不能完全不講合韻，例如“母”字在《詩經》中押韻共十七次，其中十六次入之部，顯然應該認爲之部字，但也有一次入魚部（《詩・鄘風・蝃蝀》“母”“雨”相押）[8]，連顧炎武也不能不承認“應以滿以反爲正”。假如只因一次相同，就泯滅了之魚兩部的界限，那就是不善於區別一般和特殊了。段玉裁說得好：“知其分而後知其合，知其合而後愈知其分。”合韻之說，是音韻學家所公認的事實，至於如何掌握分寸才算得當，那又要看音韻學是否具有卓越的見解了。

試以顧炎武古韻十部作爲出發點，來看後人增添各部的理由。

（a）眞元分立《大雅・崧高》押天神翰宣，其實是換韻，天神申屬眞部，翰宣屬元部。《大雅・生民》押民嫄是合韻，民屬眞部，嫄屬元部。

（《詩・大雅・崧高》首章：「崧高維嶽，駿極于天。維嶽降神。生甫及申。維申及甫，維周之翰，四國于蕃。四國于宣。」《詩・大雅・生民》首章：「厥初生民。時維姜嫄。」

8　《詩・鄘風・蝃蝀》二章：「朝隮于西，崇朝其雨。女子有行，遠兄弟父母。」

（b）文元分立《小雅・楚茨》押熯愆孫，《秦風・小戎》押錞苑，都是文元合韻，孫群錞屬文部，熯愆苑屬元部。文元合韻的情況很少。

（《詩・小雅・楚茨》四章：「我孔熯矣。式禮莫愆。工祝致告，徂賚孝孫。」《詩・秦風・小戎》三章：「俴駟孔群。厹矛鋈錞。蒙伐有苑。」）

（c）眞文分立《小雅・正月》押鄰云慇是眞文合韻，鄰屬眞部，云慇屬文部。眞文合韻情況很少。

（《詩・小雅・正月》十二章：「彼有旨酒。又有嘉殽。洽比其鄰。昏姻孔云。念我獨兮，夏心慇慇。」）

（d）幽宵合韻《邶風・柏舟》押舟流憂游，而髦字不入韻。舟流憂游屬幽部，髦屬宵部。《小雅・彤弓》押櫜好醻，而弨字不入韻，櫜好醻屬幽部，弨屬宵部。《十月之交》押卯醜，而交字不入韻，卯醜屬幽部，交屬宵部。《采綠》押弓繩，而狩釣在單句不入韻，狩屬幽部，釣屬宵部。《小雅・桑扈》押觩柔求，而敖字在單句不入韻，觩柔求屬幽部，敖屬宵部。《角弓》押浮流憂，而髦字在單句不入韻，浮流憂屬幽部，髦屬宵部。《大雅・公劉》押瑤刀，而舟字不入韻，瑤刀屬宵部，舟屬幽部。《周頌・絲衣》押俅觩柔休，而敖字不入韻，俅觩柔休屬幽部，敖屬宵部。《衛風・木瓜》押桃瑤報好，其實是換韻，桃瑤屬宵部，報好屬幽部。

（《詩・邶風・柏舟》首章：「汎彼柏舟。亦汎其流。耿耿不寐，如有隱憂。微我無酒，以敖以遊。」《詩・小雅・彤弓》三章：「彤弓弨兮，受言櫜之。我有嘉賓，中心好之。鐘鼓既設，一朝醻之。」《詩・小雅・十月之交》首章：「十月之交，朔日辛卯。日有食之，亦孔之醜。」《詩・小雅・采綠》三章：

「之子于狩，言韔其弓。之子于釣，言綸之繩。」《詩・小雅・桑扈》四章：「兕觥其觩。旨酒思柔。彼交匪敖，萬福來求。」《詩・小雅・角弓》八章「雨雪浮浮。見晛曰流。如蠻如髦，我是用憂。」《周頌・絲衣》：「絲衣其紑。載弁俅俅。自堂徂基。自羊徂牛。鼐鼎及鼒。兕觥其觩。旨酒思柔。不吳不敖，胡考之休。」《詩・衛風・木瓜》二章：「投我以木桃。報之以瓊瑤。匪報也。永以爲好也。」）

幽宵也有合韻的情況。《齊風・載驅》押滔儦敖，滔屬幽部，儦敖屬宵部。《豳風・七月》押葽蜩，葽屬宵部，蜩屬幽部。《大雅・思齊》押廟保，廟屬宵部，保屬幽部。《王風・君子陽陽》押陶翿敖，陶翿屬幽部，敖屬宵部。《大雅・抑》押酒紹，酒屬幽部，紹屬宵部。《周頌・良耜》押糾趙蓼朽茂，糾蓼朽茂屬幽部，趙屬宵部。

（《詩・齊風・載驅》四章：「汶水滔滔。行人儦儦。魯道有蕩，齊子遊敖。」《詩・豳風・七月》四章：「四月秀葽。五月鳴蜩。」《詩・大雅・思齊》三章：「雝雝在宮，肅肅在廟。不顯亦臨，無射亦保。肆戎疾不殄，烈假不瑕。」《詩・王風・君子陽陽》二章：「君子陶陶。左執翿。右招我由敖。其樂只且。」《詩・大雅・抑》三章：「其在于今，興迷亂于政。顛覆厥德，荒湛于酒。女雖湛樂從，弗念其紹。罔敷求先王，克共明刑。」《詩・周頌・良耜》：「其笠伊糾。其鎛斯趙。以薅荼蓼。荼蓼朽止。黍稷茂止。」）

（e）侵談分立《衛風・氓》押葚耽，段玉裁以爲合韻，因爲他認爲葚屬侵部，耽屬談部。但江永、孔廣森、江有誥都認爲耽屬侵部。我們認爲後一說是對的。這樣，《詩經》中侵談沒有合韻的情況。

（《詩・衛・氓》三章：「桑之未落。其葉沃若。于嗟鳩兮，無食桑葚。于嗟女兮，無與士耽。士之耽兮，猶可說也。女之耽兮，不可說也。」）

（f）侯魚分立《陳風・株林》押馬野駒株。《大雅・板》押怒豫渝馳。其實都是換韻，馬野怒豫屬魚部，駒株渝馳屬侯部。《大雅・皇矣》押禡附侮是侯魚合韻，禡屬魚部，附侮屬侯部。按，侯韻和虞韻相押的地方很多，但是江永分虞之半歸侯，這個問題就解決了。

（《詩・陳風・株林》二章：「駕我乘馬。說于株野。乘我乘駒。朝食于株。」《詩・大雅・板》八章：「敬天之怒。無敢戲豫。敬天之渝。無敢馳驅。昊天曰明。及爾出王。昊天曰旦。及爾游衍。」《詩・大雅・皇矣》八章：「臨衝閑閑。崇墉言言。執訊連連。攸馘安安。是類是禡。是致是附。四方以無侮。臨衝茀茀。崇墉仡仡。是伐是肆。是絕是忽。四方無以拂。」）

（g）侯幽分立《鄘風・載馳》押驅侯悠漕憂，其實是換韻，驅侯屬侯部，悠漕憂屬幽部。《唐風・山有樞》首章押樞榆婁驅渝，是侯部；二章押栲杻埽考保，是幽部，兩章不同韻。《小雅・南山有臺》四章押栲杻壽茂，是幽部；五章押枸楰耇後，是侯部，兩章不同韻。《大雅・抑》押讎報，上文的苟字押韻，讎報屬幽部，苟屬侯部。

（《詩・鄘風・載馳》首章：「載馳載驅。歸唁衛侯。驅馬悠悠。言至于漕。大夫跋涉，我心則憂。」《詩・唐風・山有樞》首章：「山有樞。隰有榆。子有衣裳，弗曳弗婁。子有車馬，弗馳弗驅。宛其死矣，他人是愉。」二章：「山有栲。隰有杻。子有廷內，弗洒弗埽。子有鐘鼓，弗鼓弗考。宛其死矣，他人是保。」《詩・小雅・南山有臺》四章：「南山有栲。北山有杻。樂只君子，遐不眉壽。樂只君子，德音是茂。」五章：「南山有枸。北山有楰。樂只君子，遐不黃耇。樂只君子，保艾爾後。」《詩・大雅・抑》六章：「無易由言，無曰苟矣。莫捫朕舌。言不可逝矣。無言不讎。無德不報。惠于朋友。庶民小子。子孫繩繩。萬民靡不承。」）

侯幽也有個別合韻的情況。《大雅・生民》押揄蹂叟浮，揄屬侯部，蹂叟浮屬幽部。

（《詩・大雅・生民》七章：「誕我祀如何，或舂或揄。或簸或蹂。釋之叟叟。烝之浮浮。載謀載惟。取蕭祭脂。取羝以軷。載燔載烈。以興嗣歲。」）

（h）支脂之分立這三部在《詩經》分用甚嚴，《楚辭》及群經諸子中的韻語，分用也非常明顯。《鄘風・相鼠》二章押齒俟，是之部；三章押體禮死，是脂部，兩章不同韻。《小雅・魚麗》二章押醴旨，是脂部；三章押鯉有，是之部，兩章不同韻。《周頌・載芟》押濟秭醴妣禮，而積字不入韻，濟醴妣禮屬脂部，積屬支部。《大雅・桑柔》押資維階，而疑字不入韻，資維階屬脂部，疑屬之部。《邶風・靜女》三章押荑異美貽，其實是交韻（單句與單句押，雙句與雙句押），荑美是脂部，異貽是之部。

（《詩・鄘風・相鼠》二章：「相鼠有齒。人而無止。人而無止。不死何俟。」三章：「相鼠有體。人而無禮。人而無禮。胡不遄死。」《詩・小雅・魚麗》二章：「魚麗于罶魴體。君子有酒多且旨。」三章：「魚麗于罶鰋鯉。君子有酒旨且有。」《周頌・載芟》：「載穫濟濟。有實其積，萬億及秭。爲酒爲醴。烝畀祖妣。以洽百禮。」《詩・大雅・桑柔》三章：「國步蔑資，天不我將。靡所止疑，云徂何往。君子實維，秉心無競。誰主厲階，至今爲梗。」《詩・邶風・靜女》三章：「自牧歸荑，洵美且異。匪女之為美，美人之貽。」新雄按：《詩・大雅・桑柔》三章及《詩・邶風・靜女》三章實只偶句押韻，奇數句非韻，王氏說誤。）

（i）質脂分立質部的獨立性是很大的，它和脂部很少轇轕，所以段玉裁把它歸入眞部。王念孫把它獨立以後，只承認有三處是質術合韻的：*1.*《鄘風・載馳》押濟閟，濟屬脂部，閟屬質部；*2.*《大雅・皇矣》押類致，類屬脂部，致屬質部；*3.*《抑》押疾戾，疾屬質部，戾屬脂部。王念孫以為《小雅・賓之初筵》二章"以洽百禮，百禮既至"，是以兩個禮字為韻，而至字不入韻。

王力所定的質部，收字與王念孫稍有不同。他按照語音系統，把脂微分部與質物分部作了對比，於質部增收了器棄轡繼計戾莅隸閉季惠穗屆肆等字。這樣，疾與戾相押就不算合韻了。《小雅・節南山》押惠戾屆闋，也就跟《大雅・抑》的疾戾系聯起來了。[9]

（《詩・鄘風・載馳》三章：「既不我嘉，不能旋濟。視爾不臧，我思不閟。」《詩・大雅・皇矣》八章：「是類是禡。是致是附。」《詩・大雅・抑》首章：「抑抑威儀，維德之隅。人亦有言，靡哲不愚。庶人之愚，亦職維疾。哲人之愚，亦維斯戾。」《詩・小雅・節南山》四章：「昊天不傭。降此鞠訩。昊天不惠。降此大戾。君子如屆。俾民心闋。君子如夷。惡怒是違。」）

（j）月物分立月物兩部，段玉裁本來把它們都歸入脂部。

---

9 王氏原注：「但是因此又產生一些質物合韻的新情況，質物本是同門異戶，合韻是很自然的。質物合韻有一例：《小雅・雨無正》押滅戾勩，滅勩屬月部，戾屬質部。」（《詩・小雅・雨無正》二章：「周宗既滅。靡所止戾。正大夫離居，莫知我勩。」）

王念孫把月部獨立了，章炳麟再把物部獨立了，脂部就沒有入聲了。月物也有幾處合韻的情況。《曹風・候人》押薈蔚，薈屬月部，蔚屬物部。《小雅・出車》押旆瘁，旆屬月部，瘁屬物部。《大雅・生民》押旆穟，旆屬月部，穟屬物部。月物的合韻雖然比月質的合韻多些，但是王念孫、江有誥仍舊把月部獨立起來。按語音系統說，他們這樣做是對的。

（《詩・曹風・候人》四章：「薈兮蔚兮，南山朝隮。婉兮孌兮，季女斯飢。」《詩・小雅・出車》二章：「彼旟旐斯，胡不旆旆。憂心悄悄，僕夫況瘁。」《詩・大雅・生民》四章：「蓺之荏菽，荏菽旆旆。禾役穟穟。」）

（k）脂微分立《衛風・碩人》押頎衣妻姨私，其實是換韻，頎衣屬微部，妻衣私屬脂部。《豳風・七月》押遲祁悲歸，其實是換韻，遲祁屬脂部，悲歸屬微部。《小雅・采薇》押依霏遲飢悲哀，其實是換兩次韻，依霏悲哀是微部，遲飢是脂部。《鼓鐘》押喈湝悲回，其實是換韻，喈湝是脂部，悲回是微部。《周南・葛覃》首章押脂部萋喈，而飛字不入韻；三章押微部歸衣，而私字不入韻。《邶風・谷風》押微部違畿，而遲邇不入韻。《邶風・北風》押微部霏歸，而喈字不入韻。《小雅・巧言》押脂部麋階，而伊几非韻。《四月》押微部腓歸，而淒字不入韻。《谷風》押菲體違死，正如《邶風・靜女》押荑異美貽一樣，這是一種交韻，菲違屬微部，是奇句韻；體死屬脂部，是偶句韻。

王力把《詩經》中脂微押韻做了一個統計，在 110 個押韻的地方，脂微分用者 84 處，約佔全數四分之三；脂微合韻者 26 處，不及全數四分之一。最可注意的是，長篇用韻不雜的例子。例如《大雅・板》五章押懠毗迷尸屎葵師資，《小雅・大東》一章押匕砥矢履視涕，《周頌・載芟》押濟秭醴妣禮，《丰年》押秭醴妣禮皆，《衛風・碩人》二章押荑脂蠐犀眉，都用的是脂部，不雜微部一字；《齊風・南山》押崔綏歸歸懷，《大雅・雲漢》押推雷遺遺畏摧，都用的是微部，不雜脂部一字。這些都不能認爲是偶然的現象。

（《詩・衛風・碩人》首章：「碩人其頎。衣錦褧衣。齊侯之子，衛侯之妻。東宮之妹，邢侯之姨。譚公維私。手如柔荑。膚如凝脂。領如蝤蠐。齒如瓠犀。螓首蛾眉。巧笑倩兮。美目盼兮。」《詩・豳風・七月》二章：「春日遲遲。采蘩祁祁。女人傷悲。殆及公子同歸。」《詩・小雅・采薇》六章：「昔我往矣，楊柳依依。今我來思，雨雪霏霏。行道遲遲。載渴載飢。我心傷悲。莫知我哀。」《詩・小雅・鼓鐘》二章：「鼓鐘喈喈。淮水湝湝。憂心且悲。淑人君子，其德不回。」《詩・周南・葛覃》首章：「葛之覃兮，施于中谷。維葉萋萋。黃鳥于飛，集于灌木。其鳴喈喈。」《詩・邶風・谷風》二章：「行道遲遲，中心有違。不遠伊邇，薄送我畿。誰謂荼苦，其甘如薺。宴爾新昏，如兄如弟。」《詩・邶風・北風》二章：「北風其喈。雨雪其霏。惠而好我，攜手同歸。其虛其邪。既亟只且。」《詩・小雅・巧言》六章：「彼何人斯，居河之麋。無拳無勇，職爲亂階。既微且尰，爾勇伊何。爲猶將多。爾居徒幾何。」《詩・小雅・四月》二章：「秋日淒淒。百卉具腓。亂離瘼矣，爰其適歸。」《詩・大雅・板》五章：「天之方懠。無爲夸毗。威儀卒迷。善人載尸。民之方殿屎。則莫我敢葵。喪亂蔑資。曾莫惠我師。」《詩・小雅・大東》一章：「有饛簋飧，有捄棘匕。周道如砥。其直如矢。君子所履。小人所視。睠言顧之，潸然出涕。」《詩・周頌・載芟》：「載穫濟濟。有實其積，萬億及秭。爲酒爲醴。烝畀祖妣。以洽百禮。」《詩・周頌・豐年》：「亦有高廩，萬億及秭。爲酒爲醴。烝畀祖妣。以洽百禮。降福孔皆。」《詩・齊風・南山》首章：「南山崔崔。雄狐綏綏。魯道有蕩，齊子由歸。既曰歸止。曷又懷止。」《詩・大雅・雲漢》三章：「旱既大甚，則不可推。兢兢業業，如霆如雷。周餘黎民，靡有孑遺。昊天上帝，則不我遺。胡不相畏，先祖于摧。」）

（1）緝侵分立緝部和侵部本來是不相押韻的。《秦風・小戎》二章被顧炎武認爲是押驂合軜邑念，按《小戎》原文是："騏騮是中。騧驪是驂。龍盾之合。鋈以觼軜。言念君子，溫其在邑。方何爲期。胡然我念之！"這是以中驂爲韻，押侵部，合軜邑爲韻，換押緝部，期之爲韻，換押之部，念字非韻。《小雅・常棣》七章被顧炎武認爲是合琴翕湛押韻，其實這是交韻，單句押合翕，屬緝部，雙句押琴湛，屬侵部。

（《詩・小雅・常棣》七章：「妻子好合。如鼓瑟琴。兄弟既翕。和樂且湛。」）

（m）葉談分立按葉部與談部在《詩經》中並無轇轕，只因顧炎武的侵談不分，他既認爲緝侵同部，自然葉談也同部了。江永、段玉裁拘於平入相配，沒有讓緝葉混爲一部。到了王念孫和江有誥，才把這兩部各自獨立起來了。[10]

㈡爲什麼陰陽兩分法和陰陽入三分法形成了兩大派別

顧炎武的古韻十部，事實上是陰陽兩分法，因爲他把入聲歸入了陰聲。段玉裁的古韻十七部，事實上也是陰陽兩分法，只不過他以質屬眞，步驟稍爲有點亂罷了。孔廣森的古韻十八部開始

10　王氏原注：「戴震也把這兩部獨立起來，那是從陰陽入三分的角度來看的，與王念孫、江有誥不同。」

標明陰陽，並且宣稱古代除緝合等閉口音以外沒有入聲。而他的“合類”（即緝合等閉口音）是歸入陰聲去的。王念孫和江有誥雖沒有區分陰陽，看來也不主張陰陽入截然分爲三類。章炳麟作“成韻圖”，把月物質三部（他叫做泰隊至）歸入陰界，緝葉兩部（他叫緝盍）歸入陽界，仍然是陰陽兩分。江永把入聲另分八部，并主張數韻共一入，這是陰陽入三分的先河。戴震認爲入聲是陰陽相配的樞紐，所以他的古韻九類廿五部是陰陽入三聲分立的。應該指出，戴氏和江永的古韻分部的性質還是很不相同的。江永只分古韻爲十三部，而沒有分爲廿一部（連入聲），他還不能算是陰陽入三分，入聲還沒有和陰陽二聲分庭抗禮。到了戴震，入聲的獨立才很清楚了。但是，戴震的入聲概念和黃侃的入聲概念是不同的。戴震的入聲是《廣韻》入聲，所以祭泰夬廢不算入聲；黃侃的入聲是《詩經》的入聲，所以祭泰夬廢算是入聲。黃侃承受了段玉裁古無去聲之說，更進一步主張古無上聲，這樣就只剩下平入二類，平聲再分陰陽，就成了三分的局面。用今天語音學的術語來解釋，所謂陰聲，就是以元音收尾的韻部，又叫做開口音節；所謂陽聲，就是以鼻音收尾的韻部；所謂入聲，就是以清塞音p、t、k收尾的韻部。這樣分類是合理的。陰陽兩分法和陰陽入三分法的根本分歧，是由於前者是純然依照先秦韻文來作客觀的歸納，後者則是在前者的基礎上，再按照語音系統逕行判斷。這裏應該把韻部和韻母系統區別開來。韻部以能互相押韻爲標準，所以只依照先秦韻文作客觀歸納就夠了；韻母系統則必須有它的系統性（任何語言都有它的系統性），所以研究古音的人必須從語音的系統性著眼，而不能專憑材料。

具體說來，兩派的主要分歧表現在職覺藥屋鐸錫六部是否獨立。這六部都是收音於-k的入聲字。如果併入了陰聲，我們怎樣了解陰聲呢？如果說陰聲之幽宵侯魚支六部既以元音收尾，又以清塞音-k 收尾，那麼，顯然不是同一性質的韻部，何不讓它們分開呢？況且，收音於-p 的緝葉、收音於-t 的質物月都獨立起來了，只有收音於-k的不讓它們獨立，在理論上也講不通。既然認爲同部，必須認爲收音是相同的。要末就像孔廣森那樣，否認上古有收-k 的入聲[11]，要末就像西洋某些漢學家所爲，連之幽宵侯魚支六部都認爲也是收輔音的[12]。我們認爲兩種做法都不對：如果像孔廣森那樣，否定了上古的-k 尾，那麼中古的-k 尾是怎樣發展來的呢？如果像某些漢學家那樣，連之幽宵侯魚支六部都收塞音（或擦音），那麼，上古漢語的開音節那樣貧乏，也是不能想像的。王力之所以放棄了早年的主張，采用了陰陽入三聲分立的說法，就是這個緣故。

㈢如何對待上古聲調問題

關於上古的聲調，從來就有各種不同的意見。顧炎武主張四聲一貫，他承認古有四聲，承認“平聲音長，入聲音短”，承認“平多韻平，仄多韻仄”，但是他同時認爲“上或轉爲平，去或轉爲平上，入或轉爲平上去，則在歌者之抑揚高下而已”。這樣，他是主張歌者可以臨時轉變聲調的。江永說：“平自韻平，上去入自韻上去入者恒也。亦有一章兩聲或三四聲者，隨其聲諷誦詠歌，亦自諧適，不必皆出一聲。如後人詩餘歌曲，正雜用四聲，詩韻何獨不然？”江氏的主張與顧氏頗有不同，他不承認臨時變調，而認爲異調相押，只是四聲雜用，其說自比顧氏高出一

11　王氏原注：「孔氏同時還否認上古有收-t 的入聲，這裏不牽涉到收-t 的問題，所以只談收-k 的問題。」

12　王氏原注：「例如西門（Walter Simon）和高本漢（B. Karlgren）西門做得最徹底，六部都認爲是收濁擦音-ɣ；高本漢顧慮到開口音節太少了，所以只讓之幽宵支四部及魚部一部份收濁塞音-g。」

籌。江永堅持入聲不能轉爲平上去，他說："入聲與去聲最近，詩多通爲韻，與上聲韻者間有之，與平聲韻者少，以其遠而不諧也。韻雖通而入聲自如其本音，顧氏於入聲皆轉爲平、爲上、爲去，大謬！"段玉裁以爲古無去聲。他說：「古平上爲一類，去入爲一類；去與入一也。上聲備於三百篇，去聲備於魏晉。"仔細體會他的語意，似乎《詩經》時代以前只有平聲，但到了《詩經》時代已經有了上聲。黃侃更進一步，以爲《詩經》時代也沒有上聲，於是只有平入兩聲。孔廣森則以爲除閉口韻外，古無入聲。王念孫以爲古有四聲，但是有些韻部是四聲俱備的，有些是有去入而無平上的，有些是有入而無平上去的。江有誥在《古韻凡例》中曾說"古無四聲，确不可易"，但是到了《唐韻四聲正》裏，卻又說："至今反復紬繹，始知古人實有四聲，特古人所讀之聲與後人不同。"王國維別開生面，創爲五聲之說，因爲他看見《詩經》中凡陽聲韻都只有一聲，就認爲是另一種聲調，與四聲幷列則成陰陽上去入五聲。

我們應該怎樣看待上古聲調問題呢？首先是入聲問題需要討論。我們可以從兩個角度來看入聲：第一，入聲是以-p、-t、-k收尾的，這是韻母問題，從這個角度看，段氏所謂去入爲一類是正確的，《廣韻》裏的去聲字，大部分在上古都屬入聲；第二，入聲是一種短促的聲調，這是聲調問題，從這個角度看，段氏所謂古無去聲是不對的，因爲《廣韻》裏陰韻去聲字雖然大部分在上古收音於-t、-k，但是它們不可能與《廣韻》裏的入聲字完全同調，否則後代沒有分化的條件，不可能發展爲兩聲。我們認爲上古有兩種入聲，一種是長入，到中古變爲去聲；一種是短入，到中古仍是入聲。當然長入也可以稱爲去聲，只不過應該把上古的去聲字了解爲以-p、-t、-k 收音罷了。

我們不能說上古沒有上聲。依段玉裁《六書音韻表・詩經韻分十七部表》所載，之幽侯魚脂等也有上聲，甚至陽聲韻中，段氏所認爲沒有上聲的，也不一定眞是沒有上聲。如《小雅・巷伯》押錦甚，《陳風・澤陂》押萏儼枕，《商頌・長發》押勇動竦總，《齊風・南山》押兩蕩，《小雅・北山》押仰掌，《楚茨》押盡引，《邶風・柏舟》押轉卷選，《靜女》押孌管，《邶風・載馳》押反遠，《周頌・執競》押簡反反等，也都不能不認爲上聲。

我們認爲江永四聲雜用的意見是正確的。不同聲調可以押韻，至今民歌和京劇、曲藝都是這樣的。甚至入聲也可以跟陰聲押韻，只要元音相同，多了一個唯閉音收尾還是勉強相押，這叫做“不完全韻”。

我們的結論是：上古陰陽入各有兩個聲調，一長一短，陰陽的長調到後代成爲平聲，短調到後代成爲上聲；入聲的長調到後代成爲去聲（由於元音較長，韻尾的塞音逐漸失落了），短調到後代仍爲入聲。

㈣諧聲偏旁和上古韻部的關係是怎樣的

在很早的時侯，就有人注意到諧聲偏旁和古韻部的關係。宋徐蕆爲吳棫的《韻補》作序說：“殊不知音韻之正，本之字之諧聲，有不可易者。如霾爲亡皆切，而當爲陵之切者，因其以貍得聲；浼爲每罪切，而當爲美辨切，因其以免得聲。有爲云九切，而賄痏洧鮪皆以有得聲，則當爲羽軌切矣；皮爲蒲糜切，而波坡頗跛皆以皮得聲，則當爲蒲禾切矣。”江永《古韻標準》也常常講到諧聲偏旁，例如以暉入眞部，注云軍聲。到了段玉裁，更明確地提出：“同諧聲者必同部。”江有誥因古韻分部及具體歸字都與段氏有所不同，所以他又作《諧聲表》。孔廣森在《詩聲類》中，也開列各部偏旁之見於詩者，以與《詩經》用韻相印証。

我們認爲諧聲偏旁與上古韻部的關係實在非常密切的。但不像徐蕆所說的上古的音讀“本之字諧聲”，而是相反，字的諧聲偏旁是根據上古的詞的讀音。諧聲偏旁能夠反映古韻部的一些情況，即“同諧聲者必同部”。但是《詩經》時代離開造字時代巳經很遠，語音巳經有了發展，當《詩經》用韻與諧聲偏旁發生矛盾時，仍當以《詩經》爲標準。例如顒字，《詩經》旣拿來押公字（《小雅・六月》），就不必再歸入侯部；儺字，《詩經》旣拿來押左傞，就不必再歸入元部。這叫做陰陽對轉：顒从禺聲而入東部，是東侯對轉，儺从難聲而入歌部，是元歌對轉。陽聲和入聲也可以對轉，如《小雅・大田》以螣賊相押，螣字就不必再歸入蒸部，而應該直接歸入職部。《齊風・甫田》以桀怛相押，怛字就不再把它歸入元部，而應該直接歸入月部。陰聲和入聲也可以對轉，如《唐風・揚之水》以鑿襮沃樂相押，《小雅・隰桑》以沃樂相押，沃字就不必歸入宵部。

這裏我們也作一個諧聲表，以偏旁之見於詩者爲準。同時在每部附列一些散字，表示這些字巳經從諧聲偏旁所屬的韻部轉到這個韻部來了。」[13]

四、曾運乾三十攝：

曾運乾，字星笠，晚自號棗園，（1884-1945）湖南益陽人。氏於聲韻之學創獲甚衆，如〈切韻五聲五十一類考〉、〈喻母古讀考〉等皆著於世，其分古韻爲三十部，未見正式發表，公

13 諧聲表今從省，讀者欲知其詳，請參見《漢語音韻》182頁-194頁。（1984年3月中華書局香港分局重印本。）

之於世。楊樹達《積微居小學述林》卷七〈曾星笠傳〉述及曾氏之古韻分部云：

「古韻分部，自清儒顧、江、戴、段以下，至近日餘杭章氏，分析益精，江慎修繼顧亭林之後，析《廣韻》之眞諄臻文殷魂痕先爲一部，元寒桓刪山仙爲一部。段氏承之，更析眞臻先與諄文殷魂痕爲二。戴氏與段氏書，謂江先生分眞以下十四韻爲二，今又分眞以下爲三，詎脂微齊皆灰不分爲二，蓋嫌其陽聲三分而陰聲只二分，不相稱合也。於是戴氏仍返從江氏之說，取段氏所分之眞諄二部合而一之。君謂段氏知眞諄之當分爲二，而不悟脂微齊皆灰之當分，非也。戴氏因脂微齊皆灰之未分，而並取眞諄之應分爲二者合之，尤非也。齊與先對轉，故陸韻以屑配先，灰與痕魂對轉，故以沒配痕。三百篇雖間有出入，然其條理自在也。君既析齊於微，與屑先相配，又參稽江段孔王朱章諸家之成說。定爲陰聲九部，入聲十一部，陽聲十部，合之爲三十部，於是古韻分部臻於最密，無可復分矣。」

楊氏所述爲曾氏古韻三十部之首見於著錄者，然其三十部之名稱猶未揭示也，民國五十八年，余撰博士論文《古音學發微》時，見李國英《周禮異文考》，所言通假，以曾氏三十攝爲說，余鉤稽其所引用，僅得二十八攝，計陽聲八攝曰：安、㿉、因、嬰、央、應、音、奄八攝；陰聲九攝曰：阿、威、衣、益、烏、謳、幽、噫、夭九攝；入聲十一攝未有專稱但以陰聲九攝及陽聲音奄二攝各有入聲，其名即稱爲某攝入聲，如阿攝入聲、威攝入聲、衣攝入聲、益攝入聲、烏攝入聲、謳攝入聲、幽攝入聲、噫攝入聲、夭攝入聲、音攝入聲、奄攝入聲等十一攝。以其未備三十之數，因走訪李國英氏，承告曾氏三十攝，未經發表，其所據者，乃魯實先師之手抄本，陽聲有邕、宮二攝之名，亦李氏所告知，謹致謝忱。實則曾氏三十攝較黃侃二十八部所多出者，乃將黃氏灰部分爲威、衣二攝，然威、衣二字實爲同部，皆屬王力微部，觀李氏所用，似以威表微部，衣表脂部。曾氏以衣表脂部音，若非後人誤引，則其標目不當，衣攝宜換作翳攝或伊攝，方可以表脂部，而免致混淆，惜實先師久歸道山，未克當面討論，殊爲可憾。魯師弟子多喜用曾氏三十攝，是否可斟酌改名，以免混淆不清。又陰聲益攝，實所以表支部之音，然益爲入聲字，以之代表陰聲韻攝，亦所不宜，謂宜按戴震標目改作娃，則無遺憾矣。持曾氏三十攝與王力晚年三十部相較，竟若析符之復合，豈非知者之所見略同耶，因爲表而出之。

王力	曾運乾	王力	曾運乾
之部	噫攝	錫部	益攝入聲
職部	噫攝入聲	耕部	嬰攝
蒸部	應攝	歌部	阿攝
幽部	幽攝	月部	阿攝入聲
覺部	幽攝入聲	元部	安攝
冬部[14]	宮攝	脂部	衣攝[16]
宵部	夭攝	質部	衣攝入聲
藥部	夭攝入聲	眞部	因攝
侯部	謳攝	微部	威攝
屋部	謳攝入聲	物部	威攝入聲
東部	邕攝	文部	昷攝
魚部	烏攝	緝部	音攝入聲
鐸部	烏攝入聲	侵部	音攝
陽部	央攝	葉部	庵攝入聲
支部	益攝[15]	談部	庵攝

14 王力冬部併於侵，然其侵部之偏旁自冬聲至宋聲，即冬部字也。

因曾氏三十攝未列諧聲表，後人用者每以段玉裁十七部諧聲表相換算，而常有錯誤，今以王力三十部相對照，則查王力之諧聲偏旁表即可知曾氏三十攝為何攝，故為之列對照表如上。

余作此說竟，又得見曾氏弟子郭晉稀氏為曾氏所整理之《音韻學講義》，於古音三十部之名稱，乃有較清析之概念，茲錄其三十部於下：

陰聲	入聲	陽聲
咍第一 咍、之	德第二 德、職	登第三 登、蒸
齊半第四 齊、支、佳	錫第五 錫、昔、麥	青第六 青、清、耕
歌戈第七 歌、戈、支、麻	曷末第八 曷、末、薛、鎋、月	寒桓第九 寒、桓、仙、刪、元
灰第十 灰、脂、皆、微	沒第十一 沒、迄、術、黠、物	痕魂第十二 痕、魂、欣、諄、山、文
齊半第十三 齊、脂、皆、微	屑第十四 屑、質、櫛	先第十五 先、眞、臻
模第十六 模、魚、麻	鐸第十七 鐸、藥、陌	唐第十八 唐、陽、庚
侯第十九 侯、虞	屋第二十 屋、燭、覺	東第廿一 東、鍾、江
蕭第廿二 蕭、尤、幽	沃第廿三 沃	冬第廿四 冬
豪第廿五 豪、宵、肴	鐸半第廿六 鐸、藥	
	合第廿七 合、緝、洽、乏	覃第廿八 覃、侵、咸、凡
	怗第廿九 怗、盍、葉、狎、業	添第三十 添、談、鹽、銜、嚴

曾氏三十部實據黃侃古韻二十八部為基礎，將《廣韻》齊韻一分為二，半與支佳合，以配入聲錫昔麥，陽聲青清耕；半與脂

15 曾運乾以益攝代表支部欠妥，益乃入聲字非陰聲也。應從戴震以娃代表支部較合音理。

16 曾運乾以衣攝代表脂部亦欠妥，衣字乃微部字，即曾氏威攝字，非脂部字也，宜改作伊攝，較合於音理。

微合，以配入聲屑質櫛，陽聲先眞臻。另將黃氏與豪相配之沃韻，移以表蕭之入，以配陰聲蕭尤幽。復析鐸藥之半與麥合，以配陰聲模魚麻，陽聲唐陽耕；析鐸藥之另半，移以表豪之入，以配陰聲豪宵肴。其說有得有失，其得者，將齊韻析爲二，一以配錫青，一以配屑先是也。移沃以配蕭則非，蓋蕭爲四等韻，沃爲一等韻，非其類也。析鐸之半以配豪，其說亦非，鐸韻偏旁，非豪之類也。當析錫之半以配蕭，而仍依黃侃以沃配豪爲得也。

以此三十部與三十攝對照，則咍第一爲噫攝、德第二爲噫攝入聲、登第三爲應攝；齊半第四爲益攝、錫第五爲益攝入聲、青第六爲嬰攝；歌戈第七爲阿攝、曷末第八爲阿攝入聲、寒桓第九爲安攝；灰第十爲威攝、沒第十一爲威攝入聲、痕魂第十二爲昷攝；齊半第十三爲衣攝、屑第十四爲衣攝入聲、先第十五爲因攝；模第十六爲烏攝、鐸第十七爲烏攝入聲、唐第十八爲央攝；侯第十九爲謳攝、屋第二十爲謳攝入聲、東第廿一爲翁攝；蕭第廿二爲幽攝、沃第廿三爲幽攝入聲、冬第廿四爲宮攝；豪第廿五爲夭攝、鐸半第廿六爲爲夭攝入聲；合第廿七爲音攝入聲、覃第廿八爲音攝；怗第廿九爲庵攝入聲、添第三十爲爲庵攝。余撰〈曾運乾古韻三十攝榷議〉一文，考訂曾氏衣攝標目不當，當改稱伊攝，因衣字屬灰部第十，伊字方屬齊半第十三，屑第十四當稱伊攝入聲；益攝亦標目不當，當改稱娃攝，因爲益爲入聲昔韻字，非陰聲韻字，陰聲韻攝自以陰聲字標目爲是，故齊半第四部當改稱娃攝， 錫第五部當改稱娃攝入聲。曾氏三十攝之攝名，郭晉稀與李國英、蔡信發尚有翁攝與邕攝名稱之別，未知孰是。余嘗據蔡信發〈曾運乾古音三十攝表正補〉補綴曾氏三十攝諧聲表〉於拙箸《古音研究》[17]。

17 請參見《古音研究》295 頁-301 頁。

五、羅常培、周祖謨之三十一部：

羅常培、周祖謨合著《漢魏晉南北朝韻部演變研究・第一分冊》於第二節論及周秦韻部與兩漢韻部的分合時說道：

「自段玉裁分古韻為十七部以後，戴震、王念孫、孔廣森、江有誥幾家續有修訂，在韻類的分辨上已經建立了很好的基礎。王氏晚年定古韻為二十二部：

1	東			
2	冬			
3	蒸			
4	侵			
5	談			
6	陽			
7	耕			
8	眞			
9	諄			
10	元			
11	歌			
12	支	紙	忮	錫
13			至	質
14	脂	旨	口	術
15			祭	月
16				盍
17				緝
18	之	止	志	職
19	魚	語	御	鐸

20 侯 厚 候 屋
21 幽 有 黝 毒
22 宵 小 笑 藥

這種分法已經很精細，一般討論周秦古音的人都以此爲根據，可是按著諧聲的條理，其中十三、十四兩部還應當重新分劃一下。因爲王氏《古韻譜》內脂部所包括的《廣韻》脂微齊支灰咍皆諸韻字在《詩經》押韻上似乎通用不分，在諧聲上實際不同。簡單來說：微灰咍三韻和脂皆兩韻合口是一類，脂皆兩韻開口和支齊兩韻是一類。因此近人主張把脂部分爲脂微兩部：前者爲微部，跟入聲術韻相承[18]；後者爲脂部，跟入聲質韻相承。現在把入聲韻跟陰聲韻分開，排列如下：

1	之	11	蒸	21	職
2	幽	12	冬	22	沃
3	宵			23	藥
4	侯	13	東	24	屋
5	魚	14	陽	25	鐸
6	歌				
7	支	15	耕	26	錫
8	脂	16	眞	27	質
9	微	17	諄	28	術
10	祭	18	元	29	月
		19	談	30	盍
		20	侵	31	緝

18 原注：詳見王力《上古韻母系統研究》（《清華學報》・12卷3期）

這樣一共分爲三十一部。其中陰聲歌部沒有相承的入聲韻，入聲韻盍緝兩部沒有相承的陰聲韻，大體上分配得很整齊[19]。這是經過許多人的考訂，從考古審音兩方面所得的比較可信的類別。」

第十三節　今定古韻爲三十二部之理由

經由前面十四節之敘述，古韻分部自鄭庠《詩古音辨》分六部以來，歷經顧炎武、江永、戴震、段玉裁、孔廣森、王念孫、江有誥、章炳麟、黃侃、黃永鎮、錢玄同、王力、羅常培、周祖謨諸家之研究，若以羅常培、周祖謨之三十一部，加上黃侃的談添盍怗分四部說所分出的添怗兩部，則古韻分部最後的結果爲三十三部。然羅、周二氏三十一部中之祭部，即休寧戴氏所分的靄部，這一部能否獨立成部？實仍有探討的必要。王力《漢語音韻》談到古韻的分合時說：「如果从分不从合，把冬侵分立，陰陽入三聲相配可以共有三十部。」王氏自注說：「能不能加上祭部，成爲三十一部呢？我們認爲是不能的，因爲去聲的祭泰夬廢和入聲月曷末等韻無論就諧聲偏旁說，或就《詩經》用韻說，都不能割裂爲兩部。王念孫、章炳麟、黃侃把它們分爲一部是完全正確的，戴震分爲兩部是錯誤的。」

王力的這一看法是很有見地的。羅、周二氏雖將祭、月分開，但也在註中說：「祭、月兩部前人定爲一部，現在把去入兩類分立。」去入是否可以分立的問題，牽涉的面比較廣，但是有一個簡單的檢驗方法，祭、月的關係，就像至、質與隊、沒一

19　原注：祭月兩部前人定爲一部，現在把去入兩類分立，沃部即王念孫所稱的毒部。

樣，如果至、沒有與質分開爲兩部、隊沒有與沒分開成兩部的話，則祭與月也就沒有理由要讓它們分開成兩部了。祭部既然不能從月部獨立，則古韻分部最後當是三十二部，故我在《古音學發微》裏就是據此釐定爲古韻十二類三十二部，到現在我的觀點仍沒有改變。此三十二部之定，實際上是全本昔賢所分，沒有絲毫個人的臆見參雜其間的。至於三十二部古韻的名稱，則爲我所定，本來，韻部的名稱，只是個符號，且昔賢於古韻部目，亦多有不同，彼此也不一致，不過大多數古韻學家，都借用《廣韻》的韻目，因爲借用《廣韻》的韻目以稱說古韻，一則已成習慣，有助記憶，故今亦沿用之。昔賢所用的《廣韻》韻目名稱也頗不一致，今參酌選取，按著下列三項標準：

【一】所用來標示古韻的韻目，這個字本身一定要在此部古韻中，不可用它部的字，以免發生混淆。如稱支不稱齊（因爲齊在古韻的脂部）；稱微不稱灰（灰在古韻之部）；稱眞不稱先（先在古韻的諄部）。

【二】用來標示入聲諸部的《廣韻》韻目，必須用《廣韻》入聲韻目，不用去聲韻目。如稱質不稱至；稱月不稱祭；稱沒不稱隊。

【三】韻部標目，最好用最初創立者所定的部目，以旌揚初創者的功勞。但是必須符合前兩項原則爲前題，如有不合，則遞次類推。如稱東不稱鍾，從鄭氏也；稱陽不稱唐，從顧氏也。稱月不稱遏，遏雖爲戴氏所首創，但非韻目，故用其次一家王念孫《韻譜稿》所用之月是也。

茲將今所定十二類三十二部名稱列後：括弧內爲創立者之姓名，及今所取名之所本。

第一類：

〔一〕歌（顧炎武所立。）　〔二〕月（王念孫所立，原名祭部，今從韻譜稿改稱月。）〔三〕元（江永所立。）

第二類：

〔四〕脂（段玉裁所立。）　〔五〕質（王念孫所立，原名至部，今從韻譜稿改稱質。）〔六〕眞（鄭庠所立。）

第三類：

〔七〕微（王力所立。）　〔八〕沒（章炳麟所立，原名隊部，非入聲韻目，今從黃侃改爲沒部。）　〔九〕諄（段玉裁所立。）

第四類：

〔十〕支（鄭庠所立。）　〔十一〕錫（戴震所立，原名戹部，戹非韻目，今從黃侃改爲錫部。）　〔十二〕耕（顧炎武所立。）

第五類：

〔十三〕魚（鄭庠所立。）　〔十四〕鐸（戴震所立，原名堊部，堊非韻目，今從黃侃改爲鐸部。）　〔十五〕陽（顧炎武所立）

第六類：

〔十六〕侯（段玉裁所立。）　〔十七〕屋（戴震所立。）〔十八〕東（鄭庠所立。）

第七類：

〔十九〕宵（鄭庠所立，原名蕭部，蕭非本部字，今從孔廣森改爲宵部。）　〔二十〕藥（戴震所立，原名約部，約非韻目，今從王力定名爲藥部。）

第八類：

〔二十一〕幽（江永所立，原名尤部，尤非本部字，今從孔廣森改為幽。）〔二十二〕覺（姚文田所立，原名匊部，匊非韻目，今從錢玄同改名覺部。）〔二十三〕冬（孔廣森所立。）

第九類：

〔二十四〕之（段玉裁所立。）〔二十五〕職（戴震所立，原名億部，億非韻目，今從王力定名職部。）〔二十六〕蒸（顧炎武所立。）

第十類：

〔二十七〕緝（戴震所立，原名邑部，邑非韻目，今從王念孫改作緝部。）

〔二十八〕侵（鄭庠所立。）

第十一類：

〔二十九〕怗（黃侃所立。）〔三十〕添（黃侃所立。）

第十二類：

〔三十一〕盍（戴震所立，原名諜部，諜非韻目，今從王念孫改為盍部。）〔三十二〕談（江永所立。）

以上十二類三十二部，及綜合諸家古韻分部而成，茲再將余所定三十二部與諸家所定古韻部對照如下表：

<table>
<tr><th>鄭　庠六部</th><th>顧炎武十部</th><th>江　永十三部</th><th>段玉裁十七部</th><th>戴　震廿五部</th><th>孔廣森十八部</th><th>王念孫廿一部</th><th>江有誥廿一部</th><th>章炳麟廿三部</th><th>黃　侃三十部</th><th>錢玄同廿八部</th><th>曾運乾三十部</th><th>王　力廿九部</th><th>羅常培周祖謨卅一部</th><th>陳新雄卅二部</th></tr>
<tr><td rowspan="5">東 1</td><td rowspan="2">東 1</td><td rowspan="2">東 1</td><td rowspan="2">東 9</td><td rowspan="2">翁 7</td><td>東 5</td><td rowspan="2">東 1</td><td>東 15</td><td>東 14</td><td>東 18</td><td>鍾 17</td><td>邕 21</td><td>東 10</td><td>東 13</td><td>東 18</td></tr>
<tr><td>冬 6</td><td>中 16</td><td>冬 16</td><td>冬 21</td><td>冬 20</td><td>宮 24</td><td>併侵</td><td>冬 20</td><td>冬 23</td></tr>
<tr><td>陽 7</td><td>陽 8</td><td>陽 10</td><td>央 10</td><td>陽 4</td><td>陽 5</td><td>陽 14</td><td>陽 2</td><td>唐 14</td><td>陽 14</td><td>央 18</td><td>陽 13</td><td>陽 14</td><td>陽 15</td></tr>
<tr><td>耕 8</td><td>庚 9</td><td>庚 11</td><td>嬰 13</td><td>丁 2</td><td>耕 6</td><td>庚 13</td><td>青 4</td><td>青 11</td><td>耕 11</td><td>嬰 6</td><td>耕 16</td><td>耕 15</td><td>耕 12</td></tr>
<tr><td>蒸 9</td><td>蒸 10</td><td>蒸 6</td><td>膺 4</td><td>蒸 8</td><td>蒸 2</td><td>蒸 17</td><td>蒸 12</td><td>登 24</td><td>登 24</td><td>應 3</td><td>蒸 3</td><td>蒸 11</td><td>蒸 26</td></tr>
<tr><td rowspan="10">支 2</td><td rowspan="10">支 2</td><td rowspan="10">支 2</td><td rowspan="2">支 16</td><td>娃 14</td><td rowspan="2">支 11</td><td rowspan="2">支 11</td><td rowspan="2">支 7</td><td rowspan="2">支 3</td><td>齊 9</td><td>佳 9</td><td>益 4</td><td>支 14</td><td>支 7</td><td>支 10</td></tr>
<tr><td>戹 15</td><td>錫 10</td><td>錫 10</td><td>益入 5</td><td>錫 15</td><td>錫 26</td><td>錫 11</td></tr>
<tr><td rowspan="6">脂 15 併於眞
併於脂</td><td rowspan="2">衣 17</td><td rowspan="6">脂 12</td><td rowspan="3">脂 13</td><td rowspan="4">脂 8</td><td rowspan="2">脂 8</td><td rowspan="2">灰 4</td><td rowspan="2">微 4</td><td>衣 13</td><td>脂 20</td><td>脂 8</td><td>脂 4</td></tr>
<tr><td>威 10</td><td>微 23</td><td>微 9</td><td>微 7</td></tr>
<tr><td rowspan="2">乙 18</td><td>隊 7</td><td>沒 3</td><td>物 5</td><td>威入 11</td><td>物 24</td><td>術 28</td><td>沒 8</td></tr>
<tr><td>至 12</td><td>至 5</td><td>屑 1</td><td>質 7</td><td>衣入 14</td><td>質 21</td><td>質 27</td><td>質 5</td></tr>
<tr><td>靄 20</td><td rowspan="2">祭 14</td><td rowspan="2">祭 9</td><td rowspan="2">泰 11</td><td rowspan="2">曷末 6</td><td rowspan="2">月 2</td><td rowspan="2">阿入 8</td><td rowspan="2">月 18</td><td>祭 10</td><td rowspan="2">月 2</td></tr>
<tr><td>遏 21</td><td>月 29</td></tr>
<tr><td rowspan="2">之 1</td><td>噫 5</td><td rowspan="2">之 17</td><td rowspan="2">之 17</td><td rowspan="2">之 1</td><td rowspan="2">之 19</td><td>咍 22</td><td>咍 22</td><td>噫 1</td><td>之 1</td><td>之 1</td><td>之 24</td></tr>
<tr><td>億 6</td><td>德 23</td><td>德 23</td><td>噫入 2</td><td>職 2</td><td>職 21</td><td>職 25</td></tr>
<tr><td rowspan="3">魚 3</td><td rowspan="2">魚 3</td><td rowspan="2">魚 3</td><td rowspan="2">魚 5</td><td>烏 2</td><td rowspan="2">魚 13</td><td rowspan="2">魚 13</td><td rowspan="2">魚 5</td><td rowspan="2">魚 1</td><td>模 12</td><td>魚 12</td><td>烏 16</td><td>魚 11</td><td>魚 5</td><td>魚 13</td></tr>
<tr><td>堊 3</td><td>鐸 13</td><td>鐸 13</td><td>烏入 17</td><td>鐸 12</td><td>鐸 25</td><td>鐸 14</td></tr>
<tr><td>歌 6</td><td>歌 7</td><td>歌 17</td><td>阿 1</td><td>歌 10</td><td>歌 10</td><td>歌 6</td><td>歌 10</td><td>歌戈 7</td><td>歌 1</td><td>阿 7</td><td>歌 17</td><td>歌 6</td><td>歌 1</td></tr>
</table>

<table>
<tr><th>鄭庠六部</th><th>顧炎武十部</th><th>江永十三部</th><th>段玉裁十七部</th><th>戴震廿五部</th><th>孔廣森十八部</th><th>王念孫廿一部</th><th>江有誥廿一部</th><th>章炳麟廿三部</th><th>黃侃三十部</th><th>錢玄同廿八部</th><th>曾運乾三十部</th><th>王力廿九部</th><th>羅常培周祖謨卅一部</th><th>陳新雄卅二部</th></tr>
<tr><td rowspan="3">眞 4</td><td rowspan="3">眞 4</td><td rowspan="2">眞 4</td><td>眞 12</td><td rowspan="2">殷 16</td><td rowspan="2">辰 3</td><td>眞 7</td><td>眞 12</td><td>眞 6</td><td>先 2</td><td>眞 8</td><td>因 15</td><td>眞 22</td><td>眞 16</td><td>眞 6</td></tr>
<tr><td>諄 13</td><td>諄 8</td><td>文 11</td><td>諄 9</td><td>魂痕 5</td><td>文 6</td><td>昷 12</td><td>文 25</td><td>諄 17</td><td>諄 9</td></tr>
<tr><td>元 5</td><td>元 14</td><td>安 15</td><td>原 1</td><td>元 9</td><td>元 10</td><td>寒 12</td><td>寒桓 8</td><td>元 3</td><td>安 9</td><td>元 19</td><td>元 18</td><td>元 3</td></tr>
<tr><td rowspan="6">蕭 5</td><td rowspan="6">蕭 5</td><td rowspan="2">蕭 6</td><td rowspan="2">蕭 2
併於尤</td><td>夭 11</td><td rowspan="2">宵 16</td><td rowspan="2">宵 21</td><td rowspan="2">宵 3</td><td rowspan="2">宵 21</td><td>豪 19</td><td>宵 19</td><td>夭 25</td><td>宵 6</td><td>宵 3</td><td>宵 19</td></tr>
<tr><td>約 12</td><td>沃 20</td><td>併於宵</td><td>夭入 26</td><td>藥 7</td><td>藥 23</td><td>藥 20</td></tr>
<tr><td rowspan="4">尤 11 併於魚</td><td rowspan="2">尤 3</td><td rowspan="3">謳 8</td><td rowspan="2">幽 15</td><td rowspan="2">幽 20</td><td rowspan="2">幽 2</td><td rowspan="2">幽 15</td><td rowspan="2">蕭 16</td><td>幽 18</td><td>幽 22</td><td>幽 4</td><td>幽 2</td><td>幽 21</td></tr>
<tr><td>覺 19</td><td>幽入 23</td><td>覺 5</td><td>沃 22</td><td>覺 22</td></tr>
<tr><td rowspan="2">侯 4
併於尤</td><td rowspan="2">侯 14</td><td rowspan="2">侯 19</td><td rowspan="2">侯 4</td><td rowspan="2">侯 13</td><td>侯 15</td><td>侯 15</td><td>謳 19</td><td>侯 8</td><td>侯 4</td><td>侯 16</td></tr>
<tr><td>屋 9</td><td>屋 17</td><td>燭 16</td><td>謳入 20</td><td>屋 9</td><td>屋 24</td><td>屋 17</td></tr>
<tr><td rowspan="6">侵 6</td><td rowspan="6">侵 10</td><td rowspan="2">侵 12</td><td rowspan="2">侵 7</td><td>音 23</td><td>綅 7</td><td>侵 3</td><td>侵 18</td><td>侵 17</td><td>覃 26</td><td>侵 26</td><td>音 28</td><td>侵 27</td><td>侵 20</td><td>侵 28</td></tr>
<tr><td>邑 23</td><td>合 18</td><td>緝 16</td><td>緝 21</td><td>緝 18</td><td>合 25</td><td>緝 25</td><td>音入 27</td><td>緝 26</td><td>緝 31</td><td>緝 27</td></tr>
<tr><td rowspan="4">覃 13</td><td rowspan="4">覃 8</td><td rowspan="2">醃 24</td><td rowspan="2">談 9</td><td rowspan="2">談 4</td><td rowspan="2">談 19</td><td rowspan="2">談 22</td><td>添 28</td><td rowspan="2">談 28</td><td rowspan="2">奄 30</td><td rowspan="2">談 29</td><td rowspan="2">談 19</td><td>添 30</td></tr>
<tr><td>談 30</td><td>談 32</td></tr>
<tr><td rowspan="2">諜 25</td><td rowspan="2">併於合</td><td rowspan="2">盍 15</td><td rowspan="2">葉 20</td><td rowspan="2">盍 23</td><td>怗 27</td><td rowspan="2">盍 27</td><td rowspan="2">奄入 29</td><td rowspan="2">葉 28</td><td rowspan="2">盍 30</td><td>怗 29</td></tr>
<tr><td>盍 29</td><td>盍 31</td></tr>
</table>

今定古韻何以確信爲三十二部？蓋蘄春黃君初於《廣韻》中求得古本韻二十八部，而與顧、江、戴段以來言古韻分部諸家冥

合而奄有衆長，後又益爲三十部，愈加精密，實言古韻分部者之最大創見。今即以黃侃古韻三十部爲基礎，而益以姚文田氏所分之匊部，即錢玄同、王力所稱之覺部，王力所分之微部，總計爲三十二部，此即自古韻分部以來所得之最後結果。雖然後來余迺永在他的《上古音系研究》裏，根據白一平（Baxter）的說法[1]，主張將宵、藥二部再析爲豪、沃與宵、卓四部，余迺永有一個很好的的理由，那就是三等韻的重紐，凡喉、牙、脣下分兩類者，都是上古音的來源不同，而宵部也正好有兩類重紐，自然也可以根據這一觀點，把它區分爲兩部。我覺得在理論上，他是可以站得住腳的。可是他拿藥部與宵部相配，藥部方面，他又說"獨三等之藥韻，中古已不分 A1.B1 兩類耳。"藥韻旣不分重紐，則其以重紐區分古韻部之理論，於藥部則有杆格。余氏以爲宵部諧聲歸一二三 B1 者爲：

毛高勞敖麃爻苗巢夭喬䍃囂朝晁𡿭肇表𤔔𡿺喿皃暴盜号羔杲顥兆刀交

諧聲歸二三 A1 四者爲：

尞堯梟幺票要猋焦料小了杳窅皛淼鬧弔釗皀笑尿

藥部一二三 B1 諧聲爲：

龠隺樂虐丵

二三 A1 四諧聲爲：

敫勺卓翟弱爵犖雀

凡宵部諧聲在一二三 B1 者，余氏稱作豪部；在二三 A1 四者，余氏稱作宵部。藥部亦然，前者稱爲沃部，後者謂之藥部。

1　白氏說見 Baxter "Studies in Old Chinese Rhyming: Some Further Results."

豪、宵、沃、藥之分界是否如此清析，則有重新檢查之必要。照余氏理論，則豪、沃兩部之諧聲應不出現於四等韻；反之，宵藥兩部之諧聲則不見於一等韻，今即以此標準檢閱《廣韻》，以察其分配情形，是否如余氏之所分析者。

余氏豪部的諧聲偏旁理應只見於一二三 B1，不應見於四等韻，但"兆"聲卻見於四等平聲蕭韻「吐彫切」下有祧佻挑朓恌𣂪庣銚趒聎；「徒聊切」下有跳佻越鮡；上聲篠韻「土了切」下有朓𨈬；「徒了切」下有窕𦫿眺誂挑「苦皎切」下有硄；去聲嘯韻「他弔切」下有眺覜趒咷頫絩；「徒弔切」下有銚；

"刀"聲蕭韻「都聊切」下有貂刟刁鴏蛁芀紹；「徒聊切」下有迢髫苕芀岧䛬；

"勞"聲蕭韻有膋；

"羔"聲蕭韻有窯顤；

"交"聲上聲篠韻「古了切」下有皎恔晈筊；去聲嘯韻「烏叫切」下有窔；

"喿"聲上聲篠韻「子了切」下有剿䕦；

余氏宵部的諧聲偏旁理應只見於二三A1 四，不應見於一等韻，但"尞"聲卻見於一等平聲豪韻「魯刀切」下有簝；上聲晧韻「盧晧切」下有𨻻獠轑橑潦尞；去聲号韻「郎到切」下有潦；

"堯"聲豪韻「奴巧切」下有撓。

是則余氏豪、宵二部之分，在諧聲字上，並無絕對劃分之可能。

至於《詩經》韻腳是否有分用的痕跡，我們不妨徹底把《詩經》宵、藥部的韻譜，拿來看看，是否可區分開來。經我檢查《詩經》韻腳的結果，在余氏豪、宵部兩部之中，大多數都是豪部獨韻，其次爲豪、宵合韻的韻例，至於宵部單獨押韻者，簡直不成比例。茲分析於下：

豪部獨用者：

《詩・邶風・凱風》首章：夭勞。《詩・鄘風・干旄》首章：旄郊。《詩・衛風・碩人》三章：敖郊驕鑣朝勞。《詩・衛風・河廣》二章：刀朝。《詩・衛風・木瓜》二章：桃瑤。《詩・王風・黍離》首章：苗搖。《詩・齊風・甫田》首章：驕忉。《詩・魏風・園有桃》首章：桃殽謠驕。《詩・魏風・碩鼠》三章：苗勞郊郊號。《詩・陳風・防有鵲巢》首章：巢苕忉。《詩・檜風・羔裘》首章：遙朝忉。《詩・曹風・下泉》四章：膏勞。《詩・小雅・鹿鳴》二章：蒿昭恌傚敖。《詩・小雅・出車》二章：郊旐旄。《詩・小雅・鴻雁》三章：嗷勞驕。《詩・小雅・白駒》首章：苗朝遙。《詩・小雅・十月之交》七章勞囂。《詩・小雅・蓼莪》首章：蒿勞。《詩・小雅・北山》五章：號勞。《詩・小雅・信南山》五章：刀毛膋。《詩・小雅・車舝》二章：鷮教。《詩・小雅・角弓》二章：教傚。《詩・小雅・黍苗》首章：苗膏勞。《詩・小雅・漸漸之石》首章：高勞朝。《詩・大雅・公劉》二章：瑤刀。

宵部獨用者：

《詩・邶風・柏舟》三章：悄小少摽。《詩・鄭風・蘀兮》二章：漂要。《詩・檜風・匪風》二章：飄嘌弔。

豪宵合用者：（宵部字＿識其下）

《詩・召南・采蘋》首章：藻潦。《詩・鄭風・清人》三章：消麃喬遙。《詩・小雅・角弓》七章：瀌消驕。《詩・大雅・旱麓》五章：燎勞。《詩・大雅・板》三章：寮囂笑蕘。

至若豪沃通韻之章，則可視爲豪部獨用者相等。其通韻者如下：（沃部字＿識其下）《詩・周南・關雎》五章：芼樂。《詩

・小雅・正月》十一章：沼樂炤虐。《詩・小雅・巧言》三章：盜暴。《詩・大雅・抑》十一章：藐教虐耄。《詩・大雅・韓奕》五章：到樂。

其有豪卓通韻之章，則可視為豪宵之通韻，其通韻者如下：（宵卓部字_識其下）

《詩・邶風・終風》首章：暴笑敖悼。《詩・衛風・氓》五章：勞朝暴笑悼。《詩・檜風・羔裘》三章：膏曜悼。《詩・魯頌・泮水》二章：藻蹻蹻昭笑教。

沃部獨用者：

《詩・鄭風・溱洧》首章：樂謔藥。《詩・鄭風・溱洧》二章：樂謔藥。《詩・唐風・揚之水》首章：鑿襮沃樂。《詩・秦風・晨風》二章：櫟駮樂。《詩・大雅・板》三章：虐謔蹻謔熇藥。《詩・魯頌・有駜》一、二、三章：樂樂樂。

卓部獨用者：

《詩・大雅・板》三章：削爵濯溺。

沃卓合用者：（卓部字_識其下）

《詩・邶風・簡兮》二章：籥翟爵。《詩・衛風・淇奧》三章：綽較謔虐。《詩・小雅・南有嘉魚》首章：罩樂。《詩・大雅・靈臺》三章：濯翯躍。《詩・大雅・崧高》四章：藐蹻濯。

從以上詩篇統計，宵部獨用者僅三章，卓部獨用者則更少，僅一章而已。甚至豪宵合用者尚有五章，較宵部獨用者尚多二章，沃卓合用者亦有四章，較卓部獨用者多出三章，可見宵部與卓部的獨立性確有問題。豪之與宵，沃之與卓，在諧聲上既難劃分，在《詩經》用韻上又絕無分立之可能。則余氏豪宵、沃卓之分，並無任何事實上之佐證。即以重紐之理論言之，一韻在脣牙喉音下俱有重紐者，在古韻上本有不同之來源，可是卓部之獨立，在重紐理論上亦無跡象可尋。余氏卓部獨立，純粹為了與宵部配套而巳。宵藥二部余氏之分為四部說既不可從，則今分古音仍為三十二部也。

或又謂三十二部古韻，其微覺二部之古本韻為何？若無適當代表之古本韻，則與蘄春黃君整個古音體系不相符合。王力把脂部分為脂微二部，黃永鎮根據姚文田從幽部分出肅部，錢玄同、王力改稱覺部，然則脂覺二部之古本音為何？我在《古音學發微》第五章結論中嘗為之申述。茲錄於下：

微覺二部，黃君未曾區分，黃君微併於脂，覺併於蕭，或以此疑余說之未諦。蓋黃君三十部，徵諸《廣韻》之古本韻適相吻合，而微覺二部，《廣韻》中則無與相當之古本韻也。新雄謹案：王君微部，徵之《廣韻》，表面上雖無古本韻之部，實際上非無古本韻也。細察《廣韻》齊、薺、霽三韻之切語，其切語上字皆無今變紐也。而齊等三韻之切語下字劃分二類，其齊韻之奚、雞、稽、兮、迷，薺韻之禮、啓、米、弟，霽韻之計、詣為一類，平上去相承為四等齊齒呼。而齊韻之攜、圭，霽韻之惠、桂一類，平去相承為四等撮口呼，其實齊韻四等齊齒呼一類，則古韻脂部之古本韻也。齊韻四等撮口呼一類則古韻支部之古本韻也。而《廣韻》灰韻則古韻微部之古本韻也。黃君以《廣韻》齊韻二類皆為古韻支部之古本韻，灰韻為古韻脂部之古本韻[2]，實析之尚有未盡，尚應細加分析者也。茲更錄《廣韻》齊、薺、霽三韻之切語，表之於下：

2　黃君微脂合為一部，未曾區分。

聲調	平				上				去				入			
韻目	十二齊				十一薺				十二霽							
等呼	開	齊	合	撮	開	齊	合	撮	開	齊	合	撮				
影		鷖烏奚		烓烏攜		吟烏弟				翳於計						
喻																
爲																
曉		醯呼難		睳呼攜						欰呼計		嘒呼惠				
匣		奚胡雞		攜戶圭		傒胡禮				蒵胡計		慧胡桂				
見		雞古奚		圭古攜						計古詣		桂古惠				
溪		谿苦奚		睽苦圭		啓康禮				契苦計						
群																
疑		倪五稽				堄研啓				詣五計						
端		低都奚				邸都禮				帝都計						
透		梯土雞				體他禮				替他計						
定		嗁杜溪				弟徒禮				第特計						
泥		泥奴低				禰奴禮				泥奴計						

來		黎郎奚				禮盧啓				麗郎計						
知																
徹																
澄																
娘																
日																
照																
穿																
神																
審																
禪																
精		齎祖稽				濟子禮				霽子計						
清		妻七稽				泚千禮				砌七計						
從		齊徂奚				薺徂禮				嚌在詣						
心		西先稽				洗先禮				細蘇計						
邪																
莊																
初																
床																
疏																
幫		豍邊兮				鞞補米				閉博計						

滂		碨匹迷				頩匹米				媲匹詣						
並		鼙部迷				陛傍禮				薜蒲計						
明		迷莫兮				米莫禮				謎莫計						
非																
敷																
奉																
微																
附註																

《廣韻》齊韻有臡字人兮切、栘字成臡切，屬日紐與禪紐爲今變紐，原非齊韻字，實爲祭韻相當之平聲字，因字少寄入齊韻者。霽韻有遂丑戾切屬徹紐，此字《王一》、《唐韻》皆無，《王二》有而在韻末，其爲增加字無疑。如此則齊韻二類皆爲古本韻，亦可徵矣。然此二韻究竟純因古本韻之異？抑純由開合之殊？凡齊、薺、霽三韻內从旨、从比、从昆、从尼、从米、从弟、从犀、从屖、从夷、从利、从齊、从次、从卟、从禾、从妻、从𠂔、从氐、从豊、从爾、从矢、从医、从殹之字於古韻屬脂部，其古本韻爲齊一類。齊、薺、霽三韻之撮口呼爲齊二類[3]，則此二類之別，雖由開合之殊，亦兼有古本韻之別也。如此則以齊一爲脂部之古本韻，齊二爲支部之古本韻，正其宜也。至於《廣韻》之灰韻，則爲古韻微部之古本韻，脂、微分爲二部，既

3　至於齊一類中，入古韻支部之字甚多，則屬後世之音變，齊二類闌入古韻脂部之偏旁者則少，惟从癸之字而已。

合於古代韻母之系統，又適符合黃君古本韻之理論，則此二部之當區別，實審之音而合考之於古而有徵者也。黃君於齊韻未能析爲二古本韻者，蓋黃君拘於古本韻之讀法，以爲古本韻之讀法，實同於《廣韻》古本韻之今讀，而此二類既同在一韻，惟分開合，則脂、支之古本韻讀法無別矣，故未敢據以分別爲二部，竊以爲所謂古本韻者，僅不過法言定韻時所定之古韻部目之代表耳，至古韻之眞正讀法，恐非如《廣韻》之今讀也，此宜注意其歷史之演變，另行考定。

古韻覺部之獨立，一方面固由其屬入聲韻，宜從陰聲別立爲部。考之《廣韻》沃韻之切語上字全爲古本紐，則沃韻爲古本韻無疑。然察沃韻之偏旁，實有二類。江有誥云：「沃韻當分爲二，其一爲豪之入，沃从夭、襮爆从暴、熇从高，歊字豪沃兩收，〈揚之水〉以沃、襮與鑿樂韻，〈隰桑〉二章以沃與樂韻，〈板〉四章以熇與耄韻。其一爲豪通尤之入，告、纛、郜號、沃兩收，媢字晧、沃兩收，酷、梏从告，瑁帽从冒，〈揚之水〉以鵠與晧繡韻，《楚辭・天問》以告與救韻。」[4] 今以沃韻从夭、从隺、从高、从霍、从樂、从暴、从翟之字爲古韻藥部字，即江氏所謂豪之入，其古本韻爲沃韻；今沃韻內从學、从毒、从竹、从尗、从告、从冒、从戚之字爲古韻覺部部字，即江氏所謂豪韻通尤之入。表面上看似無古本韻者，然細察《廣韻》青、迥、徑、錫四韻之切語，亦略有端倪可尋。茲將青、迥、徑、錫四韻之切語，而表列之於下：

4　見《入聲表》。

聲調	平				上				去				入			
韻目	十五青				四十一迥				四十六徑				二十三錫			
等呼	開	齊	合	撮	開	齊	合	撮	開	齊	合	撮	開	齊	合	撮
影						嚶烟涬		濴烏迥		鎣烏定						
喻																
爲																
曉		馨呼刑						詗火迥						赦許激		殺呼狊
匣		刑戶經		熒戶扃		婞胡頂		迥戶頂		脛胡定				檄胡狄		
見		經古靈		扃古螢		剄古挺		熲古迥		徑古定				激古歷		郹古闃
溪						謦去挺		褧口迥		罄苦定				燩苦擊		闃苦鶪
群																
疑						脛五剄								鷁五歷		
端		丁當經				頂都挺				矴丁定				的都歷		
透		汀他丁				珽他鼎				聽他定				逖他歷		
定		庭特丁				挺徒鼎				定徒徑				荻徒歷		
泥		寧奴丁				顈				甯乃定				惄奴歷		

來		靈郎丁				笭力鼎				零郎定				靂郎擊		
知																
徹																
澄																
娘																
日																
照																
穿																
神																
審																
禪																
精														績則歷		
清		青倉經								靘千定				戚倉歷		
從						汫徂醒								寂前歷		
心		星桑經				醒蘇挺				腥蘇佞				錫先擊		
邪																
莊																
初																
床																
疏																
幫						鞞補鼎								壁北激		

滂		⿰女屏普丁				頩匹迥							霹普擊			
並		瓶薄經				竝蒲迥							甓扶歷			
明		冥莫經				茗莫迥				⿰冥色莫定			覓莫狄			
非																
敷																
奉																
微																
附記																

《廣韻》迥韻迥字戶頂切與婞胡頂切音同，陳澧《切韻考》據徐鍇《篆韻譜》作呼炯切及《集韻》作戶茗切，證《廣韻》戶頂切之頂字爲熲字之誤，遂改作戶熲切，而分爲二類，以頂挺涬剄鼎醒爲一類，熲迥爲一類，今表姑從之。至頩匹迥切、竝蒲迥切、茗莫迥切三字據切語下字當爲撮口呼一類。今列入齊齒者，以其平去入三聲之脣音字皆屬齊齒，故據以納入[5]。又《廣韻》錫韻有甓字扶歷切，爲今變紐，然此字《王二》作蒲歷反，《韻鏡》與壁劈覓諸字同列四等脣音下，《切韻指掌圖》奉紐下無字，甓在並紐，皆足證此字爲古本紐[6]。又有歡字，《切三》、《王一》、《王二》、《唐韻》皆無，增加字也。由此觀之，青、迥、徑、錫四韻皆無今變紐之韻，則青、錫之爲古本韻亦無

5 脣音字之開合最爲無定，斷其韻類，不能純憑切語下字系聯，當審其音理。《韻鏡》外轉第三十五開即以頩竝茗諸字與頂挺珽顫剄等字同列四等，可證此三字之當入齊齒一類無疑也。

6 《切韻》重脣輕脣無別。

疑也。再就表觀之，青、迥、錫三韻據《廣韻》切語似皆析爲二類[7]。根據董同龢〈全本王仁昫刊謬補缺切韻的反切下字〉[8]一文，知《全本王仁昫刊謬補缺切韻》四十二青韻切語下字僅丁經靈形螢一類[9]。四十迥切語僅鼎挺娗迥醒冷一類[10]。四十五徑切語下字僅定徑一類。十六錫切語下字二類，歷激擊狄一類，鶪闃一類。《全本王仁昫刊謬補缺切韻》青、迥、徑三韻切語下字皆僅一類，而錫韻則二類，實頗堪玩味者也。吾人可說青、迥、徑平上去三聲皆一類，而入聲錫獨爲二類，此絕非純由開合而分。試觀《廣韻》錫韻之偏旁，實分三類。江有誥嘗云：「錫韻當爲三：其一爲齊通支之入，覓字霽錫兩收，繫从毄，錫惕惕从易，壁甓从辟，霓鬩从兒，〈瞻卬〉五章以狄與刺韻，〈殷武〉三章以績與解韻，《離騷》以績與隘韻，〈天問〉以歷與畫韻。其一爲蕭之入，激弔溺笑錫兩收，竅皦从敫，的勺从勺，糴糶从翟，〈匪風〉二章以弔與飄嘌韻，〈桑柔〉五章以溺濯韻。其一爲尤及宵通尤之入，寥字尤錫兩收，迪笛从由，踧寂从叔，滌从條，倜从周，〈桑柔〉十一章以迪與復韻，〈小明〉三章以戚與宿覆韻，復宿覆之去聲在宥。」[11]今以錫韻內从易、从析、从毄、从辟、从𢉖、从歷、从秝、从鬲、从啇、从益、从狄、从責、从糸、从冖、从狊得聲之字爲古韻錫部。（其从古韻支部偏

7　迥韻從陳氏改訂。

8　見史語所《集刊》第十九本。

9　《廣韻》螢字戶扃切，扃字古螢切，自成一類，《全王》螢胡丁反，《切三》亦胡丁反，王二乎丁反。

10　《廣韻》原亦系一類，陳澧據迥婞同音，改迴作戶頴切，分爲二類，然此字《全王》戶鼎反，《切三》亦然，則《廣韻》戶頂切亦有所承，未必如陳氏所云係頴之形誤。尤有進者，頴字《全王》與《切三》皆作古鼎反，其本爲一類，尤爲顯明。

11　見《入聲表・凡例》。

旁得聲者，如从氏、从兒、从知、从買、从卑、从兮、从蠡得聲之字亦屬此部。）即江有誥所謂齊通支之入也。其古本韻當爲錫二類。錫韻从敫、从樂、从勺、从弔、从翟、从弱得聲之字爲古韻藥部。（其从古韻宵部偏旁得聲者如从皀、从焱、从交、从堯得聲之字亦屬此部。）即江有誥所謂蕭之入，其古本韻爲沃韻。錫韻从賣、从逐、从尗、从戚得聲之字爲古韻覺部。（其从古韻幽部偏旁者如从保、从由、从周、从攸、从叉、从秋、从條、从翏得聲之字亦屬此部。）江有誥所謂尤及宵通尤之入，其古本韻今定爲錫一類。此類字與沃韻从學、从毒、从竹、从尗、从告、从冒之字古韻同在一部，即今定之覺部也。或疑何以知古韻藥部之古本韻必爲沃，古韻覺部之古本韻必爲錫一類，若以沃爲覺部之古本韻，錫一類爲藥部之古本韻，有何不可？（沃與錫一類皆雜有藥覺二部之字。）曰：此當審其音而定之。夫古韻藥部相承之陰聲部爲古韻宵部，宵部之古本韻爲豪韻，豪爲一等韻，沃亦爲一等韻，以沃承豪，自最相宜，故以沃爲藥部之古本韻也。而古韻覺部相承之陰聲部爲古韻幽部，幽部之古本韻爲蕭韻，蕭爲四等韻，錫一類亦四等韻也。以錫一類承蕭亦合音理也。又或疑錫一類、錫二類皆兼有古韻錫部字，何以知錫一類必爲古韻覺部之古本韻？錫二類必爲古韻錫部之古本韻？所以如此定者，其理有二：錫二類無古韻覺部字雜入，此其一也。古韻錫部相承之陰聲部爲古韻支部，支部之古本韻爲齊二類，齊二類爲四等撮口呼，錫二類亦四等撮口呼。古韻覺部既承幽部，幽部古本韻蕭爲四等齊齒呼，以撮口呼承撮口呼，齊齒呼承齊齒呼，最合音理，此其二也。故知錫一類必爲覺部之古本韻，錫二類必爲錫部之古本韻也。

是則三十二部之別，徵之於前修所析，其秩然如彼；審之於音，又皦然若此，合之於《廣韻》古本韻又若析符之復合，則古韻之當分三十二部，又盍可疑乎！而從此益徵蘄黃君古本韻說之立言精審[12]，能窮三古之遺韻，今即本之黃君所說，而參以王君之所明，各從其是，古韻眞象，庶幾大白，雖未敢必其盡確，要言古韻者當有取於此也。

第十四節　古韻三十二部之證明

古韻當分三十二部，既審之於音而當別，考之於古亦有徵焉。今取《詩經》韻腳部分而譜彙之。惟《詩經》韻腳於談與添、盍與怗四部之間因入韻字少，分別不顯，故只得三十部。今釐分爲三十部韻譜，將詩韻中同部韻腳彙聚爲一部，並於各章韻腳下注明《詩經》篇章；凡陰陽入相承之韻部相押韻者謂之通韻譜；非相承之韻部而彼此押韻者，謂之合韻譜。今譜列於後：

第一部歌部韻譜：《廣韻》歌哿箇、戈果過、麻馬禡、支紙寘。

皮紽蛇《召南・羔羊・首章》。沱過過歌《召南・江有汜・三章》。爲何《邶風・北門・首章》。爲何《邶風・北門・二章》。爲何《邶風・北門・三章》。離施《邶風・新臺・三章》。河儀它《鄘風・柏舟・首章》。珈佗河宜河《鄘風・君子偕老・首章》。皮儀儀爲《鄘風・相鼠・首章》。猗瑳磨《衛風・淇奥・首章》。阿薖歌過《衛風・考槃・二章》。左瑳儺《衛

12　黃君以爲古本韻皆陸法言所定古韻標目，實爲精要之言，陸氏定韻根據諸家韻書離之合之，兼古今南北之音於一書，既存古而不礙於今，實眞捃選精切之作也。小有疏漏，自亦賢者不免，然据其書中系統，雖愚者亦可按圖索驥，三十二部古韻標目雖未盡別出，而系統猶存於其中也。

風・竹竿・三章》。羅爲罹吪《王風・兔爰・首章》。麻嗟嗟施《王風・丘中有麻・首章》。宜爲《鄭風・緇衣・首章》。加宜《鄭風・女曰雞鳴・二章》。吹和《鄭風・蘀兮・首章》。左我《唐風・有杕之杜・首章》。何多《秦風・晨風・首章》。何多《秦風・晨風・二章》。何多《秦風・晨風・三章》。池麻歌《陳風・東門之池・首章》。陂荷何爲沱《陳風・澤陂・首章》。縭儀嘉何《豳風・東山・四章》。錡吪嘉《豳風・破斧・二章》。鯊多《小雅・魚麗・首章》。多嘉《小雅・魚麗・四章》。椅離儀《小雅・湛露・四章》。莪阿儀《小雅・菁菁者莪・首章》。駕猗馳破《小雅・車攻・六章》何羆蛇《小雅・斯干・六章》。羆蛇《小雅・斯干・七章》。阿池訛《小雅・無羊・二章》。猗何瘥多嘉嗟《小雅・節南山・二章》。河他《小雅・小旻・六章》。罹何何《小雅・小弁・首章》。掎扡佗《小雅・小弁・七章》。何多何《小雅・巧言・六章》。禍我可《小雅・何人斯・二章》。議爲《小雅・北山・六章》。左宜《小雅・裳裳者華・四章》。羅宜《小雅・鴛鴦・首章》。何嘉他。《小雅・頍弁・首章》。俄傞《小雅・賓之初筵・四章》。嘉儀《小雅・賓之初筵・四章》。阿何《小雅・緜蠻・首章》。波沱他《小雅・漸漸之石・三章》。峨宜《大雅・棫樸・首章》。阿池《大雅・皇矣・六章》。賀佐《大雅・下武・六章》。何嘉儀《大雅・旣醉・四章》。沙宜多嘉爲《大雅・鳧鷖・二章》。阿歌《大雅・卷阿・首章》。多馳多歌《大雅・卷阿・十章》。儀嘉磨爲《大雅・抑・五章》。嘉儀《大雅・抑・八章》。可詈歌《大雅・桑柔・十六章》。皮羆《大雅・韓奕・六章》。犧宜多《魯頌・閟宮・三章》。

通韻譜：歌部外通韻字以□表示。

歌元通韻：

差原麻娑《陳風・東門之枌・二章》。翰憲難那《小雅・桑扈・三章》。阿難何《小雅・隰桑・首章》。

合韻譜：歌部外合韻字以□表示。

歌脂合韻：

祁河宜何《商頌・玄鳥》。

歌錫合韻：

地裼瓦儀議罹《小雅・斯干・九章》。

第二部月部韻譜：《廣韻》祭、泰、夬、廢、怪、月、曷、末、鎋、黠、屑、薛。

掇捋《周南・芣苢・二章》。蕨惙說《召南・草蟲・二章》。伐茇《召南・甘棠・首章》敗憩《召南・甘棠・二章》。拜說《召南・甘棠・三章》。脫帨吠《召南・野有死麕・三章》。闊說《邶風・擊鼓・四章》。闊活《邶風・擊鼓・五章》。厲揭《邶風・匏有苦葉・首章》。舝邁衛害《邶風・泉水・三章》。逝害《邶風・二子乘舟・二章》。活孽濊發朅《衛風・碩人・四章》。說說《衛風・氓・三章》。朅桀《衛風・伯兮・首章》。厲帶《衛風・有狐・二章》。月佸桀括渴《王風・君子于役・二章》。葛月《王風・采葛・首章》。艾歲《王風・采葛・三章》。達闕月《鄭風・子衿・三章》。月闥闥發《齊風・東方之日・二章》。桀怛《齊風・甫田・二章》。外泄逝《魏風・十畝之間・二章》。逝邁外蹶《唐風・蟋蟀・二章》。逝邁《陳風・東門之枌・三章》。肺晢《陳風・東門之楊・二章》。發偈怛《檜風・匪風・首章》。閱雪說《曹風・蜉蝣・三章》。祋芾《曹風・候人・首章》。發烈褐歲《豳風・七月・首章》。烈渴《小雅・采薇・二章》。艾晣噦《小雅・庭燎・二章》。艾敗《小雅・小旻・五章》。烈發害《小雅・蓼莪・五章》。舌揭《小雅・大東・七章》。烈發害《小雅・四月・三章》。秣艾《小雅・鴛鴦・三章》。舝逝渴括《小雅・車舝・首章》。愒瘵邁《小雅・菀柳・二章》。撮髮說《小雅・都人士・二章》。厲蠆邁《小雅・都人士・四章》。外邁《小雅・白華・五章》。世世《大雅・文王・二章》。拔兌駾喙《大雅・緜・八章》。拔兌《大雅・皇矣・三章》。月達害《大雅・生民・二章》。軷烈歲《大雅・生民・七章》。愒泄厲敗大《大雅・民勞・四章》。蹶泄《大雅・板・二章》。揭害《大雅・蕩・八章》。舌逝《大雅・抑・六章》。舌外發《大雅・烝民・三章》。奪說《大雅・瞻卬・二章》。活達傑《周頌・載芟》。茷噦大邁《魯頌・閟宮・四章》。大艾歲害《魯頌・閟宮・四章》。撥達達越發烈截《商頌・長發・六章》。

通韻譜：月部外通韻字以□表示。

月元通韻：

艾渙難《周頌・訪落》。

合韻譜：月部外合韻字以□表示。

月質合韻：

葛節日《邶風・旄丘・首章》。結厲滅威《小雅・正月・八章》。滅戾勩《小雅・雨無正・二章》。翳栵《大雅・皇矣・二章》。惠厲瘵疾屆《大雅・瞻卬・首章》。

月沒合韻：

旆瘁《小雅・出車・二章》。旆穟《大雅・生民・四章》。

第三部元部韻譜：《廣韻》元阮願、寒旱翰、桓緩換、刪潸諫、山產襇、仙獮線、先銑霰。

轉卷選《邶風・柏舟・三章》。雁旦泮《邶風・匏有苦葉・

三章》。干言《邶風・泉水・三章》。泉歎《邶風・泉水・四章》。孌管《邶風・靜女・二章》。展袢顏媛《鄘風・君子偕老・三章》。反遠《鄘風・載馳・二章》。僩咺諼《衛風・淇奧・首章》。僩咺諼《衛風・淇奧・二章》。澗寬言諼《衛風・考槃・首章》。垣關關漣關言言遷《衛風・氓・二章》。怨岸泮宴晏旦反《衛風・氓・六章》。乾嘆嘆難《王風・揚之水・首章》。館粲《鄭風・緇衣・首章》。館粲《鄭風・緇衣・二章》。館粲《鄭風・緇衣・三章》。園檀言《鄭風・將仲子・三章》。慢罕《鄭風・大叔于田・三章》。晏粲彥《鄭風・羔裘・三章》。旦爛雁《鄭風・女曰雞鳴・首章》。言餐《鄭風・狡童・首章》。墠阪遠《鄭風・東門之墠・首章》。漙婉願《鄭風・野有蔓草・首章》。渙蕑《鄭風・溱洧・首章》。還閒肩儇《齊風・還・首章》。孌丱見弁《齊風・甫田・三章》。儇鬈《齊風・盧令・二章》。孌婉選貫反亂《齊風・猗嗟・三章》。閒閑還《魏風・十畝之閒・首章》。檀干漣廛貆餐《魏風・伐檀・首章》。餐爛旦《唐風・葛生・三章》。旃然言焉《唐風・采苓・首章》。旃然言焉《唐風・采苓・二章》。旃然言焉《唐風・采苓・三章》。園閑《秦風・駟鐵・四章》。菅言《陳風・東門之池・三章》。蕑卷悁《陳風・澤陂・二章》。冠欒慱《檜風・素冠・首章》。遠踐《豳風・伐柯・二章》。原難嘆《小雅・常棣・三章》。阪衍踐遠愆《小雅・伐木・五章》。幝痯遠《小雅・杕杜・三章》。汕衎《小雅・南有嘉魚・二章》。安軒閑原憲《小雅・六月・五章》。園檀《小雅・鶴鳴・首章》。園檀《小雅・鶴鳴・二章》。干山《小雅・斯干・首章》。山泉言垣《小雅・小弁・八章》。幡言遷《小雅・巷伯・四章》。泉歎《小雅・大東・三章》。霰見宴《小雅・頍弁・三章》。樊言《小雅・青蠅・首章》。反幡遷僊《小雅・賓之初筵・三章》。反遠《小雅・角弓・首章》。遠然《小雅・角弓・二章》。燔獻《小雅・瓠葉・二章》。援羨岸《大雅・皇矣・五章》。閑言連安《大雅・皇矣・八章》。垣翰《大雅・文王有聲・三章》。原繁宣嘆巘原《大雅・公劉・二章》。泉單原《大雅・公劉・五章》。館亂鍛《大雅・公劉・六章》。澗澗《大雅・公劉・六章》。安殘綣反諫《大雅・民勞・五章》。板癉然遠管亶遠諫《大雅・板・首章》。難憲《大雅・板・二章》。藩垣翰《大雅・板・七章》。旦衍《大雅・板・八章》。顏愆《大雅・抑・七章》。翰蕃宣《大雅・崧高・首章》。番嘽翰憲《大雅・崧高・七章》。完蠻《大雅・韓奕・六章》。宣翰《大雅・江漢・四章》。嘽翰漢《大雅・常武・五章》。簡反反《周頌・執競》。駽燕《魯頌・有駜・三章》。山丸遷虔梴閑安《商頌・殷武・六章》。

合韻譜：元部外合韻字以□表示。

元脂合韻：

泚瀰鮮《邶風・新臺・首章》。

元質合韻：

筵秩《小雅・賓之初筵・首章》。

元眞合韻：

民嫄《大雅・生民・首章》。

元微合韻：

山歸《豳風・東山・首章》。山歸《豳風・東山・二章》。山歸《豳風・東山・三章》。山歸《豳風・東山・四章》。嵬萎怨《小雅・谷風・三章》。

元諄合韻：

群錞苑《秦風・小戎・三章》。熯愆孫《小雅・楚茨・四章》。

元陽合韻：

言行《大雅・抑・九章》。

元東合韻：

筵恭《小雅・賓之初筵・三章》。

第四部脂部韻譜：《廣韻》脂旨至、齊薺霽、皆（駭）（怪）、紙。

萋喈《周南・葛覃・首章》。體死《邶風・谷風・首章》。薺弟《邶風・谷風・二章》。泲禰弟姊《邶風・泉水・二章》。指弟《鄘風・蝃蝀・首章》。體禮禮死《鄘風・相鼠・三章》。妻姨私《衛風・碩人・首章》。荑脂蠐犀眉《衛風・碩人・二章》。淒喈夷《鄭風・風雨・首章》。濟瀰弟《齊風・載驅・二章》。弟偕死《魏風・陟岵・三章》。比佽《唐風・杕杜・二章》。遲飢《陳風・衡門・首章》。躋飢《曹風・候人・四章》。蓍師《曹風・下泉・三章》。遲祁《豳風・七月・二章》。遲飢《小雅・采薇・六章》。鱧旨《小雅・魚麗・二章》。旨偕《小雅・魚麗・五章》。矢兕醴《小雅・吉日・四章》。麋階《小雅・巧言・六章》。匕砥矢履視涕《小雅・大東・首章》。萋祁私穉穧《小雅・大田・三章》。茨師《小雅・瞻彼洛矣・首章》。旨偕《小雅・賓之初筵・首章》。濟弟《大雅・旱麓・首章》。妻弟《大雅・思齊・二章》。弟爾几《大雅・行葦・二章》。萋喈《大雅・卷阿・九章》。鴟階《大雅・瞻卬・三章》。秭醴妣禮皆《周頌・豐年》。濟秭醴妣禮《周頌・載芟》。

通韻譜：脂部外通韻之字以□表示。

脂質通韻：

紕四畀《鄘風・干旄・首章》。濟閟《鄘風・載馳・三章》。禮至《小雅・賓之初筵・二章》。

指眞通韻：

塵底《小雅・無將大車・首章》。

合韻譜：脂部外合韻之字以□表示。

脂微合韻：

枚飢《周南・汝濆・首章》。尾燬燬邇《周南・汝墳・三章》。祁歸《召南・采蘩・三章》。薇悲夷《召南・草蟲・三章》。喈霏歸《邶風・北門・二章》。煒美《邶風・靜女・二章》。淒晞湄躋坻《秦風・蒹葭・二章》。尾几《豳風・狼跋・首章》。騑遲歸悲《小雅・四牡・首章》。韡弟《小雅・常棣・首章》。遲萋喈祁歸夷《小雅・出車・六章》。萋悲萋悲歸《小雅・杕杜・二章》。泥弟弟豈《小雅・蓼蕭・三章》。飛躋《小雅・斯干・三章》。師氐維毗迷師《小雅・節南山・三章》。哀違依底《小雅・小旻・二章》。淒腓歸《小雅・四月・二章》。薇桋哀《小雅・四月・八章》。喈湝悲回《小雅・鼓鐘・二章》。尸歸遲弟私《小雅・楚茨・五章》。穉火《小雅・大田・二章》。惟脂《大雅・生民・七章》。葦履體泥《大雅・行葦・首章》。依濟几依《大雅・公劉・四章》。懠毗迷尸屎葵資師《大雅・板・五章》。郿歸《大雅・崧高・六章》。騤喈齊歸《大雅・烝民・八章》。追綏威夷《周頌・有客》。枚回依遲《魯頌・閟宮・首章》。違齊遲躋遲祗圍《商頌・長發・三章》。

脂質微合韻：

惠戾屆闋夷違《小雅・節南山・五章》維葵膍戾《小雅・采菽・五章》

脂沒合韻：

類比《大雅・皇矣・四章》

脂諄合韻：

偕近邇《小雅・杕杜・四章》

脂支合韻：

佽柴《小雅・車攻・四章》

第五部質部韻譜：《廣韻》至、霽、怪、質、櫛、屑、薛、職。

實室《周南・桃夭・二章》。袺襭《周南・芣苢・三章》。肄棄《周南・汝墳・二章》。七吉《召南・摽有梅・首章》。曀曀嚏《邶風・終風・三章》。日室栗漆瑟《鄘風・定之方中・首章》。日疾《衛風・伯兮・三章》。實曀《王風・黍離・三章》。室穴日《王風・大車・三章》。栗室即《鄭風・東門之墠・二章》。日室室即《齊風・東方之日・首章》。漆栗瑟日室《唐風・山有樞・三章》。七吉《唐風・無衣・首章》。日室《唐風・葛生・五章》。漆栗瑟耋《秦風・車鄰・二章》。穴慄《秦風・黃鳥・首章》。穴慄《秦風・黃鳥・二章》。穴慄《秦風・黃鳥・三章》。韠結一《檜風・素冠・三章》。實室《檜風・隰有萇楚・二章》。七一一結《曹風・鳲鳩・首章》。垤室窒至《豳風・東山・三章》。實日《小雅・杕杜・首章》。至恤《小雅・杕杜・四章》。徹逸《小雅・十月之交・八章》。血疾室《小雅・雨無正・七章》。恤至《小雅・蓼莪・三章》。穗利《小雅・大田・三章》。珌室《小雅・瞻彼洛矣・二章》。設逸《小雅・賓之初筵・三章》。抑怭秩《小雅・賓之初筵・三章》。淠嘒駟屆《小雅・采菽・二章》。實吉結《小雅・都人士・三章》。瓞漆穴室《大雅・緜・首章》。栗室《大雅・生民・

五章》。抑秩匹《大雅・假樂・三章》。密即《大雅・公劉・六章》。疾戾《大雅・抑・首章》。挃栗櫛室《周頌・良耜》。

通韻譜：質部外通韻之字以□表示。

質眞通韻：

替引《大雅・召旻・五章》。

合韻譜：質部外合韻之字以□表示。

質沒合韻：

肄塈《邶風・谷風・六章》。穗醉《王風・黍離・二章》。季寐棄《魏風・陟岵・二章》嘒淠屆寐《小雅・小弁・四章》。茀仡肆忽拂《大雅・皇矣・八章》。

質錫合韻：

幭厄《大雅・韓奕・二章》。[13]

質職合韻：

淢匹《大雅・文王有聲・三章》。[14]

第六部眞部韻譜：《廣韻》眞軫震、諄準稕、臻、先銑霰、仙獮線、庚梗映、清靜勁、青迥徑。

蓁人《周南・桃夭・三章》。蘋濱《召南・采蘋・首章》。淵身人《邶風・燕燕・四章》。洵信《邶風・擊鼓・五章》。薪人《邶風・凱風・二章》。榛苓人人人《邶風・簡兮・三章》。

---

13 王力《詩經韻讀》云：「幦、今本作幭，現在從他書作幦。參看段玉裁《六書音韻表》十六部注。」按段氏十六部注云：「幭本音在弟十五部。《詩・韓奕》合韻軛字，從他經作幦，則在本韻。考『車覆笭』，〈既夕禮〉、《玉篇》、〈少儀〉、《公羊傳》、《說文》皆謂之幦。《毛詩》幭厄二字皆屬假借，厄即軛，毛傳：『厄，烏噣也。』今訛爲烏蠋。」據段氏、王氏改幭爲幦，則爲錫部自韻。

14 淢字王力據《韓詩》改作洫，則爲質部自韻。

天人《鄘風・柏舟・首章》。天人《鄘風・柏舟・二章》。零人田人淵千《鄘風・定之方中・三章》。人姻信命《鄘風・蝃蝀・三章》。天人《王風・黍離・首章》。天人《王風・黍離・二章》。天人《王風・黍離・三章》。薪申《王風・揚之水・首章》。田人人仁《鄭風・叔于田・首章》。溱人《鄭風・褰裳・首章》。薪人信《鄭風・揚之水・三章》。顚令《齊風・東方未明・二章》。令仁《齊風・盧令・首章》。粼命人《唐風・揚之水・三章》。薪天人人《唐風・綢繆・首章》。苓巓信《唐風・采苓・首章》。鄰顚令《秦風・車鄰・首章》。天人身《秦風・黃鳥・首章》。天人身《秦風・黃鳥・二章》。天人身《秦風・黃鳥・三章》。榛人人年《曹風・鳲鳩・四章》。薪年《豳風・東山・三章》。駰均詢《小雅・皇皇者華・五章》。田千《小雅・采芑・首章》。田千《小雅・采芑・二章》。天千《小雅・采芑・三章》。淵闐《小雅・采芑・三章》。天淵《小雅・鶴鳴・二章》。年溱《小雅・無羊・四章》。親信《小雅・節南山・四章》。電令《小雅・十月之交・三章》。天人《小雅・十月之交・七章》。天信臻身天《小雅・雨無正・三章》。天人人《小雅・小菀・首章》。陳身人天《小雅・何人斯・三章》。翩人信《小雅・巷伯・三章》。天人人《小雅・巷伯・五章》。薪人薪人《小雅・大東・三章》鳶天淵。《小雅・四月・六章》。濱臣均賢《小雅・北山・二章》。盡引《小雅・楚茨・六章》。甸田《小雅・信南山・首章》。賓年《小雅・信南山・三章》。田千陳人年《小雅・甫田・首章》。榛人《小雅・青蠅・三章》。命申《小雅・采菽・三章》。天臻矜《小雅・菀柳・三章》。田人《小雅・白華・三章》。玄矜民《小雅・苕之華・二章》。天新《大雅・文王・首章》。天人《大雅・棫樸・四章》。天淵人

《大雅・旱麓・首章》。堅鈞均賢《大雅・行葦・五章》。人天命申《大雅・假樂・首章》。天人命人《大雅・卷阿・八章》。旬民塡天矜《大雅・桑柔・首章》。翩泯燼頻《大雅・桑柔・二章》。天人臻《大雅・雲漢・首章》。天神申《大雅・崧高・首章》。田人《大雅・崧高・三章》。身人《大雅・烝民・四章》。甸命命命《大雅・韓奕・首章》。人田命命年《大雅・江漢・五章》。天人《大雅・瞻卬・三章》。典禋《周頌・維清》。人天《周頌・雝》。

合韻譜：眞部外合韻字以□表示。

眞諄合韻：

倩盼《衛風・碩人・二章》。鄰云慇《小雅・正月・十二章》。壼胤《大雅・既醉・六章》。命純《周頌・維天之命》。

眞諄耕合韻：

人訓刑《周頌・烈文》

眞陽合韻：

岡薪《小雅・車舝・四章》

眞冬合韻：

躬天《大雅・文王・七章》

第七部微部韻譜：《廣韻》脂旨至、微尾未、皆駭怪、灰賄隊、咍海代、支紙寘、戈果過。

歸衣《周南・葛覃・三章》。嵬隤罍懷《周南・卷耳・二章》。纍綏《周南・樛木・首章》。微衣飛《邶風・柏舟・四章》。靁懷《邶風・終風・四章》。違畿《邶風・谷風・二章》。微歸《邶風・式微・首章》。微歸《邶風・式微・二章》。頎衣《衛風・碩人・首章》。懷歸《王風・揚之水・首章》。懷歸《王風・揚之水・二章》。懷歸《王風・揚之水・三章》。懷畏《鄭風・將仲子・二章》。懷畏《鄭風・將仲子・三章》。衣歸《鄭風・丰・四章》。晞衣《齊風・東方未明・二章》。崔綏歸歸懷《齊風・南山・首章》。唯水《齊風・敝笱・三章》。衣悲歸《檜風・素冠・三章》。火衣《豳風・七月・二章》。悲歸《豳風・七月・二章》。火葦《豳風・七月・三章》。歸悲衣枚《豳風・東山・首章》。畏懷《豳風・東山・二章》。衣歸悲《豳風・九罭・三章》。騑歸《小雅・四牡・二章》。威懷《小雅・常棣・二章》。薇歸《小雅・采薇・首章》。薇歸《小雅・采薇・二章》。薇歸《小雅・采薇・三章》。騤依腓《小雅・采薇・五章》[15]。依霏《小雅・采薇・六章》。悲哀《小雅・采薇・六章》。纍綏《小雅・南有嘉魚・三章》。晞歸《小雅・湛露・首章》。微微哀《小雅・十月之交・首章》。威罪《小雅・巧言・首章》。頹懷遺《小雅・谷風・二章》。摧綏《小雅・鴛鴦・四章》。幾幾《小雅・車舝・三章》。尾豈《小雅・魚藻・二章》。藟枚回《大雅・旱麓・六章》。纍歸《大雅・泂酌・二章》。壞畏《大雅・板・七章》。推雷遺遺摧《大雅・雲漢・三章》。回歸《大雅・常武・六章》。幾悲《大雅・瞻卬・六章》。飛歸《魯頌・有駜・二章》。

通韻譜：微部外通韻字以□表示。

微諄通韻：

---

15 騤字王力歸入脂部非是。考《廣韻》騤與逵同音渠追切，《韻鏡》列內轉第七合，其爲合口無疑。據王力脂微分部之標準，脂韻開口屬脂部，脂韻合口屬微部，則騤自應屬微部。且《詩經》騤字入韻兩見，《小雅・采薇・五章》純與微部韻，《大雅・烝民・八章》則與喈齊歸韻，喈齊脂部字，歸微部字，是爲脂微合韻。

敦遺摧《邶風・北門・三章》。焞雷威《小雅・采芑・四章》。

第八部沒部韻譜：《廣韻》至、未、霽、隊、代、術、物、沒。

塈謂《召南・摽有梅・三章》。出卒述《邶風・日月・四章》。遂悸《衛風・芄蘭・首章》。遂悸《衛風・芄蘭・二章》[16]。棣檖醉《秦風・晨風・三章》[17]。出瘁《小雅・雨無正・五章》。蔚瘁《小雅・蓼莪・二章》。律弗卒《小雅・蓼莪・六章》。愛謂《小雅・隰桑・四章》。卒沒出《小雅・漸漸之石・二章》。妹渭《大雅・大明・五章》。對季《大雅・皇矣・三章》[18]。匱類《大雅・既醉・五章》。位塈《大雅・假樂・四章》。溉塈《大雅・泂酌・三章》。類懟對內《大雅・蕩・三章》。寐內《大雅・抑・四章》。僾逮《大雅・桑柔・六章》[19]

---

16 悸字王力歸質部，考《廣韻》悸其季切，季居悸切，二字互用，《韻鏡》列內轉第七合，據此則應列合口類無疑。王力脂微分部之標準，以脂韻開口屬脂部，脂韻合口屬微部，質沒分部比照脂微，則至韻開口屬質部，至韻合口屬沒部，悸既為合口字，自應歸沒部無疑。且《詩經》中悸與季相協韻字「遂」「對」皆沒部字，非質部也。

17 棣字王力歸質部，因棣特計切屬霽韻，聲符隶羊至切，屬至韻開口，故據以定作質部。考《詩經》隶聲字無與質相協者，凡與隶聲字相協者皆在沒部，如此章棣檖醉協，檖醉皆沒部字，《大雅・桑柔・五章》僾與逮協，僾亦沒部字。考隶字《廣韻》又音代，逮又音徒戴切，皆有代韻一讀，代韻相承之平聲咍、上聲海，有微部開口一等字，如咍韻之開（苦亥切）、哀（烏開切）、殪、搵、䶣、膃（以上古哀切），搵、軆、鱧（以上戶來切），嵦、凒、敳、殪、剴、獃（以上五來切），海韻有愷、凱、颽、暟、鎧、闓、膃（以上苦來切）、啡（匹愷切）。則代韻中自亦有沒部開口一等字地位無疑。故今定隶聲字屬沒部。

18 季字王力入質部，誤。參見註 5。

19 逮字王力入質部，誤。參見註 6。

。隧類對醉悖《大雅・桑柔・十三章》。類瘁《大雅・瞻卬・五章》。

通韻譜：沒部外通韻字以□表示。

沒諄通韻：

萃訊《陳風・墓門・二章》[20]。退遂瘁訊退《小雅・雨無正・四章》[21]。

第九部諄部韻譜：《廣韻》微、薺、賄；眞軫震；諄準稕；臻；文吻問；欣隱焮；魂混慁；山；先銑霰；仙。

詵振《周南・螽斯・首章》。緡孫《召南・何彼濃矣・三章》。門殷貧艱《邶風・出自北門・首章》。洒浼殄《邶風・新臺・二章》。奔君《鄘風・鶉之奔奔・二章》。隕貧《衛風・氓・四章》。漘昆昆聞《王風・葛藟・三章》。啍璊奔《王風・大車・二章》。順問《鄭風・女曰雞鳴・三章》。門雲雲存巾員《鄭風・出其東門・首章》。鰥雲《齊風・敝笱・首章》。輪漘淪囷鶉飧《魏風・伐檀・三章》。勤閔《豳風・鴟鴞・首章》。晨煇旂《小雅・庭燎・三章》。群犉《小雅・無羊・首章》。先墐忍隕《小雅・小弁・六章》。艱門云《小雅・何人斯・首章》。雲雰《小雅・信南山・二章》。芹旂《小雅・采菽・二章》。慍問《大雅・緜・八章》。亹熏欣芬艱《大雅・鳧鷖・五章》。訓順《大雅・抑・二章》。川焚熏聞遯《大雅・雲漢・四章》。雲門《大雅・韓奕・四章》。耘畛《周頌・載芟》。芹旂《魯頌・泮水・首章》。

20　王力《詩經韻讀》云：「誶今本作訊，《廣韻》引《詩》作誶，今依錢大昕、段玉裁、朱駿聲改作誶。」改訊爲誶，則爲沒部自韻。

21　王力《詩經韻讀》云：「誶今本作訊。」王力改訊爲誶，亦爲沒部自韻。

第十部支部韻譜：《廣韻》支紙寘、齊薺霽、佳蟹卦。

支觿觿知《衛風・芄蘭・首章》。斯知《陳風・墓門・首章》。枝知《檜風・隰有萇楚・首章》。斯提《小雅・小弁・首章》。伎雌枝知《小雅・小弁・五章》。篪知斯《小雅・何人斯・七章》。卑疷《小雅・白華・八章》。篪圭攜《大雅・板・六章》。

通韻譜：支部外通韻字以□表示。

支錫通韻：

提辟揥刺《魏風・葛屨・二章》。易知祇《小雅・何人斯・六章》。解易辟《大雅・韓奕・首章》。辟績辟適解《商頌・殷武・二章》。

第十一部錫部韻譜：《廣韻》麥、昔、錫、霽。

適益讁《邶風・北門・二章》。簀錫璧《衛風・淇奧・三章》。甓鷊惕《陳風・防有鵲巢・二章》。鵙績《豳風・七月・三章》。帝易《大雅・文王・六章》。辟剔《大雅・皇矣・二章》。績辟《大雅・文王有聲・五章》。益易辟辟《大雅・板・六章》。帝辟帝辟《大雅・蕩・首章》。刺狄《大雅・瞻卬・五章》。

合韻譜：錫部外合韻字以□表示。

錫屋合韻：

局蹐脊蜴《小雅・正月・六章》。

錫藥合韻

翟髢揥皙帝《鄘風・君子偕老・二章》[22] 。

22 按王力《詩經韻讀》以翟、髢二字均入錫部。翟字當爲藥部字，《邶風・簡兮・二章》以籥翟爵韻，《檜風・羔裘・三章》以膏曜悼韻，《大雅・靈臺・二章》以濯翯躍韻，《大雅・桑柔・五章》

第十二部耕部韻譜：《廣韻》：庚梗映、耕耿諍、清靜勁、青迥徑。

縈成《周南・樛木・三章》。丁城《周南・兔罝・首章》。定姓《周南・麟之趾・二章》。盈成《召南・鵲巢・三章》。盈鳴《邶風・匏有苦葉・二章》。旌城《鄘風・干旄・三章》。青瑩星《衛風・淇奧・二章》。清盈《鄭風・溱洧・二章》。鳴盈鳴聲《齊風・雞鳴・首章》。庭青瑩《齊風・著・二章》。名清成正甥《齊風・猗嗟・二章》。菁睘姓《唐風・杕杜・二章》。鳴苹笙《小雅・鹿鳴・首章》。平寧生《小雅・常棣・五章》。丁嚶鳴聲《小雅・伐木・首章》。聲生平《小雅・伐木・二章》。定聘《小雅・采薇・二章》。鳴旌驚盈《小雅・車攻・七章》。征聲成《小雅・車攻・八章》。庭楹正冥寧《小雅・斯干・五章》。定生寧酲成政姓《小雅・節南山・六章》。領騁《小雅・節南山・七章》。平寧正《小雅・節南山・九章》。程經聽爭成《小雅・小旻・四章》。鳴征生《小雅・小宛・四章》。冥熲《小雅・無將大車・二章》。領屛《小雅・桑扈・二章》。營成《小雅・黍苗・五章》。青生《小雅・苕之華・二章》。生楨寧《大雅・文王・三章》。成生《大雅・緜・九章》。屛平《大雅・皇矣・二章》。營成《大雅・靈臺・首章》。聲聲寧成《大

以削爵濯溺韻，皆藥部自韻，或宵藥通韻，翟非錫部字明矣。《經典釋文・毛詩音義上》：「狄、本亦作翟，王后第一服曰褕狄。」翟有作狄之本，王力以爲錫部，或據狄字入韻。段玉裁《六書音韻表・詩經韻分十七部表》第十六部本音下云：「髢、本作鬄，易聲在此部，〈君子偕老〉一見。」按也聲本在歌部，易聲在錫部，毛詩作髢，三家作鬄，王先謙《詩三家義集疏》云：「《說文》鬄下云：『髲也。』髢下云：鬄或作髢。釋文：『髲，被也。髮少者得以被助其髮也。』」

雅・文王有聲・首章》。正成《大雅・文王有聲・七章》。靈寧《大雅・生民・二章》。涇寧清馨成《大雅・鳧鷖・首章》。鳴生《大雅・卷阿・九章》。寧城《大雅・板・七章》。刑聽傾《大雅・蕩・七章》。政刑《大雅・抑・三章》。盈成《大雅・抑・十章》。牲聽《大雅・雲漢・首章》。星贏成正寧《大雅・雲漢・八章》平定爭寧《大雅・江漢・二章》。霆驚《大雅・常武・六章》。平庭《大雅・常武・六章》。成傾《大雅・瞻卬・二章》。成禎《周頌・維清》。聲鳴聽成《周頌・有瞽》。庭敬《周頌・閔予小子》。馨寧《周頌・載芟》。盈寧《周頌・良耜》。成聲平聲聲《商頌・那》。成平爭《商頌・烈祖》。聲靈寧生《商頌・殷武・五章》。

第十三部魚部韻譜：《廣韻》：魚語御、虞麌遇、模姥暮、麻馬禡。

砠瘏痡吁《周南・卷耳・四章》。華家《周南・桃夭・首章》。楚馬《周南・漢廣・二章》。筥釜《召南・采蘋・二章》。下女《召南・采蘋・三章》。下處《召南・殷其靁・三章》。渚與與處《召南・江有汜・二章》。華車《召南・何彼襛矣・首章》。葭豝《召南・騶虞・首章》。虞虞《召南・騶虞・二章》。羽野雨《邶風・燕燕・首章》。土顧處《邶風・日月・首章》。處馬下《邶風・擊鼓・三章》。下苦《邶風・凱風・三章》。羽阻《邶風・雄雉・首章》。雨怒《邶風・谷風・首章》。處與《邶風・旄丘・二章》。舞處俁舞《邶風・簡兮・首章》。虎組《邶風・簡兮・二章》。邪且《邶風・北風・首章》。邪且《邶風・北風・二章》。狐烏車邪且《邶風・北風・三章》。虛楚《鄘風・定之方中・二章》。旟都組五予《鄘風・干旄・二章》。瓜琚《衛風・木瓜・首章》。且且《王風・君子陽陽・首章》。且且《王風・君子陽陽・二章》。楚甫《王風・揚之水・二章》。蒲許《王風・揚之水・三章》。滸父父顧《王風・葛藟・首章》。野馬馬武《鄭風・叔于田・三章》。馬組舞舉虎所女《鄭風・太叔于田・首章》。車華琚都《鄭風・有女同車・首章》。蘇華都且《鄭風・山有扶蘇・首章》。且且《鄭風・褰裳・首章》。且且《鄭風・褰裳・二章》。楚女女《鄭風・揚之水・首章》。闍荼荼且藘娛《鄭風・出其東門・二章》。乎且乎《鄭風・溱洧・首章》。乎且乎《鄭風・溱洧・首章》。著素華《齊風・著・首章》。圃瞿《齊風・東方未明・三章》。鱮雨《齊風・敝笱・二章》。岵父《魏風・陟岵・首章》。鼠黍女顧女土土所《魏風・碩鼠・首章》。楚戶者者《唐風・綢繆・三章》。杜湑踽父《唐風・杕杜・首章》。祛居故《唐風・羔裘・首章》。羽栩黍怙所《唐風・鴇羽・首章》。楚野處《唐風・葛生・首章》。苦下與《唐風・采苓・二章》。楚虎虎禦《秦風・黃鳥・三章》。乎渠餘乎輿《秦風・權輿・首章》。乎輿《秦風・權輿・二章》。鼓下夏羽《陳風・宛丘・首章》。栩下《陳風・東門之枌・首章》。紵語《陳風・東門之池・二章》。顧予《陳風・墓門・二章》。馬野《陳風・株林・二章》。華家《檜風・隰有萇楚・二章》。羽楚處《曹風・蜉蝣・首章》。股羽野宇戶下鼠戶處《豳風・七月・五章》。瓜壺苴樗夫《豳風・七月・六章》。圃稼《豳風・七月・七章》。雨土戶予《豳風・鴟鴞・二章》。据荼租瘏家《豳風・鴟鴞・三章》。野下《豳風・東山・首章》。宇戶《豳風・東山・二章》。羽馬《豳風・東山・四章》。渚所處《豳風・九罭・二章》。胡瑕《豳風・狼跋・二章》。馬盬處《小雅・四牡・二章》。下栩盬父《小雅・四牡・三章》。帑圖乎《小雅・常棣・八章》。許藇羜父顧《小雅・伐木・二章》。湑酤鼓舞暇湑《小雅・伐木・六章》。固除庶《小雅・天保・首章》。家故居故《小雅・采薇・首章》。盬處《小雅・采薇・三章》。華車《小雅・采薇・四章》。華塗居書《小雅・出車・四章》。湑寫語處《小雅・蓼蕭・首章》。鼓旅《小雅・采芑・三章》。午馬麌所《小雅・吉日・二章》。羽野寡《小雅・鴻雁・首章》。野渚《小雅・鶴鳴・首章》。牙居《小雅・祈父・首章》。栩黍處父《小雅・黃鳥・三章》。樗居家《小雅・我行其野・首章》。祖堵戶處語《小雅・斯干・二章》。除去芋《小雅・斯干・三章》。魚旟魚旟《小雅・無羊・四章》。雨輔予《小雅・正月・九章》。徒夫馬處《小雅・十月之交・四章》。圖辜鋪《小雅・雨無正・首章》。都家《小雅・雨無正・七章》。土沮《小雅・小旻・首章》。且辜幠幠辜《小雅・巧言・首章》。怒沮《小雅・巧言・二章》。舍車盱《小雅・何人斯・五章》。雨女予《小雅・谷風・首章》。夏暑予《小雅・四月・首章》。下土《小雅・北山・二章》。土野暑苦雨罟《小雅・小明・首章》。處與女《小雅・小明・四章》。廬瓜菹祖祜《小雅・信南山・四章》。鼓祖雨黍女《小雅・甫田・二章》。湑寫處《小雅・裳裳者華・首章》。扈羽祜《小雅・桑扈・首章》。女舞《小雅・車舝・二章》。湑寫《小雅・車舝・四章》。楚旅《小雅・賓之初筵・首章》。鼓祖《小雅・賓之初筵・二章》。語羖《小雅・賓之初筵・五章》。蒲居《小雅・魚藻・三章》。筥予馬黼《小雅・采菽・首章》。股下紓予《小雅・采菽・三章》。餘旟盱《小雅・都人士・五章》。鱮鱮者《小雅・采綠・四章》。御旅處《小雅・黍苗・三章》。虎野暇《小雅・何草不黃・三章》。狐車《小雅・何草不黃・四章》。哻祖《大雅・文王・五章》。父馬滸下女宇《大雅・緜・二章》。徒家《大雅・緜・五章》。怒旅旅祜下《大雅・皇矣・五章》。許武祜《大雅・下武・五章》。去呱《大雅・生民・三章》。湑處湑脯下《大雅・鳧鷖・三章》。野處旅語《大雅・公劉・三章》。車馬《大雅・卷阿・十章》。怒豫《大雅・板・八章》。宇怒處圉《大雅・桑柔・四章》。沮所顧助祖予《大雅・雲漢・四章》。馬土《大雅・崧高・五章》。下甫《大雅・烝民・首章》。茹吐甫茹吐寡禦《大雅・烝民・五章》。舉圖舉助補《大雅・烝民・六章》。祖屠壺魚蒲車且胥《大雅・韓奕・三章》。土訏甫噳虎居譽《大雅・韓奕・五章》。車旟舒鋪《大雅・江漢・首章》。滸虎土《大雅・江漢・三章》。祖父《大雅・常武・首章》。父旅浦土處緒《大雅・常武・二章》。武怒虎虜浦所《大雅・常武・四章》。黍稌《周頌・豐年》。瞽虡羽鼓圉舉《周頌・有瞽》。沮魚《周頌・潛》。祜嘏《周頌・載見》馬且旅馬《周頌・有客》。下家《周頌・訪落》。女筥黍《周頌・良耜》。馬野者《魯頌・駉・首章》。馬野者《魯頌・駉・二章》。馬野者《魯頌・駉・三章》。馬野者騢魚祛邪徂《魯頌・駉・四章》。下舞《魯頌・有駜・首章》。武祖祜《魯頌・泮水・四章》。黍秬土緒《魯頌・閟宮・首章》。武緒野虞女旅《魯頌・閟宮・二章》。父魯宇輔《魯頌・閟宮・三章》。祖女《魯頌・閟宮・三章》。嘏魯許宇《魯頌・閟宮・七章》。與鼓祖《商頌・烈祖》。武楚阻旅所緒《商頌・殷武・首章》。

通韻譜：魚部外通韻字以□表示。

魚鐸通韻：

居御《召南・鵲巢・首章》。茹據愬怒《邶風・柏舟・二章》。故露《邶風・式微・首章》。路袪惡故《鄭風・遵大路・二章》。洳莫度度路《魏風・汾沮洳・首章》。莫除居瞿《唐風

・蟋蟀・首章》。夜居《唐風・葛生・四章》。除莫庶暇顧怒《小雅・小明・二章》。譽射《小雅・車舝・二章》。椐柘路固《大雅・皇矣・二章》。訏路《大雅・生民・四章》。席御酢斝《大雅・行葦・二章》。呼夜《大雅・蕩・五章》。度虞《大雅・抑・五章》。去故莫虞怒《大雅・雲漢・六章》。若賦《大雅・烝民・二章》。惡斁夜譽《周頌・振鷺》。伯旅《周頌・載芟》。

合韻譜：魚部外合韻字以□表示。

魚候合韻：

禡附侮《大雅・皇矣・八章》。

魚幽宵合韻：

廟保暇《大雅・思齊・三章》。

魚之合韻：

雨母《鄘風・蝃蝀・二章》。者謀虎《小雅・巷伯・六章》。膴飴謀龜時茲《大雅・緜・三章》。

第十四部鐸部韻譜：《廣韻》：御、禡、藥、鐸、陌、麥、昔。

莫濩綌斁《周南・葛覃・二章》。露夜露《召南・行露・首章》。落若《衛風・氓・三章》。蓆作《鄭風・緇衣・三章》。射御《鄭風・太叔于田・二章》。夜莫《齊風・東方未明・三章》。薄鞹夕《齊風・載驅・首章》。碩獲《秦風・駟鐵・二章》。澤戟作《秦風・無衣・二章》。穫蘀貉《豳風・七月・四章》。駱若度《小雅・皇皇者華・四章》。作莫《小雅・采薇・首章》。奕舄繹《小雅・車攻・四章》。澤作宅《小雅・鴻雁・二章》。蘀石錯《小雅・鶴鳴・首章》。藿夕客《小雅・白駒・首章》。閣橐《小雅・斯干・三章》。夜夕惡《小雅・雨無正・

首章》。作莫度獲《小雅・巧言・四章》。踖碩炙莫庶客錯度獲格酢《小雅・楚茨・二章》。碩若《小雅・大田・首章》。白駱駱若《小雅・裳裳者華・三章》。柏弈懌《小雅・頍弁・首章》。炙酢《小雅・瓠葉・三章》。赫莫獲度廓宅《大雅・皇矣・首章》。炙臄咢《大雅・行葦・四章》。懌莫《大雅・板・二章》。格度射《大雅・抑・七章》。作獲赫《大雅・桑柔・十四章》。伯宅《大雅・崧高・二章》。碩伯《大雅・崧高・八章》。貊伯壑籍《大雅・韓奕・六章》。柞澤《周頌・載芟》。駱雒繹斁作《魯頌・駉・三章》。樂樂樂《魯頌・有駜・一二三章》。博斁逆獲《魯頌・泮水・七章》。繹宅貊諾若《魯頌・閟宮・六章》。柏度尺舄碩奕作碩若《魯頌・閟宮・八章》。斁奕客懌昔作夕恪《商頌・那》。

合韻譜：鐸部外合韻字以□表示。

鐸盍合韻：

業作《大雅・常武・三章》

第十五部陽部韻譜：《廣韻》：陽養漾、唐蕩宕、庚梗映。

筐行《周南・卷耳・首章》。岡黃觥傷《周南・卷耳・三章》。荒將《周南・摎木・二章》。廣泳永方《周南・漢廣・首章》。廣泳永方《周南・漢廣・二章》。廣泳永方《周南・漢廣・三章》。方將《召南・鵲巢・二章》。陽遑《召南・殷其靁・首章》。裳亡《邶風・綠衣・二章》。頏將《邶風・燕燕・二章》。方良忘《邶風・日月・三章》。鏜兵行《邶風・擊鼓・首章》。行臧《邶風・雄雉・四章》。涼雱行《邶風・北風・首章》。景養《邶風・二子乘舟・首章》。襄詳詳長《鄘風・載馳・四章》。湯裳行《衛風・氓・四章》。杭望《衛風・清人・首章》。梁裳《衛風・有狐・首章》。陽簧房《王風・君子陽陽・

首章》。牆桑兄《鄭風・將仲子・二章》。黃襄行揚《鄭風・太叔于田・二章》。彭旁英翔《鄭風・清人・首章》。行英翔將將姜忘《鄭風・有女同車・二章》。昌堂將《鄭風・丰・三章》。裳行《鄭風・丰・三章》。瀼揚臧《鄭風・野有蔓草・二章》。明昌明光《齊風・雞鳴・二章》。昌陽狼臧《齊風・還・三章》。堂黃英《齊風・著・三章》。明裳《齊風・東方未明・首章》。湯彭翔《齊風・載馳・三章》。昌長揚揚蹌臧《齊風・猗嗟・首章》。霜裳《魏風・葛屨・首章》。方桑英英行《魏風・汾沮洳・二章》。岡兄《魏風・陟岵・三章》。行桑梁嘗常《唐風・鴇羽・三章》。桑楊簧亡《秦風・車鄰・三章》。蒼霜方長央《秦風・蒹葭・首章》。堂裳將忘《秦風・終南・二章》。桑行行防《秦風・黃鳥・二章》。裳兵行《秦風・無衣・三章》。陽黃《秦風・渭陽・首章》。湯上望《陳風・宛丘・首章》。魴姜《陳風・衡門・二章》。楊牂煌《陳風・東門之楊・首章》。翔堂傷《檜風・羔裘・二章》。稂京《曹風・下泉・首章》。陽庚筐行桑《豳風・七月・二章》。桑斨楊桑《豳風・七月・三章》。黃陽裳《豳風・七月・三章》。霜場饗羊堂觥疆《豳風・七月・八章》。場行《豳風・東山・二章》。斨皇將《豳風・破斧・首章》。魴裳《豳風・九罭・首章》。簧將行《小雅・鹿鳴・首章》。享王疆《小雅・天保・四章》。剛陽《小雅・采薇・三章》。方彭央方襄《小雅・出車・三章》。陽傷遑《小雅・杕杜・首章》。桑楊光疆《小雅・南山有臺・二章》。瀼光爽忘《小雅・蓼蕭・二章》。藏貺饗《小雅・彤弓・首章》。方陽章央行《小雅・六月・四章》。鄉央衡瑲皇珩《小雅・采芑・二章》。央光將《小雅・庭燎・首章》。湯揚行忘《小雅・沔水・二章》。桑梁明兄《小雅・黃鳥・二章》。祥祥《小雅・斯干・

七章》。牀裳璋喤皇王《小雅・斯干・八章》。霜傷京痒《小雅・正月・首章》。行良常臧《小雅・十月之交・二章》。向藏王向《小雅・十月之交・六章》。盟長《小雅・巧言・三章》。霜行《小雅・大東・二章》。漿長光襄《小雅・大東・五章》。襄章箱明庚行《小雅・大東・六章》。揚漿《小雅・大東・七章》。彭傍將剛方《小雅・北山・三章》。床行《小雅・北山・四章》。仰掌《小雅・北山・五章》。將湯傷忘《小雅・鼓鐘・首章》。蹌羊嘗亨將祊明皇饗慶疆《小雅・楚茨・二章》。將慶《小雅・楚茨・六章》。享明皇疆《小雅・信南山・六章》。明羊方臧慶《小雅・甫田・二章》。粱京倉箱粱慶疆《小雅・甫田・四章》。泱泱泱《小雅・瞻彼洛矣・一二三章》。黃章章慶《小雅・裳裳者華・二章》。上怲臧《小雅・頍弁・二章》。仰行《小雅・車舝・五章》。抗章《小雅・賓之初筵・首章》。良方讓亡《小雅・角弓・四章》。黃章望《小雅・都人士・首章》。藏忘《小雅・隰桑・四章》。亨嘗《小雅・瓠葉・首章》。黃傷《小雅・苕之華・首章》。良方讓亡《小雅・何草不黃・首章》。常京《大雅・文王・五章》。上王方《大雅・大明・首章》。商京行《大雅・大明・二章》。梁光《大雅・大明・五章》。王京行王商《大雅・大明・六章》。洋煌彭揚王商明《大雅・大明・八章》。伉將行《大雅・緜・七章》。王璋《大雅・棫樸・二章》。章相王方棫樸・《大雅・五章》。兄慶光喪方《大雅・皇矣・三章》。京疆岡《大雅・皇矣・六章》。陽將方王《大雅・皇矣・六章》。王方兄《大雅・皇矣・七章》[23]。

---

23 王力《詩經韻讀》云：「今本作兄弟，據《後漢書・伏湛傳》改。」

王京《大雅・下武・首章》。王京《大雅・文王有聲・七章》。將明《大雅・既醉・二章》。皇王忘章《大雅・假樂・二章》。疆綱《大雅・假樂・三章》。康疆倉糧囊光張揚行《大雅・公劉・首章》。岡京《大雅・公劉・三章》。長岡陽糧陽荒《大雅・公劉・五章》。長康常《大雅・卷阿・五章》。岡陽《大雅・卷阿・八章》。康方良明王《大雅・民勞・首章》。明王《大雅・板・八章》。商商商商商商商《大雅・蕩・二三四五六七八章》。明卿《大雅・蕩・四章》。商螗羹喪行方《大雅・蕩・六章》。尚亡《大雅・抑・四章》。章兵方《大雅・抑・四章》。將往競梗《大雅・桑柔・三章》。王痒荒蒼《大雅・桑柔・七章》。疆粻行《大雅・崧高・六章》。將明《大雅・烝民・四章》。彭鏘方《大雅・烝民・七章》。張王章衡鍚《大雅・韓奕・二章》。彭鏘光《大雅・韓奕・四章》。湯洸方王《大雅・江漢・二章》。祥亡《大雅・瞻卬・五章》。罔亡罔亡《大雅・瞻卬・六章》。喪亡荒《大雅・召旻・首章》。荒康康行《周頌・天作》。方王饗《周頌・我將》。王皇康方明喤將穰《周頌・執競》。王章陽央鶬光享《周頌・載見》。王忘《周頌・閔予小子》。將明行《周頌・敬之》。香光《周頌・載芟》。皇黃彭疆臧《魯頌・駉・首章》。黃明《魯頌・有駜・首章》。皇揚《魯頌・泮水・六章》。王陽商《魯頌・閟宮・二章》。嘗衡剛將羹房洋慶昌臧方常《魯頌・閟宮・三章》。嘗將《商頌・那》。疆衡鶬享將康穰饗疆嘗將《商頌・烈祖》。商芒湯方《商頌・玄鳥》。商祥芒方疆長將商《商頌・長發・首章》。衡王《商頌・長發・七章》。鄉湯羌享王常《商頌・殷武・二章》。

合韻譜：陽部外合韻字以□表示。

陽東合韻譜：

公疆邦功皇忘《周頌・烈文》。

陽談合韻譜：

瞻相臧腸狂《大雅・桑柔・七章》。監嚴濫遑《商頌・殷武・四章》。

第十六部侯部韻譜：《廣韻》侯厚候、虞麌遇。

蔞駒《周南・漢廣・三章》。笱後《邶風・谷風・三章》。姝隅躕《邶風・靜女・首章》。驅侯《鄘風・載馳・首章》。殳驅《衛風・伯兮・首章》。濡侯渝《鄭風・羔裘・首章》。樞榆婁驅愉《唐風・山有樞・首章》。芻隅逅逅《唐風・綢繆・二章》。駒株《陳風・株林・二章》。咮媾《曹風・候人・二章》。駒濡驅諏《小雅・皇皇者華・二章》。豆飫孺《小雅・常棣・六章》。枸楰耇後《小雅・南山有臺・五章》。餱具《小雅・無羊・二章》。瘉後口口愈侮《小雅・正月・三章》。笱厚《小雅・小弁・八章》。樹數口厚《小雅・巧言・五章》。駒後饇取《小雅・角弓・五章》。隅趨《小雅・⑥蠻・二章》。附後奏侮《大雅・緜・九章》。句鍭樹侮《大雅・行葦・六章》。主醹斗耇《大雅・行葦・七章》。厚主《大雅・卷阿・三章》。渝驅《大雅・板・八章》。隅愚《大雅・抑・首章》。漏覯《大雅・抑・七章》。后後《周頌・雝》。

通韻譜：侯部外通韻字以□表示。

侯屋通韻：

驅續轂馵玉屋曲《秦風・小戎・首章》。奏祿《小雅・楚茨・六章》。裕瘉《小雅・角弓・三章》。木附屬《小雅・角弓・六章》。谷穀垢《大雅・桑柔・十二章》。

侯東通韻：

後鞏後《大雅・瞻卬・七章》。

合韻譜：侯部外合韻字以□表示。

侯幽合韻：

槱趣《大雅・棫樸・首章》。揄蹂叟浮《大雅・生民・七章》。

侯冬合韻：

務戎《小雅・常棣・四章》。

第十七部屋部韻譜：《廣韻》屋、燭、覺。

谷木《周南・葛覃・首章》。谷谷《周南・葛覃・首二章》。角族《周南・麟之趾・三章》。角屋獄獄足《召南・行露・二章》。樕鹿束玉《召南・野有死麕・一章》。束讀讀辱《鄘風・牆有茨・三章》。曲藚玉玉族《魏風・汾沮洳・三章》。屋穀《豳風・七月・七章》。谷木《小雅・伐木・首章》。穀祿足《小雅・天保・二章》。穀玉《小雅・鶴鳴・二章》。谷束玉《小雅・白駒・四章》。穀粟穀族《小雅・黃鳥・首章》。祿僕祿屋《小雅・正月・三章》屋穀祿椓獨《小雅・正月・十三章》。粟獄卜穀《小雅・小宛・五章》。木谷《小雅・小宛・六章》。濁穀《小雅・四月・五章》。霂渥足穀《小雅・信南山・二章》。束獨《小雅・白華・首章》。祿僕《大雅・既醉・七章》。鹿穀谷《大雅・桑柔・九章》。角續《周頌・良耜》。

合韻譜：屋部外合韻字以□表示。

屋幽合韻：

欲孝《大雅・文王有聲・三章》。

屋覺合韻：

綠匊局沐《小雅・采綠・首章》。

第十八部東部韻譜：《廣韻》東董送、鍾腫用、江講絳。

僮公《召南・采蘩・三章》。墉訟訟從《召南・行露・三章》。縫總公《召南・羔羊・三章》。東公同《召南・小星・首章》。蓬豵《召南・騶虞・二章》。葑東庸《鄘風・桑中・三章》。東蓬容《衛風・伯兮・二章》。罿蓬容《王風・兔爰・三章》。控送《鄭風・大叔于田・二章》。松龍充童《鄭風・山有扶蘇・二章》。丰巷送《鄭風・丰・首章》。雙庸庸從《齊風・南山・四章》。葑東從《唐風・采苓・三章》。同功豵公《豳風・七月・四章》。同功《豳風・七月・七章》。東濛《豳風・東山・首章》。東濛《豳風・東山・二章》。東濛《豳風・東山・三章》。東濛《豳風・東山・四章》。顒公《小雅・六月・三章》。攻同龐東《小雅・車攻・首章》。聰饔《小雅・祈父・三章》。傭訩《小雅・節南山・五章》。誦訩邦《小雅・節南山・十章》。從用邛《小雅・小旻・首章》。共邛《小雅・巧言三章》。東空《小雅・大東・二章》。雝重《小雅・無將大車・三章》。同邦《小雅・瞻彼洛矣・三章》。同功《小雅・賓之初筵・首章》。蓬邦同從《小雅・采菽・四章》

。公恫邦《大雅・思齊・二章》。恭邦共《大雅・皇矣・五章》。衝墉《大雅・皇矣・七章》。樅鏞鐘廱《大雅・靈臺・四章》。鐘廱逢公《大雅・靈臺・五章》。功豐《大雅・文王有聲・二章》。廱東《大雅・文王有聲・六章》。幪唪《大雅・生民・四章》。邦功《大雅・崧高・三章》。同功《大雅・常武・八章》。訌共邦《大雅・召旻・二章》。雝容《周頌・振鷺》。雝公《周頌・雝》。訩功《魯頌・泮水・六章》。公東庸《魯頌・閟宮・三章》。蒙東邦同從功《魯頌・閟宮・五章》。共厖龍勇動竦總《商頌長發・五章》。

合韻譜：東部外合韻字以□表示。

東幽合韻：

調同《小雅・車攻・四章》。

東冬合韻：

戎東同《邶風・旄丘・三章》。濃忡雝同《小雅・蓼蕭・四章》。

第十九部宵部韻譜：《廣韻》蕭篠嘯、宵小笑、肴巧效、豪皓號。

藻潦《召南・采蘋・首章》。悄小少摽《邶風・柏舟・三章》。夭勞《邶風・凱風・首章》。旄郊《鄘風・干旄・首章》。敖郊驕鑣朝勞《衛風・碩人・三章》。刀朝《衛風・河廣・二章》。桃瑤《衛風・木瓜・二章》。苗搖《王風・黍離・首章》。消麃喬遙《鄭風・清人・三章》。漂要《鄭風・蘀兮・二章》。倒召《齊風・東方未明・首章》。驕忉《齊風・甫田・首章》。桃殽謠驕《魏風・園有桃・首章》曲勞郊郊號《魏風・碩鼠・三章》。鑣驕《秦風・駟鐵・三章》。巢苕忉《陳風・防有鵲巢・首章》。遙朝忉《檜風・羔裘・首章》。飄嘌弔《檜風・匪風・二章》。膏勞《曹風・下泉・四章》。蒿昭恌傚敖《小雅・鹿鳴・二章》。郊旐旄《小雅・出車・二章》。苗囂旄敖《小雅・車攻・二章》。嗸勞驕《小雅・鴻雁・三章》。曲朝遙《小雅・白駒・首章》。勞囂《小雅・十月之交・七章》。蒿勞《小雅・蓼莪・首章》。號勞《小雅・北山・五章》。刀毛膋《小雅・信南山・五章》。鷮教《小雅・車舝・二章》。教傚《小雅・角弓・二章》。瀌消驕《小雅・角弓・七章》。苗膏勞《小雅・黍苗・首章》。高勞朝《小雅・漸漸之石・首章》。燎勞《大雅・旱麓・五章》。瑤刀《大雅・公劉・二章》。寮囂笑蕘《大雅・板・三章》。苗麃《周頌・載芟》。

通韻譜：宵部外通韻字以□表示。

宵藥通韻：

芼樂《周南・關雎・五章》。暴笑敖悼《邶風・終風・首章》。勞朝暴笑悼《衛風・氓・五章》。膏曜悼《檜風・羔裘・三章》。沼樂炤虐《小雅・正月・十一章》。盜暴《小雅・巧言・三章》。昭樂《大雅・抑・十一章》。藐教虐耄《大雅・抑・十一章》。到樂《大雅・韓奕・五章》。藻蹻蹻昭笑教《魯頌・泮水・二章》。

合韻譜：宵部外合韻字以□表示。

宵幽合韻：

陶翿敖《王風・君子陽陽・二章》。滔儦敖《齊風・載驅・四章》。皎僚糾悄《陳風・月出・首章》。葽蜩《豳風・七月・四章》。譙翛翹搖嘵《豳風・鴟鴞・四章》。酒殽《小雅・正月・十二章》。休逑怓憂休《大雅・民勞・二章》。酒紹《大雅・抑・三章》。糾趙蓼朽茂《周頌・良耜》。

宵之合韻：

呶僛郵《小雅・賓之初筵・四章》。

宵侵合韻：

照僚紹慘《陳風・月出・三章》[24]。

第二十部藥部韻譜：《廣韻》覺、藥、鐸、錫、效。

籥翟爵《邶風・簡兮・二章》。綽較謔虐《衛風・淇奧・三章》。樂謔藥《鄭風・溱洧・首章》。樂謔藥《鄭風・溱洧・二章》。鑿襮沃樂《唐風・揚之水・首章》。櫟駮樂《秦風・晨風・二章》。罩樂《小雅・南有嘉魚・首章》。的爵《小雅・賓之初筵・首章》。沃樂《小雅・隰桑・二章》。濯翯躍《大雅・靈

24 王力《詩經韻讀》據《五經文字》改作懆，則爲宵部自韻。

臺・三章》。虐謔蹻謔熇藥《大雅・板・三章》。削爵濯溺《大雅・桑柔・五章》。藐蹻濯《大雅・崧高・四章》。樂樂樂《魯頌・有駜・一二三章》。

第二十一部幽部韻譜：《廣韻》脂旨、蕭篠嘯、宵小笑、肴巧效、豪皓號、尤有宥、侯厚候、幽黝幼。

鳩洲逑《周南・關雎・首章》。流求《周南・關雎・二章》。逵仇《周南・兔罝・二章》。休求《周南・漢廣・首章》。昴裯猶《召南・小星・二章》。包誘《召南・野有死麕・首章》。舟流憂遊《邶風・柏舟・首章》。冒好報《邶風・日月・二章》。手老《邶風・擊鼓・四章》。軌牡《邶風・匏有苦葉・二章》。舟游求救《邶風・谷風・四章》。讎售《邶風・谷風・五章》。漕悠遊憂《邶風・泉水・四章》。埽道道醜《鄘風・牆有茨・首章》。悠漕憂《鄘風・載馳・首章》。滺舟遊憂《衛風・竹竿・四章》。報好《衛風・木瓜・首章》。報好《衛風・木瓜・二章》。報好《衛風・木瓜・三章》。憂求《王風・黍離・首章》。憂求《王風・黍離・二章》。憂求《王風・黍離・三章》。蕭秋《王風・采葛・二章》。好造《鄭風・緇衣・二章》。狩酒酒好《鄭風・叔于田・二章》。鴇首手阜《鄭風・太叔于田・三章》。手魗好《鄭風・遵大路・三章》。酒老好《鄭風・女曰雞鳴・二章》。好報《鄭風・女曰雞鳴・三章》。瀟膠瘳《鄭風・風雨・二章》。茂道牡好《齊風・還・二章》。休慆憂休《唐風・蟋蟀・三章》。栲杻埽考保《唐風・山有樞・二章》。聊條《唐風・椒聊・首章》。褎究好《唐風・羔裘・二章》。周遊《唐風・有杕之杜・二章》。阜手狩《秦風・駟驖・首章》。收輈《秦風・小戎・首章》。阜手《秦風・小戎・二章》。袍矛仇《秦風・無衣・首章》。簋飽《秦風・權輿・二章》。缶道翿《陳風・宛丘・三章》。莜椒《陳風・東門之枌・三章》。皓懰受慅《陳風・月出・二章》。蕭周《曹風・下泉・二章》。棗稻酒壽《豳風・七月・六章》。茅綯《豳風・七月・七章》。蚤韭《豳風・七月・八章》。銶遒休《豳風・破斧・三章》。裒求《小雅・常棣・二章》。埽簋牡舅咎《小雅・伐木・四章》。柔憂《小雅・采薇・二章》。栲杻壽茂《小雅・南山有臺・四章》。草考《小雅・湛露・二章》。櫜好醻《小雅・彤弓・三章》。舟浮休《小雅・菁菁者莪・四章》。讎猶醜《小雅・采芑・四章》。好阜草狩《小雅・車攻・二章》。戊禱好阜阜醜《小雅・吉日・首章》。苞茂好猶《小雅・斯干・首章》。矛醻《小雅・節南山・八章》。卯醜《小雅・十月之交・首章》。憂休《小雅・十月之交・八章》。流休《小雅・雨無正・五章》。道草擣老首《小雅・小弁・二章》。醻究《小雅・小弁・七章》。好草《小雅・巷伯・五章》。受昊《小雅・巷伯・六章》。酒咎《小雅・北山・六章》。鼛洲妯猶《小雅・鼓鐘・三章》。飽首考《小雅・楚茨・六章》。酒牡考《小雅・信南山・五章》。阜好莠《小雅・大田・二章》。觩柔求《小雅・桑扈・四章》。首阜舅《小雅・頍弁・三章》。首酒《小雅・魚藻・首章》。浮流憂《小雅・角弓・八章》。幽膠《小雅・隰桑・三章》。茅猶《小雅・白華・二章》。炮醻《小雅・瓠葉・四章》。首罶飽《小雅・苕之華・三章》。草道《小雅・何草不黃・四章》。臭孚《大雅・文王・七章》。求孚《大雅・下武・二章》。道草茂苞褎秀好《大雅・生民・五章》。曹牢匏《大雅・公劉・四章》。游休酋《大雅・卷阿・二章》。讎報《大雅・抑・六章》。遊騷《大雅・常武・三章》。苞流《大雅・常武・五章》。收瘳《大雅・瞻卬・首章》優憂《大雅・瞻卬・六章》。

牡考《周頌・雝》。壽考《周頌・雝》。造考孝《周頌・閔予小子》。鳥蓼《周頌・小毖》。牡酒《魯頌・有駜・二章》。茆酒酒老道醜《魚頌・泮水・五章》。觩搜《魯頌・泮水・七章》。球旒休絿柔優遒《商頌・長發・四章》。

通韻譜：幽部外通韻字以□表示。

幽覺通韻：

脩歗歗淑《王風・中谷有蓷・二章》。罦造憂覺《王風・兔爰・二章》。軸陶抽好《鄭風・清人・三章》。皓繡鵠憂《唐風・揚之水・二章》。祝究《大雅・蕩・三章》。收篤《周頌・維天之命》。

合韻譜：幽部外合韻字以□表示。

幽之合韻：

造士《大雅・思齊・四章》。有收《大雅・瞻卬・二章》。茂止《大雅・召旻・四章》。止考《周頌・訪落》。紑俅基牛鼒觩柔休《周頌・絲衣》。

幽職合韻：

好食《唐風・有杕之杜・首章》。好食《唐風・有杕之杜・二章》。

幽緝合韻：

猶集咎道《小雅・小旻・三章》。

第二十二部覺部韻譜：《廣韻》屋、沃、覺、錫、嘯、號、宥。

鞫覆育毒《邶風・谷風・五章》。祝六告《鄘風・干旄・三章》。陸軸宿告《衛風・考槃・三章》。告鞠《齊風・南山・三章》。匊篤《唐風・椒聊・二章》。六燠《唐風・無衣・二章》。薁菽《豳風・七月・六章》。陸復宿《豳風・九罭・三章》。蓫宿畜復《小雅・我二章行其野・》。鞠畜育復腹《小雅

・蓼莪・四章》。奧蹙菽宿覆《小雅・小明・三章》。俶告《大雅・既醉・三章》。迪復毒《大雅・桑柔・十二章》。肅穆《周頌・雝》。

合韻譜：覺部外合韻字以□表示。

覺職合韻：

穋麥《豳風・七月・七章》。備戒告《小雅・楚茨・五章》。夙育稷《大雅・生民・首章》。告則《大雅・抑・二章》。

第二十三部冬部韻譜：《廣韻》東送、冬宋、江講絳。

中宮《召南・采蘩・二章》。蟲螽忡降《召南・草蟲・首章》。仲宋忡《邶風・擊鼓・二章》。冬窮《邶風・谷風・六章》。躬中《邶風・式微・二章》。中宮《鄘風・桑中・首章》。中宮《鄘風・桑中・二章》。中宮《鄘風・桑中・三章》。中宮《鄘風・定之方中・首章》。蟲螽忡降仲戎《小雅・出車・五章》。中降《大雅・棫樸・二章》。融終《大雅・既醉・三章》。潨宗宗降崇《大雅・鳧鷖・四章》。

合韻譜：冬部外合韻字以□表示。

冬蒸合韻：

中弘躬《大雅・召旻・六章》。

冬侵合韻：

中驂《秦風・小戎・二章》。沖陰《豳風・七月・八章》。飲宗《大雅・公劉・四章》。諶終《大雅・蕩・首章》。甚蟲宮宗臨躬《大雅・雲漢・二章》。

第二十四部之部韻譜：《廣韻》脂旨、之止志、皆駭怪、灰賄隊、咍海代、尤有宥、侯厚候、軫。

采友《周南・關雎・四章》。否母《周南・葛覃・三章》。

采有《周南・芣苡・首章》。趾子《周南・麟之趾・首章》。沚事《召南・采蘩・首章》。子哉《召南・殷其靁・首章》。子哉《召南・殷其靁・二章》。子哉《召南・殷其靁・三章》。汜以以悔《召南・江有汜・首章》。李子《召南・何彼襛矣・二章》。裏已《邶風・綠衣・首章》。絲治訧《邶風・綠衣・三章》。霾來來思《邶風・終風・二章》。思來《邶風・雄雉・三章》。子否否友《邶風・匏有苦葉・四章》。沚以《邶風・谷風・三章》。久以《邶風・旄丘・二章》。子耳《邶風・旄丘・四章》。淇思謀《邶風・泉水・首章》。齒止止俟《鄘風・相鼠・二章》。尤思之《鄘風・載馳・五章》。蚩絲絲謀淇丘期媒期《衛風・氓・首章》。思哉《衛風・氓・六章》。淇思之《衛風・竹竿・首章》。右母《衛風・竹竿・二章》。李玖《衛風・木瓜・三章》。期哉塒來思《王風・君子于役・首章》。涘母母有《王風・葛藟・二章》。李子子玖《王風・丘中有麻・三章》。里杞母《鄭風・將仲子・首章》。洧士《鄭風・褰裳・二章》。晦已喜《鄭風・風雨・三章》。佩思來《鄭風・子衿・二章》。畝母《齊風・南山・三章》。鋂思《齊風・盧令・三章》。哉其之之思《魏風・園有桃・首章》。哉其之之思《魏風・園有桃・二章》。子巳止《魏風・陟岵・首章》。屺母《魏風・陟岵・二章》。期之《秦風・小戎・二章》。采已涘右沚《秦風・蒹葭・三章》。梅裘哉《秦風・終南・首章》。思佩《秦風・渭陽・二章》。鯉子《陳風・衡門・三章》。已矣《陳風・墓門・首章》。梅思思騏《曹風・鳲鳩・二章》。耜趾子畝喜《豳風・七月・首章》。狸裘《豳風・七月・四章》。止杞母《小雅・四牡・四章》。騏絲謀《小雅・皇皇者華・三章》。疚來《小雅・采薇・三章》。杞母《小雅・杕杜・三章》。來疚《小雅・杕杜・

四章》。鯉有《小雅・魚麗・三章》。有時《小雅・魚麗・六章》。來又《小雅・南有嘉魚・四章》。臺萊基期《小雅・南山有臺・首章》。杞李母己《小雅・南山有臺・三章》。載喜右《小雅・彤弓・二章》。沚喜《小雅・菁菁者莪・二章》。里子《小雅・六月・二章》。喜祉久友鯉矣友《小雅・六月・六章》。芑畝止止騏《小雅・采芑・首章》。芑止止《小雅・采芑・二章》。有俟友右子《小雅・吉日・三章》。海止友母《小雅・沔水・首章》。士止《小雅・祈父・二章》。思期思《小雅・白駒・三章》。

仕子己殆仕《小雅・節南山・四章》。時謀萊矣《小雅・十月之交・五章》。里痗《小雅・十月之交・八章》。仕殆使子使友《小雅・雨無正・六章》。止否謀《小雅・小旻・五章》。采負似《小雅・小宛・三章》。梓止母裏在《小雅・小弁・三章》。祉已《小雅・巧言・二章》。箕謀《小雅・巷伯・二章》。丘詩之《小雅・巷伯・七章》。杞子事母《小雅・北山・首章》。恥久恃《小雅・蓼莪・二章》。來疚《小雅・大東・二章》。梅尤《小雅・四月・四章》。紀仕有《小雅・四月・六章》。杞子事母《小雅・北山・首章》。止起《小雅・楚茨・五章》。理畝《小雅・信南山・首章》。畝耔薿止士《小雅・甫田・首章》。止子畝喜右否畝有敏《小雅・甫田・三章》。止子畝喜祀《小雅・大田・四章》。右有有似《小雅・裳裳者華・四章》。期思來《小雅・頍弁・二章》。友喜《小雅・車舝・首章》。能又時《小雅・賓之初筵・二章》。否史恥怠《小雅・賓之初筵・五章》。牛哉《小雅・黍苗・二章》。時右《大雅・文王・首章》。己子《大雅・文王・二章》。止子《大雅・文王・四章》。涘止子《大雅・大明・三章》[25]。止右理畝事《大雅・

緜・四章》。母婦《大雅・思齊・首章》。悔祉子《大雅・皇矣・四章》。芑仕謀子《大雅・文王有聲・八章》。祀子敏止《大雅・生民・首章》。祀子《大雅・生民・二章》。秠芑秠畝芑負祀《大雅・生民・六章》。時祀悔《大雅・生民・八章》。時子《大雅・旣醉・五章》。士士子《大雅・旣醉・八章》。紀友士子《大雅・假樂・四章》。理有《大雅・公劉・六章》。茲饎子母《大雅・泂酌・首章》。茲子《大雅・泂酌・二章》。茲子《大雅・泂酌・三章》。止士使子《大雅・卷阿・七章》。時舊《大雅・蕩・七章》。友子《大雅・抑・六章》。李止《大雅・抑・八章》。絲基《大雅・抑・九章》。子否事耳子《大雅・抑・十章》。子止謀悔《大雅・抑・十二章》。里喜忌《大雅・桑柔・十章》。紀宰右止里《大雅・雲漢・七章》。子止里《大雅・韓奕・四章》。理海《大雅・江漢・三章》。子似祉《大雅・江漢・四章》。子已《大雅・江漢・六章》。誨寺《大雅・瞻卬・三章》。里里哉舊《大雅・召旻・七章》。牛右《周頌・我將》。祀子《周頌・雝》。祉母《周頌・雝》。子疚《周頌・閔予小子》。之思哉士茲子止《周頌・敬之》。以婦士耜畝《周頌・載芟》。耜畝《周頌・良耜》。止之思思《周頌・賚》。駓騏伾期才《魯頌・駉・二章》。始有子《魯頌・有駜・三章》。子祀耳《魯頌・閟宮・三章》。喜母士有祉齒《魯頌・閟宮・七章》。有殆子《商頌・玄鳥》。里止《商頌・玄鳥》。子士《商頌・長發・七章》。

通韻譜：之部外通韻字以□表示：

---

25 今本《毛詩》以「文王嘉止，大邦有子。」屬五章，「在洽之陽，在渭之涘。」屬四章，王力以「涘止子」爲之部韻，同屬四章，其說是也。

之職通韻：

異貽《邶風・靜女・三章》。背痗《衛風・伯兮・四章》。牧來載棘《小雅・出車・首章》。止止試《小雅・采芑・三章》。輻載意《小雅・正月・十章》。克富又《小雅・小宛・二章》。載息《小雅・大東・三章》。來服裘試《小雅・大東・四章》。棘稷翼億食祀侑福《小雅・楚茨首章》。戒事耜畝《小雅・大田・首章》。試又《小雅・賓之初筵・五章》。食誨載《小雅・緜蠻・首章》。食誨載《小雅・緜蠻・二章》。食誨載《小雅・緜蠻・三章》。直載翼《大雅・緜・五章》。載備祀福《大雅・旱麓・四章》。亟來囿伏《大雅・靈臺・首章》。字翼《大雅・生民・三章》。子德《大雅・假樂・首章》。式止晦《大雅・蕩・五章》。事式《大雅・崧高・二章》。塞來《大雅・常武・六章》。富忌《大雅・瞻卬・五章》。富時疚茲《大雅・召旻・五章》。鮪鯉祀福《周頌・潛》。

之蒸通韻：

來贈《鄭風・女曰雞鳴・三章》。

第二十五部職部韻譜：《廣韻》志、怪、隊、宥、屋、麥、昔、錫、職、德。

得服側《周南・關雎・三章》。革緎食《召南・羔羊・二章》。側息《召南・殷其雷・二章》。側特慝《鄘風・柏舟・二章》。麥北弋《鄘風・桑中・二章》。麥極《鄘風・載馳・五章》。極德《衛風・氓・四章》。側服《衛風・有狐・三章》。麥國國食《王風・丘中有麻・二章》。飾力直《鄭風・羔裘・二章》。食息《鄭風・狡童・二章》。克得得極《齊風・南山・四章》。襋服《魏風・葛屨・首章》。棘食國極《魏風・園有桃・二章》。輻側直穡億特食《魏風・伐檀・二章》。麥德國國直

《魏風・碩鼠・二章》。翼棘稷食極《唐風・鴇羽・二章》。棘域息《唐風・葛生・二章》。棘息息特《秦風・黃鳥・首章》。翼服息《曹風・蜉蝣・二章》。翼服《曹風・候人・二章》。棘忒忒國《曹風・鳲鳩・三章》。克得《豳風・伐柯・首章》。福食德《小雅・天保・五章》。翼服戒棘《小雅・采薇・五章》。棘德《小雅・湛露・三章》。則服《小雅・六月・二章》。翼服服國《小雅・六月・三章》。試翼奭服革《小雅・采芑・首章》。葍特富異《小雅・我行其野・三章》。翼棘革《小雅・斯干・三章》。特克則得力《小雅・正月・七章》。德國《小雅・雨無正・首章》。蜮得極側《小雅・何人斯・八章》。食北《小雅・巷伯・六章》。德極《小雅・蓼莪・四章》。息國《小雅・北山・四章》。息直福《小雅・小明・五章》。

食福式稷敕極億《小雅・楚茨・四章》。翼彧穡食《小雅・信南山・三章》。螣賊《小雅・大田・首章》。黑稷福《小雅・大田・四章》。翼福《小雅・鴛鴦・二章》。棘國《小雅・青蠅・二章》。福德《小雅・賓之初筵・四章》。息暱極《小雅・菀柳・首章》。翼德《小雅・白華・七章》。側極《小雅・緜蠻・三章》。翼國《大雅・文王・三章》。億服《大雅・文王・四章》。德福《大雅・文王・六章》。翼福國《大雅・大明・三章》。德色革則《大雅・皇矣・七章》。式則《大雅・下武・三章》。德服《大雅・下武・四章》。北服《大雅・文王有聲・六章》。匐嶷食《大雅・生民・四章》。背翼福《大雅・行葦・八章》。德福《大雅・既醉・首章》。福億《大雅・假樂・二章》。翼德翼則《大雅・卷阿・五章》。息國極慝德《大雅・民勞・三章》。克服德力《大雅・蕩・二章》。國德德側《大雅・蕩・四章》。賊則《大雅・抑・八章》。國忒德棘《大雅・抑・

十二章》。穡食《大雅・桑柔・六章》。極背克力《大雅・桑柔・十五章》。德直國《大雅・崧高・七章》。則德《大雅・烝民・首章》。德則色翼式力《大雅・烝民・二章》。棘極《大雅・江漢・三章》。德國《大雅・江漢・六章》。戒國《大雅・常武・首章》。翼克國《大雅・常武・五章》。忒背極慝識織《大雅・瞻卬・四章》。德則《魯頌・泮水・四章》。德服馘《魯頌・泮水・五章》。稷福麥國穡《魯頌・閟宮・首章》。忒稷《魯頌・閟宮・三章》。熾富背試《魯頌・閟宮・四章》。國福《商頌・殷武・四章》。翼極《商頌・殷武・五章》。

合韻譜：職部外合韻字以□表示。

職緝合韻：

飭服熾[急]國《小雅・六月・首章》。式[入]德《大雅・思齊・四章》。

第二十六部蒸部韻譜：《廣韻》蒸拯證、登等嶝、東送。

薨繩《周南・螽斯・二章》。掤弓《鄭風・大叔于田・三章》。薨夢憎《齊風・雞鳴・三章》。升朋《唐風・椒聊・首章》。興陵增《小雅・天保・三章》。恒升崩承《小雅・天保六章》。陵朋《小雅・菁菁者莪・三章》。陵懲興《小雅・沔水・三章》。蒸雄兢崩肱升《小雅・無羊・四章》。蒸夢勝憎《小雅・正月・四章》。陵懲夢雄《小雅・正月・五章》。騰崩陵懲《小雅・十月之交・三章》。兢冰《小雅・小旻・六章》。兢冰《小雅・小宛・六章》。弓繩《小雅・釆綠・三章》。陾薨登馮興勝《大雅・緜・六章》。烝烝烝烝烝烝烝烝《大雅・文王有聲・首二三四五六七八章》。繩承《大雅・抑・六章》。崩騰朋陵《魯頌・閟宮・三章》。勝乘承《商頌・玄鳥》。

合韻譜：蒸部外合韻字以□表示。

蒸侵合韻：

膺弓縢興音《秦風・小戎・三章》。簟寢興夢《小雅・斯干・六章》。林興心《大雅・大明・七章》。林林冰《大雅・生民・三章》。登升歆今《大雅・生民・八章》。夢憯《大雅・抑・十一章》。乘縢弓綅增膺懲承《魯頌・閟宮・四章》。

第二十七部緝部韻譜：《廣韻》緝、合、洽。

揖蟄《周南・螽斯・三章》。及泣《邶風・燕燕・二章》。濕泣泣及《王風・中谷有蓷・三章》。合軜邑《秦風・小戎・二章》。隰及《小雅・皇皇者華・首章》。合翕《小雅・常棣・七章》。濈濕《小雅・無羊・首章》。集合《大雅・大明・四章》。楫及《大雅・棫樸・三章》。輯洽《大雅・板・二章》。

合韻譜：緝部外合韻字以□表示。

緝怗盍合韻：

業捷及《大雅・蒸民・七章》。

第二十八部侵部韻譜：《廣韻》侵寑沁、談、鹽、覃、東、忝　。

林心《周南・兔罝・二章》。三今《召南・摽有梅・二章》。風心《邶風・綠衣・四章》。音南心《邶風・燕燕・三章》。南心《邶風・凱風・首章》。音心《邶風・雄雉・二章》。葚耽《衛風・氓・三章》。衿心音《鄭風・子衿・首章》。風林欽《秦風・晨風・首章》。林南林南《陳風・株林・首章》。鬵音《檜風・匪風・三章》。芩琴琴湛心《小雅・鹿鳴・三章》。駸諗《小雅・四牡・五章》。琴湛《小雅・常棣・七章》。音心《小雅・白駒・四章》。風南心《小雅・何人斯・五章》。錦甚《小雅・巷伯・首章》。欽琴音南僭《小雅・鼓鐘・四章》。琴心《小雅・車舝・五章》。林湛《小雅・賓之初筵・

二章》。煁心《小雅・白華・四章》。林心《小雅・白華・六章》。音男《大雅・思齊・首章》。心音《大雅・皇矣・四章》。南音《大雅・卷阿・首章》。僭心《大雅・抑・九章》。風心《大雅・烝民・八章》。深今《大雅・瞻卬・七章》。心南《魯頌・泮水・六章》。林黮音琛金《魯頌・泮水・八章》。

合韻譜：侵部外合韻字以□表示。

侵添談合韻：

菡儼枕《陳風・澤陂・三章》。

第二十九部怗部韻譜：《廣韻》葉。

葉涉《邶風・匏有苦葉・首章》。

合韻譜：怗部外合韻字以□表示。

怗盍合韻：

葉韘韘甲《衛風・芄蘭・三章》。業捷《小雅・采薇・四章》。葉業《商頌・長發・七章》。

第三十部添部韻譜：《廣韻》覃感、咸、琰、忝。

涵讒《小雅・巧言・二章》。

合韻譜：添部外合韻字以□表示。

添盍合韻：

玷業貶《大雅・召旻・三章》。

第三十一部盍部韻譜：《廣韻》狎、業。

未見

第三十二部談部韻譜：《廣韻》談敢、銜檻、鹽、豏、儼。

檻菼敢《王風・大車・首章》。巖瞻惔談斬監《小雅・節南山・首章》。甘餤《小雅・巧言・三章》。藍襜詹《小雅・采綠・二章》。巖詹《魯頌・閟宮・五章》。

上古韻部依照諧聲系統應爲三十二部，《詩經》韻腳於談添、盍怗之分不很明顯，因爲入韻字少故也。

第十五節　古韻三十二部之諧聲表

自段玉裁作《六書音均表》，以諧聲系統分部，始明確指出「同諧聲者必同部」之理，其後諸家莫不踵事增華，於諧聲系統，益爲精密。諧聲字與古韻部關係之密切，原爲不爭之事實，而「同諧聲必同部」之理，又可執簡禦繁，實亦無可置疑。然文字之始作，實遠出三百篇之前，時代既有參差，語音不能無變，則諧聲系統與《詩經》韻語有不合者，亦勢所不免。今爲諧聲表，凡諧聲字與《詩經》韻語有相齟齬者，則仍本之於《詩經》，稽之於《廣韻》，以定其部分，而不全以諧聲爲據。例如“儺”字從難聲，依諧聲在元部，而《詩・衛風・竹竿》以韻“左、瑳”，《廣韻》入歌韻，則以“儺”併入歌部。“怛”從旦聲，原在元部，《詩・小雅・甫田》以韻“桀”，《廣韻》在曷韻，故以之併入月部。今決定某一具體字之歸部，皆據此定之。如此處理，一則可與《詩經》韻母系統無相違背，減少例外之合韻；二則可見彼此韻部之關聯，以明聲韻之變遷。所爲諧聲表兼承段、孔二氏之例，表其最初聲母，但以《詩經》入韻字爲主。其得聲難明者，則於字下分別注明。

今爲明其諧聲張本，每部諧聲表皆先出《詩經》韻字表，然後再列諧聲表：

第一部歌部

《詩經》韻字表：

皮、紽、蛇、沱、過、歌、爲、何、離、施、河、儀、它、珈、佗、宜、猗、瑳、磨、阿、薖、左、儺、羅、罹、吪、嗟、加、吹、和、我、多、池、陂、荷、縭、嘉、錡、鯊、椅、莪、駕、馳、破、羆、訛、瘥、他、扡、禍、可、議、俄、傞、峨、賀、佐、詈、犧、差、娑、那、地、瓦。

諧聲偏旁表：

皮聲　它聲　咼聲　ㄜ聲　哥聲　爲聲　可聲　离聲　也聲　我聲　義聲　加聲　多聲　宜聲　奇聲　麻聲　𠂇聲　左聲　差聲　儺聲　羅聲　罹聲　垂聲　七聲　化聲　吹聲　禾聲　沙聲　罷聲　詈聲　羲聲　那聲　瓦聲　隋聲　坐聲　果聲　朶聲　貨聲　萑聲　惢聲　臥聲　戈聲　扁聲　𠦒聲　叵聲　羈聲　蠡聲　乂聲　麗聲　些聲　徙聲　戲聲　虧聲　危聲

上列諧聲偏旁變入《廣韻》支紙寘、歌哿個、戈果過、麻馬禡。

第二部月部

《詩經》韻字表：

掇、捋、蕨、惙、說、伐、茇、敗、憩、拜、脫、帨、吠、闊、厲、揭、牽、邁、衛、害、逝、活、濊、發、孽、朅、桀、帶、月、佸、括、渴、葛、艾、歲、達、闕、闥、怛、外、泄、蹶、肺、晢、偈、閱、雪、祋、芾、烈、晣、噦、舌、秣、愒、瘵、撮、髮、蠆、世、拔、兌、軷、撥、奪、傑、茷、越、截、旆、鉞、曷、櫱、滅、威、勩、栵、嘒。

諧聲偏旁表：

叕聲　寽聲　厥聲　兌聲　伐聲　犮聲　敗聲　憩聲　拜聲　吠聲　活聲　舌聲　牽聲　蠆聲[26]　衛聲　丰聲　害聲[27]　折

26　《說文》：「蠆、毒蟲也。象形。」按此字醜介切，《字林》他割切，玄應他達切，古音皆在月部。《說文》：「邁、遠行也。從辵、萬聲。邁或從蠆。」按邁在月部，萬在元部，邁字或體作邁（內

聲　歲聲　發聲　丐聲　曷聲　辥聲　桀聲　厲聲[28]　帶聲　月聲　乂聲　羍聲（羍隸變作幸）　欮聲　怛聲[29]　外聲　世聲　市聲　雪聲（雪從彗省聲）[30]　祋聲　列聲　舌聲（與從𠯑隸變之舌異）末聲　祭聲　最聲　蠆聲[31]　喙聲　大聲　丿聲　戉聲　截聲[32]　威聲　泰聲　太聲　貝聲　敗聲　會聲　夬聲　叡聲　最聲　贅聲　毳聲　砯聲　巜聲　介聲　摯聲　制聲　筮聲　祭聲　彑聲　埶聲　竄聲　戌聲　絕聲　劊聲　孑聲　孓聲　苜聲　隉聲　臬聲　奇聲　歺聲　屮聲　劣聲　弼聲　別聲　癶聲　苜聲　奪聲　粵聲　曰聲　叡聲　刷聲　殺聲　罰聲　刺聲　截聲　叡聲　㳄聲　裔聲　叚聲　害聲　昳聲　彗聲　匄聲　熱聲

上列諧聲偏旁變入《廣韻》祭、泰、怪、夬、廢、月、曷、末、轄、黠、屑、薛。

萬爲蠆），從蠆聲。疑邁當從蠆聲，非萬聲也。《說文》：「萬、蟲也。從禸、象形。」萬、無販切，古音在元部。

27 《說文》：「害、傷也。從宀口，言從家起也。丰聲。」按當增豐聲一偏旁於月部。

28 《說文》：「厝、旱石也。從厂、蠆省聲，厲或不省。」厲力制切，古音在月部，蠆在月部。

29 《說文》：「怛、憯也。從心、旦聲。」按此字得案切又當割切，當以得案切旦聲爲元部，而以當割切怛聲爲月部字，怛字《詩》兩見皆在月部，無入元部者。

30 《說文》：「雪、冰雨說物也。从雨彗聲。」相絕切，古音在月部。《說文》：「彗、埽竹也。從又持甡。篲、彗或從竹。簪、古文彗從竹習。」彗、祥歲切。彗聲在月部，雪聲亦爲月部字。

31 《說文》醜芥切之蠆，俗或作蠆。蠆即蠆字。《說文》另有蠇字云：「蠇、蚌屬，似蝵而大，出海中，今民食之。從蟲萬聲。讀若賴。」力制切，亦在月部，疑此字亦當從蠆聲。蠇今讀與厲同，厲即从蠆聲可證。

32 截《說文》作㦰，云：「截、斷也。從戈雀聲。」此字昨結切，當在月部。

第三部元部

《詩經》韻字表：

轉、卷、選、雁、旦、泮、干、言、泉、歎、變、管、展、袢、顏、媛、反、遠、僩、咺、諼、澗、寬、垣、關、漣、遷、怨、岸、宴、晏、乾、嘆、難、館、粲、園、檀、慢、罕、彥、爛、餐、墠、阪、漙、願、渙、蕑、還、閒、肩、儇、丱、見、弁、鬈、貫、亂、閑、廛、貆、旃、然、焉、菅、卷、悁、冠、欒、慱、踐、原、衍、憚、痯、汕、衎、安、軒、憲、山、幡、霰、樊、燔、獻、羨、僊、翰、繁、巘、鍛、殘、綣、諫、管、亶、顏、愆、蕃、宣、番、丸、虔、埏、駽、鮮、筵、嫄、苑、熯。

諧聲偏旁表：

叀聲　專聲　卷聲　巽聲　雁聲　旦聲　半聲　干聲　辛聲　言聲　泉聲　䜌聲　官聲　㠭聲　展聲　爰聲　反聲　袁聲　閒聲　亘聲　間聲　莧聲　寬聲　𢇍聲[33]　聯聲　連聲　䙴聲　夗聲　宛聲　冤聲　旻聲　安聲　難聲[34]　㫃聲　𠦪聲　𣦼聲　亶聲　曼聲　柬聲　闌聲[35]　吅聲　單聲　原聲　奐聲　厂聲　屵聲　彥聲　燕聲　県聲　縣聲　姦聲　宦聲　睘聲　肩聲　丱聲　卵聲　見聲　弁聲　毌聲　𤔔聲　閑聲　廛聲　丹聲　然聲　焉聲　赧聲　善聲　肙聲　冠聲　幵聲　𦘔聲　建聲　看聲　侃聲　盥聲　耑聲　短聲　般聲　戔聲　衍聲　山聲　憲聲　番聲　散

33　《說文》：「𢇍（左無耳旁）、織以絲毋杼也。從絲省、𠂹聲。𠂹（古文卵字。）按𢇍古還切，古音在元部。

34　《說文》：「歎、吟也。謂情有所悅吟歎而歌詠。從欠𪂹省聲。」又：「𪂹、𪂹鳥也。從鳥堇聲。難、𪂹或從隹。」又：「堇、黏土也。從黃省從土。」按堇巨斤切，古音在諄部，難那幹切，古音在元部。

35　《說文》：「闌、門遮也。從門柬聲。」洛幹切，古音在元部。

聲 楙聲 虘聲 獻聲 次聲 丸聲 虔聲 繁聲 段聲 延聲 鮮聲 完聲[36] 元聲 寒聲 蹇聲 騫聲 繭聲 宀聲 釆聲 緜聲 邊聲 面聲 片聲 煩聲 兟聲 贊聲 筭聲 算聲 祘聲 爨聲 㦰聲 扇聲 刪聲 幻聲 穿聲 斷聲 雋聲 全聲 前聲 薦聲 𧶠聲 亂聲 く聲 㕣聲 班聲 辡聲 犬聲 孱聲 件聲 舛聲 虔聲 虤聲 㪰聲 𩺰聲 閔聲 彖聲 奻聲 便聲 樊聲 羨聲

以上諧聲偏旁變入《廣韻》元阮願、寒旱翰、桓緩換、刪潸諫、山產襉、仙獮線、先銑霰。

第四部脂部

《詩經》韻字表：

萋、喈、體、死、薺、弟、泲、禰、姊、指、禮、妻、姨、脂、蠐、犀、眉、淒、夷、濟、瀰、偕、比、佽、遲、饑、躋、蓍、師、祁、鱧、旨、矢、兕、醴、穈、匕、砥、履、視、涕、穉、穧、茨、鴟、階、秭、妣、紕、疧、邇、美、湄、坻、几、泥、毗、迷、屎、資、階、底、桋、湝、尸、郿、祗、膍。

諧聲偏旁表：

妻聲 皆聲 豊聲 死聲 齊聲 弟聲 㚸聲 尒聲 爾聲 旨聲 耆聲 夷聲 厶聲 眉聲 比聲 次聲 二聲 几聲 耆聲 師聲 示聲 矢聲 兕聲 米聲 匕聲 履聲 氐聲 美聲 尼聲 尸聲 昆聲 禾聲 㕯聲 伊聲 犀聲 屖聲 豸聲 黹聲 豕聲 示聲 黎聲 叕聲

以上諧聲偏旁變入《廣韻》脂旨至、紙、齊薺霽、皆駭怪。

第五部質部

36 《說文》：「完、全也。從宀元聲。」完胡官切，在元部，凡元聲字皆在此部。

《詩經》韻字表：

實、室、袺、襭、肄、棄、七、吉、曀、嚏、日、栗、漆、瑟、疾、穴、即、耋、栗、韠、結、一、垤、窒、至、恤、徹、逸、血、穗、利、珌、設、抑、秩、匹、密、戾、挃、櫛、替、畀、屆、肆、幭、四、闋、節、翳、惠。

諧聲偏旁表：

質聲　實聲　至聲　吉聲　肄聲　棄聲　七聲　壹聲　疐聲　日聲　栗聲　桼聲　瑟聲　乙聲　抑聲　必聲　宓聲　悉聲　疾聲　穴聲　八聲　佾聲　屑聲　卪聲　即聲　畢聲　一聲　血聲　徹聲　逸聲　惠聲　利聲　設聲　閉聲　戴聲　銍聲　頁聲　自聲　計聲　失聲　匹聲　密聲　戾聲　節聲　替聲　畀聲　屆聲　肆聲　四聲　翳聲　蔑聲　丿聲

以上諧聲偏旁變入《廣韻》至、霽、怪、質、櫛、黠、鎋、屑、薛、職。

第六部眞部

《詩經》韻字表：

蓁、人、蘋、濱、淵、身、洵、信、薪、榛、苓、天、零、田、千、姻、命、申、仁、溱、顛、令、粼、巔、鄰、年、駰、均、詢、親、電、臻、陳、翩、鳶、臣、賢、盡、引、甸、賓、矜、玄、民、新、堅、鈞、旬、填、泯、濜、頻、神、典、禋、倩、胤。

諧聲偏旁表：

秦聲　人聲　頻聲　賓聲　㴠聲　身聲　旬聲　信聲　新聲　辛聲　令聲　天聲　田聲　千聲　因聲　令聲　命聲　申聲　電聲　仁聲　眞聲　囟聲　粦聲　年聲　勻聲　陳聲　扁聲　鳶聲　臣聲　臤聲　堅聲　賢聲　㶳聲　盡聲[37]　引聲　矜聲　典聲

垔聲　倩聲　民聲　玄聲　丏聲　寅聲　印聲　晉聲　㚘聲　疢聲　藺聲　燊聲

以上諧聲偏旁變入《廣韻》眞軫震、諄准稕、臻、先銑霰、仙獮線、庚梗映、清靜勁、青迥徑。

第七部微部

《詩經》韻字表：

歸、衣、嵬、隤、罍、懷、累、綏、微、飛、靁、違、畿、頎、畏、晞、崔、唯、悲、火、葦、枚、騑、依、霏、薇、威、罪、頹、遺、摧、幾、尾、豈、藟、回、壞、推、雷、燬、煒、維、哀、腓、惟、騤、追、闈、葵、萎。

諧聲偏旁表：

自聲　追聲　歸聲[38]　衣聲　鬼聲　貴聲　畾聲　靁聲　褱聲　妥聲　綏聲　溦聲　微聲[39]　飛聲　韋聲　口聲　纍聲　壘聲　衰聲　肥聲　乖聲　虫聲　虺聲　卉聲　臾聲　遺聲　幾聲　頎聲[40]　畏聲　希聲　隹聲　崔聲　隼聲　水聲　非聲　火聲　枚聲[41]　威聲　癸聲[42]　哀聲　罪聲　辠聲　頹聲　尾聲　豈

---

37 《說文》：「盡、器中空也。從皿㶳聲。」又：「㶳、火之餘也。從火津省。（據段注改）」按當增㶳聲一諧聲偏旁，凡㶳聲字當入此部。

38 《說文》：「歸、女嫁也。從止婦省，自聲。」歸從自聲，古音在微部，當增自聲一諧聲偏旁，歸、追皆從得聲。

39 《說文》：「微、隱行也。從彳溦聲。」又：「溦、眇也。從人從攴，豈省聲。」按微從溦聲，溦又從豈聲，則溦聲、豈聲古音皆在微部，按當增溦聲一諧聲偏旁。

40 《說文》：「頎、頭佳貌。從頁斤聲。」頎渠希切，詩韻在微部，斤在諄部。

41 《說文》：「枚、幹也。從木支，可爲杖也。」

42 《說文》：「癸、冬時水土平，可揆度也。」癸、居誄切，當在微部，王力併入脂部者，殆見〈大雅・板〉五章葵與懠毗迷屍屎資師等脂部韻故也。

聲　回聲　毀聲　委聲　開聲　妃聲　累聲

以上諧聲偏旁變入《廣韻》脂旨至、支紙寘、微尾未、皆駭怪、灰賄隊、咍海代。

第八部沒部

《詩經》韻字表：

塈、謂、出、卒、述、遂、悸、棣、檖、醉、瘁、蔚、律、弗、愛、沒、對、妹、渭、季、匱、類、位、溉、懟、內、寐、僾、逮、隧、悖、穟、茀、仡、忽、拂、退。

諧聲偏旁表：

旡聲　既聲[43]　胃聲　出聲　卒聲　率聲　兀聲　矞聲　由聲　𠫓聲　朮聲　彖聲　骨聲　帥聲　鬱聲　季聲　隶聲　胃聲　蕊聲　祟聲　㐱聲　尉聲　器聲　配聲　冀聲　耒聲　叡聲　弗聲　愛聲　气聲　沒聲[44]　對聲　貴聲　頪聲[45]　位聲　內聲　孛聲　退聲　未聲　乞聲　气聲　勿聲　突聲　聿聲　律聲

以上諧聲偏旁變入《廣韻》至、未、霽、隊、代、術、物、迄、沒。

第九部諄部

《詩經》韻字表：

詵、振、緡、孫、門、殷、貧、艱、洒、浼、殄、奔、君、

---

43 《說文》：「既、小食也。從皀、旡聲。」凡旡聲字當入沒部，按當增旡聲一諧聲偏旁。

44 《說文》：「沒、湛也。從水𠬛聲。」又：「𠬛、入水有所取也。從又在回下。」𠬛莫勃切，古音在沒部。凡從𠬛聲者皆然。按當增𠬛聲一諧聲偏旁。

45 《說文》：「類、種類相似，唯犬爲甚，從犬頪聲。」又：「頪、難曉也。從頁米。」頪、盧對切，頪字當入沒部。按當增頪聲一諧聲偏旁。

隕、潰、昆、聞、哼、璊、順、問、雲、存、巾、員、鰥、輪、淪、困、鶉、飧、勤、閔、晨、煇、旂、群、犉、先、墐、忍、云、雰、芹、慍、亹、熏、欣、芬、訓、川、焚、遯、耘、畛、敦、焞、盼、慇、壼、純、近、錞、訊、塵。

諧聲偏旁表：

先聲 辰聲 昏聲 孫聲 門聲 殷聲 分聲 堇聲 西聲 免聲 参聲 奔聲 君聲 員聲 昆聲 享聲 㒼聲 云聲 雲聲 存聲 眔聲 鰥聲[46] 侖聲 困聲 飧聲 文聲 軍聲 斤聲 刃聲 𥁕聲 亹聲 熏聲 川聲 焚聲 豚聲 𡨄聲 卂聲 壼聲 屯聲 春聲 塵聲 臀聲 困聲 䖵聲 閏聲 巾聲 筋聲 䖵聲 尊聲 月聲 盾聲 𡕒聲 ㄣ聲 丨聲 本聲 允聲 艮聲 奮聲 胤聲 糞聲 賁聲 吻聲 尹聲

以上諧聲偏旁變入《廣韻》微尾未、齊薺霽、灰賄隊、眞軫震、諄准稕、欣隱焮、文吻問、魂混慁、痕很恨、山產襇、先銑霰、仙獮線。

第十部支部

《詩經》韻字表：

支、觿、知、斯、枝、提、伎、雌、篪、卑、疷、圭、攜、祇、解、柴。

諧聲偏旁表：

支聲 巂聲 知聲 斯聲 是聲 此聲 虒聲 卑聲 ㇏聲 氏聲 圭聲 解聲 只聲 兮聲 厄聲 兒聲 規聲 醯聲 乖聲 系聲 奚聲 启聲 弭聲 羋聲

46 《說文》：「鰥、鰥魚也。從魚眔聲。」鰥古頑切，古音在諄部。《說文》：「眔、目相及也。從目隸省。」眔、徒合切，古音在緝部。疑此字有諄、緝二部之音，諄部宜增眔聲一諧聲偏旁。

以上諧聲偏旁變入《廣韻》支紙寘、齊薺霽、佳蟹卦。

第十一部錫部

《詩經》韻字表：

適、益、謫、簣、錫、璧、甓、鷊、惕、鶪、績、帝、易、辟、剔、刺、狄、蹐、脊、蜴、髢、揥、晳、厄、裼。

諧聲偏旁表：

啇聲　適聲　益聲　責聲　易聲　辟聲　鬲聲　狊聲　帝聲　朿聲　刺聲　狄聲　脊聲　厄聲　析聲　髢聲　畫聲　𠂢聲　糸聲　戹聲　秝聲　厤聲　曆聲　彳聲　册聲　毄聲　冂聲　役聲　覭聲　買聲　鬳聲　鬩聲　躑聲　擲聲　鶂聲　迹聲

以上諧聲偏旁變入《廣韻》寘、霽、卦、陌、麥、昔、錫。

第十二部耕部

《詩經》韻字表：

縈、成、丁、城、定、姓、盈、鳴、旌、青、瑩、星、清、聲、庭、名、正、甥、菁、罿、苹、笙、平、寧、生、嚶、聘、驚、征、楹、冥、酲、政、領、程、經、聽、爭、熲、屏、營、楨、靈、涇、馨、刑、傾、甡、贏、霆、禎、敬。

諧聲偏旁表：

熒聲[47]　成聲　丁聲　定聲　生聲　盈聲　鳴聲　青聲　星聲　㱿聲　廷聲　名聲　正聲　平聲　寧聲　賏聲　嬰聲　冂聲　冋聲　敬聲　冥聲　呈聲　領聲[48]　甹聲　巠聲　壬聲　爭

---

47 《說文》：「縈、收卷也。從糸、熒省聲。」又：「瑩、玉色也。從玉、熒省聲。」又：「營、帀居也。從宮，熒省聲。」又：「熒、屋下鐙燭之光也。从焱冂。」

48 《說文》：「領、項也。从頁、令聲。」按令聲在眞部，今以領聲屬耕部。

聲 頃聲 頴聲 穎聲 熲聲 幸聲 省聲 幵聲 並聲 屛聲[49] 刑聲[50] 形聲 貞聲 吅聲 霝聲 靈聲 嬴聲 井聲 贏聲 晶聲 觲聲 鼎聲 耿聲 炅聲 騂聲

以上諧聲偏旁變入《廣韻》庚梗敬、耕耿諍、清靜勁、青迥徑。

第十三部魚部

《詩經》韻字表：

砠、瘏、痡、吁、華、家、楚、馬、筥、釜、下、女、處、渚、與、車、葭、豝、虞、羽、野、雨、舞、俁、虎、組、邪、且、狐、烏、虛、旟、都、五、予、瓜、琚、甫、蒲、許、滸、父、顧、武、舉、所、蘇、闍、荼、蘆、娛、乎、著、素、圃、瞿、鱮、岵、鼠、黍、怙、苦、禦、渠、餘、輿、鼓、夏、栩、紵、語、股、宇、戶、壺、苴、樗、夫、圃、稼、据、租、胡、瑕、鹽、豬、圖、藇、羜、湑、酤、暇、固、除、故、居、塗、書、寫、旅、午、麌、寡、牙、祖、堵、去、芋、魚、旟、輔、徒、辜、鋪、土、沮、幠、怒、舍、盱、暑、廬、菹、扈、祜、黼、紓、哻、呱、脯、豫、圉、助、茹、胥、訏、噳、譽、舒、鋪、緒、虜、浦、稌、瞽、虡、岨、補、據、洳、瞿、椐、訏、罟、呼、賦、禡、膴。

---

49 《說文》：「屛、遮罩也。從屍、並聲。」《說文》：「並、相從也。从从、幵聲。」屛必郢切，並府盈切古音在耕部。《說文》：「幵、平也，象二干對冓，上平也。」幵古賢切，古音在元部。按當立幵聲一根，屛刑形鈃等字从之，古音在耕部。疑幵形本具元、耕二部之音。

50 《說文》：「刑、剄也，从刀、幵聲。」「荆、罰辠也。从刀井，井亦聲。」二字皆戶經切，古音在耕部。凡井聲字皆然，按當增井聲一諧聲偏旁。

諧聲偏旁表：

且聲　虘聲　助聲　者聲　甫聲　于聲　華聲　家聲　疋聲　楚聲[51]　胥聲　馬聲　居聲　呂聲　父聲　布聲　專聲　下聲　麤聲　夃聲　巫聲　凵聲　去聲　鹵聲　兆聲　普聲　女聲　与聲　與聲[52]　処聲　處聲[53]　車聲　叚聲　巴聲　吳聲　虞聲　羽聲　予聲　雨聲　土聲　戶聲　雇聲　所聲　蠱聲　亞聲　賈聲　步聲　互聲　社聲　兔聲　初聲　毋聲　古聲　奴聲　舞聲　虍聲　虎聲　虛聲　虜聲　虖聲　乎聲　牙聲　瓜聲　烏聲　於聲　五聲　吾聲　午聲　武聲　穌聲　素聲　䀠聲　瞿聲[54]　鼠聲　黍聲　禹聲　巨聲　余聲　舁聲　輿聲[55]　鼓聲　夏聲　宁聲　股聲[56]　壺聲　夫聲　圖聲　書聲　旅聲　寡聲　魚聲　魯聲　徒聲　舍聲　盧聲　盧聲[57]　寫聲　羖聲[58]　圉聲　虡聲[59]　虡聲　豦聲　如聲　斝聲　賦聲　無聲　无聲

---

51 《說文》：「楚、叢木。一名荊也。從林、疋聲。」疋聲字在魚部，按當增疋聲一諧聲偏旁。

52 《說文》：「與、黨與也。從舁與。」與余呂切，古音在魚部。

53 《說文》：「處、止也。從夊幾，夊得幾而止也。處、或從虍聲。」處從虍聲，則處字當分立二聲，處聲、虍聲古音皆在魚部。

54 《說文》：「瞿、(83)鷹隼之視也。從隹目（重目），目（重目）亦聲。」瞿九遇切，古音在魚部，按當增目（重目）聲一諧聲偏旁。

55 《說文》：「輿、車輿也。從車、舁聲。」輿以諸切，古音在魚部，舁聲亦在魚部，按當增舁聲一諧聲偏旁。

56 《說文》：「股、髀也。從肉、殳聲。」股公戶切，古音在魚部，而殳聲則在侯部，故股聲應與殳聲分列魚侯二部。

57 《說文》：「盧、飯器也。從皿聲。」盧洛乎切，古音在魚部。又：「盧（下無皿）、缶（上有垂頭）也。從由虍聲。讀若盧同。」盧（下無皿部）洛乎切，古音在魚部，當列盧（下無皿）聲一諧聲偏旁。

58 《說文》：「羖、夏羊牡曰羖。從羊殳聲。」羖公戶切，古音在魚部，殳聲在侯部，故羖聲與殳聲當分列魚侯二部。

59 《說文》：「虡、鐘鼓之柎也。飾爲猛獸，從虍田�象形，其下以上諧聲偏旁變入《廣韻》魚語御、虞麌遇、模姥暮、麻馬禡。

第十四部鐸部

《詩經》韻字表：

莫、濩、綌、斁、露、夜、蓆、作、射、禦、落、若、薄、鞹、夕、碩、獲、澤、戟、穫、貉、駱、度、奕、舃、繹、宅、石、錯、藿、客、閣、橐、惡、踖、炙、庶、格、酢、白、赫、廓、臄、咢、懌、貊、壑、籍、柞、雒、樂、博、逆、諾、柏、尺、昔、恪、愬、路、柘。

諧聲偏旁表：

莫聲　蒦聲[60]　谷聲[61]　睪聲　席聲[62]　乍聲　射聲　卸聲　亦聲　夜聲[63]　薄聲[64]　郭聲

夕聲　石聲　戟聲　各聲　客聲　若聲　度聲　舃聲　乇聲　宅聲　昔聲　霍聲　炙聲　庶聲　白聲　赫聲　赤聲　百聲　叡聲　壑聲[65]　博聲　逆聲　屰聲　朔聲　咢聲　隻聲　尺聲

足。鐻、虡或從金豦。虡、篆文虡。」虡聲外當列虡聲，古音均在魚部。

60 《說文》：「蒦、規蒦，商也。從又持萑。一曰：視遠皃。一曰：蒦、度也。彠、蒦或從尋，尋亦度也。」蒦乙虢切，古音在鐸部。

61 《說文》：「谷、口上阿也。從口上象其理。」按𣪊聲其虐切，與屋部古祿切𣪊聲異。

62 《說文》：「席，藉也。禮天子諸侯席有黼繡純飾，從巾，庶省聲。」席祥易切，古音在鐸部，庶聲亦在鐸部。

63 《說文》：「夜、舍也。天下休舍。從夕、亦省聲。」夜羊謝切，古音在鐸部。

64 《說文》：「薄、林薄也。一曰蠶薄。從艸、溥聲。」薄旁各切，古音在鐸部。《說文》：「溥、大也。從水、尃聲。」又：「尃、布也。從寸、甫聲。」按甫聲、尃聲、溥聲皆在魚部，薄聲、博聲在鐸部。

65 《說文》：「叡、溝也。從𣦼、從谷。讀若郝。壑、叡或從土。」壑呼各切，古音在鐸部。

㸚聲　霏聲　𢆶聲　𣎳聲　矍聲　索聲　丮聲　虢聲　惡聲　博聲

以上諧聲偏旁變入《廣韻》鐸、遇、暮、禡、藥、鐸、陌、麥、昔。

第十五部陽部

《詩經》韻字表：

筐、行、岡、黃、觥、傷、荒、將、廣、泳、永、方、陽、遑、裳、亡、頏、良、忘、鎗、兵、臧、涼、雱、景、養、襄、詳、長、唐、鄉、姜、上、彊、兄、堂、京、桑、𧇾、狂、湯、杭、望、粱、簧、房、牆、揚、彭、英、翔、昌、瀼、明、光、狼、蹌、霜、嘗、常、楊、蒼、央、防、鲂、牂、煌、稂、庚、牂、場、饗、羊、疆、皇、享、剛、爽、藏、貺、章、衡、瑲、珩、祥、床、璋、王、痒、向、盟、漿、箱、傍、仰、掌、亨、祊、慶、粱、倉、泱、怲、抗、張、讓、商、伉、喪、綱、康、糧、囊、卬、卿、螗、羹、往、競、梗、粻、鏘、鍚、洸、喤、穰、鶬、香、洋、腸。

諧聲偏旁表：

𡉚聲　匡聲　䅣聲　行聲　岡聲　光聲　黃聲　廣聲　昜聲　巟聲　爿聲　永聲　皇聲　亡聲　良聲　喪聲　強聲　量聲　网聲　罔聲　囧聲　象聲　皿聲　並聲　弜聲　向聲　尚聲　兵聲　臧聲　京聲　羊聲　襄聲　長聲　庚聲　唐聲　康聲　皀聲　鄉聲　卿聲　畺聲　兄聲　桑聲　秉聲　丈聲　杏聲　上聲　誩聲

66　《說文》：「匡、飲器筥也。從匚、𡉚聲。」去王切，古音在陽部。《說文》：「𡉚、艸木妄生也。從之在土上。讀若皇。」戶光切，古音在陽部。當增𡉚聲一諧聲偏旁。

競聲　㓁聲　竟聲　匠聲　狂聲[67]　亢聲　望聲[68]　刅聲　㓁聲　梁聲[69]　彭聲　央聲　昌聲　明聲　倉聲　相聲　享聲　王聲　爽聲　衡聲[70]　章聲　商聲　卬聲　慶聲　丙聲　亨聲　囊聲　茻聲　葬聲　网聲　羹聲　往聲[71]　更聲　香聲　匚聲　方聲

以上諧聲偏旁變入《廣韻》陽養漾、唐蕩宕、庚梗映。

第十六部侯部

《詩經》韻字表：

蔞、駒、笱、後、姝、隅、躕、驅、侯、殳、濡、渝、樞、榆、婁、愉、芻、逅、株、咮、媾、濡、諏、豆、飫、孺、枸、楰、耇、餱、具、愈、口、愈、侮、主、醹、斗、厚、愚、漏、覯、后、趣、揄、務、羿、附、奏、垢。

諧聲偏旁表：

婁聲　句聲[72]　後聲　朱聲　禺聲　壴聲　尌聲　廚聲[73]　區聲　侯聲　几聲　殳聲　需聲　俞聲　芻聲　兜聲　頫聲　須

---

67 《說文》：「狂、狾犬也。從犬、㞷聲。」巨王切，古音在陽部。

68 《說文》：「望、月滿與日相望以朝君也。從月、從壬，壬、朝廷也。」無放切，古音在陽部。

69 《說文》：「梁、水橋也。從木、從水，刅聲。」呂張切，古音在陽部。《說文》：「刅、傷也。從刃、從一。創，或從刀倉聲。」楚良切，古音在陽部。當增刅聲一諧聲偏旁。

70 《說文》：「衡、牛觸橫大木。從角大，行聲。」戶庚切，古音在陽部。

71 《說文》：「往、之也。從彳，㞷聲。」于兩切，古音在陽部。

72 《說文》：「句、曲也。從口、丩聲。」古侯切，古音在侯部。《說文》：「丩，相糾繚也。一曰：瓜瓠結丩起。象形。」居虯切，古音在幽部。

73 《說文》：「廚、庖屋也。從广、尌聲。」直誅切，古音在侯部。《說文》：「尌、立也。从壴从寸持之也。讀若駐。」常句切，古音在侯部。當增尌聲一諧聲偏旁。

聲　丨聲　主聲　乳聲　走聲　戍聲　屚聲　漏聲　寇聲　后聲　冓聲　取聲　豆聲　飫聲　臾聲　具聲　口聲　侮聲　斗聲　厚聲　敄聲　務聲　畀聲　付聲　晝聲　鬥聲　陋聲　奏聲

以上諧聲偏旁變入《廣韻》侯厚候、虞麌遇。

第十七部屋部

《詩經》韻字表：

谷、木、角、族、屋、獄、足、樕、鹿、束、玉、讀、辱、曲、藚、穀、祿、粟、僕、椓、獨、卜、濁、霂、渥、續、欲、局、沐、裕、屬。

諧聲偏旁表：

谷聲　木聲　沐聲　角聲　族聲　屋聲　獄聲　足聲　欶聲　束聲　鹿聲　玉聲　賣聲　讀聲　玨聲　辱聲　曲聲　穀聲　𣪊聲　彔聲　粟聲　菐聲[74]　豖聲　蜀聲　屬聲　卜聲　局聲　禿聲　亍聲

以上諧聲偏變入《廣韻》候、遇、屋、燭、覺。

第十八部東部

《詩經》韻字表：

僮、公、墉、訟、從、縫、總、東、同、蓬、豵、葑、庸、容、罿、凶、聰、控、送、松、龍、充、童、丰、巷、雙、功、濛、顒、攻、龐、饔、傭、訩、誦、邦、邛、共、雝、重、恫、恭、衝、樅、鏞、鍾、廱、逢、豐、幪、唪、訌、蒙、厖、勇、動、竦。

諧聲偏旁表：

74　《說文》：「僕、給事者。从人从菐，菐亦聲。」蒲沃切，古音在屋部。《說文》：「菐、瀆菐也。从丵、从廾，廾亦聲。」蒲沃切。古音在屋部。當增菐聲一諧聲偏旁。

童聲　重聲　東聲　公聲　翁聲　庸聲　甬聲　用聲　從聲　从聲　工聲　空聲　悤聲　囪聲　叢聲　茸聲　舂聲　嵩聲　尨聲　厖聲　孔聲　冗聲　廾聲　弄聲　冢聲　蒙聲　同聲　封聲　容聲　凶聲　送聲　松聲　龐聲　龍聲　充聲　丰聲　邦聲[75]　夆聲　逢聲　豐聲　巷聲　共聲　雙聲　顒聲[76]　雍聲　雝聲　邕聲　奉聲　竦聲[77]　軵聲

以上諧聲偏旁變入《廣韻》東董送、鍾腫用、江講絳。

第十九部宵部

《詩經》韻字表：

藻、潦、悄、小、少、摽、夭、勞、旄、郊、敖、驕、鑣、朝、刀、桃、瑤、苗、搖、消、麃、喬、遙、漂、要、倒、召、忉、殽、謠、號、巢、苕、飄、嘌、弔、膏、蒿、昭、恌、傚、旐、囂、晢、毛、聲、鷮、教、瀌、燎、寮、笑、蕘、芼、沼、炤、盜、耄、到、皎、僚、葽、譙、翹、嘵、恔、紹、趙、呶、照。

諧聲偏旁表：

喿聲　尞聲　肖聲　小聲　少聲　票聲　夭聲　勞聲[78]　毛聲　交聲　敖聲　喬聲　麃聲　朝聲　䍃聲　要聲　到聲　召聲　刀聲　肴聲　號聲　号聲　巢聲　弔聲　高聲　兆聲　囂聲　聲

---

75 《說文》：「邦、國也。从邑、丰聲。」博江切，古音在東部。《說文》：「丰、艸盛丰丰也。从生上下達也。」敷容切，古音在東部，當增豐聲一諧聲偏旁。

76 《說文》：「顒、大頭也。从頁、禺聲。」魚容切，古音在東部。按顒从禺聲，而禺聲在侯部。

77 《說文》：「竦、敬也。从立从束，束、自申束也。」息拱切，古音在東部。

78 《說文》：「勞、剧也。从力、熒省，熒、火燒冂也。」魯刀切，古音在宵部。

聲[79]　教聲　笑聲　堯聲　盜聲　焦聲　怓聲[80]　呶聲[81]　県聲　苗聲　爻聲　垚聲　臭聲　猋聲　夻聲　鼂聲　料聲　岁聲　表聲　受聲　皀聲　庨聲　淼聲　杳聲　窅聲　皛聲　巤聲　鬧聲　顥聲　杲聲　本聲

以上諧聲偏旁變入《廣韻》蕭筱嘯、宵小笑、肴巧效、豪晧號。

第二十部藥部

《詩經》韻字表：

籥、翟、爵、綽、較、謔、虐、樂、藥、鑿、襮、沃、櫟、駮、罩、的、濯、翯、躍、蹻、熇、削、溺、藐、暴、焯、曜。

諧聲偏旁表：

龠聲　翟聲　爵聲　卓聲　較聲[82]　虐聲　樂聲　丵聲　鑿聲　暴聲　沃聲[83]　駮聲[84]　翯聲[85]　蹻聲[86]　削聲[87]　弱聲

---

79 《說文》：「膫、牛腸脂也。从肉、尞聲。膋、膫或从勞省聲。」洛蕭切，古音在宵部。

80 《說文》：「怓、亂也。从心、奴聲。」女交切，古音在宵部。奴聲在魚部，而怓聲在宵部。

81 《說文》：「呶、讙聲也。从口、奴聲。」女交切，古音在宵部。奴聲在魚部，而呶聲在宵部。

82 《說文》無較字，《廣韻聲系》交聲，古岳切又古孝切，按交聲在宵部，較聲在藥部。

83 《說文》：「渂、漑灌也。从水、芺聲。」烏酷切，隸作沃。《說文》：「芺、艸也。味苦，江南食之以下氣。从艸、夭聲。」烏酷切。按夭聲在宵部，芺聲、沃聲在藥部。

84 《說文》：「駮、駮獸，如馬倨牙，食虎豹。从馬、交聲。」北角切，按交聲在宵部，駮聲在藥部。

85 《說文》：「翯、鳥白肥澤皃。从羽、高聲。」胡角切，高聲在宵部，翯聲在藥部。

86 《說文》：「蹻、舉足小高也。从足、喬聲。」丘消切，大徐居勺切，按喬聲在宵部，蹻聲在藥部。按蹻字《廣韻》共有五音，下平四宵巨嬌切，又去遙切；上聲三十小居夭切；入聲十八藥居勺切，

勺聲　的聲　皃聲　貌聲　貇聲　藐聲[88]　隺聲　敫聲　爵聲
雀聲　尿聲

以上諧聲偏旁變入《廣韻》笑、效、號、覺、藥、鐸。

第二十一部幽部

《詩經》韻字表：

鳩、洲、逑、流、求、逵、仇、休、昴、裯、猶、包、誘、舟、憂、游、冒、好、報、手、老、軌、牡、遊、救、讎、售、漕、悠、埽、道、醜、滺、蕭、秋、造、狩、酒、鴇、首、阜、讟、瀟、膠、瘳、茂、慆、栲、杻、考、保、聊、條、褎、究、周、收、輈、袍、矛、簋、飽、缶、翿、莜、椒、皓、懰、受、慅、棗、稻、壽、茅、綯、韭、銶、遒、裒、舅、咎、柔、草、櫜、醻、浮、擣、昊、鷔、妯、戊、禱、苞、卯、阜、莠、觩、幽、炮、罶、臭、孚、秀、曹、牢、匏、酭、寶、騷、孝、鳥、蓼、茆、囚、搜、球、旒、脩、罦、陶、俅、糾、蜩、朽、調、櫄、蹂、叟。

諧聲偏旁表：

又其虐切。疑蹻字本有宵部與藥部二部之音。在《詩經》中與宵部相韻者爲宵部字，與藥部相韻者爲藥部字。

87 《說文》：「削、鞞也。从刀、肖聲。」息約切，按肖聲在宵部，削聲在藥部。

88 《說文》：「藐、茈艸也。从艸、貇聲。」莫覺切。段注：「古多借用爲眇字，如說大人則藐之，及凡言藐藐者皆是。」《說文》：「皃、頌儀也。从儿、白象面形。貇、皃或从頁豹省聲。貌、籀文皃从豸。」莫教切。《說文》：「豹、似虎圜文，从豸、勺聲。」北教切。《說文》：「勺，枓也，所以挹取也，象形，中有實，與包同意。」時灼切。按藐說文作藐，从艸、貇聲，貇、籀文作貌，是藐藐一字。藐貇豹皆从勺聲，貌或作貇，則當增勺聲、皃聲二諧聲偏旁。

九聲　州聲　求聲　流聲　逵聲[89]　休聲　卯聲　周聲　酋聲　包聲　秀聲　舟聲　𢗸聲　憂聲　髟聲　勹聲　采聲　彪聲　卤聲　麀聲　牟聲　搜聲　㝹聲　丣聲　安聲　爪聲　汓聲　斿聲　游聲　冒聲　好聲　報聲　軌聲[90]　牡聲[91]　讎聲[92]　雔聲　售聲　曹聲　攸聲　埽聲　道聲[93]　酉聲　蕭聲[94]　秋聲[95]　𪚺聲　造聲[96]　守聲　酒聲　𠂤聲　首聲　阜聲　壽聲　翏聲　戊聲　舀聲　考聲　丑聲　保聲　丣聲　裦聲　丩聲　收聲[97]　包聲　矛聲　簋聲　缶聲　椒聲[98]　晧聲[99]　劉聲　受聲　叉

---

89 說文》：「馗、九達道也。似龜背，故謂之馗。从九首。逵、馗或从辵坴，馗、高也，故从坴。」渠追切，馗逵古音皆在幽部。

90 《說文》：「軌、車徹也。从車、九聲。」居洧切，古音在幽部。

91 《說文》：「牡、畜父也。从牛、土聲。」莫厚切，按土聲在魚部，牡聲在幽部。

92 《說文》：「讎、猶應也。从言，雔聲。」市流切。《說文》：「雔、雙鳥也。从二隹。讀若醻。」市流切。按讎、雔古音皆在幽部。當增雔聲一諧聲偏旁。

93 《說文》：「道、所行道也。从辵首。」徒晧切，古音在幽部。

94 《說文》：「蕭、艾蒿也。从艸、肅聲。」蘇雕切。按肅聲在覺部，蕭聲在幽部。

95 《說文》：「秋、禾穀熟也。从禾、龜（下有火）省聲。龜（下有火）、籀文不省。」《說文》：「龜（下有火）、灼龜不兆也。从龜火。春秋傳曰：卜戰龜龜（下有火）不兆。讀若焦。」即消切，古音在幽部。當增龜（下有火）聲一諧聲偏旁。

96 《說文》：「造、就也。从辵、告聲。」七到切。按告聲在覺部，造聲在幽部。

97 《說文》：「收、捕也。从攴、丩聲。」式州切，古音在幽部。當增丩聲一諧聲偏旁。

98 說文》無椒字，《廣韻聲系》以爲从叔聲，並云：「即消切，木名。《爾雅》云：椴、大椒。又椒榝醜，莍，莍實也。應劭《漢官儀》曰：皇后稱椒房，以椒塗壁，取其溫也。又山巔，亦姓，楚有大夫椒舉。茮、上同。」《說文》：「茮、尗茮也。从艸、尗聲。」子寮切。按尗叔在覺部，茮椒在幽部。

聲 蚤聲 棗聲 匋聲 韭聲 裒聲[100] 臼聲 舅聲 咎聲 早聲 孚聲 昊聲 由聲 阜聲 幽聲 絲聲 留聲 臭聲 秀聲 棘聲 曹聲 牢聲 孝聲 鳥聲 囚聲 叟聲 旒聲[101] 丂聲 柔聲 手聲 老聲 帚聲 呆聲 肘聲 艸聲 夰聲 牖聲 月聲 冃聲 討聲 幼聲 獸聲 皀聲 皋聲 幺聲 卣聲

以上諧聲偏旁變入《廣韻》脂旨至、蕭筱嘯、宵小笑、肴巧效、豪皓號、尤有宥、侯厚候、幽黝幼。

第二十二部覺部

《詩經》韻字表：

鞫、覆、育、毒、祝、六、告、陸、軸、宿、鞠、匊、篤、燠、薁、菽、復、畜、腹、奧、蹙、戚、俶、迪、肅、穆、夙、歗、淑、覺、繡、鵠。

諧聲偏旁表：

竹聲 簕聲 鞠聲[102] 复聲 復聲[103] 育聲 毒聲 祝聲 六聲 告聲 坴聲 稑聲 軸聲[104] 佰聲 宿聲 目聲 鬻聲

---

99 《說文》：「晧、日出皃。从日、告聲。」胡老切。按告聲在覺部，晧聲在幽部。

100 《說文》無裒字當从臼得聲，臼在幽部，故當增臼聲一諧聲偏旁。

101 《說文》：「游、旌旗之流也。从㫃、汓聲，遊、古文游。」以周切，古音在幽部。段注云:「流、宋刊本皆同，《集韻》《類篇》乃作旒，俗字耳。……此字省作斿，俗作旒。」按段注則旒者乃流與游之俗字，當增汓聲、游聲二諧聲偏旁。

102 《說文》：「簕、窮治辠人也。从㚔人言，竹聲。簕或省言。」居六切，古音在覺部。段注：「按此字隸作鞫，經典從之。」按段注則當補竹聲、簕聲二諧聲偏旁。

103 《說文》：「復、往來也。从彳、复聲。」房六切，古音在覺部。按當補复聲一諧聲偏旁。

104 《說文》：「軸、所以持輪也。从車、由聲。」直六切，古音在覺部。按由聲在幽部，軸聲在覺部。

粥聲　就聲　昱聲　穋聲　迪聲　滌聲　匊聲　篤聲[105]　奧聲　尗聲　叔聲　逐聲　畜聲　戚聲[106]　迪聲[107]　肅聲　翏聲　穆聲　臼聲　學聲　覺聲[108]　孰聲　肉聲　夙聲

以上諧聲偏旁變入《廣韻》嘯、號、宥、屋、沃、覺、錫。

第二十三部冬部

《詩經》韻字表：

中、宮、蟲、螽、忡、降、仲、宋、冬、窮、躬、戎、潨、宗、崇、沖、終、濃。

諧聲偏旁表：

中聲　宮聲　躬聲　窮聲　蟲聲　融聲　冬聲　夅聲　降聲[109]　宋聲　衆聲　宗聲　戎聲　農聲　彤聲

以上諧聲偏旁變入《廣韻》東送、冬宋、江講絳。

第二十四部之部

《詩經》韻字表：

采、友、否、母、有、沚、子、沚、事、哉、汜、以、悔、李、裏、已、絲、治、訧、霾、來、思、久、耳、淇、謀、齒、

105《說文》：「篤、馬行頓遲也。从馬、竹聲。」冬毒切，古音在覺部。

106《說文》：「戚、戉也。从戉、尗聲。」倉曆切，古音在覺部，當增尗聲一諧聲偏旁。

107《說文》：「迪、道也。从辵、由聲。」徒曆切，按由聲在幽部，迪聲在覺部。

108《說文》：「覺、悟也。从見、學省聲。」古嶽切。《說文》：「斅、覺悟也。从教冂，冂、尚蒙也。臼聲。學、篆文斅省。」胡覺切。古音在覺部。按當補臼聲、學聲二諧聲偏旁。

109《說文》：「降、下也。从阜、夅聲。」古巷切。《說文》：「夅、服也。从夂㐄相承不敢並也。」下江切，古音在冬部。按當補夅聲一諧聲偏旁。

止、俟、尤、蚩、丘、期、媒、右、玖、塒、涘、里、杞、洧、士、晦、喜、佩、畝、鋂、偲、屺、梅、裘、鯉、騏、耜、狸、疚、時、臺、萊、基、己、載、芑、海、殆、仕、矣、痗、使、負、似、梓、在、祉、詩、之、恥、恃、紀、起、秄、薿、敏、能、怠、婦、秠、茲、饎、舊、忌、宰、理、誨、寺、駓、伾、貽、侑、又、鮪、紑、基、牛、鼒、儆、郵、龜。

諧聲偏旁表：

采聲　友聲　不聲　否聲[110]　母聲　又聲　有聲[111]　止聲　子聲　事聲　才聲　𢦏聲　哉聲[112]　載聲　已聲　以聲　每聲　李聲　里聲　巳聲　己聲　絲聲　目聲　台聲　矣聲　尤聲　狸聲　來聲　思聲　久聲　耳聲　其聲　箕聲　某聲　㞢聲　之聲　寺聲　時聲　丘聲　右聲[113]　臣聲　嗇聲　厘聲　而聲　丌聲　牛聲　災聲　甾聲　辭聲　司聲　灰聲　亥聲　喜聲　佩聲　畝聲　裘聲[114]　臺聲　士聲　史聲　吏聲　負聲　梓聲　宰聲　在聲　恥聲　疑聲　敏聲[115]　能聲　婦聲　丕聲　茲聲　舊聲[116]　郵聲　龜聲　啚聲　再聲　乃聲　音聲

110《說文》：「否、不也。从口不，不亦聲。」方久切，古音在之部。

111《說文》：「有、不宜有也。从月又聲。」雲九切，又聲、有聲皆在古韻之部。

112《說文》：「哉、言之閑也。从口、𢦏聲。」將來切。《說文》：「𢦏、傷也。从戈、才聲。」祖才切。才聲、𢦏聲、哉聲古音皆在之部，當補才聲、𢦏聲二諧聲偏旁。

113《說文》：「右、助也。从口又。」於救切。古音在之部。

114《說文》：「裘、皮衣也。从衣象形。求、古文裘。」巨鳩切。按求聲在幽部，裘聲在之部。

115《說文》：「敏、疾也。从攴、每聲。」眉殞切。古音在之部。

116《說文》：「舊、鴟舊，舊留也。从萑、臼聲。」巨救切，按臼聲在幽部，舊聲在之部。

以上諧聲偏旁變入《廣韻》脂旨至、之止志、皆駭怪、灰賄隊、咍海代、尤有宥、侯厚候、軫。

第二十五部職部

《詩經》韻字表：

得、服、側、革、緎、食、息、特、慝、麥、北、弋、極、德、國、飾、力、直、克、襋、棘、輻、穡、億、翼、稷、域、忒、福、戒、試、奭、葍、富、異、蜮、勑、彧、螣、賊、黑、暱、色、則、式、匐、嶷、背、識、織、馘、熾、飭、備、淢、牧、意、亟、囿、伏、塞、幭。

諧聲偏旁表：

㝵聲　导聲　得聲[117]　𠬝聲　則聲　革聲　或聲　食聲　飾聲[118]　飭聲[119]　息聲　特聲[120]　慝聲　麥聲　北聲　弋聲　亟聲　悳聲　力聲　直聲　克聲　棘聲　畐聲　嗇聲　穡聲[121]　意聲　翼聲　畟聲　稷聲[122]　戒聲　式聲　皕聲　奭聲[123]　異

117《說文》：「得、行有所㝵也。从彳、㝵聲。㝵、古文省彳。」多則切，按當補㝵聲、导聲二諧聲偏旁。

118《說文》：「飾、㕞也。从巾、从人、从食聲。」賞職切，古音在職部。

119《說文》：「飭、致臤也。从人力，食聲。」恥力切，古音在職部。

120《說文》：「特、特牛也。从牛、寺聲。」徒得切，按寺聲在之部，特聲在職部。

121《說文》：「穡、穀可收曰穡，从禾、嗇聲。」所力切。按當增嗇聲一諧聲偏旁。

122《說文》：「稷、𪗋也。从禾、畟聲。」子力切，按當增畟聲一諧聲偏旁。

123《說文》：「奭、盛也。从大、从皕，皕亦聲。」詩亦切，古音在職部，按當增皕聲一諧聲偏旁。

聲　勑聲[124]　惑聲[125]　黑聲　墨聲　匿聲　色聲　嶷聲[126]　賊聲　戠聲　葡聲　備聲[127]　牧聲　囿聲[128]　伏聲　塞聲　圣聲　珷聲　仄聲　夨聲　敕聲　茍聲　毒聲　鬱聲　服聲　螣聲

以上諧聲偏旁變入《廣韻》志、怪、隊、宥、屋、麥、昔、職、德。

第二十六部蒸部

《詩經》韻字表：

薨、繩、掤、弓、夢、憎、升、朋、興、陵、增、恒、崩、承、懲、蒸、雄、兢、肱、勝、騰、冰、陾、登、馮、烝、膺、滕、乘、弘、贈。

諧聲偏旁表：

瞢聲　薨聲[129]　蠅聲　繩聲　朋聲　弓聲　夢聲　曾聲　升聲　興聲　夌聲　亙聲　恒聲[130]　承聲　征聲　丞聲　烝聲[131]

124《說文》：「勑、勞也。从力、來聲。」洛代切，按來在之部，勑在職部。

125《說文》：「惑、水流皃。从巛、或聲。」于逼切，古音在職部。

126《說文》：「嶷、九嶷山也。从山、疑聲。」語其切，按《廣韻》嶷魚力切，訓岐嶷，引《詩》「克岐克嶷。」疑聲在之部，嶷聲據《廣韻》入職部。

127《說文》：「備、慎也。从人、葡聲。」平秘切，古音在職部，按當增葡聲一諧聲偏旁。

128《說文》：「囿、苑有垣也。从口、有聲。」於救切，按有聲在之部，囿聲在職部。

129《說文》：「薨、公侯殍也。从死、瞢省聲。」呼肱切，古音在蒸部，當增瞢聲一諧聲偏旁。

130《說文》：「恒、常也。从心舟在二之間上下，心以舟施恒也。」《廣韻》胡登切，古音在蒸部。

131《說文》：「烝、火氣上行也。从火、丞聲。」煮仍切，按當增丞聲一諧聲偏旁。

厶聲　厷聲　雄聲　肱聲　竸聲　弁聲　朕聲　勝聲[132]　騰聲　冰聲　陾聲[133]　登聲　仌聲　馮聲[134]　雁聲　膺聲[135]　鷹聲　應聲　滕聲　乘聲　弘聲　凝聲　爯聲　稱聲　凭聲　仍聲　肯聲 孕聲

以上諧聲偏旁變入《廣韻》蒸拯證、登等嶝、東送。

第二十七部緝部

《詩經》韻字表：

揖、蟄、及、泣、濕、合、軜、邑、隰、翕、濈、集、楫、輯、洽、急、入。

諧聲偏旁表：

咠聲　執聲　及聲　立聲　巠聲　㬎聲　濕聲[136]　合聲　軜聲[137]　邑聲　隰聲[138]　集聲　急聲　入聲　十聲　亼聲　習聲　廿聲　幸聲　丿聲　皀聲　龖聲　遝聲　迭聲　卅聲　雥聲

132《說文》：「勝、任也。从力、朕聲。」識蒸切。按當增朕聲一諧聲偏旁。

133《說文》：「陾、築牆聲也。从𨸏、耎聲。」如乘切，按耎聲在元部，陾聲在蒸部。

134《說文》：「馮、馬行疾也。从馬、仌聲。」皮冰切。按當增仌聲一諧聲偏旁。

135《說文》：「膺、匈也。从肉、雁聲。」於陵切。《說文》：「雁、雁鳥也。从隹、从人。瘖省聲。」按瘖聲在侵部，雁膺聲在蒸部。當增雁聲一諧聲偏旁。

136《說文》：「濕、濕水出東郡東武門入海，从水㬎聲。」它合切。《說文》：「㬎、衆微杪也。从日中視絲。古文以爲顯字。或曰衆口皃。讀若唫唫。或以爲繭，繭者，絮中往往有小繭也。」按㬎字有呼典、古典、巨錦、五合四音，分屬元、侵、緝三部，而濕字僅入緝部。當增㬎聲一諧聲偏旁。

137《說文》：「軜、驂馬內轡系在前者。从車內聲。」奴荅切，按內在沒部，軜在緝部。

138《說文》：「隰、阪下濕也。从𨸏、㬎聲。」似入切。按㬎在元、侵、緝三部，而隰在緝部。

澀聲

以上諧聲偏旁變入《廣韻》緝、合、洽。

第二十八部侵部

《詩經》韻字表：

林、心、三、今、風、音、南、葚、耽、衿、欽、鬵、芩、琴、湛、駸、諗、錦、甚、僭、煁、男、深、黮、琛、金、枕、簟、寢、歆、慘、陰、飲、諶、臨。

諧聲偏旁表：

林聲　心聲　三聲　今聲　琴聲　凡聲　風聲[139]　音聲　南聲　甚聲　冘聲　金聲　旡聲　兓聲　鬵聲[140]　彡聲　參聲　衫聲　壬聲　众聲　羊聲　㐭聲　審聲　闖聲　淫聲　朁聲[141]　㚯聲　侵聲[142]　念聲　男聲　罙聲　𥥍聲　罙聲　深聲　覃聲　侌聲　飲聲　品聲　臨聲[144]　咸聲

以上諧聲偏旁變入《廣韻》侵寑沁、覃感勘、談檻闞、鹽琰豔、添忝㮇、東送。

第二十九部怗部

139《說文》：「風、八風也。……从蟲、凡聲。」方戎切。古音在侵部。按當增凡聲一諧聲偏旁。

140《說文》：「鬵、大鬴也。从鬲、兓聲。」才林切。按當增兓聲一諧聲偏旁。

141《說文》：「朁、曾也。从曰、兓聲。」七感切。古音在侵部。

142《說文》：「侵、漸進也。从人又持帚，若埽之進。又、手也。」七林切，古音在侵部。

143《說文》：「深、深水出桂陽南平西入營道，从水罙聲。」式針切。《說文》：「罙、深也。一曰：竈突。从穴火求省。」式針切，按罙聲、深聲皆在侵部，當增罙聲罙聲二諧聲偏旁。

144《說文》：「臨、監也。从臥、品聲。」力尋切，按當增品聲一諧聲偏旁。

《詩經》韻字表：

葉、涉、韘、捷。

諧聲偏旁表：

帀聲　臿聲　夾聲　耴聲　枼聲　聑聲　聶聲　岊聲　涉聲　疌聲　疌聲　図聲　籋聲　燮聲　怗聲[145]　乏聲　法聲

以上諧聲偏旁變入《廣韻》怗、合、洽、葉、業、乏。

第三十部添部

《詩經》韻字表：

涵、讒、萏。

諧聲偏旁表：

忝聲[146]　占聲　兼聲　廉聲　欠聲　冄聲　冉聲　弇聲　马聲　圅聲　函聲　臽聲　奄聲　𢦔聲　韱聲　僉聲　韱聲　染聲　甜聲　閃聲　丙聲　銛聲　凵聲　毚聲　貶聲　㝵聲

以上諧聲偏旁變入《廣韻》添忝桥、覃感勘、鹹豏陷、鹽琰豔、嚴儼釅、凡範梵。

第三十一部盍部

《詩經》韻字表：

甲、業。

諧聲偏旁表：

145《說文》無怗字，《廣韻聲系》以爲从占聲。按占聲在添部，怗聲在怗部。

146《說文》：「忝、辱也。从心、天聲。」他玷切，按天聲在眞部，忝聲在添部。

147《說文》：「庴、閉也。从戶、劫省聲。」口盍切。劫聲、庴聲古音在盍部。

148《說文》：「敢、進取也。从受、古聲。敢、籒文敢。」古覽切，古聲在魚部，敢聲在談部。

盍聲　劫聲　㬹聲　巤聲　甲聲　庢聲[147]　壓聲[148]　妾聲　怯聲[149]　弇聲　業聲

以上諧聲偏旁變入《廣韻》盍、狎、葉、業。

第三十二部談部

《詩經》韻字表：

檻、菼、敢、岩、瞻、惔、談、斬、監、甘、餤、藍、襜、詹、儼、嚴、濫。

諧聲偏旁表：

炎聲　詹聲　甘聲　猒聲　厭聲　監聲　覽聲　敢聲　厰聲　嚴聲[150]　岩聲　鹽聲　斬聲　銜聲　焱聲　燅聲

以上諧聲偏旁變入《廣韻》談敢闞、銜檻鑒、鹽琰豔、嚴儼釅。

第十五節　古韻三十二部音讀之擬測

前世古音學家每窮畢身精力，以分析古代韻部，於一字一音皆能辨其分合之由，而不能定其發音之法，蓋彼等研究古音，僅及於古代韻類之分析，而於古韻讀法，則尙茫然而未有知也。是故段玉裁音學之魁首也。能析支、脂、之三韻於古不同部，誠爲一大發明，而於其音讀終不能得。晚年嘗以書問江晉三曰：「足下能知其所以分乎？僕老耄，倘得聞而死，豈非大幸！」夫生今之世，既不能起古人於九原，聆其發音之細別，則古韻之讀法，

149《說文》：「狯、多畏也。从犬、去聲。怯、杜林說：狯从心。」去劫切，按去聲在魚部，怯聲在盍部。

150《說文》：「嚴、教命急也。从吅、厰聲。」語枚切，《說文》：「厰、崟也。一曰地名。从厂、敢聲。」語音切。敢聲、厰聲、嚴聲古音皆在談部。

欲為精密之考求，實非易事。李方桂先生嘗曰：「擬測上古音，近世雖用音標，但亦是系統，絕無法可證明其音值，其近似值亦不過猜想。但其方法及符號較緊密，故成績較好。」（見王力《中國聲韻學》引）此語確為知言。古韻之確實讀法，雖尚難明，然大抵言之，古韻韻類既析，系統既明，進求其變遷之跡，參以近世語音學理，譯語對音，各地方言之證明及同語族語之比較諸端，則雖不能盡肖古人口齒所發之音，而其所得，相去亦必不遠矣。故民國以來學者，遂據以假定古韻之讀法，所得成績，雖尚未盡善，但已有可觀者矣。國內自汪榮寶氏〈歌戈魚虞模古讀考〉一文發其端緒，而錢玄同、林語堂、王靜如、唐鉞、羅常培、李方桂、魏建功、王力諸氏皆時有善言，可資研究。觀此諸君之論古韻之讀法，大致可分為兩派，一派為元音加多，韻尾減少，甚至於不設韻尾，此派可以錢玄同先生〈古韻二十八部音讀之假定〉為代表。余於民國五十八年（1969）撰博士論文《古音學發微》亦採錢君之說，為古韻三十二部擬測八主要元音，另加一元音韻尾。故亦屬於此派學說。另一派則根據外籍學者如西門華德與高本漢諸人之說，元音固然不少，韻尾亦復繁多，陽聲則收-ŋ、-n、-m 三種鼻音韻尾，入聲則收-k、-t、-p 三種清塞音韻尾，而陰聲亦有-g、-d、-b 三種濁塞音韻尾，甚至還有-r 韻尾。此種擬測，董同龢《上古音表稿》可謂集其大成。近二十年來，世人於此種學說，或以其韻尾既多，元音似可簡化，多主張古韻同部，只宜具有一主要元音，損其元音，累增輔音韻尾，如舌根韻尾陰陽入三類皆分圓脣舌根音與不圓脣舌根音兩套，介音系統亦益加繁密，此可以李方桂先生《上古音》為代表。王力《漢語史稿》及其《漢語音韻》因為不贊成陰聲韻有輔音韻尾說，所以為陰聲韻部擬測-i、-u 兩類元音韻尾，故其主要元音達五個之多，較之李方桂四元音系統多出一元音。其後諸人雖有改作，要不出此二途也。

余在《古音學發微》中，以爲要解決上古韻部音讀之構擬，提出下列諸問題當首先討論，其中意見，今雖有改易，然，此類問題，尚覺仍可提出討論也。茲分述於次：

【一】開合問題：

開口、合口之別，《廣韻》除脣音混淆不清外，其他皆分析甚明。等韻圖如《韻鏡》等亦犂然有別。至於古韻是否有開合？或古韻之開合與《廣韻》是否相同，此欲明古代韻讀，當首先辨析者也。古韻是否有開合？此一問題，董同龢先生以前，凡研究古韻者，幾皆承認古韻亦有開合之別，因爲就形聲字偏旁觀之，其諧聲聲母爲開口者，則所諧之字亦多屬開口呼；其諧聲聲母爲合口者，則所諧之字亦多爲合口呼。（參見董著《上古音韻表稿》）雖亦有例外，但爲數不多。至於古韻之中，何部爲開，何部爲合，抑或兼備開合，其與《廣韻》相較，爲同抑異？夏燮嘗云：「古音之部分，其開口、合口亦有一定而不可亂，但不可泥二百六部之開合以求之也。」（《述韻》卷三）夏氏此言實深察其情，易言之，即古韻開合雖未必盡異於《廣韻》，但亦未必全同，各自有其系統。故王力說：「我們不該設想上古等呼，與中古等呼系統完全相同，其中也有上古屬開，而中古屬合的，也有上古屬合，而中古屬開的。」（〈上古韻部系統研究〉）夏氏、王氏言及古韻之開合，皆以爲不應拘泥於《廣韻》之系統，實爲有見。然則古韻之開合，當何由而別？余在《古音學發微》中以爲當據其諧聲字之偏旁以定其開合。即古韻某部之字，若其諧聲聲母爲開口字，而所諧之字亦爲開口字，則定爲開口之部；若其諧聲聲母爲合口字，而所諧之字亦爲合口字，則定爲合口之部。

若某部諧聲聲母與所諧之字皆兼備開合，則定爲兼備開合之部。至於少數脣音聲母字開合無定，難定取舍。高本漢《中國音韻學研究》以爲中古音脣音字如〔p〕爲撮脣之〔p〕。高氏云：「這種p對於後面的韻母免不了加上一點兒合口的色彩，換言之，它本身也就有一點兒合口的性質了。現在我們暫時把這種 p 寫作 p^w。假如在同時有一個眞合口〔p^wua〕，又有一個開口而聽感上微帶合口色彩的[p^wa],好些事就明白了，於是我們就照 Schaank 的說法，說 p^wju 三等變成 fu，而 p^wj 仍舊保持著重脣音。」（見第一卷第二章）高氏於脣音合口三等旣分兩類，一類後世變輕脣者，如「方」、「分」、「非」等字，自古皆爲合口脣音字，即屬其所謂 p^wju 型者，一類後世未變輕脣者，如「丙」、「平」等字，在上古原爲開口字，後來由於雙脣調節作用擴大，其韻頭乃產生一輕微之合口〔^{w}〕，即屬於 p^wj 型者。高氏此說確能解釋後世何以有重脣、輕脣之演變，而又有不變之現象，更能解釋脣音開合互用之故。王力基於高氏之說，再根據諧聲偏旁，以爲「凡諧聲偏旁或其所諧之字，後世有變入輕脣者，在上古即屬合口呼；凡諧聲偏旁，或其所諧之字，完全與後世輕脣絕緣者（所謂絕緣，除諧聲不相通之外，在六書中的假借也不相通。）在上古即屬開口呼。」（見〈上古韻母系統研究〉）王力所提此項原則，確能匡高氏之所未逮，而於判斷古韻之開合尤爲清析有條理可循。董同龢《上古音韻表稿》即據高氏、王力之說，而提出一項假定。即「凡《切韻》以後變輕脣以及韻書全歸合口韻的脣音字，在上古韻當爲合口。」又據此假定提出兩項原則，即「⑴凡跟上述之字有諧聲關係者，也是合口。⑵不與上述之字諧聲，且又跟其他開口字有聯系者是開口。」自董氏此說出，脣音字之開合問題，大體已告解決。故余撰《古音學發微》於脣音之開合，亦以董氏之說爲據。

但自李方桂發表《上古音研究》以來，認爲合口音乃因其他因素之影響而產生，故合口音乃後起者。李氏云：

「《切韻》系統裏有許多合口韻母，只見於脣音及舌根音聲，在別的聲母後絕對不見或極少見，如微、廢、齊、夬、佳、皆、元、先、文、唐、陽、登、庚、耕、清、青等韻（舉平以賅上去入）。此外有些韻不分開合，有的認爲開，有的認爲合，如模、魚、虞、豪、肴、宵、蕭、侯、尤、幽、江、東、冬、鍾以及覃、談、銜、咸、鹽、添等韻。至於合口韻母見於一切聲母之後的不多，如歌（戈）、寒（桓）、咍（灰）、泰、祭、山、刪、仙、痕（魂）等，這些韻似乎很有限制，韻尾多收-n（-t）、-i，少數-ɑ。如果暫時把這少數的韻除外，留到後來討論每個韻部時的時候再來敘述這類合口的來源，我們可說合口介音多半是受脣音及圓脣舌根音聲母的影響而起的。脣音的開合字在《切韻》時期已不能分辨清楚，在上古時期也沒有分開合的必要，只有舌根音的開合口應當區別。

合口的介音 w 或 u 有的是後起的，從開口變來的，這個現象在有些韻裏已經公認了，如度 duo〈dag（參看度之又讀 dɑk），路 luo〈glag（參看各 kɑk）等。但是後起的合口介音似乎不限於此。《切韻》系統裏有痕韻開口只見於舌根音後（有一個例外吞 thən 字），而他的合口魂韻可以在任何聲母後出現。這跟前面所說的合口字只見於脣音聲及舌根聲母的韻剛好相反，換言之在這兒也只有舌根可分開合，如痕ɣən：魂ɣuən，在別的聲母後只有-uən 而沒有-ən。吞字在近代方言中也有跑到合口裏去的。在這種情形之下，我疑心魂韻的合口似乎是後起的，是從開口變來的：舌尖音＋ən〉舌尖音＋ uən，後起的合口情形也相當複雜，只能在討論每個韻部的時候再細說明。

我們現在把這些枝節問題暫時保留，就大體而言，可以立一套圓脣舌根音*kw-、*khw-、*gw-、*ngw-、*hw-及*w-，這些聲母也就是中古的大部分的合口的來源。」

由於李氏新說之提出，則吾人處理上古之開合時，便不能完全以董氏之說為據，宜稍加修正，凡《切韻》未分開合之韻，不能兼備開合，極可能惟有開口，而其合口字，誠如李氏所謂乃屬後起，至於《切韻》開合分明之韻，則不妨仍保留開口與合口之區別，詳情俟待討論各部音讀時，再詳加討論。

【二】介音問題：

《廣韻》二百零六韻中，有洪音，有細音；韻圖以四等列字，其一二等皆洪音，三四等皆細音，亦分別甚明，是則中古以後，音有洪細之別無疑矣。夏燮《述韻》云：「音之洪細謂之等，呼等之說起於六朝以後，唐人韻書分之最嚴者，如冬、模、灰、咍、魂、痕、寒、豪、歌、唐、登、侯、覃、談十四部，皆全韻一等；江、刪、山、耕、咸、銜六部皆全韻二等（新雄按：尚有佳、皆、肴、夬四韻，應為十韻。若去聲不計，亦有九韻）；微、文、元、嚴、凡五部，皆全韻三等；齊、先、蕭、青、幽（幽非眞四等韻，乃三等韻借位於四等者）、添六部皆全韻四等。」（卷三）由是可知，《切韻》以後韻之洪細分別甚明，然則古韻有無洪細之別？夏氏云：「古無呼等之說，則洪細未嘗不具。」（同上）此說實為有見，其實後世韻圖之分等，實據韻書之開合洪細而分，而韻書之洪細蓋亦源自古韻。然則居今之世，欲定古韻之洪細當何所依據？夫洪細之別，當以介音-i-之有無為斷。後世韻圖一二等為洪音，三四等為細音，自江永以來，大體已成定論。今為解釋音變較為合理起見，凡古韻部字，後世韻圖列於一二等者（此處所謂二等乃指眞正之二等韻，其三等韻之借位者除外。）概視作洪音；後世韻圖列於三四等者，則視爲細音。其實洪細之別與等之差異，實爲介音之不同。易言之，即一二等無-i-介音，而三四等有-i-介音，三等與四等雖同有-i-介音，但高本漢認爲三等之介音爲輔音性之-i̯-，在-i̯-介音前之聲母皆j化；而四等之介音則爲元音性之-i-，在-i-介音前之聲母皆不j化。（參見譯本中國音韻學478頁）董同龢氏《上古音韻表稿》論及介音更以爲「在上古，分別三等韻與四等韻的介音-i-卻是必不可省的。」即三等爲輔音性介音-i̯-，四等爲元音性介音-i-。余撰《古音學發微》嘗仿董氏《中國語音史》之例，並參考王力《漢語史稿》與《漢語音韻》之說，於古代韻部之洪細，訂立三條原則。即：

⑴凡古韻部變入後世韻圖一二等韻之字，其在古韻原亦無介音-i-，自是洪音。今爲區別一二等起見，二等韻據王力說定爲有介音-e-，此-e-爲弱e，略帶輔音性（Consonantal）。

⑵凡古韻部變入後世韻圖三等韻之字，其在古韻原亦有輔音性介音-j-，故爲細音。

⑶凡古韻部變入後世韻圖四等韻之字，其在古韻原亦有元音性介音-i-，亦爲細音。

此一說法，今已修改。李方桂氏《上古音研究・上古的介音》說：

「從前的韻書裏只有開合與四等的分別，並不談到介音medials。不過《切韻》系統裏依高本漢的擬測，有一套音在聲母與韻母的主要元音之間出現，這類的音，就叫做介音。比方說《切韻》的開合之分，就大體可以用介音w或u的有無去定，《切韻》時代的u跟w並沒有音位上的區別，只是用來區分韻書裏，尤其是《廣韻》裏的獨立的合口韻。一韻含有開合兩類字的用 w，獨立的合口韻用 u。唐代韻書裏在這方面並不一致，因此我們只認爲有一種合口介音，但是可寫作 w 或 u，以跟《廣韻》的韻目對照。

這個合口介音我們認爲大部份是從圓脣舌根音來的，一部分是後起的，前面已經提到。其中當然有些複雜的問題，留到後面講上古各別韻部的時候再討論，現在暫時假定上古時代沒有合口介音。

《切韻》裏有一套很重要的，只在三等韻母裏出現的介音 j。這個介音大部分還保存在現代方言裏——所謂齊齒及撮口字。中古的三等韻裏可以有的聲母也遠比一等四等韻裏的複雜一點兒。只能在三等韻前出現的聲母如照三、穿三、床 三、審三、禪、群、邪、喻以及後起的輕脣音，非敷奉微等母。顯然這都跟這個三等介音 j 有關，所以在上古音字裏也得保留這個介音，否則不但上古的聲母系統要複雜，我們也無法去解釋許多諧聲現象。有些聲母受介音 j 的影響所發生的演變，在上面討論上古聲母的時候已經說過了。如 tj-、thj-、dj-、nj-、rj-、gwj 一分別變爲 tśj-、tśhj-、dźj-、或 źj-、ṇẓj-、zj-、jw-等，現在不再細說了。大體上說來這個介音對上古聲母的影響是顎化作用（palatalization）。

中古二等韻也有些特殊的聲母如照二、知等，一般也都承認是後起的，是受二等韻的影響而來的。高本漢等人認爲二等韻的元音與一等韻不同而發生特殊的影響。如果二等韻的元音與一等韻不同，我們很難解釋上古押韻的現象。所謂鬆、緊、長、短等的區別，若是眞是音位上的重要的分別，我們不應該有他們常常押韻的現象。因此我在前面討論聲母的時候，已經提起二等韻裏在上古時代應當有一個使舌尖音捲舌化的介音 r，而不認爲二等韻的元音與一等韻有任何不同。這個介音不但可以在舌尖音聲母後出現，也可以在脣音，舌根音聲母後出現，並且也可以在三等介音 j 的前面出現。

依我們的看法，上古音系統裏只需要這兩個介音。四等字的聲母完全跟一等字一樣，顯然高本漢所擬的四等的 i 介音是個元音，他對聲母不發生任何影響。因此我們不把他當作介音而歸入元音裏去討論。近來研究《切韻》音系的人也有採取四等韻裏根本沒有介音 i 的說法。這也許在《切韻》音系不發生太大困難，但是從上古音的眼光看來，至少上古音裏應當有個 i 元音在四等韻裏，可以免去許多元音的複雜問題。

這兩個介音的重要，可以分兩方面看。一方面他們對聲母有影響，因此可以使上古的簡單聲母系統演變成《切韻》的較複雜的系統。一方面他們對於元音有影響，可以使上古的簡單系統，演變成複雜的《切韻》元音系統。前面我已經討論過這兩個介音對聲母的影響：顎化與捲舌化。現在再說他們對元音的影響：在這裏我們只大致說一個傾向，詳細的演變要到上古音系及韻部的個別討論裏去講。

介音 j 使後面的較低的元音向上及向前移動，如 a＞ä 等，這也可以算是顎化或同化作用之一，一般人也都承認的。介音 r 使後面的較高元音下降，*i＞ε或 a，*ə＞ε或 u，*u＞å 等，也可以使後面的低元音上升一點，如*ɑ（後低元音）＞a（前較高）或ɐ（央較高）等。因此我們可以說介音 r 有一種央化作用（centralization）。這些變化不但與介音有關，也與韻尾輔音有關。」

由於李氏之新說，吾人對上古之介音，也不得不重加考量，我在《古音學發微》中根據王力之說將二等韻之介音定作-e-，在開口部分問題不大，但在合口問題王力訂作-o-，則多加一介音，而且-e-、-o-作爲開合分工也不甚理想，故我乃將合口之二等介音寫作-eu-，雖然eu可理解爲e之圓脣音，但寫法上以一較低之元音置於較高之元音前，而仍稱爲介音，究非合理之作法。今李氏提出-r-介音，作爲二等韻之介音，我覺得可以採用，採用r介音有e之優點，又可以彌補e介音之缺點，這個r介音可看成與ɚ相近之音，在國語兒化韻母上，吾人也常以r代替ɚ。在處理二等合口韻母時，以-ru-之介音組合，也無任何問題，因此決定以r代替《古音學發微》所採用之e介音。現在將四等開合與介音列表如下：

	開口	合口
一等		u
二等	r	ru
三等	j rj	ju rju
四等	i	iu

亦即一等開口無任何介音，合口有u介音；二等開口有r介音，合口有ru介音；三等開口有j介音，合口有ju介音；四等開口有i介音，合口有iu介音。

但是在我們檢查各部之演變時，我們會發現像歌部之情形，同屬三等韻，而且聲母皆屬舌音，有部分變入支韻，如移離施等，有部分變入麻韻，如蛇等。又如魚部之情形，同屬三等韻，而且聲母皆屬齒音，有部分變入魚韻，如雎徐等，有部分變入麻韻如且邪等。我在《古音學發微》敘述其演變時，認爲歌部三等字，變入支韻者元音鬆，變入麻韻者元音緊；魚部三等字，變入魚韻者元音稍緊，變入麻韻者元音稍鬆，歌魚之相變既不平行發展，鬆緊元音之說亦無所根據。如今看來並非一極理想之處理方法，李方桂以歌部三等變入麻韻者為jar，變入支韻者為jiar。魚部三等變入魚韻者為jag，變入麻韻者為jiag來相區別。李方桂又有rj介音與j介音之不同，用來處理冬部三等中*trjəngʷ＞*ṭjung，終*tjəngʷ＞tśjung之聲母不同演變。龔煌城〈從漢藏語的比較看重紐問題〉（1995年5月20-21日第四屆國際暨第十三屆全國聲韻學學術研討會論文發表會發表）說：

「重紐三等起源於上古漢語-rj-介音的假設，牽涉到上古漢語乃至原始漢藏語的音節結構問題。因為-r-音雖然一般常稱為介音，它卻與其他聲母構成如 pr- 、phr-、br-、mr-、kr-、khr-、gr-、ngr-等複聲母。這些複聲母，不但出現-a、-i、-u、-ə等元音前（演變成中古的二等韻）， 也出現在-ja、-ji、-ju、-jə等帶有-j-介音元音之前，形成-rja與-ja、-rji與-ji、-rju與-ju、-rjə與-jə等兩音節的對比。-r-音在消失以前，在有些語音環境下影響了介音，造成中古重紐三等與四等的差異，在另外一些環境下則影響了元音，演變成中古不同的韻，而在其餘的環境下則未引起任何差異（但也有可能曾引起過差異，只是後來差異消失，發生了合併的現象）。」

龔氏之結論，認為在上古音當中，有-rj-與-j-介音之差異，其差別反映在重紐三、四等韻中，而-rj-與-j-之不同，亦可構成中古元音有別之韻部，尤有進者，上古-rj-與-j-之區別，在中古則合併無殊。龔氏此說，乃綜合蒲立本（Pulleyblank 1962:111）、雅洪托夫（Yakhontov 1960）、施向東（1983:34）、俞敏（1984）、鄭張尚芳（1983、1987）、白一平（Baxter 1992、1994）諸家之說而成，提出三等韻有-rj-與-j-之不同，採用於區別歌部三等之分入支麻，魚部三等之分入魚麻，則不必再以元音之鬆緊來解說，可以用介音不同而說明其不同之演變，故上古音三等之介音，除已擬定之-j-與-ju-外，尚可再加-rj-與-rju-二類介音。

【三】弇侈問題：

前賢每云古音之弇侈，然何謂弇？何謂侈？則彼此不一。江永《古韻標準》之論眞、元分部嘗曰：「眞、諄、臻、文、殷、與魂、痕爲一類，口斂而聲細；元、寒、桓、刪、山與僊爲一類，口侈而聲大。」（〈平聲第四部總論〉）其論宵、幽分部云：「此部（宵）之音口開而聲大，十一部（幽）之音口弇而聲細。」（〈平聲第六部總論〉）又論侵、談分部云：「二十一侵至二十九凡……此九韻與眞至仙十四韻相似，當以音之侈弇分爲二部。」（〈平聲第十二部總論〉）段玉裁氏亦謂「古音多斂，今音多侈。」其〈古十七部音變說〉云：「大略古音多斂，今音多侈，之變爲咍，脂變皆，支變爲佳，歌變爲麻，眞變爲先，侵變爲鹽，變之甚者也。」（《六書音均表》）錢大昕《潛研堂集答問》則云：「問：近儒言古音者，每謂古斂而今侈，如之之爲咍，歌之爲麻，由斂而侈，似乎可信。曰：此說亦不盡然，蓋有古侈而今斂者矣。如古之脣音，皆重脣也。後人於其中別出輕脣四母，輕脣斂於重脣也。古多舌音，後人或轉爲齒音，齒音斂於舌音也。」又云：「聲音或由斂而侈，或由侈而斂，各因一時之語言，而文字從之。如儀、宜、爲字古音與歌近，今入支韻，即由侈而斂也。豈可執古斂今侈之說，一概而論之乎！」至夏燮《述韻》論古音弇侈之理，尤爲詳盡。其言曰：「段氏謂古音多弇，今音多侈，此言其大概耳。其實元、宵、昜、談四部，皆古音之最侈者，眞與元對，則眞弇而元侈，幽與宵對，則幽弇而宵侈，東與昜對，則東弇而昜侈，侵與談對，則侵弇而談侈。知此之爲弇，則知彼之爲侈，知此之爲侈，則知彼之爲弇，此可以意斷者也。」又云：「弇侈與開合不同，開合以口分，弇侈以音分，凡口之張而呼者爲開，口之閉而呼者爲合。凡音之迆邐向外者爲侈，音之收撮向內者爲弇，苟不知審音，則有以弇侈爲開合，所謂差之毫釐，失之千里矣。以昜韻言之，光之與岡，黃之與杭，此開口合口之分也。而光與東韻之公，黃與東韻之鴻，則同爲合口，而一弇一侈分矣。」又云：「凡音之流變，皆弇而入于侈，……所謂音之流變自弇入于侈者，以《唐韻》證之，東之變而爲江也，歌之變而爲麻也，侵之變而爲覃也，此其易知者也。……亦有自侈而入于弇者，如庚韻之庚觥京卿等聲是也。但自弇而侈者十之九，自侈而弇者十之一。」（以上均見《述韻》卷三）至餘杭章炳麟之論弇侈，則謂：「其陽聲則收鼻音。……然鼻音有三孔道，其一侈音，印度以西以半摩字收之，今爲談蒸侵冬東諸部，名曰撮脣鼻音。其一弇音，印度以西皆以半那字收之，今爲青眞諄寒諸部，名曰上舌鼻音。其一軸音，印度以西以姎字收之，不待撮脣上舌，張口气悟，其息自從鼻出，名曰獨發鼻音。夫撮脣者使聲上揚，上舌者使聲下咽，既已乖異，且二者非故鼻音也。以會厭之气，被閉距于脣舌，宛轉趨鼻，以求渫宣，如河決然。獨發鼻音則異是，印度音摩那皆在體文，而姎獨在聲勢，亦其義也。……夫陽聲弇者，陰聲亦弇，陽聲侈者，陰聲亦侈，陽聲軸者，陰聲亦軸，是故陰陽各有弇侈而分爲四，又有中軸而分爲六矣。」（《國故論衡・小學略說》）綜前賢之說，其論弇侈，大別有三：

⑴江永、段玉裁、夏燮之論弇侈，蓋指元音之張口度而言，所謂侈音，即元音之張口度大，響度亦大，弇音則元音張口度小，響度亦小，此侈弇之別也。

⑵錢大昕之論弇侈，時混於輔音之發音部位，輔音之發音部位，實與元音之弇侈無關者也。至謂「儀、宜、爲字古音與歌近，今入支韻，即由侈而斂」之言，則亦指元音之張口度大小而言，惜其前後所言不相一致，互有抵齬，似未若江永與夏燮系統之清晰也。

⑶章炳麟以陽聲之收雙脣音 m 者爲侈音，收舌尖鼻音 n 者爲弇音，雖自成一說，然實與侈弇之理無關，今所不取。

以上三派之說弇侈，當以江永、段玉裁、夏燮之說爲是，以弇侈之別爲主要元音開口度之大小。易言之，凡元音之響度大者，其張口度必大，是爲侈音；元音之響度小者，其張口度亦小，是謂弇音。（所謂響度，乃指音在本質上能使人容易或不容易聽到之程度是也。）而低元音之響度常較高元音之響度大，則低元音侈，高元音弇也。如夏氏所舉眞元二部，眞之主要元音爲〔ɐ〕，元之主要元音爲〔a〕，〔ɐ〕部位較〔a〕略高，故眞弇而元侈也。今言弇侈，悉以此爲據。段玉裁氏謂古音多斂，今音多侈，所言亦無定準。汪榮寶氏〈論阿字長短音答太炎〉一文云：「聲音之變，由侈入斂，有一定之軌程，a 稍斂則爲 o，o 再斂則爲 u，尤斂則爲 ö 爲 ü，今麻韻之字，通語猶以爲 a 者，蘇常之間多作 o 聲，蘇州讀麻爲 mo，讀茶爲 do，常州讀家爲 ko 是也。歌韻之字，通語以爲 o 者，蘇州皆作 u，哥謂之 ku，多謂之 tu，波謂之 pu，羅謂之 lu，而京師呼哥可何河等字皆近 ö 聲，哥讀如 kö 可讀如 khö，何河讀如 hö 也。……是爲魚類諸字中由侈入斂之漸。」（《學衡》四十三期）可知音之變，多由侈入斂也。王力謂：「在漢語語音發展過程中，元音高化的現象，是相當普遍的，拿歌韻來說，上古是 a，中古是ɑ，近代是ɔ，現代北方話一般是 o，北京話於舌齒讀 uo，（喉音讀ɤ），吳語更進一步，有許多地區讀 u（上海話“河” ɦu，“多” tu）。拿模韻來說，是由 a 到 u，拿侯韻來說，是從 o 到əu，再到 ou，拿支韻來說，是從 ĭe 到 i，或從 ĭa 到 ĭe 再到 i。因此元音高化可以說是漢語語音發展規律之一。」（《漢語史稿》）王氏所說元音高化，實際上就是由侈入斂，與段氏所說正相反。其實弇侈問題，就是古韻之元音問題。高本漢與董同龢因爲將上古韻部視同中古音之攝相當，因此認爲同一部當中可以有不同之元音，如此一來，高董上古音系統，元音乃極其複雜。周法高氏〈論上古音〉一文，根據高本漢 Compendium 所定，歸納其上古元音系統表，共有十四元音如下：

ɑ̂、ɑ、ɑ̆；ə、ɛ；ĕ、e；o、o̊、ŏ；ô、ộ；u、ŭ。

董同龢《上古音韻表稿》歸納所構擬之元音系統，共有二十元音如下：

ə̂、ə̣̂、ə、ə̆；ô、o、ŏ；ɔ̂、ɔ、ɔ̆；û、u；ɑ̂、ɐ̂、a、ä、ă、ɐ；e、ĕ。

王力主張古韻同部，元音應該相同，故其元音減少甚多，王氏在《漢語史稿》中只用五個元音如下：

ə、o、ɑ、e、a。

李方桂先生《上古音研究》對上古元音系統，提出極爲明確之看法。李氏說：

「研究上古的元音系統的時候，我們也有一個嚴格的假設，就是上古同一韻部的字一定只有一種主要元音。凡是在同一韻部的字擬有不同的元音，都跟這個假定不合，必要從新斟酌一番。有些人假定上古元音有長短、鬆緊之別，就是有的話，也不敢說他應該互相押韻。我們必須先看是否有一個簡單的元音系統可以解釋押韻的現象，是否可以用些簡單的演變的條例，把中古的韻母系統解釋出來。如果有的話，我們就不必再假設什麼長短、鬆緊的區別了。」

所以李方桂僅有四個主要元音，此四元音如下：

i、u、ə、a。另外有三類複合元音爲 iə、ia、ua。

王李二人皆認爲同一上古韻部，只有一主要元音。故其元音系統，較高本漢與董同龢單純多矣。而元音系統最單純與簡單者，則莫過於周法高氏〈論上古音〉一文所定三元音系統。周氏三元音爲 a、ə、e。同時取消李氏複合元音部分，在系統上，分配得也相當合理。所以簡化上古音韻部之元音系統，已經漸有共識。民國五十八年余撰博士論文《古音學發微》時，雖亦主張每一古韻部只擬測一主要元音之辦法，但是因爲不採陰聲有輔音韻尾之說，故所擬測之元音系統較爲複雜。共擬測 a、æ、ɛ；ɐ、ə；ɑ、ɔ、o 等八個單元音，及複元音ɑu。元音一共有八個之多。近年採用諸家之說，於韻尾及介音皆略有修正，則元音方面就已大量減少。總共只有三個主要元音，此三元音爲 a、ə、ɐ，在系統上與周法高氏爲近。至於各元音與各部之分配方面，俟構擬各部韻母系統時，再分別說明。

【四】方言問題：

黃侃〈論據詩經以考古音之正變〉一文云：「昔大行人屬瞽史，諭書名，聽聲音，則域內之言語無異聲矣；大司樂以樂語教國子，則詩歌之諷誦無異聲矣。」然而黃氏在〈論音之變遷由于地者〉一文又云：「往者輶軒之使，巡遊萬國，采覽異言，良以列土封疆，水土殊則聲音異，習俗變則名言分。雖王者同文，而自然之聲，不能以力變也。《漢書・地理志》云：『民有剛柔緩急，聲音不同，繫水土之風氣，故謂之風。』〈王制〉云：『廣谷大川異制，民生其間者異俗。』《淮南書》云：『輕土多利，重土多遲，清水音小，濁水音大。』凡此皆由地異之明文也。今觀揚氏殊語，所載方國之語，大氐一聲轉變而別製字形，其同字形者，又往往異其發音。……漢世方音歧出，觀諸書注家所引可明。」黃氏前後二文，看似矛盾。既云域內言語無異聲，又云：水土殊則聲音異。其實詳為推究，亦不矛盾。按劉熙《釋名》之釋《爾雅》云：「《爾雅》，爾、昵也，昵、近也；雅、義也，義、正也。」是則《爾雅》之作，本為齊壹殊言，歸之雅言。所謂雅言者，即當時通行之通語，所謂殊言者，即各地之方言也。《詩經》有十五國國風、二雅、三頌之不同，其間亦自有方言之差異，然今本《詩經》之韻讀，雖亦有少數地方顯示出方言之成分，大致說來，韻讀相當一致。一般看法，認為經過孔子審定。故雖有不同地域之詩篇，而在韻讀上，卻仍有相當一致性。說《詩經》經過孔子之審定，又從何而知之？《論語・述而》篇曰：「子所雅言，詩書執禮，皆雅言也。」孔注云：「雅言、正言也。」鄭注：「讀先王典法，必正言其音，然後義全，故不可有所諱。禮不誦，故言執。」善乎劉端臨《論語駢枝》之言曰：「夫子生長於魯，不能不魯語，惟誦詩讀書執禮，必正言其音，所以重先王之訓典，謹末學之流失。」又云：「昔者周公著《爾雅》一篇，以釋古今之異言，通方俗之殊語，劉熙《釋名》曰：『爾、昵也，昵、近也；雅、義也，義、正也。』五方之音不同，皆以正為主也。上古聖人，正名百物，以顯法象，別品類，統人情，壹道術，名定而實辨，言協而志通，其後事為踵起，象數滋生，積漸增加，隨時遷變，王者就一世之宜，而斟酌損益之，以為憲法，所謂雅也。然五方之俗，不能彊同，或意同而言異，或言同而聲異，綜集謠俗，釋以雅言，比物連類，使相附近，故曰爾雅。《詩》之有風雅亦然，王都之音最近，故以雅名，列國之風不盡正，故以風名。王之所以撫邦國諸侯者，七歲屬象胥諭言語，協辭命；九歲屬瞽史諭書名，聽聲音，正於王朝，達於諸侯之國，是謂雅言。雅之爲言夏也。孫卿〈榮辱〉篇云：『越人安越，楚人安楚，君子安雅，是非知能材性然也，是注錯習俗之節異也。』又〈儒效〉篇云：『居楚而楚，居越而越，居夏而夏，是非天性也，積靡使然也。』然則雅夏古通。」劉寶楠《論語正義》云：「周室西都，當以西都音爲正，平王東遷，下同列國，不能以其音正乎天下，故降而稱風。而西都之雅音，固未盡廢也。夫子凡讀《易》及《詩》《書》執禮，皆用雅言，然後辭義明達，故鄭以爲義全也。後世人作詩用官韻，又居官臨民，必說官話，即雅言矣。」阮元〈與郝蘭皋論爾雅〉亦云：「正者，虞夏商周建都之地之正言也，近正者，各國近於王都之正言，《爾雅》一書皆引古今天下之異言，以近於正言，正者猶今之官話也；近正者，猶各省土音之近於官話者也。」二劉、阮氏之言，最爲通達。蓋黃侃所謂域內之言語無異聲者，實指當時諸夏之通言，以王都之語爲正，即所謂雅言也。至各地則水土既殊，自然聲音有異，各有方言。《漢書・儒林傳》：「孝文帝時，求能治《尚書》者，天下亡有，聞伏生治之，欲召，時伏生九十餘，老不能行。於是詔太常使掌故朝錯往受之。秦時禁《書》，伏生壁藏之，其後大兵起流亡，漢定，伏生求其書，亡數十篇，獨得二十九篇。」師古注引衛宏〈古文尙書序〉云：「伏生老不能正言，言不可曉也，使其女傳言教錯，齊人語多與潁川異，錯所不知者，凡十二三，略以其意屬讀而已。」此即說明漢初已有通行之雅言，即伏生不能之正言，而同時各地方言亦殊致，所以錯仍有不知者十二三。作此瞭解，《詩經》旣經孔子正言其音，則各地方言成分雖仍不可免，但其成分已盡量減少，故其音讀乃較爲一致，正因爲如此，《詩經》之音讀乃可考求。今假定古音之音讀，即擬測其雅言音讀。至各地方言之殊異，自足影響雅言之正讀。《詩》有十五國風，地域遼闊，而用韻和諧者，以雅言故也。其有一二乖牾者，雜用方言故也。顧炎武《唐韻正・卷三》云：「五方之音，雖聖人有不能改者。」江永《古韻標準・卷一總論》亦言：「方音脣吻稍轉，則音隨而變。」二氏之說，實中肯綮之言。

【五】韻尾問題：

《廣韻》陽聲各韻皆收有鼻音韻尾，不過所收鼻音，又有三種不同。即：

⑴收舌根鼻音〔ŋ〕者，計有：東、冬、鍾、江、陽、唐、庚、耕、清、青、蒸、登十二韻。（舉平以賅上去，下放此，不另注。）

⑵收舌尖鼻音〔n〕者，計有：眞、諄、臻、文、欣、元、魂、痕、寒、桓、刪、山、先、仙十四韻。

⑶收雙脣鼻音〔m〕者，計有：侵、覃、談、鹽、添、咸、銜、嚴、凡九韻。

此種區別以言《廣韻》陽聲韻尾，向來皆無異辭。吾人是否可以擬測上古音時，關於陽聲各韻之韻尾，即以《廣韻》爲據？抑另行構擬？高本漢與董同龢皆以《廣韻》爲據，然李方桂《上古音研究》則爲中古陰聲韻尾收－u者，擬成上古收*-gw及收*-kw韻尾，如宵部、幽部字；與幽部相配之陽聲韻中部則擬爲*-ngw。自此以後，陽聲韻部又多出一圓脣舌根鼻音問題，應提出討論。如果吾人仔細觀察《廣韻》收舌根鼻音韻尾十二韻，實際上乃分成二段，即東、冬、鍾、江四韻與陽、唐、庚、耕、清、青、蒸、登八韻分開二處排列，彼此並不相連屬，與舌尖鼻音一

n十四韻，雙脣鼻音－m九韻之相連屬者不相同。則《廣韻》之分為兩處，恐怕也非毫無深意。今人以吾人今日之讀音以例古音，雖不相連屬，但同為舌根鼻音，故不再尋究是否有何差異。李先生指出其上古音具有圓脣舌根韻尾，其實乃此四韻之字在上古之讀法，《廣韻》既論古今之通塞，也許注意及此種差異，故其安排乃不相同。《廣韻》此四韻之字，分屬於上古音之東、冬二部，因此東、冬二部之上古音之鼻音韻尾可擬為圓脣舌根鼻音韻尾*-ŋw，其他各部則仍與《廣韻》相同，可擬為舌根鼻音韻尾ŋ。至於圓脣舌根鼻音韻尾之寫法，最好當然寫成ŋ^{w}，但右上角圓脣音標很不容易處理，所以李方桂先生把它寫作 ŋw，這就不容易疏忽漏寫。張琨在〈古漢語韻母系統與切韻〉一文中，將冬部擬作əuŋ，əuŋ，既可視作複元音əu加舌根鼻音ŋ，亦可視作主要元音ə加圓脣舌根鼻音 uŋ，所以張氏乃將李方桂圓脣舌根鼻音ŋw，寫作 uŋ。此種寫法，既可省去一個音符，又能充分表達圓脣舌根鼻音之效果，實在不失為一種可資採用之寫法。事實上王力上古音之寫法即已如此，不過王力將冬部擬作əuŋ，認為複元音əu 加舌根鼻音韻尾 ŋ 而已。周法高〈論上古音〉綜合王力與李方桂說，將東、冬二部分別擬作ewŋ與əwŋ，顯然可知周氏亦以東冬二部有圓脣舌根音韻尾，故我亦認為此二部上古音亦應有圓脣舌根鼻音韻尾，寫法上採用張琨之說，寫作-uŋ。

《廣韻》入聲專承陽聲，而入聲則收有塞音韻尾，不過入聲所收韻尾亦有三種：

⑴陽聲收舌根鼻音韻尾-ŋ者，與之相配之入聲，則收舌根塞音韻尾-k，計有：屋、沃、燭、覺、藥、鐸、陌、麥、昔、錫、職、德十二韻。

⑵陽聲收舌尖鼻音韻尾-n者，與之相配之入聲，則收舌尖塞

音韻尾-t，計有：質、術、櫛、物、迄、月、沒、曷、末、黠、鎋、屑、薛十三韻。（與痕相配之入聲字僅有麧等五字，因爲字少，併入沒韻中，故只得十三韻。）

⑶陽聲收雙脣鼻音韻尾-m 者，與之相配之入聲，則收雙脣塞音韻尾-p，計有：緝、合、盍、葉、怗、洽、狎、業、乏九韻。

前賢以陽聲收有-ŋ、-n、-m三類韻尾，故與之相配之入聲韻部，乃定爲收有-k、-t、-p 三類塞音韻尾。今既以陽聲之東、冬二部爲收圓脣舌根鼻音-uŋ 韻尾，則與之相配之入聲屋、覺二部亦當收圓脣舌根塞音韻尾-uk。此外還有藥部，雖無陽聲韻部相配，然觀其與陰聲宵部相配，在結構上亦應收音於-uk 方能相配。故今於陽聲、入聲各部之韻尾，構擬其原則爲：

⑴凡古韻陽聲東、冬兩部假定爲收圓脣舌根鼻音韻尾-uŋ，陽、耕、蒸三部爲收舌根韻尾-ŋ。元、眞、諄三部收舌尖鼻音韻尾-n，談、添、侵三部爲收雙脣鼻音韻尾-m。

⑵凡古韻入聲屋、覺、藥三部爲收圓脣舌根塞音韻尾-uk，鐸、錫、職三部爲收舌根塞音韻尾-k，月、質、沒三部爲收舌尖塞音韻尾-t，盍、怗、緝三部爲收雙脣塞音韻尾-p。

陽聲與入聲韻尾問題決定後，再討論古韻陰聲侯、宵、幽、魚、支、之、歌、脂、微九部之韻尾，此九部在《廣韻》全以純元音收音，即所謂開音節者，中國古音學家 向來多以爲除元音外，不收任何韻尾。然自西門華德（Walter Simon）與高本漢（B. Karlgren）諸人注意及此九部與入聲諸部諧聲及協韻之關係密切，於是始假定此諸部亦爲收有輔音韻尾之韻部。西門以爲古代陰聲諸部有-ɣ、-ð、-β三種韻尾。高本漢〈上古中國音當中的幾個問題〉（Problems in archaic Chinese）一文第三節〈Simon

的韻尾說〉云：

「這篇東西正要付印的時候，——本來是在 1928 年正月在倫敦東方學校一個演講題目，——我接到了柏林 Dr. Walter Simon 的一篇文章（“Zur Rekonstruktion der alt -chinesischen Endkonsonanten”），這個學者在那文章裡討論了好幾個上文所討論的題目，而且有些極有趣的暗示，所以不能不看看他的說法，然後現在的討論才能算完。

在我的 Analytic Dictionary 裡頭，是從諧聲字裡得到明白證據之後，然後才斷那 個字在上古音是有舌尖音或舌根音韻尾（後來未到古音時代就失掉的）；就是像上文討論的列 lĭät：例 lĭäi 那類字。Simon 要證明這類上古韻尾失落的現象還要遇見的多得多，有許多類的字在古音（《切韻》）雖然是元音韻尾，在早先是以輔音收音的，而且包括好些從《說文》上一點也看不出來有輔音韻尾的字。

先說 Simon 對於我早先提議上古韻尾的種類的說法，他不贊成。我早先是說普通入聲是-p、-t、-k，答 tâp，割 kât，木 muk，像例古音 lĭäi、，裕 ĭu、-韻尾是-d，-g，他所提議的是前者是帶音的破裂音-b、-d、-g，而後者就因爲想不到更好的說法，是帶音的摩擦音β、ð、ɣ：——答 tâb、割 kâd、木 mug。例 lĭäð，裕 ĭuɤ（ð 像在英文 that；ɣ像在北方德文 Wagen）他對於這個修正案沒有給一個充分的理由。他一方面說在古代西藏語（大概是跟中文有關係的）從前沒有-p、-t、-k，祇有-b、-d、-g，因此嘍，在上古中國音大概有-b、-d、-g，不過後來變成不帶音的-p、-t、-k，像德文 Bad 讀 bat 一樣。這個僅僅乎是一個揣度。爲甚麼西藏的-b、-d、-g 音是原始的，而中國音是後來的，很難看得出來。要說西藏文原來是有-p、-t、-k，因同化等等作用（Sandhi）

變成帶音，後來他的勢力擴充了變成一切輔音韻尾都是-b、-d、-g了，這個一樣說得過去。或者更像一點，——也許西藏語從前-b、-d、-g；-p、-t、-k 都有的（就像中國語，我想我能證明也有），不過後來由仿效作用（analogy）都變成成-b、-d、-g，這種普遍化簡單化的現象是跟支那語性質很相合的。關於這些，我們現在實在是沒有的確的智識，從西藏語的情形上，也不能證明關於中國語的甚麼。」（見趙元任譯高本漢〈上古中國音當中的幾個問題〉）

高本漢則主張上古陰聲韻有-b、-d、-g 韻尾，高氏說：

「現在咱們還得討論乍 dẓa：昨 dźâk，敝 ƀiei：瞥 p'iet 的例，這裡不是聲母的輔音落掉，乃是韻尾的輔音掉落了。……

假如是因爲乍 dẓa：昨 dźâk 已經有了聲母元音兩者相近就算夠做諧聲的程度了，那麼自然乍 dẓ'a 當然也可以做 dźât，dźâp 等音的諧聲，所以乍 dẓ'a 字所諧的字應該-p 尾、-t 尾、-k 尾的字都有咯。可是咱們並不遇見這種事情；乍字所諧的字都是嚴格地限於-k 尾的字：作 tsâk，昨、怍、酢 dźâk，窄、舴 tsak。

這類的例差不多都有這種限制。在字典裡可以找出無數的例來。這裡不過舉幾個：

至 tśi：侄、咥、桎、蛭 tśi̯ět，挃、厔、秷、窒 ȶi̯ět，姪 ȡi̯ět，d'iet，垤、絰 d'iet，室 śi̯ět 等等；曳 i̯äi：拽 i̯ät，洩、紲 si̯ät 等等；夜 i̯a：液、焲、掖、腋 i̯äk 等等。

假如造字的這麼嚴格的不是全限於舌尖音的韻尾，就是全限于舌根音的韻尾，這是有理由的：乍 dẓ'a 諧的字在上古音是有舌根音韻尾的，不過在古音就已失掉了，敝 biei 諧的字在上古音是有舌尖音韻尾的，不過在古音就已經失掉了。……

那麼這些失掉的破裂音究竟是些甚麼呢？

想到古音有韻尾的的 p、t、k、m、n、ŋ 而無 b、d、g，就會猜到後者這幾個了，再比較起來別國語言當中也是濁音比清音容易失掉，這就是更像對了。再舉我自己語言做例，在瑞典好些的方言裡頭，bĕd→bĕ，可是 bĕt = bĕt 不變，所以在乍、敝這類字所失掉的韻尾一定總是個 g 跟 d，這個入聲濁音尾的說法，從一個很有趣的現象裡，可以得一個很有價值的佐證：

在這些失掉韻尾輔音的字，十個有九個都是去聲：

敝 b‘iei：瞥 P‘iet；

世 śi̯äi：紲 si̯ät；

砌 ts‘iei：切 ts‘iet；

例 li̯äi：列 li̯ät；

曳 i̯äi：拽 i̯ät；

綴 t̂i̯wäi：叕 t̂i̯wät；

至 tśi：侄 tśi̯ĕt；

秘 Pi̯wi：必 Pi̯ĕt；

翠 ts‘wi：卒 tsuet；

內 nuâi：訥 nuət；

奈 nâi：捺 nât；

痱 Pi̯we̯i：弗 Pi̯uĕt；

孛 b‘uâi：勃 b‘uet；

兌 d‘uâi：脫 t‘uât；

夬 kwäi：訣 kiwet；

乍 dẓ‘a：昨 dz‘âk；

亞·a：惡·âk；

矺 t̂a：乇 t̂ak；

斥 tś‘i̯a：斥 tś‘i̯ak；

怕 p‘a：白 b‘ak；

夜 i̯a：液 i̯ak；

詫 t̂‘a：宅 d̂‘ak；

阸·äi：厄·ak；

畫ɣwäi：嫿ɣwak；

試 śi：式 śi̯ek；

赴 pi̯u：卜 puk；

告 kâu：酷 k‘uok。

據中國的音韻學家說，去聲是最後分出來的調類，而且他們所定的出現的時期，恰恰在我們發現乍、敝等字失掉韻尾輔音的時期。現在這些字既然大多數是去聲字，那麼這兩種同時的現象一定不是偶然的。咱們現在雖然不必說到凡去聲字都是這麼樣來的（因爲還有鼻音韻尾的去聲字，例如定 d‘ieng）可是韻尾 d、g 的失落，是去聲出世主因之一，那是無疑的。所以咱們現在說：

乍 dz‘ag>dẓ‘a；敝 b‘ied>b‘iei。

在支那系的語族中，凡是清音聲母的字聲調高：刀 tâu，而濁音聲母的字使全字的聲調低：萄 d‘âu。這種現象當然有它的發音生理作用的理由，而于咱們這個問題特別有關係，因爲假如一個上古的 dz‘ag 變成一個古音降調的 dẓ‘a，這就是因爲先有的韻尾 d、g 之類的音使那字的後半變低，所以成了降調（去聲）了。

說失掉的韻尾是-d、-g，當然我也不能包不會有時候是摩擦的濁音：-aɣ、-að；可是現在一點沒有甚麼特別的理由要假定它有這類的花樣罷了。……

現在一直討論的都是-d 跟-g 的失落，那麼有沒有失掉-b 的例呢？這個就不那麼有把握了，我只知道幾個例，可是還帶躊躇的算它是韻尾-b 失掉的例：

去，古音 k'i̯wo，諧劫、鉣 ki̯ap；怯、痃 k'i̯ap 等。

照中國小學家的說法，劫是算會意的字，不算從去字得聲。底下的就算劫『省聲』作去。可是『省聲』這種說法能不用的地方總是不用爲妙，像褱字那麼複雜的諧聲還是全部寫出，何在乎省劫爲去？現在去字旣然剛剛是去聲（降調），那麼只須說去k'wo＜-b，就旣可以解釋劫 ki̯ap 的諧聲，又可以解釋怯 k'i̯ap 的諧聲了，還有一個很強的證據是呿字，古音有 k'i̯wo、k'i̯ap，兩讀。

此外還有一個內字，古音 nuâi，也是頗難解釋的。這個字（還有它諧的汭、芮 ńźi̯wai）是去聲，而且它旣然又諧入聲字，一定曾經失掉過韻尾輔音的。可是所討厭的就是有好些個內字諧聲的字，像納字，是古音的nâp，而又有些別的字，像訥字，是古音的nuət，訥字固然還可以當它作會意看，可是內字諧聲而有-t 尾的不盡能當會意看。而且從一字幾讀的例裏頭可以看出來這些的確是有諧聲的關係的，例如吶字有 nâp，ńźi̯wäi 兩讀，抐字 nuət，nâp，ńźi̯wäi 三讀。

照我的意見看來，這種現象倒可以用中國合口字避脣音韻尾的傾向來解釋。比方風字從凡（b'i̯wam）上古音 pi̯um，裡頭的 u、m 兩脣音不好唸，所以由異化作用（dissimilation）就變成古音的 pi̯ung 了。同樣法字的古音是 pi̯wap，在現在廣州音也由異化作用讀 fāt 了。（廣州音在別種的古-p 尾字仍舊是保存著-p）而且法字在日本的音讀也是 hotsu（舊音 poto），可見這種音變已經是很早的了。

那麼我現在就假定它是這麼樣的：

內　-b→nuâd　→nuâi

芮　-b→ńźi̯wäd→ńźi̯wäi

訥　-p→nuət　→nuət

納　-p→nâp　→nâp

其中內、芮的-b 尾因 u，w 異化而成－ d，這個－ d 就照例失掉了變成個－ i，訥的－ p 尾異化而成－ t，－ t 因是清音韻尾，所以不掉。納是開口字，沒有前後脣音的異化作用，所以一點也不變。

以上不過是幾個特例，大致說起來很難找出韻尾－b 有的確例。莫非韻尾－ b 都合併了在韻尾－ m 裡了罷？（還說不定聲母 b －都合併在聲母 m －裡了呢？）

總結 C 節的結果，就是乍 dẓ'a，敝 b'iei 這類諧聲字的例，跟 A 節大類（包括 B 節）的例都是根據一樣的原則的：

乍　dẓ'a←dz'-g 諧昨 dz'âk，

敝　b'iei←-d 諧瞥 p'iet。」

自西門華德與高本漢諸人的韻尾說出，國內學者多贊成此說。

李方桂〈切韻 a 的來源〉說：

「我把在《切韻》時代以前失落的韻尾都寫作*-g 或者*-d，以別于-k、-t。高本漢在他的"Problem in Archaic Chinese, JRAS Oct,1928, 趙元任譯文見本所集刊Ⅰ,3, 345-401 頁"一篇文章裡頭在上古時代擬了兩種韻尾*-k ˋ（去聲字）*-g（平聲字），我覺得很是可疑的。他一方面承認在上古時代這種韻尾已經很微弱了，就快失去了——換言之就是快元音化 Vocalized 了——，他一方面還擬定了-wk、-wg 兩種分別，試想想一種快要元音化的韻尾，又已經發出一種-w 的介音來，還能無音麼？與-wg 能不混麼？我們要注意，去聲可以算作韻尾失落的原因，更可以算作韻尾失落的結果。（如北方官話入聲之變平上去），我們還不敢決定誰是因？誰是果？若是依高本漢說收-k的字可以有去入二種聲調，我們何不說收-k 的字更有平上去入四種聲調，何必又擬兩種*-g、-k'呢？我覺得最妥當的辦法，是把在《切韻》時候還保存的-p、-k、-t，同《切韻》時代以前已經失掉的韻尾分別出來。前一種寫作-p、-k、-t，後一種寫作-b、-g、-d，他們眞正的讀法如何？我覺得我們還不能定。

則 tsək：側 tṣĭk：廁 tṣ‘i（〈*tsək：*tṣĭək：*tṣ‘ĭəg）

翼 ĭək：異 i：冀 kji（〈*gĭək：*gĭəg：*kĭəg）

飾 śĭək：飤 zi：飭 t̂‘iək（〈*śĭək：*<dzĭəg：*t‘ĭək）

直 d̂‘ĭək：値 d̂‘i（〈*d‘ĭək：*d‘ĭəg）

織 tśĭək：熾 tś‘i（〈*t′iək：*t′iəg）

食 dẓ‘iək，zi（〈*d‘iək，*dziəg）

意<i 億·iək（〈*ĭəg：*ĭək）

疑 ngji：礙 ngai：凝 ngĭəng：嶷 ngĭək（〈*ngiəg：*ngəg：*ngĭəng：*ngĭək）

有 jĭəu：郁<ĭuk（〈*gĭg：*<ĭuək）

畐 b‘ĭwək，b‘uək：福 pĭuək：匐 bĭuək：逼 pĭək：富 pĭəu（〈*b‘wək，b‘ĭuək：*pĭuək：*b‘uək：*piək：*pĭəg）

*iəg〉*ĭəi〉i；*ĭ‘uək〉ĭuk 都是最自然不過的現像，同時高本漢諧聲的條例亦滿足了。」[151]

李方桂後來發表《上古音研究》，論及上古音的韻尾輔音時說：

「其實陰聲韻就是跟入聲相配爲一個韻部的平上去聲的字。

---

151 北京大學《上古音討論集・切韻 â 的來源》137 頁-138 頁。

這類字大多數我們也都認爲有韻尾輔音的，這類的韻尾輔音我們可以寫作*-b、*-d、*-g 等。但是這種輔音是否眞的濁音，我們實在沒有什麼很好的證據去解決他。現在我們既然承認上古有聲調，那我們只需要標調類而不必分這種輔音是清是濁了。

至於歌部字，高本漢也分爲兩類，一類沒有韻尾輔音，一類有*-r 韻尾。其中界限也很難劃分清楚。若是依諧聲分的話，就發生些不易解釋的韻，如〈小雅・桑扈〉三章以翰*g'ân：憲*xjăn：難*ńjăn 與那*nâr 押韻；〈大雅・崧高〉以番*pwar 與嘽*thân：翰*g'ân：憲*xjân 押韻，同時又有〈小雅・隰桑〉一章以阿*â：何*g'â 與難*nâr，〈衛風・竹竿〉三章以左*tsâ 與儺*nâr 押韻的例子（以上仍照高本漢的擬音）。如果因爲*-r是舌尖音，可以跟*-n 勉強押韻，那麼爲什麼*-â 也要跟舌尖音韻尾*-r 的字押韻？爲什麼不跟有舌根音韻尾或脣音韻尾的字如*-ak、*-ag、*-ap 等押韻？顯然歌部字跟有舌尖音韻尾的字關係很深。歌寒對轉也是古韻學者承認的。因此，我想歌部字似乎有個舌尖音韻尾，把他擬作*-r 倒是可採取的辦法。」[152]

董同龢《上古音韻表稿》論及「韻尾輔音」-b-d-g 時說：

「從西門華德（Walter Simon）的 Endkonsonten 到高本漢的 W.F.中間，幾經討論，一般的意見都已傾向於承認上古某些陰聲韻中是有-b-d-g 尾的存在，跟入聲韻的-p-t-k 相當。……不過我以爲在目前的境況之下，一切音質的細微爭辯總不免是空中樓閣。現在我採取-b-d-g與-p-t-k，僅是根據李方桂先生的理論。」

後來在《漢語音韻學》裡，談到〈上古韻母系統的擬測〉時說：

---

152 李方桂《上古音研究》35 頁。

「現在大家都同意，暫且假定《切韻》時代收-t的入聲字，在先秦原來就收*-t，和他們押韻或諧聲的祭微脂諸部的陰聲字，大致都收*-d；《切韻》時代收-k 的入聲字，在先秦原來就收*-k,和他們押韻或諧聲的之幽宵侯魚佳諸部的陰聲字都收*-g。*-d與*-g到後代或消失，或因前面元音的影響變爲-i尾複元音的-i，或 -u尾複元音的-u；*-t與*-k則仍舊。所以如此，就是因爲從一般的語音演變通例看，濁輔音韻尾容易消失或變元音，清輔音韻尾則容易保持不變。

《切韻》收-p的入聲字，在古代韻語裡都自成一個系統。所以《廣韻》自緝至乏諸韻的字，上古分別獨自成部（“緝”“葉”）。我們可以很自然的假定他們在上古仍然都收*-p。

不過是在諧聲字中，我們卻可以發現有些後代的陰聲字與緝葉兩部字有接觸：

世ɕjæi：葉 jæp

瘱 k‘iɛp：瘞ʔiɛi：瘞ʔjæi

劦ɤiɛp：荔 liɛi

盇ɤɑp：蓋 kɑi

內 nuəi：納 nəp

習 zjep：彗 zjuæi（彗古文作簪）

證之於“內”字古書多作“納”，“蓋”又有“盇”音，……可知凡與-p 尾入聲字接觸的陰聲字，最初還有一個脣音韻尾，今擬作**-b。

不過我們要注意的是：上述諸陰聲字，按諸韻語，都是在祭微脂部，而當有*-d 韻尾的。現在大家都承認，諧聲字表現的現象，一般比詩韻表現的要早，所以我們說**-b尾只存在於諧聲時代，到詩經時代變爲*-d。關於“內”，我們更假定他由**nuə b→*nuəd 是**-b 受〔u〕的異化作用的結果，如中古“凡”“乏”諸字b‘juam（p）變現代廣州的fan（t）。至於“蓋”由**kɑb→*kɑd，則是由於**-b尾字少了，類化於“內”類字而來。

**-b、*-d、*-g 之外，古韻語裡還有一個舌尖音韻尾的痕跡。我們知道：脂微兩部的陰聲字，大多數都變入《廣韻》的咍灰皆脂微齊，不過也有少數的幾個是變入戈韻與支韻的，如“火”“爾”是。“火”“爾”等與咍灰諸韻的字既常常押韻，古代元音同屬一類就應該沒有問題。但“火”後來不入灰韻而入戈韻，“爾”後來不入脂韻，而入支韻，又顯示著他們原來在元音之外，還與灰脂諸韻字有所不同。灰韻字中古是-uəi，脂韻是-ei，最後都有-i，-i就是古代*-d的遺留。反之“火”中古是-uɑ，“爾”是-ie，最後都沒有-i，那就表示他們原有的韻尾與*-d 不同，後來完全失落了。那個韻尾現在訂作*-r，在語音史中，-r完全失落的例子是很多的。」

董同龢在《漢語音韻學》裡對上古韻部的韻尾結論是：

「之、幽、宵、侯、魚、佳→*-g、*-k：蒸、中、東、陽、耕→*-ŋ祭、脂、微→*-d、*-r、*-t：元、眞、文→*-n緝、葉→（**-b）、*-p：侵、談→*-m

總結起來，在所有的韻部中，只有歌部是沒有韻尾的。」

陸志韋《古音說略》第二章〈中古陰聲字在上古音有不收-b、-d、-g的麼〉中說：

「《切韻》的陰聲跟入聲-p、-t、-k 陽聲-m、-n、-ŋ 相對待。在中古音他們是開音綴（open syllables）。在上古音大多數可以配入聲，那就應當是-b、-d、-g了。古音二十二部的收聲，憑《切韻》來推斷，好像是：歌不配入聲，上古音可疑。段氏以爲歌支同入，可是沒有說明理由。

侵收	－m	葉收－p（－b）	
談	同	緝	同
元	－n	至配入聲－t，收－d、－t。	
文	同	祭	同
眞	同	之配入聲－k，收－g、－k。	
東	－ŋ	幽	同
中	同	宵	同
陽	同	侯	同
耕	同	魚	同
蒸	同	支配入聲－t，收－d、－t 又－k，收－g、－k	
		脂	同」

將陰聲諸部擬測爲有-b、-d、-g、-r 諸類輔音韻尾，在說明陰聲與入聲諸部協韻與諧聲之關係，確實有其方便之處。可是若以爲古音情形確有-b、-d、-g、-r 諸類韻尾，則我先民之語音就顯得特別奇怪，語音中以元音收尾之開音節出奇貧乏。王力《漢語史稿・第二章語音的發展・第十一節上古的語音系統》說云：

「高本漢拘泥於諧聲偏旁相通的痕跡，於是把之幽宵支四部的全部和魚部的一半都擬成入聲韻（收-g），又把脂微兩部和歌部的一部分擬成爲收-r的韻，於是只剩下侯部和魚歌的一部分是以元音收尾的韻，即所謂“開音節”。世界上沒有任何一種語言的開音節是像這樣貧乏的。（倒是有相反的情形，例如彝語〔哈尼語等〕的開口音節特別豐富，而閉音節特別少。）只要以常識判斷，就能知道高本漢的錯誤。這種推斷完全是一種形式主義。這樣也使上古韻文失掉聲韻鏗鏘的優點；而我們是有充分理由證明上古的語音不是這樣的。」

王力後來在《漢語音韻・第八章古音下》談到陰陽兩分法與陰陽入三分法時說：「陰陽兩分法和陰陽入三分法的根本分歧，是由于前者是純然依照先秦韻文來作客觀的歸納，後者則是在前者的基礎上，再按照語音系統進行判斷。……具體說來，兩派的主要分岐表現在職覺藥屋鐸錫六部是否獨立。這六部都是收音于-k的入聲字。如果併入了陰聲，我們怎樣了解陰聲呢？如果說陰聲之幽宵侯魚支六部既以元音收尾，又以清塞音-k 收尾，那麼，顯然不是同一性質的韻，何不讓它們分開呢？況且，收音于-p的緝葉、收音于-t的質物月都獨立起來了，只有收音于-k的不讓它們獨立，在理論上也講不通。既然認爲同部，必須認爲收音是相同的。要末就像孔廣森那樣，否認上古有收-k的入聲，要末就像西洋某些漢學家所爲，連之幽宵侯魚支六部都認爲也是收輔音的。〔例如西門（Walter Simon）和高本漢（B. Karlgren）。西門做得最徹底，六部都認爲是收濁擦音ɣ；高本漢顧慮到開口音節太少了，所以只讓之幽宵支四部及魚一部分收濁塞音g。）我們認爲兩種做法都不對。如果像孔廣森那樣，否定了上古的-k 尾，那麼中古的-k 尾是怎樣發展來的呢？如果像某些漢學家那樣，連之幽宵侯魚支六部都收塞音（或擦音），那麼，上古漢語的開音節那樣貧乏，也是不能想像的。王力之所以放棄了早年的主張，采用了陰陽入三聲分立的說法，就是這個緣故。」

王力在《漢語語音史・先秦韻部的音值擬測問題》一節，不但批評高本漢將魚侯分擬爲元音韻尾與濁塞音韻尾分歧之無據，同時也批評陸志韋與董同龢擬音之非是。王力說：

「陸志韋、董同龢都批評了高本漢的不徹底，他們把高本漢的魚部甲乙兩部幷爲一部，一律擬測爲-ɑg，侯部甲乙兩部幷爲一部，一律擬測爲-ug。徹底是徹底了，但是更加不合理了。據我所知，世界各種語言一般都有開音節（元音收尾）和閉音節（輔音收尾）。個別語言（如哈尼語）只有開音節，沒有閉音節；但是，我們沒有看見過只有閉音節，沒有開音節的語言。如果把先秦古韻一律擬測成爲閉音節，那將是一種虛構的語言。高本漢之所以不徹底，也許是爲了保留少數開音節。但是他的閉音節已經是夠多的了，仍舊可以認爲是虛構的語言。

把之支魚侯宵幽六部擬測爲-g、-k兩種韻尾，也是站不住腳的。大家知道，漢語入聲字的塞音韻尾都是一種唯閉音（只有成阻，沒有除阻），叫做"不爆破"，唯閉音要聽出清濁兩種塞音來是困難的，它不像英語的塞音收尾一般是爆破音，清濁可以分辨出來。因此，高氏的-g、-k分立也是一種虛構。」

王力不但批評高本漢、陸志韋、董同龢諸人的-g尾說，也批評高氏等之-r、-d韻尾說。王力說：

「高氏于脂部字和歌部一小部分字都擬測一個-r尾，這是從諧聲偏旁看問題。斤聲有"旂"，軍聲有"輝"等，文微對轉，高氏以爲文部既收音于-n，微部（高氏并入脂部）應該收音于-r（-n與-r發音部位相同）。高氏的歌部甲，果聲有"裸"，爾聲有"瀰"等，高氏以爲可見-n，-r相通；妥聲有"綏"，衰聲有"蓑"（"衰"即"蓑"的本字）等，高氏以爲脂微既收尾于-r，歌部甲也應收尾于-r。

這些論據都是很脆弱的。現在我們把脂微歌三部擬測爲-i尾，-i是舌面元音，不是也可以和舌面-n尾對轉嗎？

高氏把物質月各分兩類，去聲收-d，入聲收-t，陸志韋、董同龢更進一步，把脂微兩部也一律收-d。這個錯誤和高氏把之支魚侯宵幽六部擬測爲-g、-k的錯誤是一樣的。唯閉音韻尾不可能有清濁音，上古去入爲一類，不宜分爲兩類。陸志韋把歌部擬測爲-g，那更可怪了。」

我撰《古音學發微》時，亦不贊成收-b、-d、-g、-r 韻尾說。我提出反對之理由爲：

「因爲陰聲諸部若收濁塞音韻尾-b、-d、-g，則與收清塞音-p、-t、-k韻尾之入聲相異，不過清濁之間，則其相差實在細微，簡直可將陰聲視爲入聲，如此則陰入之關係當更密切，其密切之程度當有如聲母之端 t-、透 t‘-、定 d‘ -見 k-、溪 k‘-、群 g‘-，幫 p-、滂 p‘-、並 b‘-之視作古雙聲，可互相諧聲。然而不然，陰入之關係並不如此密切。《廣韻》陰聲之去聲，爲古韻入聲部所發展而成，關係密切除外，《廣韻》陰聲之平上聲與入聲之關係，實微不足道。若陰聲收有-b、-d、-g韻尾，平上去與入之關係當平衡發展，相差不至如此之大，易言之，即陰聲之平上聲與入聲之關係，亦當如去聲與入聲關係之密切。今既不然，可見收-b、-d、-g 韻尾一說，尙難置信。

前代古韻學家向以入聲爲陰陽對轉之樞紐，今若陰聲收-b、-d、-g 韻尾，則陰聲當爲陽入對轉之樞紐，因-b、-d、-g 與入聲之-p、-t、-k 同爲塞聲，又與陽聲之-m、-n、-ŋ 同爲濁聲。易言之，即陰陽之關係遠較陽入之關係密切，然而事實上不然，陽入對應之關係遠較陰陽對應之關係爲密切，何以言之，從上古到中古，入聲韻部多與陽聲韻部相配整齊，而與陰聲韻部之相配則較參差。

近代方言中，凡入聲失去韻尾後，其聲調多轉入其他各類聲調。以是言之，若陰聲有-b、-d、-g韻尾，則其失去韻尾，當起聲調變化，今陰聲聲調之調類既仍未變，則陰聲有輔音韻尾之說，似亦難以採信。林語堂氏〈支脂之三部古讀考〉駁珂羅倔倫之部收-g 音說一節以爲：『承認之部古讀珂先生所假定的-g 音一說，約有四五點困難。』其第三點云：『由諧聲偏旁觀察，也是很少收-g的痕跡。如之咍部中平聲上聲从之、从目、从絲、从其、从臣、从里、从才、从茲、从來、从思、从不、从龜、从某、从母、从尤、从郵、从丘、从牛、从止、从喜、从己、从已、从史、从有、从耳、从子、从仕、从梓、从在、从意、从久、从婦、从負的字，十成之九都沒有入聲或收-g音的痕跡。只有"有、里、不"含有一些線索可尋，若之咍讀-g，轉變痕跡似乎不應悉數湮沒。』其第五點云：『-g的假定，於音調的音理上也有極大的難關。若之咍部收-g音，就此部平上聲的區別，幾乎無法解明。字頭的音母（initial voiced consonants）使字發音降低成爲濁音，這是大家所知道的。珂氏從前假定"例、試"等字收-g音，也相信此g足使聲調轉低而成去聲。我的個人觀察，在英文中（德文字末 d、g 盡變氣母，故不能舉例）收 b、d、g 的音倒是使韻母上升，然後略降。如 card bird dog 等字，若將 card 與 cart 比較，bird 與 bert 比較，可以容易看出這收 g 音字調的升勢。但是升是降，現且不管，若之咍古盡讀收g，則此部的字調應該一律，即使g失掉之後，這聲調也應該保存著，如有變動，也是一律的變動，不應有如《毛詩》用韻平上這樣顯然的分別。我想這五層困難中，此層是最難打破的，因此我覺得很難相信之哈部讀收g音。』林氏雖舉之咍部而言，推之其他各部，亦莫不皆然。

從《詩》三百篇摹聲字觀之，三百篇摹聲字據魏建功氏所統計，其屬陰聲者有：

喈喈：寫兩類聲音。

⑴禽聲———黃鳥、雞鳴、倉庚、鳳凰。

⑵金聲———八鸞、鐘。

以上脂部。

虺虺：寫雷聲。

鷕：寫雉鳴聲。

以上微部。

吁：寫嘆聲。

呱：寫哭聲。

許許：寫伐木聲、人舉力聲。

以上魚部。

喓喓：寫蟲鳴聲。

嗷嗷：寫鴻雁哀鳴。

交交：寫黃鳥、桑扈鳴。

嘵嘵：寫哀音。

以上宵部。

膠膠：寫雞鳴。

叟叟：寫淅米聲。

呦呦：寫鹿鳴。

蕭蕭：寫馬鳴。

瀟瀟：寫風雨聲。

以上幽部。

因此，魏建功在〈陰陽入三聲考〉一文云：

『我們實在難以相信：

⑴嘆息的聲音（吁）和哭的聲音（呱）末尾可以附-k；

⑵伐木聲，衆用力的聲音（許）末尾也附上了-k！

我們也難相信：

⑴群蟲鳴聲的末尾有-k 作 jɔk 或 iɔk（jauk、jaok、iauk、iaok），而人的哀音也是有-k 尾音作 jɔk 或 iɔk（jauk、jaok、ia uk、iɑok）的。

⑵哀鴻之聲作ŋɔk或ʔɔk（ŋɑuk、ŋɑok、ɑuk、ɑok）而附加-k。

我們更難以相信：

⑴雞鳴不作 ko ko，而作 kok kok；

⑵淘米的聲音不作 so so，而作 sok sok；

⑶鹿叫的聲音不作 jo jo，竟至於ʔo ʔo，而作ʔok ʔok，jok jok；

⑷馬鳴聲不作 ho ho，而作 hok hok；

⑸風雨聲不作 so so，而作 sok sok！』」

按魏氏舉自然之聲，以證陰聲諸部爲純元音收韻，不收韻尾-p、-t、-k者是也；同理，自然之聲收-p、-t、-k清塞音韻尾固然不肖，若收-b、-d、-g濁塞音韻尾亦依然不肖，與實際聲音不類。

我之此說，得龍宇純兄之聲援，龍宇純〈上古陰聲字具輔音韻尾說檢討〉（中央研究院歷史語言研究所集刊第五十本第四分）一文，對於我提出之第一點理由，深爲贊同。龍兄說：

「但其第一點，從 p／b，t／d，及 k／g 出現聲母時的密切現象，觀察其出現韻尾時的接觸情況，以否定陰聲字具有-b、-d、-g 尾之說，私意則以爲極具巧思。陰聲字具-b、-d、-g 尾，則與-p、-t、-k 尾的入聲但有清濁不同的細微差別，對於舒聲而言，同是促聲。收-p、-t、-k 尾者謂之入聲，-b、-d、-g 尾亦可以入聲視之。是故胡適之先生即嘗謂爲入聲；而李方桂先生的《上古音研究》亦一則說『-b、-d、-g 等這種輔音是否眞的濁音，我們實在沒有什麼很好的證據去解決他。』再則說：『語言上-b 跟-p，-d 跟-t，-g 跟-k 等並不一定含有清濁等的區別。』可以想見二者關係之密切。且藉令二者發音上確有清濁之分，叶韻上不當形成平上去三聲唯去聲與入聲關係密切而平上則否的不同，應該是可以斷言的。今以清濁塞音之見於於字首者，關係之密切如彼，而見於字尾者則如此，兩相比照，確然可以顯現-b、-d、-g 尾說的缺陷。」

此文〈後記〉，龍兄又附上一些在史語所與其同仁討論時之意見，亦可作爲本人之奧援，因一併引錄於此，可對照參考。龍兄說：

「同仁說：『用陳新雄說，以聲母關係之密切證韻尾之關係，似缺理論上之根據。任何語言之聲母與韻尾，未必有平行關係。例如今漢語方言聲母有n、ŋ兩種且從不相混，而韻尾之n、ŋ則時常相混，彼此並不平行，未便引此證彼。』宇純案：世界上本沒有絕對可以比擬的事物，也似乎沒有絕對不可比擬的事物。這裡所比擬的是同屬漢語的兩個音素，不過出現於字音有首尾之異；現象固未必平行，亦不見其必不當平行。且以情理論，清楚明辨出現於聲母時發音不同的p、b在諧聲行爲上混然一體，卻在只是一種勢態出現於韻尾時，諧聲行爲幾乎壁壘分明，鮮見溝通，而我們面對此種情況竟然熟視無睹，私心總以爲很可怪異。再說，同仁用漢語的 n、ŋ 出現於字首字尾的不同現象來說明陳文比擬 p、b 的不當，當然也用的是比擬法，二者之間是否行爲當然平行，且不去計較；可是根據『聲母上從不相混的n、ŋ，韻尾上卻時常相混。』得到結論究竟該是：『聲母上相混的p、b，韻尾上更應該相混』呢？還是：『聲母上相混的 p、b，韻尾上便當相反的必不相混？』我的意思當然覺得前者較爲自然，而此例便不啻爲新雄兄文添了助力。」

「同仁說：『韻尾如有p／b，t／d，k／g之分，其語音實際情形雖然無法確指，而其區別必然存在。對押韻而言，因其部位、方法皆相同，致有互押現象。至於去入關係密切，平上則否，則爲另一層次之問題，任何擬音系統皆有同樣問題，與陰聲字有無輔音韻尾並無特別關係；沒有韻尾，問題仍然存在。』宇純案：經過一再改易的本文第三節已經指出，叶韻當以韻母的同近爲主要條件，聲調的相同只是次要條件。所謂主要、次要兩條件可能相當於同仁所說而未明言的兩個層次。依乎這一觀念去了解，我的結論仍然是無輔音韻尾之說爲勝。」

龍兄此文除對我之此說加以伸張之外，另外提出陰陽入相配問題，認爲中古時，入聲不獨配陽聲，亦兼配陰聲，而中古時陰聲既可配入聲與陽聲，則上古陰聲與入聲之關係，似不必另作他想，爲上古陰聲擬出-b、-d、-g韻尾。其次從後世有韻之文押韻情況，只要元音相同或相近，並不需要韻尾有什麼關係。

其三從雙音節詞合爲單音節詞現象看來，如果陰聲有-b、-d、-g 韻尾存在，反而不易合成一單音節詞。

其四由於文字之制作，非一時一地，則同形異字之情形，乃勢所不免。如夕既可作月，也可作夕，帚既可爲帚，又可爲婦，十既爲甲，又爲七，田爲周，又爲田。彼此之間，並無任何聲韻之聯系。

其五根據詩韻與諧聲，如之部字既通蒸部，亦通文部，復通侵部，則以韻尾-b、-d、-g亦難加以解釋。故龍兄不主張上古陰聲有濁塞音韻尾說。

其後再發表〈再論上古音－b尾說〉一文（臺灣大學中文系印行《臺大中文系學報》創刊號），列舉三十六字，加以縱橫條貫，旁搴博引，最後結論，古漢語曾否有過-b 尾問題，渺遠難稽。如果說《說文》若干諧聲字表示諧聲時代有過-b尾，則一無憑證。

與龍宇純兄發表〈上古陰聲字具輔音韻尾說檢討〉一文之同時，丁邦新兄亦發表〈上古漢語的音節結構〉一文，主張上古音之音節結構爲 cvc，亦即是上古音當中無開音節。丁兄文中特別提及我在《古音學發微》中對陰聲韻收-b、-d、-g 韻尾之質疑。丁兄爲具有韻尾說提出辯護，因此亦當針對丁邦新之辯解，略抒我見。丁邦新兄云：

「陳新雄（1972:984-987）指出，如果陰聲字有韻尾，平上去跟入的關係應當平衡發展，何以平上跟入的關係比較疏遠？陰聲尾-b、-d、-g 與入聲尾-p、-t、-k 同爲塞音，與陽聲尾-m、-n、-ŋ 又同爲濁音，陰陽的關係在韻部相配時何以反較陽入爲遠？陰聲韻尾失落，聲調應起變化，陰聲調旣未變，可見陰聲尾之有無難以說定。這三個理由都可以解釋，第一，董同龢先師有四聲三調說，去入關係密切，可能因爲韻尾相近之外，調値又相同；而平上聲的調値和入聲不同，只有韻尾相近，因此也只有少數的諧聲或通押。第二、上古陰入同部，跟陽聲韻的關係不容易看出區別，但是歌部字沒有入聲，卻與陽聲的元部字有諧聲、押韻的現象。漢代以後，陰聲韻尾發生變化，到中古已完全消失，自然保持韻尾的陽入關係顯得密切。第三、陰聲韻尾消失，聲調的調類也許不變，而調値卻可能有大不同，不敢說“陰聲調未變”。同時，有的韻尾消失未必影響聲調，現代方言中入聲韻尾失落，而聲調仍舊獨立的有許多地方，如湘語、四川的一部份，都是入聲調獨立，旣無韻尾，也不短促。入聲消失併入他調的情形，有很多證據顯示，因爲原來調値就相近的緣故。」

關於丁邦新第一點解釋，乃根據董同龢《漢語音韻學》（p. 312）之推測，認爲「去入韻尾不同（*-d：*-t或*-g：*-k）而多兼叶，是因爲調値似近。」董氏此說只是主觀之推測意見，並無若何語言上之佐證，其正確性不能不令人存疑。王力在《漢語史稿・第十六節上古聲調的發展》說：「中古漢語聲調的實際調值不可詳考。」中古聲調之調值尚不可考，更遑論上古漢語之聲調調值。而且無論上古抑中古，調類容易掌握，調值實所未知。以一未知之上古聲調之調值，而放言其去入關係密切，乃因調值之相同。此點實在不易令人信服。試以今日之漢語方言而論，其調類分爲陰平、陽平、上聲、去聲四類者，據《漢語方音字匯》所載，計有北京、濟南、西安、漢口、成都五地，在調類方面皆以"巴""東"爲陰平，"麻""同"爲陽平，"馬"黨"爲上聲，"罵""衆"爲去聲。此類字聲調之歸類，以上五地皆相同，但是調值則大相逕庭。茲表列如下：

	陰平	陽平	上聲	去聲
北京	55	35	214	51
濟南	213	42	55	31
西安	21	24	453	45
漢口	55	213	42	35
成都	44	31	53	13

可以說除北京與漢口陰平調值相同之外，其他聲調，五地竟無一相同者。由於方言實際情況如此，而推測上古音聲調去入調值相同，實無絲毫證據，可資依信。則丁邦新第一項解釋，並不足以令人信服。

第二項解釋，上古陰入是否同部，這是我們先要決定陰聲是否有*-b、*-d、*-g 韻尾，如果陰聲根本沒有輔音韻尾，怎麼可以說陰入同部？這不是倒果爲因嗎？，吾人說陽入關係密切，在十二類三十二部之中，陽入相配之韻部計有：元月、眞質、諄沒、耕錫、陽鐸、東屋、冬覺、蒸職、侵緝、添怗、談盍等十一類；陰入相配者有：歌月、脂質、微沒、支錫、魚鐸、侯屋、宵藥、幽覺、之職九類；而陰陽相配者僅有：歌元、眞脂、諄微、耕支、陽魚、東侯、冬幽、蒸之八類。在數量上較陽入相配、陰入相配皆少。按理陰聲若有*-b、*-d、*-g 韻尾，與陽聲同爲濁音，與入聲同爲塞音，則陰聲與陽聲及入聲之關係應較入聲與陰陽之關係爲密切方是。現今相配之關係，正足以說明陰聲非收輔音韻尾，入聲以收閉而不爆（implosive）之塞聲，聽覺上頗似陰聲，而其塞音又與陽聲之鼻音在發音部位上取得對應之關係，故入聲乃介 於陰陽之間，是以前代古音學家以入聲爲陰陽相配之樞紐也。

第三項解釋，又牽涉到調値問題，此又爲一項未知數，調値究竟有無如丁兄所謂「大不相同」，實在並無任何證據。但是在調類上並沒有改變，這確實是一項事實，不容抹煞。我所說近代方言中入聲失去韻尾後，多轉入其他各聲，在上述無入聲之五種方言中皆然。例如“發”北京、濟南、西安入陰平調，漢口、成都爲陽平；“答”濟南、西安變陰平，北京、漢口、成都轉陽平；“册”濟南、西安變陰平，漢口、成都轉陽平，北京爲上聲。縱然長沙失去韻尾後，仍保留爲入聲調，但較其多少論之，則我所謂「近代方言中，凡入聲失去韻尾後，其聲調多轉入其他各聲。」仍舊是站在住腳，在理論上沒有什麼說不過去。就事論事，丁邦新三項解釋，並不能爲主張陰聲有輔音韻尾說之主張，增添任何強有力之證據。

余迺永撰《上古音系研究》，於余此說亦持反對之意見，至於二、三兩點全引丁邦新說，則已辯解如上。惟第一點，除引他人之說，以爲聲母與韻尾未必有平行之關係，如漢語方言n、 ŋ聲母分析甚明，而韻尾即時常相混，關於此點，宇純兄在前所引文之〈附記〉中已加辯駁，固毋庸深辯。惟余氏指出聲母之交通，乃因受詞語結構之關係，並提出方*pjang：旁*bang；帝*tiɦs：締*diɦs：収*kjungʔ：共*gjungs 等例證，以證成其說。此說如果成立，則構詞方面，只應有聲母之變化，而不應有韻尾之變化存在，然觀《廣韻》宿（住宿）息逐切：宿（星宿）息救切；惡（善惡）烏各切：惡（憎惡）烏路切；出（進出）赤律切：出尺類切；易（變易）羊益切：易（簡易）以豉切。此種構詞法，顯然是由於韻尾之不同，如照高氏等韻尾說，則亦可擬作宿*sjuk：宿*sjug；惡*ʔak：惡*ʔag；出*stjuət：出*stjuəd；易*rek：*易 reg。其區別只是韻尾之不同。我說去聲爲入聲變來，其關係密切，固無待言。但平上二聲與入聲之間，則不見此種平行關係。可見余氏此說全無根據，乃強爲之說耳。

我在《古音學發微》中，因爲要照顧一陰聲韻，不同時與一個以上不同之陽聲或入聲發生對轉之現象，將歌、脂、微、支、魚、侯、幽、之八部，分別擬成 a、æ、ɛ、ɒ、ɑ、o、ɔ、ə、ə八個元音。因爲既不贊成陰聲各部有輔音韻尾，乃不得已而出此。其實研究上古音各家，如果所擬之元音較多，則所需之介音與韻尾就可少擬；如果元音少擬，則介音與韻尾勢必加多。如前文所言，元音已減爲三，則勢不能不增韻尾，今既不贊成輔音韻尾，則不得不採用元音韻尾，王力與龍宇純均提出-i、-u 兩種元音韻尾，我認爲甚爲可採。高本漢之-b、-d、-g，-b 因爲存在數量少，今姑不論，其-d、-g 兩種韻尾，西門華德擬作-ð、-ɣ，班尼迪（Paul k. Benedict）認爲高本漢之-d、-g 乃源自自藏緬語*-y、*-w 兩種韻尾變來。實際上班氏之-y 即-j。*-j 與*-w 固可說爲半元音，亦可說爲擦音。

王力在《類音研究》中說：

「摩擦音與元音很相近，只要把摩擦音取消了摩擦性，就成爲元音，所以他（指潘耒）把元音與摩擦音認爲同類是有相當理由的。」

既然摩擦音減其摩擦性，就與元音無別，則吾人以元音之-i及-u作爲韻尾，既照顧到高氏等之區別，又能照顧上古漢語開音節不致缺乏問題。今於上古韻尾，吾人作下列之假定：

⑴陽聲東、冬二部收圓脣舌根鼻音韻尾－uŋ，入聲屋、覺、藥三部收圓脣舌根塞音韻尾－ uk，與其相配之陰聲侯、幽、宵三部收舌面後高元音韻尾－ u。

⑵陽聲耕、陽、蒸三部收舌根鼻音韻尾－ŋ，入聲錫、鐸、職三部收舌根塞音韻尾－k，與其相配之陰聲支、魚、之三部無韻尾－ϕ。

⑶陽聲元、眞、諄三部收舌尖鼻音－n，入聲月、質、沒三部收舌尖塞音－ t，與其相配之陰聲歌、脂、微三部收舌面前高元音韻尾－ i。

⑷陽聲侵、添、談三部收雙脣鼻音韻尾－m，入聲緝、怗、盍三部收雙脣塞音韻尾－ p。

另外還有一點補充，過去我對於聲調之看法，相信王力陰陽二類音爲舒聲，入聲爲促聲，舒促各分長短，舒而長變爲中古之平聲，舒而短變爲中古之上聲，促而長變爲中古之去聲，促而短變爲中古之入聲。但王力此說有一致命之缺點，即照此推理，中古之去聲如由長入變來，失去韻尾將變陰聲，然則陽聲之去從何而來？

關於此點，蘇聯謝・叶・雅洪托夫（S.E.Yakhontov）〈上古漢語的韻母系統〉一文，對於王力說法，提出極具深思之補充意見，頗能補王力此處之不足。雅洪托夫云：

「王力用另一種方法來解決輔音韻尾問題。他否認上古漢語有過非鼻音的濁輔音韻尾。在高本漢構擬*-r 的地方，王力構擬的是*-i。他認爲，其餘各部平聲和上聲的陰聲字，以前一直是開音節。其次王力設想在上古漢語裡有過長、短兩種聲調。有*-p、*-t、*-k韻尾的長調字後來失落了這些輔音，開始念去聲，而短調字則保留了這些輔音韻尾。在有鼻輔音韻尾的字和開音節字裡，長調發展爲平聲，短調發展爲上聲。這樣，照王力的看法，“背”“萃”在上古相應地念*puə̄k 和*dzhi̯ə̄t，即有清輔音韻尾，卻是長調字。

但王力的理論不能解釋沒有*-p、*-t、*-k韻尾的字（如有鼻音韻尾的字）是怎樣產生去聲的，也不能解釋爲什麼在任何字中去聲能成爲一種構詞手段。

奧德里古（A.G.Haudricourt）對去聲提出了與衆不同的解決辦法。他推測去聲字最初曾存在具有構詞後綴作用的輔音韻尾*-s。*-s 能跟任何字，甚至帶-p、-t、-k 韻尾的字合在一起。後來*-s前的輔音起了變化或脫落了。帶*-s的字（不管是陰聲還是陽聲）變作去聲；最後，*-s 本身也脫落了。奧德里古爲屬入聲韻或單獨成韻的去聲字（即“背 puại^{3}”“萃 dzh^{w}i^{3}”這些字）構擬了複輔音韻尾-ks、-ts、-ps。至於平或上聲的陰聲字，奧德里古則同王力一樣，推測它們曾是開音節或曾有過半元音韻尾。」

此外，雅洪托夫又從藏緬語族與漢語之比較上，看出無任何直接證據證明上古漢 語曾有過-d 和-g 韻尾。雅洪托夫說：

「收集外來語資料，畢竟能爲構擬上古漢語語音提供些東西，衆所周知，魚部（平聲）字在漢代可用來記錄外語詞匯中含元音-a 的音節。例如：用“烏ʔuo”記錄亞歷山大城的第一個音節，用“屠 dhuo”或“圖 dhuo”記錄 budda 的第二個音節。藏緬語族（如藏語和彝語）以-a 收尾的詞，通常也跟魚部（平聲及上聲）字對應：“魚 ngi̯o”，藏語念 ńa；“五 ngi̯o”，藏語念 lnga（彝語支的撒尼彝語，這兩個詞都念 nga）。這些對應關係相當清楚地表明，歸到魚部的平聲和上聲字，上古音中有元音-a（或*ɑ），而沒有輔音韻尾。這些材料對說明奧德里古和王力“平聲和上聲的陰聲字沒有輔音韻尾”的觀點是有利的。

我們沒有任何直接證據來證明上古漢語有過*d 和*g 韻尾。至於去聲的*-s 韻尾，奧德里古在越南語的漢語借詞里找到了遺跡。此外，無論在哪一種我們熟悉的與漢語有親屬關係的語言中，非鼻音的輔音韻尾都不分清濁；還有，與漢語屬同一語系的古藏語是有後綴-s 的。」

雅洪托夫對漢語上古韻尾之結論，雅氏說：

「漢語最初除了有中古的六個輔音韻尾，脂部還有過*-r，（原注：或照王力的看法是*-i。）所有音節還有過*-s。*-s能綴於其他輔音韻尾之後。」

鄭張尚芳在〈上古入聲韻尾的清濁問題〉一文之結論，認爲去聲收－s（包括－bs、－ds、－gs 及響音尾帶－s），鄭張之 b、d、g 實即本篇之 p、t、k。易言之在上古音中有－ps、－ts、－ks 及響音－ms、－ns、－ŋs 多種韻尾，此類韻尾，至中古皆變作去聲。關於帶－s韻尾之問題，將來談及聲調之演變時，尚有詳細之討論，此處暫時打住。

行文至此，應該申說之理由大概已經說盡。必然會有人提出，若支、魚、之三部爲開音節，無任何韻尾，則支部韻母爲ɐ，何以專配錫ɐk、耕ɐŋ，而不配質ɐt、眞ɐn，也不配怗ɐp 與添ɐm；魚爲 a，何以專配鐸 ak、陽 aŋ，不配月 at、元 an，也不配盍 ap、談 am；之爲ə，何以專配職ək、蒸əŋ，不配沒ət、諄ən，也不配緝əp、侵əm。此諸韻不與舌尖音韻尾相配者，因爲已有脂ɐi、歌 ai、微əi 三部收舌面前高元音之陰聲在故，至於不配雙脣音韻尾之故，則因雙脣音失去韻尾之前，其韻尾若不變舌尖音韻尾 t、n，則變舌根音韻尾 k、ŋ。若變爲舌尖與舌根韻尾，則其對轉之韻，自非雙脣音矣。在諧聲與諧韻方面，也並非絲毫未有關係者，如在ə與存ən，治ə與任əm，見《大戴禮・五帝德篇》。茲ə與沬ət，見《楚辭・離騷》。治ə與集əp，見《大戴禮・虞戴德篇》。去 a 諧怯 ap，古聲 a 有敢 am，闕 a 讀若焉 an、虍聲 a 有虞 an。巂ɐ冏聲ɐt，媞ɐ讀若瑱ɐn 等等，皆其相轉之跡也，不過較少而已。龍宇純兄曾舉魚部陰聲字a，既同時與ak及ap諧聲叶韻，在此一問題上，豈不正足以讓吾人釋然於心者乎！

第十六節　古韻三十二部之韻母

為明瞭三十二部之詳細韻母，且先將此三十二部之主要元音及韻尾列表於下：

韻尾＼元音	ə	ɐ	a
-ϕ	ə之	ɐ支	a 魚
-k	ək 職	ɐk 錫	ak 鐸
-ŋ	əŋ 蒸	ɐŋ 耕	aŋ 陽
-u	əu 幽	ɐu 宵	au 侯
-uᴋ	əuk 覺	ɐuk 藥	auk 屋
-uŋ	əuŋ 冬	o	auŋ 東
-i	əi 微	ɐi 脂	ai 歌
-t	ət 沒	ɐt 質	at 月
-n	ən 諄	ɐn 眞	an 元
-p	əp 緝	ɐp 怗	ap 盍
-m	əm 侵	ɐm 添	am 談

至於三十二部如何擬成表中之韻值，請參考拙著《古音研究・第二章古韻研究・古韻三十二部音讀之擬測》，此不細贅。

第一類　歌[ai]—月[at]—元[an]

【一】歌部韻母：

ai 歌開[153] [喉牙]歌軻俄河阿，可我，餓。[舌]多它紽那儺羅。[齒]磋，左。[脣]波頗婆摩，磨。

rai 麻開 [喉牙]加嘉，駕。[齒]差沙。[脣]麻。

ri̯ai 支開[喉牙]羈奇儀宜羲猗。[舌]移離施。[脣]披皮疲糜，彼被靡。

uai 戈合[喉牙]科訛禾和，果禍，過課臥貨。

ruai 麻合[喉]媧蝸，瓦裸，化。

153　韻目爲《廣韻》二百零六韻，開合指廣義的開口與合口，下倣此。

ri̯uai 支合[喉]嬀虧危爲麾，詭跪。[舌]吹垂。[齒]隨。

【二】月部韻母

at 曷開〔喉牙〕葛割渴曷褐遏。〔舌〕怛達獺。

ats 泰開〔喉牙〕蓋丐艾藹。〔舌〕帶泰大奈賴。〔齒〕蔡。

rat 鎋開〔喉牙〕鎋牽。

rat 黠開〔脣〕拔。

rats 夬開〔舌〕蠆。

i̯at 祭開〔喉牙〕藝。〔舌〕曳滯厲例制世筮勢。〔齒〕祭際。〔脣〕蔽敝幣袂。

ri̯at 薛開〔舌〕哲列折舌熱。〔齒〕泄褻薛。〔脣〕瞥敝別滅。

ri̯at 月開〔喉牙〕揭訐褐竭歇。

ri̯ats 廢開〔喉牙〕猰。

iat 屑開〔喉牙〕絜齧臬櫱。〔齒〕截楔。

iats 霽開〔喉牙〕契薊。〔舌〕蛶。

uat 末合〔喉牙〕栝闊豁活斡。〔舌〕掇脫奪捋。〔齒〕撮。〔脣〕撥末。

uats 泰合〔喉牙〕檜外會繪。〔舌〕蛻兌。〔齒〕最。〔脣〕貝沛

ruat 鎋合〔喉牙〕刮。

ruats 夬合〔喉牙〕夬噲快話。〔脣〕敗邁。

i̯uat 薛合〔舌〕輟啜悅閱劣埒說。〔齒〕絕雪。

ri̯uat 月合〔喉牙〕厥闕月越粵曰。〔脣〕發髮伐罰韈。

i̯uats 祭合〔喉牙〕衛彗。〔舌〕綴銳叡贅。

ri̯uats 廢合〔脣〕廢肺吠。

iuat 屑合〔喉〕缺決抉。

iuats 霽合〔喉牙〕慧炔嘒。

【三】元部韻母

an 寒開〔喉牙〕干寒安。〔舌〕單歎壇難蘭。〔齒〕餐殘散。

ran 刪開〔喉牙〕姦顏。〔脣〕班斑攀蠻，慢。

ran 山開〔齒〕產琖鏟。

i̯an 仙開〔舌〕延筵廛連旃饘然羶禪蟬涎。〔齒〕煎遷錢鮮仙。〔脣〕邊緜。

ri̯an 元開〔喉牙〕言軒蹇偃，建健憲獻。

ian 先開〔喉〕肩豣研燕。〔舌〕蓮，練。〔齒〕前，霰。〔脣〕片

uan 桓合〔喉〕觀冠官寬歡完丸桓。〔舌〕端團鸞，煖卵。〔齒〕纘。〔脣〕般盤，滿。

ruan 刪合〔喉〕關擐頑還彎。〔齒〕撰饌。

i̯uan 仙合〔舌〕緣沿傳椽攣專穿船，軟。〔齒〕鐫詮泉全宣旋。

ri̯uan 元合〔喉牙〕元原援袁園轅垣冤，卷圈番蕃藩煩樊，萬曼

iuan 先開〔喉牙〕涓縣，犬畎。

第二類：脂〔ɐi〕質〔ɐt〕眞〔ɐn〕三部

【一】脂部韻母

rɐi 皆開〔喉牙〕皆偕階諧揩。〔齒〕齋。

i̯ɐi 脂開。〔喉牙〕飢耆祁伊。〔舌〕夷犀雉履，脂鴟尸屍，示二。〔齒〕咨資私師。〔脣〕眉比美。

iɐi 齊開〔喉牙〕稽笄，詣。〔舌〕低梯荑泥。〔齒〕妻犀濟細。〔脣〕批迷陛米。

i̯uɐi 脂合〔喉牙〕夔葵，癸揆。〔齒〕穗。

iuɐi 霽合〔喉牙〕惠。

【二】質部韻母

rɐt 黠開〔喉牙〕黠。〔脣〕八。

rɐts 怪開〔脣〕扒。

i̯ɐt 質開〔喉牙〕吉詰佶一壹。〔舌〕窒佚逸姪秩栗，質叱實日室失。〔脣〕必畢匹密謐。

i̯ɐts 至開〔喉牙〕棄季懿。〔舌〕致至。〔脣〕閟秘毖轡。

ri̯ɐt 櫛開〔齒〕櫛瑟。

iɐt 屑開〔喉牙〕結拮故噎。〔舌〕鐵迭跌瓞涅。〔齒〕節切屑。

iɐts 霽開〔喉牙〕計羿殪曀。〔舌〕疐嚏替戾。〔脣〕閉。

i̯uɐt 術合〔喉牙〕馭。〔齒〕恤。

i̯uɐts 至合〔喉牙〕侐。

iuɐt 屑合〔喉牙〕血穴。

【二】眞部韻母

rɐn 山開〔喉牙〕黰，臤掔。

i̯ɐn 眞開〔喉牙〕因姻，緊，印。〔舌〕珍寅陳塵鄰麟，眞神人仁申伸身。〔齒〕津親秦辛新薪。〔脣〕賓頻民。

ri̯ɐn 臻開〔齒〕蓁榛溱臻莘。

iɐn 先開〔喉〕堅牽賢咽。〔舌〕顛天闐田塡畋年憐。〔齒〕千。〔脣〕扁編偏篇，徧丏眄麪。

i̯uɐn 諄合〔喉牙〕均。〔舌〕匀尹，閏。〔齒〕洵旬，筍，洵。

iuɐn 先合〔喉〕玄眩淵，衒。

第三類：微〔əi〕—沒〔ət〕—諄〔ən〕三部之韻母

【一】微部韻母

əi 咍開〔喉牙〕剴開，愷。

rəi 皆開〔脣〕排徘。

i̯əi 微開〔喉牙〕幾譏饑祈旂沂希衣，豈。

uəi 灰合〔喉牙〕瑰魁嵬虺回，傀。〔舌〕推隤雷罍，餒。〔齒〕崔罪。

ruəi 皆合〔喉牙〕乖懷淮槐，壞。

i̯uəi 微合〔喉牙〕歸魏揮輝韋圍威，鬼偉。〔脣〕飛非妃肥微。

【二】沒部韻母

ət 麧開〔喉牙〕麧齕紇。

əts 代開〔喉牙〕概溉慨愾愛。

i̯ət 迄開〔喉牙〕訖乞仡。

i̯əts 未開〔喉牙〕旣暨氣毅。

uət 沒合〔喉牙〕骨兀軏。〔舌〕突納。〔齒〕卒猝。〔脣〕勃沒歿

uəts 隊合〔喉牙〕潰匱。〔舌〕對退隊內。〔齒〕淬碎。〔脣〕妹味悖。

i̯uət 物合〔喉牙〕屈掘鬱。〔脣〕弗拂佛物。

i̯uəts 未合〔喉牙〕貴渭謂彙畏尉慰。〔脣〕費沸未昧。

ri̯uət 術合〔舌〕茁黜聿律，出術。〔齒〕率。

ri̯uəts 至合〔舌〕位類。〔齒〕醉翠萃粹遂祟。

【三】諄部韻母

ən 痕開〔喉牙〕根垠痕恩。

rən 山開〔喉牙〕艱眼限。

i̯ən 欣開〔喉牙〕斤筋芹勤欣殷謹巹近隱靳。

ri̯ən 眞開〔喉牙〕巾銀禋。〔舌〕吝辰晨振震刃。〔脣〕邠彬貧旻。

ri̯ən 臻開〔齒〕詵。

iən 先開〔舌〕典腆殿。〔齒〕先銑。

uən 魂合〔喉牙〕昆昏婚魂渾溫。〔舌〕敦屯豚論。〔齒〕尊村存孫飧。〔脣〕奔賁盆門。

ruən 山合〔喉牙〕鰥。

i̯uən 文合〔喉牙〕君群薰勳云雲耘。〔脣〕分芬焚墳文聞蚊。

ri̯uən 諄合〔喉牙〕麏困隕殞。〔舌〕倫淪允諄春脣純鶉淳。〔齒〕遵逡竣循巡。

第四類：支〔ɐ〕—錫〔ɐk〕—耕〔ɐŋ〕之韻母。

【一】支部韻母

rɐ佳開〔喉牙〕佳街崖。齒柴。

i̯ɐ支開〔喉牙〕歧祇跂企技。〔舌〕知褫豸支兒只咫紙氏是。〔齒〕貲雌疵斯。〔脣〕卑陴弭。

iɐ齊開〔喉牙〕雞谿倪醯兮棨啓。〔舌〕提題踶遞蠡。〔脣〕礊。

ruɐ佳合〔喉牙〕蛙卦。

i̯uɐ支合〔喉牙〕規闚。

iuɐ齊合〔喉牙〕圭閨奎攜。

【二】錫部韻母

rɐk 麥開〔喉牙〕隔厄軛。〔舌〕謫摘。〔齒〕責簀策册。〔脣〕擘脈

rɐks 卦開〔喉牙〕懈解邂隘阸。〔脣〕派賣。

i̯ɐk 昔開〔喉牙〕益。〔舌〕易適。

i̯ɐks 寘開〔喉牙〕縊。〔舌〕易啻。〔齒〕刺漬賜。〔脣〕臂譬避。

iɐk　錫開〔喉牙〕擊覔鬩。〔舌〕嫡滴逖逷狄敵歷曆。

〔齒〕績積錫析。〔脣〕壁霹覓糸汨。

ieks 霽開〔喉牙〕繫係縊。〔舌〕帝褅。〔脣〕嬖。

ruek 麥合〔喉牙〕繣劃。

rueks 卦合〔喉牙〕畫澅。

i̯uek 昔合〔喉牙〕役。

iuek 錫合〔喉牙〕郥鶪闃瞁。

【三】耕部韻母

reŋ 耕開〔喉牙〕耕硜鶯耿幸。〔齒〕爭。

i̯eŋ 清開〔喉牙〕輕嬰纓櫻。〔舌〕貞楨盈贏呈程征聲成城。〔齒〕精旌清省姓。〔脣〕並名。

ri̯eŋ 庚開〔喉牙〕驚荊敬。〔脣〕平鳴。

ieŋ 青開〔喉牙〕經罄形刑陘。〔舌〕丁聽町廷亭庭靈寧。〔齒〕青星腥。〔脣〕屏冥。

rueŋ 耕合〔喉牙〕轟。

i̯ueŋ 清合〔喉牙〕傾瓊頃。〔舌〕營穎潁。

ri̯ueŋ 庚合〔喉牙〕榮。

iueŋ 青合〔喉牙〕坰扃熒炯迥。

第五類：魚〔a〕—鐸〔ak〕—陽〔aŋ〕三部之韻母。

【一】魚部韻母

a 模開〔喉牙〕姑枯吾呼胡烏。〔舌〕都徒奴盧。〔齒〕租粗殂蘇。

ra 麻開〔喉牙〕家牙瑕。〔脣〕巴馬。

i̯a 麻開〔舌〕野冶也遮車奢。〔齒〕邪且。

ri̯a 魚。〔喉牙〕居袪渠魚虛於。〔舌〕豬予除盧諸書如。〔齒〕雎胥徐初鋤疏。

ua 模合〔喉牙〕孤刳吳壺汙。〔脣〕鋪蒲謨。

rua 麻合〔喉牙〕瓜夸華。

i̯ua 虞合〔喉牙〕虞吁于宇羽禹懼。〔脣〕夫敷扶無。

【二】鐸部韻母

ak 鐸開〔喉牙〕各鄂。〔舌〕託柝鐸諾洛。〔齒〕作昨索。〔脣〕博薄亳莫。

aks 暮開〔喉牙〕惡。〔舌〕度路。〔齒〕錯阼訴㊽。〔脣〕慕暮墓。

rak 陌開〔喉牙〕格客額赫。〔舌〕宅澤擇。〔脣〕百白帛陌貊。

raks 禡開〔舌〕吒侘。〔齒〕詐乍。〔脣〕柏。

i̯ak 藥開〔喉〕腳卻。〔舌〕略斫若。〔齒〕鵲舄踖斮。

i̯aks 禡開〔舌〕夜射赦。〔齒〕借藉謝。

ri̯ak 陌開〔喉〕戟隙劇逆。

ri̯ak 昔開〔舌〕液掖腋亦奕譯懌赤尺石。〔齒〕昔夕席。

uak 鐸合〔喉牙〕郭槨霍鑊穫。

uaks 暮合〔喉牙〕護。

ruak 陌合〔喉牙〕虢。

ruak 麥合〔喉牙〕獲。

i̯uak 藥合〔喉牙〕矍攫。〔脣〕縛。

【三】陽部韻母

aŋ 唐開〔喉牙〕剛綱岡康卬。〔舌〕當湯堂唐狼。〔齒〕臧藏桑喪葬。

raŋ 庚開〔喉牙〕庚更羹阬行。

i̯aŋ 陽開〔喉牙〕姜疆羌強香鄉央。〔舌〕張羊揚場長良梁糧涼。〔齒〕將牆襄相祥詳莊創床戕霜。

ri̯aŋ 庚開〔喉牙〕京卿迎英。〔脣〕兵明。

uaŋ 唐合〔喉牙〕光黃皇。〔脣〕旁茫。

ruaŋ 庚合〔喉牙〕觥橫。〔脣〕彭盲盟猛。

i̯uaŋ 陽合〔喉牙〕匡筐狂王況。〔脣〕方芳房亡忘。

ri̯uaŋ 庚合〔喉牙〕兄永泳。

第六類：侯〔au〕—屋〔auk〕—東〔auŋ〕三部之韻母。

【一】侯部韻母

au 侯開〔喉牙〕溝侯謳偶。〔舌〕兜偷頭糯婁。〔齒〕芻鯫走。

i̯au 虞開〔喉牙〕俱驅雛愚。〔舌〕誅俞廚朱殊儒輸殳屨。〔齒〕趣需取聚芻雛。

【二】屋部韻母

auk 屋開〔喉牙〕穀轂谷哭斛屋。〔舌〕禿犢讀獨祿鹿。〔齒〕鏃族速餗。〔脣〕卜撲樸僕木沐。

auks 候開〔喉牙〕觳穀。〔舌〕噣竇耨鎒。〔齒〕蔟嗾漱。〔脣〕仆

rauk 覺開〔喉牙〕角玨殼愨岳嶽确渥。〔舌〕斲琢啄涿濁。〔齒〕捉浞。〔脣〕剝朴。

i̯auk 燭開〔喉牙〕曲欲浴局玉獄。〔舌〕斸躅綠錄燭觸辱束贖蜀屬。〔齒〕足促粟俗續。

i̯auks 遇開〔脣〕赴仆。〔齒〕揀。

【三】東部韻母

auŋ 東開〔喉牙〕公工空崆紅洪翁孔。〔舌〕東通同童籠聾。〔齒〕聰叢總送。〔脣〕蓬蒙。

rauŋ 江開〔喉牙〕江腔項巷。〔齒〕窗雙。〔脣〕邦龐尨蚌。

i̯auŋ 鍾合〔喉牙〕恭銎蛩顒凶雍。〔舌〕庸容重龍鍾鐘衝茸

春種踵。〔齒〕縱從松訟誦頌。〔脣〕封峰逢奉。

第七類：宵〔ɐu〕—藥〔ɐuk〕二部之韻母。

【一】宵部韻母

ɐu 豪開〔喉牙〕高敖豪。〔舌〕刀桃勞到盜。〔齒〕操繰。〔脣〕毛旄

rɐu 肴開〔喉牙〕交肴孝教效。〔齒〕巢筲。

i̯ɐu 宵開〔喉牙〕驕翹鴞要。〔舌〕朝超姚搖昭弨詔少。〔齒〕焦譙消悄小笑。〔脣〕鑣苗表廟

iɐu 蕭開〔喉牙〕梟堯。〔舌〕貂挑苕燎窕。

【二】藥部韻母

ɐuk 鐸開〔喉牙〕鶴臛。〔舌〕樂。〔齒〕鑿。〔脣〕爆。

ɐuks 號開〔脣〕暴。

rɐuk 覺開〔喉牙〕榷塙樂鬻。〔舌〕卓濯擢溺犖。〔脣〕駁。

rɐuks 效開〔喉牙〕較。〔舌〕罩淖。〔脣〕豹貌。

i̯ɐuk 藥開〔喉牙〕屩虐謔約。〔舌〕藥躍龠勺灼妁酌綽弱芍杓。〔齒〕雀爵爝削。

i̯ɐuks 笑開〔舌〕耀。

iɐuk 錫開〔喉牙〕激檄。〔舌〕的翟糴溺櫟礫。

iɐuks 嘯開〔喉牙〕竅。〔舌〕弔糶溺。

第八類：幽〔əu〕—覺〔əuk〕—冬〔əuŋ〕三部之韻母。

【一】幽部韻母

əu 豪開〔喉牙〕皋鞠考好。〔舌〕韜陶壽牢島討道老。〔齒〕遭曹騷早草嫂掃。〔脣〕褒袍寶。

rəu 肴開〔喉牙〕膠嘐攪巧。〔舌〕呶。〔脣〕包胞匏。

i̯əu 尤開〔喉牙〕鳩求休憂。〔舌〕抽攸綢流州柔讎手受。〔齒〕秋酋修囚愁搜瘦。〔脣〕浮牟矛。

ri̯əu 幽開〔喉牙〕樛虯幽呦。〔脣〕彪謬。

iəu 蕭開〔舌〕雕條調聊鳥。〔齒〕蕭篠嘯。

【二】覺部韻母

əuk 沃開〔喉牙〕牿酷鵠嚳黴。〔舌〕篤督毒。〔齒〕傶浻裻。

əuks 號開〔喉牙〕告誥奧。〔齒〕竈。

rəuk 覺開〔喉牙〕覺學。〔脣〕鰒。

rəuks 效開〔喉牙〕斆窖。

i̯əuk 屋開〔喉牙〕匊鞠畜旭隩澳。〔舌〕竹粥育毓軸衄戮六陸祝築叔淑孰肉。〔齒〕蹴夙肅縮。〔脣〕腹覆復目穆睦。

i̯əuks 宥開〔舌〕畜咒祝。〔齒〕僦就殧宿。〔脣〕鍑復複。

iəuk 錫開〔舌〕篴踧蔋惄。〔齒〕戚慼寂。

【三】冬部韻母

əuŋ 冬開〔舌〕冬彤佟烙農。〔齒〕宗賨潨宋。

rəuŋ 江開〔喉牙〕降洚絳。〔舌〕膿。〔脣〕逄。

i̯əuŋ 東開〔喉牙〕宮躳窮。〔舌〕中忠衷忡融蟲濃隆終螽戎衆。

第九類：之〔ə〕職〔ək〕蒸〔əŋ〕三部之演變。

【一】之部韻母

ə哈開〔喉牙〕該咍孩娭。〔舌〕胎臺待戴耐。〔齒〕災才載宰采在再。

rə皆開〔喉〕荄痎骸駭騃挨。〔舌〕唻。〔齒〕豺崽。〔脣〕埋霾

i̯ə之開〔喉牙〕姬基欺其疑僖熙。〔舌〕癡怡治持釐之蚩詩時而。〔齒〕茲慈思詞。

uə灰合〔喉牙〕恢灰賄。〔脣〕杯培梅媒倍每。

uə侯合〔脣〕剖母畝某。

i̯uə尤合〔喉牙〕丘裘牛郵尤。〔脣〕不謀否婦負。

ri̯uə脂合〔喉牙〕龜洧痏。

【二】職部韻母

ək 德開〔喉牙〕刻克黑。〔舌〕得德忒特勒。〔齒〕則賊塞。〔脣〕北匐踣墨默。

əks 代開〔舌〕代岱。

rək 麥開〔喉牙〕革諽核。

rəks 怪開〔喉牙〕戒誡械噫。

i̯ək 職開〔喉牙〕棘亟翊極嶷億。〔舌〕陟敕弋翼直力職織食式識飾殖植。〔齒〕稷息側測色穡。

i̯əks 志開〔喉牙〕意。〔舌〕置異試。

uək 德合〔喉牙〕國或惑。

uəks 隊合〔喉牙〕幗慖簂蔮。〔脣〕鄁邶偝背。

ruək 麥合〔喉牙〕蟈馘幗。〔脣〕麥。

ruəks 怪合〔喉牙〕怪。〔脣〕憊韛。

i̯uək 職合〔喉牙〕域蜮罭棫緎魊淢閾袬。

riu̯ək 屋合〔喉牙〕郁彧。〔脣〕福輻伏牧。

ri̯uəks 宥合〔喉牙〕囿。〔脣〕副富。

【三】蒸部韻母

əŋ 登開〔喉牙〕揯恒肯。〔舌〕登滕騰能稜鄧。〔齒〕曾增層。〔脣〕崩朋瞢。

rəŋ 耕開〔舌〕橙瞪。〔脣〕繃輣棚弸甍。

i̯əŋ 蒸開〔喉牙〕膺應兢凝興。〔舌〕徵蠅瀓澄仍陵淩蒸稱繩乘承升勝丞。〔齒〕增磳。〔脣〕仌冰掤憑。

uəŋ 登合〔喉牙〕肱薨弘。

ruəŋ 耕合〔喉牙〕泓宏紘閎竑鈜吰浤翃

ri̯uəŋ 東合〔喉牙〕弓穹雄。〔脣〕馮瞢夢。

第十類：緝〔əp〕—侵〔əm〕二部之韻母。

【一】緝部韻母

əp 合開〔喉牙〕閤蛤哈合姶。〔舌〕答沓鍣搯納軜衲拉。〔齒〕趿卅。

rəp 洽開〔喉牙〕跲恰欱洽。〔舌〕箚。〔齒〕扱。

i̯əp 緝開〔喉牙〕急汲給暍及岌吸翕邑泣。〔舌〕縶湁蟄熠入執汁十拾立笠粒。〔齒〕咠緝集 鞍習襲戢澀。〔脣〕鴟。

iəp 怗開〔舌〕疊。

【二】侵部韻母

əm 覃開〔喉牙〕戡堪含感暗。〔舌〕探貪覃南男婪。〔齒〕簪參蠶毿。

rəm 咸開〔喉牙〕緘咸鹹減黯。〔齒〕摻。

i̯əm 侵開〔喉牙〕今金欽衾禽琴吟歆音陰。〔舌〕琛淫湛沈林臨朕廩賃斟壬任深諶忱審甚。〔齒〕侵心尋岑森。〔脣〕稟品。

iəm 添開〔舌〕簟淰念。

uəm 東合〔脣〕芃。

i̯uəm 東合〔脣〕風。

ri̯uəm 凡合〔脣〕凡帆颿梵汎。

第十一類：怗〔ɐp〕—添〔ɐm〕二部之韻母。

【一】怗部韻母

ɐp 合開〔齒〕帀咂師。

rɐp 洽開〔喉牙〕夾莢諜牒狹峽。〔舌〕図嫿。〔齒〕蝶箑。

i̯ɐp 葉開〔舌〕輒耴鍤牒聶躡懾攝葉楪涉讘。〔齒〕睫捷疌萐。

iɐp 怗開〔喉牙〕頰筴蛺愜協勰挾。〔舌〕聑怗帖蝶牒。〔齒〕浹燮屧。

【二】添部韻母

ɐm 覃開〔喉牙〕錎庵醃。〔舌〕枏。

rɐm 咸開〔喉牙〕尲鵮函鰜淊鹼陷臽歉。〔舌〕詀僴臉。〔齒〕櫼槛攕。

i̯ɐm 鹽開〔喉牙〕淹菴。〔舌〕廉鐮奩蘞烎覘黏苫痁髯冉呥。〔齒〕殲瀸枮籤纖爓襳。

iɐm 添開〔喉牙〕兼謙鰜嫌。〔舌〕添沾湉拈鬑溓。

第十二類：盍〔ap〕—談〔am〕二部之韻母。

【一】盍部韻母

ap 盍開〔喉牙〕顲榼欱盍鰪。〔舌〕耷榻蹋臘鑞。

rap 狎開〔喉牙〕甲胛呷狎霅鴨閘壓。〔齒〕翣。

i̯ap 葉開〔喉牙〕曄饁魘。〔舌〕獵鬣躐。〔齒〕接椄萎妾。

ri̯ap 業開〔喉牙〕劫怯業。

i̯uap 乏合〔脣〕乏法。

【二】談部韻母

am 談開〔喉牙〕甘坩酣蚶。〔舌〕擔錟談郯惔藍襤籃。〔齒〕慙慚暫。

ram 銜開〔喉牙〕監鑑巖。〔齒〕攙巉嶃纔。

i̯am 鹽開〔喉牙〕箝鉗黚炎猒。〔舌〕詹瞻瞻襜蟾簷。〔齒〕槧漸棪。

ri̯am 嚴開〔喉牙〕嚴凵。

i̯uɐm 凡開〔脣〕氾范範。

第三章　古　聲

第一節　錢大昕之古聲研究

一、錢氏以前之聲類異同說：

前賢之探研古音，每精究於韻而失遺於聲，古韻研究自宋吳棫開始，清代顧、江、戴、段諸儒踵跡而起，古韻研究，成績斐然。古聲研究，則尙在萌芽階段，雖考證之博如顧氏，雖知古無輕脣，亦未有專篇；審音之精如江氏，猶篤信三十六字母，以爲「不可增減，不可移易。」待錢氏特起，古聲研究，始有可觀，然錢氏以前之古聲研究者，雖未有條理之敘述，而言及古今聲類之異同者，亦有數處，於探求古聲，仍有端倪可尋。茲臚列於後：

【一】《廣韻》各卷末附有「新添類隔今更音和切」一條，新添若干切語，其韻內爲類隔切者，卷末皆更爲音和切。錢大昕云：「《廣韻》每卷後附出新添類隔今更音和切，上平聲八字，卑（必移切，本府移切。）、陴（並之切，本符之切。新雄案：當云本符支切。）、眉（目悲切，本武悲切。）、邳（並悲切，本符悲切。）、悲（卜眉切，本府眉切。）、肧（偏杯切，本芳杯切。）、頻（步眞切，本符眞切。）彬（卜巾切，本府巾切。）下平聲六字，緜（名延切，本武延切。）、𦼮（中全切，本丁全切。）、閍（北盲切、本甫盲切。）、平（僕兵切，本符切。）、凡（符芝切，本符咸切。）上聲五字，否（並鄙切，本符鄙切。）、貯（知呂切，本丁呂切。）、縹（偏小切，本敷沼切。）、摽（頻小切，本符小切。）、褾（邊小切，本方小切。）去聲二字，裱（賓廟切，本方廟切。）、窆（班驗切，本方驗切。）不知何人所附，古人製反切，皆取音和，如方、府、甫、武、符等，古人皆讀重脣，後人不識古音，謂之類隔，非古人意也。」（《十駕齋養新錄・卷五》）蓋凡《廣韻》新更音和之字，原多以輕脣切重脣，或舌上切舌頭，古人輕脣原讀重脣，舌上原讀舌頭，至新添者始覺輕脣重脣有別，舌上舌頭殊讀，《廣韻》原以輕脣切重脣者，其在古人本非輕脣也。原以舌上切舌頭者，其在古人亦非舌上也。至後來始重脣變輕脣，舌頭變舌上，新添者乃以為不類，遂謂之類隔，而為之更音和切，其為類隔者，非古人之原意，乃後世之音變也。新添者既著其異，附之卷末，則古今音變之跡，由此正可尋其端倪也。

【二】《切韻指掌圖・檢例》言及字母之通轉，有類隔二十六字母圖。茲錄於後：

重脣	幫	滂	並	明	
輕脣	非	敷	奉	微	
舌頭	端	透	定	泥	
舌上	知	徹	澄	娘	
齒頭	精	清	從	心	邪
正齒	照	穿	床	審	禪

《檢例》云：「應屬二十六字母下字謂之類隔，或切在幫字母下而韻不可歸者，即於非字母下求之，或切在非字母下而韻不可歸者，即於幫字母下求之，他皆倣此。蓋幫、滂、並、明；

非、敷、奉、微皆脣音，端、透、定、泥；知、徹、澄、娘皆舌音，精、清、從、心、斜；照、穿、床、審、禪皆齒音，但分清濁輕重耳。」《切韻指掌圖》雖列類隔二十六字圖，然於類隔之說，理猶未明，據其《檢例》亦僅知同爲脣音，同爲舌音，或同爲齒音者，雖聲類相隔，如重脣之與輕脣，舌頭之與舌上，齒頭之與正齒，皆可互相爲切，至其所以如此通用之故，則尚不能明也。故可謂《切韻指掌圖》已察及其相通之現象，而於其所以相通之故，猶未能明言其理也，然其所著之現象，已足示後人窺究古聲以一顯明之脈絡。至劉鑑《切韻指南・檢例》所云：「取脣重脣輕，舌頭舌上，齒頭正齒三音中清濁同者，謂之類隔。」及等韻門法中所謂類隔門、交互門、精照互用門諸門法，其意亦與《切韻指掌圖》同，皆能察其相通之現象，提示後人研究古聲類之線索。

二、錢氏古無輕脣音說：

錢氏《十駕齋養新錄・卷五・古無輕脣音》云：「凡輕脣之音，古讀皆爲重脣。《詩》：『凡民有喪，匍匐救之。』〈檀弓〉引《詩》作『扶服』，《家語》引作『扶伏』。又『誕實匍匐。』《釋文》：『本亦作扶服。』《左傳・昭十三年》：『奉壺飲冰 以蒲伏焉。』《釋文》：『本又作匍匐，蒲、本又作扶。』〈昭二十一年〉：『扶伏而 擊之。』《釋文》：『本又作匍匐。』《史記・蘇秦傳》：『嫂委蛇蒲服。』〈范睢傳〉：『膝行蒲服。』〈淮陰侯傳〉：『俛出袴下蒲伏。』《漢書・霍光傳》：『中孺扶 服叩頭。』皆匍匐之異文也。

古讀扶如酺，轉爲蟠音。《漢書・天文志》：『晷長爲潦，短爲旱，奢爲扶。』鄭氏云：『扶當爲蟠，齊魯之間，聲如酺。

酺扶聲近，蟠、止不行也。』《史記‧五帝紀 》：『東至蟠木。』《呂氏春秋》：『東至扶木。』又云：『禹東至榑木之地。』扶木謂扶桑也。《說文》作『榑桑。』古音扶如蟠，故又作蟠木。（《一切經音義》菩薩又作扶薛。）服又轉爲犕音，《說文》引《易》『犕牛乘馬。』犕牛即服牛也。《左傳》『王使伯服』『游孫伯』，《史記‧鄭世家》『伯犕』，《後漢書‧皇甫嵩傳》：『義眞犕未平。』注：『犕古服字。』服又轉爲謈音，《漢書‧東方朔傳》：『舍人不勝痛，呼謈。』服虔云：『謈音暴。』鄧展云：『瓜瓝之瓝。』師古曰：『痛切而叫呼也。』與〈田蚡傳〉呼服音義皆同。〈田蚡傳〉：『蚡疾，一身盡痛，若有擊者，謼服謝罪。』晉灼云：『服音瓝，關西俗謂得杖呼及小兒啼呼瓝。』《廣韻》：『菢、薄報切，鳥伏卵。伏、扶富切，鳥菢子。』伏菢互相訓，而聲亦相轉。此伏羲所以爲庖犧，伏羲氏亦稱庖犧氏。《說文》：『㚘、迫也。讀若《易》虙羲氏。』《唐韻》：『㚘、平祕切。』《風俗通》：『伏者別也，變也。伏羲始別八卦，以變化天下。』伏又與逼通，〈考工記〉：『不伏其轅，必縊其牛。』注：『故書伏作偪。杜子春云：偪當作伏。』按：偪、迫、別、變皆重脣。伏又與馮通（皮冰切）。《史記‧魏世家》：『中旗馮琴而對。』《春秋後語》作『伏琴。』《戰國策》：『伏軾撙銜。』《漢書‧王吉傳》：『馮軾撙銜。』

古音負如背，亦如倍。《史記‧魯周公世家》：『南面倍依。』《漢書‧徐樂傳》：『南面背依。』倍與背同，即負扆也。《書‧禹貢》：『至于陪尾。』《史記》作『負尾。』《漢書》作『倍尾。』《漢書‧宣帝紀》：『行幸萯陽宮。』李斐曰：『萯音倍。』〈東方朔傳〉：『倍陽宣曲尤幸。』師古曰：

『倍陽即蒼陽也。』《釋名》：『負、背也。置項背也。』《書》：『方命圮族。』《史記》作『負命』。《正義》云：『負音佩，依字通，負、違也。』按負命猶言背命，負亦爲老母之稱，《漢書・高帝紀》：『常從王媼武負貰酒。』如淳曰：『俗謂老大母爲負。』師古曰：『劉向《列女傳》：魏曲沃負者，魏大夫如耳之母也，此則古語謂老母爲負耳。武負、武家之母也。』案古稱老嫗爲負，若今稱婆，皆重脣，非輕脣。

古讀附如部，《左傳》：『部婁無松柏。』《說文》引作『附婁』云：『附婁、小土山也。』（今人稱培塿。）《詩》：『景命有僕。』傳：『僕、附也。』《廣雅》：『薄、附也。』苻即蒲字，《左傳》：『取人於萑苻之澤。』《釋文》：『苻音蒲。』《晉書》：『蒲洪孫堅，背有草付字，改姓苻。』

……」

錢氏《潛研堂集・答問》亦有論古無輕脣音之言。其說曰：

「問：輕脣之音，何以知古人必讀重脣也？曰：《廣韻》平聲五十七部，有輕脣者僅九部，去其無字者，僅二十餘紐，證以經典，皆可讀重脣。如伏羲即庖羲，伯服即伯犕，士魴即士彭，扶服即匍匐，密勿即黽沒，附婁即部婁，汶山即岷山，望諸即孟諸，負尾即陪尾，苾芬即馥芬，有匪即有邲，繁纓即鞶纓，方羊即旁羊，封域即邦域，亹亹即勉勉，膴膴即腜腜，蕪菁即蔓菁，封讀如窆，佛讀如弼，紛讀如豳，繁讀如婆，亹讀如門，妃讀如配，負讀如背，茀讀如孛，艴讀如勃，鳳讀如鵬。凡今人所謂輕脣者，漢魏以前，皆讀重脣，知輕脣之非古矣。呂忱《字林》反穮爲方遙，反襮爲方沃，穮襮皆重脣，則方之爲重脣可知也。忱、魏人，其時反切初行，正欲人之共曉，豈有故設類隔之例以惑人者乎？神珙《五音九弄反紐圖》 有重脣，無輕脣，即《涅槃經》所列脣吻聲，亦無輕脣，輕脣之名，大約出於齊梁之後，而陸法言《切韻》因之。（王了一云：《切韻》非特無輕脣之名，且其反切亦無輕重脣之分。）相承至今，然非、敷兩母，分之卒無可分，亦可知其不出於自然矣。」

雖錢氏之前，顧炎武亦嘗知古無輕脣，然無證明之方，迨錢氏二文，舉證確鑿，謂 輕脣非敷奉微四紐，古音讀同重脣幫滂並明四紐，其言當屬可信。或者以爲純就錢氏舉證之古籍通假字而言，謂古無輕脣音，固無不可，若謂古無重脣音，亦似無不可也。就推理言，此說誠然。至於吾人所以相信錢氏古無輕脣之言，而不以爲古無重脣者，其故有三焉。一者，錢氏所舉證，除通假文字外，尙舉有方言爲證。就現代各地方言觀之，若閩粵吳各地方言，其輕脣非、敷、奉、微四紐之字仍多讀重脣者，而重脣之幫、滂、並、明四紐之字，則未嘗變輕脣，由各地方音中所保留之語音痕跡，尙足證古無輕脣之說，非無據也。二者，今吾人讀輕脣之字，就譯語對音觀之，尙多爲重脣。如梵語 Buddha 譯爲“浮圖”，又譯作“佛”。Yambu譯作“剡浮”，又爲“閻浮”。Namah 譯作“ 南無”，其“浮”“佛”“無”等字，今讀輕脣音，而對譯之梵文爲b爲m，乃屬重脣。足見對譯梵語之初，其“浮”“佛”“無”等字亦必讀重脣而非輕脣也。三者，高本漢 等就語音學理推論，其重脣音 p、pʻ、bʻ、m 等因受三等合口 i̯u 之影響而變爲輕脣音 pf、pfʻ、bvʻ、ɱ等亦屬可能之事。有此三故，錢氏古無輕脣之說，乃咸爲後世所遵用也。

三、錢氏舌音類隔不可信說：

所謂舌音類隔之說不可信者，謂字母家以舌音中舌頭端、透、定、泥四紐與舌上知、徹、澄、娘四紐，音雖隔舌頭與舌上之類別，而仍可取其清濁同者爲切語上字，而謂之類隔切。錢氏以爲此說不可信，蓋所謂類隔者，非古人本意，乃古今聲紐變遷之不同也。古人原無舌頭舌上之分，其知、徹、澄諸紐古音讀與端、透、定諸紐同。此說在錢氏之前有徐用錫（一六五六～一七三六？）者，著有《字學音韻辨》，嘗曰：「等韻舌音端、透、定、泥是矣。知、徹、澄、娘不與照、穿等同乎？曰：此古今異耳。今惟娘字尙有古音，然亦有順知、徹、澄而讀若穰者，知古讀若低，今讀支，徹古讀若鐵，今讀若赤折切，澄古讀若登之下平，今讀若懲，故曰舌上音。自端、透、定、泥爲舌頭，知、徹、澄、娘爲舌上，精、清、從、心、邪爲輕齒，照、穿、床、審、禪爲重齒，幫、滂、並、明爲重脣，非、敷、奉、微爲輕脣，皆分兩類，今閩音尙於知、徹、澄、娘一如古呼，不爾，豈舌音出四聲，而齒音獨多四聲，斯亦不倫之甚矣。」（見劉賾《聲韻學表解》引）然亦僅發其端，而爲之疏通證明者，亦由錢氏完成之也。錢氏《十駕齋養新錄・卷五・舌音類隔之說不可信》一文云：

「古無舌頭、舌上之分，知、徹、澄三母，以今音讀之，與照、穿、床無別也，求之古音，則與端、透、定無異。《說文》：『沖讀若動。』《書》：『惟予沖人。』《釋文》：『直忠切。』古讀直如特，沖子猶童子也，字母家不識古音，讀沖爲蟲，不知古讀蟲亦如同也。《詩》：『蘊隆蟲蟲。』《釋文》：『直忠反，徐徒冬反。《爾雅》作『爞爞』，郭都冬反。《韓詩》作烔，音徒冬反。』是蟲與同音不異。（《春秋・成五年》：『同盟于蟲牢。』杜注：『陳留封邱縣北有桐牢。』是蟲桐同音之證。）

古音中如得。《周禮・師氏》：『掌王中失之事，故書中爲得。』杜子春云：『當爲得，記君得失，若《春秋》是也。』《三倉》云：『中、得也。』（《史記》索隱）《史記・封禪書》：『康后與王不相中。』〈周勃傳〉：『勃子勝之尙公主，不相中。 』小司馬皆訓爲得。《呂覽》：『以中帝心。』注：『中猶得。』

古音陟如得。《周禮・太卜》：『掌三夢之法，三曰咸陟。』注：『陟之言得也，讀如王德翟人之德。』《詩》：『陟其高山。』箋：『陟、登也，登得聲相近。』……」

錢氏舉證確鑿，足明古無舌頭舌上之別，然古聲究竟係無舌上，抑係無舌頭，王力氏論之詳矣。王氏云：『所謂舌上音，高本漢假定爲舌頭及前顎與牙齦接觸所發的破裂音。（按高氏以舌上音 ȶ、ȶ‘、ȡ‘爲舌面前破裂音，其發音方法爲舌面前與硬顎接觸形成之阻塞爆發音，即知系也。）此種音不若舌頭音之常見。舌頭音既係世界各民族所常有的音，當中國古代舌上與舌頭不分時，我們當然傾向於相信是舌上歸入舌頭，而古代沒有舌上音了。』見（中國音韻學）。

舌上音古讀同舌頭音，錢氏所舉經典通假文字例證已頗爲詳備。高本漢氏又從形聲字諧聲偏旁發現舌頭音（高氏謂之舌尖前破裂音，即 t-、t‘-、d‘-等。）與舌上音（高氏謂之舌面前破裂音，即 ȶ-、ȶ‘-、ȡ‘-等。）可以隨便互諧。於是考明舌上音乃從上古舌頭音分支而出者，以爲舌頭音t-、t‘-、d‘-於上古時本四等俱全，演變至中古時，僅一四等韻保存，而二三等韻則變爲舌上音 ȶ-、ȶ‘-、ȡ‘-。（參見趙元任譯〈高本漢的諧聲說〉）董同龢氏又以爲反切中若干“舌音類隔”現象，如《廣韻》“貯”字“丁呂切”，“罩”字“都教切”，亦頗富啓示性，而此類切語於愈早之韻書出現愈多，至《集韻》時始近於消滅。此類切語正

是 ȶ-系字（舌上音）於古代讀舌尖音之遺跡 。（參見董著《上古音韻表稿》）由此觀之，謂上古無舌上音，蓋已確定而無可疑者矣。

第二節　章炳麟之古聲研究

一、章氏娘日歸泥說：

章氏《國故論衡・上》有〈古音娘日二紐歸泥說〉一文，其說蓋本於鄒漢勛《五均論》，鄒氏《五韻論・二十聲四十論》第二十八為〈論泥孃日一聲〉，惜今本目存說佚。章氏之言曰：

「古音有舌頭泥紐，其後支別，則舌上有娘紐，半舌半齒有日紐，于古皆泥紐也。何以明之？涅從日聲，《廣雅・釋詁》：『涅、泥也。』『涅而不緇』亦為『泥而不滓』，是日泥音同也。昵從日聲，《說文》引《傳》『不義不昵。』〈考工記・弓人〉杜子春注引《傳》『不義不昵。』是日昵音同也。（昵今音尼質切，為娘紐字，古尼昵皆音泥，見下。）《傳》曰：『姬姓日也，異姓月也。』二姓何緣比況日月？《說文》復字從日，亦從內聲作衲，是古音日與內近，月字古文作外，韻紐悉同，則古月外同字。（日月所以比內外者，〈天文志〉曰：“日有中道，月有九行，中道者黃道，一曰光道。九行者，黑道二出黃道北，赤道二出黃道南，白道二出黃道西，青道二出黃道東，是為日道在內，月道在外。）姬姓內也，異姓外也，音義同則以日月況之。太史公說武安在日月之際，亦以日月見外戚也。日與泥內同音，故知其在泥紐也。

入之聲今在日紐，古文以入為內，《釋名》：『入、內也，內使還也。』是則入聲同內，在泥紐也。任之聲今在日紐，《白虎通德論》《釋名》皆云：『男、任也。』又曰：『南之爲言任也。』《淮南・天文訓》曰：『南呂者任包大也。』是古音任同男南，本在泥紐也。

羊之聲今在日紐，臣鍇本言讀若餁，臣鉉本言讀若能，是古音羊聲在泥紐也。然而如若爾耳此六名者，今皆在日紐，然之或體有蘸，從艸難聲，在泥紐也。（《史記・周本紀》：『赧王延立。』《索隱》：『按《尙書中候》以赧爲然。』鄭玄云：然讀曰赧。王劭按古音人扇反，今音奴板反，尋王劭此說，蓋以書赧作然，誤謂赧之古音如然之今音耳，不知古音然字正作奴板反也。）而之聲類有耐，《易・屯》曰：『宜建侯而不寧。』《淮南・原道訓》曰：『行柔而剛，用弱而強。』鄭康成、高誘皆讀而爲能，是古音而同耐能，在泥紐也。如從女聲，古音與奴拏同，音轉如奈，《公羊傳・定八年》：『如丈夫何？』《解詁》曰：『如猶奈也。』又轉如能，〈大雅〉：『柔遠能邇。』箋曰：『能猶伽也。』奈能與如皆雙聲，是如在泥紐也。若之聲類有諾，稱若稱乃，亦雙聲相轉，是若本在泥紐也。《釋名》曰：『爾、昵也，泥、邇也。』《書》言：『典祀無豐于昵。』以昵爲禰。〈釋獸〉：『長脊而泥。』以泥爲闟。是古爾聲字皆如泥，在泥紐也。《漢書・惠帝紀》曰：『內外公孫耳孫。』師古以耳孫爲仍孫。仍今在日紐，本從乃聲，則音如乃，是耳仍皆在泥紐也。………」

章氏言古無娘日，就諧聲偏旁觀之，或就異文假借觀之，皆確鑿無疑。且今傳守溫三十字母，亦無娘紐，且以知徹澄日爲舌上音，以與舌頭音端透定泥相對，可見娘紐爲後起之音，觀三十字母已可得其端倪矣。

二、章氏古雙聲說：

夫韻部既有對轉旁轉諸條，則聲又豈能限於一音，而無所流變？章氏〈古雙聲說〉一文，所以明聲類之流轉，其理與韻變無殊。觀其所云，殆謂同屬一紐，是為同紐雙聲，聲非同紐，而同在一類，則為異紐雙聲，易言之，則凡發音部位相同者，於古皆雙聲也。其言曰：

「古音紐有舌頭無舌上，有重脣無輕脣，則錢大昕所證明，娘日二紐古並歸泥，則炳麟所證明。正齒舌頭慮有鴻細，古音不若是繁碎，大較不別，齊莊中正為齒音雙聲，今音中在舌上，古音中在舌頭，疑于類隔，齒舌有時旁轉，錢君亦疏通之矣。此則今有九音，于古則六，曰喉、牙、舌、齒、脣、半舌也。同一音者，雖旁紐為雙聲，是故金欽禽唫，一今聲具四喉音，汙吁芋華，一于聲具四牙音，漢魏南北朝反語，不皆音和，以是為齊。及夫喉牙二音，互有蛻化，募原相屬，先民或弗能宣究，證以聲類，公聲為翁、為宂，工聲為紅，叚聲為瑕，古聲為胡，久聲為羑，圭聲為撾，夾聲為挾，甲聲為狎，見聲為莧，气聲為氣，幵為形，ㄥ聲為弘，雚聲為歡，干聲為汗，咼聲為禍，區聲為歐，谷聲為浴，角聲為斛，句聲為昫，羔聲為窯，丂聲為號，高聲為蒿，光聲為黃，斤聲為欣，君聲為莙（《說文》讀若威），軍聲為運，勻聲為曷，今聲為侌，𣪊聲為繫，厶（讀若矞）聲為彝，咎聲為欲（於糾切），元聲為完，午聲為許，我聲為羲，此喉音為牙音也。……」

以上所言者，殆明二事，一者謂凡發音部位相同，發音方法有異者，於古音皆得謂之為雙聲也。二者以為喉牙二音，發音部位既近，故可相通，亦夏氏燮所謂喉牙合用之意也。

章氏又云：

「百音之極，必返喉牙，喑者雖不能語，猶有喉牙八紐，語或兜離了戾，舌上及齒必內入喉牙而不悟憭，今交廣音則然，北方輕脣，或時入牙，故喉牙者生人之原音，凡字從其聲類，橫則同均，縱則同音，其大齊不踰是，然音或有絕異，世不能通，撢鉤元始，喉牙足以衍百音，百音亦終�復喉牙。……」

章氏所謂喉音，乃一般所稱牙音者，即今所謂舌根音，章氏所謂牙音，即一般所謂喉音，亦即聲帶之自行緊張而構成之音。章氏所謂「喉牙足以衍百音，百音亦輒復喉牙」者。按無論任何一音，若加以延長，則其發聲（字首輔音）即自然消失，而僅存收韻，例如將“巴”字之音延長，則成“啊”音。意謂將〔pa〕音延長，則只剩下韻母〔a〕。（此本董同龢《語言學大綱》）元音發自聲帶，與喉牙諸紐發音部位相近。古人辨析音素，未若後世精密，音相近者，多視爲同音，如國語“安”“恩”諸字音首，有時帶一喉塞音〔ʔ〕或舌根濁擦音〔ɣ〕，因不起辨義作用，故常視爲無聲母。正如德語 ein auch 相似，字首均帶喉塞音〔ʔ〕，而常人則視作無聲母，以是言之，元音與喉牙二音發音部位相近，而不易辨識。故章氏所謂“喉牙足衍百音”者，即元音可加任何聲紐而成喉牙舌齒脣各類音，而“百音亦輒復爲喉牙”者，即各類聲音失去聲紐之後，終復爲元音。羅常培《周秦古音研究述略》嘗評之云：「今就章氏所論，而籀繹其條理，則凡同組同紐者爲“正紐雙聲”（如“謀”从“某”聲，“謀”“某”同屬脣音明紐之類。）凡同組異紐者爲“旁紐雙聲”（如“金”“欽”“禽”“唫”同从“今”聲，而“今”“金”在見紐，“欽”在溪紐，“禽”在群紐，“唫”在疑紐，同屬牙音，故得爲雙聲）。喉、牙兩組互有蛻化，得爲雙聲（如“工”

聲有“紅”，“古”聲有“胡”之類）；舌、齒、脣各組有時得與喉、牙爲雙聲（如“多”聲有“宜”及“移”，“咠”聲有“揖”，“勿”聲有“忽”之類）。若以音理衡之，則“正紐”“旁紐”部位相同，“喉、牙”“舌、齒”發音近似，互爲雙聲，於勢較順。惟舌、齒、脣之於喉、牙，部位懸殊，蛻化不易，其所以相諧相通者，蓋別有故，未可概以聲轉目之也。」

第三節　黃侃之古聲研究

一、黃侃考定古聲十九紐：

黃侃所考定之古聲十九紐，乃繼錢大昕、章炳麟之後，最有成就者。黃氏之求古聲也，即《廣韻》以明古音，於古聲之探求，自言最得力於陳禮《切韻考》。黃氏〈與人論治小學書〉云：

「番禺陳君著《切韻考》，據切語上字以定聲類，據切語下字以定韻類，於字母等子之說，有所辨明。足以補闕失，解拘攣，信乎今音之管籥，古音之津梁也。其分聲四十一，兼備古今，不可增減。」

黃氏於是基於陳澧之所考，證以錢大昕、章炳麟之所明，益以一己之所得，卓裁古聲爲十有九紐。其言曰：

「今聲據字母三十六，不合《廣韻》，今依陳澧說，附以己意，定爲四十一。古聲無舌上輕脣，錢大昕所證明，無半舌日及舌上娘，本師章氏所證明，定爲十九，侃之說也。前無所因，然基於陳澧之所考，始得有此。」（音略略例）

又云：

「古聲數之定，乃今日事，前者顧亭林知古無輕脣，錢竹汀知古無舌上，吾師章氏知古音娘、日二紐歸泥，侃得陳氏之書，始先明今字母照、穿數紐之有誤，既已分析，因而進求古聲，本之音理，稽之古籍之通假，無絲毫不合，遂定爲十九，吾師初不謂然，後乃見信，見所著《菿漢微言》論古聲類，亦改從侃說矣。」

黃侃推求古聲十九紐之方，據先師林景伊（尹）語我云：

「黃季剛先生據陳澧所考定《廣韻》聲紐影、曉、匣、喻、爲、見、溪、群、疑、端、透、定、泥、來、知、徹、澄、娘、日、照、穿、神、審、禪、精、清、從、心、邪、莊、初、床、疏、幫、滂、並、明、非、敷、奉、微四十一聲紐，發現古無輕脣非、敷、奉、微四紐及舌上知、徹、澄三紐乃錢大昕所證明，古無娘、日二紐乃章太炎先生所證明，黃君創立一“紐經韻緯表”，持此古音所無之九紐，進察《廣韻》二百六韻，三百三十九韻類，發現凡無此九紐之韻或韻類，亦必無喻、爲、群、照、穿、神、審、禪、邪、莊、初、床、疏等十三紐，則此十三紐亦與非、敷、奉、微、知、徹、澄、娘、日等九紐同一性質可知，此九紐爲變聲，故此十三紐亦爲變聲，四十一聲紐減去二十二紐變聲，則所剩者爲古聲十九紐矣。」

黃君既基於陳澧之所考，因據錢、章諸氏所明，又參以等韻之理，古聲十九紐之數，理遂益明。黃氏曰：

「古聲類之說，萌芽於顧氏，錢氏更證明古無輕脣，古無舌上，本師章氏，證明娘日歸泥。（按此理本於《切韻指掌圖》、《切韻指南》，而興化劉融齋亦能證明。）自陳蘭甫作《切韻考》，劃分照、穿、床、審、禪五母爲九類，而後齒、舌之介明，齒、舌之本音明。大抵古聲於等韻只具一、四等，從而《廣韻》韻部與一四等相應者，必爲古本韻，不在一、四等者，必爲後來變韻，因是求得古聲㙜數爲十九。凡變音皆當歸納于本音之內，而後古雙聲可明，古雙聲明而後音近音轉之字，皆得其腮理矣。」（〈論治爾雅之資糧〉）

又云：

「若夫等韻之弊，在於破碎，音之出口，不過開合，開合之類，各有洪細，其大齊惟四而已。而等韻分開口、合口各爲四等。今試舉寒、桓類音質之，爲問寒（開洪）、桓（合洪）、賢（開細）、玄（合細）四音之間，尚能更容一音乎？此緣見《廣韻》分韻太多，又不解洪、細相同必分二韻之故，因創四等之說，以濟其窮。然其分等，又謂皆由聲分，不由韻分，一聲或兼備四等，或但有一等。故《廣韻》同類之字，等韻或分爲三等，而猶有時㝯礙難通，令人迷亂。顧其理有闇與古會，則其所謂一等音，由今驗之，皆古本音也。此等韻巧妙處，其他則繽紛連結，不可猝理。」（〈與人論治小學書〉）

黃氏既驗之等韻而益有所明，再以《廣韻》與等韻相應之韻，比勘顧（炎武）、江（永）、戴（東原）、段（玉裁）、孔（廣森）、王（念孫）、江（有誥）、嚴（可均）、張（惠言）、劉（逢祿）及章氏所考古韻部分，確立古本韻廿八部，而此廿 八部所用切語，其切語上字，皆爲十九古聲，而無變聲廿二紐相雜其間。於是本韻本 聲，兩相證明，適相吻合，實確鑿而不可移易者矣。故餘杭章氏推譽爲一大發明，而於古聲紐亦改從黃氏之說矣。章炳麟《菿漢微言》云：

「黃侃云：歌部音本爲元音，觀歌、戈二韻音切，可以證知古紐消息，如非、敷、奉、微、知、徹、澄、娘、照、穿、床、審、禪、喻、日諸紐，歌戈部中皆無之，即知古無是音矣。此亦一發明。」

又〈與人書〉云：

「近世治古韻者，分部密矣。然而雙聲，猶有未了，顧君增字紐，江君又膠固不化，段君於此，議而不辯，伯申、蘭皋，訓詁至精；乃其徵明通借，取於雙聲者少， 取於疊韻者多。朱豐芑輩益無論矣。戴君《轉語》，雖無傳本，觀其自敘，分位分紐，條理秩如。最精者爲錢曉徵，獨明今紐與古紐有異，其說古音無舌上、輕脣八紐，齒、舌兩音亦多流變，雖刊落未盡，亦前修所無也。余承其緒，知娘、日兩紐，古本歸泥，徵之歌、戈兩韻，爲百音之維首，古今無異，韻中諸紐，並是古聲。喉音無喻，牙音無群，齒音無邪，有舌頭無舌上，有重脣無輕脣，有半舌無半齒，有齒頭無正齒，故論定古紐爲十九：即影、曉、匣、見、溪、疑、端、透、定、泥、來、精、清、從、心、幫、滂、並、明是也。」

是則章氏晚年於古聲紐已盡從黃氏之說矣。黃氏又以古韻之變爲今韻，古聲亦變作今聲，以此二物相挾而變，故古聲十九紐，乃分化爲今聲四十一紐，其古今聲類相變之故，則有清濁、輕重相變之別，茲據先師林景伊先生《中國聲韻學通論》表列之於下：（按黃氏〈與人論治小學書〉亦列表說明，惟經先師整理之後，尤爲清晰，故逕錄之。）

發音部位	正聲	變聲	說明
喉	影	喻爲	清濁相變
	曉		
	匣		
牙	見		清濁相變
	溪	群	
	疑		
舌	端	知照	輕重相變
	透	徹穿審	
	定	澄神禪	
	泥	娘日	
	來		
齒	精	莊	輕重相變心邪清濁相變
	清	初	
	從	床	
	心	疏邪	
脣	幫	非	輕重相變
	滂	敷	
	並	奉	
	明	微	

黃氏云：「變聲與本聲並列者，明其在古不分。」（〈與人論治小學書〉）

二、黃氏古聲十九紐之證明：

黃氏考定古聲十九紐，雖基於陳澧之所析，始得有此。然細究之，十九古聲之定，其因襲前人者有之，本於一己之創獲者亦有之。古無輕脣音，非、敷、奉、微古讀同幫、滂、並、明，此因於錢大昕之說也。古無舌上音，知、徹、澄古讀同端、透、定，亦錢氏之說也。古無半齒日及舌上娘，娘日皆讀同泥，此本餘杭章氏之說也。古無影喻（爲）之別，喻爲古讀同影，亦錢氏說也。（新雄按：錢氏《潛研堂集‧答問》嘗云：「凡影母之字，引而長之，即爲喻母，曉母之字，引長之，稍濁，即爲匣母，匣母三四等字輕讀亦有似喻者，故古人于此四母，不甚區別。如榮懷與杌隉均爲雙聲，今人則有匣、喻之分矣。噫嘻、於戲、於乎、嗚呼皆疊韻兼雙聲，今則以噫於嗚屬影母，嘻戲呼屬曉母，乎屬匣母矣，于於同聲亦同義，今則以于屬喻母，於屬影母矣。此等分別，大約始於東晉。」）正齒音之照、穿、神、審、禪五紐古讀同舌頭音端、透、定，即照爲端之變，穿、審爲透之變，神、禪爲定之變，此說亦錢氏先發之，夏燮嘗爲之證明，至黃氏而加以確定。正齒之莊、初、床、疏四紐，古讀同齒頭音精、清、從、心四紐，亦夏氏所證明，而黃氏加以確定者。（夏燮著《述韻》，論正齒當分二支，謂一支與舌頭舌上合用無別，即照、穿、神、審、禪一類字也；一支與齒頭合用無別者，即莊、初、床、疏一類字也。詳見拙著《古音學發微》第三章第三節夏氏之論正齒當分二支條。）正齒九紐，照五紐之屬舌頭，莊四紐之屬齒頭，黃君所以能確定者，則基於陳澧之所考，陳氏析正齒音爲二，故黃氏得據以考其分合也。以上諸紐之考定，前述諸人皆已證明，十九紐古聲僅略受前人啓示而確爲黃氏所確定者，惟邪爲心之變，群爲溪之變耳。按戴震《聲類表》以心、邪爲同位，溪、群亦爲同位。並云：「凡同位則同聲，同聲則可通乎其義。」（〈轉語二十章敘〉）是戴氏以心、邪同聲，溪、群同聲也。戴氏此表，雖不盡言古聲，要其同聲一語，則啓示已多矣。再徵之於等韻，凡一等韻皆無群與邪，即江永〈等位圖歌〉

所云：「一二等無群與喻，一等無邪二無禪」是也。尤有進者，十九紐古聲之定，乃自《切韻》系統而來，蓋《切韻》之成書，序謂兼論「南北是非，古今通塞」，《廣韻》二百六韻，既有本韻變韻之別，則其四十一紐之中，自亦兼備古今，有本聲變聲之殊。進察古本韻中所用之反切上字，皆古本聲之字，無用今變聲者，古聲變聲古韻變韻兩相證明，於是確定凡廿八部古本韻之切語上字，皆古本聲之字，無雜有今變聲者。十九紐二十八部之確定，旣適與清儒古韻分部之結果相合，又與韻圖之一四等韻之聲紐相符，而此十九紐之確定，又皆前有所承，若謂全屬巧合，其誰信之！

茲錄黃氏弟子劉賾教授之言，以爲黃君說之左證。劉氏曰：

「分四十一聲類爲正爲變，而正聲與變聲在古皆合用無別。是故鎭之爲塡，（《周禮・天府・玉鎭》注：「鄭司農云：塡讀爲鎭。」《史記・天官書》鎭星作塡星，《漢書》凡鎭撫字皆作塡。）祧之爲濯，（《周禮・守祧》注：「故書祧爲濯。」）重之爲童，（〈檀弓〉：「與其鄰重」，《釋文》：「重依注音童。」）宅之爲度，（《周禮》注引《書》「宅西」作「度西」，《史記》引《書》「五流有宅」作「有度」，《風俗通》引《書》「乃降邱宅土」作「度土」。）陟之爲得，（《周禮・太卜》「三曰咸陟」注：「陟之言得也，讀如王德翟人之德。」）堂之爲棖，（《詩》「俟我乎堂兮。」箋：「堂當爲棖。」）掇之爲惙，（《易・訟》：「患至掇也。」《釋文》：「掇，徐都活反，鄭本作惙，陟劣反。」）憧容之爲童容，（《周禮・巾車》注：「憧容」，《詩》箋作「童容」。）馳騁之爲駝騁，（《離騷》：「乘騏驥以馳騁兮。」王逸本馳作駝。）田氏即陳氏，（齊陳氏《史記》謂之田氏。）申棖作申棠，（《論語》「申棖」，《史記》作「申棠」。）它字切以敕多，（見《易・比》釋文。）姪字切以大結，（見〈曲禮〉釋文。）此舌頭舌上合用無別之證也。

數之爲速，（〈考工記〉「則莫能以速中」注：「故書速或爲數。」《禮記・樂　記》「衛音促數煩志。」注：「促數讀爲促速。」《漢書・賈誼傳》：「淹速之度。　」《史記》作「淹數」。）柴之爲祡，（《詩・車攻》：「助我舉柴。」《說文》引作「助我舉祡。」）壯之爲將，（《禮記・射儀》：「幼壯孝弟。」注：「壯或爲將。」）蚤之爲爪，（《儀禮・士喪禮》：「蚤揃如他日。」注：「蚤讀爲爪。」〈考工記〉：「欲蚤之正也。」注：「蚤當作爪。」）疏之爲胥，（《詩》：「予曰有疏附。」孔傳引作胥，見《釋文》）耡之爲葙爲藉，（《周禮・司巫》：「葙館」注引杜子春云：「葙讀爲藉。」又〈遂人〉「以興耡利甿。」注：「鄭大夫云：耡讀爲藉。」）稷之爲昃爲側，（《易・豐象》：「日中則昃。」孟喜昃作稷，《尚書中侯》：「至於日稷」鄭注：「稷讀曰側。」《春秋經》：「丙午日下昃」，《穀梁》作「日下稷。」）翣柳作接檟，（《周禮・縫人》：「衣翣柳之材」注：「故書作接檟。」）菑害即災害，（《禮記・大學》：「菑害並至。」《呂覽・審時》：「必遇天菑。」注：「害也。」《荀子・脩身》：「菑然必以自惡。」注：「災害在身之貌。」）齊楚與齊戒一體，祭祀與祭仲同文。此齒頭正齒合用無別之證也。

……

若此者，遽數之不能終其物，而《說文》形聲偏旁之合用者尤不可勝紀。夫舌頭舌上、齒頭正齒、重脣輕脣，各以輕重相變，以蕃衍次敘習之，必先有重而後有輕。不第古時文字如此，即今日阻塞方俗之語，猶多沿其舊，有舌頭而無舌上，有重脣而無輕脣者矣。自錢大昕始明古今聲類有異，作〈古無輕脣音〉及〈舌音類隔之說不可信〉二文，謂「凡輕脣之音，古讀皆為重脣，知、徹、澄三母，以今音讀之，與照、穿、床無別也。求之古音，則與端、透、定無異。」餘杭章君繼之，以作〈古音娘日二紐歸泥說〉，謂「古音有舌頭泥紐，其後支別，則舌上有娘紐，半舌半齒有日紐，于古皆泥紐也。」本師黃君復以《廣韻》古本韻與古本聲互證，明古聲喉音有影無喻為，牙音有溪而無群，齒音有齒頭而無正齒，齒頭有心而無邪，舌上音照、穿、神、審、禪亦歸舌頭，（按正齒莊、初、床、疏歸齒頭。）餘與錢章二君之說相合，計古本聲止十有九類。」（《聲韻學表解》）

三、黃氏言古音同類互變：

黃氏〈聲韻通例〉云：「凡古音同類者互相變。」按黃君此說，承餘杭章氏〈古雙聲說〉而立論者也。所謂同類，即同為喉音（如影、曉、匣、同類也。），同為牙音（如見、溪、疑同類也。）之類也。易以今語，則「同類」謂發音部位相同也。所謂「凡古音同類互相變」者，即古音凡發音部位相同者，即可互相諧聲或通假也，因其發音部位相同，音易流轉故也。高本漢氏關於同類互變之理，於文字諧聲上之互變，有適切之說釋，見於趙元任譯〈高本漢（Bernhard Karlgren）的諧聲說〉，高氏於該文〈諧聲原則概論〉一節云：

「想到中國文字是經過了好些不同時代的造字者漸漸的造成的，似乎很難指望其中諧聲字的造法會有甚麼一致的規則，可是咱們也得記得在中國文字史當中，諧聲是造字法的最後時期，而且在上古中國語（Archaic Chinese）的時候，大多數的諧聲字都已經造定了，在那時候雖不無方言的差異，可是總不見得有現在方言不同的那麼利害。要是細看起這字典（指 An analytic dictionary of Chinese and Sino- Japanese, Paris Paul Geuther 1923 本文第一篇就是這書的序的一部份--譯者。）裡的例來，一定可以看出諧聲法例是異常的有規則的，這兒那兒固然會遇見些不合系統的特例，像是外行或是粗心的人寫的。但是從全體看起來，都可以找得出整套的諧聲字，從其中可以看得出諧聲的方法來的。

現在可以定下來的第一條原則就是這個：諧聲的部分跟全字不必完全同音。例如咸、減、喊、感四字在古音是 am、kam、xam、kam 四個音，假如在上古音的時候是完全同音，而到古音（Ancient Chinese）的時候，各自變成那四個不同的音了，那照一切語言史的經驗看起來是不會有的事情，咱們可以無疑的說，這四個字在上古音時代已經有甲乙丙丁四種音了。而且甲既然可以做乙、丙、丁的諧聲，咱們也可以曉得那四個音雖然不同，都也是相近的音。……

造字的人所以不用完全同音的諧聲而讓它有一點出入啊，總也有種種的理由，有好些例中，就是因爲他願意兼取會意的造法，因此願意用義合音的寫法，例如酣，貧。還有一個理由，就是恰恰同音字不容易找。……

在有一大類的字，差不多佔諧聲字的大多數，它的主諧字跟被諧字，就說在古音中，也是有相同或相近（cognate）的聲母輔音，韻中主要元音，跟韻尾輔音。

這句話要加幾句註解：

第一、假如在古音中主諧字跟被諧字的聲母不同，至少大都是發音部位相同的。（指“脣、齒、舌、牙、喉”）例如古 kuo：苦 k'uo；干 kân：罕 xân；干 kân：旱ɣân 等等都是舌根音

（“牙音”）。或般 puan：盤 b‘uan；半 puan：判 p‘uan 等等都是脣音。

可是要留心在古音不同部位的聲母，也許在上古音是同部位的，也許是雖不同部位而因部位相近而可互相諧聲的，所以有時舌尖前音與舌尖後音可以互換，例如才 dz‘âi：豺 dẓ‘ai，或舌尖前音與舌面前音互換，例如尙 źi̯ang：堂 d‘âng。」

（《中國上古音討論集》）

高氏所謂發音部位相同，即黃氏所說「同類」也，高氏言互換，黃氏言互變，其義一也。故高氏此說正足爲黃氏說之最佳註足也。

四、黃氏言古音同位相變：

黃氏〈聲韻通例〉又云：「凡古音同位者或相變，影、見、端、知、精、照、莊、邦、非同位，曉、溪、透、徹、清、心、初、疏、穿、審、滂、敷同位，匣、群、定、澄、從、邪、牀、神、禪、並、奉同位，爲、喻、疑、泥、來、娘、日、明、微同位。」按黃氏此說，實據戴氏“位同”之說而來者，戴氏云：「位同則聲變而同，聲變而同，則其義亦可以比之而通。更就方音言，吾郡歙邑，讀若攝（書涉切，審紐）唐張參《五經文字》，顏師古注《漢書地理志》已然。歙之正音，讀如翕（許及切，曉紐。）翕與歙，聲之位同者也。」（《轉語二十章敘》）是則黃氏言同位，戴氏言位同，意相同也。攝歙翕之所以相通，攝審紐，翕曉紐，審之與曉，於黃氏則謂之同位，於戴氏則稱之爲位同也。其實所謂同位、位同者，即發音方法相同也。黃氏以影、見、端、知、精、照、莊、邦、非爲同位，此諸紐皆發聲也。曉、溪、透、徹、清、心、初、疏、穿、審、滂、敷同位，此諸紐皆清聲送氣也。（按黃氏以清送氣之塞聲、塞擦聲以及清摩擦聲，皆謂之送氣。）匣、群、定、澄、從、邪、牀、神、禪、並、奉同位，此諸紐皆濁聲送氣也。爲、喻、疑、來、娘、日、明、微同位，此諸紐皆收聲也。黃氏以發音方法相同者音可互變，證之諧聲之字，亦有跡可尋。若羔古牢切爲見紐字，而從照省聲，照之少切，照紐，照之最初聲母爲刀，都牢切端紐字，見也，端也，照也，發聲方法相同爲同位，故音可互變。屳呼堅切，曉紐而從山聲，山所間切疏紐，曉、疏同位也。……若此之類，實遽數之不能終物也。是則黃氏此說亦有可供參考之價值也。

第四節　曾運乾之古聲研究

曾運乾（1884 — 1945）字星笠，晚號棗園，湖南益陽人。嘗於民國十六年與黃侃共事於瀋陽東北大學，黃氏以喻爲二紐皆影紐之變聲，謂於古聲有影而無喻爲也。曾氏以爲非是，乃謂喻母古隸舌聲定母，于母（即本篇所謂爲母）古隸牙聲匣母。初見於〈切韻五聲五十一類考〉一文，而其〈喻母古讀考〉，則言之尤爲詳盡。曾氏云：

「古韻之說，導源於顧亭林，古紐之說，導源於錢竹汀，錢氏言古無舌上音及輕脣音。近世章太炎復本其例作〈古音娘日二紐歸泥說〉，其言既信而有徵矣。然自宋以來，等韻書中尚有橫決踳駁，亂五聲之經界，爲錢章所未暇舉正者，如喉聲影母獨立，本世界製字審音之通則，喻、于二母（近人分喻母三等爲于母。）本非影母濁聲，于母古隸牙聲匣母，喻母古隸舌聲定母，部件秩然，不相陵犯。等韻家強之與影母清濁相配，所謂非我族類，其心必異者也。」

曾氏因引證經籍異文，予以證成其說。茲分別錄之於後：

一、證喻母三等字古隸牙聲匣母：

曾氏云：

「凡《廣韻》切語上一字用于（羽俱切）羽雨（並王矩切）云雲（並王分切）王（雨方切）韋（雨非切）永（于憬切）有（云久切）遠（雲阮切）榮（永兵切）爲（薳支切）洧（榮美切）筠（爲贇切）營（于傾切。今《廣韻》于作余，自係字誤，觀全書通例自知。江慎修《四聲切韻表》、陳蘭甫《切韻考》均未能舉正。）十五字者，爲喻母三等字，與喻母四等字不通用，文中稱于母。

凡《廣韻》切語上一字用胡乎（並戶吳切）戶（侯古切）侯（戶鉤切）下（胡雅切）黃（胡光切）何（胡歌切）七字者，爲匣母。

古讀營（于傾切）如環。《韓非子》：『自營爲私。』《說文》引作『自環』。按環、戶關切，匣母。

古讀營如還。《詩・齊風》：『子之還兮。』《漢書・地理志》引作『營』。師古注：『《齊詩》作營，《毛詩》作還。』按還亦戶關切。

古音營魂相近。《老子》：『載營魄抱一，能無離乎？』注：『營魄、魂魄也。』按：魂、戶昆切，匣母。

古讀瑗（王眷、于願二切）如奐。《春秋左氏經・襄二十七年》：『陳孔奐。』《公羊》作『陳孔瑗。』按：奐、胡玩切，匣母。

古讀瑗如環。《春秋・襄廿九年經》：『齊侯環卒。』《公羊》作『齊侯瑗。』環、匣母，見上。又按：《爾雅・釋器》：

『好倍肉謂之瑗，肉好若一謂之環。』環瑗聲義並相近。

古爰（雨元切）緩聲同。《詩》：『有兔爰爰。』毛傳：『緩意。』《爾雅・釋訓》：『爰爰、緩也。』按：緩、胡管切。

古讀援（雨元、爲眷二切）如換。《詩・皇矣》：『無然畔援。』《漢書・敘傳》注引作『畔換』，鄭氏箋：『畔援、猶跋扈也。』按：畔援，古疊韻，無正字，衹取聲相近之字通作。如《詩・卷阿》作『泮奐』，〈魏都賦〉作『叛換』，《隸釋・成陽令唐扶碑》：「夷粤佈攄。』畔泮叛同聲，跋佈與畔均雙聲，換奐並胡玩切，扈攄並侯古切。亦均匣母雙聲字。

古讀爰又如換。《左傳・僖十五年》：『晉於是乎作爰田。』服注：『爰、易也。』按：易猶換也。何休《公羊》注正作『換田』，又《漢書・食貨志》云：『民受田，上田夫百晦，中田夫二百晦，下田夫三百晦，三歲更耕，自爰其處。』〈地理志〉云：『秦孝公用商鞅，制轅田。』注引孟康云：『三年爰土易居，古制也。末世寖廢，商鞅相秦，復立爰田。』《說文》走部云：『趄、趄田易居也。』段氏注云：『爰轅趄換四字音義同。』今按：爰轅趄三字，雨元切，換胡玩切，匣母。（《漢書・張湯傳》：『爰書。』注：『爰、換也。」

古爲蝯猴三字音相近。《說文》爪部：『爲、母猴也。』犬部：『猴、夒也。从犬，侯聲。』朱駿聲云：『一名爲，一名沐猴，其靜者蝯。』《說文》虫部：『蝯、善援，禺屬。』段氏云：『㈤部曰：禺、猴屬。』按三字音義並近，爲、薳支，切蝯、雨元切，于母，猴，乎溝切，匣母。

古讀洹（于元切）如渙、如汍。《毛詩》：『方渙渙兮。』《說文》引作『汍』，《釋文》引《韓詩》作『洹』。按：汍、胡官切，渙、胡玩切，並匣母。

古讀羽（王矩、王遇二切）如扈。《周官・考工記》：『弓人弓而羽殺。』注：『羽讀爲扈，緩也。』按：扈、侯古切，緩、胡管切，並匣母。孫詒讓《周禮正義》云：『經典扈無緩訓，未詳所出。』按：鄭釋“畔援”爲“跋扈”，知爰扈聲相近，故得相假。……」

二、證喻母四等字古隸舌聲定母：

曾氏云：

「凡《廣韻》切語上一字，用余餘（以諸切）夷（以脂切）以（羊己切）羊（與章切）弋翼（與職切）與（余呂切）移（弋支切）悅（弋雪切）十一字者，爲喻母四等字，與舊喻母三等字（即于母）不通用，今仍稱喻母。

凡《廣韻》切語上一字用徒（同都切）同（徒紅切）特（徒得切）度（徒故切）杜（徒古切）唐堂（徒郎切）田（徒年切）陀（徒河切）地（徒四切）十字者爲定母。

凡《廣韻》切語上一字用直（除力切）除（直余切）場（直良切）池（直離切）治持（直之切）遲（直尼切）佇（直呂切）柱（直主切）丈（直兩切）宅（場伯切）十一字者爲澄母，古讀如定母。

古讀夷（以脂切）如弟。《易・渙》：『匪夷所思。』《釋文》：『夷、荀本作弟。』又〈明夷〉：『九於左股。』《釋文》：『子夏本作睇，又作眱。』《說文》：『鴺、从鳥夷聲。重文作鵜，从鳥弟聲。』按弟徒禮特計二切，睇特計切，鵜杜奚切，並定母。

古讀夷（以脂切）如陳，實如田。《左僖元年》：『邢遷於夷儀。』《公羊》作『陳儀』按：陳从申聲，古音如田。《史記》齊田氏即陳氏也，申本古文電字，《淮南子・天文訓》：『庚子干，丙子夷。』注云：『夷或爲電。』夷之讀爲電，猶夷之讀爲陳矣。按：田徒年切，電堂練切，均定母，陳直珍切，澄母。

古讀夷如遲。《詩・四牡》：『周道倭遲。』《韓詩》作『威夷』。又《淮南・原道》：『昔者馮九大丙之御也。』注：『夷或爲遲。』按遲直利切，澄母。（《匡謬正俗》云：『古遲夷通用，遲有夷遲二音。』說亦不了。）

古讀夷如稺。《史記・田完世家》：『完生稺孟思。』《索隱》引《世本》作『夷孟思。』按：稺亦直利切，澄母，古讀定母也。

古讀姨如弟。《釋名・釋親屬》：『妻之姊妹曰姨，姨弟也，言與己妻相長弟也。』

古讀夷如薙，如鬀。《周官經・薙氏》注：『書薙或爲夷，玄謂薙如鬀小兒頭之鬀，書或作鬀，此皆翦草也，字从類也。』《釋文》：『薙或作雉，同他計反，徐庭計反，鬀他計反。』按他計反，透母，庭計反，定母，《廣韻》鬀特計反，定母，薙直履反，澄母。……」

曾運乾氏以爲爲紐古歸匣紐，喻紐古歸定紐，其說實精研得理，言之確鑿，實足以正黃侃之疏，故羅常培以爲曾氏此文乃繼錢大昕之後，對古聲之考證最具貢獻之一文，洵非溢美之言也。

葛毅卿氏嘗據《切韻指掌圖・辨匣喻二字母切字歌》（按切字歌原文作“匣闕三 四喻中覓，喻虧一二匣中窮。上古釋音多具載，當今篇韻少相逢。”原註云：“戶歸切幃，于古切戶。”）及《王抄本唐寫本切韻殘卷》「雲」「越」二字切語，假定喻三音值與匣於古相同。爲作“On the consonantal value of 喻---Class words”一 文，發表於《通報》（1932）。其後葛氏又有〈喻三入匣再證〉一文，其言曰：

「上虞羅氏丙辰年影印《原本玉篇殘卷》云部第一百：「云胡動反」，和通行本《玉篇》「于君切」不同，羅莘田先生函示敦煌本《尚書釋文殘卷》「滑于八切」和戶八切不同，這些都是最好不過的旁證。就《切韻》本身的系統來說，上面幾個字，現在可以連結起來：

越戶伐反，雲戶分反，遠雲晚反，云戶分反，有云久反。

越、雲、遠、云、有五個喻三字，應該和「戶」是同聲母，換句話說，應該歸入匣類。此外《切韻考》上的于類字，羽于俱反，雨于俱反，王雨方反，韋王悲反，永榮兵反，榮永兵反，爲薳支反，洧榮美反，筠爲贇反。還不能和雲類幾個字連結起來，但是就《切韻》以前的時期來說，它們和雲一樣帶著一個聲母g，就《切韻》以後的時期來說，它們和雲類都給等韻家歸入一類，就《切韻》時代相近的其他字書來說，它們也有和匣互通的痕跡，所以雲、于雖然現在不能在《切韻》系統之下完全連結起來，至少有很大的連成一類的嫌疑。」（《史語所集刊第八本一分》）

羅常培〈經典釋文和原本玉篇反切中的匣于兩紐〉一文中，討論匣于二紐之歸屬及其音讀，尤爲詳盡。茲節錄於後：

「《釋文》裏在《廣韻》應屬『匣』『于』兩紐的反切上字，我們可以得到『戶』和『于』兩類：

（甲）戶類（和《廣韻》的匣紐相當，在《釋文》裏以『戶』作反切上字的，共發現 一千零八十七次，較本類其他各字均多，所以拿它作標目。）

戶：胡：河：何（戶可、戶我、胡可、胡我、何可、河我。凡不同音的反切或本無反切而據第三例系聯〔反切上字在《釋文》中無切語與直音可稽，而據其所切字中同音異切之上字而系聯者。〕的上字，文中皆用：號隔開；『類隔』切語則於字旁加

・號以別之。）下（戶稼、遐嫁、遐稼。）華（戶華、戶瓜、胡瓜、胡花：戶化、胡化。）行（戶郎、戶剛、戶康：戶庚、下庚：戶孟、遐孟。）候（戶豆）和（胡戈：戶卧、胡卧。）迴（戶頂）爻（戶交：胡孝。）環（戶關）曷（戶割、何葛、何末、寒末、火葛。）學（戶教、戶孝、胡孝）洪（戶工）衡（華盲）咸（行緘、洽斬）滑（胡八、乎八、于八）回（洄音回，胡恢）遐（瑕音遐，戶加、下加、下家）獲（畫音獲，胡麥、乎麥）兮（騱音兮，戶雞）幸（倖音幸，胡耿）銜（音咸，洽斬、行緘）洽（狹音洽，戶甲、戶夾、胡夾、乎夾）乎（壞戶怪、乎怪）寒（翰戶旦、胡旦、寒半）亥（孩戶哀、亥才）閑（黠戶八、閑八）黃（獲戶郭、黃郭）賢（賢遍、賢編、胡薦）玄（鉉胡犬、胡畎、玄犬、玄畎、玄典）形刑（脛戶定、胡定、刑定、形定）恨（很戶墾、胡墾、胡懇、恨懇）惠（螢戶扃、惠丁）穴（攜戶圭、穴圭）弦。

以上三十八字惟『弦』字無可系聯，案《廣韻》『弦』和『賢』同作『胡田切』，雖不系聯，亦應屬於這一類。

（乙）于類（和《廣韻》的于紐相當，即喻紐三等，在《釋文》裏拿『于』作反切上字的共發見一千四百十八次，較本類其他各字均多，所以拿它作標目。）

于（音為，羽危）為（于威：于偽、於偽）炎（于廉、于沾、于凡、榮鉗）羽（音雨，于矩）又（宥音又，于救）袁（援音袁，于眷）韋（葦于鬼、韋鬼）位（鮪于軌、位軌）往（王于方、往方：于況、往況）云韻（隕于敏、于閔、云敏、韻謹）榮（禜為命、榮敬）尤（有牛、下求）有。

以上十四字惟『尤』『有』兩字和其他不能系聯。案『尤』作『下求反』只見於《論語・為政》章『寡尤』下，各本均同，諸家也沒加校訂，照上述第三例，應當和戶類系聯；不過法偉堂的校本卻說：『下乃于之訛』，若然，那就可以和本類系聯了。然而，問題卻沒有這麼簡單！

這兩類雖然大體上自成系統，可是彼此間常有錯綜的關係。例如戶類的『滑』字有『胡八、乎八、于八』三反，它所切的字裏『猾』有『于八、戶八』二反，『皇』字有『于況』『胡光』二反，並且《尚書釋文》『蠻夷猾夏』的『猾』字，今本作『戶八反』，這當然不能諉爲偶然的訛誤。既然『猾』字可以有『戶八』和『于八』二反，那末『尤』字也未嘗不可以有『有牛』和『下求』二反。再說，于類所切的『鴞 』字，同時有『于驕、于嬌、于苗、戶驕』四反，也可以作戶于兩類相通的例，若在本書以外找材料，我們還有許多的旁證。

據周祖謨所考《萬象名義》中的《原本玉篇》音系，匣于兩紐簡直有不可分的趨勢，所以他併稱『胡』類，其反切上字爲：

胡（護徒）護（胡故）戶（胡古）互（胡故）扈（胡古）后（胡走）侯（胡溝）黃（胡光）緩（胡管）會（胡外）奚（胡題）諧（胡階）核（胡改）穴（胡決）衡（胡庚）紅（胡工）和（胡戈）候（胡遘）後（胡狗）華（胡瓜）嫿（胡馘）獲（胡馘）形（胡經）駭（胡駭）嵇（胡雞）何（胡可）賀（何佐）遐（何加）下（遐加）行（遐庚）杏（遐梗）荷（賀多）河（賀柯、戶多）乎（戶枯）悅（胡拙）尹（胡准）越（胡厥）爲（胡嬀）鮪（爲軌）榮（爲明）核（爲革）解（核灑）覈（解革、械革）械于（禹俱）迂（禹俱）竽（禹朱）往（禹往）尤（禹尤）王（禹方）右（禹九）曰（禹月）有（于九）又（有救）雄（有宮）雨（有詡）禹。

在《廣韻》裏本來應屬于紐的『尹越爲鮪榮』五字既然和匣

紐系聯，周君又說：『于以下十三字不能與上系聯。案《名義》云："于勳反，部目作胡熏反。"又㢧，胡甫反，《原本玉篇》云："古文寓"，《名義》寓作于甫反，是胡于聲同一類。』由此看來，《原本玉篇》裏的匣于兩紐比在《經典釋文》裏還混亂得厲害。

此外，我還發現兩個有趣的旁證，在南齊王融的集子裏，有一首雙聲詩：

園蘅眩紅蘤。湖荇燡黃花。迴鶴橫淮翰，遠越合雲霞。

又北周庾信的問疾封中錄也是一首雙聲詩：

形骸違學宧，狹巷幸爲閑。虹迴或有雨，雲合又含寒。

橫湖韻鶴下，迴溪狹猿還。懷賢爲榮衛，和緩惠綺紈。

第一首裏的『蘅眩紅蘤湖荷黃花迴鶴橫淮翰合霞』十五字在《廣韻》應屬匣紐，『園遠越雲』四字應屬于紐。第二首裏的『形骸學宧狹巷幸閑虹迴或合含寒橫湖鶴下還懷賢和緩惠紈』二十五字應屬匣紐，『違爲有雨雲又韻猿榮衛』十字應屬于紐。不過在第一首裏雜入喻紐的『燡』字，第二首裏雜入溪紐的『溪綺』兩字，除去這三個例外，他們既然把匣于兩紐當作雙聲，可見這兩紐的發音應該很相近的。

就以上所引材料來推斷這種現象發生的時代，我們知道王融生在宋泰始四年戊申（468A.D），死在齊隆昌元年甲戌（494A.D.）；庾信生在梁天監十二年癸巳（513A.D.），死在周大定元年辛丑（581A.D.）；顧野王生在梁天監十八年己亥（519A.D.），死在陳太建十三年辛丑（581A.D.），大同中爲太學博士奉詔撰《玉篇》（535---546A.D.）；陸德明的《經典釋文》是從陳至德元年癸卯（583A.D.）作起的，那末就可以說，從五世紀末匣于兩紐都有混亂的現象，而且時代越早混亂的越厲害。

不過這種現象究竟是因為同音而合併呢？還是因為音近而相通呢？要解答這個問題，我們不得不推溯匣于兩紐的歷史。

曾運乾的〈喻母古讀考〉在錢大昕〈古無輕脣音〉和〈舌音類隔之說不可信〉以後，對於古聲母的考證上，是一篇很有貢獻的文章。然而就音變的普通規律來講，在古代完全相同的聲音，後來不會無條件的變成兩個不同的聲音，所以我們只可以說匣于兩紐在上古是很相近的音，而不能說他們是完全相同的音。照高本漢的擬測，匣紐的上古音是*gʻ-，于紐的上古音是*g-，兩音極相近，只有送氣和不送氣的區別。這樣固然可以填上群紐洪音的空當兒，可是于紐的洪音仍然空著。拿這種擬測來解釋上面所討論的現象，若從庾信詩裏羼入的『溪綺』兩個溪紐字大瞻地假設上古的*gʻ-、*g-在六朝時候的某種方音裏還保持未變，似乎近理一點兒，可惜這種孤證太不夠作我們推斷的根據了。如果說那時候*g-已經變j-，不能解釋它為什麼算是匣紐的雙聲，若說*gʻ-在ĭ前和*g-同樣的變ɣ，又不好解釋群紐的*gʻ-在ĭ前何以不變。所以從這一點來看，高氏的擬測似乎還有商酌的餘地。兩年前，李方桂先生曾經懷疑匣類有兩個上古的來源：（a）和 k-、kʻ諧聲或互讀的是*g-。（b）和 x-諧聲的是*ɣ-。照他的假設，那末匣于群三紐應該按下面的程序來演變：

上古音	六世紀初	六世紀末
*gʻ	ɣ匣	ɣ
*ɣ	ɣ匣	ɣ
*ɣ（i）	ɣ（i）于	ɣj→j
*g（i）	gʻ（i）群	gʻj

如果這個假設可以成立，我們就可以說，在第五世紀末葉ɣ

在ĭ音前面還沒有j化，所以王融的詩裏把匣于認爲雙聲，在《原本玉篇》的反切裏，這兩紐系聯的地方也比較多。到六世紀末葉，ɣ在 ĭ 音前面已經 j 化，所以在《經典釋文》的反切裏，這兩類分化的傾向漸強。至於這兩類在《切韻》裏的關係，也就像見母有古居兩類，溪母有苦丘兩類一樣，只是洪細的不同；陸法言在《切韻・序》裏既然明白指斥『先仙尤侯，俱論是切。』的不對，他自己當然不會又把匣于合併成一紐。我們若把《切韻》裏的匣紐擬作ɣ-，于紐擬作ɣj-，像 k-：kj-和 k‘-：k‘j-的對峙一樣，就可以說得過去了。並且于紐在現代吳語大部分還和匣一樣的保持著〔ɦ-〕音，在現代閩語的話音裏，也有好些讀〔ɦ-〕音的例，這也可以表現它曾讀ɣ音的。

總結上文所說，我對於《切韻》裏匣于兩紐的關係，贊成曾運乾拿于紐當匣紐細音的說法，並且覺得高本漢所擬的 j，或許經過ɣj 一個階段。不過從發音原理講，這個ɣj 音不會保持長久，很快就會變成 j 的。葛君因爲幾個『類隔』反切的牽聯，要把他們併成一類，反倒不容易解釋後來在大多數方言裏，何以匣變〔ɦ〕而于變〔j〕了。」（《史語所集刊第八本・一分》）

按喻、爲二紐曾氏考定各隸定、匣之後，殆近於定論，葛氏、羅氏之增補，在曾氏已有之基礎上，作更深一層之討論，不僅辨及古音匣、爲二類之聲類隸屬關係，更進一步討論及匣、爲二紐之古聲音值。至其假定音值之是非，固尙有待詳加討論，然匣爲二紐上古音同出一源，則應可無疑。爲之入匣，喻之入定，於音理言，自遠勝於黃氏入影之說。

第五節　錢玄同之古聲研究

錢玄同氏〈古音無邪紐證〉一文考證邪紐古應歸定，與心紐無關，此有改進黃侃古聲紐之處。錢氏云：

「錢氏考明非敷奉微及知徹澄七紐古歸幫滂並及端透定七紐，章師考明娘、日二紐古歸泥紐，曾氏考明喻紐三等（今稱云紐）古歸匣紐，其四等（今稱以紐）古歸定紐，三君的攷證，都十分精確，應該作爲定論。

此外同門黃季剛氏（侃）又謂群紐古歸溪紐，照穿床審四紐之二等（今稱莊、初、崇、生四紐）古歸精清從心四紐，照穿床三紐之三等（今稱章、昌、船三紐）古歸端透定三紐，審紐之三等（今稱書紐）及禪紐古亦歸透定二紐，邪紐古歸心紐，我以爲大體也很對的。惟見溪群三紐，黃氏以爲古只有見溪二紐，群應歸溪，我則以爲古只有溪群二紐，見應歸群，又，我以爲邪紐古非歸心，應歸定。

管見所及，尚有二點：見端精幫古歸群、定、從、並四紐，曉匣古歸溪群二紐，（這一點，王靜如氏已先稱言之）故私擬古音凡十四紐，如左：（古音所無之紐，旁注於應歸之紐之下。唐宋聲紐，依黃氏說，增三十六字母爲四十一聲紐，精密言之，應爲四十七紐，但普通稱說，儘可括爲四十一紐。）

喉門阻	舌根阻	舌頭阻	舌葉阻	兩脣阻
影	溪曉	透徹昌審	清初	滂敷
	群見匣云	定端澄知船章禪以邪	從崇莊	並幫奉非
	疑	泥娘日	心生	明微
		來		

本篇專說『邪紐字的古讀』這一個問題，考《說文》九千三百餘字中，徐鼎臣所附《唐韻》的反切證邪紐的有一百零五字，連重文共一百三十四字，就其形聲字的『聲母』（今亦稱『音符』）考察，幾及十分之八，其他有應歸群紐者，則不足十分之二，有應歸從紐者則不足十分之一，從大多數言，可以說邪紐古歸定紐。……

依上表所列，凡在端澄知船章禪以諸紐，即認爲古在定紐，在見、匣、喻、云諸紐者即認爲古在群紐，又聲紐變遷，同阻之旁紐尤易轉入，如定轉透、來，群轉溪、疑等，群亦易轉影是也。

近代言古韻分合者，以段茂堂爲最卓絕，他說古音的聲調有平上入而無去，又各部的聲調彼此並不一致，有僅有平上二聲者，有僅有平入二聲者，有平上入三聲全者，這都是顚撲不破之名論。今考段氏所列凡有數種聲調之部，其各個聲調之『聲母』彼此畫然有別，實應分爲數部。准此分部，他的十七部應再分爲三十部。但其第三部入聲，孔撝約以爲應分爲二，（王懷祖與江晉三說同）其第九部，孔撝約以爲應分爲二，（江晉三說同），其第十五部入聲，一戴東原以爲應分爲二（王懷祖與江晉三說同），這三點，段氏皆極同意，認爲自己的書應該修正（見〈答江晉三論韻〉），故用段氏之晚年定論，而依聲調分韻，則應爲三十三部。章師之二十三部，本係集段、孔、王三家之成者，故大體已具，惟入聲尚未全分；黃氏承之，入聲全分，列二十八部，而上聲迄未分出，今依段氏分出上聲五部，列三十三部，部目之下注段、章、黃三家標目及分合異同，以資參考：

〔一〕**歌部**（段十七部、章歌部、黃歌戈部）

隋聲一隨（古歸定）

《唐韻》隋聲字：隋橢憜（惰）鰖嫷鐫䙫隓在定，鬌在澄，貀蕕在以。

也聲－灺（古歸定）

《唐韻》也聲字：地在定、阤馳杝在澄，施敂弛在書，也匜杝貤酏在以。案：「也」與「它」古爲一字，它聲字《唐韻》多讀定紐。

〔二〕元部（段十四部、章寒部、黃寒桓部）

睘聲－檈檈（古歸群）

旋聲－旋嫙縼鏇漩（古歸群）

《唐韻》睘聲字：睘在群，獧懁繯在見，環擐還轘繯在匣，趯譞翾儇嬛蠉在曉，圜在云。

《唐韻》旋聲五字均在邪紐。但『旋』古通作『還』（古蓋只有『還』字），『還』字有匣邪兩讀，蓋初由群變匣，後轉入邪，於是旋聲諸字皆入邪紐矣。然『瓊』爲群紐字，或體作『璇』，則旋聲非無讀群紐者。

肙聲－圓（古讀群）

《唐韻》肙聲字：鞙蜎在群，稍絹涓埍䏌在見，駽鋗在曉，肙睊削餇焆悁弲在影，惟捐在以，則由云轉也。

延聲－唌（古歸定）

《唐韻》延聲字：誕在定，梴在徹，鋋在禪，褑挻在書，筵郔在以。『次』又作『涎』，亦通用『唌』，則古亦讀定紐。羨从羑省从次，次亦聲。他書又音延，音夷，皆以紐。

《唐韻》羨聲字：羨在昌，惟羨在云，則由以轉也。（《廣韻》『羨』字有以與云兩讀。）『涎』之或體作『㳄』，侃聲，則入溪紐，此乃轉音。

叡（睿）聲－璿琁（壡）趙（右肖爲叡）（古歸定）

《唐韻》睿在以紐，則本定紐字也。（『睿』『鋭』均以芮切，『銳』从兌聲，亦定紐字。）『璿』之古文作『璿』，即『璿』之誤體，非从睿（濬）聲。

灥聲一灥（古歸定）

案：古本無灥字，許叔重列之爲部首者，因『原』字又作『厵』也。其實三泉等於一泉，只是寫者欲其形體茂密，故作此繁文耳。許書既有此字，於是後之作韻書者，即以泉字之雙聲讀之，泉在從紐，從與邪音近，每易相混，（今各處方音相混者甚多。）於是遂列入邪紐矣。（屾與山雙聲，林與水疊韻，鱻與魚同音，皆『灥』與『泉』雙聲之證。

〔三〕月部（段十五部之入聲，章泰部，黃曷末部）

此部無邪紐字。

……

錢氏玄同就形聲字聲母考察，以爲邪紐字古讀應歸定紐者，幾十之七八，从多數以言，認爲「邪紐古歸定紐」。然僅以「兩個黃昏之時間」倉猝寫成，於通假文字，漢師音讀諸端，猶未暇舉例證明。其弟子戴君仁先生乃援錢氏之例，爲之「比輯舊文，考稽古讀」，因成〈古音無邪紐補證〉一文，以翼贊錢氏之說。戴先生曰：

「先師錢玄同先生嘗著〈古音無邪紐證〉載於師大《國學叢刊》，證邪紐古歸定紐，論者許與錢（竹汀）章（太炎）之作同其不刊。惟屬稿悤遽，僅從諧聲考定，而於經籍異文，漢師讀若，未遑及也。今遵依師說，比輯舊文，考稽古讀，草爲斯篇。命曰〈補證〉，庶幾弟子依模填采之義云。依錢師例，凡在澄、神（錢君作船）、禪、喻（錢君作以）諸紐者，即認爲古在定紐。

隋　《周禮・春官・守祧》：『既祭則藏其隋。』鄭玄《儀禮》注引作『旣祭則藏其墮。』（〈士虞禮〉『祝命佐食墮祭』下。）按《廣韻》墮徒果切，隋旬爲切，又徒果切，徒果切爲定紐，旬爲切屬邪紐，是旬爲切之音當屬後起。古惟讀徒果切也。又《毛詩・羔羊》『委蛇』，《韓詩》一作『禕隋』，按蛇本作它，《廣韻》託何切，屬透紐，透定同類，相爲清濁。

遂

隧　《說文》：『遂、亡也。』朱駿聲《通訓定聲》訂作道，其說是也。《春秋演孔圖》：『使開階立遂』，宋均注：『道也。』《史記・蘇秦傳》：『禽夫差於遂。』《索隱》：『遂者道也，字亦作隧。』《詩・桑柔》：『大風有隧。』《禮記・曲禮》：『出入不當門隧。』《左襄十八年傳》：『連大車以塞隧。』〈魯語〉：『具舟除隧。』傳注皆訓道也。《廣雅・釋室》以隊爲之。云：『隊、道也。』《左文十六年傳》：『楚子會師于臨品，分爲二隊。』《哀十三年左傳》：『越子伐吳爲二隧。』二隊即二隧也。《廣韻》遂隧均徐醉切，屬邪紐，隊徒隊切屬定紐。

又《禮記・學記》：『術有序。』鄭注：『術當爲遂，聲之誤也。』〈月令〉：『審端徑術』，注：『術、《周禮》作遂。』《左傳二十六年經》：『公子遂如楚乞師。』《世本》遂作述。又《文十二年經》：『秦伯使術來聘。』《公羊》作遂。按術述遂古本一字，《說文》遂古文作逌，魏三體石經《尙書君奭》『乃其隧命。』隧古文作逌。《春秋・文公經》『公子遂』，古文作逌，从冄當爲朮字，作冄者繁文耳。《說文》乃變冄爲爲冄，故盂銘鼎『我屬殷述令』，借述爲墜，實借遂爲墜也。《說文》術訓邑中道，義與遂同。述訓循則以動詞爲義（循訓行順）。形近義同，明係重文。後乃从㒸聲又作遂耳。《廣韻》術述均食聿切，屬神紐，古亦歸定。遂與術述古韻亦同部。

又《禮記・檀弓》：『齊莊公襲莒于奪。』鄭注：『《春秋傳》曰：杞殖華還載甲，夜入且于之隧，隧奪聲相近，或爲兌。』《廣韻》奪徒活切，兌杜外切，均屬定紐。

襚《說文》：『襚衣死人也。』『裞、贈終者衣被曰裞。』段玉裁、朱駿聲以爲襚裞一字是也。《廣韻》襚反切同遂，裞舒芮切，屬審紐，又他外切，屬透紐，依黃氏侃說，審古歸透，與定相爲清濁。

又《詩・碩人》：『說于農郊。』鄭箋：『說當作襚』，說古讀如脫，屬定紐。

巡　《周禮・地官・鄉師》：『巡其前後之屯。』鄭注：『故書巡作述。』《廣韻》

巡詳遵切屬邪紐，述已見前。

尋　《爾雅・釋言》：『流、覃也，覃、延也。』《釋文》：『覃本又作撏字，孫叔然云古覃字同。』按撏即尋字，《廣韻》尋徐林切，屬邪紐，覃徒含切，屬定紐。《左哀十二年傳》云：若可尋也。』服注：『尋之言重也。』重直容切，屬澄紐，古亦歸定。又《釋名・釋兵器》：『劍其旁鼻曰鐔。鐔、尋也，帶所貫尋也。』鐔、《廣韻》覃尋二音。

燅　《儀禮・有司徹》：『乃燅尸俎』。鄭注：『古文燅皆作尋，記或作燖。』《春秋傳》曰：『若可燖也，亦可寒也。』按玄應《一切經音義》卷一燂身下云：『《聲類》作燂燖二形，今作燅。』《廣韻》燂徒含切，屬定紐，又昨鹽切屬從紐，燅燖同字徐鹽切，屬紐，實則三者同字，古惟讀徒含切也。……

巳　餘杭章君曰：『《說文》包字解曰：象人褢妊，巳在中，象子未成形也，則巳即胎子，反巳爲㠯，形少異而音誼同，

胎得聲于以，古音已㠯本如胎。』《小學答問》

按章說是也。卜辭、金文已皆作子，蓋象已成形者，《廣韻》已詳里切，屬邪紐，胎土來切，屬定紐。」（《輔仁學誌》第十二期卷第一第二合期）

按邪紐古讀如定之說，錢君既闡發之於前，戴君又疏通之於後，驗之諧聲，昭明如彼，徵之典籍，彰著若此。則邪紐古聲歸定之說，亦幾近於定論者矣。

第六節 陳新雄之古聲研究

陳新雄撰〈群母古讀考〉以爲群母古讀如匣母。陳氏云：

「蘄春黃季剛先生在〈與人論治小學書〉裡曾列表說明《廣韻》四十一聲類中，有本聲，有變聲。其中有些聲母的正變，是發音部位的改變，像本聲有舌頭音的端、透、定、泥；變聲有舌上音的知、徹、澄、娘；正齒音的照、穿、神、審、禪；半齒音的日。本聲有齒頭音的精、清、從、心；變聲有正齒音的莊、初、床、疏。本聲有重脣音幫、滂、並、明；變聲有輕脣音的非、敷、奉、微等。凡屬於發音部位改變的，黃先生統名之爲輕重相變。除此之外，又有些聲母的正變，是由於發音方法的改變。像本聲有喉音的影；變聲有喉音的爲、喻；本聲有牙音的溪；變聲有牙音的群；本聲有齒頭音的心；變聲有齒頭音的邪。這類發音方法改變的正變聲母，在本聲都是清聲，在變聲都是濁聲。所以黃先生統名之爲清濁相變。現在把黃侃的本聲變聲表抄錄於後：

<table>
<tr><td>本聲</td><td colspan="3">變聲</td></tr>
<tr><td>喉</td><td colspan="3">喉</td></tr>
<tr><td>影清</td><td colspan="3" rowspan="3">爲濁喻濁（清濁相變）</td></tr>
<tr><td>曉清</td></tr>
<tr><td>匣濁</td></tr>
<tr><td>牙</td><td colspan="3">牙</td></tr>
<tr><td>見清</td><td colspan="3" rowspan="3">群濁（清濁相變）</td></tr>
<tr><td>溪清</td></tr>
<tr><td>疑濁</td></tr>
<tr><td>舌頭</td><td>舌上</td><td>正齒</td><td>半齒</td></tr>
<tr><td>端清</td><td>知清</td><td>照清</td><td rowspan="4">日濁</td></tr>
<tr><td>透清</td><td>徹清</td><td>穿清審清</td></tr>
<tr><td>定濁</td><td>澄濁</td><td>神濁禪濁</td></tr>
<tr><td>泥濁</td><td>濁娘</td><td></td></tr>
<tr><td>半舌</td><td colspan="3" rowspan="2"></td></tr>
<tr><td>來濁</td></tr>
<tr><td>齒頭</td><td colspan="2">齒頭</td><td>正齒</td></tr>
<tr><td>精清</td><td colspan="2" rowspan="4">邪濁（清濁相變）</td><td>莊清</td></tr>
<tr><td>清清</td><td>初清</td></tr>
<tr><td>從濁</td><td>床濁</td></tr>
<tr><td>心清</td><td>疏清</td></tr>
<tr><td>重脣</td><td colspan="3">輕脣</td></tr>
<tr><td>幫清</td><td colspan="3" rowspan="4">非清
敷清
奉濁
微濁</td></tr>
<tr><td>滂清</td></tr>
<tr><td>並濁</td></tr>
<tr><td>明濁</td></tr>
<tr><td>本音凡十九類</td><td colspan="3">變音凡二十二類[1]</td></tr>
</table>

黃先生並且說：『變聲與本聲同列者，明其在古不分。』上表中，凡是屬於部位改變的正變聲母，經過歷來學者的討論，幾乎均已證明其正確性。關於方法改變的正變聲母，則其可靠性大成問題。譬如在喉音方面，黃先生認爲爲、喻兩母都是影母的變聲。而曾運乾的〈喻母古讀考〉一文，則考明『喻母三等字（即黃氏爲母字）古隸牙聲匣母。』『喻母四等字（即黃氏喻母字）古隸舌聲定母。』[2] 羅常培先生曾譽『曾運乾的〈喻母古讀考〉，在錢大昕〈古無輕脣音〉和〈舌音類隔之說不可信〉以後，對古聲母的考證上，是一篇很有貢獻的文章。』[3] 在齒頭音方面，黃先生認爲邪母是心母的變聲，而錢玄同先生有〈古音無邪紐證〉一文[4]，戴君仁先生有〈古音無邪紐補證〉一文[5]，都證明邪紐古歸定紐。後世論者，都許與錢大昕、章太炎之作，同其不刊。黃先生的本聲變聲表，談到清濁相變的共有三處，那就是喉音的影、爲、喻；齒頭音的心、邪；及牙音的溪、群。喉音與齒頭音的本聲與變聲之清濁相變，既經曾運乾、錢玄同、戴君仁三先生證明其不確，則剩下來的的牙音溪群清濁相變的可靠性也就相對的減少了。所以我撰寫《古音學發微》[6] 的時候，對於

---

1 《黃侃論學雜著》155 頁-156 頁，參考林尹《中國聲韻學通論》44 頁-46 頁，劉賾《聲韻學表解》20 頁-21 頁。

2 曾運乾〈喻母古讀考〉見《東北大學季刊第二期》又見楊樹達輯《古聲韻討論集》，臺灣學生書局印行。

3 見羅常培〈經典釋文和原本玉篇反切中的匣于兩紐〉《史語所集刊第八本第一分》又載《羅常培語言學論文選集》117 頁-121 頁。

4 錢玄同〈古音無邪紐證〉，見《師大國學叢刊》。

5 戴君仁〈古音無邪紐補證〉，見《輔仁學誌》十二卷一、二期合刊。

6 拙著《古音學發微》文史哲出版社出版，1212 頁-1224 頁曾談及此一問題，與本文之解釋稍有不同。

清濁相變的說法，曾大為置疑。並經考明群與匣古音應同出一源，絕非溪紐之變聲。當時因限於體例及時間，未曾詳加闡發，今願就群紐的古讀問題，再詳加申說，以補《古音學發微》的不足，並就教於海內外諸博雅居子。

為探索群母的古讀究竟何似之前，且先瞭解群母古讀的歷史。首先論及群母古讀的，當然是黃季剛先生。黃氏在音略裏說：『群、此溪之變聲，今音讀群者，求古音當改入溪類。』[7] 至於群紐何以為溪紐之變聲？則未曾解說。蓋黃先生據錢大昕、章炳麟之所考，得知非、敷、奉、微、知、徹、澄、娘、日九紐為變聲，於是創一紐經韻緯表，持此古音所無之九紐，進察《廣韻》二百零六韻，凡無此九紐之韻或韻類，亦必無喻、為、群、照、穿、神、審、禪、莊、初、床、疏、邪等十三紐。則此十三紐必與非、敷、奉、微、知、徹、澄、娘、日九紐同一性質，即亦應為變聲，黃氏由此考得群紐為變聲。而自方以智、江永以來，談到聲母的發音方法，都把牙音的溪、群兩紐當作送氣聲。戴震的《聲類表》亦將溪、群兩母列入喉牙音的第二位為位同，所以黃先生就根據舊說而認為群母為溪母的變聲。

符定一編《聯緜字典》有〈群紐古讀同見證〉一文[8]列出五類證據，證明見群二紐古聲相同。今節錄於後：

甲、見紐群紐字經典互用，足徵見群古同聲也。此類之證十有八。《易・小畜》：『月幾望。』《釋文》：『幾、徐音祈，又音機，子夏傳作近。《說文》：幾機居衣切見，祈渠稀切、近渠遴切群，證一。……

7　黃侃《音略》，見《黃侃論學雜著》62 頁-92 頁。
8　符定一〈群紐古讀同見紐證〉，見《聯緜字典》，67 頁-77 頁。

乙、見紐群紐字《說文》互讀，足徵見群古同聲也。此類之證有九。虍部虔讀若矜，虔渠焉切群，矜居陵切見，證一。……

丙、一字具有見群二紐，足徵見群古同聲也。此類之證有二十。《詩・小雅・庭燎》：『夜如何其。』《釋文》：『其音基。』基見紐。《詩・曹風・候人》：『彼其之子。』《釋文》：『其音記。』記居吏切見，證一。……

丁、見紐字孳乳爲群紐者，足證其本通群也。此類之證，二十有九。《說文》畺、居良切見，畺聲之彊，強之籀文彊，㢡之古文㢡，均居良切見，畺聲之鱷，渠京切群，證一。……

戊、凡群紐字孳乳爲見紐者，足徵其本通群見也。此類之證有八：《說文》局渠綠切群，局聲之挶，居玉切見，證一。……

符氏的結語說：『已上所列八十四證，足以塙定見群二紐古通。』

敖士英〈關於研究古音的一個商榷〉一文[9]，根據群經異字同讀的音，推論出群紐應併入見，並且進一層認爲匣紐也應該併入見紐。敖氏說：

『匣紐字合於牙聲，這是更明瞭的事實；不過這紐的字既然相同於牙聲，就可以幷入牙聲相同的紐，不必在牙聲另立一目。考牙聲各紐——見、溪、群、疑——群紐應幷入見，溪、見相近，古聲亦多相雜，但二紐有發聲、送氣的分別，是否古人有沒有這種區別，不敢斷定；因爲傍紐相雜，各類都同，不是顯無別異的，暫不相幷。匣紐字和見、溪二紐字古音實同，即可將匣幷入該紐。』

9 敖士英〈關於研究古音的一個商榷〉，載北大《國學季刊》二卷三期。

敖氏雖說匣與見溪二紐字古音實同，而實際上他是把匣紐幷入於見紐的。敖氏云：

『淺喉一類——見、溪、群、疑——群、見相幷，曉匣在古音亦當入淺喉；但匣紐字與見溪既同，不必再另立一紐，在前類已經說過了。不過曾先生主張喻紐三等字（于）本屬于牙音匣紐，現在將匣紐併於見，于紐豈不又無所附麗？』

因爲敖氏主張匣群兩母古音併於見，所以後來在〈古代濁聲考〉一文[10]，也就特別強調匣見與群見關係之密切。敖氏說：

『匣母字偏旁的聲類，見母居然占了五分之四，我們就此一點，可以看出匣母和 見母關係是非常密切。』

又說：

『把群母的偏旁聲類總括起來，見母實占全部的最多數。』

敖氏根據諧聲字的關係及群經異字同讀的證據，而考證出群匣兩母古併入見之說，不但把群母歸入見母，又把匣母也一併歸入了見母。

謝雲飛先生〈自諧聲中考匣紐古讀〉一文[11]，是繼敖氏後，主張匣母古讀同見母考證最詳的一篇文章。謝氏此文收錄《廣韻》全部匣紐字一零六四字，逐字予以考證，以各字不同的情況而加以分析。謝氏說：

『其第一類爲諧聲於今於古皆屬見紐，而所諧之字於後世屬匣紐者，則以文字發生之先後論，證明諧聲偏旁早出於所諧之

---

10 敖士英〈古代濁聲考〉載《輔仁學誌》二卷一期。

11 謝雲飛〈自諧聲中考匣紐古讀〉載《南洋大學學報》第四期，謝氏〈匣古歸見說〉，又見所著《中國聲韻學大綱》298 頁-299 頁，蘭臺書局印行。

字，而認定所諧之字應從偏旁之古音而歸於見紐。此類匣紐字最多，計有七五諧聲偏旁，統六四一字。第二類爲諧聲偏旁於今屬匣紐，而其所諧之字於今於古皆有屬於見紐者，則據所諧之見紐字以證諧聲偏旁本屬見紐，以語音多變之故，諧聲偏旁至後世已變爲匣紐，而所諧之字尚保留古之見紐，既證此一匣紐之偏旁古屬見紐矣，則從此一偏旁所諧之字；於後世雖亦爲匣紐，而其上古必見紐也。此類字計有十八諧聲偏旁，統二〇〇字。第三類爲諧聲偏旁屬見系，或其所諧之字有屬見系而與見紐僅發聲、送氣或清濁之小異者，則據前文"匣紐歸見"之假設及第一類、第二類以諧聲爲證之事實結果，而證此類見系之音，上古本屬見紐，至後世始漸次衍變至見系其他三紐者，故第三類考證即在求此類匣紐字本爲見系，而與見紐爲子姓之關係，以其關係如此，故亦認定其爲古見紐字。此類字計有十四諧聲偏旁，統六二字。第四類爲捨前述三種現象外，其於後世爲匣紐字，而以音訓、假借、或體、讀若、又音及方音可考其古音屬見紐者。此類字計有四二諧聲偏旁，統 一六二字。以上四類共爲九六五字，皆可考其古歸見紐之由也。』

上來所引各家的說法，他們認爲群母及匣母古音應併入見母，主要的依據就是諧聲字中，群與匣都大量的跟見母諧聲。事實上諧聲系統並沒有充分證據，足以證明群匣二母應歸見母，充其量只不過可以說明群母跟匣母與見母的聲母發音部位相同罷了。其實群匣二母不但跟見母在諧聲上大量接觸，跟所有的舌根聲母，甚至於喉音的影母也常接觸。下面的例子，是從沈兼士的《廣韻聲系》12 摘錄下來的。我把它分成八類，現在迻錄於後。

第一類：諧聲字的聲符屬見母，而所諧的字遍及喉牙各母。例如：

⑴ 工（古紅切 k-）：空（苦紅切 k'-）叿（呼東切 x-）紅（戶公切ɣ-）蛩（渠容切 g'-）

⑵ 共（九容切 k-、渠用切 g'-）：恭（九容切 k-）䢼（渠容切 g'-）烘（呼東切 x-）洪（戶公切ɣ-）

⑶ 奇（居宜切 k-）：畸（居宜切 k-）騎（渠羈切 g'-）觭（去奇切 k'-）錡（魚倚切 ŋ-）猗（於離切ʔ-）

⑷ 規（居隨切 k-）：槻（居隨切 k-）闚（去隨切 k'-）嫢（求癸切 g'-）嫢（胡典切ɣ-）

⑸ 䀠（舉朱切 k-）：瞿（九遇切 k-、其俱切 g'-）奭（舉朱切 k-）衢（其俱切 g'-）玃（居縛切 k-）躩（丘縛切 k'-）戄（具籰切 g'-）嬳（憂縛切ʔ-）籰（王縛切 j-）矆（許縛切 x-）

⑹ 圭（古攜切 k-）：佳（古膎切 k-）奎（苦圭切 k'-）崖（五佳切 ŋ-）烓（烏膎切ʔ-）眭（許規切 x-）窐（戶圭切ɣ-）

⑺ 君（舉云切 k-）：捃（舉云切 k-）輑（去倫切 k'-）群（渠云切 g'-）頵（於倫切ʔ-）焄（許云切 x-）㿏（五還切 ŋ-）

⑻ 軍（舉云切 k-）：皸（舉云切 k-）顐（五困切 ŋ-）運（王問切 j-）惲（於粉切ʔ-）揮（許歸切 x-）餫（戶昆切ɣ-）

⑼ 斤（舉欣切 k-）：蘄（居衣切 k-、巨希切 g'-）（丘謹切 k'-）祈（渠希切 g'-）近（其謹切 g'-）犷（語斤切 ŋ-）欣（許斤切 x-）蚚（胡輩切ɣ-）

⑽ 干（古寒切 k-）：汗（古寒切 k-、胡安切ʔ-）靬（苦寒切 k'-）赶（巨言切 g'-）豻（俄寒切 ŋ-）罕（呼旱切 x-）邗（胡安切ɣ-）

⑾ 官（古丸切 k-）：棺（古丸切 k-）婠（一丸切ʔ-）逭（胡玩切ɣ-）

⑿ 幵（古賢切 k-）：栞（苦寒切 k'-）妍（五堅切 ŋ-）訮

（呼煙切 x-）眪（戶圭切ɣ-）

⒀喬（舉喬切 k-、巨嬌切 g'-）：驕（舉喬切 k-）橋（巨嬌切 g'-）蹻（去遙切 k' -）囂（許嬌切 x-）

⒁交（古肴切 k-）：跤（口交切 k'-）齩（五巧切 ŋ-）咬（於交切ʔ-）詨（呼教切 x-）效（胡教切ɣ-）

⒂高（古勞切 k-）：膏（古勞切 k-）敲（口交切 k'-）蒿（呼毛切 x-）豪（胡刀切ɣ-）

⒃皋（古勞切k-）：槔（古勞切k-）蒿（呼毛切x-）嘷（胡刀切ɣ-）翱（五勞切 ŋ-）

⒄瓜（古華切 k-）：孤（古胡切 k-）呱（苦瓜切 k'-）窊（烏瓜切ʔ-）祇（況于切 x-）狐（戶吳切ɣ-）

⒅加（古牙切 k-）：嘉（古牙切 k-）伽（求迦切 g'-）娿（烏何切ʔ-）賀（胡箇切ɣ-）

⒆亢（古郎切 k-、苦浪切 k'-）：秔（古行切 k-）伉（苦浪切 k'-）炕（呼郎切 x-）航（胡郎切ɣ-）

⒇光（古黃切 k-）：胱（古黃切 k-）觥（苦光切 k'-）洸（烏光切ʔ-）黃（胡光切ɣ-）睆（呼晃切 x-）

㉑京（舉卿切 k-）：景（居影切 k-）勍（渠京切 g'-）影（於丙切ʔ-）

㉒冋（古螢切 k-、戶頂切ɣ-）：炯（古迥切 k-）迥（戶頂切ɣ-）絅（口迥切 k'-）詗（火迥切 x-）

㉓ㄥ厷（古弘切 k-）：宏（古橫切 k-）雄（羽弓切 j-）宏（戶萌切ɣ-）泓（烏宏切ʔ-）強（巨良切 g'-）

㉔句（古侯切 k-、其俱切 g'-）：鉤（古侯切 k-）帎（恪侯切 k'-）劬（其俱切 g'）欨（況于切 x-）詾（胡遘切ɣ-）

㉕今（居吟切 k-）：金（居吟切 k-）㱃（口含切 k'-）黔

（巨今切㉟ g‘-）吟（魚金切ŋ-）霒（於金切ʔ-）㰹（許兼切x-）含（胡男切ɣ-）

⑯甘（古三切 k-）：柑（古三切 k-）𤷉（口含切 k‘-）黚（巨今切㉟ g‘-）蚶（呼談切x-）酣（胡甘切ɣ-）

⑰兼（古甜切 k-）：鶼（古甜切 k-）謙（苦兼切 k‘-）齸（語廉切 ŋ-）嫌（戶兼切ɣ-）

⑱鬼（居偉切 k-）：瑰（公回切 k-）魁（苦魁切 k‘-）餽（求位切 g‘-）嵬（五灰切ŋ-）磈（於鬼切ʔ-）槐（戶恢切ɣ-）

⑲古（公戶切 k-）：罟（公戶切 k-）苦（康杜切 k‘-）胡（戶吳切ɣ-）腒（強魚切 g‘-）葫（荒烏切x-）

⑳解（古隘切 k-、佳買切 k-、胡懈切ɣ-、胡買切ɣ-）：檞（佳買切k-）蟹（胡買切ɣ-）髈（苦駭切k‘-）

㉑果（古火切 k-）：裹（古火切 k-）窠（苦禾切 k‘-）婐（烏果切ʔ-）夥（胡果切ɣ-）

㉒叚（古疋切 k-）：假（古疋切 k-）骰（枯駕切 k‘-）煆（許加切x-）遐（胡加切ɣ-）

㉓咼（古瓦切 k-）：緺（苦咼切 k‘-）拐（求蟹切 g‘-）過（古禾切k-）渦（烏禾切ʔ-）諣（呼卦切x-）禍（胡果切ɣ-）

㉔九（舉有切 k-）：鳩（居求切 k-）尻（苦刀切 k‘-）仇（巨鳩切 g‘-）虓（許交切x-）沊（烏候切ʔ-）

㉕旡（居豙切k-）：既（居豙切k-）炁（烏代切ʔ-）既（許既切x-）慨（苦蓋切k‘-）暨（具冀切g‘-）

㉖匃（古太切k-）：曷（胡葛切ɣ-）葛（古達切k-）渴（苦曷切k‘-）揭（其謁切g‘-）餲（於葛切ʔ-）歇（許竭切x-）

㉗戒（古拜切 k-）：誡（古拜切 k-）烕（苦戒切 k‘-）㖑（許戒切x-）械（胡介切ɣ-）

⑶丯（古拜切 k-）：㓞（恪八切 k‘-）害（胡蓋切ɣ-）絜（古屑切 k-）齧（五結切 ŋ-）䯣（火犗切 x-）㓿（於計切ʔ-）

⒆夬（古賣切 k-）：決（古穴切 k-）快（苦夬切 k‘-）抉（於決切ʔ-）闋（呼決切 x-）

⒇艮（古恨切 k-）：根（古痕切 k-）豤（苦痕切 k‘-）痕（戶恩切ɣ-）銀（語巾切 ŋ-）

⑷見（古電切 k-、胡甸切ɣ-）：絸（古典切 k-）峴（胡典切ɣ-）俔（苦甸切 k‘-）硯（吾甸切 ŋ-）蜆（呼典切 x-）

⑷告（古到切 k-）：誥（古到切 k-）祰（苦浩切 k‘-）皓（胡老切ɣ-）

⑷竟（居慶切 k-）：境（居影切 k-）樈（渠京切 g‘-）竟（於丙切ɣ-）

⑷臼（居玉切k-）：學（胡覺切ɣ-）覺（古岳切k-）嚳（苦沃切 k‘-）鷽（五角切 ŋ-）䑗（烏谷切ʔ-）

⑷吉（居質切 k-）：拮（居質切 k-）趌（詰利切 k‘-）姞（巨乙切 g‘-）䀯（五鎋切 ŋ-）壹（於悉切ʔ-）欯（許吉切 x-）黠（胡八切ɣ-）

⑷𠯑（居月切k-）：昏（下刮切ɣ-）括（古活切k-）蛞（苦栝切 k‘-）斡（烏括切ʔ-）䛡（火怪切 x-）

⑷亅（居月切k-）：戉（王伐切j-）泧（呼括切x-）越（戶括切ɣ-、王伐切 j-）

⑷欮（居月切 k-）：闕（去月切 k‘-）蹶（居月切 k-）橛（其月切 g‘-）

⑷骨（古忽切 k-）：䯊（古忽切 k-）顝（苦回切 k‘-）㱁（烏沒切ʔ-）滑（戶骨切ɣ-）

⒁各（古落切 k-）：閣（古落切 k-）恪（苦各切 k‘-）咎

（其九切 g‘-）額（五陌切 ŋ-）貉（下各切ɣ-）脂（許尤切 x-）

⑸郭（古博切 k-）：廓（苦郭切 k‘-）霩（虛郭切 x-）

⑸鬲（古核切 k-）：隔（古核切 k-）福（楷革切 k‘-）鞷（五革切 ŋ-）篇（許激切 x-）磆（下革切ɣ-）

⑸合（古沓切 k-、侯閤切ɣ-）：閤（古沓切 k-）郃（侯閤切ɣ-）袷（其輒切 g‘-）哈（五合切 ŋ-）船（呼洽切 x-）弇（衣檢切ʔ-）

⑸夾（古洽切 k-）：恢（苦協切 k‘-）婡（呼牒切 x-）綊（胡頰切ɣ-）瘱（於計切ʔ-）

⑸甲（古狎切 k-）：鉀（古盍切 k-）鴨（烏甲切ʔ-）呷（呼甲切 x-）狎（胡甲切ɣ-）

第二類：諧聲字的聲符屬溪紐，而所諧的字遍及牙喉各母。例如：

⑴ 凵（去魚切 k‘-）：去（羌舉切 k‘-）弆（居許切 k-）劫（居業切 k-）紬（於輒切ʔ-）厒（胡臘切ɣ-）

⑵ 區（豈俱切 k‘-、烏侯切ʔ-）：軀（豈俱切 k‘-）謳（烏侯切ʔ-）蝠（香句切 x-）

⑶臽（苦感切 k‘-、戶韽切ɣ-）：蜭（苦紺切 k‘-）陷（戶韽切ɣ-）齠（古覽切 k-）淊（乙咸切ʔ-）噞（呼覽切 x-）

⑷ 气（去既切 k‘-）：芞（許訖切 x-）訖（居乞切 k-）刉（渠希切 g‘-）疙（魚迄切 ŋ-）麧（下沒切ɣ-）

⑸肯（苦角切 k‘-）：殼（苦角切 k‘-）穀（古祿切 k-）殼（呼木切 x-）縠（胡谷切ɣ-）

⑹ 毄〈苦擊切 k‘-）：繫（古詣切 k-、胡計切ɣ-）礊（呼麥切 x-）

第三類：諧聲字聲符屬群母，而與喉牙各母相諧聲。例如：

⑴ 堇（巨巾切 g‘-）：勤（巨斤切 g‘-）謹（居隱切 k-）螼（弃忍切 k‘-）鄞（語斤切 ŋ-）暵（呼旰切 x-）

⑵ 㞷（巨王切 g‘-）：狂（巨王切 g‘-）匡（去王切 k‘-）汪（烏光切ʔ-）往（于兩切 j-）暀（乎曠切ɣ-）

⑶ 求（巨鳩切 g‘-）：救（居祐切 k-）脙（許尤切 x-）

⑷ 臾（求位切 g‘-）：貴（居胃切 k-）嘳（丘愧切 k‘-）聵（五怪切 ŋ-）靧（荒內切 x-）讃（胡罪切ɣ-）

⑸ 谷（其虐切 g‘-）：腳（居勺切 k-）螂（丘擭切）梆（下革切ɣ-）

⑹ 及（其立切 g‘-）：汲（居立切 k-）鈒（去劫切 k‘-）岌（魚及切 ŋ-）吸（許及切 x-）

第四類：諧聲字聲符屬疑母，而與喉牙各母相諧聲。例如：

⑴ 危（魚爲切 ŋ-）：詭（過委切 k-）跪（去委切 k‘-、渠委切 g‘-）

⑵ 垚（五聊切 ŋ-）：驍（古堯切 k-）敲（苦幺切 k‘-）翹（渠遙切 g‘）嶢（於霄切ʔ-）膮（許幺切 x-）

⑶ 敖（五勞切 ŋ-）：勢（胡刀切ɣ-）

⑷ 元（愚袁切 ŋ-）：冠（古丸切 k-）完（胡官切ɣ-）梡（苦管切 k‘-）院（王眷切 j-）

第五類：諧聲字聲符屬影母，而與喉牙各母相諧聲。例如：

⑴ 焉（於乾切ʔ-、有乾切 j-）：嗎（許延切 x-）槁（戶恩切ɣ-）

⑵ 㫃（於幰切ʔ-）：倝（古幹切 k-）翰（苦寒切 k‘-）乾（渠焉切 g‘-）韓（胡安切ɣ-）

⑶ 蒦（一虢切ʔ-、胡麥切ɣ-）：韄（胡麥切ɣ-）擭（一虢切ʔ-）趪（求獲切 g‘-）瓁（五郭切 ŋ-）篗（王縛切 j-）臒（許縛切

x-）

第六類：諧聲字聲符屬爲母，而與喉牙各母相通諧。例如：

⑴ 口（雨非切 j-）：韋（雨非切 j-）員（王分切 j-）肙（烏縣切ʔ-）涓（古玄切 k-）鋗（火玄切 x-）蜎（狂兗切 g'-）琄（胡畎切ɣ-）懲（魚祭切 ŋ-）

⑵ 爲（薳支切 j-）：媯（居爲切 k-）譌（五禾切 ŋ-）蟡（於爲切ʔ-）噅（許爲切 x-）闟（苦緺切 k'-）

⑶ 于（羽俱切 j-）：扜（苦胡切 k'-）紆（憶俱切ʔ-）訏（況于切 x-）釫（戶花切ɣ-）

⑷ 又（于救切 j-）：有（云久切 j-）蛕（戶恢切ɣ-）絠（古亥切 k-）郁（於六切ʔ-）賄（呼罪切 x-）

第七類：諧聲字聲符屬曉母，而與喉牙各母相通諧。例如：

⑴ 虍（荒烏切 x-）：虛（朽居切 x-、去魚切 k'-）豦（強魚切 g'-）

⑵ ㄛ（虎何切 x-）：可（枯我切 k'-）舸（古我切 k-）何（胡歌切ɣ-）阿（烏何切ʔ-）訶（虎何切 x-）

⑶ 夐（許縣切 x-）：瞁（火玄切 x-）讂（古縣切 k-）瓊（渠營切 g'-）奐（胡官切ɣ-）

⑷ 孝（呼教切 x-）：教（古孝切 k-）䫜（五教切ɣ-）

第八類：諧聲字聲符屬匣母，而與喉牙音各母相通諧。例如：

⑴ 夅（下江切ɣ-）：絳（古巷切 k-）贛（苦感切 k'-）呼（呼孔切 x-）

⑵ 兮（胡雞切ɣ-）：傒（五稽切 ŋ-）誇（烏兮切ʔ-）䝱（呼雞切 x-）

⑶ 寒（胡安切ɣ-）：蹇（居偃切 k-）褰（去乾切 k'-）寋

（其偃切 g‘-）騫（虛言切 x-）

⑷ 玄（胡涓切ɣ-）：誸（姑泫切 k-）牽（苦堅切 k‘-）絃（許縣切 x-）

⑸ 爻（胡茅切ɣ-）：𣪊（古肴切k-）鵁（花交切x-）郩（烏皓切ɣ-）

⑹ 皇（胡光切ɣ-）：揘（永兵切 j-）諻（虎横切 x-）

⑺ 熒（戶扃切ɣ-）：檾（口迥切 k‘-）螢（渠營切 g‘-）罃（烏莖切ʔ-）榮（永兵切 j-）䔛（虎横切 x-）

⑻ 恒（胡登切ɣ-）：搄（古恒切 k-）佪（丘伽切 k‘-）暅（況晚切 x-）

⑼ 咸（胡讒切ɣ-）：緘（古咸切 k-）㙴（丘廉切 k‘-）㺂（巨淹切 g‘-）䖔（五咸切 ŋ-）喊（呼覽切 x-）

⑽戶（侯古切ɣ-）：雇（古暮切 k-）戽（呼古切 x-）

⑾亥（胡改切ɣ）：頦（古亥切k-）劾（苦哀切k‘-）硋（五溉切 ŋ-）餩（於犗切ʔ-）

⑿后（胡口切ɣ-）：垢（古厚切 k-）㖃（苦后切 k‘-、烏后切ʔ-）詬（呼漏切 x-）

⒀隺（胡沃切ɣ-）：権（古岳切 k-）確（苦角切 k‘-）犨（五角切 ŋ-）膗（呼木切 x-）

⒁夏（胡雅切ɣ-、古下切 k-）：榎（古疋切 k-）嗄（於犗切ʔ-）

⒂或（胡國切ɣ-）：馘（古獲切k-）彧（於六切ʔ-）域（雨逼切 j-）掝（呼麥切 x-）

從以上八類九十四個諧聲聲符跟喉牙音各母通諧情況的普遍看來，在形聲字上實在看不出群匣二母有歸見母的跡象。如果因爲群匣二母可以跟見母諧聲，就斷定群匣歸見。那末，溪、疑、影、曉各母都可與見母諧聲，是否也可以說古音裡頭，這幾個聲母也都歸見母呢？答案顯然是否定的。高本漢在《中文分析字典》[12] 說：

『諧聲的部分跟全字不必完全同音。例如：咸、減、喊、感四字在古音是ɣam、kam、xam、kâm 四個音，假如在上古音的時候是完全同音的，而到古音的時候各自變成那四個不同的音了，那照一切語言史的經驗上看起來是不會有的事情。』

高氏又說：

『在一大類的字，差不多佔諧聲字的大多數，它的主諧字跟被諧字，就說在古音中，也是有相同或相近的聲母輔音。……假如在古音中主諧字跟被諧字的聲母不同，至少大都是發音部位相同的。例如：古 kuo：苦 k'uo；干 kân：罕 xân；干 kân：旱ɣân 等等都是舌根音，或般 puân：盤 b'uân，半 puân：判 p'uân 等等都是脣音。』

從高本漢這兩段話看來，非常明顯的，我們不能根據般：盤的諧聲關係，就把並母 b'-併入幫母 p-；也不能根據半判的諧聲關係，把滂母 p'-併入幫母 p-；當然，也不能根據干：罕的諧聲關係，把曉母 x-併入見 k-。那麼怎可能根據干：旱的諧聲關係，把匣母ɣ-併入見母 k-呢？或者根據甘 kâm：鉗 g'i̯äm 的諧聲關係，把群母 g'-併入見母 k-呢？由此可知，純就形聲字的諧聲關係來說，還無法證明見匣群是同出一源的。頂多根據諧聲通則，它們在古音裡頭聲母的發音部位相同罷了。

不過，符定一、敖士英、謝雲飛等人，除了諧聲的關係外，

---

12 B.Karlgren:"Analytic Dictionary of Chinese and Sino-Japanese"1923m 本字典的敘論，趙元任譯作〈高本漢的諧聲說〉，轉載於《上古音討論集》，學藝出版社，台北市。

他們又引用了一些群經異字同讀的音及音訓等作爲證據。我也承認這些證據在考訂古聲上的重要性，現在且讓我們來檢查一下這些證據的可靠性的程度。錢大昕在《十駕齋養新錄》裏的〈古無輕脣音〉跟〈舌音類隔之說不可信〉兩文，是第一個引用異文假借來考證古聲母的人。現在就從這兩篇文章中各選一個例子來說明：錢氏在〈古無輕脣音〉一文裡舉例說：『《書》："方鳩僝功。"《說文》兩引，一作"旁逑僝功"，一作"旁救孱功"。』那就是說方旁兩字是異文假借，這個例子也只能說明古音方與旁的聲母發音部位相同，並不能證明方的聲母非pf'-與旁的聲母 b'-，在古音裡是一個聲母。錢氏在〈 舌音類隔之說不可信〉一文也舉過這樣的例子：『《詩》："綠竹猗猗。"《釋文》："《韓詩》竹作藩。"』也是在說明竹藩兩字爲異文假借，但也只能說明竹藩的聲母在古音裡頭發音部位相同，亦不能證明竹的聲母知 t-與藩的聲母定 d'-在古音裡頭是一個聲母。可見異文假借的功用還是有一定的局限性，並不能證明兩個異文的音是完全相等的。至於音訓的材料，聲母完全相同的固然很多，但也不是說凡是用來作爲音訓的字聲母一定相同。包擬古的《釋名研究》[13] 就這樣說過：

『仍有許多音訓的字組顯示出不可忽視相異的程度，有些（聲母）的差異，由於作者從寬解釋而被認爲是合乎標準的。那就是某些見母 k-字用群母 g'-或溪母 k'-來解釋的例子。』

由此可見音訓也並沒有嚴格地要求聲母完全相同的程度。像

---

13 Nicholas Cleaveland Bodman: "A Linguistic Study of the Shih Ming", 1954。本節所弔譯自原文 9 頁。又原書第三章竺家寧譯作〈釋名複聲母研究〉，見民國 68 年 6 月國立臺灣師範大學國文研究所畢業同學會編《中國學術年刊》第三期 59 頁-83 頁。

《說文》："天、顚也。"就是一個很好的例子，天顚的韻母完全相同，而聲母則天屬透母t'-，顚屬端母t-，我們不能根據這個例子，推斷說透母跟端母在古音裡原是一個聲母。如此說來，盡管有了諧聲、異文、音訓等方面的證據，還得加上其他的資料與合理的解說才行。

從以上的資料，固然符氏等人不足以證明群匣與見母是同出一源，但我仍沒有證實絕不可同出一源。所以還得從別的方面來設想，我國文字有一字兩音，而往往有意義上的差別，也就是所謂『以聲別義。』高本漢稱爲形態變化（morphology）[14]，周祖謨的〈四聲別義釋例〉一文[15]，歸納漢語文法形態的變化，約有四端：（a）聲調變讀，（b）變調兼變聲母，（c）變調兼變韻母，（d）調值不變僅變聲韻。並且認爲這種來源，遠自漢代即已開始。

周法高〈語言區別詞類說〉一文的結論說[16]：

『根據記載上和現代語中所保留的用語音上的差異來區別詞類或相近意義的現象，我們可以推知這種區別可能是自上古遺留下來的；不過好些讀音上的區別（尤其是漢以後書本上的讀音），卻是後來依據相似的規律而創造的。』[17]

周氏在文中又說：

『我們現在要問：那些語音上的差異來區別詞類或相近意義

---

14 見 B.Karlgren:"Compendium of phonetics in Ancient and Archaic Chinese" 1970, 275 頁。此書張洪年譯作《中國聲韻學大綱》，中華叢書委員會出版。台北市。

15 周祖謨〈四聲別義釋例〉載《輔仁學誌》第十三卷一、二合期。

16 周法高：〈語音區別詞類說〉，載杜其容譯《中國語之性質及歷史》附錄二，151 頁-173 頁。

17 見周法高〈語音區別詞類說〉，170 頁-171 頁。

的現象，是不是後起的呢？我覺得有兩點須先弄清楚。第一、某字的讀音最先見於記載的時期和它存在於語言中的時期並不見得一致。它可能在見諸記載以前早已存在於口語中，也可能雖見於記載而只是書本上的讀法，在口語裡並不存在。根據此點，那些討論一字兩讀起於葛洪、徐邈，抑或起於後漢的人，只能證明其最早出現於記載的時期，而不能斷定其在語言中使用的時期。第二、某些字讀法上的區別發生是後起的，並不能證明所有屬於這類型的讀音上的區別都是後起的，可能某些字讀音的區別發生很早，而某些則是後來依著這類型而創造的。』[18]

周法高氏這一看法，非常中肯，而且也很重要，這對於我們分析上古的聲母有極大的助益。因為在一字兩讀而具有區別意義的作用上，有許多的例子，韻母跟聲調完全相同，用來區別意義的，只是聲母的不同，往往是用一個全清的聲母跟一個全濁的聲母來對比。下面我們按著脣、舌、齒各種部位，舉一些例子來看看它們的對比的情形：

一、脣音幫 p-～並 b‘-的對比：

別、離別。皮列切，並母 b‘-；分別。彼列切，幫母 p-。

敗、自破曰敗，薄邁切，並母 b‘-；破他曰敗，補邁切，幫母 p-。

般、般樂，薄官切，並母 b‘-；般運，北潘切，幫母 p-。

蕃、蕃息，附袁切，奉母古屬並母 b‘-；蕃屏，甫煩切，非母古屬幫母 p-。

藩、蕁菜，附袁切，奉母古屬並母 b‘-；藩籬，甫煩切，非

18 前文 167 頁-169 頁。

母古屬幫母 p-。

方、縣名，符万切，奉母古屬並母 b‘-；四方，府良切，非母古屬幫母 p-。

二、舌音端 t-～定 d‘-的對比：

斷、斷絕，都管切，端母 t-；已絕，徒管切，定母 d‘-。

裯、衣袖，當口切，端母 t-；短衣，徒口切，定母 d‘-。

殿、宮殿，堂練切，定母 d‘-；殿後，都甸切，端母 t-。

朝、朝旦，陟遙切，知母古屬端母t-；朝見，直遙切，澄母古屬定母 d‘-。

著、附著，陟略切，知母古屬端母t-；置定，直略切，澄母古屬定母 d‘-。

柱、支柱，知庾切，知母古屬端母t-；支木，直主切，澄母古屬定母 d‘-。

折、自折曰折，市列切，禪母古屬定母 d‘-；見折曰折，之舌切，照母古屬端母 t-。

屬、屬辭，章玉切，照母古讀端母t-；係屬，時玉切，禪母古屬定母 d‘-。

三、齒音精 ts-～從 dz‘-的對比：

湔、水名，則前切，精母 ts-；藥名，昨先切，從母 dz‘-。

盡、極盡，即忍切，精母 ts-；終竭，慈忍切，從母 dz‘-。

載、年載，作代切，精母 ts-；載運，昨代切，從母 dz‘-。

埩、埩地，士耕切，床母古屬從母　z‘-；理治，側莖切，莊母古屬精母 ts-。

曾、姓氏，作滕切，精母 ts-；曾經，昨棱切，從母 dz‘。

從以上脣、舌、齒三類以全清跟全濁的聲母作爲區別意義的標準來看，那末，脣音的幫母就絕不可能合併於並母。同理，舌音的端母也不可能合併於定母，齒音的精母也也不可能合併於從母。否則，就無法用聲母來區別意義了。那麼，牙音的情形是如何呢？牙音裡作爲形態變化的，常以見匣作爲對比，也有以見群作爲對比的。分別迻錄於後：

（一）牙音全清見 k-～全濁匣ɣ-的對比：

紅、女紅，古紅切，見母 k-；紅色，戶公切，匣母ɣ-。

湝、水流見，古諧切，見母k-；風雨不止，戶皆切，匣母ɣ-。

汗、可汗，胡安切，匣母ɣ-；餘汗，縣名，古寒切，見母k-。

閒、中間，古閑切，見母 k-；空閒，戶閒切，匣母ɣ-。

解、解釋，佳買切，見母 k-；旣釋，胡買切，匣母ɣ-。

解、解除，古隘切，見母 k-；曲解，胡懈切，匣母ɣ-。

夏、諸夏，胡雅切，匣母ɣ-；夏楚，古疋切，見母 k-。

繫、縛繫，古詣切，見母 k-；繫屬，胡計切，匣母ɣ-。

會、會合，黃外切，匣母ɣ-；會計，古外切，見母 k-。

壞、自壞，戶怪切，匣母ɣ-；毀之，古壞切，見母 k-。

見、看見，古甸切，見母 k-；見露，胡甸切，匣母ɣ-。

滑、滑稽，古忽切，見母 k-；滑亂，戶骨切，匣母ɣ-。

活、水流聲，古活切，見母 k-；不死，戶括切，匣母ɣ-。

合、合同，侯閤切，匣母ɣ-；合集，古沓切，見母 k-。

郃、郃姓，侯閤切，匣母ɣ-；水名，古沓切，見母 k-。

嗑、噬嗑，卦名，胡獵切，匣母ɣ-；多言，古盍切，見母k-。

蓋、苫蓋，胡獵切，匣母ɣ-；姓氏，古沓切，見母 k-。

（二）牙音全清見 k-～全濁群 g‘-的對比：

奇、奇異，渠羈切，群母 g‘-；不偶，居宜切，見母 k-。

其、不其，邑名，居之切，見母k-；語辭，渠之切，群母g‘-。

幾、幾近，渠希切，群母 g‘-；庶幾，居依切，見母 k-。

刉、以血塗門，渠希切，群母g‘-；斷切，居依切，見母k-。

喬、高，巨嬌切，群母 g‘-；句如羽喬，舉喬切，見母 k-。

鞠、推窮，居六切，見母 k-；蹋鞠，渠竹切，群母 g‘-。

從牙音見匣的對比跟見群的對比看來，如果脣音的並母 b‘-不可合併於幫母 p-；舌音的定母 d‘-不可合併於端母 t-，齒音的從母 dz‘-不可合併於精母 ts-；則牙音的匣母ɣ-跟群母 g‘-當然也不可合併於見母了。

至於溪母k‘-母與群母g‘-的關係,差不多跟見群的關係是相平行的。現在舉出若干例子爲證：

蹻、驕慢，巨嬌切，群母g‘-；舉足高，去遙切，溪母k‘-。

跪、跪拜，去委切，溪母 k‘-；跽跪，渠委切，群母 g‘-。

樻、木名，求位切，群母 g‘-；樻椐，丘愧切，溪母 k‘-。

這樣看來，群母 g‘-當然也不能合併於溪母 k‘了。

那末，群母既不能合併於見母k-，那它的古音究竟如何呢？我覺得從分配上群母應可與匣母合併爲一個聲母，因爲見 k-～匣ɣ-的對比，只限於一二四等的字，一等字有紅、汗、滑、會、活、合、部、嗑、蓋；二等字有湝、解、閒、夏、壞；四等字有繫、見；而見k-～群g‘-的對比，全部都是三等字。正像脣、舌、齒的全濁聲母並 b‘-、定 d‘-、從 dz‘-一樣本來都是兼備四等的，後來起了分化，一二四等變爲匣，三等變爲群，這是很可能的。否則，不應有牙音見匣的對比、見群的對比，正像脣音幫並，舌音端定，齒音精從一樣。

我們說匣群同源，在異文跟音讀方面也可以得到一些證據，足以支持我們這一看法。《儀禮・士昏禮》：『加于橋。』注：

『今文橋爲鎬。』按橋《廣韻》巨嬌切， 群母；鎬胡老切，匣母；《春秋・左氏昭公十二年經》：『大夫成熊。』《穀梁》作『成虔』。熊、羽弓切，爲母古歸匣母，虔、渠焉切，群母。《說文》：『㞷、艸木妄生也。讀若皇。』㞷、巨王切，群母，皇、戶光切，匣母。《書・微子》：『我其發出狂。』《史記・宋世家》引作『往』。狂、巨王切，群母，往、于兩切，爲母古歸匣母。《水經・泗水注》：『澧水又東合黃水，時人謂之狂水，蓋狂黃聲相近，俗傳失實也。』按：狂、巨王切，群母，黃戶光切，匣母。《孟子・萬章》：『晉亥唐。』《枹朴子・逸民》作『期唐。』亥、胡改切，匣母；期、渠之切，群母。《說文》：『䨿、華榮也。从舜、㞷聲。讀若皇。《爾雅》曰：䨿、華也。䔊、䨿或从艸皇。』䨿从㞷聲，㞷、巨王切，群母，䔊从皇聲，皇戶光切，匣母。俇或作徃，俇从狂聲，狂、巨王切，群母；徃从往聲，往、于兩切，爲母古歸匣母。从以上的證據看來，我們說群匣同源，應該是可以說得通的。

匣群同源的前題決定了，那末，究竟群是從匣分出來的，還是匣從群分出來的，這又需要作進一步的考索了。高本漢在《中文分析字典・敘論》裡說：

『關於舌根音——g-或ɣ-——不難就得到一個結論。咱們已經知道k-、k‘-、l-等聲母在古音或是簡單的跟韻母相接：哥kâ，古ku，見kien，或是有舌面附顎作用的（yodicized就是加j）：蹇kji̯än，幾kji，可是匣ɣ-母的字總是用在沒有顎附作用的韻母前的（何ɣâ，胡ɣu，縣ɣien），而群母 g‘-的字，總是用在有附顎作用的韻母前的（乾g‘ji̯än，強g‘ji̯än，其g‘ji），那麼說它在上古音本來是一個聲母，到後來因韻母的不同而分歧爲兩個聲母，倒也是近理的說法。現在所以有兩種可能：

上古（Arch・）　　　　　古（Anc・）

何 g‘â ———————————— ɣâ

其 g‘i ———————————— g‘ji　或是

何ɣâ ———————————— ɣâ

其ɣi ———————————— g‘ji

從這上不難看出前者比後者較合乎音理一點。而且古音ɣ-母的確是從上古的 g‘來的,還可以從諧聲上頭證出來。從字典裡可以看出 k-：x-（干 kân：罕 xân）相諧的例極罕，而 k-：ɣ-（古 kuo：胡ɣuo）相諧的例很多———總有幾百個例，前者的k-：x-都是清音，豈不比後者 k-：ɣ-一清一濁更切近一點？假如古音的ɣ-就是上古的ɣ-傳下來的，那麼k-：ɣ-多於k-：x-的例就不可解了。可是假如咱們假定ɣ-是從上古的 g‘-來的，那個問題就解釋了。因為k-：x-（一個破裂音，一個摩擦音）相諧雖是罕見，而k-：g‘-（兩個都是破裂音）常常相諧那倒是當然的事情了。』[19]

後來高氏在《中國聲韻學大綱》裡，因鑒於為母也只在三等韻出現，因此在三等跟匣（一二四等）互補的究竟應該是為？還是群？也一併提出來討論。高本漢說：

『在中古音韻裡，我們看到非常突出的現象，匣ɣ-只出現於未軟化的韻母前（何ɣâ，寒ɣân，見ɣien，痕ɣən，胡ɣuo，紅ɣung），即是一、二、四等韻中，而另一方面，群g‘-只出現三等軟化韻母前（乾 g‘i̯än，強 g‘i̯ang，喬 g‘i̯au，求 g‘i̯ə̯u，窮 g‘i̯ung，其 g‘ji），恰巧上述 g———j 列（王 ji̯wɐng，爰 ji̯wɐn，域 ji̯wək，為 jwie），失去舌根聲母的，正是有關軟化韻母的問

19 B. Karlgren "Analytic Dictionary" ,21 頁-22 頁，趙譯〈高本漢的諧聲說〉10 頁-12 頁。

題。現在最合理的推想是：一二四等的匣ɣ-和三等中另一個聲母互補，所以二者來自同一個上古聲母，後來因爲不同的韻母，而在中古音分裂成兩個聲母。這本可自圓其說，但是問題跟著來了，在三等韻裡的到底是群 g‘-，還是爲 j-來跟一二四的匣ɣ-相配呢？換言之，我們應當擬作：

上古音　　　中古音

皇*g‘wâng——→ɣwâng

王*g‘i̯wang——→g‘i̯wang

或是

皇*ɣwâng——→ɣwâng

王*ɣi̯wang——→ji̯wang

前者，表示中古的ɣ-是從上古的 g‘-而來，在一二四等韻中出現（*g‘â＞ɣâ，*g‘ân＞ɣân，*g‘ien＞ɣien，*g‘ən＞ɣən，*g‘ung＞ɣung）；後者，則表示上古音中本作ɣ-（ɣâ，ɣân等），而在三等韻母裡變成 j-（*ɣi̯wang＞ji̯wang，*ɣi̯wân＞ji̯wan，*ɣi̯wək＞ji̯wək）。

其間取舍，不容置疑，自然是前者正確，理由有幾點：

首先，可從諧聲字證明，一個塞音 k-和一個擦音 x-雖然都是清音，但卻少互諧（例如干古音 kân：罕古音 xân），如果把 k-和ɣ-關連起來，更無可能，因爲前者是清塞音，後者是濁擦音。但事實上互諧的情形卻極普通：古 Anc. kuo 是胡 Anc. ɣuo 的音符，干 Anc. kân 是旱 Anc. ɣân 的聲符等，假如採用第一種說法；古音的ɣ-是從上古的 g‘-變來，那麼在系統上顯得更自然。*kuo 是 g‘uo 的聲符，kân 是 g‘ân 的聲符——雙方都是以塞音爲聲母。

其次，從語言形態學中，亦可得到不少助益，上古音中一個字根通常而必然的分化，是介於不送氣清音及送氣濁音之間。k-：g‘-；t-：d‘-；p-：b‘-；ts-：dz‘-等，如乾 Anc. kân 及 g‘iän；分 Anc. pi̯uən 及 b‘i̯uən；長 Anc. ȶi̯ang 及 ȡ‘i̯ang；中 Anc. ȶi̯ung及仲ȡ‘i̯ung；曾Anc. tsəng及層dz‘əng。總有好幾百個例子。我們現在看到見Anc. kien及ɣien；解Anc. kai及ɣai；干 kân 及扞ɣân 等，我們如果說中古的ɣ-來源爲上古的 g‘-（見 k-：g‘-，解k-：g‘-，干k-：扞g‘-），那麼這些字便能很自然地很適合地歸入上面的大類中，以送氣清濁與否來分辨異義，這項證據眞的非常有力。

既然這個失去的舌根聲母（上表 g — k 行）不可能是上古的ɣ-，而上古音的 k-、k‘-、g‘-又本見於其他組別中，我們很自然而有把握地採納我們剛才的假定——這是一個普通的 g-，而上古音中也就整套俱存了：k（光*kwâng）k‘（匡*k‘wang）g（王*gi̯wang）g‘（狂*g‘i̯wang）。

但假如王字上古作*gi̯wang 而不是*ɣi̯wang，那麼，有的地方可以看得出來，從*gi̯ang 到 ji̯wang 的演變過程中，這個聲母實在是經過了一個擦音階段：*gi̯wang＞ɣi̯wang＞ji̯wang。而最後的j-一定是很晚才告定型，恐怕只在中古韻以前，因爲甚至在《切韻》之中，尙有些未變的例子，如在一種寫本中，雲上古音*gi̯wən，還是作戶分切ɣ（uo）—（p）i̯uən＝ɣi̯uən。』[20]

爲母的上古音讀，經曾運乾、葛毅卿[21]、羅常培、董同龢諸人的討論，可以說已闡發無餘了。董同龢先生說：

---

20 B. Karlgren "Compendium",274 頁至 275 頁，張譯《中國聲韻學大綱》，93 頁至 95 頁。

21 葛毅卿“On the Consonantal Value of 喻 Classwords”（通報 1932）及〈喻三入匣再證〉《史語所集刊八本一分》

『假定匣于上古為一，事實上也不是毫無理由。除六世紀的情形比《切韻》可用一點外，我們還可以參看 k-、k'-、ng-、x-的辦法。依反切，所謂"見溪疑曉"諸母不是要分成一二四等的 k-、k'-、ng-、x-與三等的 ki̯-、k'i̯-、ngi̯-、xi̯-嗎？又在上古音的擬測過程中，不是誰都毫不猶疑的暫信 k-、k'-、ng-、x-與 ki̯-、k'i̯-、ngi̯-、xi̯-都從*k-、*k'-、*ng-、*x-來嗎？既然如此，又何必單獨不信六世紀的ɣi̯-與ɣ'i̯-同是從一個*ɣ-來呢！』[22]

因此，董先生認為匣于的演變情形為：

ɣ（六世紀初）
- 一二四等韻→ɣ（切韻匣母）
- 三等韻——→j（切韻于母）[23]

不過，于母在變 j-之前，還經過了一個ɣ（i̯）-的階段。

高本漢根據諧聲匣ɣ-常與見 k-、溪 k'-諧，曉 x-則不跟見 k-等諧，故認為匣ɣ-原本是塞音 g'-，這點董同龢已明白指出高氏所據材料的不當，並舉出 x-與 k-、k'-相諧的例子作為反證。例如：[24]

灰 xuậi：恢 k'uậi

蒿 xâu：高 kâu

虗 xuo：虧 k'i̯wě

厂 xân：雁 ngan，彥 ngi̯än，屵 ngât

夐 xiwen：讂 kiwen，瓊 g'i̯wäng

化 xwa：訛 nguâ

曉 xieu：鐃 kieu，磽 k'au，堯 ngieu

---

22 見董同龢《上古音韻表稿》，37 頁。

23 見董同龢《上古音韻表稿》，33 頁。

24 見董同龢《上古音韻表稿》35 頁至 36 頁。

皀 xi̯ang：卿 k‘i̯ɐng

旭 xi̯wok：九 ki̯ə̯u，訄 k‘i̯e̯u，仇 g‘i̯əu，厹 ńź（＜*gn）i̯ə̯u

脙 xi̯ə̯u：救 ki̯ə̯u，求 g‘i̯ə̯u

獢 xi̯äu：驕 ki̯äu，蹻 k‘i̯äu，喬 g‘i̯äu

虩 xi̯ɐk：隙 k‘i̯ɐk

瞿 xi̯u，䀠 ki̯u，瞿 g‘i̯u

餼 xi̯ĕi：氣 k‘i̯ĕi

炁 xiĕi：旡 ki̯ĕi

墍 xi̯ĕi：既 ki̯ĕi，慨 k‘ậi，暨 g‘i

吸 xi̯əp：芨 ki̯əp，及 g‘i̯ə̯p

蛩 xi̯wong：巩 ki̯wong，恐 k‘i̯wᵉng，蛩 g‘i̯wong（又音）

㝐 xi̯ung：宮 ki̯ung，营 k‘i̯ung

忻 xi̯ən：斤 ki̯ən，近 g‘i̯ən，听 ngi̯ən

廞 xi̯əm：欽 k‘i̯əm，廞 ngi̯əm

朽 xi̯ə̯u：丂 k‘âu

昫 xi̯u：句 kə̯u，k‘i̯u，竘 k‘i̯u，劬 g‘i̯u

霩 xuâk：郭 kuâk，鞹 k‘uâk

懽 xuân：雚 kuân，勸 k‘i̯wɐn，權 g‘i̯wän

𧰼 xau，kau：教 kau

疦 xi̯wɐt，ki̯wet：夬 kwai，缺 k‘i̯wät

㬉 xiwei：枅 kiei，羿 ngiei

儗 xậi，ngậi：疑 ngi

謔 xi̯ak：虐 ngi̯ak

汻 xuo，許 xi̯wo：午 nguo

頊 xi̯wok，ngi̯wok：曲 k‘i̯wok，玉 ngi̯wok

羲 xjiĕ：義 ngjiĕ

從這些純粹 x-跟 k-、k‘-等相諧的例子看來，x-跟 k-、k‘-等的關係不可說不深。所以董氏說：

『在這種情形下，如果以爲x-在上古音是個擦音，就絕對沒有理由說ɣ-當來自塞音（無論是 g‘-或是 g-）。』[25]

據董氏此說，那麼，高本漢認爲ɣ-在上古原是塞音的說法，實在站不住脚。匣既非塞音，但卻一定是個舌根音，在舌根音裡頭找尋濁音，除去 g‘-g-以外，就只有ɣ-了。匣應爲濁擦音ɣ-，從匣跟曉常相諧的事實看來，也可以得到證明。就像董同龢所舉的例[26]：

乎ɣuo：呼 xuo

曷ɣât：喝 xât

吅 xi̯wän：患ɣwan

脅 xi̯ɐp：協ɣiep

曉匣相諧的例子，在全部諧聲系統中，數目也不在少數，曉既認爲是摩擦音 x-，則匣自應爲摩擦音ɣ-了。

高本漢又認爲在語言形態學中，像解 Anc. kai 及ɣai 等的變化，也是一 項強有力的證據，證明ɣ-來自上古的 g‘-，這樣可與 t-：d‘-，p-：b‘-，ts-：dz‘-的變化相當。關於這一點，我們且先觀察別的聲母中形態變化，再作推論。現在且舉一些曉母與匣母相變的例：

葫、葫瓜，戶吳切，匣母ɣ-；大蒜，荒烏切，曉母 x-。

絃、弓絃，胡田切，匣母ɣ-；文彩，許縣切，曉母 x-。

華、草盛，戶花切，匣母ɣ-；華荂，呼瓜切，曉母 x-。

---

25 見董著《表稿》，36 頁。

26 下例例證見董著《表稿》，37 頁。

喤、泣聲，戶盲切，匣母ɣ-；衆聲，虎橫切，曉母 x-。

㕆、㕆斗，呼古切，曉母 x-；抒也，侯古切，匣母ɣ-。

蜆、縊女，胡典切，匣母ɣ-；小蛤，呼典切，曉母 x-。

呴、欲吐，胡口切，匣母ɣ-；厚怒聲，呼后切，曉母 x-。

詯、休市，荒內切，曉母 x-；胡市，胡對切，匣母ɣ-。

坹、穴，呼決切，曉母 x-；空深貌，胡決切，匣母ɣ-。[27]

從這些例子看來，如果ɣ-是從上古的 g'-變來，則一個清擦音跟一個濁塞音也可以構成形態的變化。反之，一個清塞音跟一個濁擦音當然也可以構成形態的變化，正因爲牙音裡頭既有見匣的形態變化，又有曉匣的形態變化，所以匣母正可保留它爲ɣ-，並不需要跟脣音 p-：b'-，舌音 t-：d'-一樣完全相同。也就是說，在舌根音裡ɣ-就相當於脣音的 b'-，舌音的 d'-，都可以跟不送氣的清塞音聲母構成形態的變化，來區別意義。至於曉匣的對比，正是以 x-：ɣ-擦音的清濁作爲形態的變化。因爲舌根音裡有一個清擦音曉 x-，跟脣音、舌音之無清擦音者不同，所以在舌根音一類可以有一個全濁的擦音ɣ-。

匣既然是個摩擦音ɣ-，匣群在上古又同出一源，則群自亦應讀ɣ-爲宜。如此，則匣群的關係，當以高氏在《中文分析字典・敘論》裡的後一項假設爲是。即：

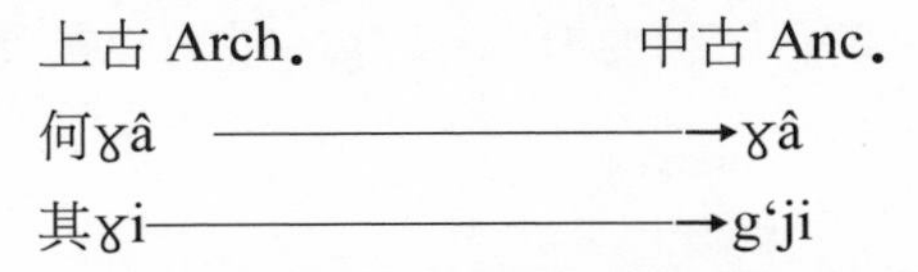

然若作此假設，而群紐 g'-與爲紐 j-同在中古三等韻出現，

27 以上資料來源見《廣源》及金周生《廣韻一字多音現象初探》，民國 68 年 5 月輔大中文研究所碩士論文。

又發生衝突，我們應該怎樣來解釋上古的ɣ-，演變到中古的三等韻裡既變 j-又變 g‘-的現象呢？關於這一點，李方桂先生《上古音研究》提出富啓示性的解釋。李先生說：

『舌根音中還有匣母ɣ-跟群母 g-喻母三等 j-的相配合的問題。高本漢以匣母跟群母相配合，擬為上古的*gh-，在一二四等韻前變為中古的匣母，在三等韻前變為群母，他又把喻母三等認為是從上古的*g-來的。董同龢以匣母跟喻母三等相配合，擬為上古的*ɣ-，一二四等字在中古的仍保留為ɣ-，三等字則變為j-，他把群母仍擬為*gh-，又擬了一個*g-來代表與舌根音諧聲的喻母四等字。我們既然認為上古音系中沒有分辨濁母吐氣或不吐氣的必要，所以他們的擬測不容易接受。最值得注意的是喻母三等多數是合口字（其中少數的開口字可以暫時保留另有解釋），因此我們可以認為喻母三等是從圓脣舌根音*gw＋j-來的，群母是不圓脣的舌根濁音*g＋j-來的，或者是*gw＋j＋i-來的，開口的喻母三等字常見的為矣 ji，焉 jän 都是語助詞，語助詞在音韻的演變上往往有例外的地方（失去合口成分）。其他喻三開口字也多數可以用脣音異化作用（dissimilation）去解釋，如鴞jäu可以認為是*gwjagw〉*jwäu〉jäu，熚 jäp 可以認為是*gwjap〉*jwäp>jäp等的演變程式。此外雖然仍有不易解釋的例子，還要進一步的研究，但是大體上我們只須要有*g-及*gw-就可以解釋大多數的字，其演變律如下：

上古*g＋j（三等）〉中古群母 g＋j-

上古*g＋（一、二、四等韻母）〉中古匣母ɣ-

上古*gw＋j〉中古喻三 jw-

上古*gw＋j＋i〉中古群母 g＋j＋w-

上古*gw ＋（一、二、四等韻母）＞中古匣母ɣ＋ w-』[28]

李先生此種解釋，對於匣爲群三紐的關係解釋得頗爲透徹，但仍存在著一個問題。董同龢先生批評高本漢說：

『我覺得他用了 g‘-非但沒有可靠的憑藉，而且也有背古代送氣濁塞音演變的通例。既有*b‘-→b‘-；*d‘-→d‘-，d̂‘；*d̂-→dz̑‘-；*ĝ-→dz̑‘-，何以*g‘-只三等變g‘-而一二四等卻變ɣ-呢！』[29]

也許李先生主張古無濁擦音，而g-＞ɣ-也較合於語音演變的通則。但是董同龢先生指出來的問題依然存在。在李先生所擬的古聲母系統中，幾乎所有的單純聲母，在一四等韻前，都保持它們原來的形式而不變，在三等韻前則多半變成別的聲母，然則何以*g-跟*gw-卻正好相反呢？通常我們認爲三等韻的特徵，最足以影響聲母的變化，而今卻維持原來的形式不變，一四等韻，特別是一等韻，因爲沒有任何介音，聲母最不易起變化，而卻變成了別的音。這實在是一個值得深思的問題。

我想我們應該檢討的是上古漢語到底有沒有濁擦音的問題，首先，從現代方言來看，也許可找出一些線索。《漢語方音字匯》收了十七個現代方言，具有濁擦音的方言計有北平、濟南、西安、太原、成都、蘇州、溫州、長沙、雙峰、梅縣、廣州等十一處方言，沒有濁擦音的方言有漢口、揚州、南昌、廈門、潮州、福州等六處方言。但是這六處沒有濁擦音的方言，仍有探究的餘地。事實上漢口的r-大致相當於成都的z-，也應該算作是濁擦音，最少也是濁擦音變來的。至於揚州、南昌、福州三處則全是由於濁音清化的結果，因爲這三處方言中，連濁的塞音跟塞擦

28 李方桂《上古音研究》，《清華學報》新九卷第一、二期合刊。見13頁至14頁。

29 見董著《表稿》，35頁。

音也都清化了。我們不能因爲它們的塞音化跟塞擦音清化了，就說上古沒有濁塞音跟濁塞擦音，所以也不能說沒有濁擦音。只有廈門跟潮州特別一些，這兩處方言都有濁塞音跟濁塞擦音，卻沒有濁擦音，好像顯示出上古沒有濁擦音的痕跡。但是根據羅常培[30]、周辨明[31]、袁家驊[32]的研究，廈門話裏濁塞音跟濁塞擦音並不是保留住原來的音，實在是後來的鼻音、邊音跟鼻塞擦音變來的，原來的濁塞音跟濁塞擦音也都清化了。所以我們也不能說它們原來就沒有濁擦音。潮州話跟廈門話是相近的，也是同樣的情形。我們雖然不能根據現代方言有濁擦音的事實斷然認定上古一定有濁擦音，但最低限度可以反證上古音中沒有濁擦音的話，並不是十分可靠的。

丁邦新先生〈漢語上古音中 g-、gw-、ɣ-、ɣw-〉把李先生 g-、gw-的演變規則改定爲：

g ＋ j〉群母開口（gj-）

gw ＋ j〉群母合口（gju-）

ɣ＋ j〉云母開口（j-）

ɣw ＋ j〉云母合口（ju-）

ɣ＋非 j 韻母〉匣母開口（ɣ-）

ɣw ＋非 j 韻母〉匣母合口（ɣu-）

如此可把李先生系統中的例外字，變得規則些，雖然他把匣云合成一類，群另立一類，跟我們前面說的匣爲群同源不同，但是承認上古有濁擦音，是值得參考的。周法高先生的〈論上古

---

30 羅常培《廈門音系》古亭書屋。

31 周辨明《廈門音韻聲調之構造與性質及其於中國音韻學上某種問題之關係》古亭書屋。

32 袁家華《漢語方言概要》，243 頁至 245 頁。

音〉一文[33]，把群紐跟匣紐擬作 g-，喻云紐擬作ɣ-，也認為上古音中具有濁擦音[34]，蒲立本的〈古音中的聲母系統〉一文也為上古音構擬出了ɦ-、ɦw-一類的濁擦音[35]，最可注意的是包擬古的《釋名研究》，根據禍毀、號呼、紈煥一類音訓的例子，認為最保險的說法就是在《釋名》的時代或劉熙的方言，僅有一個ɣ-代表中古的ɣ-。並以為《釋名》裡頭 gi̯-（為母）不跟 ki̯ 或 k'i̯ 相訓，卻有四個跟 g'（ɣ），兩個跟 xi̯ 相訓，這些資料顯示出來 g'i̯ 是個濁擦音，也就是那時期的ɣi̯，在音韻結構上這個軟化的聲母跟ɣ-相配合[36]。

這樣說來，上古漢語是有濁擦音的，因此，我覺得仍可採用董同龢先生的一些說法來解決匣為群同源的問題。董先生說：

『于母（僅見於《切韻》三等韻）在六世紀初年跟匣母（僅見於《切韻》一二四等韻）本為一體的事實，已經由許多不同的方面得到了充分的證明。其演變情形為：

ɣ（六世紀初）｛一二四等韻→ɣ（《切韻》匣母）；三等韻→j（《切韻》于母）｝

有了這一點新知識，我們非但可以確認中古匣母所以獨缺三等音的緣由，並且更進一步的得知于母在變j-之前，還經過了一個ɣ（i̯）-的階段。』[37]

---

33 周法高〈論上古音〉香港中文大學中國文化研究所學報第二卷第一期（1969）抽印本。

34 見周著〈論上古音〉，138 頁。

35 見 E.G. Pulleyblank:"The Consonnantal system of old Chinese." Part1 Asia Major 9, 141 頁（1962）

36 見 Nicholas C. Bodman: " A Linguistic Study of Shih Ming", 25 頁。

37 見董著《上古音韻表稿》，33 頁。

根據包擬古的研究，這個ɣ（i̯）-的來源很早，在《釋名》時代已經形成了[38]，而羅常培更把它推到了上古。這樣說來，我們在擬音的時候，只要把為紐在寫法上區別開來，把為紐寫作ɣj-，在上古跟匣群的ɣ-相配成一個聲母，像 k、k‘與 kj-、k‘j-的相配一樣就可以了。下面是我的擬音及其演變的情形：

<table>
<tr><th>上古</th><th>釋名</th><th>六世紀初</th><th>切韻</th></tr>
<tr><td rowspan="3">*ɣ-</td><td rowspan="2">ɣ-</td><td>+非 i̯ 韻母→ɣ-</td><td>匣母ɣ-</td></tr>
<tr><td>+i̯ 韻母→g‘</td><td>群母 g‘-</td></tr>
<tr><td>ɣj-</td><td>+i̯→j-</td><td>為母 j-</td></tr>
</table>

這樣擬構，我們既不違背漢語聲母在一等韻前不變的通則，也能照顧到匣為群同源的關係，演變到中古也沒有例外。只是我們把為母的ɣj-時間稍向前推就是了，至於為何這樣分化，我只根據包擬古研究的事實說明，也許承認《切韻》論『古今通塞，南北是非』的性質，就好瞭解了[39]。或者說ɣj 的時代在某種韻母前較早形成就好了。至於像《廣韻》文韻“雲王分切，群渠云切”；仙韻“湲王權切，權巨員切”；宵韻“鴞于嬌切，喬巨嬌切”；陽韻“王雨方切，狂巨王切”等衝突的音，李先生的《上古音研究》擬成下面的樣子：

雲*gwjəp＞juən　　群*gwjiən＞gjwən
湲*gwjan＞jwän　　權*gwjian＞giwä[40]
鴞*gwjagw＞jäu　　喬*gjagw＞giäu
王*gwjang＞jwang　狂*gwjiang＞gjwang

---

38 見 Nicholas C. Bodman "A Linguistic Study of Shih Ming" 25 頁。
39 見羅常培〈經典釋文和原本玉篇反切中的匣于兩紐〉,120 頁。
40 湲權二字李先生原文無，今據其所擬古音系統補。

它們的韻母相同，甚麼樣的音爲gw＋j-，甚麼樣的音爲gw＋j＋i-，如果不是著眼在聲母本來不同的立場，就韻母來說，實在無從區別。然則我們從聲母本來不同的立場，把群母寫作ɣ＋i̯-，爲寫作ɣj＋i̯-也無所不可了。這幾個衝突的字，照我的擬音，可改寫作：

雲*ɣji̯uɛn > ji̯uən　　群*ɣi̯uɛn > g'i̯uən

湲*ɣji̯uan > ji̯uän　　權*ɣi̯uan > g'i̯uän

鴞*ɣji̯au > ji̯äu　　喬*ɣi̯au > g'i̯äu

王*ɣji̯uaŋ > ji̯uaŋ　　狂*ɣi̯uaŋ > g'i̯uaŋ

也就沒有什麼例外了。也許有人會說，以*ɣ-→g'-有無語史上的先例。我想三等的群母g'i̯-，在音值上應該是舌面中的送氣濁塞音，即ɟ'-，只不過在音位上因與 k-、k'-、g'-、x-等相配的關係，把它寫作 g'i̯-罷了。Henry M. Hoenigswald 所著的"Language Change and Linguistic Reconstruction"一書，曾舉出原始閃語（proto-Semitic）c與ɣ（設構擬正確）在多數閃語中（例如希伯來 Hebrew）就語音而言（約如符號 cɣ-所示）ɣ音變向 c。如後圖所示：

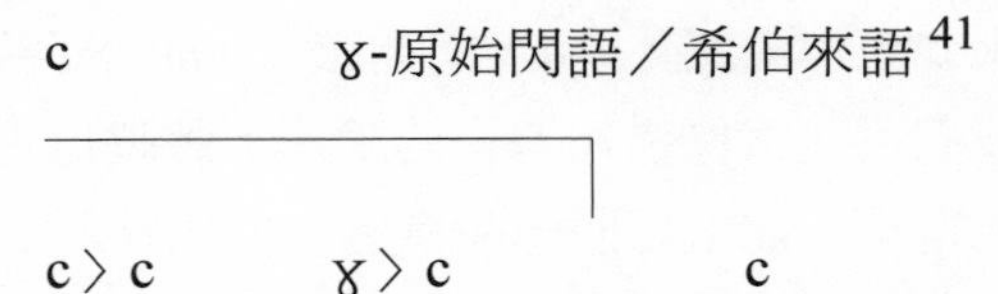

如此說來，則語言史上舌根濁擦音ɣ-變成舌面塞音也是有先例可循的。ɣ-之所以變ɟ'，很可能就是受-i̯-介音的影響，把發音部位拉前升高的結果。

41　Henry M. Hoenigswald :"Language Change and Linguistic Reconstruction" 21 頁。

或者還有人說，你把匣群的分化定在這麼晚，有甚麼證據。我前面曾引了些異文假借跟音讀的例證，其中有葛洪的《枹朴子》跟酈道元的《水經注》，據《晉書》，葛洪大約與王導（A. D. 267-330）同時[42]，酈道元卒於西元五二七年，距《切韻》的成書六〇一年，相去僅七十四年[43]，他寫《水經注》的時候，正是所謂的六世紀初。最可注意的是無論是葛洪或酈道元，他們的資料都顯示出匣ɣ--跟 g‘-的接觸，那麼，我們說匣群比較接近，也不是沒有緣故的。

李榮根據閩語方言像“寒、汗、猴、厚、懸、咬”等匣母字讀塞音的例子，寫了一篇〈從現代方言論古群母有一、二、四等〉的文章[44]，好像跟我的說法*ɣ-→g‘-有些衝突。關於這點，我沒有甚麼更好的理由來反駁。但是《切韻》的匣母字現代方言讀擦音的仍最多，即以閩語而論，《切韻》的匣母字仍是以讀擦音為多。而且漢字的偏旁，跟一字兩音的讀法也會影響讀音。縱然這不算甚麼證據，我們可從曉母字提一旁證，曉母字大家都認為是*x＞x 的清擦音。但是曉母的呼字，廈門讀 k‘ɔ，蒿福州讀 kɔ，況北平、濟南、西安、漢口、成都、揚州、潮州讀 k‘uaŋ，太原讀 k‘uɒ，長沙讀 k‘uan，雙峰讀 kaŋ，南昌讀 k‘uɔŋ，梅縣讀 k‘ɔŋ，都是塞音[45]。我們不能根據這類塞音的讀法，說曉母古代也是塞音。以此類推，自也不能根據匣母少數塞音的讀法說匣母是個塞音。我想這點非常值得我們參考。

---

42 見《晉書・葛洪傳》。

43 參見拙著〈酈道元水經注裏所見的語音現象〉一文，民國 67 年 6 月《中國學術年刊》第二期。

44 李榮〈從現代方言論古群母有一二四等〉《中國語文》，1965 年第五期。

45 本文所引的方言資料悉見《漢語方音字匯》。

第七節　上古聲母總結：

就今所能用之材料推測上古聲母系統，單聲母與複聲母之系統，大致如下：

【一】單聲母系統：

脣　　音：*p-、*p‘-、*p‘-、*m-。

舌尖前音：*ts-、*ts‘-、*dz‘-、*s-

舌 尖 音：

<table>
<tr><td rowspan="2">*t-</td><td>*t-</td><td rowspan="2">*t‘-</td><td>*t‘-</td><td rowspan="2">*d‘-</td><td>*d‘-</td></tr>
<tr><td>*tj</td><td>*t‘j-</td><td>*d‘j-</td></tr>
<tr><td rowspan="2">*n-</td><td>*n</td><td rowspan="2">*r</td><td>*r-</td><td rowspan="2" colspan="2">*l-</td></tr>
<tr><td>*nj-</td><td>*rj-</td></tr>
</table>

舌 根 音：*k-、*k‘-、*ŋ-、*x-

<table>
<tr><td rowspan="2">*ɣ-</td><td>*ɣ-</td></tr>
<tr><td>*ɣj-</td></tr>
</table>

*krj-、*k‘rj-、*grj-、*g‘rj-、*xrj-、*ɣrj-

喉音：*ʔ-

【二】複聲母系統：

帶 h 詞頭之複聲母：*hm-、*hn-、*hŋ-、*hl-

帶 s 詞頭之複聲母：*sm-、*smr-、*sn-、*sŋ-、*sl-

*st-、*stj-、*st‘j-、*sd-、*sdj-、*sd‘j-

*sk-、*skj（i̯u）-、*sk‘-、*sk‘j-、*sg-、

*sgj-、*sgj（i̯u）-、*sg‘j-

*sxj-、*sɣj-

帶 l 之複聲母：*kl-、*k‘l-、*gl-、*g‘l- 、*ŋl-
*tl-、*t‘l-、*dl-、*d‘l- 、*nl-
*pl-、*p‘l-、*bl-、*b‘l-、 *ml-

此類聲母與中古各類聲母之關係如下：

<table>
<tr><th colspan="4">上古聲母</th><th colspan="4">介音</th><th colspan="4">中古聲母</th></tr>
<tr><td colspan="4">*p-/ *p‘-/ *b-/ *m-</td><td colspan="4"></td><td>幫 p-</td><td>滂 p‘-</td><td>並 b‘-</td><td>明 m-</td></tr>
<tr><td colspan="4" rowspan="2">*ts-/ *ts‘-/ *dz‘-/*s-</td><td>*-0-</td><td>*i̯-</td><td>*-i-</td><td></td><td>精 ts-</td><td>清 ts‘-</td><td>從 dz‘-</td><td>心 s-</td></tr>
<tr><td>*-r-</td><td>*ri̯-</td><td></td><td></td><td>莊 tʃ-</td><td>初 tʃ‘-</td><td>床 dʒ‘-</td><td>疏ʃ-</td></tr>
<tr><td colspan="4" rowspan="2">*t-/*t‘-/*d‘-/*n-</td><td>*-0-</td><td>*-i-</td><td></td><td></td><td>端 t-</td><td>透 t‘-</td><td>定 d‘-</td><td>泥 n-</td></tr>
<tr><td>*-r-</td><td>*-ri̯-</td><td></td><td></td><td>知ȶ-</td><td>徹ȶ‘</td><td>澄ȡ‘</td><td>娘ȵ-</td></tr>
<tr><td>*tj-</td><td>*t‘j-</td><td>*d‘j</td><td>nj-</td><td></td><td></td><td></td><td></td><td>照 tɕ-</td><td>穿 tɕ‘-</td><td>神 dʑ‘</td><td>日ȵʑ-</td></tr>
<tr><td colspan="4">*r-</td><td colspan="4"></td><td colspan="4">喻 0（i̯）-</td></tr>
<tr><td colspan="4">*rj</td><td colspan="4"></td><td colspan="4">邪 z（i̯）</td></tr>
<tr><td colspan="4">*k*k‘ *ŋ*x</td><td colspan="4"></td><td colspan="4">見 k-溪 k‘-疑 ŋ-曉 x-</td></tr>
<tr><td colspan="4" rowspan="2">*ɣ</td><td colspan="4">*-0-*-r-i-</td><td colspan="4">匣ɣ-</td></tr>
<tr><td colspan="4">*i̯-</td><td colspan="4">群 g‘-</td></tr>
<tr><td colspan="4">*ɣj</td><td colspan="4">*i̯-</td><td colspan="4">爲 i̯-</td></tr>
<tr><td colspan="4">*krj</td><td colspan="4"></td><td colspan="4">照 tɕ-</td></tr>
<tr><td colspan="4">*k‘rj</td><td colspan="4"></td><td colspan="4">穿 tɕ‘-</td></tr>
<tr><td colspan="4">*gr</td><td colspan="4"></td><td colspan="4">喻 0（i̯）</td></tr>
<tr><td colspan="4">*grj</td><td colspan="4"></td><td colspan="4">邪 z（i̯）</td></tr>
<tr><td colspan="4">*g‘rj</td><td colspan="4"></td><td colspan="4">神 dʑ‘-</td></tr>
<tr><td colspan="4">*hnj</td><td colspan="4"></td><td colspan="4">審ɕ-</td></tr>
<tr><td colspan="4" rowspan="2">*hm</td><td colspan="4">開口</td><td colspan="4">明 m-</td></tr>
<tr><td colspan="4">合口</td><td colspan="4">曉 x-</td></tr>
<tr><td colspan="4">*hn</td><td colspan="4"></td><td colspan="4">透 t‘-</td></tr>
<tr><td colspan="4">*hnr</td><td colspan="4"></td><td colspan="4">徹ȶ‘</td></tr>
</table>

*hnj		審ɕ-
*hŋ		曉 x-
*hn		透 t‘-
*hnr		徹ȶ‘
*sm		心 s-
*smr		疏ʃ-
*sn		心 s-
*sŋj		日ȵʑ-
*sl		疏ʃ-
*sk		心 s-
*skj		照 tɕ-
*skj〈i̯u〉		心 s-
*sk‘		清 ts‘-
*sk‘j		穿 tɕ‘-
*sgj		邪 z-
*sgj〈i̯u〉		心 s-
*sg‘j		從 dz‘
*sgj		神 dʑ‘-
*sxj		審ɕ-
*sɣj		禪ʑ-

詳細擬音過程，請參考拙著《古音研究》第三章，此不重贅。

第四章　古聲調

第一節　陳第之古聲調説

陳氏以前之古音學家，吳棫有四聲互用之說，楊慎〈答李仁夫論轉注書〉云：「至宋吳才老深究其源，作《韻補》一書。程可久又爲之說曰：『才老之說雖多，不過四聲互用，切響通用而已。』」[1]

其四聲互用之意，據楊慎所言，蓋謂字有四聲，如「天之爲字，天忝舔鐵，是其四聲也，應影映役亦如之。」凡在四聲，皆可相轉，即其四聲互用之說也。其後程迥又有三聲通用之條。《四庫全書總目》云：「迥書以三聲通用，雙聲互轉爲說，所見較棫差的，今已不傳。」[2] 程書今既不傳，以意逆之，其所謂三聲通用者，或以平上去三聲古可相合用不拘也，因僅平上去三聲通用，未及入聲，故《提要》以爲較差的也。吳程二氏言之既略，無可窺其實際，或於古聲亦依違於今聲之間也。

至陳第出，始獨標異幟，以爲四聲之辨，古人未有。其《讀詩拙言》云：

「四聲之辨，古人未有，中原音韻，此類實多。舊音必以平

1　江永《古韻標準・例言》，廣文書局印行《音韻學叢書》。臺北市（1966）

2　見藝文印書館印行《四庫全書總目》卷四十二經部小學類三《韻補・五卷》條下，877-878 頁。

叶平，仄叶仄也，無亦以今而泥古乎！總之，毛詩之韻，動於天機，天費雕刻，難與後世同日論矣。」又《毛詩古音考》卷一怒字下引顏師古《匡謬正俗》「怒古讀有二音，但知去聲者失其眞也。」之言而駁之曰：「四聲之說起於後世，古人之歌取其可歌可詠，豈屑屑豪釐若經生爲耶？且上去二音亦輕重之間耳。」又卷二隅字下云：「芻音鄒。……隅音魚侯切，楊雄、梁鴻詩賦可證也。或問二平而接以去聲可乎？中原音韻，聲多此類，其音節未嘗不和暢也。」尋陳氏之意，殆謂古人之詩，旣在求其可歌可誦，則平仄互諧，不以爲嫌，與後世文人之嚴於區畛者有異，舊說必以平叶平，以仄叶仄，反覺其拘，此與其古今音異之論，同爲宋世叶音說之一大解放。

陳氏之意，初未嘗認定古音無聲調之分，只謂古人於詩可平仄通叶無礙耳。乃顧炎武、江永諸君每每責其不能固守己見，猶扞格於一、二四聲之辨，以爲徒勞脣吻而費簡册，斯亦過矣[3]。至江有誥〈再寄王石臞先生書〉則逕云：「陳季立謂古無四聲。」實於陳氏有所誤解，非陳第之原意也。

夫「古無四聲」與「四聲之辨，古人未有」二者實大有差別，「古無四聲」者，謂古人根本無四聲之存在也；「四聲之辨，古人未有」者，謂古雖或有四聲，第古人於聲調觀念上，未若後世之界畫清析也。二者在根本上含義有別，此不可不辨也。陳氏《毛詩古音攷》所收四百餘字中，每云古平聲，古上聲，古去聲及音某音某之屬，則其意非謂古無四聲之別也。惟古無四聲

3　顧炎武之說，見於《音學五書・音論》云：「不知季立旣發此論，而何以猶扞格於四聲，一一爲之引證，斯亦所謂勞脣吻，費簡策者也。」江永之說，見於《古韻標準・例言》云：「陳氏知四聲可不拘矣，他處又仍泥一聲，何不能固守其說耶！」

之辨，故平仄互叶，不以爲礙也。且陳氏以爲聲調之間相差無幾，如《毛詩古音攷》卷一事字下云：「古聲上，今聲去，亦幾希之間。」怒字下云：「且上去二音，亦輕重之間耳。」聲調之間，既相差幾微，故古人未之辨也。夫古人之於詩，取其可歌可詠，未嘗屑屑於豪釐之辨，若後世吟詩者之平仄局限也。按陳氏此言，固爲達論，然於古代聲調，究屬何似？亦未顯言之也。尋其書旨，殆謂古人雖無四聲之辨，然聲調之差異，古亦有之，然古音調類，據其自注，殆亦如後世之四聲，不過聲調之間差別不大，故平仄可互叶，上去多相轉，且音隨世變，後世讀上去者，古或讀平讀入，未必盡與後世相合也。陳氏以爲「舊音必以平叶平，仄叶仄」爲以今泥古。於是顧炎武繼之而大張其目，遂有「四聲一貫」之說。

第二節　顧炎武之古聲調說

顧氏承陳氏之後，於古聲調立說更爲廣泛，以爲古詩用韻，四聲一貫，雖有四聲而可以互用，未若後世平上去入之嚴於區分也。其〈古人四聲一貫〉說云：

「四聲之論，雖起於江左，然古人之詩，已自有遲疾輕重之分，故平多韻平，仄多韻仄，亦有不盡然者，而上或轉爲平去，或轉爲平上，入或轉爲平去，則在歌者之抑揚高下而已。故四聲可以並用。『騏駵是中，騧驪是驂，龍盾之合，鋈以觼軜，言念君子，溫其在邑，方何爲期，胡然我念之。』合軜邑念四字皆平而韻驂。『一之日滭發，二之日栗烈。無衣無褐，何以卒歲。』發烈褐皆去而韻歲。今之學者必曰此字元有三音，元有兩音，故可通用。（吳才老《韻補》實始此說。）不知古人何嘗屑屑於此哉！一字之中，自有平上去入，今一一取而注之，字愈多而音愈雜，而學者愈迷識其本，此所謂大道以多歧亡羊者也。」[4]

顧氏又云：

「古之爲詩，主乎音者也，江左諸公之爲詩，主乎文者也，文者一定而難移，音者無方而易轉，夫不過喉舌之間，疾徐之頃而已，諧於音順於耳矣。故或平或仄，時措之宜而無所窒礙。〈角弓〉之反上，〈賓筵〉之反平，〈桃夭〉之室入，〈東山〉之室去，惟其時也。〈大東〉兩言來，而前韻疚，後韻服。〈離騷〉一篇兩言索，而前韻妬，後韻迫，惟其當也。有定之四聲，以同天下之文，無定之四聲，以協天下之律，聖人之所以和順於道德而理于義，非達天德者，其孰能知之？」[5]

觀顧氏所謂「四聲一貫」，亦非謂古無四聲之別，實在古亦有四聲之分，故古人用韻，平多韻平，仄多韻仄，自亦以分聲諧協爲常，不過古人爲詩，主乎諧音順耳，故或平或仄，間有混用，乃其時措之宜，惟求其當，其說可謂剴切著明矣。然其四聲一貫通爲一音之法，則又云：

「夫一字而可以三聲四聲，若一爻之上下無常，而唯變所適也。然上如其平，去如其上，入如其去，而又還如其平，是所謂言天下之至賾而不可惡，言天下之至動而不可亂也，此聲音文字相生相貫自然之理也。」[6]

此說已入虛妄，而入爲閏聲，可轉爲平上去一說，尤爲背理亂常，悠謬不經。其言曰：

「《詩》三百篇中，亦往往用入聲之字，其入與入韻者什之

4　見顧氏《音論》卷中，9 頁至 10 頁。
5　見顧氏《音論》卷中，12 頁。
6　見顧氏《音論》卷中，13 頁。

七，入與平上去爲韻者什之三，以其什之七，而知古人未嘗無入聲也，以其什之三，而知入聲可轉爲三聲也。故入聲聲之閏也，猶五音之有變宮變徵而爲七也。」[7]

顧氏言詩有入聲是也，謂入與平上去叶，而入可轉讀爲三聲則欠確，設如顧氏所言，入可轉讀三聲，則是通轉無方矣，此與宋人之叶音任意改叶，亦相去無幾。蓋顧氏於古音爲草創，韻部分析，既未周密，韻例認定，尤爲寬疏，則又誤以不同部者爲同部，更進而以此不同部之字，其四聲不同而見於一章者，遂謂爲四聲一貫，可以轉讀通協矣。此乃顧氏立說之疏誤，而非謂古無平上去入四聲之實也。故《詩本音》卷二〈芄蘭〉首章下注云：

「古人音部雖寬，而用之則密，故同一部而有親疏，如此章支觿知平與平爲韻，遂悸去與去爲韻，而合之則通爲一也。〈干旄〉二章旟都平與平爲韻，組五予上與上爲韻，而合之則通爲一也。〈木瓜〉二章桃瑤平與平爲韻，報好去與去爲韻，而合之則通爲一也。分之而不亂，合之而不乖，可以知其用韻之密矣。」[8]雖古人平上去入分別押韻，分別似乎甚嚴，然亦有相合用而無別者，顧氏曰：

「今考江左之文，自梁天監以前，多以去入二聲同用，以後則若有界限，絕不相通，是知四聲之論，起於永明而定於梁陳之間也。《藝文類聚》載武帝清暑殿效柏梁體聯句，帝云：居中負扆寄纓紱。而司徒左西屬江葺和云：鼎味參和臣多匱。以去和入，則其時未用四聲可知。乃約所自作〈冠子祝辭〉，讀化爲平，〈高士贊〉讀緇爲去，〈正陽堂宴勞凱旋詩〉讀傅爲上，今《廣韻》化字傅字無平上二聲，而去聲有滓字無緇字。（《論

7 見顧氏《音論》卷中，13 頁。
8 見顧氏《詩本音》卷二〈芄蘭〉首章注，17 頁。

語》『涅而不緇』，《楚辭》及《史記・屈原傳》並作『泥而不滓』。《索隱》曰：泥音涅，滓音緇。）是約雖譜定四聲，而猶存古意，不若後人之昧而拘也。」[9]

以此觀之，顧氏非謂古無四聲之別也，特四聲之名，古所未有耳。故《音論》又云：

「平上去入之名，漢時未有，然《公羊・莊二十八年傳》曰：『《春秋》伐者爲客，伐者爲主。』何休注于伐者爲客下曰：『伐人者爲客，讀伐長言之，齊人語也。』于伐者爲主下曰：『見伐者爲主，讀伐短言之，齊人語也。』長言則今之平上去聲也，短言則今之入聲也。」[10]

古旣無四聲之名，惟有長言短言之稱，平上去旣同爲長言，故三聲固多通貫。

入聲旣獨屬短言，故入聲稍覺差殊。此顧氏之古代聲調說也。蓋顧氏旣宗何休說以長言短言說聲調，後世遂謂顧氏之四聲一貫爲古無四聲說，其實非也。顧氏云：

「《廣韻》中有一字收之三聲四聲者，非謂一字有此多音，乃以示天下作詩之人，使隨其遲疾輕重而用之也。」

隨其遲疾輕重而用之，可謂其四聲一貫之正解矣。

第三節　江永之古聲調説

江永著《古韻標準》於古代聲調，以爲古有四聲，不容增減。其《古韻標準・例言》曰：

「四聲雖起自江左，按之實有其聲，不容增減，此後人補前

9　見顧氏《音論》卷中，8 頁-9 頁。
10　見顧氏《音論》卷中，11 頁。

人未備之一端，平自韻平，上去入自韻上去入者恒也。亦有一章兩聲或三、四聲者，隨其聲諷誦詠歌，亦自諧適，不必皆出一聲，如後人詩餘歌曲，正以雜用四聲爲節奏，詩韻何獨不然，前人讀韻太拘，必強紐爲一聲，遇字音之不可變者，以強紐失其本音，顧氏始去此病，各以本聲讀之，不獨詩當然，凡古人有韻之文，皆如此讀，可省無數糾紛，而字亦得守其本音，善之尤者也。然是說也，陳氏實啓之，陳氏於不宜有怒句，引顏氏怒有上去二音之說駁之曰：『四聲之說，起于後世，古人之詩，取其可歌可詠，豈屑屑豪釐若經生爲耶，且上去二音亦輕重之間耳。』又於"綢繆束芻"" 三星在隅"註云：『芻音鄒，隅音魚侯切。或問二平而接以去聲可乎。曰：中原音韻，聲多此類，音節未嘗不和暢也。是陳氏知四聲可不拘矣，它處又仍泥一聲，何不能固守其說耶？四聲通韻，今皆具於舉例，其有今讀平而古讀上，如予字；今讀去而古讀平，如慶字；可平可去，如信令行聽等字者，不在此例，唐人叶韻之叶字，亦本無病，病在不言叶音是本音，使後人疑詩中又自有叶音耳。叶韻、六朝人謂之協句，顏師古注《漢書》謂之合韻，叶即協也，合也，猶俗語言押韻，故叶字本無病。自陳氏有古無叶音之說，顧氏從之，又或以古音有異，須別轉一音者爲叶音，今亦不必如此此分別，凡引詩某句韻某字，悉以韻字代之。』[11] 可見江氏亦從顧氏以爲古四聲可以通用，不過江氏能明通變，不爲苟和之論，凡顧氏爲求詩韻和諧而別轉爲一音者，皆不復從。且曰：

「顧氏《詩本音》改正舊叶之誤頗多，亦有求之太過，反生葛藤，如一章平上去入各用韻，或兩部相近之音各用韻，率謂通

11 見江永《古韻標準・例言》，5 頁至 6 頁。

爲一韻，恐非古人之意，〈小戎〉二章，以合軜邑叶驂，以念字叶合軜邑，尤失之甚者，今隨韻辨正，亦不能盡辦也。」[12]

江氏之古聲調說，雖承襲顧氏而來，其實與顧氏亦不盡同，蓋顧氏主張作詩之人，可隨其遲疾輕重抑揚高下而臨時變適之，江氏則不認爲可以臨時變調，其所以能異調相諧者，只是雜用四聲，如後世之詩餘歌曲然。意見既有出入，故於顧氏之說，頗多修正。顧氏以入爲閏聲之說，江氏尤以爲非。其言曰：

「入聲與去聲最近，詩多通爲韻，與上聲韻者間有之，與平聲韻者少，以其遠而不諧也，韻雖通，而入聲自如其本音，顧氏於入聲，皆轉爲平、爲上、爲去大謬，今亦不必細辨也。」[13]

由此觀之，江氏蓋以爲古之平上去入皆各有其本音。至古人用韻所以四聲通用較廣者，或於抑揚清濁之辨，未若後世之清晰耳。且《古韻標準》按四聲分卷，觀其用意，殆亦所以重申「四聲雖起江左，按之實有其聲，不容增減」之論也。故江永未嘗以爲古無四聲也。

第四節　段玉裁之古聲調說

陳第、顧炎武、江永諸人之論古代聲調也，雖以爲平上去入之名，古所未有，而實際上仍時時以後世之四聲，類舉古代之聲調，故有四聲一貫，四聲雜用之言。至段氏出，始有「古四聲不同今韻，猶古本音不同今韻」之說，於古代聲調之研究，另闢途徑。段玉裁〈古四聲說〉云：

12　見江氏《古韻標準・例言》，7 頁
13　見江氏《古韻標準・卷第四・入聲第一部・總論》，148 頁-149 頁。

「古四聲不同今韻，猶古本音不同今韻也。攷周秦漢初之文，有平上入而無去，洎乎魏晉，上入聲多轉而為去聲，平聲多轉而為仄聲，於是乎四聲大備而與古不侔。有古平而今仄者，有古上入而今去者，細意搜尋，隨在可得其條理，今學者讀三百篇諸書，以今韻四聲律古人，陸德明、吳棫皆指為協句，顧炎武之書亦云平仄通押，去入通押，而不知古四聲不同今，猶古本音部分異今也。明乎古本音不同今韻，又何惑乎古四聲之不同今韻哉？如戒之音亟，慶之音羌，亯饗之音香，至之音質，學者可以類求矣。」[14]

段氏此說，可謂識見精微，超越顧、江諸人之拘牽，拋棄傳統四聲之羈絆矣。蓋考古必資審音，而後論事乃切。段氏於古韻分部既密於顧江，則其辨識四聲之有無，亦自優於二家。於是進論古代聲調，遂創古無去聲之說。其言曰：

「古平上為一類，去入為一類，上與平一也，去與入一也，上聲備於三百篇，去聲備於魏晉。」[15]

段氏〈答江晉三論韻〉亦云：

「古四聲之道有二無四，二者平入也，平稍揚之則為上，入稍重之則為去，故平上一類也，去入一類也，抑之、揚之、舒之、促之，順逆交遞而四聲成，古者刱為文字，因乎人之語言為之音讀，曰平上，曰去入，一昜一侌之謂道也。」[16]

並舉其十五部之入聲，多轉為去聲為例。其證云：

---

14 見段玉裁《六書音韻表・今韻古分十七部表・古四聲說》19 頁，廣文書局印行《音韻學叢書》台北市（1966）。

15 見段氏《六書音韻表・今韻古分十七部表・古四聲說》19 頁。

16 見江有誥《音學十書・江晉三論韻書》，17 頁，廣文書局印行《音韻學叢書》，臺北市（1966）。

「至弟十五部，古有入聲而無去聲，隨在可證。如《文選》所載班固〈西都賦〉：「平原赤、勇士厲」而下，以厲、竄、穢、麼、折、噬、殺爲韻，厲、竄、穢、噬讀入聲。左思〈蜀都賦〉「軌躅八達」而下，以達、出、室、術、駟、瑟、恤爲韻，駟讀入聲。〈吳都賦〉「高門鼎貴」而下，以貴、傑、裔、世、轍、設、噎爲韻，貴、裔、世讀入聲。〈魏都賦〉「均田畫疇」而下，以列、翳、悅、世爲韻，翳、世讀入聲。「髽首之豪」而下，以傑、闕、設、晣、裔、髮爲韻，晣、裔讀入聲。郭璞〈江賦〉以駃、月、聒、翃、豁、碣爲韻，駃讀入聲。江淹〈擬謝法曹詩〉以汭、別、袂、雪爲韻，汭、袂讀入聲。〈擬謝臨川詩〉以缺、設、絕、澈、晣、泬、蔽、汭、逝、雪、穴、滅、澨、說爲韻，晣、蔽、汭、逝、澨讀入聲。法言定韻之前，無去不可入，至法言定韻以後，而謹守者，不知古四聲矣，他部皆準此求之。」[17]

段氏〈詩經韻分十七部表〉及〈群經韻分十七部表〉每部皆無去聲韻，其今韻之去聲，多數併入於入聲韻，少數入於上聲韻。故段氏云：

「古無去聲之說，或以爲怪，然非好學深思，不能知也。不明乎古四聲，則於古諧聲不能通，如李陽冰校《說文》於“臬”字曰：“自非聲”。徐鉉於“裔”字曰：“冏非聲”是也。於古假借轉注，尤不能通。如“卒於畢郢”之郢，本“程”字之假借，顚沛之沛，本跋字之假借，而學者罕知是也。」[18]

段氏對於“古無去聲”之創見，固深信而不疑，後人於段氏

17　見段氏《六書音韻表・今韻古分十七部表・古四聲?》，19 頁至 20 頁。

18　見段氏《六書音韻表・今韻古分十七部表・古四聲說》，20 頁。

之說，亦多推譽有加。餘杭章君曰：「非閉門思之十年弗能憭。」[19] 陸宗達云：「段氏立義至精，取證至博，無去之說，殆不可易。」[20] 而對段氏說分析最細微者，則爲王力。王氏云：

「段玉裁說上古沒有去聲，他的話是完全對的，中古的去聲字有兩個來源：第一類是由入聲變來的，例如"歲"字，依《廣韻》該讀去聲（直到現代還是去聲），但是，《詩經・豳風・七月》叶發、烈、褐、歲。〈大雅・生民〉叶軷、烈、歲 ，可見歲字本是一個收t-的字，屬入聲。所以它和發烈褐軷等字叶韻。一字具有去入兩讀，也可以作爲證據。例如：害、契、易、畫、食、識、亟、惡、復、宿、暴、溺等字，都有去入兩讀，這些字的異讀，還可以認爲辨義的，但是，像囿音于救切，又音于六切，植音直吏切，又音常職切；借音子夜切，又音資昔切。都沒有辨義作用，而這類的字也很多，可見是先有入聲，然後化爲去入兩讀。其次從諧聲偏旁也看得出去入相通的痕跡，如祭聲有察，夬聲有決，至聲有姪等，都可以推知聲符本身原是入聲，更可以推知被諧字原是入聲了。只有極少數的例外，如肅聲有蕭，叔聲有椒，寺聲既有時，又有特等，這些特殊情形是由於諧聲時代比《詩經》時代早得多，可能在造字時期蕭、椒、時等字也是入聲，但是到《詩經》時代已經轉化爲平聲了。總之，一大部分的去聲字，在上古屬於入聲（長入），到中古喪失了尾音-p、-t、-k 變爲去聲，這是毫無疑問的。第二類的去聲是由平聲和上聲變來的，特別是上聲變去聲的字多些，上聲之中，特別是濁音上聲的字多些，試舉"上"、"下"兩字爲例，《詩經・陳風・宛丘》叶湯、上、望，〈小雅・頍弁〉叶上、炳、臧，〈大雅・

19 見章炳麟《國故論衡上・二十三部音準》，在《章氏叢書》內。
20 見陸宗達〈王石臞先生韻譜合韻譜遺稿跋〉。

大明〉叶上、王、方，可見上字在古屬平聲，到漢代以後才轉爲上聲，到五世紀以後，才分化爲上、去兩讀。至於下字，《詩經·召南·漢廣》叶下、女，〈邶風·擊鼓〉叶處、馬、下，〈凱風〉叶下、苦，〈唐風·采苓〉叶苦、下、與，〈陳風·宛丘〉叶鼓、下、夏、羽，〈東門之枌〉叶栩、下，〈豳風·七月〉叶股、羽、野、宇、戶、下、鼠、戶、處，〈東山〉叶野下等等，都證明了上古的下字讀上聲，中古的下字有上去兩讀，用作名詞或形容詞者讀上聲，用作動詞者讀上聲或去聲。到了現代普通話裡，上下兩字，就只有去聲，可見它們由上聲到去聲的趨勢，又試舉"濟"字爲例，直到第五世紀，詩人仍用濟字爲上聲，《廣韻》裡變爲上去兩讀了，後來更變爲有去無上了。又試舉"慶"字爲例，《詩經》裡凡用爲韻腳的慶字，沒有一個不是和平聲字押韻的，一字兩讀也可以作爲證明，具有平去兩讀者如衣、過、望等等，最初都屬平聲，具有上去兩讀者如語、去等字，最初都屬上聲。」[21]

王力此言，實最足以推闡段氏「古無去聲」之說，歷來學者，雖多信段氏「古無去聲」之說，然析理之精，辨析之詳，尚無有逾於王氏之說者也。

近人江舉謙氏〈從說文入聲語根論析上古字調演變〉一文，以段玉裁認爲入聲字後轉爲去聲，王力認爲長入至中古變爲去聲，皆頗富啓示性。惜二家皆未曾將《說文解字》諧聲現象作全般觀察，於是江氏乃從入聲語根著手，將《說文》諧聲孳乳字作全盤分析，按諧聲孳乳字之演變，綜合爲九類。即：

第一類：諧聲孳乳字全同語根調類者。

21　王力《漢語史稿·第十六節上古聲調的發展》，102 頁至 104 頁，科學出版社，北京市（1968）

第二類：諧聲孳乳字除同語根外兼有去調者。

第三類：諧聲孳乳字除同語根外兼有上調者。

第四類：諧聲孳乳字除同語根外兼有平調者。

第五類：諧聲孳乳字除同語根外兼有上去兩調者。

第六類：諧聲孳乳字除同語根外兼有平去兩調者。

第七類：諧聲孳乳字除同語根外兼有平上兩調者。

第八類：諧聲孳乳字除同語根外兼有平上去三調者。

第九類：諧聲孳乳字悉爲去聲者。

在此九類之中，江氏發現一極堪翫味之現象，其第一類諧聲字既與語根同調，江氏則以爲其在上古亦如此。其第二類，江氏云：「入聲語根四十九，諧聲孳乳字除同語根外，讀去聲者計一百六十八，其中《說文》音切與《廣韻》同調者爲九十四，《說文》讀去聲，《廣韻》兼讀入聲者二十五，《說文》，讀入聲，《廣韻》兼讀去聲者三十七，這現象正表示入聲與去聲關係的密切。此外『厝』、『藉』二字《 說文》與《廣韻》並有兩讀，『復』、『婥』、『翟』、『鉞』四字《說文》讀去而《廣韻》讀入，『値』、『醋』、『沸』三字則《說文》讀入《廣韻》讀去，更有極重要的啓示性。」其第三類諧聲孳乳字之讀上聲者僅三字，江氏以爲除「寫」字外，並無可疑，可知入上諧聲關係之不足重視。其第四類諧聲孳乳字讀平聲者僅二字，江氏亦以爲入平關係不足重視。其第五類江氏云：「入聲語根七，諧聲孳乳字除同語根外，讀上聲者十個，其中《說文》音切與《廣韻》同讀上聲者四，《說文》讀上聲《廣韻》又音入聲者二，《說文》讀入聲《廣韻》又音上聲者四，至讀去聲者三十，其中《說文》音切與《廣韻》同讀去聲者二十二，《說文》讀入，《廣韻》又音去聲者五，《說文》讀去聲，《廣韻》又音入者三，此外《說文》讀去聲《廣韻》則讀入聲者一，《說文》讀入去兩聲，《廣韻》只讀入聲者一，根據這現象，亦可看出入聲語根與去聲關係比上聲密切得多。」其第六類入聲語根八，其諧聲孳乳字讀平聲者九，而尙有『粪』、『汃』、『歋』、『充』四字諧聲可疑。至讀去聲者三十二，亦可見入平與入去之關係何者較密切矣。其第七類入聲語根二，諧聲孳乳字之讀平上者皆可疑，皆不足看出入聲與平上諧聲孳乳字之關係。其第八類江氏云：「入聲語根九，諧聲孳乳字計一百二十五，讀平聲者五十，讀上聲者二十五，讀去聲者五十，若『擊』、『妻』二字及諧聲孳乳者不計，則讀平聲者僅二十一，讀上聲者僅十六，讀去聲者四十四，若《說文》音切與《廣韻》同讀者，平聲僅 三字，上聲亦僅八字，去聲則三十字，其與入聲關係之深淺可以概略見矣。其第九類諧聲字悉爲去聲者，尤富啓示性，茲全錄於後。江氏云：

「北（博墨切）：背邶（補妹切）棐（兵媚切）

霍（匹各切）霸（普伯切）。按霸《說文》訓『月始生霸然也。』今小篆作魄，本爲入聲字，後假爲王霸字，《廣韻》讀必駕切，去聲。

由〈敷勿切）畀（必至切）箅（必至切）疐（于貴切）。

伏（房六切）絥〔茯鞴〕（平秘切），按《廣韻》又並讀入聲房六切。

以上字例雖爲數無多，卻極富啓示意義，因爲諧聲孳乳字在理論上只應該全數相同，不可能全數變爲另一調類，現在竟然全數變爲去聲，則古代去入關係的密切，就顯得十分不平凡了。而『絥』、『茯』、『鞴』三字《廣韻》保有入聲又讀，更可看出演變線索。此外還有一種最奇異的變化是：第一代諧聲字是去聲，第二代又恢復爲入聲，而且也只有去聲才會這樣復原，這就不能解釋爲偶然。例如：

赤昌石切→赦始夜切→螫施隻切

劦胡頰切→脅虛業切，《廣韻》又去聲許欠切→歡虛業切

亦羊益切→夜亦省聲，羊謝切→掖液羊益切

弋與職切→代徒耐切→忒他得切

剌盧達切→賴洛帶切→獺他達切

出尺律切，《廣韻》又尺類出→祟雖遂切→鷸辛律切

<table>
<tr><td rowspan="2">勺之若切又上灼切</td><td>約於略切、《廣韻》又去聲於笑切→箹於角切</td></tr>
<tr><td>豹北教切→貇貖从豹省聲，莫角切</td></tr>
</table>

劊古屑切→薊古詣切→�古屑切

這現象除了確認上古去入不分，就不可能有其他更合理的解釋。由此可知，段玉裁以爲古無去聲，王力以爲中古去聲係由上古長入變入，其基本上是可信的。」[22]

江氏就諧聲孳乳字分析所得之結論，可爲段玉裁、王力二家古無去聲說之有力證明，段氏初創理論，王氏就語音規律爲之解釋，而江氏又從諧聲孳乳字上爲之證明，條理旣密，證據明確，則古無去聲之說，吾人自應愼加考慮，不可輕易放過者也。

第五節　孔廣森之古聲調說

段氏謂古無去聲，去者實入聲之變，孔廣森氏與段說正相反，謂古無入聲，入乃去之變。其言曰：

「至於入聲，則自緝、合等閉口音外，悉當分隸自支至之七

22 見《東海學報》七卷一期，江舉謙〈從說文入聲語根析論上古字調演變〉。

部而轉爲去聲，蓋入聲刱自江左，非中原舊讀，其在《詩》曰：『參差荇菜，左右芼之。窈窕淑女， 鐘鼓樂之。』初不知哀樂之樂當入聲也；〈離騷〉曰：『理弱而媒拙兮，恐導言之不固。時溷濁而嫉賢兮，好蔽美而稱惡。』初不知美惡之惡當入聲也。昔周捨舉『天子聖哲』以曉梁武帝，帝雅不信用，沈約作〈郊居賦〉以示王筠，讀至『雌霓連蜷』句，常恐筠呼霓爲倪，是則江左文人尙有不知入聲者，況可執以律三代之文章哉！」[23]

孔氏旣以爲入聲刱自江左，故在《詩聲類》一書中，申明古無入聲之理者，不 一而足。如云：

「周京之初，陳風制雅，吳越方言，未入中國，其音皆江北人脣吻，略與中原音韻相似，故詩有三聲而無入聲，今之入聲於古皆去聲也。如麥、昔、錫三韻內从啻之字，本以帝得聲，从責之字，本以朿得聲而去聲；縊隘諸字，則以益得聲，鬄諸字，則以易得聲，擘譬避諸字則以辟得聲，〈君子偕老〉晳與髢揥協，〈蕩〉辟與帝協，〈瞻卬〉狄與刺協，〈殷武〉辟績適與解協，試更舉數事，廣其旁證，如〈離騷〉維黨人之婾樂兮，路幽昧以險隘。豈余身之憚殃兮，恐皇輿之敗績。《韓非子》不適其賜，亂人求益。《秦琅邪刻石文》憂恤黔首，朝夕不懈。除疑定法，咸知所辟。方伯分職，諸治經易。舉錯必當，莫不如畫。〈子虛賦〉雷動猋至，星流霆擊。弓不虛發，中必決眥。《太玄・銳》測銳于時，得其適也。銳東忘西，不能迴避也。此皆寘錫合韻，見於三代兩漢之文者，自江左刱立入聲，遂使辟易等字，音隨訓異，然〈大雅〉之『牖民孔易。』『民之多辟。』以及〈東都

23　見孔廣森《詩聲類・卷一》，2 頁至 3 頁，廣文書局印行《音韻學叢書》，臺北市（1966）。

賦〉云：『方軌並跡，紛綸后辟。治近古之所務，蹈一聖之險易。』是辟王之辟，邪辟之辟，未嘗不與難易之易同用，何得強爲去入之別哉！」[24]

又云：

「質物諸部之字，多从至祭叕夬世最害兌歲气匃丯等得聲，至未諸部之字又多从卒必弗聿切吉折厥曷孛發列等得聲，在古本無去入之別也。〈野有死麕〉脫與帨吠協，〈泉水〉舝與邁衛害協，〈七月〉發烈褐與歲協，〈東山〉垤室窒與至協，〈杕杜〉至與恤協，〈采芑〉率與蒞協，〈節南山〉闋與屆協，〈正月〉滅威與厲協，〈雨無正〉滅與戾勩協，出與瘁協，〈蓼莪〉恤與至協，烈發與害協，〈四月〉亦然，〈鴛鴦〉秣與艾協，〈車舝〉舝渴括與逝協，〈緜〉拔與兌駾喙協，〈皇矣〉拔與兌對季協，茀仡伐絕忽拂與肆協，〈生民〉月達與害協，軷烈與歲協，〈蕩〉揭撥與害世協，〈抑〉疾與戾協，舌與逝協，〈桑柔〉恤熱與毖協，〈蒸民〉舌發與外協，〈瞻卬〉疾與惠厲瘵屆協，〈召旻〉竭與害協，〈長發〉鉞烈曷孽達截伐桀並與旆協。其可旁證者，如《易・坤・象》含章可貞，以時發也。或從王事，志光大也。〈繫辭傳〉後世聖人易之以書契，百官以治，萬民以察。〈離騷〉何瓊佩之偃蹇兮，眾薆然而蔽之。惟此黨人之不諒兮，恐嫉妒而折之。《禮記》以日星爲紀，故事可別也。目以爲量，故功可埶也。《老子》其上不皦，其下不昧。繩繩不可名，復歸於無物。《呂氏・士容論》臨患涉難而處義不越。南面稱寡而以侈大。今日君民而欲服海外。節物甚高而細利弗賴。耳目遺俗而可與定世。富貴弗就而貧賤弗朅。德行尊理而羞用巧衛。寬

24　見孔氏《詩聲類・卷八》，2 頁。

裕不誓而中心甚厲。難動以物而必不妄折。《淮南子》中局外閉。何事不節。《六弢》日中必彗。操刀必割。執斧必伐。禰正平〈鸚鵡賦〉少昊司辰，蓐收整轡。嚴霜初降，涼風蕭瑟。曹子建〈七啓〉世有聖宰，翼帝霸世。同量乾坤，等曜日月。鄭君《周官・注》云：卒讀如物有副倅之倅。《儀禮・注》云：缺讀如有頍者弁之頍。〈答張逸〉云：述讀如遂事不諫之遂。〈檀弓・注〉謂：奪聲近遂。〈學記・注〉謂：術聲近遂。〈雜記・注〉謂：至周秦之人聲誤爲實。於此可以識古矣。」[25]

孔氏此類陰入相通之證，於其《詩聲類》十八類中所在多有，孔氏則悉爲羅舉之。孔氏云：

「鐸韻度莫作逜惡蒦秨等字皆重見十一暮，陌韻齰笮嚇伯啞等字，昔韻射斥炙柘耤借等字皆重見于四十禡，禡部之半古音本與御暮合用，今誤分爲二，故亦分陌昔與鐸爲二，試考去聲厝措醋錯皆以昔得聲，而昔自爲韻，賂輅皆以各得聲，而各在鐸韻，客格亦从各，又在陌韻，奼秺皆以乇得聲，而从乇之字託在鐸韻，宅在陌韻，阼胙皆以乍得聲，而从乍之字昨作在鐸韻，笮迮在陌韻舉其偏旁而類聚之，則御暮鐸禡陌昔實牽連會合矣。古文去入通協者，自三百篇外，若〈禮運〉降于山川之謂興作。降于五祀之謂制度。〈離騷〉衆皆競進以貪婪兮，憑不厭乎求索，羌內恕己以量人兮，各與心而嫉妒。〈招魂〉秦篝齊縷鄭緜絡些。招具該備永嘯呼些。《老子》猛獸不據，攫鳥不搏，骨羽筋柔而握固。《管子》失天之度，雖滿必涸。《韓非子》水之折也必通蠹。牆之壞也必通隙。《亢倉子》未至而逆之。既往而慕之。《易林》重門擊柝。介士守護。《太元經》大開帷幕。以引方

25　見孔氏《詩聲類・卷八》，6 頁至 7 頁。

客。〈封禪文〉非唯陶之，又潤澤之。非唯徧之，我紀布護之。以及〈中庸〉素隱通爲索隱，《公羊春秋》蒲社通爲亳社。〈郊特牲〉曰：踖也者索也。《白虎通》曰：霍之爲言護也。《儀禮・注》阼猶酢也。《說文解字》鼓郭也。《釋名》逆遻也，劇巨也。皆小學古訓音義相將者也。」[26]

孔氏又云：

「屋燭二韻古讀去聲者在經可證，則〈小戎〉驅續靷玉屋曲同用，〈楚茨〉具奏祿同用，〈角弓〉木附屬同用，〈桑柔〉谷穀垢同用，〈時邁〉嶽后同用，〈噫嘻〉穀耦同用。戍字古音未詳，而〈王風〉束薪、戍申，若以朝陽高岡、鴻飛公歸等雙聲例之，亦可入韻。〈離騷〉前望舒使先驅兮，後飛廉使奔屬。鸞皇爲余先戒兮，雷師告余以未具。〈天問〉九天之際，安放安屬。隅隈多有，孰知其數。並讀屬如注。〈儒行〉其居處不淫，其飲食不溽。其過失可微辨，而不可面數。溽讀如耨。《荀子》強自取柱，弱自取束。束讀如漱。《呂氏春秋》聽言哀者，不若見其哭也。聽言怒者，不若見其鬥也。哭讀如寇。東方朔語：聲謷謷者，鳥哺鷇也。尻益高者，鶴俛啄也。啄讀如豨，〈七發〉連廊四注，臺城層構，紛紜元綠。綠讀如屨。《淮南子》大匠不斲，大豆不具，大勇不鬥。斲讀如鬥。〈西京賦〉百禽淩遽，騤瞿奔觸。器精忘魂，失歸忘趨。〈東京賦〉德寓天覆。輝烈光燭。狹三王之趢趗，軼五帝之長驅。燭讀如噣。《周禮・注》以四竇爲四瀆。《荀子》以獨鹿爲屬鏤。《漢書》以節族爲節奏。〈小戎〉續字徐仙民辭屨反，〈舜典〉贖字徐音樹，《論語》不至於穀，公豆反，《攷工記》水屬，之樹反，猶習北學古音存於《釋

26 見孔氏《詩聲類・卷九》，8頁。

文》者如此。唐宋文人惟韓昌黎寂識古音，其〈送石處士序〉云：『若河決下流而東注。若駟馬駕輕車就熟路。而王良造父爲之先後也。若燭照數計而龜卜也。』卜字亦轉去聲而韻注字後字。」[27]

孔氏又云：

「古無入聲，故職德恒與志代同用，〈漢廣〉息思，〈采薇〉翼服戒棘，〈出車〉牧來載棘，〈六月〉飭服熾急國，〈我行其野〉葍特富異，〈正月〉輻載意〈小宛〉克富又，〈大東〉三章載息，四章來服裘試，〈楚茨〉首章棘稷翼億食祀侑福，四章祀食福式稷飭極億，〈大田〉黑稷祀福，〈緜蠻〉食誨載，〈緜〉直載翼，〈旱麓〉載備祀福，〈皇矣〉德配，〈靈臺〉亟來囿伏，〈下武〉二章式思則，三章德思服，〈生民〉首章祀子敏止稷，三章字翼，〈行葦〉背翼祺福，〈假樂〉子德，〈板〉事謀服，〈蕩〉式止晦抑德止賊則，〈桑柔〉極背克力，〈崧高〉事 式，〈常武〉戒國，〈瞻卬〉忒背極慝倍識事織，〈清廟〉士德，〈時邁〉德之，〈潛〉祀福。按南有喬木，不可休息，漢有游女，不可求思。《釋文》云：休息並如字，古本皆爾，本或作休思，此以意改耳。廣森謂：毛傳：“思、辭也。”漢上游女，無求思者，是訓思想之思，非語辭，其“辭也”自解下泳思、方思，寫者倒之，正義以故致疑，遂有意改作休休思者，彼緣不曉古無入聲，疑思息非韻故也。息相記反，休息、求思乃雙聲韻，〈大東〉尚可載也，亦可息也。息字去聲，〈菀柳〉息暱同用，暱旁匿古亦去聲，《荀子・成相》辭人之態不如備，爭寵嫉賢利惡忌，妒功毀賢，下斂黨與上蔽匿是也。〈小

27　見孔氏《詩聲類・卷十》3 頁。

明〉息直同用，直古亦去聲，《孟子》勞之來之，匡之直之。《左傳》鄭人歌：我有子弟，子產誨之，我有田疇，子產殖之。皆可證也。」[28]

孔氏所據以證古無入聲之資料，亦為《詩》、《騷》與秦漢有韻之文，所據材料，大致與段氏玉裁相同，而所得結論，則正相反。然段孔二氏皆謂上古去入二聲合用無別，則意見相同。蓋孔氏主陰陽對轉之說，只承認韻有陰陽二類而可以對轉其入聲於古雖讀去聲，然去有長言短言二讀，其長言者，後仍為去聲，短言者則變而為入聲，此其差別也。故孔氏云：

「緝合諸韻為談鹽咸嚴之陰聲，皆閉口急讀之，故不能備三聲，《唐韻》所配入聲，唯此部為近古，其餘部古悉無入聲，但去聲之中自有長言短言兩種讀法，每同用而稍別畛域，後世韻書遂取諸陰部去聲之短言者，壹改為諸陽部之入聲。」[29]

至於去聲之轉變為入聲，時間則以為起自江左。孔氏云：

「江左音變而二十五德二十四職古合志代韻者，今為蒸登之入焉，二十三錫二十二昔二十一麥古合寘卦者，今為青清耕之入焉，二十陌十九鐸及十八藥之半古合御暮韻者，今為庚唐陽之入焉。一屋三燭及四覺之半古合候遇韻者，今為東鍾江之入焉，二沃古合幼韻者，今為冬之入焉。夫六朝審音者於古去聲之中，別出入聲，亦猶元曲韻於平聲之中，又分陰平陽平耳，倘有執是而呵唐詩不當陰陽平通押者，其疇不為笑乎！」[30]

按孔氏主張古無入聲之說，持之甚堅，而舉證亦詳，其言古去入同用則是，而謂古無入聲，後世多未能接受。竊疑孔氏之所

---

28 見孔氏《詩聲類・卷十一》16 頁至 17 頁。
29 見孔氏《詩聲類・卷十二》，1 頁。
30 見孔氏《詩聲類・卷十二》2 頁至 3 頁。

以主張古無入聲之說，或受其本身語言之影響。蓋孔氏曲阜人，其語音系統上已無入聲存在，因謂古無入聲。夫入聲者皆收閉而不爆之塞聲-p、-t、-k 韻尾者也，設如孔氏所言古無入聲，則中古之入聲由何而來？就語音演變之趨勢觀之，入聲韻尾-p、-t、-k 消失後而成為陰聲者有之，尚未有陰聲韻之去聲字加上-p、-t、-k 而成為入聲者。高本漢嘗言：「就這一千幾百年來的音韻演變的歷史看來，無論在那一種方言裡．都只見入聲之變平，從不見平聲之變入，故我們可以推知入聲之古。」[31]

蓋我國語音之實際情形，凡不送氣之清塞音，在元音前與元音後，均易受元音之影響而脫落。王力《漢語史稿》云：

「按漢語情況說，不送氣的破裂音比較容易失落，例如現代廣東台山方言的"刀"是 tou→ou，雲南玉溪方言的"高"是 kau→au。」[32]

又云：

「上古的長入，由於它們的元音都是長元音，在發展過程中，韻尾-t、-k 逐漸失落了。」[33]

入聲韻尾由於受長元音的影響而逐漸消失了。且我國入聲韻尾皆為不送氣清塞音，故易失去韻尾而變為陰聲之去聲，以是言之，古代去入二聲之演變當如下式：

入聲（消失韻尾）——→去聲。

而非

去聲（附加韻尾）——→入聲。

以是言之，孔氏古無入聲之說，恐非事實，難以信從。陸宗

31 見胡適〈入聲考〉所引。
32 見王力《漢語史稿・上册》，74 頁。
33 見王力《漢語史稿・上册》，102 頁。

達云：

「孔氏拘于中原方言，闇于歷代嬗化，無入之聲，未可深信。」

雖然如此，然孔氏謂古音去入合用，去有長言短言二讀之說，仍極具參考價值。未可以其立說之不當，而一概抹殺也。固當分別觀之，是以本篇於孔氏之說，徵引不厭其詳，而辨之則不得不嚴者，亦此故也。陸宗達云：

「其所證入聲于古皆去聲，亦未嘗不可證去聲於古皆入聲也。」[34]

尤能燭照幽微，所言極是。

第六節　江有誥之古聲調說

江有誥初謂古無四聲，後著《唐韻四聲正》乃謂古人實有四聲，特古人所讀之聲與後人不同而已。江有誥〈再寄王石臞先生書〉云：

「四聲一說，尚無定論，顧氏謂四聲一貫，又謂入為閏聲。陳季立謂古無四聲，江脊齋申明其說者不一而足，然所撰《古韻標準》仍分平上去入四卷，則亦未有定見。段氏謂古有平上入而無去，孔氏謂古有平上去而無入。有誥初見亦謂古無四聲，說載初刻〈凡例〉，至今反復紬繹，始知古人實有四聲，特古人所讀之聲，與後人不同，陸氏編韻時，不能審明古訓，特就當時之聲誤為分析，有古平而誤收入上聲者，如享饗頸顙等字是也。有古平而誤收入去聲者，如訟化震患等字是也。有古平而誤收入平聲

34　見陸宗達〈王石臞先生韻會合韻譜遺稿跋〉。《國學季刊》三卷一號，163 頁-174 頁。

者，如偕字是也。有古上而誤收入去聲者，如狩字是也。有一字平上兩音而僅收入上聲者，如怠字是也。有一字平上兩音而僅收入平聲者，如愆字是也。有一字平去兩音而僅收入去聲者，如信字是也。有一字平去兩音而僅收入平聲者，如居字是也。有一字上去兩音而僅收入上聲者，如喜字是也。有一字上去兩音而僅收入去聲者，如顧字是也。有一字去入兩音而僅收入去聲者，如意字是也。有一字去入兩音而僅收入入聲者，如得字是也。有一字平上去三音而遺其上去者，如時字是也。有一字平去入三音而遺其去入者，如來字是也。有一字上去入三音而遺其上入者，如至字是也。有一字平上去三音而遺其平聲者，如上字是也。有一字平上去三音而遺其平去者，如靜字是也。偶舉一以見例，其餘不可枚數。有誥因此撰成《唐韻四聲正》一書，做《唐韻正》之例，每一字大書其上，博采三代、兩漢之文分注其下，使知四聲之說，非創于周沈，其中間有四聲通押者，如《詩經・揚之水》之皓上繡去鵠入憂平。〈大東〉之來去服入裘平試去。《易・遯象傳》之戎平志憊事去否上疑平。《楚詞・九辨》六之鑿入教去樂入高平。此亦如二十一部之分，瞭然而不紊。而亦間有通用合用者，不得泥此以窒其餘也。其四聲具備者七部，曰之、曰幽、曰宵、曰侯、曰魚、曰支、曰脂，有平上去而無入者七部，曰歌、曰元、曰文、曰耕、曰陽、曰東、曰談，有平上而無去入者一部，曰侵，有平去而無上入者一部，曰真。有去入而無平上者一部，曰祭。有平聲而無上去入者二部，曰中、曰蒸。有入聲而無平上去者二部，曰葉、曰緝。一以三代兩漢之音為準，晉宋以後遷變之音，不得而疑惑之，于此悟古無四聲之說為拾人牙慧，而古人學與年俱進之說，誠不誣也。」[35]

35　見江有誥《唐韻四聲正・書》，1 頁-2 頁。

江氏《唐韻四聲正》乃從「平自韻平，上去入自韻上去入」之觀點，以考察聲調在古韻語中與後世韻書不同而頗稱完備者。董同龢《中國語音史》上古聲調的問題一章，嘗將江氏書中所臚列之證據，加以歸納，得以察知上古聲調與中古平上去入之關係爲：

「⑴韻書的平聲字古代完全不與平聲字押韻，而

（a）專與上聲字押韻的－予（訓我之義）、偕。

（b）專與去聲字押韻的－（無）

（c）專與入聲字押韻的－（無）

⑵韻書的平聲字古代與平聲字押韻外，

（a）更與上聲字押韻的－夷、嘻、緇、威、愆、俱、該、姱、僚、休、讎。

（b）更與去聲字押韻的－規、資、辭、歸、居、車、祛、躇、虞、誅、孚、謨、柴、勳、飄、昭、朝、苞、高、憂、謀、留、餱。

（c）更與入聲字押韻的－（無）

（d）更與上聲及去聲字押韻的－時、期、塗、圖、家。

（e）更與去入二聲字押韻的－疑、司、來。

⑶韻書平上兩收而古代只與平聲押韻的－泯。

⑷韻書平上兩收而

（a）古代只與平聲字押韻的－行。

（b）古代又與上聲字押韻的－能。

⑸韻書的上聲字古代完全不與上聲字押韻，而

（a）專與平聲字押韻的－爽、饗、糅、逞。

（b）專與去聲字押韻的－（無）

（c）專與入聲字押韻的－（無）

（d）專與平去二聲字押韻的－靜。

⑹韻書的上聲字古代與上聲字押韻之外，

（a）更與平聲字押的－動、靡、矣、斐、阻、怠、引、閔、隕、憒、損、淺、善、繚、道、象、罔、往、仰、朗、慷、廣、酒、否、糾、飲。

（b）更與去聲字押韻的－死、美、祀、喜、里、圉、序、鼠、所、舉、海、 古、倍、婉、孌、治、寫、賞、咎。

（c）更與入聲字押韻的－解、垢。

（d）更與平去二聲押韻的－指、待。

⑺韻書上去兩收而古代兼與平聲字押韻的－遠、轉、衍、好、左、灑、養、蕩、守。

⑻韻書平上兩收而古代

（a）兼與去聲字押韻的－反。

（b）只與平聲字押韻的－頸。

⑼韻書的去聲字古代完全不與去聲字押韻，而

（a）專與平聲字押韻的－鳳、訟、憲、戲、震、信、鎮、患、甸、化、慶、證、僭。

（b）專與上聲字押韻的－狩、獸。

（c）專與入聲押韻的－（無）

⑽韻書的去聲字古代與去聲字押韻外，

（a）更與平聲字押韻的－用、頌、誦、議、義、地、志、畏、著、倨、壞、佩、刃、慎、進、候、臭、救、佞、定、姝、性、聖、政、病、命、抗、壯、悵、障、愴、讓、貨、挫、笑、眩、慢、漫、燙、遯、悶、獻、 運、訓、汶、順。

（b）更與上聲字押韻的－試、餌、記、御、慮、豫、助、賦、路、顧、固、悟、步、晦、閿、諫、稼、舊、茂、戊。

（c）更與入聲字押韻的－悴、備、肆、意、氣、歲、制、斃、世、厲、害、隘、戒、背、代、肺、富。

（d）更與上入兩聲字押韻的－至、事。

（e）更與平上二聲字押韻的－佑、祐。

⑾韻書平去兩收的字，古代只與平聲字押韻的－湅、衆、盛。

⑿韻書上去兩收的字，古代

（a）更與平聲字押韻的－被、濟、上。

（b）不與上聲字押韻而兼與平聲字押韻的－去。

（c）更與入聲字押韻的－載。

⒀韻書的入聲字古代完全不與入聲字押韻的－（無）

⒁韻書的入聲字古代與入聲字押韻外。

（a）更與平聲字押韻的－軸。

（b）更與上聲字押韻的－若。

（c）更與去聲字押韻的－福、祿、玉、欲、慾、學、斲、實、疾、失、室、日、紱、物、發、越、謁、突、達、脫、拔、察、切、臬、穴、決、列、折、舌、滅、碣、絕、落、鑿、薄、索、穫、宅、澤、逆、隙、獲、脈、螫、敵、適、式、匿、德、得、克。」[36]

董同龢認爲江有誥所舉的二百四五十字，除去漢以後之證據及存疑者外，就其確用先秦材料一百五十字左右之例證看來，可知：

⑴平上去多兼叶。

⑵去與入多兼叶。

36 董同龢《漢語音韻學》，309 頁至 312 頁。

⑶平上與入兼叶的極少。

董氏於以上三點爲之作下列三項解釋：

⑴平上去多兼叶，因爲同是陰聲字。（韻尾同是*-d或*-g）

⑵去入韻尾不同（*— d：*— t 或*-g：*-k）而多兼叶，是因爲調值似近。

⑶平上與入，韻尾既不相同，調値又遠，所以極少兼。

同時批評江有誥氏《唐韻四聲正》以此類字在古代當有平上、上去、平上去等兩讀或三讀爲多餘，其實此類概可謂之「合韻」也。

按江有誥氏《唐韻四聲正》以爲古實有四聲，特古四聲與後世之四聲不同而已。後代屬平者，古代則未必屬平，後世屬上去入者，古代未必屬上去入，其說實有見地，然一字之讀二聲三聲，又無一定標準，頗嫌泛濫，甚且去宋人之任意改叶者亦相差無幾。江舉謙氏嘗評之云：

「可惜江有誥本著這一原則著爲《唐韻四聲正》，以攷察字調在上古的韻語中 與中古韻書之不同的時候，卻把他自己的原則應用得漫無標準。如「子」字中古上聲，《詩經》亦多以韻上聲，但純韻平聲者亦三見，而江氏不以爲「子」字上古有平上二聲。「式」字中古入聲，《詩經》亦多以韻入聲，以韻上者僅一見，江氏斷 爲上古有去聲一讀，至將上聲韻「晦」字改音「呼備反」以就之。「克」字中古入 聲，《詩經》亦多韻入聲，以與去聲叶韻者僅一見，而江氏遂據以爲「克」字上古另有去聲一讀。如此遽改音以就己意，且憑孤證以下結論，已難取信。更有既改甲以叶乙，復改乙以叶甲的混亂現象，如「里」字中古上聲，《詩經》除與上聲自韻外，亦叶去聲。計〈十月之交〉八章以韻「痗」，〈桑柔〉十章以韻「喜」、「忌」，〈召旻〉七章以韻「舊」，江氏《唐韻四聲正》既引〈桑柔〉爲例，以爲里喜二字古有去聲（按喜字中古本有去聲一讀，江氏不察，又未引〈十月之交〉之例，蓋兩失之），則在〈召旻〉應該讀「里」字爲去聲以韻「舊」，而江氏卻將「舊」讀上聲以韻「里」，還以爲「舊」字古有上聲一讀，眞是糾纏不清，漫無標準了。」[37]

江舉謙氏於江有誥之缺失舉正甚多，一言以蔽之曰「無條例」。雖然如此，然古聲調之研究，由段氏而江氏，所獲之成就，固已駕越前賢者矣，聲調研究至江氏，可謂又豎立起新里程碑矣。

第七節　王念孫之古聲調説

王念孫於古聲調，中歲以後服膺段說，晚年攷證古音，乃更出己意，其中變遷之故，陸宗達氏〈王石臞先生韻譜合韻譜遺稿跋〉一文言之詳矣。陸氏云：

「《韻譜》及《合韻譜》排比四聲義法三易。《詩經群經楚辭韻譜》、《周秦諸子韻譜》、《淮南子韻譜》悉依六書音韻表之例，惟析「有入」、「無入」爲二類，與段小異，段氏證古無去聲，先生從其說，故編存三譜，其脂部分爲「脂」「旨」「術」，之部分爲「之」「止」「職」，魚部分爲「魚」「語」「鐸」，侯部分爲「侯」「厚」「屋」，（之幽二部，《周秦諸子韻譜》中平上入三聲具備，《淮南子韻譜》中支部僅有平入，《詩經群經楚辭韻譜》中二部皆僅具平入。）他部或衹具平聲（如無入之韻），或僅備入聲（如質、月、緝、盍四部），惟去

37　江舉謙〈試論上古字調研究〉載《東海學報》五卷一期。

聲獨闕，是法于段氏者也。《易林韻譜》、《西漢（楚辭中）韻譜》、《西漢（文選中） 韻譜》排比類例，取無入之說，故于支、脂、之、魚、侯、幽諸部皆僅列平上去三聲，是宗孔氏之誼也。《史漢韻譜》及諸《合韻譜》又於支、脂、之、魚、侯、幽諸部四聲俱列，宵部列平上去三聲，祭至列去入二聲（緝盍僅有入聲，無入之韻僅有平聲。）此又先生晚年古有四聲之說也。」[38]

王氏晚歲，於四聲之辨，既有闡發，遂證古音已具四聲，特與後世有異耳。其道光三年癸未三月〈復江晉三書〉云：

「接奉手札，謂古人實有四聲，特與後人不同，陸氏依當時之聲，誤為分析，特撰《唐韻四聲正》一書，與鄙見幾如桴鼓相應，益不覺狂喜。顧氏『四聲一貫』之說，念孫向不以為然，故所編古韻，如札內所舉『顙』『饗』『化』『信』等字皆在平聲；『偕』『茂』等字皆在上聲；『館』字亦在去聲，其他指不勝屈，大約皆與尊見相符；『至』字則上聲不收，惟收去入為小異耳。」[39]

王氏晚年既主古有四聲之說，其晚年所定之古韻二十二部中，支、脂、之、魚、侯、幽、蕭、七部四聲皆備者也，東、冬、蒸、侵、談、陽、耕、眞、元、歌、十一部則有平而無上去入者也。至、祭二部有去入而無平上，盍、緝二部僅有入而已。所以然者，蓋江氏所謂原非每部鑿定四聲者也。陸宗達云：

「先生及江氏古有四聲之說，後得夏燮推演，發揮無餘。」[40]

---

38 陸宗達〈王石臞先生韻譜合韻譜遺稿跋〉載《國學季刊》三卷一號，163 頁-174 頁。

39 見江有誥《唐韻四聲正・書》，3 頁。

40 陸宗達〈王石臞先生韻譜合韻譜遺稿跋〉載《國學季刊》三卷一號，163 頁-174 頁。

第八節　劉逢祿之古聲調說

劉逢祿論古聲調亦主古有四聲之說，其《詩聲衍條例・論古有四聲辨孔氏古無入聲之誤》云：

「《齊書・陸厥傳》：『永明末盛為文章，吳興沈約、陳郡謝朓、琅琊王融以氣類相推轂，汝南周顒善識聲韻，約等文皆用宮商，以平上去入為四聲，以此制韻，不可增減，世呼為永明體。』昔周捨舉『天子聖哲』以曉武帝，帝雅不信用。沈約作〈郊居賦〉以示王筠，讀至『雌霓連蜷』句，常恐筠呼『霓』為『倪』。孔氏據此遂謂『入聲創之江左，非中原舊讀，江左文人尚有不知入聲者，豈可執以律三代之文章。』又云：『入聲自緝合等閉口音外，悉當分隸平部。」非也，梁武帝時特不尚永明體耳，非不知入聲也。今試取三百篇讀之，惟緝合部有與驂念同協者，〈小戎〉二章是也。（孔改顧氏之說，以中驂合韻，合軜邑合韻，期之合韻，而念之不入韻，非篤論也。）若冬東蒸陽青眞文元歌九部之字，微特《詩》三百篇本無入聲，於《說文》偏旁字亦無入聲，雖沈約等好變古趨新，亦不能強屋沃配東冬，以他部之入配此九部也。若侵鹽灰蕭魚愚微七部，於《說文》偏旁字本有入聲，而《毛詩》以平入通韻者絕少，（灰部以上去通韻者：〈子衿〉、〈渭陽〉之佩，〈 采薇〉、〈杕杜〉、〈大東〉之疚，〈嘉魚〉、〈賓筵〉之又，〈我將〉之右，〈十月之交〉之矣，〈召旻〉之舊，數字而已。其用上去而通平韻者，〈文王〉、〈生民〉、〈既醉〉、〈蕩〉之時、〈召旻〉之哉三字而已。〈出車〉、〈大東〉、〈靈臺〉、〈常武〉之來，古讀如勅，非韻平也。鳩部與入通韻者，〈中谷有蓷〉之淑、〈清人〉之軸、〈唐・揚之水〉之鵠三字而已。其用入也，各部之字無雜平者，雖中原舊讀不能轉平也。魚部與入通韻者，惡莫度作數本有去入兩聲，非始于六代也。愚部之入雖同蕭部，然惟〈小戎〉之驅，〈桑柔〉、〈角弓〉之附三見，微部雖與未部同聲，而詩之用平也，不雜去入，用去入也，不雜一平，可知四聲之緣起矣。）

又〈論長言短言重讀輕讀辨段氏古無去聲之誤〉云：

「《公羊春秋》云：『《春秋》伐者爲客，伐者爲主。』何休《解詁》：『伐人者爲客，讀伐長言之，見伐者爲主，讀伐短言之，齊人語也。』《淮南子》云：『輕土多利，重土多遲，清水音小，濁水音大，此一字有兩聲三聲四聲之說也。按何氏讀伐長言之，今所謂去聲也，讀伐短言之，今所謂入聲也，第今韻所謂去聲者 ，即去之一字，而〈唐・羔裘〉、《左氏・繇辭》以韻平，則標名已戾於古，段氏因謂古無去聲，則又未免一而廢百，蓋去之與上，正如平之有陰陽，以耦相從，廢之則上聲類孤，於平上轉入之音理隔矣。考魚部之入，古可由去而轉平，未部質部之入，長言之至去而止，檢偏旁諧聲字，惟貴、比、次、利、殴數字可以轉而至微部，其餘則不能也。段於魚部去入聲之字，以〈雨無正〉之夜、夕、惡皆爲平聲，于未部之字，皆以爲入聲，無乃窒于今而戾于古乎？」劉氏謂古有四聲，非起於江左，既辨孔氏無入之誤，又譏段氏無去之非，並由何休之注，淮南之言，推尋古有四聲之跡，以長言爲去，以短言爲入，蓋啓王力聲調說，促聲有長言短言之先河也。綜其要旨，亦與江有誥、王念孫同其宮徵者也。

第九節　夏燮之古聲調說

江有誥、王念孫、劉逢祿雖力主古有四聲，與段氏異轍，然江王劉諸人，於古人所以有有四聲之故，猶未盡闡發，至夏燮撰《述韻》始道其詳。（按夏燮與其兄炘皆與江有誥氏爲友，其兄炘之言古四聲，猶本江氏之言，如云：「四聲出於天籟，豈有古無四聲之理，即如後世反切，自謂能得定音，其實古人終葵爲椎，不聿爲筆，邾婁爲鄒之屬已兆其端，反切必原於字母，古人之雙聲與今等韻之字母悉合，可見今人所有，古人無所不有。豈有明白確切之四聲，古人反不知之，睹三百篇中平自韻平，仄自韻仄，劃然不紊，其不合者，古人所讀之四聲，有與今人不同也。江君《唐韻四聲正》一書攷據最爲明確。」見《古韻表集說綴言》，而《述韻》中無一字論及江書，或夏氏猶未得見江書也。）夏氏論四聲之言曰：「三百篇群經有韻之文，四聲具備，分用畫然，如部分之有條不紊，第古無韻書，遂以此爲周顒、沈約獨得之秘耳。然有韻之文，未嘗不可攷而知也，古無四聲，何以〈小雅・楚茨〉之二章，〈魯頌・閟宮〉之二章、三章，合用至十韻、十一韻，皆上聲，〈邶・柏舟〉之二章，〈魏・汾沮洳〉之一章，〈衛・氓〉之六章，連用至四韻五韻七韻，以至《楚辭》之〈惜往日〉連用至十一韻，皆去聲，〈魏・伐檀〉之二章，〈商頌〉之那，〈魯頌・閟宮〉之八章，連用至十七韻皆入聲，此其可證者一也。〈關雎〉爲《詩》之首篇，而四聲具備，“鳩”“洲”“逑”“流”“ 求”平 也，“得”“服”“側”入也，“采”“友”上也，“芼”“樂”去也。〈小疋・泂酌〉三章，分平上去三韻，〈召南・摽有梅〉三章，〈衛・有狐〉三章，〈王・采葛〉三章，〈鄭・羔裘〉三章，〈齊・甫田〉三章，〈魏・汾沮洳〉三章，〈小疋・菀柳〉三章，分平去入三韻，〈鄘・牆有茨〉三章，〈王・邱中有麻〉三章，〈魏・碩鼠〉三章，〈唐・山有樞〉三章，〈鴇羽〉三章，〈小雅・鴻雁〉 三章，〈黃鳥〉三章分平上入三韻，若古無四聲，何以分章異用，如此疆爾界，不相侵越。又有同用一韻而四聲分章，同用一韻同在一章，而四聲分配，較若畫一，凡此諸類，不啻五色成文，八風從律，古無四聲，何以有此？此其可證者又一也。亯、饗爲古音之平聲，《詩》凡十見，皆不與上同用，慶爲古音之平聲，《詩》凡七見，《易》二見，皆不與去同用，予爲古音之上聲，詩凡十見，皆不與平聲同用，戒爲古音之平聲，《詩》凡三見，（〈楚茨〉五章戒備告韻，告《廣韻》去入兩收，以《詩》證之，爲古入聲獨用字，備有入音，『騂牡旣備』與『福』韻是也。）《易》一見，皆不與去聲同用，苟古無去聲，何以屢用而不容一韻之出入，此其可證者又一也。東、眞、文、元、宵、歌、陽、耕、蒸、侵、談十一部，校其偏旁，不闌入聲一字，又歌與支合，文與脂合，皆合于平上去而不合于入，祭泰夬廢爲去入二聲之獨部，其偏旁絕不與平上合，亦無借入平上合韻者，緝以下九韻爲入聲之獨部，其偏旁不與去合，亦無借入去聲合韻者，若古無四聲，何以分別部居自有限制，此其可證者又一也。大氐後人多以《唐韻》之四聲求古人，故多不合，因其不合，而遂疑古無四聲，非通論也。古四聲有獨用、有通用，通用者若十七部之合韻，又《廣韻》之兩收三收者是也。平與上去多通用，以上去之音近而入遠也，上與去多通用，去與入多通用，而上之與入叶者，不過十中之一，以上之轉入較去遠也。嘗謂平與上去之合，如支之于歌，文之于脂，本音多而合韻少，上去之合，去入之合，如之之于幽，幽之于宵，屢用屢合而不失其本旨，知其所以分，又知其所以合，然後可無疑于古有四聲之說矣。」[41]

觀其四證，適足以翼贊王、江之說而暢其旨要者也。

夏氏嘗就所分古韻二十部詳加考索，以爲古韻二十部中，其四聲具備者，有之、脂、支、幽、侯、宵、魚七部，有平上去而無入者，爲東、眞、文、元、歌、陽、耕、蒸、侵、談十部，僅備去入而無平上者，有祭、至二部。入聲獨用而無平上去者，則爲緝一部。然此僅就其大略言之。若細別之，亦有辨焉。夏氏論〈古韻四聲部分〉云：

「然則古固無平聲獨用之部及有平上而無去，或有平去而無上者乎？曰：古無韻書，不可臆斷，而以有韻之文校之，四聲具備，較若畫一者，支、脂、之、幽、侯、魚六部耳。宵之去入通用頗多，祭之去入亦然，其備平上去三聲者，元部字確有界限，如憲獻等字無去音，館婉等字無上音，諫遠等字無去音。（《詩》遠字有與平合者不通去聲。）三百篇所用，固區以別也。東、歌、耕三部，上去之屬通于平者，諸書所用，凡一百餘事，然〈生民〉之幪唪，〈長發〉之勇動竦總，〈有杕之杜〉之左我，〈彼何人斯〉之禍我可，〈節南山〉之領騁，不可謂無上音。〈大叔于田〉之控送，〈下武〉之賀佐，〈麟之趾〉之定姓，〈采薇〉之定聘，不可謂無去音也。若夫陽之慶上當行等字，本無去音，尙與亡韻，貺與藏韻，抗與張韻，伉與將行韻，讓與良方忘韻，向與藏王韻，泳與廣永韻，競與往梗韻，《禮記・檀弓》則吾將安放與仰韻，〈祭義〉焄蒿悽愴與明韻，《爾

41 夏燮《述韻》卷四。

雅》八月爲壯，與相陽韻，〈檀弓〉葬也者藏也。《史記・龜筴傳》身死不葬，與藏行韻。《漢書・外戚傳》汙沬悃悵與傷韻，《穀梁傳》畺之爲言竟也。《莊子・應帝王》篇，至人之心若鏡，與迎藏傷韻。〈天下〉篇其靜若鏡，與響韻，《家語》良藥苦口利于病，與行韻。遍攷漢以前之文，凡陽韻去聲字，不入平用，必入上韻，而《詩》《易》所用陽部字，凡二百四十餘條，無去與去同韻者，《左傳》『心則不竟，何憚于病。』二字皆平音。（《詩》竟與將往梗韻，可平可上，不可去也，不竟不絿，不剛不柔，竟與剛句中韻，《黃庭經》魂魄內守不爭競，與瑺喪韻，皆讀平音，病則《家語》《說苑》外，如《莊子・達生》篇身當心則病，與忘韻。《淮南子・繆稱訓》用之不節，乃反爲病。與傷殃韻，《易林・升之否》君子疾病，與殃韻，是此字古無作去聲讀者。）至漢詞賦始有去聲專用者，眞部之字，信與人姻薪親等字韻，命與天田年人等字韻，甸與田韻，電與令韻，（令字古無去音）《易・雜卦》需不進也，與新親韻，《國語・晉語》佞之見佞，與田韻，《楚詞・抽思》覽民尤以自鎭，與人韻，《管子・正篇》能守愼乎，與新人韻，《文子・道言篇》其兵鈍而無刃，與文韻。此皆入平用而不入去用者。侵部之字，僭與南心等字韻，譖與林韻皆平聲，甚與錦韻則上聲，凡此三韻謂爲平上二聲之專部可也。蒸部群經諸子所用無上去字，夢與薨增等字韻，勝與蒸興等字韻，乘與騰弓等字韻，《易・漸九五》三歲不孕，與陵韻，則此當爲平聲之獨部矣。凡此雖不可臆定，而心領神會，殊覺周秦兩漢之文，未嘗不可按序而稽也。」[42]

按夏氏言古代聲調之意見，實與王念孫、江有誥二家同一觀

42　夏燮《述韻》卷五。

點，但分析更爲清 晰，於古有四聲說之聲調主張，得此數家，亦可得概略矣。

今人周祖謨氏著〈古音有無上去二聲辨〉一文，於古代聲調之眞象，辨說尤詳，茲錄其〈古音二十二部上去二聲字辨〉一節，以明論據。周氏云：

「古有四聲經王江夏三家之考證，已極明確。惟今人固守段說者尚多，未肯降心相從，推原其故，蓋因古人上去與平相協者及去入相協者並多，畛域難分，故不暇細辨。然學者求知，貴得其眞，豈可專己守殘，隨聲附合。若孔巽軒之爲《詩聲類》，不指字之平仄，心知其意猶可，（見《詩聲類》卷三慶字案。）至若丁道久之論古音，謂讀詩必辨四聲是勞心於無用之地，則非至當之論。夫江夏兩家之書，固已精深弘密，獨於古韻部中上去二聲字獨用者有幾，與他類合用者有幾，未遑詳列，其必不與平入爲一類之故，猶不能明。今爲證明古韻部中確有上去二聲，故不厭繁瑣，尋案《詩》及群經諸子屈宋之文，考校王氏所訂古韻二十二部中何部有上，何部有去，何部有上去，其上去與平入相从者爲何，獨用者又爲何，不尙空談，但以實例爲據。如是則因其有獨用之例，可知古音必自成一類，因其與平入有合用之例，可異知古人一字或有二聲，游轉未定，或爲古人一時權宜之便，或古聲本與今聲有異，學者苟不以此窒彼，則古音確有上去之故自明。然而欲辨某字古讀某聲，亦非易事。因吾人所能憑藉者，僅爲古之韻文。（聲訓及經籍異文未必全然可信。）夫古之韻文有限，若一字見用之次數甚多，則其聲調易辨，若見用之次數甚寡，則不易矣。且古人一字往往兩協，或从本聲，或从他聲，其果爲合韻與否，均難斷定，故論理之根據欲措置妥切其難，今就其實例，分別歸類，略有折衷而已。昔姚文田著《古音諧》，已以四聲分判例字，然不辨合用獨用，猶未美備，故不嫌重作矣。

（例從省。）

由上所列可證《詩》韻非無上去二聲，第前人不肯細察，故異說歧出，莫衷一是。今觀陽聲諸類有兼備上去者，有有上而無去者。陰聲諸類，則大抵皆備上去入。是古有四聲，殆無疑義。至於古四聲之讀法如何，則幾無可考。約略言之，平與入相遠，去與入最近。夫入聲韻尾既有塞聲（k、t、p），則其聲調自較平聲爲短爲促，故詩中平入通協者少，至於《詩》中去聲字之與入相協者，大半由入聲轉來，其音亦必相近。考去聲字之來源有二：一自平上聲轉來，一自入聲轉來。（其所以自入轉去者，高本漢以爲由於韻尾之失落。其構思雖巧然不合之處尚多，此不詳論。）二者來源雖異，而詩中相協自成一類，是調值相同可知也。前人因去聲字在諧聲上不與平上相關，即與入聲相關，故創古音無去之說。然苟詩音無去，則由入聲轉來之去聲字必不與平上轉來者相協矣。今既有異，則王江夏三家古有四聲之說非無見也。」[43]

按周氏例證雖詳，亦僅可爲王念孫、江有誥、夏燮諸人張其旗鼓而已。並不足以確證爲必然如此而不可推翻者也。例如幽部“救”字，因《大戴禮・武王踐阼》篇以“游救”韻，《管子・宙合》以“求憂救”韻，於是斷定，古有平聲一音。可是“救”字除與平聲押韻之外，並無專與去聲押韻者，則謂“救”古惟讀平聲，較所謂「古兼有平聲一音」似更有說服力；又如幽部“臭”字，周祖謨從江晉三說以爲臭有有平聲，其理由則是“臭”僅見與平聲協韻，則既只與平聲協韻，則謂古惟讀平聲不

43　周祖謨〈古音有無上去二聲辨〉見上海商務印書館出版《漢語音韻論文集》168 頁-188 頁。（1957）

是說服力更強乎！所以周氏用力雖勤，搜羅雖廣，亦僅可為古有四聲說張其旗鼓而已，仍不足以為定論也。

第十節　章炳麟、黃侃之古聲調說

章炳麟之論古聲調也，大抵宗尚段玉裁氏，嘗謂段氏古無去聲之說，「非閉門思之十年弗能憭。」故其〈二十三部音準〉謂：「昔《唐韻》以入聲配陽聲韻，顧氏悉取以配陰聲，及戴君言二平同入，以為陰陽對轉之符，孔氏取聲焉，而復以為古無入聲。案古音本無藥、覺、職、德、沃、屋、燭、鐸、陌、錫諸部，是皆宵、之、幽、侯、魚、支之變聲也。有入聲者，陰聲有質、櫛、屑一類，曷、月、鎋、薛、末一類，術、物、沒、迄一類，陽聲有緝類、盍類耳。顧君以藥、覺等部，悉配陰聲，徵之《說文》諧聲，《詩》《易》比韻，其法契較然不迻。若藐得聲于貌，莢得聲于芺，瘵得聲于樂，試得聲于式，特得聲于寺，蕭得聲于肅，竇得聲于賣，博縛得聲于尃，錫得聲于易，茲其平上去入皆陰聲也，遽數之不能終其物，江、戴以陰陽二聲，同配一入，此于今韻得其條理，古韻明其變遷，因是以求對轉，易若截肪，其實古韻假象耳。已知對轉，猶得兔可以忘蹏也。然顧氏以入聲麗陰聲，及緝、盍終不得不麗侵、談。孔氏云無入聲，而談與緝盍，乃為對轉，戴氏以一陰一陽同趣入聲，至緝盍獨承陽聲侵談，無陰可承者，皆若自亂其例。此三君者，坐未知古平上韻與去入韻塹截兩分，平上韻無去入，去入韻亦無平上。」[44]

---

44 章炳麟《國故論衡上・二十三部音準》，文見於世界書局印行《章氏叢書・上冊》430 頁。台北市（1958）

其實章氏此言實遠紹段氏玉裁，段氏嘗曰：

「古四聲之道有二無四，二者平入也，平稍揚之則爲上，入稍重之則爲去，故平上一類也，去入一類也。」[45]

按章氏雖謂古聲平上與去入塹截兩分，但仍未顯言古代究竟有無上去二聲也。確認古代只有平入二聲者，則爲蘄春黃侃，黃氏承章氏之緒，始確認古無上去二聲，惟有平入二聲而已。黃氏《音略・略例》云：

「四聲古無去聲，段君所說，今更知古無上聲，惟有平入而已。」[46]

古既只有平入二聲，則何以轉變爲後世之四聲。黃侃云：

「古聲但有陰聲、陽聲、入聲三類，陰陽皆平也，其後入聲少變而爲去，平聲少變而爲上，故成四聲。（“四聲成就甚遲，晉宋間人詩，尚去入通押。”新雄謹案：“此言蓋本之顧氏炎武。”顧氏《音論》云：“今考江左之文，自梁天監以前，多去入二聲同用，以後則若有界限，絕不相通，是知四聲之論，起於永明而定於梁陳之間也。”至平聲入聲如何轉爲上去，則先師林尹先生《中國聲韻學通論》嘗 述黃氏之意云：“古惟有平入二聲，以爲留音長短之大限，迨後讀平聲少短而爲上，讀入聲稍緩而爲去，於是平上去入四者，因音調之不同，遂爲聲韻學上之重要名稱矣。”近世段君始明古無去聲，然儒者尚多執古有四聲之說，其證明古止二聲者，亦近日事也。）[47]

45　見段玉裁〈答江晉三論韻書〉。

46　黃侃《音略・略例》。見學藝出版社《黃侃論學雜著》62 頁，台北市（1966）。

47　黃侃《聲韻略說・論聲韻條例古今同異下》，見《黃侃論學雜著》101 頁。

又云：

「凡聲有輕重，古聲惟二類，曰平曰入，今聲分四類，重於平曰上，輕於入曰去。凡今四聲字，古讀二聲，各從本音；本音爲平，雖上、去、入亦讀平；本音 爲入，雖平、上、去亦讀入。」48

古無去聲，段氏既已縷列證明；古無上聲，雖亦發自段氏，然證成之者，則爲蘄春黃氏侃 。黃氏嘗曰：

「段懋堂《六書音韻表》去去聲而不去上聲者，一則以《詩經》今之上聲連用者多，故不敢下斷語；一則以《詩經》韻例，尚未細密。」49

《詩》雖有上聲獨韻之例，然參以通韻之章，則《詩經》上聲之字，與平聲韻者十之六、七，與去聲韻者十之二、三，與入聲及上聲自韻者雖有而少，是以黃氏確斷古無上聲，其〈詩音上作平證〉一文，蓋援據《詩經》韻例以爲之徵者。茲錄於後。（上聲字原文規誌其旁，今依之。）

「沚之事〈采蘩〉昴裯〈小星〉苞誘〈野有死麕〉舟流憂酒游〈柏舟〉諸土處顧〈日月〉菲體違死〈谷風〉遲違邇畿薺弟（同上）我我我何爲〈北門〉（兩見）唐鄉姜上〈采唐〉虛楚〈定之方中〉旟都組五予〈干旄〉子尤思之〈載馳〉僩咺諼〈淇奧〉葚耽〈氓〉隕貧（同上）湯裳爽行（同上）淇思之右母（〈竹竿〉二章通韻）廣杭望〈河廣〉期哉塒矣來思〈君子于役〉蒲許〈揚之水〉罦造憂覺〈兔爰〉子里杞之母〈將仲子〉手魗好〈遵大路〉洧思士〈褰裳〉溥婉願〈野有蔓草〉唯歸水〈敝

48 黃侃《聲韻通例》，見《黃侃論學雜著》143 頁。

49 見黃永鎮《古韻學源流》83 頁，臺灣商務印書館出版，台北市（1966）

笱〉湯彭蕩翔〈載驅〉哉其矣之之思（〈園有桃〉兩見）子已哉止屺母（〈陟岵〉二章通韻）弟偕死（同上）晧繡鵠憂〈揚之水〉采已涘之右之沚〈蒹葭〉有梅止裘哉〈終南〉湯上望〈宛丘〉之之已矣梅止之（〈墓門〉二章通韻）楚華家〈隰有萇楚〉梅子絲絲騏〈鳲鳩〉火衣（〈七月〉兩見）瓜壺苴樗夫圃稼（同上，兩章通韻）霜場饗羊堂觥疆〈同上〉雨土戶予据荼租瘏家（〈鴟鴞〉二章通韻）駸諗〈四牡〉韡弟威懷（〈常棣〉二章通韻）阪衍踐遠愆〈伐木〉享嘗王疆〈天保〉郊旐旄〈出車〉偕邇〈杕杜〉旨偕〈魚麗〉有時〈同上〉臺萊子基子期〈南山有臺〉瀼光爽忘〈蓼蕭〉藏貺饗〈彤弓〉饎猶醜〈采芑〉父牙居〈祈父〉野樗故居家〈我行其野〉巖瞻惔談斬監〈節南山〉師氐毗維迷師〈同上〉定生甯酲成政姓領騁（同上，二章通韻）酒殽〈正月〉交卯醜〈十月之交〉時謀萊矣（同上）訿哀違依底〈小旻〉猶集咎道（同上）止否謀（同上）且辜幠〈巧言〉盟長（同上）伊幾（同上）丘子詩子之〈巷伯〉嵬死萎怨〈谷風〉子來子服子裘子試〈大東〉冥熲〈無將大車〉雝重（同上）子息直之福〈小明〉蹌羊嘗亨將祊明皇饗慶疆〈楚茨〉廬瓜菹祖祜〈信南山〉享明皇疆（同上）穉火萋祁私穧穗利（〈大田〉二章通韻）左宜〈裳裳者華〉扈羽胥祜〈桑扈〉上柄臧〈頍弁〉仰行〈車舝〉旨偕〈賓之初筵〉反幡遷僊（同上）股下紓予〈采菽〉反遠遠然（〈角弓〉二章通韻）駒後饇取（同上）卑疷〈白華〉虎野夫暇〈何草不黃〉時右已子（〈文王〉二章通韻）上王方商京行王王（〈大明〉三章通韻）飴謀龜時茲止右理畝事（〈緜〉二章通韻）屏平（〈皇矣〉句上韻）芑仕謀子哉〈文王有聲〉道草茂苞褎秀好〈生民〉時祀悔（同上）句鍭樹侮主醹斗耇（〈行葦〉二章通韻）時子〈既醉〉原繁宣歎巘原〈公劉〉依濟几依〈同上〉

茲饎子母〈泂酌〉板癉然遠管亶遠諫〈板〉賊則李子絲基（〈抑〉二章〉通韻）子否之事之耳子（同上）子止謀悔國忒德棘（同上）翩泯燼頻〈桑柔〉將往競梗（同上）伯馬居土〈崧高〉茹吐甫茹吐寡禦舉圖舉助補祖（〈烝民〉三章連韻）祖屠壺魚蒲車且胥〈韓奕〉土訏甫噳虎居譽（同上）首休考壽〈江漢〉引頻（〈召旻〉二章連韻）里里哉士茲子止〈敬之〉耘畛〈載芟〉止之思思〈賚〉馬野者騢魚祛邪徂〈駉〉水芹旂〈泮水〉林黮音琛金（同上）武緒野虞女旅父魯宇輔（〈閟宮〉二章通韻）與鼓祖假〈那〉疆衡鶬享將康穰饗嘗將〈烈祖〉河宜何〈玄鳥〉共厖龍勇動竦總〈長發〉鄉湯羌享王常〈殷武〉」[50]

黃侃不僅列舉《詩》音上聲作平聲之證據，同時還統計出各古韻部之有上作平聲者，而列一〈上作平表〉。今亦附錄於後：

歌有　青有　豪有　寒有　模有　冬〇　先有　唐有　咍有
灰有　侯有　登〇　痕有　東有　覃有　齊有　蕭有　添有

除冬、登二部之外，幾乎古韻各部皆有上聲作平聲之事實。實際上《詩》韻平上相協之例，用以證上作平可，移以證平作上亦無不可也。然則黃氏何以知古必無上聲乎！黃氏曰：

「以偏旁言之，聲子聲母全在上聲者絕稀，如子孜，鄭讀子諒爲慈良，古亦平，悰悰讀若猜。」[51]

此不僅證之於《詩》韻，且又索之於諧聲字之偏旁，比勘而知，古惟平而後轉上，並謂上聲初起蓋在毛公之後，鄭玄之前，何以知之？黃氏舉證云：

「《詩・揚之水》：『揚之水，不流束蒲。彼其之子，不與我戍許。』傳曰：『蒲、草也。』箋云：『蒲、蒲柳也。』《釋

50 黃侃〈詩音上作平證〉。見《黃侃論學雜著》，174 頁-175 頁。
51 見黃永鎮《古韻學源流》83 頁。

文》：『蒲如字，孫毓云：“蒲草之聲，不與戌許相協，箋義爲長。”今二蒲之音，未詳其異耳。』《正義》曰：『首章言薪，下言蒲楚，則蒲楚是薪之木名，不宜爲草，故易傳以蒲爲柳。』案此孔氏不得其解而爲之辭，不如陸氏能闕疑矣。薪即草也，何以知草不可爲薪？《左傳》『董澤之蒲。』此蒲即柳。今韻蒲無上聲，漢師之音，爲韻書所無者多矣。觀此可知蒲在前讀平無上，後讀上，故訓爲蒲柳矣。」[52]

上聲之成，既備於漢師，則黃氏認爲古聲調惟有平入二聲，亦已明矣。

黃氏此說既出，周祖謨〈古音有無上去二聲辨〉一文嘗辨孫毓之言，爲晉人臆說，非漢師舊讀，不可依信，以爲黃氏謂讀蒲爲上，蓋爲孫毓所誤。其言曰：

「至晉孫毓爲《毛詩評》，遂以爲蒲草字音平，蒲柳字音上，故曰箋義爲長。此晉人之臆說，非漢師之舊讀，不可信也。因藉蒲草與蒲柳之訓，不能證毛公讀蒲爲平，鄭氏讀蒲爲上。尤無以證古人蒲字必先讀平，而後復有上聲一音。考〈小雅・采薇〉六章：『昔我往矣，楊柳依依。』傳曰：『楊柳、蒲柳也。』據此又焉知毛公蒲不讀上乎！然而非也，古人蒲字惟有平聲而已。《詩》中蒲字三見：〈魚藻〉三章蒲居爲韻，〈韓奕〉三章租屠壺魚蒲車且胥爲韻，均作平聲，此章蒲與許爲韻，則平上通協耳。考之兩漢韻文亦均作平聲，如枚乘〈七發〉腴蒲膚爲韻，司馬相如〈子虛賦〉圃蒲蕪苴爲韻，馬融〈廣成頌〉荼蒲渠于爲韻，〈樗蒲賦〉都蒲憂爲韻，絕無讀上者。而鄭玄東漢人也，受學於馬融，當亦無異。黃氏謂其讀蒲爲上，非爲孫毓所誤

52　見黃永鎮《古韻學源流》83 頁至 84 頁。

乎！」[53]

按陸氏《釋文》所載音讀，多有根據，實未可盡斥爲誤也。周氏此說，謂楊樹達亦有訂正黃氏之處。今試觀楊氏〈詩音有上聲說〉：

「《詩》音平上，界畫截然，略不相紊，何以明之？〈大雅・公劉篇〉三章云：『京師之野，于時處處，于時廬旅，于時言言，于時語語。』處處、廬旅，事類也，言言、語語，事類也。廬旅二文，音義全同，不同者，一平聲，一上聲耳。以上下文處處言言語語句例證之，于時廬旅，本當云於時廬廬，第以廬是平音，與上文野處，下文之語不叶，記《詩》者欲令句韻整齊，故寧令上下文句例參差，而用與廬同音同義之上聲旅字耳。」[54]

楊氏此說，實由黃侃之文而發，然而楊氏此說，並無新見，不過依據段氏之說，而又爲之舉證以明之而已。於古代聲調之實際，猶未可謂已得其情實也。

第十一節　王國維之古聲調說

海甯王國維氏之言古代聲調也，又另發奇思，謂古有五聲，陽聲一暨陰聲之平上去入四者是也。其〈五聲說〉云：

「古音有五聲，陽類一與陰類之平上去入四是也，說以世俗之語，則平聲有二，（實在陽類自爲一聲，謂之平聲，語不甚切。）上去入各一，是爲五聲。自三百篇以至漢初，此五聲者大抵自相通叶，罕有出入。漢中葉以後，陽類之聲，一部訛變爲上

53 周祖謨〈古音有無上去二聲辨〉，見《漢語音韻學論文集》。
54 楊樹達〈詩音有上聲說〉見臺灣大通書局印行《積微居小學金石論叢》卷三，89 頁，臺北市（1971）。

去，於是有陽聲三，陰聲四，而古之五聲增而爲七矣。然魏晉間撰韻書者，仍分爲五聲，蓋猶幷陽聲之平上去爲一，不敢以後世之音亂古音也。」[55]

王氏又云：

「然平聲中自有二類，則自隋唐以來言今韻者，與近世言古韻者之所同，陸法言以降諸韻書，其平聲中東冬鍾江眞諄臻文殷元魂痕寒桓刪山先仙陽唐庚耕清青蒸登侵覃談鹽添咸銜嚴凡三十五韻，爲有入之平，而支脂之微魚虞模齊佳皆灰咍蕭宵肴豪歌戈麻尤侯幽二十二韻，爲無入之平，近世言古韻者，說頗與之異，休甯戴氏從《廣韻》區別此二類，而謂二者相配，異平而同入，曲阜孔氏本其說，而謂《廣韻》有入者爲陽聲，無入者爲陰聲（陰陽之名亦出於戴氏），陰陽二聲各分九部，兩兩對轉，而以入聲爲之樞紐。至高郵王氏，歙縣江氏，更考之周秦人用韻及文字之偏旁之諧聲，而謂《廣韻》有入之平古本無入，無入之平古本有入，其說正與陸法言以來，言今韻者相反，然其分平聲爲二類則所同也。金壇段氏及王江二氏雖不用陰聲陽聲之名，然其書於陽聲之韻，皆自相次，段氏謂此大類有平入無上去，王江二氏則謂有平上去而無入。余則謂陽聲自爲一類，有平而無上去入，今韻於此類字讀爲上去者，皆平聲之音變，而此類之平聲，又與陰聲之平聲性質絕異，如謂陰類之平爲平聲，則此類不可不別立一名，陽聲一與陰聲平上去入四，乃三代秦漢間之五聲，此說本諸音理，徵諸周秦漢初人之用韻，求諸文字之形聲，無不吻合。」[56]

55　王國維〈五聲說〉見世界書局印行《定本觀堂集林》341 頁，臺北市（1964）。

56　王國維〈五聲說〉見《定本觀堂集林》342 頁至 343 頁。

王國維氏所以謂陽聲僅一類而無上去入者，蓋王氏於陰陽二類之分，實從休寧戴震而來。王氏云：

「陰陽二類分於戴氏，其狀此二聲之別，亦惟戴氏言之最善，戴氏〈答段若膺論韻書〉曰：『大著六（蒸登）七（侵鹽添）八（覃談咸銜嚴凡）九（東冬鍾江）十（陽唐）十一（庚耕清青）十二（眞臻先）十三（諄文欣魂痕）十四（元寒桓刪山仙）凡九部，舊皆有入聲，以金石音喻之，猶擊金成聲也。一（之）二（蕭宵肴豪）三（尤幽）四（侯）五（魚虞模）十五（脂微齊皆灰）十六（支佳）十七（歌戈麻）凡八部，舊皆無入聲，前七部以金石音喻之，猶擊石成聲也。惟十七部歌戈舊與有入者近，麻與無入者者近，舊皆失其入聲，於是入聲藥鐸溷淆不不分。僕審其音，有入者，如氣之陽，如物之雄，如衣之表，無入者，如氣之陰，如物之雌，如衣之裏。又平上去三聲近乎氣之陽、物之雄、衣之表，入聲近乎氣之陰、物之雌、衣之裏。故有入之入與無入之去近，從此得其陰陽雌雄表裏之相配云云。』自聲音上論陰陽二類之別，實自此始，其以金聲比陽類，石聲比陰類，尤爲罕譬而喻。」[57]

王氏所以認爲陽聲只一類而無上去入者，蓋從戴東原之說，以爲陽聲「猶擊金成聲也。」戴氏以擊金聲喻陽聲，而王氏從之，陽聲之無上去入，猶金聲之噌吰清揚之常不易盡也。故王氏云：

「蓋金聲鎗鉱清揚而常不易盡，故其類只有平聲，若改讀爲上去，則如擊鐘者以一手援桴擊之而即以他手案之，其所得之聲，決非鐘聲之自然也。陽聲之上去，亦決非陽聲之自然，故既云陽聲，即不容有上去入三聲也。且陽聲者，皆發聲於其相配之

57 王國維〈五聲說〉見《定本觀堂集林》344 頁至 345 頁。

陰聲之入，而自以其聲收之，故性質複於陰聲，如戴氏所舉八類（本九類，其第一類阿乃陰聲，非陽聲。）膺發聲於億，翁發聲於屋，央發聲於約，嬰發聲於戹，殷發聲於乙，安發聲於遏，音發聲於邑，醃發聲於諜，即發聲於其相配之陰聲之入，而自以其固有之聲收之，此陽聲所固有及其所分有之收聲，在我國文字中實無字可以當之。膺者億與此聲之合，翁者屋與此聲之合，央者約與此聲之合，以至嬰殷安音醃諸聲無不然，其餘一切陽聲，又莫非某發聲與此聲之合，而此一切陽聲之收聲，其性質當悠揚不盡，故其爲平聲，與陰聲之平聲絕不相同，更不容有上去，自漢以後，陽聲有上去者，乃因事物滋多，故稍促其音以微別於本音，其在周秦以前，絕不見有上去之迹也。」[58]

此王氏純就音理方面，辨別陽聲之所以無上去入三聲之故，除音理上外，求諸事實，亦有三證。王氏云：

「陽聲無上去入，非徒可於音理上決之，求諸事實，則有三大證焉。一、群經《楚辭》中，今所謂陽聲之上去，多與平聲通協，而陰聲之上去，雖偶與平聲協，而仍多自相協，此事於段氏《詩經韻譜》、《群經韻譜》中最爲了然。二、陽聲諸部字，其於形聲，以平聲爲聲者十之八九（如蒸冬二部殆全以平聲爲聲，東部以平聲爲聲者亦過於十之九。）而陰聲諸部字，則以上去入爲聲者，乃多於平聲，此事一批歸安嚴氏《說文聲類》，亦自了然。三、《廣韻》陽聲諸部之上去，多兼收於平韻中，以東冬鍾江四韻字言之，上去共二百五十八字，其中兼收於平韻者一百二十五字，幾居其半，余謂其入平韻者，古之本音（蓋自六朝韻書出），入仄韻者，後世之音變也。且此所謂上去者，皆以今韻言

58 王國維〈五聲說〉見《定本觀堂集林》345 頁至 346 頁。

之，今韻之上去有而平聲不兼收者，古音多與平聲通叶，或與平聲互相通假，段氏《六書音韻表》於第六部至第十四部皆無上去，蓋實有見於此也。惟於第七第八第十二三部，平聲外兼有入聲，則又姑從今韻，而不能自充其說。至高郵王氏以質（段第十二部之入）與緝（段第七部之入）葉（段第八部之入）皆各自爲一部，歙江氏以質承脂、緝葉亦各爲一部則段氏表中此九部者，祇存平聲，無上去入，然二氏猶謂此九部者無入而有上去，則亦姑從今韻，而不敢用段氏之說也。」59

王國維氏既揆度之於音理，復證之於事實，遂斷言古陽聲惟有平聲一類而無上去入，陽聲之平聲與陰聲之平上去入合而爲五聲，而此種五聲說之創立，王氏謂非其一己之私，乃綜合戴、孔、段、王、江五家考證研究之所得，爲之綜緝推衍而成此結論耳。王氏云：

「余之五聲說及陽聲無上去入說，不過錯綜戴、孔、段、王、江五家之說而得其會通，無絲毫獨見參於其間，而證之事實則如彼，求之諸家之說又如此，陽聲之無上去入，雖視爲定論可也。」60

王氏所謂錯綜五家之說而得其會通者，蓋韻分陰陽，宗戴、孔也，陽聲無上去入，從段氏也，陰類諸韻有四聲之別，則主王、江之說者也。故其〈周代金石文韻讀序〉云：

「竊歎言韻至王江二氏已無遺憾，惟音分陰陽二類，當從戴、孔，而陽類有平無上去入，段氏《六書音韻表》已微及之。」61

王國維氏雖自覺振振有辭，言之有理，然推究其說，尚多疑

---

59 王國維〈五聲說〉見《定本觀堂集林》346 頁至 348 頁。

60 王國維〈五聲說〉見《定本觀堂集林》348 頁。

61 王國維〈周代金石文韻讀序〉見《定本觀堂集林》395 頁。

惑，陽聲古惟有平聲一讀，後世陽聲上去二聲由何而來，如何分化，條件如何？王氏皆未置片言隻字，是容質疑者一也。韻分陰陽者指音之質素言，調別四聲者指音之長短高低言，兩者原不相謀，無容牽合，是容質疑者二也。以是之故，雖言之鑿鑿，而說服力不強，後人信從者少。今介紹王氏之說，亦到此而止矣。

第十二節　古聲調總論

關於上古聲調，歷來說者紛紜，惟截止目前，猶無定論。前十一節中已詳加敘述。陳第首倡四聲之辨，古人未有之說；顧氏承之，而有四聲一貫之論；至段玉裁乃謂古四聲不同今韻，猶古本音不同今韻，於是創古無去聲之說；孔氏廣森本其方語，參以陰陽對轉，又謂古無入聲；然江氏有誥，王氏念孫之倫，則謂古有四聲，特古人所讀之聲，與後人不同；蘄春黃侃由所考古韻部居，斷定古惟有平入而無上去；海甯王國維又創陽聲一平，陰聲具平上去入四聲，合爲五聲說。綜前賢諸說，或謂古代四聲早已存在，至齊梁之際，始爲人所發現；或謂古今聲調，原自有別，古僅有二聲或三聲，至齊梁時始發展爲四聲，雖持說不同，要皆以爲平上去入四聲之名定自齊梁殆無異辭。《南齊書・陸厥傳》云：

「永明末，盛爲文章，吳興沈約、陳郡謝眺、琅琊王融，以氣類相推轂，汝南周顒善識聲韻，約等爲文，皆用宮商，以平上去入爲四聲，以此制韻，不可增減，世呼爲永明體。」

鍾嶸《詩品・序》亦有平上去入之稱，《詩品・序》云:

「平上去入，閭里巳具，蜂腰鶴漆，余病未能。」

此言平上去入爲四聲之最古之典籍也。《梁書・沈約傳》云：

「約撰《四聲譜》以爲在昔詞人累千載而不悟，而獨得胸衿，窮其妙旨，自謂入神之作，高祖雅不好焉，嘗問周捨曰：『何謂四聲？』捨曰：『天子聖哲是也。』然帝竟不遵用。」自此以後，凡論聲調者，咸謂四聲起于齊梁，而歸于沈約等人也。今據《切韻》諸書以平、上、去、入四聲分卷之事實，可毫無疑問確知中古有四聲之別，其四 聲之名，則爲平、上、去、入。今持中古之平、上、去、入四聲，以檢驗《詩經》之押韻，則吾人將會發現兩項極富啓示性之現象。

第一、《詩》之用韻，以同一聲調相互押韻，不雜他調者至多，試以陰聲之部爲例，其平與平押韻者有：（按以下所據韻例，其中古有二讀者，皆察其在《詩》中之詞義，以定其中古當屬何調。故所錄之例，如有兩讀而聲調不同者，其在此詩，當以平聲入韻始錄之爲例，上去仿此。）

〈邶風‧綠衣〉二章：絲治訧。

〈泉水〉一章：淇思姬謀。

〈北門〉一章：哉之哉。

〈衛‧氓〉一章：蚩絲絲謀淇丘期媒期。六章：思哉。

〈竹竿〉一章：淇思之。

〈王‧君子于役〉一章：期哉塒來思。

〈鄭‧女曰雞鳴〉三章：來貽。（本作贈，江永以爲當爲貽，今從之，贈亦平聲字。）

〈齊‧盧令〉三章：鋂偲。

〈秦‧小戎〉二章：期之。

〈終南〉一章：梅裘哉。

〈曹‧鳲鳩〉二章：梅絲絲騏。

〈豳‧七月〉四章：貍裘。

〈小雅‧皇皇者華〉三章：騏絲謀。

〈南山有臺〉一章：臺萊基期。
〈白駒〉三章：思期思。
〈巷伯〉二章：箕謀。七章：丘詩之。
〈四月〉四章：梅尤。
〈頍弁〉二章：期思來。
〈賓之初筵〉四章：僛郵。
〈黍苗〉二章：牛哉。
〈周頌・絲衣〉紑俅基牛鼒。
〈魯頌・駉〉駓騏伾期才。
其上與上韻者有：
〈周南・關雎〉三章：采友。
〈葛覃〉三章：否母。
〈芣苢〉一章：苢采苢有。
〈麟之趾〉一章：趾子。
〈召南・草蟲〉一章：子止止。二、三章同。
〈江有汜〉一章：汜以以悔。
〈何彼襛矣〉二章：矣李子。
〈邶・綠衣〉一章：裏已。
〈匏有苦葉〉四章：子否否友。
〈谷風〉三章：沚以。
〈旄丘〉二章：久以。四章：子耳。
〈鄘・相鼠〉二章：齒止止俟。
〈衛・竹竿〉二章：右母。
〈木瓜〉三章：李玖。
〈王・葛藟〉二章：涘母母。
〈丘中有麻〉三章：李子子玖。

〈鄭・將仲子〉一章：子里杞母。

〈褰裳〉二章：洧士。

〈風雨〉三章：晦已子喜。

〈魏・陟岵〉一章：子已止。二章：屺母。

〈秦・蒹葭〉三章：采已涘右止。

〈終南〉一章：有止。二章同。

〈終南〉一章：有止。二章同。

〈陳・衡門〉三章：鯉子。

〈墓門〉一章：已矣。

〈豳・七月〉一章：耜趾子畝喜。

〈九罭〉四章：以以使。

〈小雅・四牡〉止杞母。

〈杕杜〉三章：杞母。

〈魚麗〉三章：鯉有。

〈南山有臺〉三章：杞李子母子已。

〈菁菁者莪〉二章：沚子喜。

〈六月〉二章：里子。六章：喜祉久友鯉矣友。

〈采芑〉二章：芑止止。

〈吉日〉三章：有俟友右子。

〈沔水〉一章：海止友母。

〈節南山〉四章：仕子已殆仕。

〈雨無正〉六章：仕殆使子使友。

〈小弁〉三章：梓止母裏在。

〈巧言〉二章：祉已。

〈蓼莪〉三章：恥久。又：母恃。

〈四月〉六章：紀仕有。

〈楚茨〉五章：止起。

〈信南山〉一章：理畝。

〈甫田〉一章：畝耔薿止士。三章：止子畝喜右否有敏。

〈瞻彼洛矣〉一章：矣止。二、三章同。

〈裳裳者華〉四章：右右有有似。

〈車舝〉一章：右喜。

〈賓之初筵〉五章：否史恥怠。

〈都人士〉一章：士改。

〈大雅・文王〉二章：已子子士。

〈大明〉四章：涘止子。

〈思齊〉一章：母婦。

〈皇矣〉四章：悔祉子。

〈生民〉一章：屺子敏止。二章：祀子。六章：秠芑秠畝芑負祀。

〈既醉〉八章：士士子。

〈假樂〉四章：紀友士子。

〈篤公劉〉六章：理有。

〈卷阿〉六章：止士使子。

〈抑〉六章：友子。八章：李子。

〈雲漢〉七章：紀宰右止里。

〈韓奕〉四章：紀宰右止里。

〈江漢〉四章：子以祉。六章：子已。

〈周頌・雝〉：祀子。又：祀母。

〈訪落〉：止考。

〈載芟〉：以婦士耜畝。

〈良耜〉：耜畝。

〈魯頌・有駜〉三章：始有子。

〈閟宮〉三章：子祀耳。八章：喜母士有祉齒。

〈商頌・玄鳥〉三章：有殆子。又：里止海。

〈長發〉七章：子士。

其去與去韻者有：

〈衛・伯兮〉三章：背痗。

〈小雅・正月〉十章：輻載意。

〈楚茨〉五章：備戒告。

〈大雅・瞻卬〉三章：誨寺。五章：富忌。

〈召旻〉五章：熾富背試。

又入聲職部自韻者有：

〈周南・關雎〉三章：得服側。

〈召南・羔羊〉二章：革緎食。

〈殷其靁〉二章：側息。

〈鄘・柏舟〉二章：側特慝。

〈桑中〉二章：麥北弋。

〈載馳〉四章：麥極。

〈衛・氓〉四章：極德。

〈有狐〉三章：側服

〈王・丘中有麻〉二章：麥國國食。

〈鄭・羔裘〉二章：飾力直。

〈狡童〉二章：食息。

〈齊・南山〉四章：克得得極。

〈魏・葛屨〉一章：襋服。

〈園有桃〉二章：棘食國極。

〈碩鼠〉二章：麥德國國直。

〈唐・鴇羽〉二章：翼棘稷食極。

〈葛生〉二章：棘域息。

〈秦・黃鳥〉一章：棘息息特。

〈曹・蜉蝣〉二章：翼服息。

〈候人〉二章：翼服。

〈鳲鳩〉三章：棘忒忒國。

〈豳・伐柯〉一章：克得。

〈小雅・天保〉五章：福食德。

〈湛露〉三章：棘德。

〈六月〉二章：則服。三章：翼服服國。

〈采芑〉一章：翼奭服革。

〈斯干〉四章：翼棘革。

〈正月〉七章：特克則得力。

〈雨無正〉一章：德國。

〈何人斯〉八章：蜮得極側。

〈巷伯〉六章：食北。

〈蓼莪〉四章：德極。

〈北山〉四章：息國。

〈小明〉五章：息直福。

〈信南山〉三章：翼彧穡食。

〈鴛鴦〉二章：翼福。

〈青蠅〉二章：棘極國。

〈賓之初筵〉四章：福德。

〈菀柳〉一章：息暱極。

〈白華〉七章：翼德。

〈緜蠻〉三章：側極。

〈大雅・文王〉三章：翼國。六章：德福。

〈大明〉三章：翼福國。

〈思齊〉四章：式入。

〈皇矣〉七章：德色革則。

〈靈臺〉二章：囿伏。

〈下武〉三章：式則。四章：德福。

〈文王有聲〉六章：北服。

〈生民〉四章：匐嶷食。

〈既醉〉一章：德福。

〈假樂〉二章：福德。

〈卷阿〉五章：翼德翼則。

〈民勞〉三章：息國極慝德。

〈蕩〉二章：克服德力。

四章：國德德則。

〈抑〉八章：賊則。十二章：國忒德棘。

〈桑柔〉六章：穡食。七章：賊國力。

〈崧高〉八章：德直國。

〈烝民〉一章：則德。二章：德則色翼式力。

〈江漢〉三章：棘國極。六章：德國。

〈常武〉五章：翼克國。

〈周頌・思文〉：稷極。

〈魯頌・泮水〉四章：德則。五章：德服馘。

〈閟宮〉一章：稷福麥國穡。三章：忒稷。

〈商頌・殷武〉四章：國服。五章：翼極。

以上所舉，其平上去入四聲分用至為明顯，推之其他各部，莫不皆然。觀第二章〈詩經韻譜〉可知。

第二、《詩》之用韻，雖四聲分開押韻者多，然而平上互押，去入通韻之例，亦復不少，再以之、職二部韻爲例，其平上互韻者有：

〈召南・殷其靁〉一章：子哉哉。二、三章同。

〈摽有梅〉一章：梅士。二、三章同。

〈鄘・載馳〉四章：子尤思之。

〈魏・園有桃〉一章：哉其矣之之思。

〈小雅・采薇〉六章：矣思。

〈魚麗〉六章：有時。

〈十月之交〉五章：時謀萊矣。

〈小旻〉五章：止否膴謀。

〈大雅・緜〉三章：腜（膴）飴始謀龜止時茲。

〈文王有聲〉八章：芑仕謀子。

〈生民〉八章：時祀悔。

〈既醉〉五章：時子。

〈泂酌〉一章：茲饎子母。

二章：茲子。三章：同

〈抑〉十二章：子止謀悔。

〈召旻〉七章：里里哉舊。

〈周頌・敬之〉：之之思哉士茲子止。

其去入爲韻者有：

〈小雅・采薇〉五章：翼服戒棘。

〈出車〉一章：牧來載棘。

〈六月〉一章：飭服熾戒國。

〈我行其野〉三章：葍特富異。

〈小宛〉二章：克富又。

〈大東〉三章：載息。

〈賓之初筵〉五章：識又。

〈緜蠻〉一章：食誨載。二、三章同。

〈大雅・緜〉五章：直載翼。

〈旱麓〉四章：載備祀福。

〈生民〉三章：字翼。

〈行葦〉四章：背翼福。

〈板〉三章：事謀服。

〈桑柔〉十五章：極背克力。

〈崧高〉二章：事式。

〈常武〉一章：戒國。

〈瞻卬〉四章：忒背極慝識織。

以上所舉，《詩》韻平上多混用，去入亦多混用。（《詩》韻亦偶有平入、平去、上去、上入相押韻者，惟不如其平上及去入之衆爾。）其他陰入對應之部，莫不皆然。檢第二章〈詩經韻譜〉自明。

以上二種現象，吾人當如何解釋？從第一種現象觀之，似乎江有誥、王念孫諸人古有四聲之說不無道理，因爲若無四聲之別，則《詩》中不可能四聲分用若斯其顯。從第二種現象觀之，則段玉裁「古四聲之道有二無四，二者平入也」之言，及蘄春黃侃之說又得支持。因若謂古有四聲，《詩》中何以常平上相押，去入互協？若謂偶然相協，平何以不與去入韻而專與上韻，入何以不與平上韻而專與去韻？則偶然相協之說不盡然也。此二說雖相違，而皆有《詩》韻爲證。於是主古有四聲說者，見《詩》之上與平韻者，乃謂此上聲字古原有平聲一讀，見入與去韻者，乃謂此入聲古原有去之一讀。（如江有誥《唐韻四聲正》）而主古二聲說者，見《詩》平與上韻者，乃舉此爲上作平之證，（如黃侃〈詩音上作平證〉），去與入韻者，乃舉此爲去原作入之證。（如施則敬〈詩音去作入證〉）於是古有四聲，古惟二聲各騁其說，而於《詩》韻實際之情形皆難符合。

先師林尹先生以爲此二說似相違而實相成，何以言之？就《詩》中四聲分用之現象觀之，可能古人實際語音中確有四種不同之區別存在，而就《詩》中平上合用，去入合用之現象看，古人觀念上尚無後世四聲之差異。此即陳第所謂「四聲之辨，古人未有」者也。陳氏所謂四聲之辨，即指觀念上之辨析也。古人於觀念上雖無四聲之辨，而於聲之舒促，則固已辨之矣。後世之所謂平上者，古皆以爲平聲，即所謂舒聲也；後世之所謂去入者，古皆以爲入聲，即所謂促聲也。因古人實際語音上已有四聲區別之存在，故詩中四聲分用畫然，又因其觀念上惟辨舒促，故平每與上韻，去每與入韻。先師此說，實爲通達，於《詩》中所表現之兩種現象，皆能兼顧，而解釋亦無所躓礙。不過段玉裁既云：「古四聲不同今韻」，則古人之四聲自亦未必盡同於後世。王力在《漢語史稿》中說：

「王念孫和江有誥都以爲古人實有四聲，不過上古的四聲和後代的四聲不一致罷了。我們以爲王江的意見，基本上是正確的，先秦的聲調，分爲舒促兩大類，但又細分爲長短，舒而長的聲調就是平聲，舒而短的聲調就是上聲，促聲不論長短，我們一律稱爲入聲，長入到了中古變爲去聲（不再收-p-t-k），短入仍舊是入聲，我們的理論根據是這樣，中古詩人把聲調分爲平仄兩類，在詩句裏平仄交替，實際上像西洋的『長短律』和『短長律』，中古的平聲是長的，上古的平聲也是長的，至於上古的長入的韻尾-p-t-k 則是因受長元音的影響，而逐漸消失了的。」[62]

王力此說，實際上與段玉裁〈答江晉三論韻〉所云：「古四聲之道有二無四，二者平入也，平稍揚之則爲上，入稍重之則爲去，故平上一類也，去入一類也，抑之揚之舒之促之，順逆交遞而四聲成。」之理，基本上是相當一致。王氏所謂舒促，即段氏所謂平入也。王氏所謂舒而短即段氏所謂平稍揚，王氏所謂促而長即段氏所謂入稍重也，雖措詞不同，而旨意無殊。不過王氏爲顧及後世聲調不同之演變，而爲上古聲調先作舒促長短之推測，在理論上觀念上自較段氏爲進步。其實王氏所謂舒長、舒短、促長、促短之區別，即先師所謂古人實際語音上已有之區別，而其所謂舒促兩大類之分即先師林先生所謂古人在觀念上已有之區別也。因王氏之說實際上與段氏旨意相同。故王氏終結說：

「段玉裁說上古沒有去聲，他的話是完全對的。中古的去聲字有兩個來源，第一類是由入聲變來的，例如“歲”字，依《廣韻》該讀去聲（直到現在還是去聲），但是《詩經·豳風·七月》叶“發”“烈”“褐”歲”，〈大雅·生民〉　“軷　”“烈”“歲”，可見“歲”字本是一個收-t的字，屬入聲，所以它和“發”“　烈”“褐”“軷”等字　韻。一字具有去入兩讀也可以作爲證據。例如“害”“契”“易”“畫”“食”“識”“亟”“惡”“復”“宿”“暴”“溺”等字都有去入兩讀。這些字的異讀還可以認爲是辨義的；但是，像“囿”音于救切，又音于六切，“植”音直吏切，又音常職切，“借”音子夜切，又

62　王力《漢語史稿》65 頁。原注：「《公羊傳·莊公二十八年》：『春秋伐人者爲客，見伐者爲主。』何休注：『伐人者爲客，讀伐，長言之，齊人語也。見伐者爲主，讀伐，短言之，齊人語也。』伐字長言之，就是唸長入；短言之，就是唸短入。高誘注《淮南子》和《呂氏春秋》有所謂『急氣言之』，『緩氣言之』，可能也是指短調長調。」

音資昔切，都沒有辨義作用，而這類的字也很多。可見是先有入聲，然後分化爲去入兩讀。其次，從諧聲偏旁也看得出去入相通的痕跡，如“祭”聲有“察”，“夬”聲有“決”，“至”聲有“姪”等，都可以推知聲符本身原是入聲；至於“各”聲有“路”，“式”聲有“試”，“舄”聲有“寫”等，它們的聲符直到現代吳粵等方言裏還是入聲，更可以推知被諧字原是入聲了。只有極少數的例外，如“肅”聲有“蕭”，“叔”聲有“椒”，“寺”聲既有“時”，又有“特”等。這些特殊情形是由於諧聲時代比《詩經》時代早得多，可能在造字時期“蕭”“椒”“時”等字也是入聲，但是到《詩經》時代已經轉化爲平聲了。總之，一大部分的去聲字在上古屬於入聲（長入），到中古喪失了尾音-t、-k，變爲去聲，這是毫無疑問的。第二類的去聲是由平聲和上聲變來的，特別是上聲變去聲的字多些；上聲之中，特別是濁音上聲的字多些。試舉“上”“下”兩字爲例，《詩經·陳風·宛丘》叶“湯”“上”“望”，〈小雅·頍弁〉叶“上”“怲”“臧”，〈大雅·大明〉叶“上”“王”“方”，可見“上”字在上古屬平聲，到漢代以後才轉爲上聲，到五世紀以後才分化爲上去兩讀。至於“下”字，《詩經·召南·漢廣》叶“下”“女”，〈邶風·擊鼓〉叶“處”“馬”“下”，〈凱風〉叶“下”“苦”，〈唐風·采苓〉叶“苦”“下”“與”，〈陳風·宛丘〉叶“鼓”“下”“夏”“羽”，〈東門之枌〉叶“栩”“下”，〈豳風·七月〉叶“股”“羽”“野”“宇”“戶”“下”“鼠”“戶”“處”，〈東山〉叶“野”“下”等等，都證明了上古的“下”字讀上聲；中古的“下”字有上去兩讀，用作名詞或形容詞者讀上聲，用作動詞者讀上聲或去聲。到了現代普通話裏，“上”“下”兩字就只有去聲，可見它們由上聲到去聲的趨勢。又試舉“濟”字爲例。直到第五世紀，“濟”字還只有上聲一讀，《廣韻》裏變爲上去兩讀了，後來更變爲有去無上。了又試舉“慶”字爲例。《詩經》裏凡用爲韻腳的“慶”字沒有一個不是和平聲字押韻的。一字兩讀也可以證明，具有平去兩讀者如“衣”“過”“望”等字最初都屬平聲；具有上去兩讀者如“語”“去”等字，最初都屬上聲。」[63]

王力所以認爲上古聲調有舒促兩大類者，頗有據於段玉裁之意見。王力說：

「依照段玉裁的說法，古音平上爲一類，去入爲一類。從《詩》韻和諧聲看，平上常相通，去入常相通，這就是聲調本分舒促兩大類的緣故。」[64]

王力既然認爲上古聲調分舒促兩大類而各有長短，故其對上古聲調之最後結論爲：

「我們的結論是：上古陰陽入各有兩個聲調，一長一短[65]，陰陽的長調到後代成爲平聲，短調到後代成爲上聲；入聲的長調到後代成爲去聲（由于元音較長，韻尾的塞音逐漸失落了），短調到後代仍爲入聲。」[66]

以王力前後所說加以對照，則王氏所謂陰陽，實即所謂舒聲，其所謂入聲，即指促聲。吾人由斯以推，實際上所謂舒促兩大類之別，乃指韻尾輔音-p、-t、-k 之有無言，即韻尾輔音有-

---

63　王力《漢語史稿》102 頁至 104 頁。

64　王力《漢語史稿》65 頁。

65　王力自注云：「上文說元音的高低長短都是構成聲調的要素。這裏強調了長短，並不是說上古聲調就沒有高低的差別了。」香港中華書局出版王力《漢語音韻》181 頁。（1972）

66　王力《漢語音韻》179 頁至 180 頁。

p、-t、-k 者爲促聲，無者爲舒聲，然韻尾輔音-p、-t、-k 之有無，乃韻母之音質問題，古人於韻母是否爲陰聲（不收任何鼻音韻尾），陽聲（收鼻音韻尾），入聲（收塞音韻尾），此種音質上之差異，實易區別。至舒促兩大類又各分長短，所謂長短，乃調值之問題，實指元音留聲之久暫而言，此在古人雖能分但亦易混．尤其是在觀念上恐尙不易區別如此清楚。王氏旣以後世之平上來自古代之舒聲，去入來自古代之促聲，而古代同爲舒聲或促聲，王氏又認爲雖音高相同而卻有音長之別，舒之長變爲平，舒之短變爲上，促之長變爲去，促之短變爲入，於是由上古到中古之聲調，乃由舒促長短變而爲平上去入之四聲。從王氏接受段古無去聲之論點觀之，實則其所謂舒促，即段氏與黃侃所說之平入，只不過二者之名稱略異而已。舒促各有長短，遂演變爲後世之四聲。此種解釋與先師林先生在《中國聲韻學通論》所云：「古惟有平入二聲，以爲留音長短之大限 ，迨後讀平聲少短而爲上，讀入聲稍緩而爲去。」基本上已完全一致。但王力爲符合同音在相同條件下必須相同演變之語言通則，預爲後世四聲之產生，創設不同之條件，在解釋上更爲合理。然在實際上，王氏於古聲調之看法，與段黃諸家並無二致。因此，吾人可說，古人在實際之語音上，可能如王力所說，有舒促長短之區別，而在觀念上則僅有舒促之辨識能力。因其實際上有此四種區別存在，故四聲每每分用；而觀念上僅辨舒促，故平上同爲舒聲一類，去入同爲促聲一類，平與上多互用者，以其同爲舒聲，韻尾收音相同也。（同收鼻輔音韻尾－陽聲，同收無輔音韻尾－陰聲）去與入多合用者，以其同爲促聲，韻尾收音亦相同也（同爲清塞音輔音韻尾）。王氏旣以去入同爲促聲，而證促聲之長調後失輔音韻尾而變去聲；平上旣同爲舒聲，且以偏旁言之，聲母聲子同在上聲者少，與平聲諧者多，故吾人亦可謂舒聲之短調後世變上，因上聲只是由於短讀，而非失去韻尾，故上聲之成，遠早於去。或者又謂長入因元音長讀而失輔音韻尾，則其所變者當爲陰聲之去，然則陽聲之去又自何來？王力云：

「根據段玉裁、王國維的考證，上古陽聲韻沒有去聲，也就是沒有長入。」[67]

陽聲之去既非來自長入，則自然來自舒聲之平上，王力說去聲字有大部分是由平上聲之濁聲變來的，特別是上聲的全濁聲變來。王力聲調說理論，惟此爲其一大敗筆，因爲若由平上聲之全濁變來，則全濁之平上聲既變去聲矣，則今《廣韻》平上聲當中，仍有爲數極多之全濁聲母，可見此說頗値商榷。王氏聲調說既涉及聲調之來源，不妨就此稍加說明。

郭錦桴《漢語聲調語調闡要與探索》一書中，列舉四種說法：

一、鬆緊元音說。

二、聲母決定說。

三、韻尾決定說。

四、長短元音與韻尾共同決定說。

王力陽聲韻之去聲問題，竊以爲應以第四種說法解決之。關於此點，蘇聯謝・叶・雅洪托夫（S.E.Yakhontov）〈上古漢語的韻母系統〉一文，對於王力此種說法，提出極具深思之補充意見，頗能補王力長短元音說之不足。雅洪托夫云：

「王力用另一種方法來解決輔音韻尾的問題，他否認上古漢語有過非鼻音的濁輔音韻尾。在高本漢構擬*-r 的地方，王力構

---

67 王力《漢語史稿》65 頁。

擬的是*-i [68] 。他認爲，其餘各部平聲和上聲的陰聲字，以前一直是開音節。其次，王力設想在上古漢語裡有過長短兩種聲調。有*-p、*-t、*-k 韻尾的長調字後來失落了這些輔音，開始念去聲；而短調字則保留了這些輔音韻尾。在有鼻輔音韻尾的字和開音節字裡，長調發展爲平聲，短調發展爲上聲。這樣照王力的看法，"背""萃"在上古相應地念*puə̄k 和*dzhi̯ʷə̄t，即有清輔音尾，卻是長調字。

但王力的理論不能解釋沒有*-p、*-t、*-k韻尾的字（如有鼻音韻尾的字）是怎麼產生去聲的，也不能解釋爲什麼在任何字中去聲能成爲一種構詞之手段。

奧德里古（A.G.Haudricourt）對去聲提出了與衆不同的解決辦法 [69] 。他推測去聲字最初曾存在具有構詞後綴作用的輔音韻尾*-s。*-s能跟任何字，甚至帶-p、-t、-k韻尾的字合在一起。後來*-s 前的輔音起了變化或脫落了，帶*-s 的字（不管是陰聲還是陽聲）變成去聲；最後，*-s本身也脫落了。奧德里古爲屬入聲韻或單獨成韻的去聲字（即"背 puậi^{3}""萃 dzhi^{3}"這些字）構擬了複輔音韻尾*-ks、*-ts、*-ps。至於平聲或上聲的陰聲字，奧德里古則同王力一樣，推測它們曾是開音節或曾有過半元音韻尾。」[70]

此外雅洪托夫又從藏緬語族與漢語之比較上，看出無任何直接證據證明上古漢語曾有過*-d 和*-g 韻尾。雅洪托夫說：

---

68 原注：「這個*-i是個獨立的音，而不是二合元音的後半部分；例如帶*-əi 的字能夠跟帶*-ən 的字相押，但不會跟帶*-ə或*-əu 的字相押。」

69 原注：「奧德里古《如何重建古代漢語》（ Comment reconstruire le chinois archaique, jiwj 《Word》，1954, 10卷・No 2-3）363 頁至 365 頁。

70 謝・叶・雅洪托夫〈上古漢語的韻母系統〉，見唐作藩、胡雙寶編《漢語史論文集》17 頁至 18 頁。北京大學出版社（1986）。

「收集外來語資料，畢竟能爲構擬上古漢語語音提供些東西。衆所周知，魚部（平聲）字在漢代可用來記錄外語詞匯中含元音-a 的音節。例如，用“烏ʔuo”記錄亞歷山大城的第一個音節。用“屠 dhuo”或“圖 dhuo”記錄 budda 的第二個音節。藏緬語族（如藏語和彝語）以-a 收尾的詞通常也跟魚部（平聲及上聲）字對應：“魚 ngi̯ʷo”藏語念 ńa；“五 nguo”藏語念 lnga（彝語支的撒尼彝語，這兩個詞都念 nga）這些對應關係相當清楚地表明，歸到魚部的平聲字和上聲字，上古音中有元音*a（或*ɑ），而沒有輔音韻尾。這些材料對說明奧德里古和王力“平聲和上聲的陰聲字沒有輔音韻尾”的觀點是有利的。

我們沒有任何直接證據來證明上古漢語有過*d 和*g 韻尾，至於去聲的*s 韻尾，奧德里古在古越南語的漢語借詞里找到了遺跡。此外，無論在那一種我們熟悉的與漢語有親屬關係的語言中，非鼻音的輔音韻尾都不分清濁；還有，與漢語屬同一語系的古藏語是有後綴-s 的。」[71]

雅洪托夫對上古漢語韻尾之結論，雅洪托夫說：

「漢語最初除了有中古的六個輔音韻尾，脂部還有過*-r（原注：或照王力的看法是*-i）所有音節還有過*-s。*-s 能綴於其他輔音韻尾之後。」[72]

若此，則不但*-p、*-t、*-k 後可綴以*-s，即*-m、*-n、*-ŋ 後亦可綴 以*-s，凡有*-s 韻尾者，則後世多變爲去聲。則王力舒促長短說之最大缺點，已可彌補矣。

鄭張尚芳在〈上古入聲韻尾的清濁問題〉一文之結論，認爲

71　謝・叶・雅洪托夫〈上古漢語的韻母系統〉見唐作藩・胡雙寶編《漢語史論文集》18 頁至 19 頁。

72　謝・叶・雅洪托夫〈上古漢語的韻母系統〉，《漢語史論文集》19 頁。

去聲收-s，包括-bs、-ds、-gs 及響音尾帶-s，鄭張之 b、d、g 實即本篇之 p、t、k。易言之即上古音中有-ps、-ts、-ks 及響音-ms、-ns、-ŋs 多種韻尾，此類韻尾，至中古皆變作去聲。

我所以將吾人之聲調起源說，定爲「長短元音與韻尾共同決定說」，即既採用雅洪托夫-s韻尾說，亦並未放棄王力舒長、舒短、促長、促短之元音長短說，但是有些條件有其一即已足夠說明其演變之條件，則無須多加一條件，例如吾人將去聲字加上-s韻尾之後綴，則促聲就無須將元音再分長短。下面以東屋侯三部字爲例，說明聲調分化之條件：

東部舒聲長音，例如：東*tāuŋ→《廣韻》上平聲一東韻德紅切 toŋ。

東部舒聲短音，例如：董*tăuŋ→《廣韻》上聲一董韻多動切 toŋ。

東部綴-s 韻尾，例如：湅*tauŋs→《廣韻》去聲一送韻多貢切 toŋ。

屋部-k 尾，例如：讀*d'auk→《廣韻》入聲一屋韻徒谷切 d'ok。

屋部綴-s 韻尾，例如：竇*d'auks→《廣韻》去聲五十候韻田候切 d'ou。

侯部舒聲短音，例如：斗*tău→《廣韻》上聲四十五厚韻當口切 tou。

侯部舒聲長音，例如：兜*tāu→《廣韻》平聲十九侯韻當侯切 tou。

既有韻尾之因素，亦有舒促長短之條件，所以我將此說歸爲「長短元音與韻尾共同決定說」。庶幾與上古韻尾之收聲亦能互相照應，此說雖亦爲一種擬測，能否爲學術界所承認，則惟有待時間之考驗者矣。

第五編　效　用

第一章　聲韻學有助於瞭解典籍

一、《詩經・周南・關雎》

關關雎鳩。在河之洲。窈窕淑女，君子好逑。
參差荇菜，左右流之。窈窕淑女，寤寐求之。
求之不得。寤寐思服。悠哉悠哉，輾轉反側。
參差荇菜，左右采之。窈窕淑女，琴瑟友之。
參差荇菜，左右芼之。窈窕淑女，鐘鼓樂之。

這首詩的第二章，左右流之的流，當作何解？毛傳說：「流、求也。」毛傳所釋，本來不錯。後人不解流爲什麼可以釋作求，乃有人說，照字面釋作「流動」亦可。但參考四章，「左右采之」，五章「左右芼之」之句，皆指人的採擇，則此句亦當釋作人的尋求，而非水之自流。流本訓水行，何以可解釋爲尋求？高本漢的《詩經注釋》說是罶的假借字。《說文》：「罶、曲梁寡婦之笱，魚所留也。」流罶古音同音*liəu。寡婦之笱所以求魚，引伸之乃有尋求之意。罶从留聲，流留相通，古書實例甚多，《詩、邶風・旄丘》「流離」即「留離」、「鶹離」。《莊子・天地》「留動」，別本作「流動」。

二、《詩經・召南・草蟲》

> 喓喓草蟲。趯趯阜螽。未見君子，憂心忡忡。亦既見止，亦既覯止，我心則降。
>
> 陟彼南山，言采其蕨。未見君子，憂心惙惙。亦既見止，亦既覯止，我心則說。
>
> 陟彼南山，言采其薇。未見君子，我心傷悲。亦既見止，亦既覯止，我心則夷。

這三章詩「我既見止，我既觀止」兩止字當作何解，龍宇純先生認爲止乃「之矣」之合音。因爲王力先生〈關於漢語有無詞類的問題〉一文，強力反對此種說法，王氏云：「有人說：『止』是『之矣』的合音，那是靠不住的。『歸止』不能解釋爲『歸之矣』！」龍宇純兄〈析詩經止字用義〉一文，則將王氏所疑，予以解決。龍兄以爲止與之雙聲，止與矣疊韻，且同聲調。以止爲「之矣」的合音，沒有絲毫問題。且〈草蟲〉「亦既見止，我心則降。」又見於〈小雅・出車〉五章作「既見君子，我心則降。」在字句的變動中，可知原先的“止”字，必定具有相當於“之”字的作用。在「既見君子」的句子裏，“君子”是“見”的受詞，便無異揭開了“止”字具有代詞身分，那就非“之”字莫屬了。〈草蟲〉「亦既見止」的“既”字，屬於完成式句型，完成式句型通常在結尾加“矣”字。於是可說“止”字具有表完成的“矣”字的身分。龍氏以爲「亦既見止」的“止”是“之矣”的合音，便不僅是最好的解釋，而是信而有徵了。若然，《詩》何以不說「亦既見之矣。」他書何以不見“止”爲“之矣”合音之例？《詩經》基本句型是四言，大概是造成《詩》與他書的差異。在「齊子歸止」、「君子至止」、「薇亦柔止」、「心亦憂止」等句，歸意爲嫁，至意爲到，皆爲不及物動詞，其下不應有受詞。憂字說成動詞，必爲不及物，柔字只是狀詞，其下更不得接受詞。但〈齊風·南山〉篇：

> 南山崔崔。雄狐綏綏。魯道有蕩，齊子由歸。既曰歸止，曷又懷止。
>
> 葛屨五兩，冠緌雙止。魯道有蕩，齊子庸止。既曰庸止，曷又從止。
>
> 蓺麻如之何？衡從其畝。取妻如之何？必告父母。既曰告止，曷又鞠止。
>
> 析薪如之何？匪斧不克。取妻如之何？匪媒不得。既曰得止，曷又極止。

此詩歸止與庸止、告止、得止、以及懷止、從止、鞠止、極止句法相同，庸、告、得、懷、從、鞠、極皆爲及物動詞，其下“止”字有“之”字之成分，歸止之“止”自亦不例外。龍氏以爲不可說“庸止”等之“止”爲“之矣”合音，而“歸止”之“止”只是“矣”。況且說“止”等於“之矣”合音，可從語音上交代，如果只是“矣”，則不好交代矣。從“庸止”等類推，亦可以接“歸止”爲“歸之矣”之說法。並引《孟子·梁惠王上》：

> 七八月之間旱，則苗槁矣。天油然作雲，沛然下雨，則苗浡然興之矣。

孟子以“興之矣”與“槁矣”相對，則“興之矣”，實與“興矣”無異。則《詩經》“歸止”就是“歸之矣”，而“歸之矣”實與“歸矣”無殊。龍氏此說，證之於《詩經》全書，皆能解釋無礙，應爲《詩經》“止”字此類用法之達詁。

三、《詩・秦風・無衣》

> 豈曰無衣，與子同袍。王于興師，脩我戈矛。與子同仇。
> 豈曰無衣，與子同澤。王于興師，脩我矛戟。與子偕作。
> 豈曰無衣，與子同裳。王于興師，脩我甲兵。與子偕行。

二章「與子同澤」之澤，毛傳訓爲「潤澤」，引伸爲利益，與首章「同袍」、三章「同裳」不相應，袍與裳皆衣類，因此「澤」絕不可訓爲「潤澤」，亦當訓爲衣類方是。考《齊詩》「澤」作「襗」是矣。「襗」《說文》云：「襗、絝也。」段注：「絝者，脛衣也。」《周禮・玉府》注云：「燕衣服者，巾絮寢衣袍襗之屬。」袍襗連言，可見澤當爲衣類，絝者，今之褲也，自是衣類。今言袍澤，取義於此。澤爲襗之同音假借字。

四、《禮記・學記》

> 大學之教也，時教必有正業，退息必有居學，不學操縵，不能安弦；不學博依，不能安詩；不學雜服，不能安禮；不興其藝，不能樂學。

不學博依的博依二字，當作何解？吾人提出兩則問題：一、何謂「博依」？二、不學博依，何以不能安詩？鄭注：「博依、廣譬喻也。」博釋爲廣，自無疑義。「依」釋作「譬喻」，有何根據？考《說文》依訓倚。於是孔疏乃疏釋成「依謂依倚也，謂依附譬喻也，先依倚廣博譬喻。」鄭注只釋依爲譬喻，孔疏把依釋作依附，則譬喻二字無所著落，好像是憑空掉下來似的。陳澔《禮記集說》云：「詩人比興之辭，多依託於物理。」也是把依釋作依託，能進一步說到「詩人比興之辭」，尚不無發明。至於孫希旦《禮記集解》把「博依」說成「雜曲可歌詠者也。」並說：「博依，非詩之正也，然不學乎此，則於節奏不嫻熟，而不能安於詩矣。」簡直就是跑野馬！毫未熟思「不學博依，不能安詩」的文理，竟把「博依」說成「非詩之正也」豈不可笑！鄭注釋「依」爲「譬喻」是對的，只是沒有說出「依」何以可釋作「譬喻」的所以然來。清焦循《禮記補疏》所釋，我認爲很可以補充鄭注的不足。焦氏云：

> 循案：《說文》「衣、依也。」《白虎通》云：「衣者，隱也。」《漢書・藝文志》詩賦家有隱書十八篇。師古引劉向《別錄》云：「隱書者，疑其言以相問對者，以慮思之，可以無不諭。」《韓非子・難篇》云：「人有設桓公隱者云：一難二難三難。」《呂氏春秋・重言》篇云：「荊莊王立三年，不聽而好讔。」高誘注云：「讔、謬言。」下載成公賈之讔云：「『有鳥止于南方之阜，三年不動不飛不鳴，是何鳥也？』王曰：『其三年不動，將以定志意也。不飛，將以長羽翼也。不鳴，將以覽民則也。是鳥雖無飛，飛將沖天。雖無鳴，鳴將駭人。賈出矣，不穀知之矣。』明日朝，所進者五人，退者十人，群臣大悅。」《史記・楚世家》亦載此事，爲伍舉曰願有進隱。裴駰〈集解〉云：「隱謂隱藏其意。」時楚莊王拒諫，故不直諫，而以鳥爲譬喻，使其君相悅以受，與詩人比興正同，故學詩必先學隱也。其後淳于髡、鍾離春、東方朔皆善隱。司馬遷以爲滑稽，蓋未識古人之學也。

焦循以「依」釋作「譬喻」乃「讔」字之假借，其說極是。考《說文》無「讔」字，俗只作「隱」。《集韻》上聲十九隱：「讔、廋語。倚謹切。」《康熙字典・言部》：「讔、廋語也。」並引劉向《新序》：「齊宣王發隱書而讀之。」謂隱即讔字。《文心雕龍，諧隱》：「讔者、隱也。遯辭以隱意，譎譬以指事也。」從上所述，讔就是廋語，就是譬喻，字通作隱。《史記‧滑稽列傳》云：

> 淳于髡者，齊之贅婿也。長不滿七尺，滑稽多辯，數使諸侯，未嘗屈辱。齊威王之時喜隱，好爲淫樂長夜之飲，沈湎不治。委政卿大夫，百官荒亂，諸侯並侵，國且危亡，在於旦暮，左右莫敢諫，淳于髡說之以隱曰：「國中有大鳥，止王之庭，三年不蜚又不鳴，王知此鳥何也？」王曰：「此鳥不飛則已，一飛沖天；不鳴則已，一鳴驚人。」

淳于髡說之以隱，不就是以一種譬喻來勸說齊威王嗎？按鄭注「博依」之「依」或作「衣」。依衣與殷隱聲多相通。《禮記‧中庸》：「武王纘大王王季之緒，壹戎衣而有天下。」鄭注：「戎、兵也。衣讀如殷，聲之誤也。齊人言殷聲如衣，壹戎殷者，壹用兵伐殷。」〈中庸〉的「壹戎衣」，就是《書‧康誥》的「殪戎殷。」可見衣殷古通。從殷之字，古亦從㐆，㶏水出潁川陽城少室山東入潁，或從殷作溵。依隱二字的上古音：依*ʔjəi/ʔjəi/i；而隱*ʔ̌jən/ʔjən/in。依隱二字的聲母、介音、元音都相同，所不同的只是韻尾罷了，這是陰陽對轉。

依就是隱，也就是讔，也就是隱言，不明顯說出而曲爲譬喻，所以博讔就是廣泛譬喻。作詩之法有三，就是賦比興，譬喻就是比，如果學詩不先學會廣泛的譬喻，就不善於作詩，也就是不能把詩作好。不善於比，純任於賦，自然就不能安善於詩了。下面舉兩首有名的古詩，都是賦比兼用的例子。

例如古詩十九首的第一首：

> 行行重行行，與君生別離。相去萬餘里，各在天一涯。道

路阻且長，會面安可知。胡馬依北風，越鳥巢南枝。相去日已遠，衣帶日已緩。浮雲蔽白日，遊子不顧反。思君令人老，歲月忽已晚。弃捐勿復道，努力加餐飯。

又如潘岳悼亡詩三首之一

荏苒冬春謝，寒暑忽流易。之子歸窮泉，重壤永幽隔。私懷誰克從，淹留亦何益。僶俛恭朝命，迴心反初役。望廬思其人，入室想所歷。帷屏無髣髴。翰墨有餘跡。流芳未及歇，遺挂猶在壁。悵怳如或存，周遑忡驚惕。如彼翰林鳥，雙棲一朝隻。如彼遊川魚，比目中路析。春風緣隙來，晨霤承檐滴。寢息何時忘，沈憂日盈積。庶幾有時衰，莊缶猶可擊。

五、《禮記・大學》

人之有技，媢嫉以惡之。

王引之《經義述聞・尚書下》：「人之有技，冒疾以惡之。家大人曰：『惡字若讀爲好惡之惡，則與冒疾意相複，惡當讀爲誣，《說文》："誣、相毀也。"《玉篇》："烏古切"，《廣韻》作"謜，烏路切"云"相毀也。"《說文》作誣，《漢書・衡山王傳・注》曰"惡謂讒毀之也。是誣惡古字通。以猶而也。"[1]言嫉妬人之有技而讒毀之。下文云："人之彥聖，而違之俾不達，義與此同也。"傳疏及大學疏皆以惡爲憎惡，失之。』《襄十六年左傳》：『大子痤美而很合，左師畏而惡之。』[2]《昭二十七年左傳》：『郤宛直而和，鄢將師與費無極比而惡之。』皆謂讒毀之也。《呂氏春秋》《韓子》《戰國策》《史記》《漢書》

1　古者以與而同義。說見《釋詞》。

2　惡之謂讒毀之也。下文云：問諸夫人與左師。則皆曰：固聞之。

皆謂相毀爲惡。」按惡爲謜之假借。《廣韻》謜相毀也。今人所謂毀謗也。

第二章 聲韻學可助辨識平仄聲調有利於詩文創作

研讀古典詩詞最煩人者，莫過古代平上去入四聲，與今陰陽上去之四聲，不能完全密合。其中的緣故，就是因爲國語（普通話）中入聲消失了，分別變入陰陽上去各調中去了。而我們作詩填詞，所用的四聲，是古代平、上、去、入四個聲調，作詩填詞首宜合於平仄格律，若格律不合，則所作的詩、所填的詞，是今日的詩詞，絕非古典詩詞。現在來看《廣韻》[3]的四聲變入國語（普通話）四聲的演變的情形。

《廣韻》平聲變入今國語（普通話）中，如果聲母是清聲[4]，則讀陰平聲，即第一聲。如果聲母爲濁聲，則讀陽平聲，即第二聲。絕少例外。

---

3 《廣韻》繼承《切韻》而作，是宋眞宗時陳彭年等奉敕撰修。分平上去入四聲，平聲五十七韻，上聲五十五韻，去聲六十韻，入聲三十四韻。此書實爲前代聲韻學之總匯。《廣韻》以後，尙有《集韻》《五音集韻》《韻會》等書，皆繼承《廣韻》音系而來。及至康熙敕撰的《佩文韻府》，亦是承繼《廣韻》音系而來，爲今作詩填詞用韻之圭臬，今凡間通行的《詩韻集成》、《詩韻合璧》等工具書，皆從此書而出也。

4 所謂清濁是指發聲母時聲帶是否振動而言，發聲母時聲帶不受氣流振動就叫清聲，發聲母時聲帶受氣流而振動就叫濁聲。清聲謂之不帶音（voiceless），濁聲謂之帶音（voiced）。

《廣韻》上聲清聲母與次濁聲母讀上聲，即第三聲；全濁聲母讀去聲，即第四聲。《廣韻》去聲，不論聲母的清濁，全讀去聲，即第四聲。

《廣韻》入聲，大致以聲母之清濁作爲分化的條件：

一、次濁聲母全讀去聲，即第四聲。

二、全濁聲母讀陽平聲（第二聲）與去聲（第四聲）。

三、次清聲母以讀去聲（即第四聲）爲常，亦有讀上聲（第三聲）的，少數變入陰平聲（第一聲）與陽平聲（第二聲）。

四、全清聲母以讀陽平（第二聲）爲常，然陰平（第一聲）、上聲（第三聲）、去聲（第四聲）都有，並無規則可尋。

從上面所析可知《廣韻》平聲今讀陰平聲與陽平聲。上聲有上聲與去聲兩讀，去聲惟有去聲一讀。則我們說陰平聲陽平聲皆平聲，上聲去聲爲仄聲，從《廣韻》平上去三聲說來，是說得通的。麻煩的是入聲字，入聲字有變入上聲（第三聲）與去聲（第四聲）的，這不影響平仄的分辨。有所影響的則爲入聲變入陰平聲（第一聲）與陽平聲（第二聲）的字，如果我們按著國語（普通話）的讀音歸到平聲，平仄格律就錯了。據我教書的經驗，犯這種毛病的最多。其實我們只要根據入聲演變的規則，把今國語（普通話）中讀陰平、陽平的入聲字找出來，歸入仄聲去，它就不再影響古詩的平仄律了。

下面是辨識入聲的幾條規則。請看國語注音符號及普通話聲母的排列：

脣　聲：ㄅb、ㄆp、ㄇm、ㄈf。

舌尖聲：ㄉd、ㄊt、ㄋn、ㄌl。

舌根聲：ㄍg、ㄎk、ㄏh。

舌面前聲：ㄐj、ㄑq、ㄒx。

舌尖後聲（捲舌聲）：ㄓ zh、ㄔ ch、ㄕ sh、ㄖ r。

舌尖前聲：ㄗ z、ㄘ c、ㄙ s。

以下是辨識的規則：

1. 凡ㄅ b、ㄉ d、ㄍ g、ㄐ j、ㄓ zh、ㄗ z 六母的陽平聲（第二聲）字，全是古入聲字。例如：

ㄅ b：拔跋白帛薄荸別蹩脖柏舶伯百勃渤博駁。

ㄉ d：答達得德笛敵嫡覿翟跌迭疊碟蝶獨讀牘毒奪鐸掇瀆。

ㄍ g：格閣蛤胳革隔膈葛國虢。

ㄐ j：及級極吉急擊棘即脊疾集籍夾嚼潔結劫傑桀竭節捷截局菊掬鞠橘決訣掘角厥橛蹶腳钁覺絕。

ㄓ zh：紮箚鍘宅擇翟著折折哲蜇軸竺燭築逐酌鐲琢濯啄拙直值殖質執侄職。

ㄗ z：雜鑿則擇責賊足卒族昨。

2. 凡ㄉ d、ㄊ t、ㄌ l、ㄗ z、ㄘ c、ㄙ s 六母，跟韻母ㄜɤ拼合時，不論國語（普通話）讀何聲調，皆古入聲字。例如：

ㄉ d：得德。

ㄊ t：特忒螣。

ㄌ l：勒肋泐樂埒垃。

ㄗ z：則擇澤責嘖賾簀笮迮窄舴賊仄昃。

ㄘ c：側測廁惻策筴册。

ㄙ s：瑟色塞穡濇澀圾。

3. 凡ㄎ k、ㄓ zh、ㄔ ch、ㄕ sh、ㄖ r 五母與韻母ㄨㄛ uo 拼合時，不論國語（普通話）讀何聲調，都是古入聲字。

ㄎㄨㄛ kuo：闊括廓鞹擴。

ㄓㄨㄛ zhuo：桌捉涿著酌灼濁鐲琢諑啄濯擢卓焯倬踔拙茁斵斫斮鷟浞棁。

ㄔㄨㄛ chuo：戳綽歠啜輟醊惙齪婼。

ㄕㄨㄛ shuo：說勺芍妁朔搠槊箾爍鑠碩率蟀。

ㄖㄨㄛ ruo：若鄀箬弱爇蒻。

4. 凡ㄅ b、ㄆ p、ㄇ m、ㄉ d、ㄊ t、ㄋ n、ㄌ l 七母跟韻母ㄧㄝ ie 拼合時，不論國語（普通話）讀何調，皆古時入聲字。只有「爹」字例外。例如：

ㄅㄧㄝ bie：鼈憋別彆癟鷩。

ㄆㄧㄝ pie：撇瞥。

ㄇㄧㄝ mie：滅蔑篾蠛。

ㄉㄧㄝ die：碟蝶喋堞蹀牒鰈跌迭瓞昳垤耋絰咥褶疊。

ㄊㄧㄝ tie：帖貼怗鐵餮。

ㄋㄧㄝ nie：捏隉聶躡鑷臬闑鎳涅孽櫱孼齧囓。

ㄌㄧㄝ lie：列冽烈洌獵躐鬣劣。

5. 凡ㄉ d、ㄍ g、ㄏ h、ㄗ z、ㄙ z 五母與韻母ㄟ ei 拼合時，不論國語（普通話）讀何聲調，都是古代入聲字。

ㄉㄟ dei：得。

ㄍㄟ gei：給。

ㄏㄟ hei：黑嘿。

ㄗㄟ zei：賊。

ㄙㄟ sei：塞。

6. 凡聲母ㄈ f 跟韻母ㄚ a、ㄛ o 拼合時，不論國語（普通話）讀何聲調，皆是古代入聲字。例如：

ㄈㄚ fa：法發伐乏筏閥罰。

ㄈㄛ fo：佛縛。

7. 凡讀ㄩㄝ ye 韻母的字，國語（普通話）都是古入聲字。只有「嗟」「瘸」「靴」三字例外。例如：

ㄩㄝye：曰約噦月刖玥悅閱鉞越樾樂藥耀曜躍龠鑰瀹爚禴礿粵岳嶽鸑軏。

ㄋㄩㄝ nye：虐瘧謔。

ㄌㄩㄝ lye：略掠。

ㄐㄩㄝjye：噘撅決抉鴂訣玦倔掘桷崛角劂蕨橛蹶獗蹷獗噱臄譎鐍玨孓腳覺爵嚼爝絕蕝矍攫躩屩。

ㄑㄩㄝ qye：缺闕卻怯碻榷殼愨埆确闋鵲雀碏。

ㄒㄩㄝ xye：薛穴學雪血削。

8. 一字有兩讀，讀音為開尾韻[5]，語音（普通話）讀ㄧi或ㄨu韻尾的，都是古代入聲字。例如：

讀音為ㄜɤ，語音為ㄞ ai 的，色册摘宅翟窄擇塞。

讀音為ㄛo，語音為ㄞ ai 的，白柏伯麥陌脈。

讀音為ㄛo，語音為ㄟ ei 的，北沒。

讀音為ㄛo，語音為ㄠ au 的，薄剝。

讀音為ㄨㄛ uo，語音為ㄠ au 的，烙落酪著杓鑿。

讀音為ㄨu，語音為ㄡ ou 的，肉粥軸舳妯熟。

讀音為ㄨu，語音為ㄧㄡ iou 的，六陸蚰。

讀音為ㄩㄝye，語音為ㄧㄠ iau 的，藥瘧鑰嚼覺腳角削學。[6]

除了以上的幾條規則可以分辨入聲外，用形聲字的諧聲偏旁，也對於辨別入聲（特別是仄聲）很有幫助。例如我們知道職ㄓˊ zhí讀第二聲，為古入聲字，則凡從戠得聲的字，不管它讀什麼聲調，都是仄聲字。像織幟熾識樴蟙都是仄聲字。知道直ㄓˊ zhí讀第二聲為古入聲字，則一切從「直」得聲的字犆殖植埴

5 所謂開尾韻，是以主要元音收尾的韻母。

6 以資料來源請參見陳新雄著《鍥不舍齋論學集・萬緒千頭次第尋—談讀書指導》14-17 頁。臺灣學生書局出版 民國 79 年 10 月 第二刷。

值湢置都是仄聲字。知道則ㄗㄜˊ zé讀第二聲為古入聲，則一切從「則」得聲的字，如荝萴測惻側廁皆仄聲字。舉此可以類推。

第三章　聲韻學可幫助辨識京劇中的尖團音

我們國語（普通話）當中的ㄐ[tɕ]、ㄑ[tɕ‘]、ㄒ[ɕ]三個聲母，有些是從《廣韻》牙音聲見、溪、群、曉、匣的細音字演變過來的，我們叫做團音。有些是從《廣韻》齒頭音精、清、從、心、邪的細音字演變過來的，就是所謂尖音。這種區別，如果沒有受過聲韻學的訓練，那就只有死背，別無他途。受過聲韻學訓練的人，就很容易辨識。我現在以中國大辭典編纂處編，商務印書館印行的《國語辭典》為準，把所有讀ㄐ tɕ‘、ㄑ tɕ‘、ㄒɕ的字全部錄下，以分其尖團音。

ㄐ tɕ母：

几（居履）机肌飢（居夷）丌刉嵇乩其基朞期棋稘箕（居之）奇剞犄畸觭居姬枅幾嘰機璣禨磯譏鞿饑畿雞羈羇咭屐激獥亼及伋圾汲芨級鈒丮吉佶姞鵠吃亟極殛急革茍棘蕀襋劇墼擊鼜麂己紀庋枳（居帋）掎踦蟣戟給旡既塈蔇穊暨鱀伎妓技芰忌跽鵋紀記季悸惎計洎（几利）垍紒寄偈繼瘈冀驥髻覬罽瀱蘮薊槧繫蘻加迦枷珈茄笳痂耞袈跏鉫嘉駕佳家傢猳葭豭麚夾挾浹郟莢裌蛺鋏頰袷跲恝戛秸頡鵠假椵瘕夏榎斝賈檟甲岬胛鉀价架價嫁稼皆偕湝堦喈階楷稭蝔痎街薢揭結隔孑刼劼拮桔袺結蛣詰頡擷鮚杰衱桀傑榤訐偈渴楬碣竭羯梜絜潔解介价尬玠芥疥界蚧戒悈誡屆廨交姣郊茭蛟

踥鵁鮫艽教喬憍嬌簥驕鷮澆膠儌徼佼狡皎絞較鉸餃僥撟敿矯噭繳角腳覺叫訆呌挍校珓較窌教窖噭酵詔斠撟嶠轎丩朻糾勼究鳩糺摎轇鬮九久玖灸糺糾赳韭臼桕舅舊究疚柩咎捄廄奸肩姦堅鰹菅間蕑犍鞬騝豜鞂兼搛蒹縑鶼椷監尷件柬揀趼蹇蹇謇搴騫筧梘簡襉鐗繭襺堿減鹼儉撿檢瞼鹼見建健楗腱毽鍵閒間澗襇覵鐧諫監檻艦鑑鑒儉劍巾斤觔筋今矜金紟衿禁襟堇僅廑墐槿瑾殣瘽覲謹饉緊錦近勁靳妗禁噤江茳姜畕畺僵薑橿殭韁繮韁講顜虹降洚絳袶強糨犟彊更京鯨涇莖經鶄荊兢驚鷩剄頸景憬璟儆警警肵勁徑逕脛痙倞竟境獍鏡敬誩競凥車居裾椐据琚腒裾鋸鶋拘痀駒俱局侷挶跼桔匊菊椈踘鞠鵴郹犑鶪鶪鴂橘弆枸蒟柜矩榘莒筥蒟踽舉櫸籧句巨拒岠炬苣秬蚷粔距詎鉅具俱埧颶倨据踞鋸懼豦據醵鐻虡簴窶屨貜劇噘撅孓決抉玦英趹觖訣鴂角捔桷玨倔掘崛厥獗蕨橛瘚蟨蹶鱖鷢傕腳瑴較潏譎鐍噱臄屩蹻矍攫戄彏玃欔蠼躩玃钁覺觼蹶倔捐悁娟涓輯鋗鵑圈蠲卷捲菤倦睠券眷桊悁狷睊罥絹楗獧均袀鈞君頵麕囷麏麇軍皸龜窘蜠郡捃莙菌箘攈攟冂同坰扃駉泂炯迥絅冏炅窘狊熲穎褧

以上字從見、溪、曉、匣細音變來，故爲團音。

隮櫅䶒躋齏迹跡喞勣積積績蹟即喞堲楖蝍脊瘠踖鶺疾嫉槉蒺唶踖寂集楫戢濈檝輯耤藉籍鯽泲擠濟祭際漈穄劑薺穧霽鰿稷鯽嗟（子邪）接（即葉）癤楖蝍節櫛癤倢捷踕（疾葉）婕睫桼截姊姐借唶藉褯椒（即消）焦僬噍蕉燋礁鐎鷦嚼湫剿醮潛嚼嚼醮啾湫揫揫遒蝤酒僦就僦鷲戔踐箋（則前）湔榆煎鬋虃鸕（則前）尖漸熸瀸殲帴錢戩剪翦讚洊栫荐俴諓踐賤濺餞葥箭薦漸蟳僭津浸祲儘晉搢瑨縉進盡藎燼賮贐浸寑將漿螿獎蔣槳匠醬青菁睛精箐鶄旌晶井阱穽凊靖靚淨竫靜且狙沮葅苴罝砠疽趄蛆葅雎娵咀齟足冣聚嗟攥絕蕝爵嚼爝朘鐫雋俊葰峻浚陖捘晙竣畯餕駿駿雋寯濬（私閏）

以上字自精、清、從、心、邪細音變來，故爲尖音。

ㄑtɕʻ母：

崎攲娸期欺僛諆溪谿鸂亓祁岐歧枝蚑跂圻祈肵蚚旂頎蘄其淇萁祺琪朞棋綦藄旗蜞瑧騏麒奇崎琦碕踦錡騎祇衹俟耆鬐鰭畦畿鮨屺杞芑起启啓棨綮豈綺稽檵乞芞汽氣企亟炁契挈瘈跂揭愒棄甈器憩鍥罄乞犵汔迄疙訖泣湆掐卡帢恰洽楬伽茄怯契挈鍥愜篋慊朅藒敲鄡墝磽蹺趬撬橇骹蹻繑礉荍喬僑橋蕎礄趫翹巧殼撬竅翹丘坵邱蚯龜仇厹犰艽訄頄觓求俅逑球毬莍梂脙裘絿賕觩銶虯虬觓璆糗鼽掔慳汧岍雃牽鉛鈆愆騝搴攐顅騫嵌僉簽嗛謙鵮虔榩乾掮拑箝柑鉗黚鈐黔搣遣繾譴凵嗛鰎俔縴欠芡嵌傔慊嗛歉謙衾欽廞嶔芹慬勤懃庈芩衾琴雂靲琹捦禽噙擒檎螼玪菣撳羌蜣矼椌腔鏹強彊強襁繈鏹彊卿頃傾氫輕剠黥傾葝檾檠擎頃廎綮慶謦罄謦罊凵佉呿胠祛袪區嶇毆軀驅瞿曲蛐屈崛詘佢衐渠蕖磲劬斪朐葋絇狗軥鴝鼩璩蘧籧瞿氍臞癯衢鸜蛐麴麯曲去竃闃缺闕瘸怯恪砳卻郄埆殼愨搉確塙碻闋闕礐圈棬弮卷惓犈蜷踡鬈拳齤權蠸顴ㄑ犬汱甽綣券圈勸裙宭群麇芎穹銎邛筇蛩跫芎穹窮藭惸琼煢瞏嬛軿璚瓊藑頴

以上字自《廣韻》溪、群、曉、匣變而來，故爲團音。

啐沏妻凄淒悽郪棲萋緀栖ㄘ七桼戚嘁慽慼柒漆緝齊懠薺臍蠐妻砌刺葺緝磧鏚切且趄切砌妾唼踥鯜竊（千結）雀鍫憔樵蕉瞧譙顦悄愀雀鵲俏峭陗誚鞘譙秋萩鞦鶖鰍緧鞧鰌囚泅莤鮂汓酋遒蝤憎千仟扦阡芊遷韆鋟籤前騚葥錢潛燂淺茜倩蒨綪箐輤塹槧親侵梫綅駸秦蓁螓覃侵寑寢鋟沁唚斨將蹡鏘嗆搶槍瑲戧牄蹌鎗爿戕墻廧嬙檣薔牆蘠艢蹡搶嗆戧熗蹌蹡青清圊蜻請鯖情晴請倩親沏岨砠蛆鵙趍趨（七逾）取娶且覷趣漆雀碏皵鵲悛全佺洤荃醛痊筌詮輇銓泉縓逡

以上字自《廣韻》清、從、邪演變而來，故爲尖音。

Tɕ母：

兮（胡雞）希（香衣）浠唏悕欷莃晞睎稀豨鵗屎奚傒徯溪蒵

螇谿蹊貕騱鼷鸂娭誒訢哇僖嘻巇嚱熙嫛羲曦犧鼞醯攜酅觿吸扱榽
驨檄薂隰喜憙禧蟢匸系係繫妎忥愾餼咥盻傒禊墍戲隸屭扢肸郄谽
翕潝歙赩隙虩緆闟呀岈蝦瞎瑕暇遐蕸霞騢匣呷狎柙洽祫俠狹挾峽
陜陝硤陘舝轄鎋黠下夏廈睱謼罅吓嚇猲歇蝎蠍揳楔偕諧鍇鞋鮭鞵
攜叶劦協恊脅嗋勰頁頡擷襭挾絜蟹血械駴解懈廨嶰澥獬薢邂蟹薤
瀣駭齘契偰楔楞鴞烋梟哮唬猇嘐歊獢嘵憢膮驍囂詤爻宥洨學曉孝
哮酵恔校效傚斆休庥咻貅髹髤鵂朽休臭嗅溴嫺祅掀嗎鶱杴憸蔹暹
弦絃痃蚿舷蜆閑閒憪嫺癇鷴賢咸諴醎鹹嗛嫌銜啣蜆鋧顯韅憪險獫
嶮玁見俔峴現莧晛睍限僩賢縣憲獻陷餡蹥忻欣昕炘訢馨歆鑫衅焮
釁皀鄉薌膷香舡降栙跭亯享响餉鮝響饗向曏嚮蠁巷銗衖項蛵興騂
馨刑形邢侀型硎鉶鈃行陘娙滎擤荇杏莕幸倖悻涬婞興于吁旴盱訏
虛墟歔謣休咻呴煦姁昫煦栩詡昛許鄦酗旭侐洫恤畜慉蓄勖欻訹獝
鞾穴學礐鷽鷽映狘吅亘宣喧煊暄揎瑄萱諠軒萲諼塤儇嬛翾蠉壎玄
旋漩璇還縣懸璿晅烜泫炫眩衒鉉現琄旋鏇眴絢渲楦贙陷焄塤葷熏
勳獯壎薰曛臐纁醺巡紃馴訓熏凶兇匈洶胸訩詾兄芎雄熊詗敻

以上字自《廣韻》牙喉音溪、曉、匣等母演變而來，故爲團音。

西（先稽）恓栖氥硒粞棲犀樨撕析淅晰菥晢晳蜥悉窸蟋膝螅
昔惜腊息媳熄蒠鎴席蓆習嶍槢飁騽鰼鋧錫裼襲洗洒枲葈徙屣蓰葸
鰓壐躧細夕汐穸矽卌傃舄瀉蕮磶譻邪斜些衺斜寫卸榭謝寫瀉豫泄
紲渫媟屟屧緤洩絏齛屑卨瞀褻燮躞消宵硝痟蛸綃銷霄魈翛潚蕭簫
蟏瀟蠨削小筱篠謏宵笑嘯歗羞饈修脩蓨滫宿秀琇岫柚袖褎宿褏繡
鏽仙屳秈籼先姍僊躚鮮鱻綅銛孅纖襳涎撏洗姺毨毨筅銑洒尟尠
鮮廯蘚癬獮燹羨腺線綫霰辛莘新薪鋅心芯尋鄩鬵伈囟顖信蕈相廂
湘葙箱緗襄勷壤鑲驤羊庠祥翔詳想象像蟓襐樣狌星惺猩腥鯹餳省
渻惺醒性姓胥楈稰蝑須嬃鬚需繻緰樨戌邪徐湑糈序芧敘漵壻絮蕦
鱮頊續薛尋雪鱈削選癬旬徇洵恂峋郇荀栒珣詢循鱻尋潯撏燖蕁鱘

孔汛阩迅訊恂徇殉迿孫遜巽噀羿蕈

以上字自《廣韻》齒頭音心、邪各紐演變而來，故爲尖音。

第四章　聲韻學有助於詩文吟誦與賞析

蘇東坡這個人，只要是略有知識的中國人，可以說是無人不知，那個不曉。蘇東坡是中國讀書人的典範，也是所謂士這一階層的人所要效法模倣懸爲鵠的的標準。《宋史・蘇軾傳》說他「挺挺大節，群臣無出其右。」雖然蘇軾活著的時候，受到小人的忌惡擠排，一度還被關進御史臺的監獄。六十歲的高齡，還被時相遠貶到海外蠻荒之地的海南島，可以說是受盡折磨。但人的一生爲忠、爲姦、爲君子、爲小人、不等到蓋棺論定，是很難判斷的。白居易的〈放言〉詩說得好：

> 贈君一法決狐疑。不用鑽龜與祝蓍。試玉要燒三日滿，辨材須待七年期。周公恐懼流言日，王莽謙恭未簒時。向使當初身便死，一生眞僞復誰知。[7]

《宋史・蘇軾傳・論》可以說是蓋棺論定了的。《傳・論》說他：

> 器識之閎偉，議論之卓犖，文章之雄儁，政事之精明，四者皆能以特立之志爲之主，而以邁往之氣輔之，故意之所向，言足以達其有猷，行足以遂其有爲，至於禍患之來，

7　《白居易集箋校・卷十五・律詩》p.953。

節義足以固其有守，皆志與氣所爲也。

特立之志，就是獨立的意志，不爲利誘，不爲威迫，行其所當行，爲其所當爲。所謂邁往之氣，就是孟子所言：「自反而縮，雖千萬人吾往矣。」的浩然正氣。[8]《宋史・蘇軾傳・論》最後的幾句評斷，我覺得最足以代表蘇軾的立身行事。《傳・論》說：

或謂軾稍自韜戢，雖不獲柄用，亦當免禍。雖然，假令軾以是而易其所爲，尚得爲軾哉！

蘇軾之所以爲蘇軾，就在他的不易所爲而求免禍的氣質。所以蘇軾這兩個字，就代表了中國文化所陶冶出來的讀書人的典範。一提到蘇軾，就顯現出來了孟子所說的「富貴不能淫，貧賤不能移，威武不能屈」大丈夫的典型。

邵博《聞見後錄》云：

李方叔云：「東坡每出，必取聲韻、音訓、文字複置行篋中。余謂：學者不可不知也。」

從邵博的記載中，我們可以看出，東坡在聲韻文字上下的工夫之勤，與造詣之深。邵博是北宋理學家邵雍的孫子，邵雍與東坡在北宋同時，邵博與東坡時代相去不遠，所見所聞，應屬可信。且所聞之言，出自李方叔，方叔初名豸，後東坡爲改名廌，與黃庭堅、秦觀、晁補之、張耒、陳師道合稱爲蘇門六君子。是最接近東坡的人，他的話當然比較可信。

8　蘇軾〈韓文公廟碑〉云：「孟子曰：『吾善養吾浩然之氣。』是氣也，寓於尋常之中，而塞乎天地之間，卒然遇之，則王公失其貴，晉楚失其富，良平失其智，賁育失其勇，儀秦失其辯，是孰使之然哉？其必有不依形而立，不恃力而行，不隨死而亡者矣。故在天爲星辰，在地爲河嶽，幽則爲鬼神，而明則復爲人，此理之常，無足怪者。」

除此之外，宋人還有很多有關關東坡精於文字音韻的記載。例如：

曾慥《高齋漫錄》云：

> 東坡聞荊公《字說》新成，戲曰：「以竹鞭馬，其篤未聞，以竹鞭犬，有何可笑？」又曰：「鳩字從九從鳥，亦有證據。《詩》曰：鳲鳩在桑，其子七兮，和爹和娘，恰似九個。」

荆公作《字說》，以爲可亞六經，頗以字學相詡，而東坡每每面折之，若於文字沒有深入研究，敢對那權傾一時的相公，高談闊論，而令他折服嗎？東坡不僅對文字深入瞭解，且對語言也相當熟悉，故能觀察入微。

岳珂《桯史》記載道：

> 元祐間，黃秦諸君子在館，暇日觀畫，山谷出李龍眠賢已圖[9]，博奕樗蒱之儔咸列焉。博者六、七人，方據一局，投迸盆中，五皆玈，而一猶旋轉不已。一人俯盆疾呼，旁觀者變色起立，纖穠態度，曲盡其妙，相與觀賞，以爲卓絕。適東坡從外來，睨之曰：「李龍眠天下士，顧乃效閩人語耶？」
>
> 眾咸怪，請問其故？東坡曰：「四海語音，言六皆合口，惟閩音則張口，今盆中皆六，一猶未定，法當呼六，而疾呼者乃張口，何也？」龍眠聞之，亦笑而服。

從語音上說，所謂合口，是指有-u-介音或主要元音爲u，以及近於 u 的圓脣音，總之口腔與脣狀要稍閉些。蘇軾所謂的張

9　《論語・陽貨》：「子曰：飽食終日，無所用心，難矣哉！不有博奕者乎！爲之猶賢乎已。」

口，應該是張口度特別大，相當於語音上具有低元音a一類的元音音節。關於「六」字的語音，現在的方言雖不全同於古代，但也可以作爲參考。北平、濟南、西安、太原皆讀liou，漢口、長沙讀 nou，南昌、梅縣讀 liuk，成都讀 niəu，雙峰讀 nəu，蘇州讀 loʔ，溫州讀 liu，廣州讀 luk，廈門、潮州皆讀 lak。以上十五種方言，只有代表閩語的廈門與潮州音，讀「六」的元音是a，正合於東坡所謂的張口；至於其他各地的方言，不是有有-u 韻尾，就是主要元音爲 u，要不然主要元音就是圓脣的 o，無論是那一種音，都合於東坡所謂的合口。本來是安徽人的李公麟，雖不懂閩語，見東坡說得合理，也不得不莞爾而笑，心服其言了。

也許有人會說，宋人的記載，也不見得是甚麼確證，因爲宋代新舊黨爭激烈，黨同伐異得厲害，舊黨的後人或同情舊黨的人，自然所寫的書籍，或所引據的資料，都是推揚舊黨蘇東坡，壓抑新黨王荆公的。那麼，姑且把它列爲旁證，而從東坡本人的作品當中，找尋直接的證據資料吧！

宋神宗元豐七年，東坡奉詔移汝州，離別了謫居五年的黃州。開封進士張近字幾仲的，有龍尾子石硯，東坡以銅劍易之。而賦詩相贈云：

> 我家銅劍如赤蛇。君家石硯蒼碧橢而窪。君持我劍向何許？大明宮裏玉佩鳴衝牙。我得君硯亦安用，雪堂窗下爾雅箋蟲蝦。二物與人初不異，飄落高下隨風花。

元祐六年，公知潁州軍州事，歐陽季默以油煙墨二丸相餉，各長寸許，東坡戲作小詩云：

> 書窗拾輕煤，佛帳掃餘馥。辛勤破千夜，收此一寸玉。癡人畏老死，腐朽同草木。欲將東山松，涅盡南山竹。墨堅人苦脆，未用歎不足。且當注蟲魚，莫草三千牘。

《爾雅》有〈釋蟲〉、〈釋魚〉之篇，故向來以以蟲魚代表小學，也就是我們今天的文字、聲韻、訓詁之學，我們要特別注意這兩首詩，硯與墨都是書寫的工具，當東坡得到一方硯，就想到要注蟲鰕，蟲鰕就是蟲魚。《說文》：「鰕、魚也。」鰕也就是魚，這詩因爲要押麻韻，所以就改魚爲鰕，得到二丸墨，也想要注蟲魚。詩本是人的心志所在，心有此意，故發而爲詩。由此可知東坡內心是如何地重視小學了。因爲他平素重視小學，所以對中國文字的形音義都能充分正確地掌握，這就像韓信將兵一樣，多多益善，當作詩時，遇到某字不適用，就立刻換一個字，像換魚爲鰕之類，難怪他在詩文上的表現，是如此的出類拔萃了。所謂如「行雲流水，行其所當行，止於其不可不止。」

宋神宗元豐五年六月，公在黃州貶所，黃州對岸武昌西山，松柏之間，羊腸九曲，有亭址甚狹，旁有古木數十章，不可加以斧斤。公每至其下，輒睥睨終日。一夕，大風雷雨，拔去其一，亭得以廣，乃重建九曲亭。公有〈戲題武昌王居士〉詩云：

> 予往在武昌九曲亭，上有題一句云：「玄鴻橫號黃槲峴」。九曲亭即吳王硯山，一山皆槲葉，其旁即元結陂湖也，荷花極盛，因爲對云：「皓鶴下浴紅荷湖」。座客皆笑，同請賦此詩。
>
> 江干高居堅關扃。犍耕躬稼角挂經。篙竿繫舸菰茭隔，笳鼓過軍雞狗驚。解襟顧景各箕踞，擊劍賡歌幾舉觥。荊笄供膾愧覺聒，乾鍋更戛甘瓜羹。

又宋哲宗紹聖二年，蘇公六十歲，在惠州貶所，三月公的表兄，也是他的姐夫程之才，以提刑使至惠州，兩表兄弟相聚，晤談甚歡，盡釋數十年的前嫌。程之才寄一字韻之作，公〈戲和正輔一字韻〉詩云：

故居劍閣隔錦官。柑果薑蕨交荊菅。奇孤甘挂汲古綆，僥顗敢揭鈎金竿。己歸耕稼供稿秸，公貴幹蠱高巾冠。改更句格各謇吃，姑固狡獪加間關。

雙聲詩創自南北朝，像王融的雙聲詩：

園蘅眩紅蘤。湖荇燡黃花。迴鶴橫淮翰，遠越合雲霞。

以及唐姚合的〈蒲萄架〉詩：

萄滕洞庭頭，引葉漾盈搖。皎潔鈎高掛，玲瓏影落寮。陰煙壓幽屋，濛密夢冥苗。清秋青且翠，多到凍都凋。

雖已開雙聲詩的先河，但也不過一句五字雙聲，像王融也不過二十字。而每字雙聲的七言句，全首五十六字，一首已不容易，蘇軾卻有兩首，且九曲亭是臨時應客請賦，若非平素精熟，夙有蓄積，又何能揮筆而成，文從字順。由此更可知蘇東坡在文字、聲韻方面純熟的程度了。這種事實上的最佳表現，該可解開衆人的懷疑了。

在這裏特別說一段我自己學習的過程，我自民國四十五年從先師林景伊先生學聲韻學，迄今將近五十年，又從民國六十四年開始研讀東坡詩，並且開始寫詩，迄今也將三十年，兩者學習的時間都不算短。嘗試作〈戲效東坡一字韻詩以詠東坡〉一首，茲錄於下：

骨鯁堅剛驕亙古，耿光勁翮揭高竿。公歌佳句金規舉，劍閣扃關各拱觀。九界均甘矜軌紀，廣京俱競見巾冠。家居更解君孤諫，急掊瑊瑰謇吃喧。

先師高仲華先生在世時，此詩曾呈請先師指正，高師說，能作此詩非常不容易，若無你的聲韻學基礎，是不可能寫成的，光是聲韻學還是不夠，也要有作詩的底子配合才行。因爲有此經驗，所以提出來供大家參考。

第五章　聲韻學有助於瞭解聲情的配合關係

王易的《詞曲史・構律篇》嘗謂：

> 韻與文情關係至切：平韻和暢，上去韻纏綿，入韻迫切，此四聲之別也；東董寬洪，江講爽朗，支紙縝密，魚語幽咽，佳蟹開展，眞軫凝重，元阮清新，蕭篠飄灑，歌哿端莊，麻馬放縱，庚梗振厲，尤有盤旋，侵寢沈靜，覃感蕭瑟，屋沃突兀，覺藥活潑，質術急驟，勿月跳脫，合盍頓落，此韻部之別也。此雖未必切定，然韻近者情亦相近，其大較可審辨得之。

先師許詩英先生〈登樓賦句法研究兼論其用韻〉一文，對王粲〈登樓賦〉文情之關係，提示其精義。我曾經根據詩英先師的提示，寫過一篇〈王粲登樓賦的用韻與文情關係之研究〉，對先師的提示，加以闡述。西京之亂，王粲南下荆州以依劉表，表之爲人，外寬內忌，好謀無決，有才而不能用，聞善而不能納，且以粲貌寢體弱，故待粲簡慢而不甚敬重。故王粲在荆州意多抑鬱。待休沐假日，乃出遊登樓，初見景色開闊，心情愉快，神態悠然，故第一段以「憂、仇、州、流、丘、疇、留」等幽部三等字押韻，以韻頭j始，這是一個舌位高的舌面前半元音，舌位高則張口度小，元音的響度也小，接上去是一個舌面中央元音ə，舌位較低，響度較大。韻尾是u，是一個舌面後的高元音，響度又較小，以這三個元音構成的三合元音，嘴唇的變化是由展脣變中性再變圓脣，舌頭的位置，是前高變中央再轉後高，響度的變化是小而轉大再轉小，但因爲韻尾是u，所以整個音節是以元音收尾，凡是元音，對語音的延續，不會產生阻力，也就是說可任意延長，所以用jəu這種音節，就足以表達心中舒暢，神態悠然的情緒。王易《詞曲史》說「尤有盤旋」，盤旋就是悠揚，而平聲又最適宜表達和暢的感情，用來發舒王粲此時的心情，的確是最適當不過的了。長久的抑鬱，一得閒暇而使精神弛緩，觀美景而令憂鬱暫銷，因爲儘管城樓明豁而高敞，漳水清澈，沮水縈曲，有廣大的視野，視線所臨，有灌溉的河流，而樓上縱目所望，北盡於陶朱公的鄉野，西達於楚昭王的丘墳，草木開花結實，紅紫滿野；五穀有黍有稷，穎穟盈疇。但是這麼美麗的土地，卻不是我的故鄉。這樣一來，思鄉之情乃悠然而生，所以當行文到「雖信美而非吾土兮，曾何足以少留」時，心情爲之一轉，而變得沈重起來了，因爲思鄉而不得歸，是人生最無可奈何的愁緒。

第二段說懷土之思，由於遭亂的原因，先述己懷，原求世用，今既不得則望返鄉，思鄉不得返，故心情沈重，韻乃一轉，用了「今、任、襟、岑、深、禁、音、吟、心」等侵部三等字押韻，侵部三等字讀jəm，前面兩音的結構與幽部同，只是韻尾換成了雙脣鼻音韻尾，雙脣鼻音韻尾-m 的拖長度，遠不及元音韻尾-u那麼悠長，故沒有jəu韻母那麼悠閒。且雙脣鼻音韻尾-m發音時，雙脣緊閉，最適合表達心情沉重的情感。所以王易《詞曲史》說「侵寢沈靜」。當我們心情沈重的時候，往往雙脣緊閉，不願講話。作者自西京遭亂，遷移至荊州，時逾一紀，故鄉山陽，在荊州北面，望而不可見，因被荊山所遮蔽，欲回去又因路長水深的阻隔而不可得。一想至此，就神情黯然，聖人都有思歸之情，何況我是個常人呢？古人不論遇或不遇，懷念故鄉都是一樣的。我本來希望天下太平，以貢獻才力爲國家做事，但遭逢亂世，太平不可遇，歸鄉亦無期，心情沈重，悲切之情，就難以抑制了。

第三段因爲壓抑不住自己的傷感，心中就只有悵惘與焦急迫促之情了。所以韻腳又爲之一變，轉爲入聲職部韻，而用「極、力、食、匿、色、翼、息、側、臆、側」等職部三等字爲韻，職部三等字前二音也與前兩段的韻部結構相同，只是韻尾變成舌根清塞音-k，塞音韻尾-k不但不能延長，且因爲是一個唯閉音（implosive），舌根與軟顎一成阻塞，即戛然而止，最足以表達作者內心的焦急與迫切之情了。如前所說，作者本欲待國家太平而貢獻才力以爲國用，但太平無期，又不見任，因而動思鄉之情，思歸不得，在樓上徘徊，所見之景，白日西匿，寒風蕭瑟，天色慘澹，獸走尋群，鳥歸舉翼，原野無人，惟我孤獨之旅人，猶徬徨而不得棲息，一念至此，胸中激憤，悵惶悽惻，殆泣不成聲矣。故王易《詞曲史》謂「質術急驟」。因爲詞韻中已將職德合併於質術之中矣。急驟就是焦急迫切之情，因爲發塞音韻尾時，閉塞口腔與鼻腔通路，使氣流外出之通道完全閉塞，則其音勢不能持久，故戛然而止，這種聲音，兩句一頓，極似悲痛之極，變爲泣不成聲的情狀。10

---

10 王粲登樓賦：登茲樓以四望兮，聊暇日以銷憂。覽斯宇之所處兮，實顯敞而寡仇。挾清漳之通浦兮，倚曲沮之長洲。背墳衍之廣陸兮，臨皋隰之沃流。北彌陶牧，西接昭丘。華實蔽野，黍稷盈疇。雖信美而非吾土兮，曾何足以少留。遭紛濁而遷逝兮，漫踰紀以迄今。情眷眷而懷歸兮，孰憂思之可任。憑軒檻以遙望兮，向北風而開襟。平原遠而極目兮，蔽荊山之高岑。路逶迤而脩迥兮，川既漾而濟深。悲舊鄉之壅隔兮，涕橫墜而弗禁。昔尼父之在陳兮，有歸歟之歎音。鍾儀幽而楚奏兮，莊舄顯而越吟。人情同於懷土兮，豈窮達而異心。

可見韻與文情的確是有相關的，現在我們從選韻方面來看看蘇軾怎樣使韻與文情相配合。王易說：「眞軫凝重」，那是說眞軫韻適宜表現凝重的情感，因爲眞軫韻的韻值是-en或近於-en的音，主要元音是一個半高的前元音，韻尾是舌尖鼻音，元音高則口腔的張口度就小，有舌尖鼻音-n韻尾，則口腔封閉而不暢通，這當然適合表現心情沈重或情緒凝重的感情。

譬如在宋神宗熙寧四年的時候，蘇軾因受王安石的姻親侍御史謝景溫的誣告，劾奏蘇軾在英宗治平三年護送父喪回蜀，沿途妄冒差借兵卒，並在所乘舟中，販運私鹽、蘇木家具和瓷器。這件劾案，詔下江淮發運湖北運使逮捕當時的篙工、水師，嚴切查問。又行文六路，按問水陸所經的州縣，令向蘇軾所差借的柁工偵訊。因爲本來就是子虛烏有的事情，毫無事實，雖窮治年餘，終無所得。但是蘇軾煩了，所以上章補外。神宗本欲與知州差遣，但中書不可，遂改通判杭州。這時候一班反對新法的同志像錢藻、劉邠、曾鞏、劉恕等紛紛遭貶逐。蘇軾滿腔的憤懣與悵惘，出京向他弟弟蘇轍任職的陳州進發，途中聽到一位志同道合反對新法的老朋友陸詵病故，他的心情是何等的沈重。在此情形下，寫下了〈陸龍圖挽詞〉：

> 挺然直節庇峨岷。謀道從來不計身。屬纊家無十金產，過車巷哭六州民。塵埃輦寺三年別，樽俎歧陽一夢新。他日思賢見遺像，不論宿草更沾巾。

惟日月之逾邁兮，俟河清其何極。冀王道之一平兮，假高衢而騁力。
懼匏瓜之徒懸兮，畏井渫之莫食。步棲遲以徙倚兮，白日忽其將匿。
風蕭蕭而並興兮，天慘慘而無色。獸狂顧以求群兮，鳥相鳴而舉翼。
原野闃其無人兮，征夫行而未息。心悽愴以感發兮，意忉怛而憯惻。
循階除而下降兮，氣交憤於胸臆。夜參半而不寐兮，悵盤桓以反側。

王安石施行新法，元老重臣紛紛反對，於是引進一般新進少年，把一個隱匿母喪不孝的李定拔爲侍御史，中書舍人蘇頌、李大臨、宋敏求不草制落職，史稱熙寧三舍人。給事中胡宗愈封還詞頭，也坐罪奪職，所以胡宗愈也是反對新法的直臣同志，當他的母親去世的時候，蘇軾聽到了消息，也以沈重的心情，寫下了〈胡完夫母周夫人挽詞〉，選的也是眞韻。

柏舟高節冠鄉鄰。絳帳清風聳搢紳。豈似凡人但慈母，能令孝子作忠臣。當年織屨隨方進，晚節稱觴見伯仁。回首悲涼便陳跡，凱風吹盡棘成薪。

元豐二年，因知湖州任所上謝表中「知其愚不識時，難以追陪新進；察其老不生事，或可牧養小民。」之語，爲權監察御史何正臣、權監察御史裏行舒亶、權御史中丞李定諸小人誣爲謗訕，逮送御史臺獄根勘。李定鞫獄，必欲置公於死地。蘇軾想不免一死，因授獄卒梁成遺子由二詩，他的心情又是何等的凝重與沈痛，因而又選了眞韻。他的詩及序說：

予以事繫獄，獄吏稍見侵，自度不能堪，死獄中，不得一別子由，故作二詩授獄卒梁成，以遺子由。

聖主如天萬物春。小臣愚暗自亡身。百年未滿先償債，十口無歸更累人。是處青山可埋骨，他年夜雨獨傷神。與君世世爲兄弟，又結來生未了因。

宋哲宗紹聖元年四月，東坡以端明、侍讀兩學士充河北西路安撫使兼馬步軍都總管知定州軍州事的崇高地位，落兩學士貶責英州，途中復經三貶，責授建昌軍司馬，惠州安置，不得簽書公事。旋落建昌軍司馬，貶寧遠軍節度副使，仍惠州安置。〈八月七日初入贛過惶恐灘〉詩云：

七千里外二毛人。十八灘頭一葉身。山憶喜歡勞遠夢，地名惶恐泣孤臣。長風送客添帆腹，積雨浮舟減石鱗。便合與官充水手，此生何止略知津。

在這種情形下，心情焉得不沈重，所以他又選擇了適宜表達凝重心情的眞韻。

紹聖元年八月，蘇軾在南貶的路上，某夜船舶分風浦，忽然岸上人聲鼎沸，原來發運使奉了後命，派了許多官差，明火執杖地來奪這個被嚴譴的罪官官方供給的坐船。蘇軾無奈，只得向順濟王廟默默禱告，請助一帆風力，果然不久，風聲掠耳，船帆充滿了風，很快開行，抵南昌吳城山，再禱於順濟王廟，留題望湖亭上云：

八月渡長湖。蕭條萬象疏。秋風片帆急，暮靄一山孤。
許國心猶在，康時術已虛。岷峨家萬里，投老得歸無。

蘇軾此時，以一個曾經是皇帝師傅的崇高地位，遭受滿朝小人無比刻薄的迫害，而自己卻是徬徨無助的孤臣，「暮靄一山孤」就是譬喻這種情況。所以他用魚虞韻來透露他滿腔的幽怨。因爲魚虞韻的主要元音不是-u-，就是-o-，不論是-u-抑是-o-，口腔的張口度既小，嘴脣又閉攏，收斂作圓形，最足以表達這種幽咽的情緒。雖然受到如此無情的迫害，滿腔幽咽無處可訴，而他仍吟出了「許國心猶在，康時術已虛」的詩句，任何人看了，都能體會蘇軾生命的灰燼裏，依然藏著熊熊不熄的火種。這就是蘇軾，這就是中國文化所陶冶出來的高尚情操，也是我們全國同胞所應效法的典範。

現在我們換一個話題，看看東坡在心情開朗時，他寫的詩採用什麼樣的韻來表現。神宗元豐八年，蘇軾自黃州移汝州，並請准得在常州居住。這一路上過筠州，會晤多年不見的弟弟蘇轍一家，遊廬山，過金陵，抵常州。此時他的老朋友孫覺字莘老的寄墨給他，他作詩四首。其四云：

> 吾窮本坐詩，久服朋友戒。五年江湖上，閉口洗殘債。今來復稍稍，快癢如爬疥。先生不譏訶，又復寄詩械。幽光發奇思，點黲出荒怪。詩成自一笑，故疾逢蝦蟹。

這時候的蘇東坡，「午醉醒來無一事，只將春睡賞春晴。」生活十分悠閒，自然心情也十分開朗，所以他用了佳蟹韻來表達他開朗的心情。因為佳蟹韻的韻母是-ai，口腔由侈而弇，嘴脣由張開而伸展成扁平形狀，那種情形像極了人開口笑時的狀態，所以很能表示他一作詩就「快癢如爬疥」的高興心情。

蘇軾不僅是寫詩選韻，使得文情配合得十分適切，而且還能把聲韻學的知識運用到詩句裏頭去，這樣，除了欣賞詞采意境之美以外，又多了一層音韻鏗鏘的優美。神宗元豐二年，蘇軾罷徐州任，調湖州知州，四月渡淮，過揚州，放舟金山，訪寶覺和尚，遇大風，留金山兩日，作詩一首云：

> 塔上一鈴獨自語。明日顛風當斷渡。朝來白浪打蒼崖，倒射軒窗作飛雨。龍驤萬斛不敢過，漁舟一葉從掀舞。細思城市有底忙，卻笑蛟龍為誰怒。無事久留童僕怪，此風聊得妻孥許。灊山道人獨何事，夜半不眠聽粥鼓。

《晉書・佛圖澄傳》：「勒死之年，天靜無風，而塔上一鈴獨鳴，澄謂衆曰：『國有大喪，不出今年矣。』既而勒果死。」《世說新語・言語篇》：「佛圖澄與諸石遊。」注引《澄別傳》曰：「數百里外聽浮圖鈴響，逆知禍福。」鈴就是鐘，有舌謂之鈴，無舌謂之鐘，蘇軾首句「塔上一鈴獨自語」，暗用佛圖澄的典故，說此鈴聲能告訴未來的事情，未來的事是什麼？就是「明日顛風當斷渡」。顛風就是天風，《說文》：「天、顛也。」明日天刮大風，波濤洶湧，渡船不得過。詩意不過如此，但「顛風當斷渡」五字，拉長來讀爲tien—fuŋ—taŋ—tuan—tu—。那眞像極了鐘聲。所以乾隆皇帝說：「『明日顚風當斷渡』七字，即鈴語也。奇思得自天外，軒窗飛雨，寫浪之景，眞能狀丹青所莫能狀，未忽念及灊山道人不眠而聽粥鼓。想其濡筆揮毫，眞有御風蓬萊，汎彼無垠之妙。」讀者諸君試想一想，如果不是平日對聲韻學修養有素，在揮筆作詩的時候，能夠得天外的奇思，泛無垠的奧妙嗎？

南北朝時的吳歌與西曲，在詞句的表現上，每每喜歡用雙關諧音的隱語，像以「梧子」雙關「吾子」，「蓮子」諧音「憐子」，「藕」雙關「偶」，「絲」諧音「思」等等。這種諧音雙關的表現法，在東坡來說，由於聲韻的純熟，當然更所優爲。熙寧六年五月十日，會客有美堂。宋代的官筵是有官妓相陪的，所以東坡曾作〈代人贈別〉三首，其第三首云：

> 蓮子劈開須見薏（憶），楸枰著盡更無碁（期）。破衫卻有重縫（逢）處，一飯何曾忘卻匙（時）。

這完全仿吳歌格借字以寓意，席上隨手之作，應用得十分純熟自然，所以查愼行說：「至東坡蓮子劈開須見薏，是文與釋並見於一句之中矣。」

東坡的詩在聲調與韻腳上，都十分注意，常常在一首詩裏換好幾次韻，在換韻的時候，又能選擇得十分得當，務使它在可能範圍內充分變換，在紛繁複雜中顯出整齊諧洽來。因此讀他的詩時，最容易感到他的聲韻鏗鏘悅耳而又變化多端。例如他寫的〈韓幹馬十四匹〉一首，我們仔細地吟讀，是不是有這種感覺呢！詩云：

> 二馬並驅攢八蹄。二馬宛頸騣尾齊。一馬任前雙舉後，一馬卻避長鳴嘶。老髯奚官騎且顧。前身作馬通馬語。後有

八匹飲且行。微流赴吻飲有聲。前者既濟出林鶴。後者欲涉鶴俯啄。最後一匹馬中龍。不嘶不動尾搖風。韓生畫馬眞是馬。蘇子作詩如見畫。世無伯樂亦無韓。此詩此畫誰當看。

像這種韻腳緊湊而多變化的詩，王國維〈說周頌〉一文談到用韻繁促舒緩的道理時說：

凡樂詩之所以用韻者，以同部之音間時而作，足以娛人耳也。故其聲促者， 韻之感人也深，其聲緩者，韻之感人也淺。韻之娛耳，其相去不能越十言或十五言，若越十五言以上，則有韻與無韻同。

這段話說明用韻的道理，相當清晰，用來說明東坡此詩的用韻，也頗的當。

蘇軾在初任大理寺評事赴鳳翔時作〈辛丑十一月十九日旣與子由別於鄭州西門外馬上賦詩一篇寄之〉一詩，用韻或疏或密，亦足以見其情之緊湊與疏緩。詩云：

不飲胡爲醉兀兀。此心已逐歸鞍發。歸人猶自念庭闈，今我何以慰寂寞。登高回首坡隴隔。但見烏帽出復沒。苦寒念爾衣裘薄。獨騎瘦馬踏殘月。路人行歌居人樂。童僕怪我苦悽惻。亦知人生要有別。但恐歲月去飄忽。寒燈相對記疇昔。夜雨何時聽蕭瑟。君知此意不可忘，愼勿苦愛高官職。

此詩十六句，首四句與末四句爲三韻，中間八句則句句皆韻，韻越緊湊，其離別感遂越強烈，首尾各間一句未入韻者，則情感上稍有舒緩之餘地，不至於太過迫促，使人透不過氣來。

〈臘日遊孤山訪惠勤惠思二僧〉每四句中，或句句韻，或隔句韻，亦同一機杼，並錄於下：

> 天欲雪，雲滿湖。樓臺明滅山有無。水清石出魚可數，林深無人鳥相呼。臘日不歸對妻孥。名尋道人實自娛。道人之居在何許，寶雲山前路盤紆。孤山孤絕誰肯廬。道人有道山不孤。紙窗竹屋深自暖，擁褐坐睡依團蒲。天寒路遠愁僕夫。整駕催歸及未晡。出山迴望雲木合，但見野鶻盤浮圖。茲遊淡薄歡有餘。到家恍如夢蘧蘧。作詩火急追亡逋。清景一失後難摹。

全詩二十句，每四句爲一韻段，前四個韻段皆四句三韻，第三句不韻，而最後一個韻段則句句押韻者，則以其感人愈深也。紀昀曰：「忽疊韻，忽隔句韻，音節之妙，動合天然，不容湊泊，其源出於古樂府。」

李漁叔先生《風簾客話‧再論律句》云：

> 律之細者，莫若杜少陵，余曩歲應友人林尹景伊之招，於其課餘，與師範大學群彥，偶共商討詩法。當時曾舉少陵「兵戈飄泊老萊衣」[11]一篇爲例，以明其虛實相應之法，全詩既寫置高壁，從平列處看之，則一三五七句自成四聲。如：
>
> 兵戈飄泊老萊衣（平）。歎息人間萬事非。我已無家尋弟妹（去），君今何處訪庭闈。黃牛峽靜灘聲轉（上），白馬江寒樹影稀。此別仍須各努力（入），故鄉猶恐未同歸。

律詩中之奇數句，今所謂出句，出句雖不入韻，但卻用平上去入四聲間隔，以取其錯綜之美，杜詩如此安排，而蘇詩亦往往如此。茲舉數例，以見一般：

---

11 杜甫〈送韓十四江東覲省〉。

華陰寄子由

三年無日不思歸（平）。夢裏還家旋覺非。臘酒送寒催去國（入），東風吹雪滿征衣。三峰已過天浮翠（去），四扇行看日照扉。里堠消磨不禁盡（上），速攜家餉勞驂騑。

夜直祕閣呈王敏甫

蓬瀛宮闕隔埃氛（平）。帝樂天香似許聞。瓦弄寒暉鴛臥月（入），樓生晴靄鳳盤雲。共誰交臂論今古（上），只有閒心對此君，大隱本來無境界（去），北山猿鶴漫移文。

陸龍圖詵挽詞

挺然直節庇峨岷（平）。謀道從來不計身。屬纊家無十金產（上），過車巷哭六州民。塵埃輦寺三年別（入），樽俎岐陽一夢新。他日思賢見遺像（去），不論宿草更沾巾。

胡完夫母周夫人挽詞

柏舟高節冠鄉鄰（平）。絳帳清風聳搢紳。豈似凡人但慈母（上），能令孝子作忠臣。當年纖屨隨方進（去），晚節稱觴見伯仁。回首悲涼便陳跡（入），凱風吹盡棘成薪。

這種平上去入四聲分用，足見在聲調上的錯綜間隔之美。

杜工部的律詩，除了出句有四聲錯綜之美外，其頸腹二聯，若用疊字相對，往往可藉聲韻與文辭的配合，而加強情意的對比。例如杜詩〈秋興〉八首當中的第三首頸聯，「信宿漁人還泛泛，清秋燕子故飛飛。」這兩句中，以泛泛對飛飛，各家解說紛紜，觀葉嘉瑩《杜甫秋興八首集說》自知。但從聲韻觀點看來，連續兩夜在江中捕魚的漁人，還在江中飄泛不停，則金聖歎《唱經堂杜詩解》所云：「還泛泛者，是喻己之憂勞，而無著落也。」蓋略近之。清爽的秋天，燕子該去而不去，尚故飛飛，唐元紘《杜詩攟》所言「曰還、曰故，皆羨其逍遙字法也。」泛泛句倒未必逍遙，飛飛而逍遙則近之。泛字爲敷母梵韻，在唐代杜甫時代大概讀成 p'juɐm 或 pf'juɐm 的音；飛屬非母微韻，大概讀 pjuəi 或 pfjuəi。

在聲母上看，泛爲送氣聲母，用力重；韻母收-m 韻尾，雙脣緊閉，以泛泛來形容漁人飄泛不停的憂勞，豈不適當？飛爲不送氣聲母，用力輕；韻母收音於-əi，發音略如開口笑狀，表示其逍遙，不亦相合嗎？故這兩句應是漁人該休息而不得休息，著其憂勞；燕子可飛走而不飛走，顯其逍遙。上句言人之勞瘁，下句言燕子之輕靈。從聲韻上講來，也正是一種強烈的對比。

蘇軾詩中，也有很多類似的表現技巧。元豐七年十日，東坡作〈白塔鋪歇馬〉詩云：

> 甘山廬阜鬱相望。林隙熹微漏日光。吳國晚蠶初斷葉，占城蚤稻欲移秧。迢迢澗水隨人急，冉冉巖花撲馬香。望眼盡從飛鳥遠，白雲深處是吾鄉。

腹聯疊字以「迢迢」對「冉冉」，這兩句字面的意思是：遠遠的山谷間的瀑布，隨人走得益近，聲響就越急；山巖邊淡淡的花香，被風吹向我的馬時，我嗅到了它的香味。從聲韻上分析，則可進一層加深這種景象。迢是定母蕭韻，朱桂耀在〈中國文化的象徵〉中說：「中國文字學上，也有一種以某種聲音直接表示某種意義，是一種純粹的音的象徵。……又 d、t 等音，是舌端和牙床接觸，牙床是凸出的部分，而舌端的部位，也特別顯著，感覺又最靈敏，所以發這種音時，我們就起了一種特定的感覺。

於是凡有 d、t 等音的字，多含有特定的意義。例如：特、定、獨、單、第、嫡、點，滴等是。」迢的聲母定的讀音正是 d'或 d，合於朱桂耀的說法，應隱含有特定或確定的意義。蕭韻韻値爲-ieu，全部都是元音組成，這種韻母因爲無輔音的阻礙，聲音最爲舒暢悠揚，與王易所說的的飄灑意義相近。冉本作冄，日母琰韻字，王力在《漢語史稿》第四章詞彙的發展談到同源詞的時候說：「在人類創造語言的原始時代，詞義和語音是沒有必然的聯繫的。但是，等到語言的詞彙初步形成之後，舊詞與新詞之間決不是沒有聯繫的。有些詞的聲音相似，因而意義相似，這種現象並非處處都是偶然的。」又說：「以日母爲例，有一系列的日母字是表示柔弱、軟弱的概念，以及與此有關的概念的。例如：柔ȵǐəu、弱ȵǐạuk、荏（弱也）ȵǐəm、軟（耎，輭）ȵǐwạn、兒ȵǐe、蕤（草木花垂貌）ȵǐwəi、孺ȵǐwo、茸（草木初生之狀）ȵǐwoŋ、韌ȵǐən、蠕（昆蟲動貌）ȵǐwạn、壤（《說文》：「柔土也。」）ȵǐaŋ、忍ȵǐən、辱ȵǐwŏk、懦ȵǐwo。」冄字《說文》云：「毛冄冄也。」段注：「冄者，柔弱下垂之貌。」所以日母字大多數具有柔弱之義，應該是沒有問題的。至於鹽琰韻字則多函胡纖細之義。因爲琰韻的韻値爲-jɛm 或-jem，前有-j-介音，後有韻尾-m，j 的響度最小，-m 韻尾嘴脣緊閉，也很能符合函胡纖細的這層意思。蘇軾歇馬白塔舖，離廬山不遠。所以首句詩云：「甘山廬阜鬱相望」，迢迢固然是遙遠，從很遠的地方也可以確定那是從山上直瀉而下的瀑布，人越走越近，瀑布聲就越來越響，水珠飄灑得到處都是。冄冄是柔弱，幽幽的花香，從山巖上隨著馬的腳步飄來，一回兒聞到了，一回兒又好像嗅不到了。這樣強弱對比所表現的技巧，不是跟杜詩一樣嗎？

附　錄

附錄一 《廣韻》四十一聲紐切語上字表

聲類	反切上字
影	於央憶伊衣依憂一乙握謁紆挹烏哀安烟鷖愛委
喻	余餘予夷以羊弋翼與營移悅
爲	于羽雨雲云王韋永有遠爲洧筠薳
曉	呼荒虎馨火海呵香朽羲休況許興喜虛花
匣	胡乎侯戶下黃何獲懷
見	居九俱舉規吉紀几古公過各格兼姑佳詭乖
溪	康枯牽空謙口楷客恪苦去丘墟袪詰窺羌欽傾起綺豈區驅曲可乞棄卿弃
群	渠強求巨具臼衢其奇暨跪近狂
疑	疑魚牛語宜擬危五玉俄吾研遇虞愚
端	多德得丁都當冬
透	他託土吐通天台湯
定	徒同特度杜唐堂田陀地
泥	奴乃諾內嬭妳那
來	來盧賴洛落勒力林呂良離里郎魯練縷連
知	知張豬徵中追陟卓竹珍
徹	抽癡楮褚丑恥敕
澄	除場池治持遲遟佇柱丈直宅墜馳

娘	尼拏女穠
日	如汝儒人而仍兒耳
照	之止章征諸煮支職正旨占脂
穿	昌尺赤充處叱春姝
神	神乘食實
審	書舒傷商施失矢試式識賞詩釋始
禪	時殊嘗常蜀市植殖寔署臣是氏視成
精	將子資即則借茲醉姊遵祖臧作銼
清	倉蒼親遷取七青采醋麁麤千此雌
從	才徂在前藏昨酢疾秦匠慈自情漸
心	蘇素速桑相悉思司斯私雖辛息須胥先寫
邪	徐祥詳辭辝辤似旬寺夕隨
莊	莊爭阻鄒簪側仄
初	初楚創瘡測叉廁芻
床	床鋤鉏豺崱士仕崇查俟助鶵
疏	疏山沙砂生色數所史
幫	邊布補伯百北博巴卑并鄙必彼兵筆陂畀晡
滂	滂普匹譬披丕
並	蒲步裴薄白傍部平皮便毗弼婢簿捕
明	莫慕模謨摸母明彌眉綿靡美
非	方封分府甫
敷	敷孚妃撫芳峰拂
奉	房防縛附符苻扶馮浮父
微	巫無亡武文望

附錄二 《廣韻》二百六韻切語下字表

〔一〕通攝

上平一東	上聲一董	去聲一送	入聲一屋	開合等第
紅公東	動孔董蠓揔	弄貢送凍	谷祿木卜	開口一等
弓宮戎融中終隆		衆鳳仲	六竹匊宿福逐菊	開口三等
上平二冬	上聲（湩）	去聲二宋	入聲二沃	開合等第
冬宗	湩䳒	統宋綜	酷沃毒篤	合口一等
上平三鍾	上聲二腫	去聲三用	入聲三燭	開合等第
容鍾封凶庸恭	隴踵奉冗悚拱勇冢	頌用	欲玉蜀錄曲足	合口三等

〔二〕江攝：

上平四江	上聲三講	去聲四絳	入聲四覺	開合等第
雙江	項講㺃	巷絳降	岳角覺	開口二等

〔三〕止攝：

上平五支	上聲四紙	去聲五寘		開合等第
移支知離羈宜奇	氏紙帋此是豸侈爾綺倚彼靡弭婢俾	避義智寄賜豉企		開口三等
爲規垂隨隋危吹	委詭累捶毀髓	睡僞瑞累恚		合口三等
上平六脂	上聲五旨	去聲六至		開合等第
夷脂飢肌私資尼悲眉	雉矢履几姊視鄙美矢	利至器二冀四自寐祕媚備季悸		開口三等

追隹遺維綏	洧軌癸水誄壘	愧醉遂位類萃季悸		合口三等
上平七之	上聲六止	去聲七志		開合等第
而之其茲持甾	市止里理己士史紀擬	吏置記志		開口三等
上平八微	上聲七尾	去聲八未		開合等第
希衣依	豈豨	毅既		開口三等
非歸微韋	匪尾鬼偉	沸胃貴味未畏		合口三等

〔四〕遇攝

上平九魚	上聲八語	去聲九御		開合等第
居魚諸余菹	巨舉呂與渚許	倨御慮恕署去據預助洳		開口三等
上平十虞	上聲九麌	去聲十遇		開合等第
俱朱于俞逾隅芻輸誅夫無	矩庾甫雨武主羽禹	具遇句戍注		合口三等
上平十一模	上聲十姥	去聲十一暮		開合等第
胡吳乎烏都孤姑吾	補魯古戶杜	故暮誤祚路		合口一等

〔五〕蟹攝

上平十二齊	上聲十一薺	去聲十二霽		開合等第
奚兮稽雞迷低	禮啓米弟	計詣戾		開口四等
攜圭		桂惠		合口四等
臡移				開口三等

		去聲十三祭		開合等第
		例制祭罽憩袂獘蔽		開口三等
		銳歲芮衛稅		合口三等
		去聲十四泰		開合等第
		蓋帶太大艾貝		開口一等
		外會最		合口一等
上平十三佳	上聲十二蟹	去聲十五卦		開合等第
佳膎	買蟹	隘賣懈		開口二等
蛙媧緺	（買）夥枴	（賣）卦		合口二等
上平十四皆	上聲十三駭	去聲十六怪		開合等第
諧皆	楷駭	界拜介戒		開口二等
懷乖淮		壞怪		合口二等
		去聲十七夬		開合等第
		夬話快邁		合口二等
		喝犗		開口二等
上平十五灰	上聲十四賄	去聲十八隊		開合等第
恢回杯灰	罪賄猥	對昧佩內隊繢妹輩		合口一等
上平十六咍	上聲十五海	去聲十九代		開合等第
來哀開哉才	改亥愷宰紿乃在	耐代溉概愛		開口一等
		去聲二十廢		開合等第
		刈		開口三等
		肺廢穢吠		合口三等

〔六〕臻攝

上平十七眞	上聲十六軫	去聲廿一震	入聲五質	開合等第
鄰珍眞人賓	忍軫引盡腎紖	刃晉振覲遴印	吉栗畢必叱日質一七悉	開口三等
巾銀	敏		乙筆密	開口三等
上平十八諄	上聲十七準	去聲廿二稕	入聲六術	開合等第
倫綸匀迍脣旬遵贇筠	尹準允殞	閏峻順	聿邮律	合口三等
上平十九臻	上聲（榛）	去聲（齔）	入聲七櫛	開合等第
詵臻	榛	齔	瑟櫛	開口二等
上平二十文	上聲十八吻	去聲廿三問	入聲八物	開合等第
分云文	粉吻	運問	弗勿物	合口三等
上平廿一欣	上聲十九隱	去聲廿四焮	入聲九迄	開合等第
斤欣	謹隱	靳焮	訖迄乞	開口三等
上平廿三魂	上聲廿一混	去聲廿六慁	入聲十一沒	開合等第
昆渾奔尊魂	本忖損衮	困悶寸	勃骨忽沒	合口一等
上平廿四痕	上聲廿二很	去聲廿七恨	入聲（麧）	開合等第
恩痕根	墾很	艮恨	麧	開口一等

〔七〕山攝

上平廿二元	上聲二十阮	去聲廿五願	入聲十月	開合等第
軒言	幰偃	建堰	歇謁竭訐	開口三等
袁元煩	遠阮晚	怨願販万	厥越伐月發	合口三等
上平廿五寒	上聲廿三旱	去聲廿八翰	入聲十二曷	開合等第
安寒干	笴旱但	旰旦按案贊	葛割達曷	開口一等
上平廿六桓	上聲廿四緩	去聲廿九換	入聲十三末	開合等第
官丸端潘	管緩滿纂卵伴	玩筭貫亂換段半漫喚	撥活末括栝	合口一等
上平廿七刪	上聲廿五潸	去聲三十諫	入聲十四黠	開合等第
姦顏班	板赧	晏澗諫鴈	八拔黠	開口二等
還關	綰鯇	患慣	滑	合口二等
上平廿八山	上聲廿六產	去聲卅一襉	入聲十五鎋	開合等第
閒閑山	簡限	莧襉	瞎轄鎋	開口二等
頑鰥		（辨）幻	刮頒	合口二等
下平一先	上聲廿七銑	去聲卅二霰	入聲十六屑	開合等第
前先煙賢田年顛堅	典殄繭峴	佃甸練電麵見	結屑蔑	開口四等
玄涓	畎泫	縣絢	決穴	合口四等
下平二仙	上聲廿八獮	去聲卅三線	入聲十七薛	開合等第
然仙連延乾焉	淺演善展輦翦蹇免辨緬	箭膳戰扇賤線面碾變卞彥	列薛熱滅別竭	開口三等
緣泉全專宣川員權圓攣	兗緬轉篆	掾眷絹倦卷戀釧囀	雪悅絕劣爇輟	合口三等

〔八〕效攝

下平三蕭	上聲廿九篠	去聲卅四嘯		開合等第
彫聊蕭堯么	鳥了皛皎	弔嘯叫		開口四等
下平四宵	上聲三十小	去聲卅五笑		開合等第
邀宵霄焦消遙招昭嬌喬囂瀌	兆小少沼夭矯表	妙少照笑廟肖召要		開口三等
下平五肴	上聲卅一巧	去聲卅六效		開合等第
茅肴交嘲	絞巧飽爪	教孝皃稍		開口二等
下平六豪	上聲卅二晧	去聲卅七號		開合等第
刀勞牢遭曹毛袍褒	老浩晧早道抱	到導報秏		開口一等

〔九〕果攝

下平七歌	上聲卅三哿	去聲卅八箇		開合等第
俄何歌	我可	賀箇佐个邏		開口一等
下平八戈	上聲卅四果	去聲卅九過		開合等第
禾戈波和婆	火果	臥過貨唾		合口一等
迦伽				開口三等
靴肥爬				合口三等

〔十〕假攝

下平九麻	上聲卅五馬	去聲四十禡		開合等第
霞加牙巴	下疋雅賈	駕訝嫁亞		開口二等
花華瓜	瓦寡	化吴		合口二等
遮車奢邪嗟賒	也者野冶姐	夜謝		開口三等

〔十一〕宕攝

下平十陽	上聲卅六養	去聲卌一漾	入聲十八藥	開合等第
章羊張良陽莊	兩獎丈掌養	亮讓漾向	略爵雀瘧灼勺若藥約	開口三等
方王	往昉网	況放妄	縛钁籰	合口三等
下平十一唐	上聲卅七蕩	去聲卌二宕	入聲十九鐸	開合等第
郎當岡剛旁	朗黨	浪宕謗	落各博	開口一等
光黃	晃廣	曠	郭穫	合口一等

〔十二〕梗攝

下平十二庚	上聲卅八梗	去聲卌三映	入聲二十陌	開合等第
行庚盲	杏梗猛（打冷）	孟更	白格陌伯	開口二等
横	礦	蝗横	虢	合口二等
驚卿京兵明	影景丙	敬慶病命	逆劇戟郤	開口三等
榮兄	永憬	詠		合口三等
下平十三耕	上聲卅九耿	去聲卌四諍	入聲廿一麥	開合等第
莖耕萌	幸耿	迸諍爭	戹戹革核摘責麥	開口二等

宏			獲摑	合口二等
下平十四清	上聲四十靜	去聲卌五勁	入聲廿二昔	開合等第
情盈成征貞幷	郢整靜井	正政鄭令姓盛	積昔益跡易辟亦隻石炙	開口三等
傾營	頃潁		役	合口三等
下平十五青	上聲卌一迥	去聲卌六徑	入聲廿三錫	開合等第
經靈丁刑	頂挺鼎醒涬剄	定佞徑	擊歷狄激	開口四等
扃螢	迥潁		鶪闃狊	合口四等

〔十三〕曾攝

下平十六蒸	上聲卌二拯	去聲卌七證	入聲廿四職	開合等第
仍陵膺冰蒸乘矜兢升	拯庱	應證孕甑餕	翼力直即職極側逼	開口三等
			域洫	合口三等
下平十七登	上聲卌三等	去聲卌八嶝	入聲廿五德	開合等第
滕登增棱崩恒朋	肯等	鄧亙隥贈	則德得北墨勒黑	開口一等
肱弘			國或	合口一等

〔十四〕流攝

下平十八尤	上聲卌四有	去聲卌九宥		開合等第
求由周秋流鳩州尤謀浮	久柳有九酉否婦	救祐副就僦富祝又溜呪		開口三等
下平十九侯	上聲卌五厚	去聲五十候		開合等第
鉤侯婁	口厚垢后斗苟	遘候豆奏漏		開口一等
下平二十幽	上聲卌六黝	去聲五一幼		開合等第
虯幽烋彪	糾黝	謬幼		開口三等

〔十五〕深攝

下平廿一侵	上聲卌七寑	去聲五二沁	入聲廿六緝	開合等第
林尋深任針心淫金吟今簪	稔甚朕荏枕凜飲錦瘁	鴆禁任蔭譖	入執立及急汲戢汁	開口三等

〔十六〕咸攝

下平廿二覃	上聲四八感	去聲五三勘	入聲廿七合	開合等第
含男南	禫感唵	紺暗	閤沓合荅	開口一等
下平廿三談	上聲四九敢	去聲五四闞	入聲廿八盍	開口等第
甘三酣談	覽敢	濫瞰蹔暫	臘盍榼	開口一等
下平廿四鹽	上聲五十琰	去聲五五豔	入聲廿九葉	開合等第
廉鹽占炎淹	冉斂琰染漸檢險奄俺	贍豔窆驗	涉葉攝輒接	開口三等
下平廿五添	上聲五一忝	去聲五六桥	入聲三十怗	開合等第
兼甜	玷忝簟	念店	協頰愜牒	開口四等
下平廿六咸	上聲五三豏	去聲五八陷	入聲卅一洽	開合等第
讒咸	斬減豏	韽陷賺	夾洽図	開口二等
下平廿七銜	上聲五四檻	去聲五九鑑	入聲卅二狎	開合等第
監銜	黤檻	懺鑒鑑	甲狎	開口二等
下平廿八嚴	上聲五二儼	去聲五七釅	入聲卅三業	開合等第
嚴輸	掩广	釅欠劍	怯業劫	開口三等
下平廿九凡	上聲五五范	去聲六十梵	入聲卅四乏	開合等第
凡芝	鋄范犯	泛梵	法乏	合口三等

參考書目

一、中日文之部

《詩經》古今音手册　向熹　南開大學出版社　1988 年 2 月　天津市

《廣韻》的反切和今音　昌厚　中國語文 1964 年 2 期　1964 年 9 月　北京市

《韻鏡》研究　李新魁　語言研究創刊號 p.p.125-166 華中工學院出版社　1981 年 7 月　武漢市

丁邦新語言學論文集　丁邦新　商務印書館　1998 年 1 月 1 日　北京市

入聲考　胡適　胡適文存內

十駕齋養新錄　錢大昕　商務印書館

上古入聲韻尾的清濁問題　鄭張尙芳　語言研究 18 期 p.p.67-74 華中理工大學出版社　1990 年 5 月　武漢市

上古音系研究　余迺永　香港中文大學出版社　1985 年 1 月　香港

上古音研究　李方桂著　商務印書館出版　1980 年 7 月第一版 2001 年 3 月 4 刷　北京市

上古音芻議　龍宇純　中央研究院歷史語言研究所集刊第 96 本第 2 分　1998 年 6 月　台北市

上古音討論集　趙元任・高本漢等著　學藝出版社出版　民國五十九年元月（1970）初版　台北市

上古音韻表稿　董同龢　中央研究院歷史語言研究所單刊甲種之

二十　中央研究院歷史語言研究所出版　中華民國五十六年六月（1967）初版　臺北市
上古陰聲韻尾再檢討　陳新雄　第十五屆聲韻學研討會　1997年5月　台中市
上古漢語入聲和陰聲的分野及其收音《龍蟲並雕齋文集一》　中華書局　1980年1月　北京市
上古漢語和古藏語元音系統的歷史比較　潘悟云　語言研究91增刊p.p.32-34　華中理工大學　1991年11月　武漢市
上古漢語的音節結構　丁邦新　史語所集刊50本4分　民國七十九年（1990）九月一日　台北市
上古漢語的複音聲母　謝・叶・雅洪托夫（在唐作藩・胡雙寶編《漢語史論集》內）　北京大學出版社　1986年11月
上古漢語的韻母系統　謝・叶・雅洪托夫（在唐作藩・胡雙寶編《漢語史論集》內）　北京大學出版社　1986年11月
上古漢語音系　金理新　黃山書社出版　2002年6月　合肥市
上古韻祭月是一個還是兩個韻部　李毅夫　《音韻學研究》第一册286-293頁　中華書局出版　1984年3月第1版　北京市
不規則音變的潛語音條件　許寶華・潘悟云　語言研究8期　1985年5月　武漢市
中上古漢語音韻論文集　龍宇純　五四書店・利氏學社聯合出版　2002年12月　台北市
中古音　李新魁　漢語知識叢書本　商務印書館　1991年11月　北京市
中國上古音裡的複聲母問題　方師鐸　方師鐸文史叢稿　1985年11月　台北市
中國小學史　胡奇光　上海人民出版社　1987年11月　上海市
中國文學教科書　劉師培　劉申叔遺書本　大新書局　1965年

8月　台北市
中國古代語言學資料匯纂—音韻學分册　張斌・許威漢主編　福建人民出版社　1993年9月　福州市
中國古音學　張世祿　先知出版社　1972年4月　台北市
中國近三十年之聲韻學上　齊佩瑢　中國學報1卷2期　1944年4月　北平市
中國近三十年之聲韻學下　齊佩瑢　中國學報1卷3期　1944年5月　北平市
中國音韻論集　賴惟勤　汲古書院　1989年2月　東京市
中國音韻學史（上下）　張世祿　台灣商務印書館　1965年11月　台北市
中國音韻學研究　高本漢著　趙元任・李方桂・羅常培譯　臺灣商務印書館出版民國五十一年六月（1962）臺一版　臺北市
中國音韻學論文集　周法高　中文大學出版社　1984年1月　香港
中國語之性質及歷史　高本漢原著、杜其容譯　中華叢書委員會　1963年5月　台北市
中國語文論叢　周法高　正中書局印行　1970年5月　台北市
中國語文學論文選　俞敏　光生館　1984年3月　東京市
中國語言學史　濮之珍　書林出版有限公司　1990年11月　台北市
中國語言學史話　中國語文學社　中國語文雜誌社出版　1969年9月　北京市
中國語言學現狀與展望　許嘉璐・王福祥・劉潤清主編　外語教學與研究出版社　1996年8月　北京市
中國語言學論文集　周法高　聯經出版事業公司　1975年9月　台北市

中國語言學論集　幼獅月刊社主編　幼獅文化事業公司出版　1977 年 1 月　台北市
中國語音史　董同龢　中華文化事業委員會　1954 年 2 月　台北市
中國語音學史　趙振鐸　河北教育出版社　2000 年 5 月　石家莊市
中國語音韻論　藤堂明保　光生館　1980 年 5 月　東京市
中國語與中國文　高本漢原著、張世祿譯　文星書局出版　1965 年 1 月　台北市
中國聲韻學　姜亮夫　1931 年 1 月　台北市
中國聲韻學　潘重規・陳紹棠　東大圖書公司　1978 年 8 月　台北市
中國聲韻學大綱　高本漢著、張洪年譯　中華叢書委員會　1972 年 2 月　台北市
中國聲韻學大綱　謝雲飛　蘭臺書局　1971 年 12 月　台北市
中國聲韻學通論　林尹　世界書局　1961 年 9 月　台北市
五均論　鄒漢勛　斆藝齋遺書本
今本廣韻切語下字系聯　陳新雄　語言研究 91 年增刊　華中理工大學出版部　1991 年 11 月　武漢市
六十年來之聲韻學　陳新雄　文史哲出版社　1973 年 8 月　台北市
六書音韻表　段玉裁　音韻學叢書　廣文書局印行　1966 年 1 月　台北市
切韻ɑ的來源　李方桂　史語所集刊 3 本 1 分　1931 年 8 月北平市
切韻 j 聲母與 i 韻尾的來源問題　鄭張尚芳　紀念王力先生九十誕辰文集.p.p.160-179　山東教育出版社　1991 年 12 月　濟

南市
切韻五聲五十一紐考　曾運乾　木鐸 3、4 合期轉載　中國文化學院中文系刊行　1975 年 11 月　台北市
切韻考　陳澧　音韻學叢書本　廣文書局印行　1966 年 1 月　台北市　又台灣學生書局印行　1965 年 4 月　台北市
切韻研究　邵榮芬　中國社會科學院出版社　1982 年 3 月　北京市
切韻音系　李榮　鼎文書局　1972 年 9 月　台北市
切韻音系的性質及其他　何九盈　中國語文 1961 年 9 月號　1961 年 9 月　北京市
切韻純四等韻的主要元音　馬學良・羅季光　中國語文 121 期　1962 年 12 月　北京市
切韻純四等韻的主要元音及相關問題　張賢豹　語言研究 9 期　1994 年 11 月　武漢市
切韻綜合研究　黃典誠　廈門大學出版社　1994 年 1 月　廈門市
切韻與方言　張光宇　台灣商務印書館　1990 年 1 月　台北市
孔廣森上古去聲長短說對後世之影響　李思敬　語言研究 91 年增刊　1991 年 11 月　武漢市
文字音韻學論叢　劉盼遂　北平人文書店
文字學音篇　錢玄同　台灣學生書局　1964 年 7 月　台北市
文字聲韻訓詁筆記　黃侃　木鐸出版社　1983 年 9 月　台北市
文字聲韻論叢　陳新雄　東大圖書公司　1994 年 1 月　台北市
文始　章炳麟　章氏叢書本　世界書局印行　1958 年 7 月　台北市
文藝音韻學　沈祥源　武漢大學出版社　1998 年 1 月　武漢市
方言・共同語・語文教學　詹伯慧　澳門日報出版社　1995 年 5 月　澳門

方言與音韻論集　李如龍　香港中文大學　1996 年 10 月　香港
毛詩古音考（上下）　陳第　音韻學叢書本　廣文書局印行　1966 年 1 月　台北市
毛詩韻聿　丁惟汾　齊魯書社出版　1984 年 6 月 1 日　濟南市
毛詩韻譜　郭師古　玉屏山房刊本
王石臞先生韻譜合韻譜稿後記　國學季刊五卷二號　1935 年 1 月　北平市
王石臞先生韻譜合韻譜遺稿跋　國學季刊三卷一號　1932 年 3 月　北平市
古今通韻　毛奇齡　康熙甲子史館刊本
古今韻考　李因篤　音韻學叢書本　廣文書局印行　1966 年 1 月　台北市
古今韻略　邵長蘅　康熙丙子刊本
古今韻會舉要及相關韻書　甯忌浮　中華書局 1997 年 5 月　北京市
古今韻會舉要及相關韻書　甯忌浮著　中華書局出版　1997 年 5 月第 1 版　北京市
古今韻會舉要研究　花登正宏　汲古書院　1997 年 10 月　東京市
古今韻會舉要研究　花登正宏著　汲古書院發行　1997 年 10 月 30 日發行　日本東京都
古代文字音韻論文集　趙誠　中華書局　1990 年 3 月　北京市
古代濁聲考　敖士英　輔仁學誌二卷一期　1930 年 1 月　北平市
古音之旅　竺家寧　國文天地雜誌社　1987 年 10 月　台北市
古音正義　熊士伯　尚友堂藏板
古音系研究　魏建功　中華書局出版　1996 年 12 月第 1 版　北京市

古音研究　陳新雄　五南圖書出版有限公司　民國 89 年 11 月（2000）初版二刷　臺北市
古音略例　楊愼　函海本
古音無邪紐補證　錢玄同　師大國學叢刊單行本
古音無邪紐證補證　戴君仁　輔仁學誌 12 卷 1、2 合期　1943 年 12 月　北平市
古音概說　李新魁　廣東人民出版社　1979 年 12 月　廣州市
古音說略　陸志韋　台彎學生書局　1971 年 8 月　台北市
古音學入門　林慶勳・竺家寧　台灣學生書局　1989 年 7 月　台北市
古音學發微　陳新雄　文史哲出版社　1972 年 1 月　台北市
古音諧　姚文田　邃雅堂集本
古音類表　傅壽彤　光緒二年大梁臬署刊本
古等呼說　湯炳正　史語所集刊 11 本
古漢語複聲母論文集　趙秉璇・竺家寧　北京語言文化大學出版社　1998 年 3 月　北京市
古漢語韻母系統與韻　張琨夫婦　中央研究院史語所　1972 年 5 月　台北市
古聲紐演變考　左松超　師大國研所集刊 4 號　1959 年 6 月　台北市
古聲韻討論集　楊樹達　台灣學生書局　1965 年 5 月　台北市
古韻三十部歸字總論　何九盈・陳復華　《音韻學研究》第一冊　207-252 頁　中華書局出版　1984 年 3 月第 1 版　北京市
古韻之幽兩部之間的交涉　史存直　《音韻學研究》第一冊　296-313 頁　中華書局出版　1984 年 3 月第 1 版
古韻分部定論商榷　陳紹棠　新亞學術年刊 6 期
古韻廿八部音讀之假定　錢玄同　木鐸第二期轉載　1934 年 12

月　台北市
古韻通　柴紹炳　乾隆刊本
古韻通說　龍啓瑞　古韻通說　尊經書局鐫本
古韻魚宵兩部之音讀之假定　錢玄同　語文第二期
古韻發明　張畊　芸心堂刊本
古韻標準　江永　音韻學叢書本　廣文書局印行　1966 年 1 月　台北市
古韻論　胡秉虔　叢書集成本　商務印書館
古韻學源流　黃永鎭　台灣商務印書館　1966 年 1 月　台北市
古韻譜　王念孫　音韻學叢書本　廣文書局　1966 年 1 月　台北市
四聲三問　陳寅恪　清華學報九卷二期　1936 年 1 月　北平市
四聲五音九弄反紐圖簡釋　殷孟倫　山東大學學報第一期　1957 年 1 月　濟南市
四聲切韻表　江永　音韻學叢書本　廣文書局印行　1966 年 1 月　台北市
四聲別義釋例　周祖謨　輔仁學誌 13 卷 1、2 合期 1945 年 12 月　北平市
求進步齋音韻　張煊　求進步齋音論　國故第一期
再談《切韻》音系的性質—與何九盈・黃粹伯兩位同志討論　中國語文 1962 年 12 月號　1962 年 12 月　北京市
江永聲韻學述評　董忠司　文史哲出版社　1988 年 4 月　台北市
老子韻表　劉師培　劉申叔先生遺書本　大新書局出版　1965 年 8 月　台北市
西夏語文研究論文集　龔煌城　中央研究院語言學研究所籌備處出版　2002 年 8 月　台北市
伸顧　易本烺　商務印書館叢書集成本

宋代漢語韻母系統研究　李新魁　語言研究 14 期 p.p.51-65　華中工學院出版社　1988 年 5 月　武漢市

形聲類篇　丁履恒　大亭山館藏書本

批判胡適的入聲考　趙少咸・殷孟倫　山東大學學報　1957 年 1 月　濟南市

李方桂先生《上古音研究》的幾點質疑　陳新雄　中國語文 231 期　1992 年 11 月　北京市

周、隋長安方音初探　尉遲治平　語言研究 3 期 p.p.18-33　華中工學院出版部　1982 年 11 月　武漢市

周、隋長安方音再探　尉遲治平　語言研究 7 期 p.p.105-114　華中工學院出版部　1984 年 11 月　武漢市

周秦古音結構體系（稿）　嚴學宭　《音韻學研究》第一册 92-130 頁　中華書局出版　1984 年 3 月第 1 版　北京市

定本觀堂集林上下　王國維　世界書局印行　1964 年 9 月　台北市

屈宋古音義　陳第　音學叢書本　廣文書局印行　1966 年 1 月　台北市

易韻　毛奇齡　西河合集本

明清等韻學通論　耿振生　語文出版社 1992 年 9 月　北京市

林炯陽教授論學集　林炯陽　文史哲出版社　2000 年 4 月　台北市

近代漢語綱要　蔣冀騁・吳福祥　湖南教育出版社　1997 年 3 月　長沙市

邵榮芬音韻學論集　邵榮芬　首都師範大學出版社　1997 年 7 月　北京市

俞敏語言學論文集　俞敏　商務印書館　1999 年 5 月　北京市

怎樣才算是古音學上的審音派　陳新雄　中國語文 248 期 p.p.

345-352　1995 年 9 月　北京市
耶穌會士在音韻學上的頁獻　羅常培　史語所集刊 1 本分　1928 年 1 月　北平市
述韻　夏爕　番陽官廨本
重校增訂音略證補　陳新雄　文史哲出版社　1991 年 10 月　台北市
重校增訂音略證補　陳新雄　文史哲出版社出版　民國六十七年九月（1978）增定初版　民國八十年十月（1991）增訂初版十四刷　臺北市
重紐研究　李新魁　語言研究第 7 期 p.p.73-104　華中工學院出版社　1986 年 7 月　武漢市
音切譜　李元　道光戊申孟冬鐫本　1848 年
音論　章炳麟　中國語文研究　中華書局　1956 年 5 月　台北市
音學十書　江有誥　音韻學叢書本　廣文書局印行　1966 年 1 月　台北市
音學五書　顧炎武　音韻學叢書本　廣文書局　1966 年 1 月　台北市
音學辨微　江永　音韻學叢書本　廣文書局印行　1966 年 1 月　台北市
音韻　李思敬　商務印書館印行　1985 年 6 月　北京市
音韻比較研究　劉廣和　中國廣播電視出版社　2002 年 1 月　北京市
音韻問答　錢大昕　昭代叢書本
音韻與方言研究　麥耘　廣東人民出版社　1995 年 4 月　廣州市
音韻學引論　黃耀堃　書林出版有限公司　1995 年 12 月　台北市
音韻學教程　唐作藩　北京大學出版社　1987 年 5 月　北京市

音韻學通論　馬宗霍　泰順書局　1972 年 3 月　台北市
音韻學綱要　趙振鐸　巴蜀書社　1990 年 7 月　成都市
音韻學講義　曾運乾　中華書局　1996 年 11 月　北京市
音譯梵書與中國古音　鋼和泰著・胡適譯　國學季刊一卷一號　1923 年 1 月　北平市
原始中國語試探　潘尊行　國學季刊一卷三號　1923 年 7 月　北平市
原始漢語詞尾後綴*-s 消失的遺跡　嚴學宭　14 屆國際漢藏語言會議　1981 年 6 月　台北市
原始漢語漢藏語　包擬古原著　潘悟云・馮蒸譯　中華書局　1995 年 6 月　北京市
原始漢語韻尾後綴*-s 試探　嚴可均　1979 年 1 月　武漢市
唐五代西北方音　羅常培　史語所專刊之十二　1933 年 1 月　上海市
唐五代韻書集成　周祖謨　台灣學生書局印行　1996 年 1 月　台北市
徐通鏘選集　徐通鏘　河南教育出版社出版　1993 年 11 月　鄭州市
殷煥先語言論集　殷煥先　山東大學出版社　1990 年 4 月　濟南市
訓詁學上册　陳新雄　台灣學生書局印行　1996 年 9 月　台北市
高郵王懷祖先生訓詁音韻書稿序錄　國學季刊一卷三號　1923 年 1 月　北平市
問學集上下册　周祖謨　中華書局　1966 年 1 月　北京市
國故論衡　章炳麟　章氏叢書本　世界書局印行　1958 年 7 月　台北市
張世祿語言學論文集　張世祿　學林出版社　1984 年 10 月　上

海市
從切韻序論切韻　趙振鐸　中國語文 1962 年 10 月號　1962 年 10 月　北京市
從史實論切韻　陳寅恪　陳寅恪先生論文集　1974 年 1 月　台北市
從兩周金文用韻看上古韻部陰入間的關係　語言研究 91 年增刊　1994 年 6 月　武漢市
從漢藏語的比較看重紐問題（兼論上古-rj-介音對中古韻母演變的影響）　龔煌城　聲韻論叢第六輯　1997 年 4 月　台北市
從說文入聲語根論析上古字調演變　東海學報 7 卷 1 期　1966 年 1 月　台中市
梅祖麟語言學論文集　梅祖麟　商務印書館　2000 年 10 月　北京市
清代上古音聲紐研究史論　李葆嘉　五南圖書出版公司　1996 年 6 月　台北市
清代古音學　王力　中華書局　1992 年 8 月　北京市
清代前期古音學研究上下　張民權　北京廣播學院出版社出版　2002 年 9 月　北京市
略論上古匣母及其到中古的發展　周長揖　《音韻學研究》第一冊 266-285 頁　中華書局出版　1984 年 3 月第 1 版　北京市
第十五屆全國聲韻學學術研討會論文集　逢甲大學中文系主編　逢甲大學出版　1997 年 5 月　台中市
許世瑛先生論文集　許世瑛　弘道書局印行　1974 年 1 月　台北市
陳獨秀韻學論文集　陳獨秀　中華書局出版　2001 年 12 月　北京市
陸志韋語言學著作集㈠　陸志韋　中華書局出版　1985 年 5 月

北京市
陸志韋語言學著作集(二)　陸志韋　中華書局出版　1999 年 3 月　北京市
陸志韋語言學著作集(三)　陸志韋　中華書局出版　1990 年 4 月　北京市
陸宗達語言學論文集　陸宗達　北京師範大學出版社　1996 年 3 月　北京市
陸宗達語言學論文集　陸宗達　北京師範大學出版社 1996 年 3 月　北京市
普通語言學　高名凱　劭華文化服務社　1968 年 1 月　香港
普通語言學概論　羅・亨・羅賓斯著、李振麟・胡偉民譯　上海譯文出版社　1986 年 5 月　上海市
普通語音學綱要　羅常培・王均編著　科學出版社出版　1957 年 2 月　北京市
曾運乾古韻三十攝榷議　陳新雄　第五屆國際暨全國聲韻學學術研討會論文集　新竹師範學院語教系　1996 年6月　新竹市
等韻一得　勞乃宣　光緒戊戌刻本
等韻述要　陳新雄　藝文印書館印行　1974 年 7 月　台北市
等韻源流　趙蔭棠　文史哲出版社　1974 年 2 月　台北市
答馬斯貝囉（Maspero）論切韻之音　高本漢原著、林玉堂譯　國學季刊一卷三號　1923 年 7 月　北京市
黃氏古韻二十八部諧聲表　周家風　私立遠東工業專科學校刊行　1968 年 12 月　台北市
黃侃論學雜著　黃侃　學藝出版社　1969 年 5 月　台北市
黃典誠語言學論文集　黃典誠　廈門大學出版社　2003 年 8 月　廈門市
傳統音韻學實用教程　鄒曉麗　上海辭書出版社　2002 年 5 月

2刷　上海市
廈門音系及其音韻聲調之構造與性質　羅常培・周辨明　古亭書屋　1975年3月　台北市
新校宋本廣韻　洪葉文化事業有限公司出版　2001年9月初版　台北市
新編中原音韻概要　陳新雄　學海出版社　民國九十年五月（2001）初版　臺北市
當代中國音韻學　李葆嘉　廣東教育出版社　1998年10月　肇慶市
經典釋文音系　邵榮芬　學海出版社出版　1995年6月　台北市
經典釋文異音聲類考　謝雲飛　師大國研所集刊4號　1959年6月　台北市
經義述聞　皇清經解本　復興書局出版　1961年5月　台北市
董同龢先生語言學論文集　丁邦新編　食貨出版社　民國七十四年（1985）十一月一日　台北市
董同龢先生語言學論文選集　丁邦新編　食貨出版社出版　中華民國六十三年十一月（1974）初版　臺北市
解語　黃綺　河北育出版社　1988年3月　石家莊市
試論上古字調研究　江舉謙　東海學報5卷1期　1963年1月　台中市
試論幾個閩北方言中的來母S-聲字　梅祖麟・羅杰瑞　清華學報9卷1、2合期　1971年9月　台北市
詩古音二十二部集說　夏炘　音韻學叢書本　廣文書局　1966年1月　台北市
詩音表　錢坫　音韻學叢書本　廣文書局印行　1966年1月　台北市
詩經例外押韻現象論析　江舉謙　東海文薈8期

詩經音韻譜　甄士林　種松書屋
詩經時的聲調　許紹華　語言研究26期　1994年5月　武漢市
詩經諧韻考異　輔廣　叢書集成本　商務印書館
詩經韻譜　江舉謙　東海大學出版　1961年1月　台中市
詩聲類　孔廣森　廣文書局聲韻學叢書　1966年1月　台北市
詩韻譜　陸志韋　太平書店出版　亦見陸志韋語言學著作集㈡
歌戈魚虞模古讀考　汪榮寶　國學季刊一卷二號　1923年4月　北平市
歌戈魚虞模古讀考附記　錢玄同　國學季刊一卷二號　1923年4月　北平市
歌戈魚虞模古讀考質疑　徐震　華國月刊一卷六期
歌麻古韻考　苗夔　叢書集成本　商務印書館
漢文典修訂本　高本漢著、潘悟雲等譯　上海辭書出版社　1997年11月　上海市
漢字古音手册　郭錫良　北京大學出版社　1986年11月　北京市
漢字語源辭典　藤堂明保　學燈社　1965年8月　東京市
漢語上古韻母剖析和擬音　語言研究總6期　華中工學院出版部　1984年1月　武漢市
漢語介音的來源分析　鄭張尚芳　語言研究 1996 增刊 p.p. 175-179　華中理工大學出版部　1996年6月　武漢市
漢語方言詞匯　北京大學中文系　文字改革出版社　1964年5月　北京市
漢語方言概要　袁家驊等　文字改革出版社　1960年2月　北京市
漢語方音字匯　北京大學中文系語教室　文字改革出版社　1962年9月　北京市

漢語史音韻學　潘悟云　上海教育出版社　2000 年 7 月　上海市
漢語史稿　王力　科學出版社　1958 年 8 月　北京市
漢語史論集　郭錫良　商務印書館　1997 年 8 月　北京市
漢語和藏語同源體系比較研究　施向東　華語教學出版社　2000 年 3 月　北京市
漢語研究小史　王立達　商務印書館　1959 年 11 月　北京市
漢語音史論文集　張琨　華中工學院出版部　1987 年 12 月　武漢市
漢語音韻　王力　中華書局　1984 年 3 月　香港
漢語音韻中的分期問題　鄭再發　史語所集刊 36 本　1966 年 1 月　台北市
漢語音韻史學的回顧和前瞻　崇岡　語言研究 3 期　1982 年 11 月　武漢市
漢語音韻論文集　周祖謨　商務書館　1957 年 12 月　上海市
漢語音韻學　王力　中華書局出版　1955 年 8 月第 1 版　上海市
漢語音韻學　李新魁　北京出版社　1986 年 7 月　北京市
漢語音韻學　董同龢　廣文書局　1968 年 9 月　台北市
漢語音韻學論文集　馮蒸　首都師範大學出版社　1997 年 5 月　北京市
漢語音韻學導論　羅常培　太平書局　1987 年 1 月　香港
漢語現狀與歷史的研究　江藍生・侯精一主編　中國社會科學出版社　1999 年 12 月　北京市
漢語等韻學　李新魁　中華書局　1983 年 11 月　北京市
漢語詞類　高本漢原著、張世祿譯　聯貫出版社　1976 年 4 月　台北市
漢語傳統語言學綱要　韓崢嶸・姜聿華　吉林大學出版社　1991 年 12 月　長春市

漢語語言學　趙杰　朝華出版社　2001 年 10 月　北京市
漢語語音史　王力　科學出版社　1885 年 5 月　北京市
漢語語音史概要　方孝岳　商務印書館香港分館　1979 年 11 月　香港
漢語聲調平之分與上聲去聲的起源　鄭張尚芳　語言研究 94 增刊 p.p.51-52　華中理工大學　1994 年 6 月　武漢市
漢語聲調起源窺探　語言研究 20 期　1991 年 5 月　武漢市
漢語聲調語調闡要與探索　郭錦桴　北京語言學院出版社　1993 年 7 月　北京市
漢學諧聲　戚孝標　嘉慶九年陟縣官署刊本
漢藏語研究論文集　龔煌城　中央研究院語言學研究所籌備處出版　2002 年 8 月　台北市
漢藏語研究論文集　龔煌城著　中央研究院語言學研究所籌備處　民國九十一年八月（2002）初版　台北市
漢藏緬語元音比較研究　龔煌城著・席嘉譯　音韻學研究通訊 13 期.p.p.12-42　中國音韻學研究會　1989 年 10 月　武漢市
漢魏音　洪亮吉　西安刊本
漢魏晉南北朝韻部演變研究第一分册　羅常培・周祖謨　科學出版社　1958 年 11 月　北京市
熊氏經說　熊朋來　四庫薈要本　世界書局　1985 年 9 月　台北市
與汪旭初論阿字長短音書　章炳麟　華國月刊一卷五期
語文論叢　李榮　商務印書館　1985 年 11 月　北京市
語言文史論集　周祖謨　五南圖書出版有限公司　1992 年 11 月　台北市
語言文字論稿　高福生　江西高校出版社　1999 年 5 月　南昌市
語言問題　趙元任　臺灣商務印書館　1968 年 11 月　台北市

語言論　高名凱　科學出版社　1965 年 6 月　北京市
語言學大綱　董同龢　中華叢書編審委員會　1964 年 5 月　台北市
語言學新論　宋一平　學林出版社　1985 年 12 月　上海市
語言學概論　張世祿　台灣中華書局　1958 年 7 月　台北市
語言學綱要　葉蜚聲・徐通鏘　書林出版有限公司　1993 年 3 月　台北市
語言學論文集　張清常　商務印書館　1993 年 10 月　北京市
語言學論文集　張清常　商務印書館　1993 年 10 月　北京市
語言學論叢　林語堂　文星書店出版　1967 年 5 月　台北市
說文古韻二十八部聲系序　黎錦熙　語文第三期
說文通訓定聲　朱駿聲　藝文印書館　1971 年 9 月　台北市
說文解字注　段玉裁　藝文印書館發行　民國五十九年六月（1970）大一版　台北市
說文解字音均表　江沅　續皇清經解本　藝文印書館印行　1965 年 10 月　台北市
說文審音　張行孚　叢書集成本　商務印書館
說文諧聲孳生述　陳立　鄦齋叢書本
說文諧聲譜　張成孫　皇清經解本　藝文印書館印行　1965 年 10 月　台北市
說文聲系　姚文田　粵雅堂叢書本
說文聲訂　苗夔　叢書集成本　商務印書館
說文聲類　嚴可均　音韻學叢書本　廣文書局　1966 年 1 月　台北市
說文聲讀表　苗夔　叢書集成本　商務印書館
趙元任語言學論文集　趙元任　吳宗濟・趙新那編　商務印書館出版　2002 年 1 月第 1 版　北京市

齊梁陳隋時期詩文韻部研究　周祖謨　語言研究總第二期 p.p. 6-17　華中工學院出版部　1982 年 5 月　武漢市

廣韻二百六韻擬音之我見　陳新雄　語言研究 27 期 p.p.94-112 華中理工大學出版社　1994 年 11 月　武漢市

廣韻研究　張世祿　國學小叢書本　商務印書館　1933 年 2 月 上海市

廣韻研究　陳新雄　臺灣學生書局　2004 年 11 月初版　臺北市

廣韻祭泰夬廢四韻來源試探　孔仲溫　台灣師範大學國文學報 16 期　1987 年 6 月　台北市

廣韻導讀　嚴可均　巴蜀書社　1990 年 4 月　成都市

慧琳一切經音義反切考　黃淬伯　史語所專刊之六

潛研堂集　錢大昕　嘉慶十一年家刻本

談反切　趙少咸　漢語論叢文史哲叢刊 4

論古漢語之顎介音　燕京學報三十五期　1948 年 1 月　北平市

論古韻合怗屑沒曷五部之通轉　俞敏　燕京學報三十四期

論阿字長短音答太炎　學衡四三期

論開合口　燕京學報二十九期　1941 年 1 月　北平市

論開合口—古音研究之一　史語所集刊 55 本 1 分　1984 年 3 月 台北市

論隋唐長安方音和洛陽音的聲母系統—兼答劉廣和同志　尉遲治平　語言研究 9 期 p.p.38-48　華中工學院出版部　1985 年 11 月　武漢市

論聲韻集合—古音研究之二　史語所集刊 56 本 1 分　1985 年 3 月　台北市

魯國堯語言學論文集　魯國堯　江蘇教育出版社　2003 年 10 月 南京市

歷史語言學　徐通鏘　商務印書館出版　2001 年 7 月 3 刷　北

京市
積微居小學金石論叢　楊樹達　台灣大通書局　1971 年 5 月　台北市
諧聲補逸　宋保　叢書集成本　商務印書館
龍蟲並雕齋文集　王力　中華書局　1982 年 7 月　北京市
戴氏聲類表蠡測　趙邦彥　國學論叢一卷四期
戴東原對於古音學的貢獻　馬玉藻　國學季刊二卷二號　1929 年 12 月　北京市
戴震聲類表研究　郭乃禎　國立臺灣師範大學國文研究所碩士論文　1997 年 7 月　台北市
聲說　時庸勱　光緒十八年刊本
聲韻考　戴震　音韻學叢書本　廣文書局印行　1966 年 1 月　台北市
聲韻要刊（許氏說音）　許桂林　排印本
聲韻論叢第一輯　中華民國聲韻學會主編　台灣學生書局印行　1994 年 5 月　台北市
聲韻論叢第二輯　中華民國聲韻學會主編　台灣學生書局印行　1994 年 5 月　台北市
聲韻論叢第三輯　中華民國聲韻學會主編　台灣學生書局印行　1991 年 5 月　台北市
聲韻論叢第四輯　中華民國聲韻學會主編　台灣學生書局印行　1992 年 5 月　台北市
聲韻論叢第五輯　中華民國聲韻學會主編　台灣學生書局印行　1996 年 9 月　台北市
聲韻論叢第六輯　中華民國聲韻學會主編　台灣學生書局印行　1997 年 4 月　台北市
聲韻論叢第七輯　中華民國聲韻學會主編　台灣學生書局印行

1998 年 3 月　台北市
聲韻論叢第八輯　中華民國聲韻學會主編　台灣學生書局印行　1999 年 5 月
聲韻論叢第九輯　中華民國聲韻學會主編　台灣學生書局印行　2000 年 11 月
聲韻論叢第十輯　中華民國聲韻學會主編　台灣學生書局印行　2001 年 5 月
聲韻論叢第十一輯　中華民國聲韻學會主編　台灣學生書局印行　2001 年 10 月　台北市
聲韻論叢第十二輯　中華民國聲韻學會主編　台灣學生書局印行　2002 年 4 月
聲韻學　林燾・耿振生　三民書局　1997 年 11 月　台北市
聲韻學　竺家寧　五南圖書出版公司　1991 年 7 月　台北市
聲韻學大綱　葉光球　正中書局　1959 年 4 月　台北市
聲韻學中的觀念和方法　何大安　大安出版社　1987 年 12 月　台北市
聲韻學表解　劉賾　文史哲出版社　民國九十三年三月（2004）初版再刷　台北市
聲韻學研討會論文集　中山大學中文系所　1992 年 5 月　高雄市
聲韻學論文集　陳新雄・于大成　木鐸出版社　1976 年 5 月　台北市
聲韻叢說　毛先舒　昭代叢書本
聲類表　戴震　音韻學叢書本　廣文書局印行　1966 年 1 月　台北市
聲類新編　陳新雄　台灣學生書局　1992 年 9 月 3 刷　台北市
彝語概說　陳士林　中國語文 125 期　1953 年 8 月　北京市
禮書通故（六書通故）　黃以周　光緒黃氏試館刊本

藏語的聲調及其發展　瞿靄堂　語言研究創刊號p.p.177-194　華中工學院出版社　1981年7月　武漢市
轉注古音略　楊愼　函海本
魏建功文集（共5卷）　魏建功　江蘇教育出版社　2001年7月第1版　南京市
魏晉南北朝韻之演變　周祖謨　東大圖書公司滄海叢刊　1996年1月　台北市
瀛涯敦煌韻輯　姜亮夫　鼎文書局　1972年9月　台北市
瀛涯敦煌韻輯新編　潘重規　新亞研究所　1972年11月　香港
羅常培語言學論文選集　中國科學院語言研究所編　中華書局出版　1963年9月第1版　北京市
關于漢語音韻研究的幾個問題—與陸志韋先生商榷　施文濤　中國語文1964
關於研究古音的一個商確　敖士英　國學季刊二卷三號　1930年9月　北平市
韻尾塞音與聲調—雷州方言一例　余靄芹　語言研究4期　1983年5月　武漢市
韻問　毛先舒　昭代叢書本
韻補上下　吳棫　音韻學叢書本　廣文書局印行　1966年1月　台北市
韻補正　顧炎武　音韻學叢書本　廣文書局　1966年1月　台北市
韻學要指　毛奇齡　西河合集本
韻學通指　毛先舒　刊本
韻學源流　莫友芝　天成印務局刊本
韻學源流注評　陳振寰　貴州人民出版社　1988年10月　貴陽市
韻鏡研究　孔仲溫　台灣學生書局　1987年10月　台北市

韻鏡音所代表的時間和區域　葛毅卿　學術月刊 1957 年 8 月號　1957 年 8 月　北京市
韻鏡校注　龍宇純　藝文印書館　1960 年 3 月　台北市
類音　潘耒　遂初堂刊本
讀王榮寶歌戈魚虞模古讀考書後　李思純　學衡二六期

二、西文之部

“A Linguistic Study of The Shih Ming Initials and Consonant Clusters” Bodman, Nicholas Cleaveland Harveard University Press 1954 Cambridge, Massachusetts

“A New Aproch to Chinese Historical Linguistics” Norman, Jerry L. & Coblin W. South Journal of the America Orietal Society 115.4(1995) 576-584.

“Compendium of Phonetics in Ancient and Archaic Chinese” Karlgren, Bernhard Printed in Sweden Elanders Boktryckeri Aktiebolag Go teborg 1970/1

“Final -d and -r in Archaic Chinese” Karlgren, Bernhard BMFEA34 （Stockholm） 1962/1

“Grammata Serica Recensa” Karlgren, Bernhard Museum of Far East （Stockholm） 1964/1

“Grammata Serica Script and Phonetics of Chinese and Sino-Japanese” Karlgren, Bernhard Republished by Ch'eng-wen Publishing Co. Taipei, Taiwan, The Republic of China 1966/1

“Language” Bloomfild,L. Holt, Rinehart & Winsto, New York, 1961/7

“On Archaic Chinese r and d ” Malmqvist, Gören BMFEA34 （Stockholm） 1962/1

“Proto-Chinese and Sino-Tibetan: Data towards establishing the nature of the relationship” Bodman, Nicolas C. . Leiden 1980/1

“Qieyun and Yunjing: the Essential Foundation for Chinese Historical Linguistics” Pulleyblank, Edwin G. Journal of the America Oriental Society 118.2 (1998) 200-216.

“Some further evidence regarding OC-s and its time of disappearance” Pulleyblank, E.G. 第五屆漢藏會議論文 1972/1

“Some new hypotheses concerning word families in Chinese” Pulleyblank, E.G. Journal of C.L.1 1973/1

“Studies in Old Chinese rhyming: Some futher result” Baxter, W. H.M Paper present to the Twelfth international Conference on Sino-Tibetan Languages and Linguistics. University of Alabama 1979/1

“The Chinese Language” Forrest, R.A.D. Faber and Faber Ltd. (London) 1965/1

“Tibetan and Chinese” Karlgren, Bernhard 通報 28 期 Paris 1931/1

“Tones in Archaic Chinese” Karlgren,Bernhard BMFEA 32 (Stockholm) 1964/1

“Word Families in Chinese” Karlgren, Bernhard BMFEA5 (Stockholm) 1934/1

“The Consonantal System of Old Chinese” Pulleyblank, E.G. Asia Major 1961/1

“The final consonants of Old Chinese” Pulleyblank, E.G. Monumenta Serica 1982/1